Logik der Rettung

Rudolf Bahro
Logik der Rettung

Wer kann die Apokalypse aufhalten?
Ein Versuch über die Grundlagen
ökologischer Politik

Edition Weitbrecht

CIP-Titelaufnahme der Deutschen Bibliothek

Bahro, Rudolf:
Logik der Rettung: wer kann die Apokalypse aufhalten?;
Ein Versuch über die Grundlagen ökologischer Politik / Rudolf Bahro. –
Studienausg., 1. Aufl. – Stuttgart; Wien: Ed. Weitbrecht, 1989
ISBN 3-522-70650-1 brosch.
ISBN 3-522-70350-2 Gb.

© 1989 Edition Weitbrecht in K. Thienemanns Verlag,
Stuttgart und Wien

Redaktion: Jochen Uebel in Worpswede.
Umschlaggestaltung: Zembsch' Werkstatt in München.
Grafik: Reichert Buchgestaltung in Stuttgart.
Gesetzt in der Aldus 11 Punkt
von der Utesch Satztechnik GmbH in Hamburg.
Reproduziert von der Repro GmbH in Kornwestheim.
Gedruckt und gebunden von May & Co. in Darmstadt.
Printed in Germany. Alle Rechte vorbehalten.
5 4 3 2 1

Inhaltsverzeichnis

IV. DER FÜRST DER ÖKOLOGISCHEN WENDE

V. ANHANG

Ein Abschied – und nun?

Grüner Fundamentalismus – was ist das?

Als ich im Herbst 1979 nach zwei Jahren Haft wegen meiner Kritik am sowjetischen und DDR-Sozialismus herüberkam, wandte ich mich für viele überraschend gleich der im Entstehen begriffenen neuen Partei – den Grünen – zu. Carl Amery, einer der Begründer der politischen Ökologie hierzulande, hatte mich zwar als »heimlichen Grünen« vorangezeigt, ehe ich angekommen war, weil der ganze Schlußteil meines damaligen Buches »Die Alternative«[1] von der Idee durchdrungen war, der Osten sollte die Wachstumskonkurrenz mit dem Westen aufgeben und das Ziel der menschlichen Emanzipation nicht mehr im Sinne maximaler materieller Bedürfnisbefriedigung mißverstehen; militärpolitisch sollte der Ostblock den Westen mit einseitiger Abrüstung in Zugzwang bringen. Beides entsprach einer Tendenz, die sich hier bei den Grünen artikulierte, dem Streben nach Blocküberwindung und Neutralisierung.

Freilich, meine »Alternative« war wegen der sensationellen Umstände sehr viel mehr gekauft als gelesen worden. Viele, die den Fall bloß aus dem Fernsehen kannten, waren enttäuscht, weil ich trotz des Zusammenstoßes mit den DDR-Autoritäten nicht in das west-östliche Entweder-Oder paßte, vielmehr überzeugt war (und bin), es kommt auf Veränderungen in beiden Teilen Europas an.[2] Die gegenwärtige Reform in Moskau übertrifft weit, was ich seinerzeit real für möglich gehalten hatte und erfüllt mich mit großer Hoffnung auch für die Entwicklung im eigenen Land.

Mitte 1985 habe ich die Grünen verlassen, weil sie eine andere Partei geworden sind, als ich mir gewünscht hatte. Obwohl in der Idee bei Ökopax geblieben, haben sie vor lauter Reformismus und Machtbeteiligungsdrang die ursprüngliche Substanz ihres Ansatzes ganz in tagespolitisches Kleingeld eingewechselt. Man kann jetzt auf die Grünen und ihr erklärtes Ziel übertragen, was Tucholsky in der Weimarer Republik von jenen gesagt hatte, die zu ihrer Selbstbeschwichtigung die Sozialdemokratie wählten:

»Man weiß, man tut etwas für den Sozialismus, und mit der Partei kommt er ganz bestimmt nicht.« Ich bin natürlich mitverantwortlich für ihre Entwicklung. Unter anderem hätte ich früher dazu kommen sollen, meine fundamentalistische Position – wie hier beabsichtigt – geschlossen zu skizzieren. Das meiste ist nur verstreut publiziert und manches überhaupt nur mündlich vorgetragen worden. Der theoretische Zusammenhang, den ich jetzt mitbehandeln will, läßt sich ohnehin nur schwer in einen Parteirahmen einbringen, der mehr und mehr auf Machterwerb und die zugehörige Eile, pragmatisch zu Potte zu kommen, ausgelegt wird.

Weil es aus den Medien nicht klar sein kann, muß ich hier, ohne daß mir an dem Schlagwort Fundamentalismus besonders gelegen wäre, kurz andeuten, in welchem Sinne ich es stets gebrauchte. Ist doch dieser Begriff jetzt unglücklicherweise weitestgehend mit der oberflächlichen und demagogischen Debatte über »Verantwortung« oder »Verweigerung« alias Koalieren oder Nichtkoalieren assoziiert, wodurch sein eigentlicher Gehalt ganz verdunkelt wird.

Was ist »Fundamentalismus«, wenn das Wort mehr als ein falsches Etikett sein soll? Anfang 1984 hatte ich geantwortet: Außen – gemeint war, im Hinblick auf die Abwehr der Naturzerstörung in der äußeren Wirklichkeit – geht ihm Ökologie vor Ökonomie, gehen ihm die fundamentalen und langfristigen vor die unmittelbaren und kurzfristigen Interessen, und zwar im Sinne einer Priorität, nicht in dem der Ausschließlichkeit. Und was die Innenseite angeht: Schon um durchzuhalten, muß er eine Politik mit spirituellem Antrieb und moralischem Anspruch sein. Eine Politik der Umkehr in den Metropolen – so nenne ich en bloc die Länder der Ersten Welt – beginnt mit einer Bereitschaft zur Selbstveränderung, ja in einem gewissen Sinne sogar zur Selbstaufgabe des bürgerlichen Individuums.

Weiter schrieb ich: Offenbar verharmlost es den Fundamentalismus ein bißchen, wenn man seinen Gegensatz zur »Realpolitik« auf die unerhebliche Differenz zwischen einem mehr rhetorischen Neinsagen und einem Mitspielen bei kosmetischen Maßnahmen gegen die ökologische Krise reduziert. Fundamentalismus kann sich nie an den *Objekten*, die in den Parlamenten verhandelt werden, als konstruktiv oder destruktiv erweisen, weil er auf die *Haltungen* zielt. Die Dynamik des Industriesystems kann nur dann in der äußeren Wirklichkeit gestoppt werden, wenn sie zuvor in der Motivation zusammengebrochen ist.

Fundamentalismus in diesem Sinne war nie ein Flügel, war bislang nie mehr als eine übrigens hin und wieder selbst noch den letzten grünen »Realo« berührende Stimmung in der Partei. Wohin gilt es zu blicken, wenn wir sie verstehen wollen?

Arnold Toynbee hat in seinen Untersuchungen zur Weltgeschichte verallgemeinert, was beim Zusammenbruch von Kulturen bzw. Zivilisationen passiert und welche Mechanismen sich in deren Krise wiederholen.[3] Er spricht von Zerfall, von Desintegration, in der Gesellschaft und in der Seele. Daraus begründet Toynbee seinen jetzt sehr nützlichen eigentümlichen Proletariatsbegriff, der sich von dem geläufigen unterscheidet: Die große Mehrheit einer Gesellschaft fühlt es, wenn die führende Minderheit aufhört, schöpferisch zu sein. Diese Minderheit wird dann nur noch als herrschende gesehen und verliert ihr eigentliches Recht. Dann wird die gesamte nichtherrschende Mehrheit tendenziell und sukzessiv »inneres Proletariat«: Der wahre Stempel des Proletariertums sei weder Armut noch niedrige Geburt, sondern das Bewußtsein, seines angestammten Erbes, seines Platzes in der Gesellschaft beraubt und in einer Gemeinschaft, in der man Heimatrecht hat, unerwünscht zu sein, sowie das Ressentiment, das dieses Bewußtsein einflößt; dieses sehr umfassend definierte innere Proletariertum vertrage sich mit dem Besitz materieller Mittel.

Toynbee zeigt: Wenn in der herrschenden Minderheit noch partiell schöpferische Kräfte geblieben sind, stiften sie eine *Philosophie* und die damit erzogenen Beamten bauen einen *Universalstaat* auf (in unserem Falle die ganze politische und administrative Organisation der »westlichen«, »atlantischen« Metropolis, mit den supranationalen Bürokratien an der Spitze). Das innere Proletariat aber schafft eine *höhere Religion,* die oft, wie im Falle des in Rom aufkommenden Christentums, einer anderen Kultur entstammt und sich zur *Universalkirche* entwickelt, welche den Übergang in eine neue Kultur probt.

Gerade aus der Perspektive des Engländers Toynbee wäre es

11

demnach nicht besonders überraschend, daß jetzt so viele Inder und Tibetaner den Europäern und Amerikanern Entwicklungshilfe in Spiritualität erweisen. Natürlich werden in die neue spirituelle Synthese auch andere, wie z. B. die indianischen Traditionen, einfließen, und selbstverständlich kultureigene Quellen, nicht zuletzt Christus, aus »seinen« Kirchen befreit. Es wird auch deshalb etwas ganz Neues entstehen, weil es jetzt erstmalig in der Geschichte real um den ganzen Erdkreis geht, während zugleich das Patriarchat verfällt, so daß ein neuer sinnenfeindlicher männlicher Monotheismus unmöglich ist.

Nichts Ökonomisches, sondern diese spirituelle Renaissance, die sich letzten Endes als ein Aufstieg im Bewußtsein und nicht als eine Regression erweisen wird, ist der Lebenskeim der nächsten sozialen Ordnung, die ich Ökopax-Formation nennen will (eine andere Möglichkeit ist »Regenbogen-Gesellschaft«). Diese Renaissance ist noch kein Strom, aber sie ist schon in zahllosen Bächen und kleinen Flüssen im Gange. Die vielen neuen Sekten (aber was soll's, auch die Christen begannen als Sekte!) sind sichere Anzeichen, und die Sektenbeauftragten der Großkirchen, in denen Gott tot ist, sind es auch – sie haben viel zu tun.

Anders wäre auch kaum zu erklären, wieso selbst eine neue politische Partei wie die Grünen von vornherein eine freilich meist schamhaft verleugnete spirituelle Komponente hat – auffällig genug in der Verfassung einer Persönlichkeit wie Petra Kelly. Die Grünen sind deutlich eine Gruppierung jenseits der antireligiösen Aufklärung, wenn auch dieser ihr für das Establishment gefährlichster Zug, der der tragende Grund der in ihnen vertretenen fundamentalistischen Tendenz ist, momentan erst einmal überrollt zu werden scheint. In der Ökopax-Bewegung kann er überhaupt nicht überrollt werden, er ist ihre Essenz.

Wahrscheinlich hätte ich den Grünen einen besseren Dienst erwiesen, wäre ich Ende 1982 nach dem wirtschaftspolitischen Zusammenstoß mit den Ökosozialisten an den Schreibtisch gegangen, statt mich in den Vorstand wählen zu lassen. Heute tut es mir dennoch nicht leid, weil ich denke, eine stärker präsente und greifbarere fundamentalistische Konzeption hätte das schon vorgezeichnete Schicksal der Grünen doch nur etwas länger kaschieren, nicht aber abwenden können.

Ich bilde mir nicht ein, ich hätte die Auskristallisierung der Grünen zur paßfähigen reformistischen Linkspartei halb radikalsozialistischen, halb radikalliberalen Typs, die die Umweltschutzidee heute genauso wie die anderen Parteien als Profilierungsthema ausbeutet, aufhalten können, wenn ich mich theoretisch und praktisch noch mehr hineingeworfen und – gegen meine Neigung – geschickter verhalten hätte. Das war offenbar so vorgezeichnet, und ich muß eingestehen, daß ich in den ersten Jahren die Unentrinnbarkeit der Herausforderung durch die drohende Katastrophe für die grünen Geister überschätzt, ihre soziale Gebundenheit ans metropolitane Milieu aber unterschätzt habe. Vor allem – das hätte ich wissen können – kam die Organisation zur *Partei* nicht etwa dem Auftrag der ökologischen Wende, sondern der Abkehr davon entgegen.

Stop der Megamaschine: Erster Anlauf

Zumindest auf den ersten Blick scheint alles ganz einfach. Es geht nicht mehr weiter mit den zu großen Städten, den zu großen Fabriken, der chemischen Landwirtschaft, mit Betonschule und Großkrankenhaus, und mit dem ganzen Pentagon der Macht aus Geld, Computern, Bürokratie und Militär rund um den Erdball. Aber wir sind ja so erbärmlich abhängig von alledem, wiederholen es uns alle Tage und beschreiben uns die Lage als eigentlich ausweglos. Was bleibt uns anderes übrig, als uns weiter hineinzureiten? Wir haben ja auch gesehen, Umweltschutz, ob nun mit schwarzen, roten oder grünen Ministern, verfehlt noch einmal mehr den Punkt. Das Elend auf der Welt wird auch nicht weniger durch den »Tag für Afrika«.

Jetzt hält sich Hoimar von Ditfurths Buch »So laßt uns denn ein Apfelbäumchen pflanzen. Es ist soweit« schon das zweite Jahr auf der Bestsellerliste. Der Autor will uns damit versöhnen, daß wir ohnehin alle sterben müssen. Unversehens hat es sich inzwischen bis an jeden Stammtisch herumgesprochen: »Es geht eh alles den Bach hinunter.« Oder sollten wir unser Leben derart ändern können, daß die Totrüstung und Kaputtindustrialisierung aufhört? Wir könnten wohl, aber wollen wir es? Es ist bequem, »Zuständige« zu haben, denen wir vorwerfen können, sie täten nicht genug, während wir gar nicht den Auftrag ausgegeben haben, etwas Einschneidendes zu unternehmen. Denn das würde ins eigene Fleisch gehen. Wir sind für Weitermachen, denn was sonst?

Wenn wir es wirklich wagten, sie zu wollen, bekämen wir ziemlich schnell eine Regierung oder besser eine Ordnung des sozialen Ganzen, mit der wir uns retten könnten, trotz aller hinderlichen inneren und äußeren Supermächte. Noch aber fehlt uns die entscheidende Voraussetzung der Rettung, der Wille zur Umkehr. Wie wenige sind nach Tschernobyl so kühn gewesen, die Sofortabschaltung der Atomkraftwerke zu verlangen. Nur deshalb sind die Vorschläge, die es zuhauf gibt – jeder hat da was beizutragen – »nicht machbar«.

Vor fünf Jahren, mitgerissen von dem Aufschwung der Öko-pax-Bewegung und der Grünen, hatte ich noch gedacht, die Umkehr könnte im ersten Anlauf unwiderruflich Boden gewinnen, wenn radikal genug ausgesprochen wird, worum es geht. Ich setze ein paar Seiten aus einem Text für den Deutschlandfunk hierher, den ich damals schrieb und der für mich immer noch eine gültige erste Lesung dessen darstellt, was ich jetzt näher begründen will.[4] Sie hatten mich damals gefragt: *Was heißt Frieden?*

Das ist, so lautete meine Antwort,

der ideale Zustand, in dem die Menschen nicht Gewalt gegeneinander anwenden – auch nicht versteckt und indirekt – und in dem sich jeder so entwickeln kann, wie es zu seiner Zeit durchschnittlich möglich ist. Da sind also Freiheit und Gerechtigkeit mitgemeint. Da ist auch zwischenmenschliches Gleichgewicht mitgemeint.

Auf den ersten Blick geht das zu weit. Wollen wir denn nicht zufrieden sein, wenn uns keine Atombomben und auch keine »normalen« Panzergranaten umbringen? Wenn auf der Südhalbkugel nicht jährlich mehr Kinder Hungers sterben (letztes Jahr 14 Millionen), als es in einem Jahr des zweiten Weltkriegs Tote gab? Und wenn uns nicht demnächst der Sauerstoff zum Atmen ausgeht?

Aber entgehen wir alledem, wenn wir ansonsten weitermachen wie bisher? Wir haben der ganzen Welt gezeigt, was und wieviel man haben muß. Wie kann es gut ausgehen, wenn immer mehr Menschen von unserer endlichen Erde immer mehr pro Kopf verbrauchen, zerstören, vergiften, wie wir es vormachen? Darüber *müssen* wir untereinander und mit der Natur zusammenstoßen.

Wir hören nicht gern, wenn jemand ansetzt: »Kriege hat es immer gegeben . . .« Dabei ist es nur zu wahr. Soll der dritte Weltkrieg ausfallen, soll nicht die halbe Menschheit absolut verelenden, ein großer Teil verhungern, soll der endgültige Kollaps der Umwelt abgewendet werden – müssen wir uns über die bisher bekannten Gesetze menschlicher Geschichte erheben.

Zuerst wäre zu lernen, und nicht allein fürs Militärische: Sicherheit suchen und Frieden suchen ist nicht dasselbe. Wer Sicherheit sucht, mißtraut und trifft Vorkehrungen, die wiederum das Mißtrauen des anderen nähren. *Sicherheit*spolitik hat ganz offenbar dahin geführt, daß wir jetzt auf einem atomaren Pulverfaß sitzen. Sie soll die Gegenseite drohend abschrecken. *Frieden*spolitik würde die Drohung wegnehmen, zumindest verringern, und darauf vertrauen, daß dann auch die *Be*drohung weggenommen, wenigstens verringert wird. Wer Sicherheits- und Friedenspolitik in einem sagt, täuscht, die ihm zuhören. Die bisherige Sicherheitspolitik ist Selbstmordpolitik.

Aber die neuesten Raketen verhindern, selbst die ganze Rüstung abschaffen wollen, damit sie uns nicht abschafft, genügt noch nicht. Wer nur das will und nicht mehr, wird nicht durchkommen. Man kann keine Hydra besiegen, indem man ihr einen und den anderen Kopf abschlägt, während ihre inneren Säfte stets neue Köpfe hervortreiben. Wollen wir dem Ungeheuer den Bauch aufschlitzen, damit es wirklich eingeht, müssen wir vor allem seinen Namen wissen.

Es ist unser Industriesystem, unsere industrielle Lebensweise selbst. Wir sind nicht per Zufall dazu gekommen. Es ist unsere Tüchtigkeit, Natur zu verändern schlechthin, die uns jetzt den Pferdefuß zeigt. Wir hatten einmal so viel Erfolg mit der Arbeit, uns die ersten Lebensmittel selbst zu produzieren. Seither wiederholen wir uns auf immer größerer Stufe, nach der Olympiaformel »Höher, weiter, schneller, besser!«, vor allem: »Immer mehr!«

Hier in Europa haben wir das Nonplusultra gefunden, die Wirtschaftsweise mit dem schärfsten Antrieb und der fürchterlichsten Effizienz, auf die wir so stolz sind . . .

Das steckt so von Grund auf in all den Wachstumskurven, die seit 1750 nicht mehr wie zuvor unmerklich ansteigen, sondern plötzlich senkrecht in die Höhe weisen, daß es eher verharmlosend ist, irgendeine spezielle Rüstungsproduktion auf irgendein spezielles Profitinteresse zurückzuführen. Es stimmt natürlich, aber es geht um mehr. Bisher dachten diejenigen, die enteignen und damit alles lösen wollten, keineswegs daran, die Große Maschine anzuhalten. Das Kapitalverhältnis ist nicht die letzte Ursache, sondern nur das jüngste Mittel der Expansion. Es ist bloß der höchste Ast an dem Baum der menschlichen Produktionsweisen, und es wird sich als ganz unmöglich erweisen, ihn für sich alleine abzusägen.

Friede verlangt, daß wir die ganze Zivilisation neu beginnen, die Quelle für die Konkurrenz um knappe materielle Güter halbwegs verstopfen, indem wir allen materiellen Verbrauch und alle materielle Produktion auf

15

das für annähernd gleiche Befriedigung der natürlichen Grundbedürfnisse notwendige Minimum zurückführen. Goethe hatte seinen Faust sagen lassen: »Nach drüben ist die Aussicht uns verrannt: Tor! wer dorthin die Augen blinzelnd richtet . . . Dem Tüchtigen ist diese Welt nicht stumm.« So ließ er ihn den Sumpf trockenlegen, der am Gebirge hinzog. Was nun, da wir damit zu Ende sind?

Wie es scheint, ist nach »drüben«, »oben«, »innen« und natürlich zum anderen Menschen hin die einzige Aussicht offen. Und wir müssen uns darauf konzentrieren, *dort* unsere Tüchtigkeit zu üben, weil es lebensgefährlich ist, weiter so viel Natur zu verändern, Wissen dafür aufzuhäufen und Schätze dabei zu sammeln. Halt! Nicht weiter! Jede neue Investition, nicht nur die in Raketen, ist teuflisch und tödlich zugleich. Der Friede beginnt damit, daß wir die Hände von dem größten Teil der Arbeit lassen, die die meisten von uns jeden Tag verrichten. Freilich hätten wir noch eine Weile mit dem Abbauen und Umbauen zu tun. Dort, wo die Pyramiden stehen geblieben sind, weil man sie nicht rechtzeitig abgerissen hat, leben keine Menschen mehr.

Resignieren nicht die meisten, weil sie Angst haben, durchaus möglichen Widerstand zu leisten? Mehr Angst vor dem täglichen als vor dem endgültigen Risiko? Ich denke an die Zeit des Widerstandes gegen Hitler. Wie wenig müßten die Bürger dieses Landes riskieren, um sehr wesentliche Veränderungen zu erreichen. Es müßten nicht mal alle zivil ungehorsam sein . . . Wer jetzt nichts wagt, weiß nicht oder will nicht wissen, daß die Apokalypse höchst wahrscheinlich ist, falls wir nicht allen Ernstes mit ihr rechnen und uns danach verhalten . . . Wir *müssen* den Ausweg finden, und wir müssen so bedingungslos suchen, daß es schlimmstenfalls nicht an uns gelegen hat . . . Wir bilden uns nicht ein, die Taube auf dem Dach wird leicht zu fangen sein. Wir wissen nur, der Spatz in der Hand wird uns diesmal absolut nichts nützen. Was wir erreichen wollen, gleicht dem Versuch, eine Lawine zum Stehen zu bringen aus deren Innerem heraus. Wer den Vorgang von außen beobachten könnte, müßte diese Lawine wie von Geisterhand gebremst und angehalten sehen kurz vor dem Aufschlag. Das ist gegen das Gesetz der trägen Masse Beton und Stahl, die uns umhüllt. Also kann es nur eine Anstrengung aus dem Bewußtsein, aus den Seelen sein, eine so konzentrierte und von so vielen Menschen, wie sie in der Geschichte ohne Beispiel ist.

Wir müssen uns etwas vorstellen, wie den von Moses inspirierten Auszug aus Ägypten und wie die ersten Pfingsten nach der Auferstehung Christi – beides in eins gedacht und das durch die ganze Menschheit hin, beginnend aber in den reichen Ländern und vor allem in Europa. Denn wir waren der Zauberlehrling, der den Besen zuerst gerufen hat, uns machen sie alles nach, hier hat der Teufelskreis seinen Schwerpunkt, und unser Kontinent ist der verletzlichste.

Ich glaube, daß diese Umkehr möglich ist, weil der Mensch sich jetzt in seinem Selbsterhaltungstrieb bedroht fühlt. Da wächst die ursprünglich ohnehin in jedem Menschen vorhandene Neigung, sich einer letzten,

16

äußersten Alternative anzuvertrauen, sei sie auch noch so ungewiß – weil nichts anderes mehr übrig bleibt. Die Entschließung kann plötzlich – morgen, übermorgen – über Millionen Menschen kommen und den Horizont des politisch Möglichen über Nacht erweitern. Kleinere und mittlere Katastrophen werden nicht verfehlen, uns an die Nähe der Zeiten zu erinnern.

Ich schlage vor, daß wir in Erwartung dieser Stunde jeder bei sich selbst und in seinem Umkreis die Unruhe und das Bereitsein nähren für die allgemeine Sinnesänderung. Entziehen wir der großen Maschine und ihren Dienern nicht nur unsere Wahlstimme. Wir müssen überhaupt aufhören, mitzuspielen, wo immer das möglich ist. Wir müssen allmählich alles lahmlegen, was in die alte Richtung läuft: Militäranlagen und Autobahnen, Atomkraftwerke und Flugplätze, Chemiefabriken und Großkrankenhäuser, Supermärkte und Lernfabriken.

Laßt uns darüber nachdenken, wie wir uns unabhängig von der Großen Maschine nähren, wärmen, kleiden, bilden und gesund erhalten können. Beginnen wir daran zu arbeiten, ehe sie uns vollends durchgesteuert, einbetoniert, vergiftet, erstickt und eher früher als später atomar total-vernichtet hat.

Die Aufgabe ist noch dieselbe. Da seither alles weiterläuft wie gehabt, ist unser Standort jetzt – falls wir nicht ganz aufhören wollen, von einem absehbaren Endknall aus die Zeit zurückzurechnen – fünf Jahre dichter am Abgrund. Und wir verdecken uns das – was soll das schlechte Leben nützen?! – 1986 wieder mit einem neuen Rekord im Weihnachtsumsatz.

Ich sehe die Dinge jetzt nicht sachlich, aber seelisch etwas anders. Ich habe ja in meinen Antworten damals so gesprochen, als müßten die Opfer nicht selber aufwachen, sondern aufgeweckt werden. »Immer ist Gethsemane, immer schlafen alle« (Pascal[5]). Nun *werden* die Gefahren ja inzwischen wahrgenommen. Aber es fehlt in der Öffentlichkeit sehr an ernsthafter Reflexion, was wir tun können, wenn Abrüstungsverhandlungen der Militärkomplexe und Umweltkosmetik der Behörden und Betriebe es nicht bringen. Es fehlt auch, daß wir genauer nachdenken, was alles nicht mehr genug ist, nichts mehr aufhält, nichts mehr rettet – und warum.

Angeblich führt das zur Resignation. Doch wird uns erst die richtige Verzweiflung an aller Symptomkur, an allem, was weniger beabsichtigt als eine kulturelle Transformation, von innen wecken.

Die Absicht des Buches

Mich interessiert also nur noch in zweiter Linie, was wir alles tun könnten, obwohl ich noch einmal kenntlich und verständlich machen will, mit der nötigen Zuspitzung, was not tut: der Ausstieg aus der großen Megamaschine und aus dem kleinen Auto, die einseitige militärische und industrielle Abrüstung, die Umrüstung auf einen Haufen ziemlich unabhängiger Ökorepubliken, die sich nur ganz wenig Bundesrepublik, noch weniger EG, gar keine NATO, jedoch eine internationale Rechtsinstanz leisten. Wenn wir alles das nicht wenigstens erst einmal ernsthaft in Betracht ziehen möchten, dann sagen wir, daß wir sterben wollen.

Aber da ist auch eine Erfahrung, daß diese Predigt nicht verschlägt, auch weil sie noch zu materialistisch ist, zu objektfixiert. Indem wir Umwelt sagen, wollen wir außen etwas ändern, wollen dem Außen etwas Endursächliches zuschieben, das in Wirklichkeit in uns liegt. Als wäre die Bombe nicht von weither unser und als wüßten wir's nicht genau so gut wie Einstein, der zuletzt gesagt hat, nach soviel Befassung mit Physik, das wirkliche Problem sei das menschliche Herz.

Gegenwärtig ist die Ökologie- und Friedensbewegung vorübergehend wieder zur Unterströmung geworden. Sie wird sich regenerieren und mental radikalisieren, indem sie Kontakt zu den zahllosen spirituellen Rinnsalen aufnimmt, die zunächst unabhängig von ihr entstanden sind, aber viele aufgenommen haben, die schon früher an einer bloß politischen und auf zu bekämpfende Objekte und Feinde fixierten Praxis verzweifelt waren. Alles das wird zusammen wieder auftauchen und dann auch politisch viel stärker sein als beim vorigen Mal.

Es wird nämlich hinübergreifen in die wissenschaftlichen und bürokratischen Eliten. Deren Spaltung ist ausschlaggebend dafür, ob die Todesspirale *rechtzeitig* angehalten werden kann. Ohne Verrat und Abfall in den Labors und Zentralen wird sie nicht stehenbleiben. Dort wiederum kann es zum lähmenden Patt nicht kommen ohne die Diskriminierung der »Challenger«-Logik im Volke. Die Empörung über den ökologischen Ablaßhandel wird zusammenkommen mit einer Spaltung der säkularen Kirche Wissenschaft, ihrer Priester aller Ränge, wie in der letzten Reformation.

Inzwischen ist nichts wichtiger als die Ausbreitung und Vertiefung der geistigen und spirituellen Grundlagen dafür, die auch in Zukunft, in Zeiten wieder sichtlicher Bewegung, Vorrang behalten muß. Denn dort liegt die Quelle der Kraft und – auch jetzt schon – der Kontinuität. Daß es dort zu einem Treffen der Wege kommt, ohne daß sich eine Psychokratie vorbereitet, eine Riege von Seelendompteuren, darin sehe ich die Verantwortung all derer, die von der Idee eines neuen Zeitalters jenseits der industriellen Megamaschine angerührt sind. Wir werden uns auf diesem Boden neu sammeln und ein bundesweites wie auch grenzüberschreitendes Netz knüpfen, ohne wieder eine direkt politische Organisation zu schaffen.

Es ist jetzt klar, daß es keinen kurzen und direkten Anlauf zu einer ökologischen Politik gibt. Dem steht die Tiefenpsychologie des westlichen Menschen entgegen. Politik überhaupt ist daher nur der letzte Hilfsschlüssel für Tore, die zuerst anderweitig entriegelt werden müssen. Daß nun die *Umweltschutz*idee Gemeingut geworden ist, blockiert zunächst sogar das *ökologische* Denken, weil Ökologie und Umweltschutz verwechselt werden. Die Gesellschaft wird wieder ein paar Jahre brauchen, um zu erleben: Umweltschutz, Umweltschonung und was der schönen Worte mehr sind, dienen bloß als Ausputzpflastersteine für den breiten Weg zur Hölle, nicht etwa der Wiederversöhnung mit der Erde.

Daher schreibe ich dieses Buch nicht so sehr über ökologische Politik als über ihre *Grundlagen,* ihren geistigen Zusammenhang, die Verwurzelung der Katastrophe wie der möglichen Rettung im menschlichen Wesen. Nur von dort aus gibt es eine radikale und im genauen Sinne fundamentalistische Antwort. Die Bombe, Tschernobyl, das Elend der Welt, das mit der Ausbreitung unserer Zivilisation anwächst, sind nur Anstöße, allerdings unentrinnbare. Wir müssen die Logik der Selbstausrottung zurückverfolgen bis ins menschliche Herz, weil auch nur von dort die Logik der Rettung ihren Ausgang nehmen kann.

Was wir tun, was wir uns und aller Kreatur antun, kann nur darin wurzeln, was wir sind. Wenn wir jetzt sehen, daß unser Dasein als denkende Wesen vor allem Störung der Weltharmonie, der Naturgleichgewichte hervorruft, so kann das keine andere

Ursache als die Verwirrung unseres eigenen Geistes und Herzens haben. Genauer gesagt, wie auch immer diese Verwirrung ihrerseits verursacht sein mag, wir müssen in erster Linie nicht diese Umstände, sondern uns als die Wurzel sehen, wir könnten auch sagen, als den entscheidenden Durchgangspunkt all unserer Teufelskreise. Wie können wir die menschlichen Energien von all der falschen Arbeit in der Fabrik und im Büro abwenden, von all der Selbstmordarbeit jeden Tag?

Wenn ich von *Logik* der Selbstausrottung wie der Rettung spreche, dann setze ich zunächst voraus, daß es eine »implizite«, eine »eingefaltete« Ordnung, einen Satz Gesetzmäßigkeiten im Kosmos und auf unserem Planeten gibt, und daß diese Ordnung als Verhaltensgrund in uns hineinreicht. Wir können deshalb auch immer soviel wissen, wie nötig ist, um eingefügt zu sein. Worte wie Logik, Logos oder Dau (Tao, bei Laotse bzw. Laudse, den ich besonders liebe, heißt etwa: die Übereinstimmung mit der impliziten Großen Ordnung, die in Natur und Gesellschaft dieselbe ist) weisen auf den menschlichen Zugang zu diesem Urgrund, zu seiner Entfaltung und Wirksamkeit. Unsere Praxis muß sich dem so Erfahrbaren anmessen, auch wo keine Ratio hinreicht. In dieser Richtung allein liegt das gesuchte Gleichgewicht, liegt die Kreislaufwirtschaft, bei der Zyklus über Entwicklung geht.

In der Logik der Selbstausrottung dagegen hat sich der Pfeil der Entwicklung, der Eroberung, der Expansion vom Zirkel der ewigen Wiederkehr losgerissen und mehr und mehr gegen den Urgrund gekehrt. Wir heben nicht auf, wir beuten aus, wo wir weitergehen. »In der Welt habt ihr Angst«, steht geschrieben. Die sucht das Ich, besonders das männliche, mit Machterwerb und Sicherheitspolitik zu kompensieren. So haben wir Zug um Zug, immer außen und innen zugleich, diese selbstmörderischen Zivilisationen geschaffen, keine extremer als unsere, die ich als das Imperium des Weißen Mannes begreife.

Leicht ist es, ihre Übel zu verwerfen: Die Schlechten ins Kröpfchen, die Guten aber, die Errungenschaften, ins Töpfchen, um daran festzuhalten. Es läuft aber *im Ganzen falsch*, und so fängt die Logik der Rettung damit an, daß wir bereit sind, *alles loszulassen*, auch unsere Schätze, vor allem das Geldmachen und die Wissenschaft, die allem zugrunde liegen, aber auch diese bestimmte Art von verteilungskämpferischer Demokratie, die ebenfalls eine Phase der Schlinge um unseren Hals ist. Und die Logik der Rettung endet damit, daß wir unsern höchsten Schatz preisgeben, den Doktor Faustus in uns (Goethes »Höchstes Glück der Erdenkinder ist doch die Persönlichkeit«[6]), der jeden Tag bereit ist, den Teufelspakt zu erneuern. Wir richten die Welt zugrunde, um uns einen Namen zu machen, um diese Spur zu ziehen, die »nicht in Äonen untergeht«.[7]

Zwischen jenem Anfang und diesem Ende einer Rettungslogik aber, und nur davon umrahmt sinnvoll zu bestellen, liegt das Feld von Rettungs*politik*, das Feld einer neuen Ordnungs-, einer Neuordnungspolitik. Was darauf wächst, wird von der Atmosphäre abhängen, die sich im vor- und überpolitischen Raum herausbildet.

Entsprechend der Absicht, Spiritualität und Politik zu verbinden, hat mein Buch nun zwei miteinander verflochtene Stränge, eine innere und eine äußere Linie der Annäherung an die Probleme einer Umkehrbewegung.

Entscheidend ist die innere Linie. Insofern liegt das Hauptgewicht auf der *Logik* der Selbstausrottung und der *Logik* der Rettung, worunter ich verstehe, daß wir uns der *Tiefenstaffelung* sowohl der Selbstzerstörungskräfte als auch des Potentials für eine Heilung der Kultur bewußt sein sollten. Fehlt uns das, so reiben wir uns an den Symptomen auf und sammeln bloß Enttäuschungen an, weil die alte Logik nicht auf Anhieb nachgibt. Wir müssen den Schub verstehen, der die industrielle Megamaschine vortreibt und auf diese Weise auch die Fallhöhe ihres Ausstoßes bestimmt. Auch müssen wir wissen, wie sehr wir mit eingerollt sind in die Lawine, die wir gleichwohl aufhalten möchten – wirklich keine konventionelle Aufgabe. Und was die Lösung betrifft, sind die nächstliegenden Vorstellungen, die alle von den Verhaltensmustern eines mehr oder weniger radikalen Klassenkampfes um den Anteil am verteilbaren Kuchen bestimmt sind, völlig untauglich. Wir müssen einen anderen Mechanismus erfinden, um der sozialen Gerechtigkeit nahezukommen; der jetzige heizt innen die ökonomische Expansion und nach außen die Ausbeutung der übrigen Menschheit, des Lebens und der Natur überhaupt an. Es geht zunächst um Erkenntnis, nicht vorschnell um das nächste Aktionsprogramm.

Auch der andere, der äußere Strang soll nicht in einen Maßnahmeplan münden, sondern in Axiome und Prinzipien einer Rettungspolitik sowie in die Frage nach ihren Institutionen. An Handlungsanlässen ist wahrlich kein Mangel, die Dämme beginnen allerorten zu reißen, nur haben wir die Erfahrung, daß es uns an einer Behandlung gebricht, die aus dem Flickwerk am Status quo hinausführt. Rezepte bleiben Gedankenexperimente und wirken unrealistisch, solange die große Mehrheit trotz aller Nörgelei noch mit den ägyptischen Plagen aushält. Ja, *Umweltschutz*maßnahmen haben, wenigstens verbal, Konjunktur, eine *ökologische* Reformation an Haupt und Gliedern hat sie noch nicht. Die Stunde für eine ökologische Wendepolitik wird aber kommen.

Beginnen wird sie wahrscheinlich als eine Art konservativer Revolution, für die aber die politische Kraft jetzt noch nicht annähernd formiert ist. Damit werden die Umorientierungsprozesse in den beiden alten Hauptparteien, vor allem aber in dem konservativen Lager, wichtiger als die Entwicklung der auch ins bestehende Parteiensystem eingerückten Grünen. Ich lasse also die grüne Realpolitik beiseite, um mich auf den fundiertesten christdemokratischen Beitrag zur Einordnung des Umweltschutzes in unsere Wirtschafts- und Sozialverfassung einzulassen, dem überdies die Sozialdemokratie bisher nichts Gleichwertiges an die Seite zu stellen hat: auf Kurt Biedenkopfs Buch »Die neue Sicht der Dinge«.

Im Gegensatz zu Lothar Späth aus derselben CDU, der auf einen Kopfsprung in die nächste Welle technologischer Innovation setzt, möchte Biedenkopf eine Logik wenigstens der Schadensbegrenzung installieren und daraufhin das alte institutionelle Kleid immerhin im Ganzen wenden. Wirklich aufhalten wird auch Biedenkopfs »ökologische Marktwirtschaft« die Katastrophe nicht, aber an dem Versuch, würde er konsequent durchgeführt, wäre mehr als an jeder anderen Realpolitik zu lernen.

Er wird scheitern. Es wird überhaupt *jede* aufs Ökonomische und Politische beschränkte Strategie scheitern. Insbesondere ist die Megamaschine ganz offensichtlich nicht durch Gegenmacht-Demonstrationen aufzuhalten, aber ich glaube eben auch nicht an die endgültige Wirksamkeit rechtlicher bzw. staatlicher Eingriffe, so notwendig sie vorübergehend sind. Wir müssen der Megamaschine die Nahrung, die menschliche Energie, verweigern, statt sie mit dem Abwehrkampf von unten und mit regulativen Maßnahmen von oben sogar noch zu trainieren.

Doch wohin mit den Energien, wohin mit dem aktiven Potential, das bisher auf diese Art Weltveränderung durch Sachenmachen und soziales Kämpfen programmiert ist? Wir werden gewiß Aktivität brauchen, um die neue Ordnung einzurichten, mit der wir in den begrenzten irdischen Naturzusammenhang passen. Aber sehr viel davon kann und darf einfach nicht mehr produktivistisch umgesetzt werden. So ist es eigentlich eine weitgehende Umwidmung des menschlichen Energieeinsatzes von den Tiefen der Person her, worauf wir noch Hoffnung setzen können. Dies muß von Grund auf geschehen, nicht erst aus dem Stau der Restenergien, die keinen Auslauf mehr finden, vielmehr von der ursprünglichen Tendenz der Lebensenergie selbst her, die nach freudigem Auslaß strebt.

Bei genauerem Hinsehen bedeutet Spiritualität (versus Materialismus) vor allem, diese Umorientierung unserer Energien von einer Praxis vornehmlich äußeren zu einer Praxis vornehmlich inneren Handelns, vom Sachobjekt zum Subjekt, von der Konstruktion zur Kommunion.

Ohne spirituelle Perspektive wird sich der Ökopax-Ansatz doch nicht von der Logik der Selbstausrottung lösen. Seine Helden werden im letzten Akt tot mit auf der Bühne liegen. Damit ist keineswegs gemeint, wir müßten uns nur ein bißchen euphorisches *positive thinking* einüben, und es würde sich alles von selbst wieder einrenken. Für die Logik der Rettung brauchen wir wieder Zugang zu den ältesten Weisheiten der Menschheit, die bis auf die Altsteinzeit zurückgehen, wo die Menschen die Urtatsachen ihrer Existenz und Einordnung in den Kosmos noch weitgehend frei von dem deformierenden Ballast ihrer späteren kulturellen Spezialisierung und Entfremdung gelebt und gefeiert haben. Wir müssen vor allem lernen, unsere Bewußtheit mehr auf uns selbst als auf die von uns gemachte Welt zu richten, und den Zusammenhang zwischen Innen und Außen präsent zu halten. Denn in uns ist alles, und wir sind in allem.

In der *New-Age*-Szene ist es üblich, sich darin zu versichern, daß wir eins mit den Wolken, den Bäumen, den Steinen und den

Tieren sind. Richtig, wir sind alle Teil der Bäume, und die Bäume sind Teil von uns. Aber mindestens ebenso not tut uns zu wissen, daß und inwiefern wir – nach derselben Logik!– auch Teil der Megamaschine sind; und die Megamaschine ist Teil von uns. Die praktische Identifikation mit dem Auto, mit dem die Adepten auf den heutigen Monte Veritá fahren, könnte sich durchaus gewichtiger auswirken als die Baumzeremonie dort oben.

Mit der Einsicht in die Mitverantwortung für die Selbstzerstörung fängt ein politisches Verhalten, das rettend sein kann, gerade an. Was immer wir im einzelnen tun oder lassen können, bekommt erst durch die Zuordnung auf das Ganze der menschlichen Praxis seinen Stellenwert zwischen Schädigung und Förderung des Lebens. *Also ist die Wahrheit über uns selbst zu suchen die wichtigste politische Disziplin.*

I. Koordinaten der Lage

1. Wie ich die Lage sehe

Was ist Exterminismus?

1980 schrieb Edward Thompson, der visionäre britische Histori-
ker, um den Widerstand gegen die »Nachrüstungs«-Pläne zu
begründen, seinen Essay über *Exterminismus* als letztes Stadium
der Zivilisation.[8] Im Englischen ist das zwar ein neues Wort, aber
kein Fremdwort. Wenn man Unkraut vertilgt oder Ungeziefer
ausrottet, sagt man *exterminate*, ähnlich den romanischen Sprachen, aus denen das Verb kommt. Es meint die massenhafte
Vernichtung von Leben, das wir für unwert befunden haben. In
diesem Sinne hat es 1958 auch Gustav Heinemann gebraucht, als
er im Bundestag erklärte, man könne die Atombombe nicht eine
Waffe mehr nennen: Sie sei ein Ungeziefervertilgungsmittel,
diesmal angewandt auf Menschen.

Ich empfand gleich, daß Exterminismus nicht nur auf militärischen Overkill, auf solche Erfindungen wie die Neutronenbombe,
die nur Lebendiges vernichtet, paßt, sondern tatsächlich auf die
Industriezivilisation insgesamt und in sehr vielen, nicht nur materiellen Aspekten, obgleich diese letzteren zuerst ins Auge fallen.
Es hatte seinen Sinn, daß die Ökopax-Bewegung nicht bei den
Atomwaffen, sondern bei den Atomkraftwerken und bei scheinbar noch harmloseren Anknüpfungspunkten begann. Die Kernkraft ist nur der geile Spitzentrieb eines Krebses, der unserer
Gesamtkultur innewohnt. Hinter den verschiedenen Abwehrbewegungen stand unausgesprochen schon die allgemeine Erkenntnis: In den Regelkreis, der unsere Gattungsentwicklung lenkt, hat
sich der Tod eingenistet.

Thompsons Satz von der »zunehmenden Bestimmtheit des
exterministischen Prozesses«, von der »letzten Disfunktion der
Menschheit, ihrer totalen Selbstzerstörung«, kennzeichnet die
Lage insgesamt. Mit der Verbreitung der Industriezivilisation hat
die Zahl der Verdammten und Verelendeten unglaublich zugenommen. Es hat nie in der ganzen Geschichte so viele Opfer von
Hunger, Krankheit, vorzeitigem Tod gegeben wie heute. Nicht

nur ihre Zahl, sondern auch ihr Anteil am Menschheitskörper wächst. Und in untrennbarem Zusammenhang mit dem militärischen und wirtschaftlichen Vormarsch sind wir dabei, das nichtmenschliche Leben, d. h. die Biosphäre, die uns hervorgebracht hat, ins Mark zu treffen.

Will man die Exterminismus-These in Begriffen von Marx ausdrücken, kann man auch sagen, daß das Verhältnis zwischen Produktiv- und Destruktivkräften innerhalb unserer Praxis völlig umgekippt ist. Marx hatte, wie andere auch, die die Geschichte der Zivilisation überblickten, die Blutspur gesehen, die sich hindurchzieht, und daß »die Kultur Wüsten hinter sich zurückläßt«.[9] In Mesopotamien haben sie 1500 Jahre gebraucht, um das Land zu versalzen, und es erst spät bemerkt, weil es so langsam vor sich ging. Es gab immer diese destruktive Seite, seit wir produktiven Stoffwechsel mit der Natur betreiben. Und nur weil sie überhand nimmt, sind wir jetzt gezwungen, apokalyptisch zu denken, nicht aus Kulturpessimismus als Ideologie.

Ich möchte auch gleich hervorheben, daß das Problem letztlich *nicht* in den Perversionen liegt, *nicht* in den zusätzlichen Ungeheuerlichkeiten von Auschwitz und Hiroshima, von neurotischer Zerstörungslust und genossener Folter an Mensch und Tier. Es liegt in dem quantitativen Erfolg und der Richtung, die unsere Zivilisation in ihren Blütezeiten eingeschlagen hat. Dieser Erfolg ist dem eines Heuschreckenschwarms gar nicht unähnlich. Unser soviel höheres Bewußtsein ist als Entwicklungsmittel in ihn eingegangen, aber es hat Maß und Ziel durchaus nicht bestimmt. Die Logik der Selbstausrottung arbeitet im Ganzen blind, und ihre Werkzeuge sind nicht die Endursache.

Jahrhundertelang hat das Problem für die allermeisten einfach unterhalb der Bewußtseinsschwelle gelegen. Ich weiß nicht, wie oft ich, ohne etwas zu merken, in den Jahren zwischen 1950, wo ich es kennenlernte, und 1970 darüber hinweggelesen habe, wie Marx und Engels im Kommunistischen Manifest die kapitalistische Vorarbeit für die erwünschte klassenlose Industriegesellschaft preisen:

> Die Bourgeoisie hat durch die Exploitation des Weltmarkts die Produktion aller Länder kosmopolitisch gestaltet. Sie hat zum großen Bedauern der Reaktionäre den nationalen Boden der Industrie unter den Füßen

weggezogen. Die uralten nationalen Industrien sind vernichtet worden und werden noch täglich vernichtet. Sie werden verdrängt durch neue Industrien, deren Einführung eine Lebensfrage für alle zivilisierten Nationen wird, durch Industrien, die nicht mehr einheimische Rohstoffe, sondern den entlegensten Zonen angehörige Rohstoffe verarbeiten und deren Fabrikate nicht nur im Lande selbst, sondern in allen Weltteilen zugleich verbraucht werden. An die Stelle der alten durch Landeserzeugnisse befriedigten Bedürfnisse treten neue, welche die Produkte der entferntesten Länder und Klimate zu ihrer Befriedigung erheischen. An die Stelle der alten lokalen und nationalen Selbstgenügsamkeit und Abgeschlossenheit tritt ein allseitiger Verkehr, eine allseitige Abhängigkeit der Nationen voneinander ... Die Bourgeoisie reißt durch die unendlich erleichterten Kommunikationen alle, auch die barbarischsten Nationen in die Zivilisation. Die wohlfeilen Preise ihrer Waren sind die schwere Artillerie, mit der sie alle chinesischen Mauern in den Grund schießt, mit der sie den hartnäckigsten Fremdenhaß der Barbaren zur Kapitulation zwingt.[10]

Das ist namens der zivilisierten Arbeiterinteressen geschrieben – ein klar »sozialimperialistischer« Text, wie man heute sieht. Es geht um die proletarische Übernahme der Geschäfte in dieser Zivilisation, und die Sozialdemokratie, mehr noch die Gewerkschaften, sind die legitimen Erben dieses Programms, an dessen kulturellen Grundton sie sich ungebrochen halten. Selbstverständlich tun das Liberale und Konservative ebenso, und städtische Alternative meistens auch. Nur wird heute alles nicht mehr so unverfroren ausgesprochen.

Wolfram Ziegler hat eine Maßzahl entwickelt, die in genialer Einfachheit die Gesamtlast erfaßt, mit der wir auf die Biosphäre drücken, um unser Modell von »gutem Leben« alias »Lebensstandard« durchzusetzen und auf dieser Grundlage den allerdings immer stärker von Ökopanik bedrohten »sozialen Frieden« der reichen Metropolis zu wahren.[11] Ziegler geht davon aus, daß die Benutzung von technisch aufbereiteter Fremdenergie der entscheidende Hebel unseres Eingriffs ist. Mittelbar beruht ja auch die Naturvergiftung und -zerstörung, die mit dem Materialdurchsatz verbunden ist, auf dem Einsatz unserer Energiesklaven. Daher nimmt Ziegler den Energiedurchsatz pro Quadratkilometer am Tag und multipliziert ihn mit einem »Schadäquivalent« für den regional ermittelten Umfang der Stoffumwandlung und der Natureingriffe. So kommt er auf eine Kennzahl für den Druck auf die Biosphäre in der Dimension Kilowatt(äquivalent)stunden pro km^2 je Tag. Diese Zahl liegt weit über der des bloßen Energiever-brauches, weil die toxischen und noxischen Effekte eingerechnet sind. Heute machen wir in der Bundesrepublik allein mit dem realen Energiedurchsatz, also ohne den Schaden einzurechnen, Eingriffe in der Höhe von täglich 40 000 kWh/km^2, und das ist etwa 10mal soviel wie vor 100 Jahren.

Gerade vor 100 Jahren ging, wie auch Ditfurth darstellt, das biologische Artensterben in den exponentiellen Verlauf über, der dazu geführt hat, daß jetzt jeden Tag eine Art verschwindet, während es um das Jahr 2000 bereits jede Stunde eine Art sein wird. Angefangen beim geographischen Raum, den wir nicht nur einschränken, sondern auch so zersplittern, daß Ökotope ihre Ganzheit verlieren und die kritische Anzahl von Individuen einer Art nicht mehr im selben Lebensraum zusammenfinden kann, monopolisieren wir die Erde für unsere Spezies allein. Mit unse-rem natürlichen Lebendgewicht, so hat Ziegler ausgerechnet, bringen wir in der Bundesrepublik 150 kg/ha auf die Waage, wo alle anderen Tiere, einschließlich der Vögel, nur 8 bis 8,5 kg/ha wiegen – soweit sie nicht »anthropogen«, d. h. von uns ausgebeu-tete Haustiere sind, nämlich weitere ca. 300 kg/ha, die nicht sich selbst gehören, sondern uns. Außerdem haben wir mindestens weitere 2000 kg, also 2 Tonnen technischer Strukturen allein schon für unsere Transportsysteme auf jeden Hektar Fläche ge-setzt, der Löwenanteil davon auf die Autos bezogen.

Wenn wir schon keine natürliche Solidarität mit dem übrigen Leben mehr fühlen – wir sind für unsere eigene biologische Existenz darauf angewiesen, daß die Artenvielfalt der Pflanzen und Tiere erhalten bleibt. Unsere »anthropogenen« technischen Monokulturen von Nutzpflanzen und -tieren sind vielleicht die nachhaltigsten Selbstmordinstrumente, die wir führen. Jedenfalls gibt es kein fundamentaleres Indiz für die allgemeine extermi-stische Tendenz als das Artensterben, das mit dem Überwuchern des Industriesystems ins Galoppieren übergeht.

So kennzeichnet für Ziegler der Druck von ca. 4000 realen kWh pro Tag auf den Quadratkilometer, den wir vor hundert Jahren hatten, ehe das Artensterben anstieg und ehe, ein Vierteljahrhun-dert später, die ersten Naturschutzbünde reagierten, die Schwelle, an der wir die ökologische Stabilität endgültig hinter uns gelassen haben.

Es ist also keine Frage demokratischer Entscheidung mehr, sondern eine Naturnotwendigkeit, daß wir das Schadensprodukt aus Energie- und Materialdurchsatz um eine Zehnerpotenz zurücknehmen müssen. Ich war mit mehr intuitivem Überschlag auf dieselbe Größenordnung eines nötigen Rückzugs gekommen, indem ich mir überlegt hatte, was entsteht, wenn erst einmal die ganze Menschheit unseren abgepackten Wohlstand in Anspruch nehmen wird.

Umweltschutz ist da eine »Lösung« exakt jenes Charakters, wie man ihn von der (diesmal wissenschaftlichen) Priesterschaft einer untergehenden Kultur nur erwarten kann: ein Stockwerk mehr auf die defiziente Pyramide, was ihre Last nur vergrößern wird. Ziegler zeigt denn auch zwingend, daß es jedenfalls mit technischem Umweltschutz allein nicht zu machen ist, da sich dessen Energie- und Stoffdurchsatz zu der Belastung, die er andererseits zu reduzieren sucht, wieder addiert, bis sich schließlich der Effekt gänzlich aufhebt.

Letzten Endes ist Umweltschutz als zusätzliche Strategie also nur ein weiterer Stimulus des wirtschaftlichen Wettrüstens, bei dem die Gesamtmasse der Megamaschine sowohl von der investiven wie von der konsumptiven Seite eher weiter wächst. Jänicke hat das, gestützt auf Kapp (1972), auch unter dem Kostenaspekt bewiesen. Umweltschutz verschafft dem Industriesystem für eine kurze Frist noch eine letzte »grüne« Legitimation. Während wir punktuell die Umwelt schützen, rückt jedoch die ganze Front der Naturbelastung unentwegt vor. Hundert umweltschonende Motoren mit je ⅔ der bisherigen Schadwirkung bewirken eben mehr als 50 andere zuvor.

Was jetzt an industrieller Umweltfreundlichkeit über die Schirme und Magazinseiten läuft, erzeugt somit einen ganz verhängnisvoll falschen Eindruck. Beispielsweise kommen wir allein über das Essen mit ca. 10 000 und insgesamt im industrienationalen Alltag mit ca. 100 000 Chemikalien in Berührung. Über diese totale Verkünstlichung des zivilisierten Lebens wird betrügerisch hinweggeworben. Daß wir uns dem Plastik anpassen können, das walte die vielgepriesene Plastizität der menschlichen Natur, der wir ja die Zivilisation verdanken! Um unserem Betätigungsdrang, unserer Arbeitswut, mit der wir Selbstverwirklichung betreiben, nachzugehen, verderben wir den ganzen ursprünglichen Fundus bis auf den Grund. So wird ökologische Marktwirtschaft in diesem Kontext grundsätzlich nur ein neues Glied in der Logik der Selbstausrottung. Zunächst senkt sie die produkt- bzw. technologiespezifische Umweltschädigung, aber im langfristigen Insgesamt verstärkt sie sie sogar. Das grüne »Umbauprogramm« ist übrigens eine Spitzenleistung in dieser Richtung, weil es außerdem auch noch das sozialstaatliche Netz verstärken will, was im Rahmen der bestehenden Verhältnisse nur dazu gut sein kann, die Nachfrage nach Industriegütern noch etwas höherzuhalten. Die Grünen weigern sich ausdrücklich, überhaupt noch festzustellen, daß das materielle Wirtschaftsvolumen der Bundesrepublik von heute völlig unvereinbar mit der ökologischen Stabilität ist. Früher haben sie den Widerspruch zwischen ihrer ökologischen und ihrer sozialstaatlichen Orientierung wenigstens noch ausgehalten.

Nach Zieglers Demonstration müssen wir entweder, wenn wir den Verbrauchsstandard, der ja großenteils strukturell bedingt ist, erhalten und trotzdem hier zu Hause bleiben wollen, auf ca. 6 Millionen Menschen herunter – oder wir müssen die Struktur grundlegend ändern, weil technische Maßnahmen zur Senkung der Grundlast *im Rahmen* der weltweiten industriegesellschaftlichen Strukturen das Unheil nur geringfügig bremsen können. »Umbau der Industriegesellschaft« ist ein grünes Mäntelchen, unter dem der tödliche Krebs fortschreitet. Die jetzige Großproduktion und die städtischen Ballungen samt zugehörigen materiellen Infrastrukturen sind unweigerlich unser Ende. Demnach müssen wir entweder die Bevölkerungsdichte oder unsere Ansprüche in historisch kurzer Zeit drastisch senken, wenn wir uns nicht technisch totsiegen wollen.

Das ist richtig, wobei jedoch unsere Ansprüche (auf »Energiesklaven« und Materialverbrauch samt Schadwirkung) nicht einfach von einer Technik, sondern von einer machtpolitisch überaus verteuerten Techno*struktur* abhängig sind. Die »Lebensqualität« mag bei sinkenden Ansprüchen an die Kilowattstunden wachsen, wenn die durch Weltmarkt und überlokale Bürokratien und Institutionen, Infrastrukturen etc. bedingten Aufwände und Lasten großenteils entfallen. Eine kommunal-kommunitäre, dezentral reproduzierende *neue Gesellschaft*, die sich nicht mehr zu jeder Jahreszeit Erdbeeren einfliegen läßt, könnte sich vielleicht bei etwa gleichem Alltagsstandard, aber anderer Lebensweise auch mit weit mehr als bloß 6 Millionen Bundesbürgern ökologisch stabilisieren. Selbstverständlich brauchen wir dennoch den Bevölkerungsrückgang, obwohl das Bevölkerungswachstum viel mehr Folge als Ursache des Industrialismus ist und war: Seine Kurve im Weltmaßstab verläuft ganz analog all den anderen, die unseren materiellen Fortschritt ins Nichts veranschaulichen.

Da wir uns aber – bis weit in die Grünen hinein – weigern, die Grundlast des Industriesystems ernst zu nehmen, da uns etwa das Artensterben nicht wirklich entsetzt, bleibt uns gar nichts anderes, als uns mit manifesten Katastrophen aufzuschrecken, die unsere Art *direkt* betreffen. Der humane Egoismus erweist sich als so dumm, daß er auf Vorwarnungen aus dem Reich der von uns vergewaltigten Mitgeschöpfe nicht reagiert. So ist Exterminismus – falls es nicht zu einem gerade noch rechtzeitigen Bewußtseinsprung kommt – das unausweichlich letzte Stadium der Zivilisation. Hitler ähnlich werden wir die Tür so hinter uns zuschlagen, daß wir gleich auch noch viel von dem Gesamtresultat der biologischen Evolution mit ausradieren.

Als Mahnmal eignet sich die folgende Kurzgeschichte der Osterinsel, die Hermann Remmert in der Zeitschrift *Nationalpark* veröffentlicht hat:

Um das Jahr 400 kamen Polynesier zur Osterinsel – dem wohl einsamsten Eiland im Großen Ozean. Sie ließen sich nieder, schlugen den Wald, bauten Dörfer und Tempel, entwickelten mit ihren einfachen Faustkeilen eine bemerkenswerte Technik der Steinbearbeitung, schufen die berühmten Steinfiguren, die sie rund um die Insel an ihren Dörfern mit Häfen aufstellten, schlugen immer mehr Wald, vermehrten sich . . . und begannen sich zu bekriegen, als ihre Zahl zu groß wurde. Die Tempel wurden zerstört, wiederaufgebaut, wieder zerstört, der Wald vernichtet . . . Es war ein kleines Restvolk von vielleicht 500 Menschen, die die Europäer vorfanden, als sie erstmals die Osterinsel betraten. Die Insel war nun eine baumlose Steppe; die einstmals mehr als 20 000 Bewohner lebten nur mehr in Höhlen, sie huldigten einem grausamen Vogelkult mit Kannibalismus.

. . . In der Folgezeit stieg die Bevölkerung (trotz Sklavenhandels) wieder ein wenig; Hunde, Katzen und Schafe wurden eingeführt (und vernichteten die von den Polynesiern mitgebrachten Hühner), von 1900 bis 1950 war die Insel eine einzige riesige Schaffarm (mit etwa 60 000 Schafen)...

Heute leben drei Landvogelarten hier – von Südamerika eingeführt. Niemand kennt die ausgerotteten Bäume. Ob die Grillen, die Wespen, die Schmetterlinge, die Eidechsen einheimisch sind? Niemand vermag es zu sagen. Eine Steinzeitkultur hat den eigenen Lebensraum zerstört, hat die einst reichen Vogelinseln geleert. Der Mensch der Steinzeit lebte nicht im Einklang mit seiner Heimat, er zerstörte sie wie wir es tun.

Die Maoris auf Neuseeland brannten den Wald nieder, sie vernichteten etwa 23 einheimische Arten von Riesenstraußen und viele andere mehr. Die heutige Waldlosigkeit großer Gebiete Neuseelands ist ein Werk der Menschen, die hier vor den Weißen siedelten. – Die Menschen, die Amerika besiedelten, schoben vor sich einen Gürtel des Schreckens her – die Zone des »overkill«, wie wir heute sagen. So entstand die Artenarmut der Säugetierfauna Nord- und Südamerikas. Die Vernichtung der Wälder des Mittelmeerraumes, die Zerstörung der Lebensbasis in Norwegen (die zu den Wanderungen der Wikinger führte), die Zerstörung des Eichenwaldes in Norddeutschland zur Bronzezeit (was die Lüneburger Heide ergab) – all das zeigt uns: Immer zerstörte der Mensch seinen Lebensraum, wo immer er konnte. Nie versuchte er, ein Mitglied eines konstanten Ökosystems zu sein. Nein, der Rückblick gibt uns keine Hilfe. Das Zusammenleben des primitiven Menschen mit der Natur ist eine fromme Mär. Und schon damals hat man Leute, die unbequeme Wahrheiten sagten, mit naturreinem Schierlingssaft umgebracht.

Was uns helfen kann in unserer schrecklichen Situation: den Weg vom missing link zum homo sapiens zu gehen. Sonst ist die Osterinsel ein Modell unserer Welt, ein schreckliches: Von etwa 20 000 Menschen sank die Bevölkerung auf etwa 500 – durch Kriege, Kannibalismus und Krankheiten. Wir können heute die Ursachen so entsetzlich genau ermitteln. Wir wissen, worauf es ankommt, sehen die Gefahren.

Doch – um homo sapiens zu sein, müßte man handeln, überzeugen, überzeugbar sein. Es gibt nur die Wahl zwischen freiwilligem Verzicht auf der ganzen Welt und der schrecklichen Vision eines Verzichts à la Osterinsel (wenn's so gut abgeht)...

Das Rezept der Selbstausrottung, die Geisteshaltung, mit der wir sie sicher machen, hat etwa der Chefredakteur der hiesigen konservativen *Wormser Zeitung*, Hermann Dexheimer, anläßlich der Tschernobyl-Katastrophe zu zwei Leitartikeln zusammengefaßt, die typisch sein dürften: Wir sollen noch bedächtiger mit dem atomaren Feuer umgehen, müssen aber, da wir es für unseren Lebensstandard brauchen, »auch künftig im Schatten der Bombe und in der Nachbarschaft der Atommeiler leben«. Der Standard, um den wir untereinander konkurrieren, soll Vorrang behalten vor dem Leben selbst.

Sofern die drohende Katastrophe tatsächlich aus dem Anwachsen der Gattung Mensch und ihrer Produktivität, ihrer Fähigkeit zur Naturausbeutung und -verwandlung hervorgeht, sofern der Prozeß also schon auf dieser »unschuldigen« Ebene mit uns durchgeht, haben wir alle Anteil am Exterminismus. Offenbar genügt schon das nach den verschiedensten Sitten und Gesetzen korrekte Verhalten des Menschen »wie er nun einmal ist«, um ihn abstürzen zu lassen. Demnach kann uns keine Ordnung retten, die bloß den *Exzeß* unserer Gier beschränkt, wie es unsere Normen mit abnehmendem Erfolg versuchen, sondern nur die geistige Bewältigung der Gier selbst. Damit wären Propheten und Buddhas – ob nun ihre Antwort vollkommen war oder nicht – die einzigen gewesen, die wenigstens die *Frage* radikal genug gestellt hätten.

Alles, was über Herrschaft, Ausbeutung, Klassenkampf als *Letzt*ursache der Expansion gesagt wird, ist falsch, obwohl diese Faktoren beteiligt sind. Gewiß, die sozialen Widersprüche waren und sind Beschleuniger und Verstärker, aber aufgrund einer Anlage, die mit der Gattung Mensch gegeben ist und die ihre Einzigartigkeit, ihren Ruhm ausmacht. *Warum* der Mensch, und zwar der normale, exzessiv der westliche Normalmensch, Leben zerstört anstatt ihm zu dienen, ist jedenfalls der Schlüssel zur Situation. Und so sehr wir zweifeln dürfen, ob das Rettende *aus* der Gefahr erwächst – wer die Gefahr und ihre Ursache nicht einmal sieht, wer die ökologische Krise nur für eine unerwünschte Nebenfolge einer ansonsten gloriosen Entwicklung hält, der kann gar nicht erst aufwachen, zu welcher Antwort auch immer.

Die Produkte und Erscheinungen, an denen wir die Gefährdung erleben und auf die die Ökologiebewegung als Umweltschutzbewegung zuerst reagiert hat, sind also nur Hinweise auf darunterliegende Ursachen. Und wenn wir mit dem »Verursacherprinzip« noch die Verantwortlichen für einen bestimmten Produktionsvorgang haftbar machen wollen, was gewiß von Fall zu Fall gelingt, so hat uns das Waldsterben auf eine Komplexität, Summierung und Überlagerung der auslösenden Faktoren gestoßen, die es schon methodisch unwahrscheinlich machen, seine Ursachen einzuholen, indem wir bloß den einzelnen Schadstoffen nachjagen.

Allem Anschein nach hat das Industriesystem – mit seinen Verbrennungsprozessen, seinen chemischen und metallurgischen Produktionen, seinen Hochspannungsleitungen und Atomkraftwerken in unserem überbesiedelten Land – eine letzte Verträglichkeitsschwelle überschritten. Der Exterminismus war schon an den beiden Weltkriegen abzulesen, die das Industriesystem voraussetzten. Jetzt gibt es praktisch überhaupt keine Friedensproduktion mehr her, was die Natur betrifft. Daran wird vollends kenntlich, wo wir stehen.

Galtungs Weltschematik

Anfang 1983 lud mich Johan Galtung, der norwegische Friedens- und Entwicklungsforscher, zu einem Seminar im Berliner Wissenschaftskolleg ein. Wir hatten eine wunderschöne Diskussion, und mir gefiel sehr die sinnfällige Darstellungsmethode, mit der er soziale Entwicklung und ihre verschiedenen Stile beschrieb. Jedenfalls habe ich seitdem, wenn ich meine fundamentalistische Position erläutern wollte, immer auf Galtungs »fünf Farben« (Blau, Rot, Gelb, Grün und Rosa) und »vier Ecken« (entsprechend den ersten vier Farben) zurückgegriffen.[12] Seine sozusagen wertfreie Weltschematik erleichtert sehr, sich in der durch die Ökokrise veränderten politischen Landschaft zurechtzufinden.

Die wichtigsten Erklärungen:

Die vier Ecken stellen, jeweils idealtypisch gedacht, die »reinen Prinzipien« dar: *Blau* das westliche; *Rot* das sowjetische; *Grün* das der von »Entwicklung« her definierten »Unterentwicklung«, das der traditionellen Gesellschaften bis zurück zum Urkommunismus, zur allseits weit weggewiesenen »Steinzeit«[13]; *Gelb* (oder Golden, um es weniger rassismusverdächtig auszudrücken, wie Galtung hinzufügt) das japanische. »Vierte Welt« nennt Galtung also nicht die ärmsten Länder, sondern die ostasiatische Sturmspitze des ursprünglich westlichen Unternehmens. *Rosa* in der Mitte ist sozialdemokratisch, sozusagen »schwedisch« als Prinzip. Ganz entscheidend ist nun die Diagonale B–C oder besser C–B

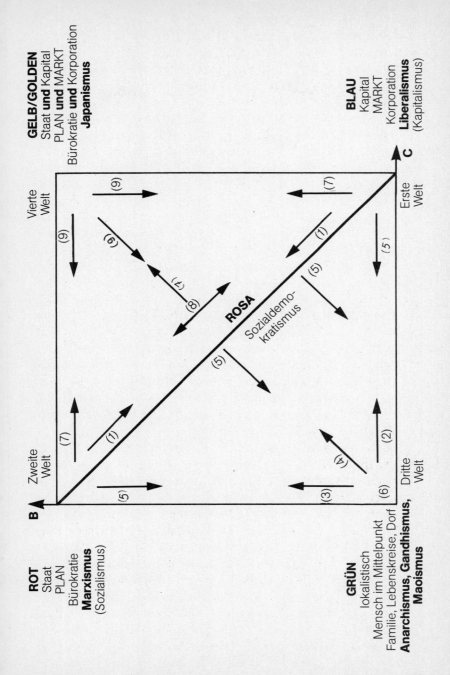

GELB/GOLDEN
Staat **und** Kapital
PLAN **und** MARKT
Bürokratie **und** Korporation
Japanismus

BLAU
Kapital
MARKT
Korporation
Liberalismus
(Kapitalismus)

ROT
Staat
PLAN
Bürokratie
Marxismus
(Sozialismus)

GRÜN
lokalistisch
Mensch im Mittelpunkt
Familie, Lebenskreise, Dorf
**Anarchismus, Gandhismus,
Maoismus**

Vierte Welt

Zweite Welt

Erste Welt

Dritte Welt

ROSA
Sozialdemo-
kratismus

B

C

(1) (2) (3) (4) (5) (6) (7) (8) (9)

37

(denn bei C liegt ihr Schwerpunkt, weil der blaue Pol die mächtigste Ursache auf ihr ist). Es ist dies die »Diagonale der Modernisation, der ›modernen‹ Gesellschaft«. Es ist vor allem die *Diagonale des Verderbens*, wie ich hervorheben möchte. Sie repräsentiert die Wirklichkeit der *industriellen Megamaschine*, wie sie Lewis Mumford unübertroffen aufgefaßt und beschrieben hat.[14] Diese Realität verbietet es glattweg, sich ferner mit so etwas wie einem »Projekt der Moderne« zu befassen, als könnte auf dieser Linie etwas anderes als *Extermination, d. h. die Massenausrottung von Lebewesen aller Art* herauskommen, was immer sich die Humanisten und Aufklärer einst Schönes beim materiellen Fortschritt dieses Typs gedacht haben mögen. Diese Hauptachse verbindet die »blaue« Marktfixierung *(»Ökonomismus«)* des Westens mit der »roten« Staatsfixierung *(»Etatismus«)* des Ostens, und die Extreme treffen sich, immer nach Galtung, in den Sozialdemokratien. Er sagt, von der Sowjetunion her betrachtet, sehen diese kapitalistisch aus, von den USA her sozialistisch; Jugoslawien sei vielleicht das »mittelste« Land auf dieser Achse.

Mit den Pfeilen meint Galtung:
(1) Die Konvergenz-Tendenz zwischen Ost und West, unter deren Voraussetzung die »Sozialdemokratien« dann die »anderthalbte Welt« wären.
(2) Westliche Hilfe für Länder der Dritten Welt, um sie in gehörig unterentwickelter Position auf's kapitalistische Ende der Hauptachse zu holen.
(3) Östliche Hilfe für diese Länder, damit sie die analoge Position am realsozialistischen Ende der Hauptachse einnehmen.
(4) Sozialdemokratische Hilfe (Galtung überschätzt m. E. allerdings die Eigenständigkeit dieses »rosa« Faktors), um ihnen die unterentwickelte Position dort zu ermöglichen, wo es so schön konvergent zugeht, immer auf derselben Hauptachse.
Ich finde sehr treffend, was Galtung zusammenfassend über Entwicklungshilfe sagt: Sie sei ein Weg, auf dem gewisse Länder mit starker Machtartikulation auf nationaler Ebene dann weltweit ihre eigene Reproduktion betreiben – um sich Verbündete zu schaffen; um ihr eigenes System aufzuwerten; um andere mit den Methoden zu durchdringen, die sie selbst am besten kennen und meistern; ohne Solidarität mit den Armen und Unterdrückten.

Galtung setzt zwar noch Fragezeichen dahinter, um zur Diskussion einzuladen, ob es wirklich so ist, fügt aber hinzu, es könne gar nichts anderes als der Versuch herauskommen, die eigene Struktur nach draußen zu projizieren, weil das das einzige ist, was die »Helfer« können. Eine »rote« Gesellschaft z. B. könne nicht aus »grünem« sozialem Rohstoff eine »blaue« Gesellschaft heranentwickeln, eine »blaue« umgekehrt keine »rote«. Jedenfalls existiere ein breiter Konsens, daß andere »modern« und »entwickelt« sein, d. h. irgendwo auf der Diagonale landen sollten: die »Entwicklungs«-Lehre.

Indessen gebe es da Dissidenten:

(5) Eine grüne Welle, aus Leuten, die von irgendeinem Punkt der Diagonale, sei er rot oder blau oder rosa, aufbrechen, weil sie genug haben von der ganzen Plan/Markt-Logik, von dem ganzen Projekt der Moderne; sie halten nach den Werten der dunkelgrünen Ecke Ausschau.

(6) Dann gibt es in der Dritten Welt Leute, die das Verharren an ihrem Pol nicht nur realistisch hinnehmen, sondern wünschenswert finden und verteidigen, die also nicht »entwickelt« werden wollen.

Schließlich gibt es – nach Galtung ebenfalls jenseits der Hauptachse, weil im Lande der aufgehenden Sonne nicht Gegensatz, sondern Integration von Plan und Markt herrsche – den gelben (goldenen) Pol. Bei mir droht von diesem Prinzip, das nicht etwa den Japanern allein gehört, der exterministische Overkill. Jedenfalls erzeugt das japanische Beispiel

(7) einen Sog, der in Moskau auf Gorbatschow wirkt und auf seine starke Lobby in Nowosibirsk, der in Warschau Gierek *und* Walesa nicht ruhen ließ; den man in »Schweden« spürt (unsere rosa Herren Glotz und Roth), in Stuttgart (unser Herr Späth), zuvor schon in Paris (Monsieur Servan-Schreiber); und natürlich in Kalifornien;

(8) einen Frust über das bloße Hin- und Herschieben zwischen dem plan- und dem marktwirtschaftlichen Akzent auf der alten Diagonale;

(9) endlich in Japan selbst vielleicht einen Kollaps am eigenen Erfolg, der dort zu Wendungen in alle erdenklichen Richtungen führen könnte – warum nicht auch auf der anderen Dia-

gonale über die von Japan aus gesehen bestimmt nicht attraktive west-östliche Achse hinaus in Richtung Grün oder vielmehr »Regenbogen«?

Galtung meint nämlich, alle fünf Modelle (Blau, Rot, Gelb, Grün und Rosa) arbeiten schlecht. Zwar sei das grüne besser als die andern, aber es produziere, mag auch Elend vermeidbar sein, Armut. Und das rosa Modell sei besser als die andern drei, teile aber die Aggression gegen die Natur, gegen die spirituelle Dimension und gegen die lokale Ebene, bleibe auch ins Wettrüsten verstrickt. So schildert er eine »Zone« in seinem Schema als »Rainbow« (»Regenbogen«) aus: abseits von den Seiten bzw. Ecken wie von der Hauptdiagonale. Dort könnte es *hellblau* zugehn: etwa nichtmonopolistische Marktwirtschaft. *Hellrot* bzw. rosa: einige Umverteilung zwecks ausgleichender sozialer Gerechtigkeit; dies mit ein wenig Gelb für die Integration der widerstrebenden Prinzipien Plan und Markt. *Hellgrün* im Sinne von »Small is beautiful«. Dies also sein »offenes Fenster für Entwicklung«:

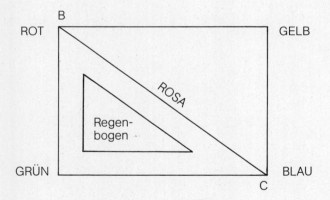

Ich denke, zumindest in unserem Lande wollen die meisten Leute bereits dorthin. Wenn es nur bei vollem Komfort und voller Sicherheit zu machen wäre! Wenn es nur die Garantie gäbe, daß dem Bären beim Waschen der Pelz nicht naß wird!

Interessanterweise gibt Biedenkopf in seiner »Neuen Sicht der Dinge« in etwa denselben Zielort an. Aus der blauen Richtung kommend, bewegt sich auch sein Denken weg von der Diagonale und hin zum Grün, und d. h. in das Dreieck »Regenbogen«. Und andererseits gibt es in derselben CDU, die Biedenkopf in Nordrhein-Westfalen führte, als sein Buch erschien, in Stuttgart den Ministerpräsidenten Späth, der in genau der entgegengesetzten Richtung von der Diagonale aufbrechen will: vehement nach Gelb.

Umkehr in den Metropolen

Mir hat damals an Galtungs Bildchen gleich gefehlt, daß er die ideale Zone, das »Fenster«, nur bezeichnet, aber nichts darüber sagt, auf welchem Weg wir dahin kommen. Wenn man bedenkt, wie wenig die Leute Extreme lieben, welcher Ecke auch immer, so ist das Angebot in Pastellfarben natürlich billig zu machen. Es lebe die Regenbogen-Idylle! Werden Blau und Rot und Grün sich einfach aufhellen auf diese Mitte zwischen ihnen hin? Oder werden sich die Geister scheiden? Zwischen Biedenkopf und Späth sieht es in ein und derselben Partei beinahe danach aus, ungefähr so:

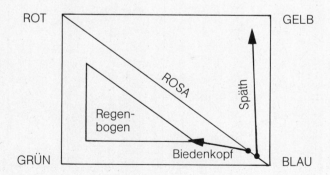

Lothar Späth möchte einige Werte, die er verbal mit Biedenkopf teilt, auf seine für diese Werte ganz unverträgliche Reise nach »Japan« mitnehmen, ich komme gleich noch darauf zurück. Übrigens berührt kein führender Sozialdemokrat *konzeptionell* das

Regenbogen-Dreieck, obwohl es Oskar Lafontaine wohl möchte.

Damals im Berliner Wissenschaftskolleg habe ich gleich in Galtungs Schema hineingemalt, um die Dynamik einer fundamentalistisch grünen Bewegung zu veranschaulichen. Sie spielt auf der *anderen* Diagonale des Schemas, auf der »*Entwicklungs*«-*Achse* zwischen den Polen Grün und Gelb. So kam ich auf das nebenstehende Bild:

Die Regenbogen-Gesellschaft ist natürlich »Die Andere Republik« oder besser der Verbund der »Anderen Ökorepubliken«, die zu wollen die Grünen und Alternativen leider mit zu wenig Grund verdächtigt werden. Jene Kräfte, die sich für den industriellen Durchbruch von der blau-roten Diagonale abstoßen, werden freilich auch eine andere Republik zustande bringen, eine, die irgendwo zwischen Huxleys psychedelischer Schöner Neuer Welt und dem von Robert Jungk beschriebenen Atomstaat angesiedelt sein wird. Sie wird mehr als bloß ein totalitärer Staat, sie wird eine totalitäre Gesellschaft. In Wirklichkeit bewegt sich die ganze blau-rote Diagonale in diese Richtung des superindustriellen Durchbruchs, der durch ökologische Modernisierung flankiert und kaschiert sein wird.

Was die aus der Grünen Ecke (der »Dritten Welt«) vorstoßende »Entwicklung« betrifft, so wird ihr Charakter entscheidend davon abhängen, ob die Umkehrbewegung *hier in den Metropolen* genügend Gewicht gewinnt, um ihr *positiv* die Perspektive des »Einholens und Überholens« zu nehmen, sie überflüssig zu machen. In gewisser Hinsicht ist selbst die Sowjetunion noch ein »Entwicklungsland«. Jedenfalls ist die Diagonale dort hinter der schematisch angegebenen Mittelposition zurück. Solange das »atlantische« Modell nicht nachgibt, solange gar die »pazifische« Perspektive durchkommt, bleibt Moskau kaum etwas anderes übrig, als in jeder Hinsicht »nachzurüsten«, es sei denn, sie bauten dort aus eigenen spirituellen Kräften ein solches Selbstbewußtsein auf, daß sie die Sisyphusarbeit für die »Parität« mit dem Westen aufzugeben wagten.

In diesem Schema sind also Blau und Rot, die »Sicherheitspartner« des Ost-West-Konfliktes, ebenso wie die »Sozialpartner« des inneren Klassenkonfliktes, bei allen Unterschieden vor allem Akteure und tendenziell Komplizen *eines* übergreifenden Systems,

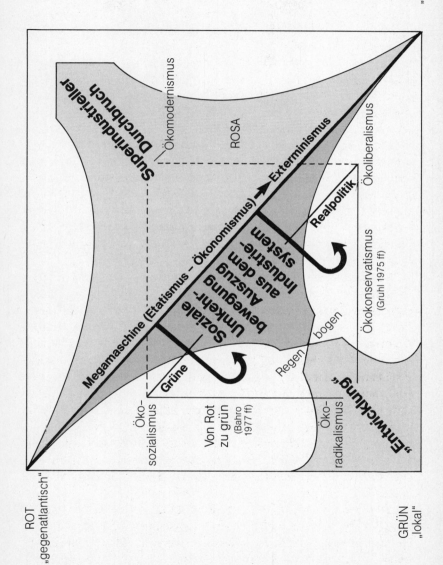

GELB „pazifisch"

BLAU „atlantisch"

ROT „gegenatlantisch"

GRÜN „lokal"

Superindustrieller Durchbruch

Ökomodernismus

ROSA

Exterminismus

Ökoliberalismus

Realpolitik

Ökokonservatismus (Gruhl 1975 ff)

Megamaschine (Etatismus – Ökonomismus)

Soziale Umkehr- bewegung Auszug aus dem Industrie- system

Grüne

Öko- sozialismus

Von Rot zu grün (Bahro 1977 ff)

Regen bogen

Öko- radikalismus

„Entwicklung"

des *Industriesystems* bzw. der *Industriezivilisation*. Da ist *ein* doppelköpfiger Drache. Ich habe seinerzeit gezeigt, warum dem Roten Osten der sozialistische oder gar kommunistische Auf- und Ausbruch aus diesem System nicht gelungen ist. Nun baut auch Peking »den Kapitalismus nach«.

Es ist das Zeitalter des Arbeiters herausgekommen, aber nicht, wie es Karl Marx, sondern ungefähr so wie es Ernst Jünger verstanden hatte. Inzwischen kann man sich kaum einen größeren Horror vorstellen als die Verwandlung der ganzen Menschheit in eine einzige Arbeiterklasse, die eine weltumspannende industrielle Megamaschine betreibt.

Es geht heute bestimmt nicht um die Frage, ob das Kapital die Arbeit besiegt oder umgekehrt, sondern darum, ob es uns gelingt, *diese ganze selbstmörderische Formation* aufzulösen und den lebendigen Einsatz, die menschliche Energie und Existenz, auch lebendig herauszubekommen. Die mit dieser Gesellschaftsformation verbundenen inneren Kräfteverhältnisse sind heute nur noch insofern interessant, als größere Ungleichgewichte stets Kräfte an die alten Fronten binden und das alte Gesamtsystem revitalisieren können.

Johan Galtung hat ein schönes Büchlein geschrieben, »Self-Reliance«, aus dem hervorgeht, daß die internationale Lösung der Begrenzungskrise entscheidend davon abhängt, ob sich die Bewegungen aus der grünen Ecke meiner Skizze und die Bewegung für die Umkehr in den Metropolen sozial dort treffen, wo ich es angedeutet habe: in einer weltweiten Regenbogen-Gesellschaft vom Stamme »Small is beautiful«. Das Schema hat den Nachteil, nicht zu zeigen, daß wir auf eine der unsern analoge Umkehrbewegung auch in Japan hoffen müssen.

Gelänge der superindustrielle Durchbruch in den Metropolen, würden die nachher bis zu 10 und mehr Milliarden Menschen in der Dritten Welt unweigerlich zu dem typischen Lebensstandard der jetzigen und sich noch weiter nach rechts oben verschiebenden Diagonale streben. Das würde die Multiplikation unserer Aufwände und unserer Schadenskapazität mit einem Faktor zwischen 10 und 20 bedeuten. Schließlich wollen sie alle erst einmal unsere Autos haben, die wir keineswegs abschaffen, sondern z. B. mit Katalysatoren qualifizieren, während wir uns neuen, »leichteren«

Technologien zuwenden. Bloß politische Solidarität, wie sie die auf der Diagonalen mitverhaftete Linke so liebt, wird immer mehr zur puren Heuchelei, wenn sich die Freunde aller möglichen Befreiungsbewegungen nicht hier dafür einsetzen, daß das atlantische Modell verschwindet, d. h. die Megamaschine alias das Industriesystem.

Mit diesem Industriesystem sind nicht jegliche industriellen Produkte gemeint. So trügerisch und meist betrügerisch der Begriff des »qualitativen Wachstums« ist – Ivan Illichs konviviale, d. h. vom kleinen Lebenskreis her nach menschlichem Maß gestaltete Werkzeuge und Gebrauchsgegenstände mögen durchaus hochproduktiv sein bzw. erzeugt werden, obgleich nie mehr bedingungslos, sondern nur noch unter tabuähnlicher Achtung der Verträglichkeitsgrenzen, auch der sozialen. Bei einer Umkehr *muß* das Mikrochip nicht zurückgelassen werden, obwohl klar ist, daß es *auf der Diagonale des Verderbens* unvermeidlich zur Waffe des Großen Bruders wird.

Vom Standpunkt des konventionellen Entwicklungsbegriffs erscheint die Umkehrbewegung regressiv, insofern sie die Achse Grün-Gelb »rückwärts« zu durchlaufen scheint – Richtung Steinzeit versus Richtung Biotronik. Dieser Eindruck kommt zustande, weil wir uns bis in die Tiefenpsyche hinein *menschlich* mit dem Material und Werkzeug der Naturbeherrschung identifiziert haben. Erst aus der Perspektive des Produktivismus und der Technomanie, wie sie für die Wirtschaftsgesellschaft charakteristisch ist, erscheinen Sammler und Jäger als Steinzeitmenschen, die alten Ägypter als bronze-, die Griechen als eisenzeitlich.

Die Regenbogen-Gesellschaft ist für mich durch keine bestimmte Technologie gekennzeichnet, nur durch den Ausschluß lebensfeindlicher Mittel. Darunter fallen allerdings auch Anlagen und Systeme, die zu groß und zu komplex sind, um menschlich aneigenbar, kontrollierbar und verantwortbar zu sein. Jedenfalls stelle ich mir die Alternative nicht irgendwo zwischen Steinzeit und High Tech vor. Was immer wir an Werkzeugen und Werkstoffen nutzen werden – positiv dürfen wir uns *überhaupt nicht* auf dieser Skala definieren, nur negativ, nämlich durch den Ausschluß von Praktiken, die das Naturgleichgewicht angreifen.

Entgegen dem Anschein ist Maschinenstürmerei gar kein Motiv radikaler oder gar fundamentalistischer Ökologie. Wir hätten nichts gegen das Auto, wenn es nicht direkt und indirekt mörderisch für soviel Leben wäre. Auch setzt die Umkehr nicht bei Abschaffungen an, die allemal nur Symptome beträfen. Nur dürfen wir den verschiedensten technischen, sozialen und kulturellen Errungenschaften kein Vetorecht gegen unsere langfristigen Überlebensinteressen einräumen. Wer die Diskussion damit beginnt, daß die Herzlungenmaschine garantiert erhalten bleiben muß, will keine rettende Veränderung. Dies festzustellen, heißt nicht, daß die Herzlungenmaschine um jeden Preis weg muß.

Begreifen wir das Gleichnis des Buddha vom brennenden Haus, das Bertolt Brecht[16] für den antifaschistischen Kampf aktualisiert hatte? Während das Dach schon in Flammen stand, fragten die Leute den Buddha:

> Wie es draußen denn sei, ob es auch nicht regne
> Ob nicht doch Wind gehe, ob da ein anderes Haus sei . . .
> Und der Buddha antwortete: »Wirklich Freunde,
> Wem der Boden noch nicht so heiß ist, daß er ihn lieber
> Mit jedem andern vertauschte, als daß er da bliebe, dem
> Habe ich nichts zu sagen. «

Ursprünglich hatte das Regenbogen-Dreieck bei mir nicht die gestrichelte Ergänzung, die auf die andere Seite hinüberreicht, weil ich mir innerhalb des *grünen* Potentials keine »japanische« Option, keinen Ökomodernismus vorstellen wollte. Indessen mußte ich lernen, daß es durchaus kleine grüne Späths und Glotze gibt. Und der Alternativ-Theoretiker Joseph Huber fummelt systematisch irgendwo zwischen dem »japanischen« Zielpunkt Späths und seinem eigenen angestammten Rosa herum.

Vor allem funktionieren die Hakenpfeile, die ich eingezeichnet habe, um die Gefahr zu kennzeichnen, daß die Grünen über ihren Reformismus wieder eingefangen werden. Natürlich sitzen sie *als* Partei von vornherein auf der Hypothenuse des Regenbogen-Dreiecks, die dem System zugekehrt ist. Die roten Traditionen, an denen die Ökosozialisten, die blauen, an denen die Ökolibertären hängen, verstärken die Verführbarkeit. Da es nichts gibt, was einer Partei so sehr gleicht wie eine andere Partei, haben die regulären Mechanismen, besonders der parlamentarische, gegriffen, und zwar in einem Tempo, mit dem ich allerdings nicht gerechnet hatte. Ich dachte lange, es würde den Ökoradikalen und Fundamentalisten Zeit bleiben, eine konsistente Position der Unverfügbarkeit in den Grünen aufzubauen; wahrscheinlich waren sie bzw. wir auch selbst nicht klar genug dazu.

Aber zurück zu den sozialen Bewegungen, die ich mit den breiten Pfeilen symbolisiert habe. Ich benutze den Bewegungsbegriff in einem historischen Sinne. Er betrifft Bewußtseinstendenzen, die unabhängig davon, ob sie sich gerade unter der Führung einer militanten Minderheit in Aktionen artikulieren, so weit in der Gesellschaft vorhanden sind, daß nahezu jedermann/jedefrau Anteil daran hat. Selbst die Strategen des superindustriellen Durchbruchs haben Regenbogenphantasien – privat.

Ursprünglich hatte ich meine frühere Vision von einem ökologisch reformierten Bund der Kommunisten aus der DDR-»Alternative« in revidierter Form auf die Grünen übertragen. Ich hatte also die parteipolitische Fixierung als solche noch nicht hinter mir. Als ich auf dem Offenbacher Vorkongreß im November 1979 sagte, »Rot und Grün gehen gut zusammen«, meinte ich zwar nicht die heute als ökosozialistisch bezeichnete Position, in der das Grüne oft nur ein unumgänglicher Anhang ist, so daß das neu entworfene »Umbau«-Programm Erwerbslosigkeit, Armut (hier, im reichsten Land Europas, ist ihnen das eine Hauptfrage) und erst an dritter Stelle Umweltzerstörung überwinden möchte. Ich hatte eine Neuintegration auf grüner Grundlage im Sinn, ähnlich wie die konservativen Grünen es von ihrer Tradition her versuchten, falls sie nicht bloß mit Blau denselben Mummenschanz veranstalteten wie die anderen in Rot. Die beiden Schenkel des Regenbogen-Dreiecks mögen etwa senkrecht meine und waagerecht Herbert Gruhls Option kennzeichnen, als wir beide noch zusammen in der Partei waren.

Dann erkannte ich bald, daß es Unfug ist, *irgendeine* Ideologie, die aus dem industriellen Zeitalter stammt, als Gestalt mit hinüberretten zu wollen. Es ist Gruhls Schwäche[17], daß er auf jene altmodische Weise konservativ bleibt, die an der Belehrung Adams und Evas bei der Vertreibung aus dem Paradiese festsitzt, während es doch gerade eine Kontinuität von dort zur ökologischen Krise gibt. Wieso uns eine vom Fortschritt überrollte Moralität jetzt hinreichenden Rückhalt bieten soll, ist nicht recht einzusehen. Mein Weg jedenfalls kommt gut in dem Titel eines in England erschienenen Bandes mit autobiographischen Interviews zum Ausdruck: »From Red to Green«.[18]

Allerdings bedeutet dies nicht, wie beim ersten Blick auf die Skizze zu vermuten wäre, sich in der ökoradikalen Ecke einzuigeln. Was mir aber mehr und mehr vorschwebte, war ein sozialer Aufbruch von der Diagonale des Verderbens in das Regenbogen-Dreieck, die Vision einer *spirituell fundierten und motivierten Umkehrbewegung, eines Auszugs aus dem Industriesystem.* Damit habe ich Ende 1982 vor der Bundestagswahl, für die sie die fünf Prozent brauchten, auf dem Hagener Kongreß die Grünen erschreckt. Zunächst sah ich das immer noch stark »materialistisch«, nämlich als müßte man der Megamaschine sogleich und als erstes eine ökonomische Alternative entgegensetzen. Wie ich bald erkannte, ist das eine Falle, weil zuerst die psychischen Voraussetzungen und Bereitschaften heranreifen müssen, sonst kommen die schönsten Ökodörfer zu früh und scheitern schon allein an den alten Ego-Strukturen der Pioniere.

Jedenfalls sah ich die Grünen von da an als eine Hilfskraft, dazu gut, diese soziale Umkehrbewegung bei ihrem Auszug zu decken. Einerseits sollten sie ihr Zeit für die volle Entfaltung sichern, indem sie die ökologische Katastrophe bremsten und die Kriegsgefahr entschärften. Andererseits sollten sie sie politisch, juristisch, finanziell, auch territorial beim sozialen Raumgewinn flankieren und unterstützen. Dann durften sie sich natürlich nicht definitiv auf der System-Diagonale etablieren, sondern durften dort nur als Partisanen erscheinen, mußten sich hauptsächlich als Organ des Auszugs begreifen. Zuletzt habe ich auf dem Hamburger Parteitag eine verzweifelte Anstrengung gemacht, die Entscheidung »Hinein oder hinaus?« wenigstens offenzuhalten. Ich habe Reisende aufhalten wollen, geistig einigermaßen gewaltsam, und schließlich daran erkannt, daß an meiner Politikerhaltung etwas falsch sein muß.

Gewiß war der Auftrag für eine solche politische Kraft, wie ich sie mir vorgestellt hatte, in einem weiteren historischen Sinne schon ausgeschrieben, und immerhin ist die rotgrüne Illusion inzwischen ganz ohne mein weiteres Zutun von selber geplatzt. Aber welche Gestalt diese Kraft annehmen mußte – darin dachte ich selbst struktur-konservativ, nämlich noch zu parteifixiert. Vordergründig waren die Grünen ihrem Auftrag deshalb nicht gewachsen, weil ihnen nicht einmal eine vorläufige Integration der Strömungen gelang, die sich auf das Regenbogen-Projekt beziehen. Aber war diese vorläufige Integration möglich?

Dann hätte der Exodus mindestens geistig gewollt sein müssen, denn die Integration ist nur auf der Achse dieser Umkehrbewegung, politisch also *hinzielend* auf die ökoradikale Ecke des Regenbogen-Dreiecks, denkbar. So hätte die Grüne Partei auch Sinn behalten. Die sozialistischen Eierschalen hier und die liberalistischen dort wären zwar nicht ausgelöscht, aber untergeordnet worden, und die Spannung zwischen Zielfeld und Realität grüner Intervention in den sozialen Prozeß hätte ausgehalten und fruchtbar gemacht werden können. Doch aus der Addition von Ideologien des bürgerlichen Zeitalters, die mit Öko-Vor- oder Nachsatz versehen werden, ist keine Autonomie zu gewinnen.

2. Wie andere antworten wollen

Ängstlicher Späth-Imperialismus

Die interessanteste Antwort scheint mir, wie schon gesagt, Kurt Biedenkopf entworfen zu haben. Um auf ihn zu kommen, will ich mich zuerst seinem Gegenpol zuwenden, Lothar Späth.[19] Es ist mir um so wichtiger, die beiden klar zu unterscheiden, als es Perspektiven auf ihre Konzepte gibt, unter denen sie als beinahe deckungsgleich wahrgenommen werden können – dann aber fehlwahrgenommen.

Die Kritiker der Stuttgarter »Wende in die Zukunft« reden im allgemeinen von Späth-Kapitalismus. Das ist kein charakteristischer Akzent. Man kann genau so gut von Biedenkopf-Kapitalismus, von (Wolfgang) Roth-Kapitalismus, ja von Lafontaine-Kapitalismus reden. Die ökonomische Struktur ist einfach vorgegeben für jeden, der unter diesen Bedingungen Realpolitik irgendwelcher Art machen will. Auf die *Art* kommt es dann zunächst mal an.

Das Geheimnis der Späthschen Position ist das verängstigte deutsche Ich. Wie in den besten Zeiten »machtgeschützter Innerlichkeit« möchte es der Welt wohlgerüstet begegnen, diesmal eben wissenschaftlich-technologisch. Objekt der Sorge ist da ein *Imperium in der Defensive*, genauer natürlich diese unsere Bundesrepublik als ja inzwischen zum weniger bedeutenden *Teil* eines Imperiums abgestiegene »Mittelmacht«. Unser Land ist nämlich von gnadenlosen Konkurrenten bedroht und muß mit seiner Produktion die Stellung halten, weil sich seine Wohlstandsbürger sonst über der Verteilung eines kleiner werdenden Kuchens gegenseitig die Köpfe einschlagen würden. Es ist unsere spätrömische Situation, auf die Späth aktiv reagieren möchte. Er will sie mit Computern statt via Limes und Legionen stabilisieren (obgleich er nicht etwa davon redet, das Militär abschaffen zu wollen; aber der Akzent ist *technologische* Verteidigung). Aus der Angst um den inneren Frieden dieser unserer Musterprovinz im Imperium des Weißen Mannes will er unter tapferem wissenschaftlichem Kriegsgesang, von Roboterstimmen hallend begleitet, die Deutschen in eine letzte Flucht nach vorn führen. In diesem Sinne spreche ich von seinem Imperialismus.

Bloß ein bißchen weniger technomanisch hat übrigens der Sozialdemokrat Peter Glotz ein ganz analoges Konzept. In seiner »Arbeit der Zuspitzung« sucht er eine Art kollektiven linken Augustus zu konstruieren, fragt sich: Wie muß eine Politik aussehen, die dem imperialen Zentrum, der kolonialistischen Metropolis der Welt, die Pax Romana, den machtbestimmten inneren und äußeren Frieden bewahrt? Das geht bei ihm mit denselben flinken Risikokapitalen, flexiblen Unternehmern, Wissenschaftlern und Ingenieuren wie bei Späth. Den einzigen Unterschied, nur des Blickwinkels, nicht der Substanz, macht das Herangehen an die soziale Frage, weil die beiden Politiker infolge Parteizugehörigkeit von verschiedenen Seiten an den Gewerkschaften ziehen müssen.

Späth sieht völlig richtig, daß die sozialdemokratische Konkurrenz um den Thron für ihn nicht Hauptsache ist. Sondern: Wer die besseren Karten für die »Wende in die Zukunft« hat, wird automatisch auch die besseren Stiche machen, und er glaubt an sein Blatt. Also konkurriert er um die Macht *innerhalb* der CDU, und so ist die Pointe seiner Frage, woher die Sesterzen kommen sollen, die zur sozialen Befriedung unters Volk zu streuen sind, gegen den Herrn Kohl und andere gemütliche »Pfälzer« überall im Lande gerichtet, die nicht effektiv genug die Wende machen. Sind wir doch, hier in diesem immer schon von einer Welt von Feinden umgebenen Deutschland, dieser armen Bundesrepublik, mindestens so heftig belagert wie unsere liebe Erde von den galaktischen Konkurrenten in der Science Fiction.

»Während wir in der Bundesrepublik Ziele verabsolutieren« – nach Herrn Späth etwa das Ziel, eine Stromschnelle im Fluß zu lassen, während andere ihn schiffbar haben wollen –, »Standpunkte verhärten und Lösungsmuster als unvollkommen verwerfen, wächst jedoch die Welt um uns herum mit atemberaubender Geschwindigkeit ökonomisch und technisch zusammen. Nationen formulieren langfristige gemeinschaftliche Perspektiven, zu deren Erreichung sich Staat, Wissenschaft, Wirtschaft und Gesellschaft in breitem Konsens zusammenfinden.«[20]

Es liest sich ganz zivil, aber früher hat dieselbe Denkweise einen Tirpitz gemacht. Jetzt kleidet sich dieser nekrophile Kampfgeist in »technischen Strukturwandel«. Es sind genau solche Motive, aus denen die Reagan-Administration zu ihren SDI genannten Weltraumrüstungsplänen gedrängt wird. Wenn das technologische Nachrüsten zu spät kommt, dann drohen nach Lothar Späth »der Verlust von Glaubwürdigkeit, die Zunahme kompromißloser Fundamentalkritik und die Zersplitterung in politische Kulturen, die zum Dialog nicht mehr fähig sind«.[21]

In Späths Buch versteht sich von Beginn an, daß das Gesetz des Handelns bei der Logik der Sachen liegt. Wir *müssen* die »Informationsgesellschaft« gestalten, weil der Götze, den wir uns aus Wissenschaft und Kapital gegossen haben, dies auf der neuesten Stufe seiner Selbstentwicklung so verlangt.

»Der technische Strukturwandel mit seinen politischen, ökonomischen, sozialen und kulturellen Auswirkungen bildet den Kern« des *gesellschaftlichen* Entwurfs, den dieser technokratische

Politiker im Kopf hat. Eindeutig stellt er den Menschen ans *Ende* dieser insgesamt als unvermeidlich deklarierten Auswirkungskette: als letzte »kreative« Variable der *Anpassung* ans Unentrinnbare. Wer sich dem entziehen möchte, den stellt er moralisch ins Abseits. Vermutlich weiß er nichts von der Ungeheuerlichkeit seines Ansinnens.

Wie ich das wiedererkenne! Es ist das – dort inzwischen eher gebrochene – Ethos der Fünfjahrpläne! Nur können sie drüben noch mildernde Umstände reklamieren, weil sie es exakt in der Logik der unentrinnbaren »Auswirkungen«, die Späth transportiert, vom überlegenen weltpolitischen Konkurrenten vorgeschrieben kriegen. Wo der Mann aus Stuttgart nur um die Bequemlichkeit des Regierens zu fürchten hat, geht es für die im Osten – solange sie sich nicht dazu durchringen können, vom Wettlauf um die »Parität« zu lassen – um den Bestand ihres Leviathan.

Besonders in den letzten Ulbricht-Jahren war in der DDR unausgesetzt von den »erbarmungslosen Imperativen des Weltmarktes« die Rede, nach denen sich halt strecken muß, wer bestehen und in der zweiten Reihe mitkonsumieren will. Augstein hat in einem Kommentar im *SPIEGEL* (6/86), »Wir Weltraumeroberer«, das Prager *Rudé Právo* zitieren können: »Der Tod der Challenger-Besatzung ist der Preis der Menschheit für den Fortschritt, den der Mensch für sein Wagnis, die Geheimnisse des Weltraums zu erforschen, zahlen muß. In diesem Sinne ist die Challenger-Tragödie mit Recht auf der ganzen Welt mit tiefer Bewegung aufgenommen worden.«[22] In Prag und Stuttgart derselbe (Un-) Geist.

Unglaublicherweise glaubt Lothar Späth tatsächlich daran, es sei heute noch möglich, eine westliche Gesellschaft in ihrer ökologischen Krise innerlich *auszusöhnen, indem man ihren Selbstbehauptungswillen – ohne Korrektur am psychischen Antrieb*, der dahintersteht – zur Abwechslung *technologisch* statt wie früher militärfiskalisch und geopolitisch *artikuliert*. Innenpolitisch ist seine These, »die neuen Technologien sind für alle Völker, die sie anwenden und fortentwickeln können, ein aus Vernunft und Gewissen abgeleiteter Auftrag, dies auch zu tun«.[23] Das ist in Wirklichkeit ein psychologisches Bürgerkriegsprogramm, weil es einen gegenläufigen Fundamentalismus geradezu zum Barrikadenbau herausfordert. Aber das scheint er nicht einmal zu ahnen.

Voller Blindheit für sich selbst schließt Lothar Späth sein Buch mit einem Rückgriff auf Den, der eines hellen Mittags die Heimkehr der Götter erhoffte. Er zitiert, als wär's seins, aus Hölderlins »Hyperion«: »Wie der Zwist der Liebenden sind die Dissonanzen der Welt. Versöhnung ist mitten im Streit, und alles Getrennte findet sich wieder.« Dagegen fällt mir nur ein anderes Gedicht Hölderlins ein, das er in der letzten Zeile nicht ganz vollendet hat, sein »Gebet für die Unheilbaren«:

> Eil, o zaudernde Zeit, sie ans Ungereimte zu führen,
> Anders belehrst du sie nie, wie verständig sie sind.
> Eile, verderbe sie ganz, und führ ans furchtbare Nichts sie,
> Anders glauben sie dir nie, wie verdorben sie sind.
> Diese Toren bekehren sich nie, wenn ihnen nicht schwindelt,
> Diese . . . sich nie, wenn sie Verwesung nicht sehn.

Dienstbare Geister – die Grünen

Selbstverständlich schließt die Späthsche »Wende in die Zukunft« die aufrichtige Absicht ein, die heimische Umwelt als Hinterland der Expedition zu sichern. Er hat Aufträge zur »Umweltschonung« zu vergeben, und Helfer sind willkommen. Sie müssen sich nur einfügen. Auf welchem Grat sich solch eine »Wende« bewegt, hat schon Ivan Illich[24] 1973 hellsichtig beschrieben:

> Es kann sein, daß die Technokraten beauftragt werden, die Herde an den Rand des Abgrunds zu führen. Das heißt, ihnen wäre dann aufgetragen, multidimensional Grenzen des Wachstums gerade noch unterhalb der Schwelle der Selbstzerstörung festzulegen. Eine solche selbstmörderische Phantasie würde das industrielle System auf dem höchsten noch erträglichen Produktivitätsgrad erhalten . . . Von der Geburt bis zum Tode wäre die ganze Menschheit eingesperrt in eine im Weltmaßstab erweiterte permanente Schule, würde sie lebenslang im weltweiten großen Krankenhaus behandelt und Tag und Nacht an unerbittliche Kommunikationskanäle angeschlossen. Eine zugleich hyperindustrielle und ökologisch realisierbare Ära herbeiführen zu wollen, das heißt die Zerstörung der übrigen Komponenten des multidimensionalen Gleichgewichts des Lebens beschleunigen.

Es gebe bereits eine die Orthodoxie des Anti-Wachstums predigende Elite. Allerdings ziele sie bislang lediglich auf die Begrenzung der Güterproduktion und nicht der Dienstleistungen. Und dann die spitzeste Stelle:

> Wird die Bevölkerung verleitet, eine Begrenzung der industriellen Produktion zu akzeptieren, *ohne* die Grundstruktur der Industriegesellschaft in Frage zu stellen, so würde sie zwangsläufig den Bürokraten, die das Wachstum qualifizieren, mehr Macht geben und sich ihnen ausliefern. Konsequenz: Die stabilisierte Produktion von hochrationalisierten und standardisierten Gütern und Dienstleistungen würde die konviviale Produktion, wäre diese dann überhaupt noch möglich, in noch weitere Ferne rücken als die industrielle Wachstumsgesellschaft.

Und diese bürokratische Ausbeutung der ökologischen Krise ist schon in vollem Gange; selbst die Grünen haben hier ihre Aktien und inzwischen auch ihre ersten Renditen daran. Für das von Daniel Cohn-Bendit liebevoll so titulierte damalige Ministerlein Joschka Fischer hat man den Apparat der Wiesbadener Landesregierung um ein paar Millionen Mark ausgebaut. Gerade die Industrie, die das nicht ernstlich kratzen wird, hält vorsorglich mit antibürokratischen Argumenten dagegen und macht sich anheischig, ungezwungen sogar besseren Umweltschutz zu praktizieren, wenn man sie nur im eigenen Rhythmus gewähren läßt. Warum eigentlich soll es für sie nicht wieder so glimpflich oder vielmehr glorios ausgehen wie mit der »sozialen Marktwirtschaft«?! Sie hält trotz aller Klagen über die hohen Lohnkosten ihre sozialen Beiträge aus. Am Umweltschutz werden einige Zweige gut verdienen, die andern Zweige werden die Kosten weitergeben können, ohne daß die Preiserhöhungen Märkte verschließen, denn die Konkurrenz wird ja auch ökomodernisieren müssen. Wo es gar zu teuer wird, kann man die Produktion ja woandershin abschieben.

Vor allem wird man auf neue, von vornherein »grüner« anmutende Gebiete umschalten. Es ist die japanische Lösung: die Mischung aus aufgezwungener Internalisierung der Kosten (also Verursacherprinzip) und entgegenkommender Einsicht der Großunternehmen. Sie wird sich in dem Maß einstellen, wie man Zeit gewinnt, die alten Anlagen abzuschreiben. Und so wird sich genau die Fahrweise dicht unterhalb der Schwelle direkter Selbstzerstörung entwickeln, die Illich vor 14 Jahren befürchtet hatte: parallel zum Abgrund.

Joschka Fischer gab das in seiner schätzenswert unverblümten Art ganz offen als grünes Politikziel an.[25] Er appellierte an die Chemieriesen Hoechst und Merck sowie an die Gewerkschaften, einerseits etwas für die minimal erforderliche Akzeptanz der Industrie durch die Bevölkerung und andererseits etwas für sichere Arbeitsplätze zu tun: z. B. über das Engagement für abfallärmere und umweltverträglichere Produktionsverfahren. Unter Hinweis auf Kalifornien und Japan (mit ihren drastischeren Bestimmungen) sagte er, es könne doch wohl nicht wahr sein, daß Hessen als Industriestandort unter strengeren Verträglichkeitsprüfungen werde leiden müssen. Denn eine Modernisierung der Bundesrepublik ohne ökologische Sanierung und Sicherung werde »das Leben in diesem Lande so unerträglich machen, daß wir ohne das ökologische Korrektiv hier nur eine kurzfristige Perspektive haben«.

Sehr schön, er möchte das Gleis nicht einen, sondern fünf Meter neben dem Abgrund entlangführen, um seine Konzeption zu prüfen, »inwieweit innerhalb dieser spätkapitalistischen Industriegesellschaft ein ökologisch bedingter Strukturwandel durch den Einsatz von Politik, durch die Mobilisierung betroffener Bürger und durch staatliches Handeln tatsächlich erreicht werden kann, ohne die Systemfrage zu stellen«.

So ein Ministerlein eignet sich zum Liebling der Nation *und* ihrer Industrie. Wie sagte Illich? Verleite man die Bevölkerung zu einer Begrenzung der industriellen Produktion, *ohne* die Grundstruktur der Industriegesellschaft (die jenseits aller west-östlichen »Systemvergleiche« liegt) in Frage zu stellen, so rücke die konviviale Produktion, wäre sie dann überhaupt noch möglich, in nur noch weitere Ferne. Genau dafür aber sind nunmehr die Grünen gut. Während ein Biedenkopf – worauf ich gleich ausführlich komme –, obwohl er materiell häufig gleiche Inhalte vertritt, in der rückständigen CDU systematisch neue Einsichten zu stiften sucht, war es Fischers, Kerschgens, Haibachs, Kretschmanns Funktion in den hessischen Regierungsämtern, den Fortgang der ökologischen Aufklärung in den avancierteren Sektoren des gesellschaftlichen Bewußtseins noch eine Weile aufzuhalten. Sie dienten in jener gestrichelten Ecke des kleinen ökopolitischen Rechtecks, die auf meinem Schema von der System-Diagonale in die japanische Richtung weist. Ob sie das wollten oder nicht, es war in dem Moment entschieden, als sie in den Machtapparaten mitzuwirken begannen, die – jedenfalls bislang – en bloc und von weither darauf programmiert sind, die Megamaschine an die »Umwelt« und die »Umwelt« an die Megamaschine anzupassen.

Inzwischen ist der parteigrüne Diskurs fast völlig auf die bürgerliche Soziologie und Politologie zurückgefallen. Die Reste marxistischer Terminologie und Analyse tun dem keinen wesentlichen Abbruch. Man rezipiert Habermas, der ist ja auch marxistisch. Da der marxistische Sozialismus seinem Wesen nach zur industrialistischen Diagonale gehört und statt des Auszugs aus dem Industriesystem das Bündnis mit der IG Metall suchen muß, gibt die ökosozialistische Ecke nur noch ein bißchen formellen Widerstand gegen den staatsmittragenden »Realo«-Flügel her. Nichts war kennzeichnender als der grüne Jubel über den Auftritt des lieben Kollegen Janßen von der IG Metall.

Auf der blau-roten Hauptachse entsprechen sich die äußeren (militärischen) und die inneren (Klassen-)Blöcke auch in ihrem Verhältnis zueinander. Es ist eines, sich zu deren Kämpfen zu verhalten, etwas anderes, darin Partei zu ergreifen. Hilft man – aus noch größerem eigenem Schwächegefühl – dem Schwächeren der beiden Blöcke (seien es die »Arbeiterstaaten«, seien es die Arbeiterorganisationen), nimmt man also Grün Partei für *Big Labour* gegen *Big Industry*, so reproduziert man primär auf der exterministischen Diagonale mit, welche sekundären Vorteile sonst immer dabei herauskommen mögen.

In Wirklichkeit waren selbst die »Römer«-Fundamentalisten auch in ihrer besten Zeit nicht einfach bloß de facto Frankfurter, sondern kritisch mit der City *befaßt* und *identifiziert*. Da, wie ich erklärt bekam, die Menschen nur kämpfen können, solange die Stadt sie noch atmen läßt, mußte es ihnen wichtig sein, die Frankfurter Luft zu verbessern (wo natürlich, wenn es wirklich ernst wird, der Oberbürgermeister für 99 Prozent des möglichen Effektes sorgen wird, während die Rathaus-Fundamentalisten 99 Prozent ihrer Energie in ihre kleinen Zulieferungen für derlei Sachen stecken).

Noch ein Stück effektiver half der grüne hessische Umweltminister die Hoechst-Werke sanieren, und ein anderer Grüner die auf Giftmüllkippen gesetzten Stadtteile Bielefelds. Daß sie die Anpassung an die »Umweltkrise« vielleicht besser fördern, als es die alten Besen täten, mag ihr Verdienst bleiben, bloß Verdienst vor wem? Gäbe es hier jenen staatlichen Ordenssegen wie in der DDR, würden wir schneller erfahren, was die Bundesrepublik an ihren grünen Mitarbeitern hat.

Indessen wäre es doch selbst realpolitisch gedacht viel sinnvoller, die SPD- und CDU-Beamten in den Umweltschutz hineinzutreiben. Entlastung erspart nur Lernprozesse. Der Megamaschine ausgerechnet das Umweltressort abzunehmen, ist entweder Schildbürgerei oder Verführbarkeit oder – am allereinfachsten – die Heimkehr verirrter Bürgerkinder in ihr Milieu.

Die grüne Partei hat nun im wesentlichen die Position des gestrichelten Dreiecks eingenommen: ein Alibi für unsere umwelttrostbedürftige Gesellschaft. Und diejenigen, die sich heute noch auf der nunmehr rückwärtigen Hypothenuse halten, werden nur deshalb »Fundis« genannt, weil sie aus den Grünen nicht *direkt* eine Schwesterpartei der SPD machen wollen. Alles, was man jetzt noch über Flügelkämpfe der Grünen in den Zeitungen lesen kann, dient eher schon der Täuschung der Öffentlichkeit. Es geht nicht mehr um fruchtbare politische Substanz. Die »Fundis« sind in den Grünen ähnlich unwichtig wie der linke »Frankfurter Kreis« in der SPD, auch wenn sie mal eine Vorstandswahl gewinnen.

Inzwischen gibt es eine Realo-Fortschreibung des Sindelfinger Programms, »Umbauprogramm« genannt. Um über jeden Verdacht erhaben zu sein, versichern die Grünen ausdrücklich, sie wollten nicht aus dem Industriesystem ausziehen, sondern es nur »umbauen«. Lediglich »extrem (!!!) umweltschädliche Produktions-, Konsum- und Abfallbeseitigungsformen müssen eingestellt werden«. Gratulation! Ich hatte auf der Hamburger Bundesversammlung im Dezember 1984 gesagt, die Grünen seien im Begriff, gut für eine nächste und letzte Restauration des imperialen Zentrums zu werden. Das ist nun geklärt. In dem Sinne, in dem ich den Begriff auch für Lothar Späth gebrauchte, sind sie trotz aller mentalen Unterschiede prinzipiell genauso gut imperialistisch wie jede andere etablierte Partei.

Biedenkopfs Begrenzungs-ORDO

Die »ökologische Modernisierung« mit den Robotern an der Spitze wird die seelische Verelendung vollenden und den letzten Rest der Werte auffressen, mit denen die CDU/CSU hausieren geht. »Informationsgesellschaft« – äußerster Entfremdungsname! Diesmal werden wir das Werkzeug unseres Geistes über uns setzen. Wir werden kommunikationsfähiger mit den maschinellen und mit unseren Naturabstraktionen werden. Und der Mut zur mitmenschlichen Öffnung und Zuwendung, die Kraft zum Wärmen und zur Liebe werden noch mehr vergehen. Schon die Kinder werden zeitiger an die Kälte gewöhnt.

Kann sich das konservative Lager ökologisch formieren? Natürlich nicht ohne Kontinuitätsbruch, für den erst im kulturellen Vorfeld die Bereitschaft heranreifen müßte. Von dem korrumpierten *politischen* Konservatismus her, den wir kennen, Institutionen wie das Zentralkomitee der Katholiken oder die Bischofskonferenzen eingeschlossen, wird es nicht kommen – es sei denn, da käme ein Feuer unter die Kessel, das diese Gremien selbst nicht anzünden werden, etwas wie das Feuer einer wahren Volksreformation, die von dem Zorn über den ökologischen Ablaßhandel ihren Ausgang nehmen könnte.

Noch weniger aber wird es der rote bzw. rot-grüne Ökoreformismus bringen. Erstens verleugnet er fast durchgängig die spirituelle Anlage, ohne die es überhaupt keine ökologische Politik gibt. Er ist immer noch mit dem rationalistischen »Projekt der Moderne« vermählt und möchte dessen tödliche Fehlfunktionen kurieren mit einem Mehr von der gleichen Arznei; nur Späth ist noch gottverlassener »modern«. Zweitens ist der rot-grüne Reformismus auf materielle Gleichheit innerhalb der reichen Metropolis verpflichtet – als *Vorbedingung* ökologischen Handelns, so daß es bis zum Sankt-Nimmerleinstag immer erst noch etwas anzuschaffen geben wird. Drittens käme dieses rot-grüne Feld nur zusammen mit der Kohle-, Stahl-, Beton- und Computerfraktion der SPD an die Regierung, wäre dann aber durch die faktische Große Koalition der Technokraten beider »Volksparteien« (SPD *und* CDU) ausmanövriert.

Vor diesem Hintergrund macht Kurt Biedenkopf einen Kontrast. Ganz anders als Lothar Späth begreift er – wachstumskritisch schon seit Mitte der siebziger Jahre – unsere Grundsituation als *Begrenzungskrise*. Die materielle Expansion »überfordert unsere ökologische Basis und stellt uns damit vor eine existentielle Gefahr«.[26] Da zeigt er eine Sensibilität, die auch mit seinem theoretischen Motiv harmoniert, in naturgemäßen Ordnungen zu denken, welche gewiß nicht darauf angelegt sind, Knechtsdienste für unsere ausgreifende Expansion zu leisten. Er ist auf Bewahren und nicht auf Fitnesstraining aus.

Wo andere von der »Wende in die Zukunft« schreiben oder, wie Oskar Lafontaine, vom »Anderen Fortschritt«, könnte über Biedenkopfs Buch ohne weiteres »Neuordnung für die Begrenzung der Wirtschaft« stehen. Mehr noch, angesichts der Erosion der Gesellschaft von der staatlichen bis zur individuellen Ebene, die in keiner Schwarzwaldklinik heilbar ist, weiß er, daß allmählich eine neue Ordnung dringlich wird, die nicht primär »die Wirtschaft«, »den Sozialstaat«, »die Umwelt« stützt, sondern erst einmal den sonst unweigerlich zerstörerischen Menschen.

Wo er sich im Prolog auf beständige Werte festgelegt hat, meint er damit offenbar anthropologische, denn er sieht uns zugleich in einem solchen Umbruch, daß wir »deshalb die wichtigsten Annahmen und Werte unserer Kultur grundlegend überprüfen« müssen.[27] Da meint er nicht zuletzt eine Umwertung des Geschlechterverhältnisses[28], die, anders als z. B. in der »Arbeit der Zuspitzung« bei Peter Glotz, nicht in einer platten Werbegeste für Auf- und Einsteigerinnen in die männliche Struktur unserer Apparate steckenbleibt.

Wo andere, wenn sie Ökologie sagen, nur Umweltschutz meinen, weil sie vom Unterschied noch gar nichts wissen, zielt Biedenkopf unter dem Namen Umweltschutz häufig auf Ökologie. Er begreift unsere Praxis als insgesamt zu massiv, zu massig, zu massenhaft, zu gewaltsam, zu komplex. Nur hat er das noch nicht ganz so scharf akzentuiert, weil er wohl seine CDU-Klientel nicht allzu kraß erschrecken wollte. Nach seiner Niederlage im nordrheinwestfälischen Landesverband dürfte er sich freier fühlen.

Sein Blick geht über die Grenzen des eigenen Landes hinaus. Die »weltweite Ausdehnung europäischer Wirtschaftsformen auch auf Länder ohne die notwendigen kulturellen Voraussetzungen« erzeuge auch dort einen Massenbedarf, der auf eine erweiterte und ökologisch noch destruktivere Wiederholung des Prozesses drängt, den Westeuropa in den letzten anderthalb Jahrhunderten durchlaufen hat. So seien wir inzwischen soweit, »daß die materielle Expansivität das ökologische Gleichgewicht unseres Planeten nicht nur bedroht, sondern dauerhaft gefährdet«.

Bemerkenswerterweise macht sich Biedenkopf keine Gedanken darum, diesen Prozeß an seinen *Peripherien* aufzuhalten. Kein Lamento z. B. über die Bevölkerungsexplosion, denn er weiß, etwa im Gegensatz zu Herrn von Ditfurth, daß sie primär Folge und erst sekundär wieder Mitursache der Expansion ist. Er führt die Gefahr vielmehr auf die *europäische* Entwicklung seit der Renaissance zurück. Und er ist eindeutig darin, daß es so nicht weitergehen kann.

Die Ursache sieht er in der »Expansivität unseres Denkens *und* in der Umsetzung der Ergebnisse dieses Denkens in den Bereich der Materie, in die Produktion von Gütern, in Dienstleistungen, in Wohlstand und materielles Vermögen«.[29] Nicht ganz konsistent, falls die *erste* Ursache tatsächlich im *Denken* liegt, wenn auch politisch-pragmatisch verständlich, setzt er hinzu: Nicht schon die ständige Erweiterung der Erkenntnis in allen diesen Dimensionen, erst die *Anwendung*, die »*Übertragung der Möglichkeit in die Wirklichkeit*« sei der *kritische Punkt*.

Aber dann ist entscheidend, welche Antriebe hinter diesem Übergang stecken und ob da überhaupt entkoppelt werden kann. Gewiß ist theoretisch richtig, daß man nicht alles machen *muß*, was man machen *kann;* so scheint es handlich, die Wissen*anwendung* als Endverursacher der Expansion ins Materielle aufs Korn zu nehmen, den expansiven Wissen*erwerb* aber außen vorzulassen. Das erspart einem nicht zuletzt die Diskussion über die immer problematischer werdende »Freiheit der Wissenschaft«.

Doch diese Abkopplung hat es im bisherigen Verlauf der Industrialisierung von vornherein nicht gegeben, und heute wird die Wissenschaft endgültig als »unmittelbare Produktivkraft« betrachtet – und finanziert, eine Entwicklung, die sich auf gleich zwei parallelen Schienen sozialen Machtwillens durchsetzen konnte: Die eine war der selbstbehauptende Ehrgeiz der Wissenschaftler selbst, die andere der Unternehmergewinn. Und so war von zwei Seiten zugleich für die Verklammerung gesorgt.

Kurt Hübner spricht in seiner umfassenden »Kritik der wissenschaftlichen Vernunft«[30] geradezu von der *Verschmelzung von Naturwissenschaft und Technik als dem Gesetz der Moderne.* Es gehe zunehmend weniger um wahrheitsgetreue Widerspiegelung der Naturgesetze als darum, »das Reich der technischen Möglichkeiten unbeschränkt und systematisch auszuforschen«. Das korrespondiert mit der entsprechenden Pionierpsychologie:

> So bildet sich ein neuer Menschentyp, den es in dieser Form vorher nie gegeben hat: der *Erfinder.* Er ist naturwissenschaftlich und insofern theoretisch gebildet; es geht ihm um das systematische Erfinden überhaupt, weniger um das von etwas Bestimmtem; wirtschaftliche, soziale, politische Interessen sind für ihn nicht ausschlaggebend, oft sind sie sogar nur vorgeschützt; doch ist er beherrscht von dem Willen, seine Entwürfe in die Praxis umzusetzen, ja manchmal sogar sie der Mitwelt aufzuzwingen. Wir finden diese Verfassung bei allen großen Erfindern vor, von *Leonardo da Vinci* über *Papin, Huygens, Watt, Trevithick, Niepce, Daguerre, Nobel, Edison* usf. bis zur Gegenwart, wo das Team in der Regel die Arbeit des einzelnen ersetzt hat.

Ist der Selbstverwirklichungsdrang des Wissenschaftlers der eine Beweger, so macht sich auf der anderen Seite das Kapital als ebenso mächtiger wie agiler Vermittler und Antreiber verdient. Hatte doch die materielle Expansivität die ökonomische Form der Kapitalakkumulation! Es ist keineswegs realer Hauptzweck der Wissenschaft, »die Mühseligkeit der menschlichen Existenz zu erleichtern«.[31] Geist und Geld nehmen es gleichermaßen billigend in Kauf, zum Zwecke eigenen Wachstums über Leichen zu gehen. Nur irgendwelche Philemon und Baucis stehen »dem Fortschritt des Menschengeschlechts« immer mal wieder im Wege.

Leider läßt die ordoliberale Theorie der Freiburger Schule Euckens und anderer, in der Biedenkopf gelernt hat, unbesehen die *Eigendynamik* dieser reißenden Flüsse Wissenschaft und Kapital als naturnotwendig gelten und ist daher nur darauf aus, sie mit Uferbefestigungen einzudämmen. Und daraus folgt ganz unmittelbar, *wie* sich Biedenkopf das Begrenzungsproblem für den juristisch-politischen Zugriff zurechtgelegt hat: Man muß eben den Wettbewerb – was auch immer für Fische (Plötzen oder Hechte) in den Wassern des Marktes ums Dasein kämpfen –

expansionsbegrenzend ordnen, ohne die Konkurrenz selbst zu stören. Genauer gesagt, Ordnungspolitik soll das Wachstum nur nicht noch zusätzlich antreiben, reduziert aber den Ausstoß nicht.

Ökologische Marktwirtschaft

Ökologische Marktwirtschaft ist also das Losungswort. Und das heißt zunächst, daß Biedenkopf die staatsinterventionistische Methode, die er vom Ordoliberalismus her ohnehin nicht mag, nun auch für die Umweltschutzpolitik ablehnt. Inzwischen wird ihm auch der grüne Ex-Minister Fischer bestätigen, daß das detaillierte Tauziehen auf dem unübersichtlichen Feld der Schadensverursachung vor allem dazu gut ist, die Bürokratie um ein weiteres riesiges Korps zu vergrößern. Und ob die Umweltschutzminister der Union auf Bundesebene nun Zimmermann, Wallmann oder Töpfer heißen: Es gibt in ihrem Rücken gar nicht den realen staatlichen Souverän, der den mächtigen wirtschaftlichen Interessen standhalten könnte.

Nun bin ich zwar generell der Meinung, daß es hinsichtlich der Grundlast des Industriesystems gehupft wie gesprungen ist, ob ich mehr vom Staat (Etatismus) oder mehr vom Markt (Ökonomismus) her nachreguliere. Aus dem Scheitern der bürokratischen Variante folgt keineswegs automatisch, daß wir marktwirtschaftlich mehr Glück haben müssen. Dennoch scheint mir Biedenkopf, innerhalb der kapitalistischen Ökonomik betrachtet, recht zu haben: Wenn die Industrie so oder so die Kosten der Belastung internalisieren soll, bürstet man sie besser mit dem Strich als gegen den Strich der Betriebsökonomie. Sie kann dann, zwingende Hebel vorausgesetzt, unternehmerisch Kostenminimierung betreiben, die Belastungssteuer, an die Biedenkopf denkt, gegen den Aufwand für die Einstellung bzw. Reduzierung der Schädigungen rechnen und sich den in den eigenen Planungshorizonten günstigsten Weg aussuchen.

Und was die zwingenden Hebel betrifft, so meint Biedenkopf, der dies keineswegs verbirgt, mit »weniger Staat« stärkeren Staat. Der Staat soll sich nicht im Kleinkrieg um Auflagen verschleißen, soll sich nicht mit Datenbetrug, Obstruktion und dem Herunterfeilschen der Kennziffern herumschlagen müssen, sondern die im gesellschaftlichen Kräftefeld durchsetzbaren regionalen Höchstwerte der Gesamtbelastung festlegen. Diese »politisch festgesetzten Knappheiten« sollen über Belastungszertifikate, die die Umweltverschmutzer zwangsweise erwerben müssen, in ökonomischen Druck auf sie umgesetzt werden. D. h., wer zu der für gerade noch zulässig erklärten Gesamtbelastung beitragen will, muß eine Steuer zahlen, wobei die Gesamtbelastung mit sinkender Tendenz vorgegeben werden soll, immer ein wenig dem Stand der Technik und der Routine seiner betrieblichen Umsetzung voraus.

Das ist, soweit ich erkennen kann, die beste Idee zur *systemimmanenten Schadensbegrenzung*. Biedenkopf kann zwar keineswegs beweisen, der Markt werde die Natur nicht doch zerstören oder es sei eine »nichtexpansionistische Wettbewerbswirtschaft« möglich. Doch kann ich seiner These, der Markt werde die Natur *besser* »regieren« als der Staat mit einer interventionistischen Umweltschutzpolitik[32], theoretisch erst einmal folgen. Es kommt auf den politischen Kampf um die Belastungssteuer, um ihre Höhe, um die Festlegung der Gesamtbelastungen an.

Wo aber liegen – zunächst einmal empirisch, noch nicht prinzipiell – die Grenzen einer so verstandenen »ökologischen Marktwirtschaft«?

Erstens können wir mit den Zertifikaten nur gegen die jeweils *bekannten* und *faßbaren* Gefahrenquellen vorgehen – in einer Situation, die dadurch charakterisiert ist, daß wir die einzelnen Schadwirkungen (wie bei Formaldehyd) erst Jahrzehnte später feststellen und ihre Summierung und wechselseitige Überlagerung meist nur vermuten können, ein gefährliches Spiel. Die Wälder – und sie mögen hier nur pars pro toto stehen, so schwer ihr Schicksal allein schon wiegt – werden tot sein, bevor die Lizenzen für bzw. gegen die zahllosen verdächtigen Faktoren verkauft worden sind, ein Verfahren, das wirklich nur geeignet ist für die von Ivan Illich angezeigte Tour längs des Abgrunds.

Zweitens hat das Prinzip, selbst wenn es vermutlich vergleichsweise besser greift als bürokratische(re) Methoden, die den »guten Willen« und die Kapitallogik der Industrie gar nicht berücksichtigen, einen psychologischen Nachteil: Es verkauft die *Zulässigkeit von Umweltbelastung*.

Diese Grenzwert-Methode ist denn inzwischen auch als inadäquat und illegitim bekannt. Darauf begründete »politisch festgesetzte Knappheiten« versuchen noch einmal, letztlich unhaltbar gewordene Taktiken des »Kompromiß«-Geschäfts mit der Natur zu legalisieren. »Nicht überziehen, Umwelt *schonen*« – damit aber kommen wir nicht davon. [33,]

Sind denn die Spitzenwerte das hauptsächliche Problem? Dioxine verstehen wir doch am besten als einen Hinweis, daß die *Grundlast* des Industriesystems zu groß geworden ist. Biedenkopf hat die Kohlenwasserstoffe auf der Negativliste. Wann aber werden wir die über die Zertifikate aus der Welt geschafft haben? Die chemische Industrie fällt der Biosphäre bereits *insgesamt* zur Last. Unabhängig davon, ob sie »sanft« ersetzt werden können oder nicht, müßten *sofort* und sofort *ganze* Produktionslinien dichtgemacht werden. Die Investitionskraft müßte bis auf weiteres vornehmlich in die Beseitigung der Altlasten gelenkt werden!

In der Logik der Biedenkopf-Überlegungen könnte der dem Begrenzungsgebot entsprechende Gedanke, Knappheiten zu setzen, zwar ausgebaut und radikalisiert werden. Zum einen müßten – gegen die ganze Arbeitswertlehre, die den Naturbeitrag gleich Null setzt – die Ressourcen so besteuert werden, daß noch die teuerste Arbeitsstunde wieder rentabel wird. Zum andern müßte *jegliche* Emission, *jeglicher* Müll *von Null an progressiv belastet* werden, in den Privathaushalten dann natürlich auch (was man nicht messen kann, muß man nach Richtwertermittlungen schätzen).

Gerade *weil* es, wie Georgescu-Roegen zeigte, *keine* Nullbelastung, *keine* vollständige Kreislaufwirtschaft gibt, muß auf diese Weise rigoros darauf gedrängt werden, den Naturverbrauch und -verschleiß wenigstens zu *minimieren*. Jede Verschwendung und Belastung muß sich als Verlustgeschäft niederschlagen.

Aber selbst diese Variante würde wohl nur Naturverbrauch und -belastung *pro Produkteinheit* so gering wie möglich halten. Die Kapazität *jeder* marktwirtschaftlichen Lösung aber ist erschöpft, wo es auf die Begrenzung des Produktions*umfangs, des Marktes selber* ankäme. Oder gibt es wenigstens theoretisch doch eine Möglichkeit, die Naturschranke so rigoros in der Marktökonomie zur Geltung zu bringen, daß nicht nur vorübergehend, sondern überhaupt der Ausstoß dauerhaft schrumpft, beispielsweise der von Autos? Ist es denkbar, marktkonform nicht nur umweltfreundliche Autos zu erzwingen, sondern auch zu verhindern, daß es weltweit eines Tages zweieinhalb Milliarden werden (wenn wir den heutigen bundesrepublikanischen Besatz zugrunde legen)? Teurer werden die knappen Umweltgüter über kurz oder lang auch für die umweltsündigsten Konkurrenten. Aber *das gleicht sich aus!* Die steigenden Bodenpreise haben ja die Zersiedlung und Betonierung der Landschaft auch nicht aufhalten können.

Wie mir scheint, ist Biedenkopfs *Intention* radikaler als der Zugriff, den ihm sein Theorierahmen erlaubt. Nicht zufällig läßt er den Leser durchgängig im Unklaren, ob es wirklich darum geht, das Wachstum zu begrenzen, oder nur darum, zu verhindern, daß es auch noch zusätzlich angepeitscht wird. Was heißt denn in unserer wirtschaftsbesessenen Gesellschaft »dynamisches Gleichgewicht«? Diese seine Losung bezieht sich doch auf ökonomie*interne* Faktoren, bekommt also ein dynamisches Gleichgewicht zwischen Gesellschaft und *Natur* gar nicht erst in den Blick. Das erklärte Ziel heißt »Expansionsbegrenzung«, der ordoliberale Ansatz liefert aber offenbar nur Instrumente zur Expansions*regulierung,* wie sie auch Ludwig Erhard schon gewollt hat.

Sicher ist es gut, wenigstens den Hilfsmotor auszuschalten. Aber gehört denn der Bedürfnisdruck, gehören Angebot und Nachfrage *in ihrer nach Jahrhunderten der Expansion gegebenen Ausprägung und Dimension* zur natürlichen Ordnung und vertragen sich mit dem irdischen Gleichgewicht? Von der neuen Sicht der Dinge her hat doch diese ganze Nachkriegsgesellschaft – Demokratie hin, Zentralverwaltungswirtschaft her – vor der natürlichen Ordnung schon nicht mehr recht gehabt. Mehr noch, ist nicht die Idee des ORDO unter dem Namen der »sozialen Marktwirtschaft« praktisch-politisch dazu benutzt worden, hier ein ökonomisches Prinzip zu restaurieren, dem durch die beiden Weltkriege schon das Menetekel upharsin erschienen war? Ist nicht der vorläufige Sieg im Nachkrieg, namens Wirtschaftswunder, tendenziell noch verhängnisvoller als es die militärische Niederlage war?

Der ORDO-Gedanke hat jetzt nur dann die neue Chance, die ihm Biedenkopf mit einer gewissen Evidenz zuschreibt, wenn er die Fessel sprengt, mit der er an die Diagonale des Verderbens geschmiedet ist. Die Begrenzungsidee erfordert dringend, Werte wie Individualität, Initiative, Selbstverwirklichung – die positive Essenz der Freiheit – nicht länger mit dem Unternehmertum beim profit- und prestigeorientierten Sachenerforschen, -erfinden und -machen kurzzuschließen. Und die genannten Werte bedürfen darüber hinaus im Interesse der Freiheit einer rücksichtslosen Selbstkritik auf den Typus expansiver, aggressiver Subjektivität hin, der sich in sie kleidet.

Konservative Revolution?

Nun muß ich zugeben, ich habe bis hierher ignoriert, daß Biedenkopf im Grunde genommen – wenn auch ohne Beweise – die Ordnungsidee für stärker hält als den Akkumulationstrieb. Sollte das wirklich möglich sein, mit einer Ordnungspolitik die Kapitaldynamik zu bremsen? Es fällt mir nach wie vor schwer, über so etwas wie ein Kartellamt nicht bloß zu lachen.

Doch Biedenkopfs Lehrer Franz Böhm wollte, wie ich es im Lexikon lese, »rücksichtslose Entmachtung der Privatwirtschaft« und »Entprivatisierung der dann noch verbleibenden Marktmacht«. Das war allem Anschein nach ernst gemeint. Wie unterschiedlich man sich auf jene Realität einstellen kann, die ich nach wie vor kapitalistisch nenne! Sie wird aus der anderen Sicht zwar nicht geleugnet, sogar kritisiert, aber völlig anders erkannt und theoretisch eingeordnet.

Wer nun überzeugt ist, daß dem Kapitalismus nicht mit bloßer Ordnungspolitik beizukommen ist, steht aber – falls er sich dennoch ökopolitisch engagiert und kein grundstürzendes Rezept für die Ökonomik weiß – seinerseits vor einem Widerspruch: Wenn etwa die »Sozialpflichtigkeit« des Eigentums, die in der Verfassung steht, weil systemwidrig, partout nicht durchsetzbar ist, wieso verlangen wir dann vom Staat jetzt schon seit zehn Jahren, er solle das Verursacherprinzip, also die »Umweltpflichtigkeit« des Eigentums, durchsetzen, mithin tatsächlich so etwas wie eine ökologische, vielleicht sogar eine »sozialökologische« Marktwirtschaft?!

Ins Zentrum seiner »Neuen Sicht der Dinge« hat Biedenkopf

einen Begriff gerückt, der nun allerdings gar nicht neu ist, sondern im Gegenteil uralt, von daher jedoch sogar mehr zu fassen vermag, als er ausdrücklich hineinlegt. Es ist der schon erwähnte – aufgrund der juristischen Tradition, die ihn überlagert, römisch-rigid klingende – Begriff des ORDO. Er zielt darauf ab, mit unseren sozialen Veranstaltungen so etwas wie eine »natürlich« vorgegebene Ordnung einzustellen, so etwas wie ein platonisches Urbild »richtiger« Verhältnisse nachzubilden.

So weit ich sehe, haben ihm seine Kritiker alles mögliche abgenommen, aber gerade dieses Herzstück geringschätzig als Marotte behandelt. Dabei macht es die konzeptionelle Stärke seines Entwurfs aus. Alle haben irgendwelche ordnungspolitischen Vorstellungen. Vor allem werden natürlich dauernd welche de facto praktiziert. Aber daß jemand eine Ordnungs*idee* vertritt! Man ist sich weitestgehend darüber einig, daß unordentliches Herumwursteln mit den ohnehin nicht mehr wirklich zu bewältigenden Problemen das einzig »Machbare« ist. Es wird auch gar nichts anderes gewollt. Fast alle fürchten, bei einer übergreifenden Neuordnung Federn lassen zu müssen und reagieren eher beklommen, mag das Angebot auch so liberal, demokratisch und sozial wie möglich ausgelegt sein.

Der Sozialdemokrat von Dohnanyi spürte aus Biedenkopfs Ansatz erstaunt einen religiösen Beiklang heraus: »Der Gral heißt ORDO«, rezensierte er[34] und wies das Ansinnen einer sozialen Ordnungsmacht, die nicht völlig dem Kampf um die Anteile am großen Kuchen ausgeliefert ist, als für die »soziale Demokratie« nicht akzeptabel zurück. Es sei der Versuch, »in der komplexen Wirtschafts- und Sozialwelt von heute *mit fremdem Kompaß* sicher zu gehen«. Demgegenüber plädierte er für den Status quo: »Für den Ausgleich der Interessen im Machtkampf der Gruppen und Parteien gibt es keinen ›appetitlichen‹ Ersatz.«

Bemerkenswert. Der Sozialdemokrat will also keine außerökonomischen, außerkapitalistischen Faktoren zulassen. Er weist die Begrenzungsidee des Christdemokraten zurück, weil sie von einem der Kapitallogik fremden Element ausgeht. So gibt »Rosa« als politisches Prinzip nicht einmal einen Ansatz ökologischer Politik her (Erhard Epplers Denken ist der SPD im Grunde fremder als Biedenkopfs der CDU).

Alle diejenigen, die vieles in der »Neuen Sicht der Dinge« anregend finden, nur das Ordnungsdenken gern als Marotte oder alten Hut abtun möchten, gehen am Kern vorbei, und sie werden sich einigermaßen verspätet über die Stärke dieses Ausgangspunktes wundern. Anders als bisher wird es sich in absehbarer Zeit auch in tagespolitischem Erfolg auszahlen, von einer übergreifenden Idee geleitet zu sein. Biedenkopf sieht die soziale Gesamtproblematik unter dem Gesichtspunkt der ökologischen Krise und will sie als Ordnungsaufgabe, d. h. von einem freilich realpolitisch erst noch zu schaffenden archimedischen Punkt außerhalb des ökonomischen Getriebes, angehen.

Zum ersten Mal stellt sich jemand aus der CDU konzeptionell der ökologischen Krise, ohne sie schon gleich im Anlauf zur »Umweltkrise« zu verharmlosen. Mehr noch, er ist der einzige Politiker, für den andere Erfordernisse (Arbeit, Soziales) nicht unter der Hand doch wieder eine von der Begrenzungsnotwendigkeit unberührte Bedeutung erlangen. Was er zu umreißen sucht, ist nichts anderes als eine *ökologische Wende-Regierung*, und zwar sehr ernsthaft und im Rahmen seiner Voraussetzungen konsistent.

Nun ist der ORDO-Begriff zunächst inhaltlich neutral und paßt auf beliebige gesellschaftliche Verhältnisse. Er läßt sich dahin verkürzen, man möge sich nach den jeweils gewiß nicht ganz zufälligen Regeln richten, egal *was* es gerade zu regeln gilt. Die menschliche Natur verträgt sich, wenn auch eben nicht gleich gut, mit zu verschiedenen Zuständen, als daß man aus ihr eine präzise Zielangabe machen könnte. Mehr als die Absicht, Normen zu setzen und sie durchzusetzen, drückt also der ORDO-Begriff als solcher zunächst nicht aus. Aber bei Biedenkopf ist er durchlässig für wohl durchdachte Inhalte, die auf ein demnächst regierungsfähiges reformatorisches Projekt hinauslaufen, wie es in dieser Form noch am ehesten mit der Mentalität der konservativen Mehrheit vermittelbar ist. Eine ökologische Wende ist ganz unmöglich ohne das *Moment* einer konservativen Revolution, freilich ebenso unmöglich, wenn ihr Anlauf darin steckenbleibt.

Bereits 1977 schrieb jemand, der sich mit den langen Wellen der technologischen Innovation beschäftigt hatte[35], unter der Kapitel-

überschrift »Wandel der Ordnung; Ordnung im Wandel«, daß die
zugehörigen sozialorganisatorischen Neuanpassungen

> noch stets in der Regierungszeit restaurativer Herrscher, eiserner Kanzler
> oder autokratischer Regimes passierten, die von den Labilitätsverhältnis-
> sen des technologischen Patts (der Autor meint, zwischen zwei »langen
> Wellen« – R. B.) der jeweiligen Zeit ins Amt gerufen wurden. Das war in
> der Epoche Metternich, in der Bismarckperiode und in der Hitlerzeit der
> Fall und gewiß kein Zufall.
>
> Offenbar ging die sozialökonomische Evolution einen *Weg des bewah-
> renden Wandels:* Neuerungen, die an den Regeln der Ordnung rückten,
> konnten in der Vergangenheit eigentlich nur von Leuten durchgesetzt
> werden, deren Verwurzelung im Traditionellen und deren konservative
> Neigungen außer Zweifel standen. Sie konnten nur in Perioden zum
> Zuge kommen, in denen die bewahrenden Kräfte die Oberhand hatten.

Falls es so kommt, ist es ja nicht gleichgültig, *welche* bewahrenden
Kräfte wir zu gewärtigen, möglicherweise sogar zu begünstigen
hätten. Denn am wahrscheinlichsten blüht uns, was Robert Jungk
als Atomstaat, André Gorz als Elektrofaschismus (inzwischen
würde man sagen: Computerfaschismus) bezeichnet hat, am Ende
dann die Rationierungsdiktatur, die sich mit sozialer Selektion,
nach Überlebenschancen, befaßt.

Die bisherigen Revolutionen dieses Typs waren pseudokonser-
vativ. Z. B. nach 1945: War hier nicht die CDU die Fortschrittspartei? Gerade sie hatte den größten Tiefgang beim Wurzelnzer-
schneiden. Und wer jetzt auf ähnliche Weise aus dem Tal zwischen der vierten und der fünften Welle technologischer Expansion heraus will, *muß* sich, die Hauptkonkurrenten auf dem Weltmarkt fest im Blick, auf »High Tech« ausrichten. Diesmal soll halt
der soziale Friede der reichen Länder nicht herbeibetoniert, sondern herbeigechipt werden. Auf die Umwelt will man dabei nur
soweit ein Auge haben, daß nichts aus dem Ruder läuft. Das
zulässige Tempo der Höllenfahrt hat sich in den letzten Jahren ja
sowieso schon als eine Frage der Gewöhnung erwiesen. Die Bürger wollen nur am Schirm sehen und in der Zeitung lesen, die
Regierung »sorgt und tut«.

Solange die Identifikationen mit der westlichen »demokratischen Industriegesellschaft« nicht von Grund auf zusammenbrechen, bleibt das Projekt einer ökologischen Wende als konservative Revolution trotz seiner Schranke das aussichtsreichste.

Wenn ich den Begriff der konservativen Revolution benutze, meine ich nicht die spezifische Gemütslage, die sich unter dem gleichen Namen im Vorfeld der Hitlerei verschlissen hat. Deutschland ist seit jeher, von Luther über Stein und Bismarck bis Hitler, das Land der konservativen Revolution gewesen. Soweit Hitler tatsächlich in diese Reihe gehört, sind wir gebrannt genug, brauchen also nicht deshalb vor dem Projekt zu erschrecken. Es kündigt sich eher für *den* Fall ein Über-Hitler an, daß sich mit dem neuen technologischen Schub die Atomisierung der Gesellschaft unter dem Heuchelwort »Kommunikation« noch einmal überschlägt, während die Nachkriegsordnung zugleich den Rest ihrer Legitimität verliert, weil sie sozial und ökologisch versagt.

Es wird spannend, ob sich bei der außerordentlichen Gelegenheit, die die ökologische Krise bietet, doch konservative Kräfte finden, die den (materiellen) Fortschritt nicht vorantreiben, sondern abbremsen und darauf setzen wollen, die menschliche Substanz zu bewahren. Es wäre ziemlich beispiellos, aber die Rolle ist ausgeschrieben und könnte eine Chance haben.

Biedenkopf weiß, es handelt sich um ein Programm, um das sich ein soziales Subjekt erst kristallisieren soll. Noch kann nicht damit regiert werden. Soll es nicht doch bloß Vorwand für eine Karriere sein, gibt es so schnell keinen direkten und regulären Weg zur Exekutivmacht dafür. Dazu müßte, außer viel Aufklärung unter Mitwirkung der laufenden Katastrophen, etwas passieren, was den normalen politischen Gang unterbricht. Ohne drängende soziale Bewegung kommt die politische Energie für Kontraktion statt Expansion nicht zusammen, auch nicht für die konservativ-ökologische Wende.

Die Lücke zwischen Biedenkopfs Absicht der Wurzelbehandlung und der ins Auge gefaßten Methode ist außerdem auch noch theoretischer Art, weil er das Wurzelwerk der ökologischen Krise nicht tief genug in unseren Kulturboden, in unsere Individualitätsform hinein verfolgt. Noch stellt er sich nicht die Aufgabe, den Motor abzustellen, sondern will nur vom höchsten Gang herunter und jedenfalls mit dem Fuß vom Gaspedal weg, will auch den Mitfahrern die Antreiberei abgewöhnen. Die Erfahrung, daß uns auch dieser Fahrstil noch nicht retten kann, wird die Gesellschaft wohl erst noch machen müssen.

Inzwischen bleibt Zeit, den geistigen Zugriff zu radikalisieren und die stärksten Identifikationen mit dem institutionellen Status quo fallenzulassen, die Biedenkopfs Konzept beschränken. *Sowohl* die Marktwirtschaft *als auch* die Demokratie müssen zur Disposition stehen – was *nicht* heißen muß, sie abzuschaffen, wohl aber klar zu erkennen, wie sehr sie in die Logik der Selbstausrottung verwickelt sind.

»Den Kahn am Ufer vertäuen!«

Wie auch immer: Positiv ist zu vermerken, daß Biedenkopf heute gerade dort anknüpft, wo konservative Kräfte nach dem Zusammenbruch von 1945 zu einer Einkehr bereit waren und ursprünglich noch etwas anderes als bloß den Wiederaufbau und das Wirtschaftswunder gewollt haben, nämlich eine Eindämmung des Kapitalismus, so illusionär das auch gewesen sein mag. Heute auf die Freiburger Schule zurückzugehen und an das Ahlener Programm der CDU zu erinnern, bedeutet den Mut, sich auf eine überrollte Tradition zu besinnen. Biedenkopf möchte sie angesichts der ökologischen Krise erneuern. Die Anwendung des ORDO-Gedankens auf das *Natur*verhältnis, auf die ökologische Krise *ist* neu (soweit sie nicht *ur*alt ist). Genau darum geht es jetzt: die Ökologie, d. h. das Verhältnis von Mensch und (ganzer) Erde, von Gesellschaft (Gattung) und Gesamt-Natur zum grundlegenden Angelpunkt einer neuen Ordnungspolitik zu machen.

Hoffentlich sind wir uns darüber klar, daß Ordnung ursprünglich – und so auch bei Biedenkopf, der es u. a. durch seine einsichtige Position zum Thema Demonstrationsrecht beweist[36] – etwas anderes meint als die »Ruhe und Ordnung« des Polizeipräsidenten. Biedenkopf reduziert Ordnung nicht auf staatliche Exekutive, sondern verlegt sie zurück auf das Feld der Rechtsfundamente, ja sogar in den vorpolitischen, den eigentlich gesellschaftlichen, den sittlichen Raum. Erst darüber vermittelt sollen sich »natürliche«, d. h. mit dem menschlichen Gattungswesen selbst gegebene Ordnungselemente durchsetzen.

Methodisch bin ich mit dieser Auffassung völlig einverstanden. Die ökologische Krise zwingt dazu, bis hierher zurückzugehen, ja sogar noch einen Schritt weiter, nämlich bis zu der Frage, ob es nicht einen Widerspruch zwischen »menschennatürlicher« und natürlicher bzw. kosmischer Ordnung gibt. Jede Ökonomik ist *menschen*abhängig, und wird sie nur von deren sozialen Interessen her betrachtet, geht das spontan gegen das Gleichgewicht mit der Natur. Das System, das wir mit der Natur bilden, der kosmische und irdische Bezug unserer Existenz, ist grundlegend, ohne deswegen in den Fundamenten von Ökonomie, Juristerei usw. eine Rolle zu spielen. Normativ im *höchsten* Sinne, nämlich daraufhin, was für eine Art Wirtschaft der Mensch haben sollte, um seiner *Bestimmung* zu entsprechen, wird die Frage kaum je gestellt.[37]

Diejenigen, die von der Versöhnung zwischen Ökonomie und Ökologie im Sinne eines wie auch immer gearteten *Kompromisses* reden, als handelte es sich um zwei *gleichrangige soziale Teilinteressen*, haben schlicht keine Ahnung, worum es überhaupt geht. Eine weise alte Japanerin hat 1983 folgendes kindhafte Gleichnis dafür gefunden, wie sehr wir uns über den Gegenstand irren können, der der natürlichen Rangordnung gemäß zuerst zu behandeln wäre. Diese Frau, Ryōju Tamo, schreibt:

> Stellen Sie sich vor, daß Milliarden von Ameisen in einem Schiffchen aus einem Bambusblatt auf einen Wasserfall zutreiben – ohne es auch nur zu bemerken. Es scheint, sie wissen sogar nicht einmal, daß sie in einem Schiffchen fahren. Diese, die zusammenwirken müßten – hätten sie ihre Lage erkannt –, stehen sich im Gegenteil in Haß, Tücke und Habgier gegenüber, sind besessen von Intrigen und Streitigkeiten. Obwohl es doch für alle – ob Freund oder Feind – den Untergang bedeutet, sobald das Schiffchen den Wasserfall erreicht und hinunterstürzt . . .
>
> Jetzt fürchten Sie den Krieg und sind in Sorge über die Verwendung der Nuklearenergie. Wirklich, beide Probleme sind ernst. Aber sind Sie sich im klaren darüber, daß es für uns noch weit dringlichere Probleme gibt? Daß die ruhigen Zeiten, in denen man es sich leisten konnte, über etwas wie die Kriegsgefahr in Aufregung zu sein, bereits der Vergangenheit angehören . . . Kriegsgefahr und Nuklearenergie sind solche Probleme, »die nur die Ameisen untereinander angehen, d. h. Probleme nur auf dem Schiffchen«; sie sind unabhängig von der Hauptproblematik, »daß nämlich das Schiffchen, das die Ameisen trägt – sei es nun im Krieg oder im Frieden – unbeirrt weiter auf den Wasserfall zutreibt«. In der Tat, es ist kaum möglich, aber auch angenommen, es käme in der Welt zu einem kriegslosen Zustand, so geht doch die gesamte Menschheit Tag um Tag mit Gewißheit auf den Untergang zu . . .

Wichtig ist, den »Kahn am Ufer zu vertäuen«. Mit dem Ufer ist die ewig unveränderliche »kosmische Ordnung« gemeint (von der wir uns entfernt haben müssen, sonst trieben wir nicht auf diesem Kahn dem Wasserfalle zu – R. B.) . . .

Diese »kosmische Ordnung« genau erkennen (vor allem als ein Lebenssystem, an das wir gebunden, dem wir nicht überlegen sind und über das wir uns nicht hinwegsetzen können – R. B.) und das Leben danach ausrichten bedeutet, »den Kahn am Ufer zu vertäuen«; das Leben ohne Abweichung von der »kosmischen Ordnung« zu führen, als größter und wichtigster Vorsatz, wurde, abgesehen von wenigen Ausnahmen, in der Politik der Welt bis heute nicht verwirklicht.

Sofern man nicht den Ausgangspunkt in diese vorrangige Aufgabe legend dem Kurs des menschlichen Lebens eine große Richtungsänderung gibt, wird auch künftig, welche Kräfte man auch aufbieten mag, doch nur das »Hinabstürzen in den Wasserfall« beschleunigt . . .

»Oberflächlich« bedeutet das Streben nach Wohlergehen für die Menschheit allein, »wahr« bedeutet die gemeinsame Existenz und das Gedeihen der Schöpfung insgesamt zur Grundlage zu machen . . . Selbstverständlich ist die bisherige »oberflächliche Politik« auch erforderlich, sie muß aber unbedingt ausgerichtet nach der »wahren Politik« gehandhabt werden. Gerade die Realisierung der »wahren Politik«, die der »oberflächlichen Politik« den Weg weist, stellt für die heute an der Schwelle zum Abgrund stehende Menschheit das Grundprinzip zur Wiedergeburt dar.

Es wäre also an und für sich nichts gegen dieses den ökonomischen Interessen angepaßte Ordnen zu sagen, wenn es eingebettet wird in diese »wahre Politik«, »den Kahn am Ufer zu vertäuen«.

Richard Wilhelm, der Übersetzer des »I Ging«, notiert zu dem Zeichen »Brunnen«: »Man muß bis auf die Grundlagen des Lebens heruntergehen. Alle Oberflächlichkeit in der Lebensordnung, die die tiefsten Lebensbedürfnisse unbefriedigt läßt, ist ebenso unvollkommen, als hätte man gar keinen Versuch zur Ordnung gemacht.« Die Wirtschaft, gar wo sie wie bei uns das Ganze einseitig dominiert und okkupiert, kann gerade deshalb nicht der erste Bezugspunkt einer Neukristallisation sein. Den Wettbewerb zu regeln ist ein abgeleitetes, »oberflächliches« Problem, kaum mehr sinnvoll für sich allein diskutierbar. Es *kann* nicht gelingen, »wenigstens erst einmal diesen elementar wichtigen Bereich Wirtschaft« gesondert neu zu regeln.

Die eigentliche Grundentscheidung fällt also anthropologisch (und näher, wie sich schon angedeutet hat, spirituell). Und seit

Mensch und Erde real zu *einem* System zusammengewachsen sind, ist das Ökologische da mit eingeschlossen.

Von dorther müssen wir die *eine* Wirtschaftsordnung zu erkennen suchen, die von uns verlangt ist, damit wir bestehen können. Sie muß sich vor allem auf erst zu entfaltende Möglichkeiten des Menschen gründen, mehr als auf jetzt schon sichtbares Durchschnittsverhalten. Ohne Sprung in der Evolution, ohne eine Verhaltensänderung aus der Bewußtheit, daß uns unmittelbares Vorteilsstreben umbringen wird, kann es zu keiner rettenden Neuordnung kommen, von der die Wirtschaftsordnung dann nur ein Teil, niemals aber das Fundament sein könnte. Wir müssen die Wirtschaft neu wählen, um unsere wahrhaft unwürdige Abhängigkeit von dem weltweiten Supermarkt zu überwinden.

Noch wollen die Menschen fast überall in der Welt eine Megamaschine, die gleichwohl nichts kaputtmacht, und sie wollen nicht wissen, daß sie die nicht haben können. Da ist es die einzig ernsthafte Antwort, *hier* das »Entwicklungs«-Modell wegzunehmen, das weltweit die selbstzerstörerischen Wertmaßstäbe setzt, ja geradezu aufzwingt, weil die Infrastruktur, mit der wir den Erdball überzogen haben, unentrinnbar ist.

Dafür müssen wir Konsens ansammeln. Mag eine Marktwirtschaft ohne Expansion funktionieren *können* – es muß zuerst etwas mit den Bedürfnissen wie mit den Profitmotiven passieren, es muß erst die Wirtschaftsfixierung weg, die ganze Sicherheitsphilosophie, die unsere seelische Abhängigkeit von der Megamaschine widerspiegelt. Sonst können wir in die Wirtschaft hineinordnen wie wir wollen, es wird zu nichts führen. Die Antriebsdynamik selber ist das Problem, nicht ihre Eindämmung von außen.

Der innenpolitische Kampf der Interessenhaufen und Besitzstände ist ja nur ein bedingter Teil dieser übergreifenden Großen Unordnung, als die sich das Weltsystem nun darstellt. Der Staat als Ordnungsmacht und die Interessenhaufen, die sich um sein Fell streiten, gehören dem gleichen »falschen (falsch geordneten, fehlgepolten) Ganzen« an. Der Fehler ist in dieser Polarität nicht behebbar, weil er in einer ganz anderen Matrix, in einer viel tieferen Schicht des Menschseins wurzelt.

ORDO – gegen die Antriebsdynamik?

Im Unterschied zur natürlichen Ordnung hat eine Rechtsordnung, haben Gesetze schon von ihrer Genesis her nicht den Status der ersten Ursache. Vielmehr sind sie schon *Reaktionen auf Störungen der Großen Ordnung.* Laudse, der sich damit an Konfuzius reibt, hat den wirklichen Hergang so verstanden:

> verloren ging das große Dau –
> güte und rechtschaffenheit entstand
> hervortrat die klugheit –
> die große heuchelei entstand
> zerrissen war die sippe –
> der familiensinn entstand
> in wirrnissen zerfiel der staat –
> der treue minister entstand[38]

Dieser kompensatorische Status des »treuen Ministers« ist eine der ältesten und tiefsten Wahrheiten über Staat und Recht, woraus auch die reale Abhängigkeit des Rechts von seiner Exekutive verständlich wird, so sehr das Umgekehrte zu wünschen wäre. Glaubhaft zu fordern ist es aber nur dann, wenn man die auf diese Weise festgestellte Unordnung als vollgewichtigen Weltzustand begreift und vor allem: wenn man sie überwinden *möchte.* Wer diese Störung des ORDO, diese Abwesenheit des DAU bloß auf Irrtum und falsche Begriffe zurückführen will, verhüllt den Weltenriß statt ernsthaft zu seiner Heilung anzusetzen.

Der Ordoliberalismus will allen Aktivitäten, allen Initiativen, ja aller Expansion der Individuen freie Hand lassen, will möglichst gar nicht in ihr Spielfeld intervenieren: freie Marktwirtschaft! Und dann soll diesem freien Spiel der Kräfte, wo es sich schädlich nach außen auswirken könnte, eine *äußere* Schranke gesetzt sein, allenfalls von ein paar Regeln ergänzt, die *Fairneß* sichern sollen. Man hätte also einen in sich selbst ungehemmten, *per se expansiven Schub von innen,* und man hätte eine von der *Grenze* des Systems Markt her hinein- bzw. erforderlichenfalls entgegenwirkende Brems- und Kanalisierungsinstanz.

Wäre fairer Wettbewerb um bestmögliche Bedürfnisbefriedigung der Normalfall, hätten wir gar keinen staatsinterventionistischen Impuls, hinter dem ja weiter nichts steckt als ein politischer

Korrekturwille. Auch ich denke, daß die Machtlogik der Markt-
kräfte nicht schon an sich »im Weltenplan vorgesehen« ist. Aber
alle Marktidealisten, die darauf bestehen, es fehle nur an den
richtigen Begriffen und deren gesetzlichen Konsequenzen, machen immer noch denselben Denkfehler, den schon Laudse an
Konfuzius kritisierte:

Wo Konfuzius mit Sitten und Anstandsregeln (die in noch nicht
ganz »unorganischen« Gesellschaften stärker als Gesetze sind)
noch etwas retten wollte, las Laudse an solchem Bemühen nur den
Grad der Entartung ab, die ihm einen Schein von Sinn verleiht.
Richard Wilhelm interpretiert:

> . . . tiefgreifende innere Unwahrhaftigkeit hatte alle Verhältnisse durch-
> fressen, so daß nach außen hin Menschenliebe, Gerechtigkeit und Moral
> noch immer verkündigt werden als hohe Ideale, während im Innern Gier
> und Habsucht alles vergifteten. Bei solchen Zuständen mußte jedes Ord-
> nen die Unordnung nur mehren. Solch einer Krankheit ist nicht mit
> äußeren Mitteln zu helfen.[39]

Im selben Sinne gibt Max Kaltenmark eine Passage aus dem 38.
Spruch so wieder, daß der *Stellenwert* der *nachordnenden* Regie-
rungstugenden in dem *Abstieg* von der Großen Urordnung und
ihrem Wirkprinzip deutlich wird:

> Wenn man das Tao verloren hat, hält man sich an das Te. Wenn man das
> Te verloren hat, hält man sich an die Menschlichkeit. Wenn man die
> Menschlichkeit verloren hat, hält man sich an die Gerechtigkeit. Wenn
> man die Gerechtigkeit verloren hat, hält man sich an die Riten. Die Riten
> sind nur ein dünner Überzug aus Loyalität und Vertrauen – und der
> Beginn der Anarchie.[40] (Für das letzte Wort stünde besser »eklatante
> Unordnung«, weil nämlich eben die Ur-Ordnung des Laudse »anar-
> chisch«, d. h. nicht-herrschaftlich vorgestellt ist.)

Alles das weist darauf hin, daß wir uns nicht damit begnügen
können, äußere Regulative einzubauen. Es muß etwas mit der
fehllaufenden Antriebsenergie selbst passieren, die sich doch in
sämtlichen Äußerungen unserer Zivilisation verheerend bemerkbar macht. Von außen gegensteuernde Ordnungsmaßnahmen
jenes absteigenden Stellenwerts werden nötig sein, aber zugleich
wird ihnen die eigentliche Rechtfertigung fehlen, wenn sie nicht
Teile eines Versuchs werden, eine Ordnung in Gang zu bringen,

die von Grund auf stimmt. Nur solange wir die wirtschaftliche Ebene isoliert betrachten, kann es einen Augenblick so scheinen, als müßten wir lediglich die Akkumulationslawine begrenzen, die sich materiell über die Erde wälzt.

3. Wer kann die Apokalypse aufhalten?

Die Nachricht ist angekommen

Es ist wenige Jahre her, da hätte man sich erst rechtfertigen müssen, überhaupt mit der Apokalypse zu rechnen. Die Atombombe schien einer ganz anderen Kategorie der Bedrohung anzugehören – hier kannte man vorab die Schuldigen, konnte sich leichter über die eigene Aktie am Wettrüsten hinwegtäuschen. Als handelte es sich beim Ökozid um nichts als eine ideologische Epidemie, wurden die Indizien für die Realgefahr der Totalkatastrophe keines Blickes gewürdigt, wenn es galt, »Angstmache« abzuweisen.

Wer die Apokalypse für möglich hielt, wurde zum Pessimisten erklärt, obgleich es in der Regel umgekehrt ist. Das Motiv der apokalyptischen Vision ist fast immer die Überzeugung, es gäbe nur dann noch eine *Chance,* wenn wir den schlechten Ausgang für höchstwahrscheinlich halten, nämlich bei Fortsetzung der bisherigen Lebenspraxis. Wenn auch vielleicht nicht als hinreichender Antrieb – denn wir brauchen positive Freude an der Veränderung, damit wir uns engagieren – »was kann als Kompaß dienen? Die vorausgedachte Gefahr selber«. So Hans Jonas; er spricht von einer »Heurisitik der Furcht«.[41] Wir Menschen werden ja auch sonst von unseren Ängsten geleitet, und zwar vor allem dazu, nichts zu tun, was irgendeine unserer kleinen und großen alltäglichen Sicherungen durchbrennen lassen könnte. Bei der apokalyptischen Einsicht geht es um die *Umbesetzung der Ängste*, damit in dem, was wir meiden wollen, die Relationen stimmen.

Auf der Linken war (und ist zum Teil noch immer) eine zusätzliche falsche Angst im Wege. Manche gehen so weit, den Topos der Apokalypse schon selbst für das Vehikel einer braunen Gefahr zu halten. Abgesehen davon, daß aus der Defensive einer bloß sozialpolitischen Krisenabwehr kaum je ein rechter Vorstoß abgefangen worden ist – stimmt es überhaupt, daß der Deckel hochgeht, der die Büchse der Pandora verschlossen hält, wenn die ökologische Krise in ihrer tatsächlichen Größenordnung erkannt wird? Geht sie doch offensichtlich nicht von einem äußeren Feind aus, auf den man aggressiv ausweichen könnte!

Ein und dieselben Menschen, die eben noch den atomaren Erstschlag an die Wand gemalt hatten, konnten im nächsten Moment so tun, als wäre es nicht nur geschmacklos, sondern auch gefährlich antiaufklärerisch, wirklich damit zu rechnen. Wenn wir selbst angesichts der Ökopax-Bewegung fürchten wollen, das Volk könnte sich wieder schlecht benehmen, wenn man wagt, es auf den Plan treten zu lassen, dann sitzen wir wirklich in der Falle unserer Geschichte fest. Und dann *wird*, wenn es Reförmchen für Reförmchen weiter friedlich in die Katastrophe geht und sich keine massenhaft lebbare Alternative abzeichnet, die Ökodiktatur kommen.

Inzwischen aber ist der »aufgeklärten« Kritik das Mißfallen an der apokalyptischen Argumentation doch ziemlich im Halse steckengeblieben, weil sich die Realität der Selbstausrottungslogik allzu fühlbar macht. In den letzten Jahren hat sich das Klima – obwohl oder weil die Ökopax-Bewegung in ihrem ersten Anlauf steckengeblieben ist – massenhaft geändert. Während aber die echte apokalyptische Vision im Grunde optimistisch ist, indem sie in einen Umkehraufruf mündet, reagiert die Masse, die die Menschen in dieser Reaktion bilden, auf die bequemste Weise, wie narkotisiert: »Das hält sowieso keiner mehr auf.«

Wahrscheinlich hängt diese Ansicht damit zusammen, daß an der Apokalypse von altersher alle oder fast alle (mit)schuld sind, nicht bloß der König und der Hohepriester. Zumindest ahnt in diesem Falle auch noch der hartgesottenste Feindaufklärer die eigene Mitbeteiligung und Mithaftung; man kriegt nicht so leicht wie sonst Gut und Böse zu eigenen Gunsten bereinigt. Der Widerstand gegen neue Erkenntnis wurzelt sowieso weniger in dem Bestreben, Gefahren zu verdrängen, als in der Abwehr der Zumutung, das gewohnte Leben zu ändern. Schon findet man sich ab mit der eben noch geleugneten Gefahr: So ist's bequemer. Deshalb ist Hoimar von Ditfurths schon erwähntes Buch, das dieses Volksempfinden mit wissenschaftlichem Anstrich und metaphysischer Coda vertritt, ein Bestseller.

Hat es der Autor nicht »den vielen, den allzuvielen Menschen gewidmet, die es immer noch nicht wahrhaben wollen« – nämlich, daß es sich nicht um »Umweltprobleme«, sondern um die endgültige Krise der westlichen Zivilisation handelt, die alles mit ins Nichts zu reißen droht?! Diese Einsicht hat nun also Konjunktur, und das ist erst einmal erfreulich. Das Stärkste an Ditfurths Buch ist der erste Teil, der gar nichts Neues bringen will, sondern nur wie auf jenem Dürer-Holzschnitt die apokalyptischen Reiter auf einem einprägsamen Blatt versammelt. Besonders an dem Artensterben macht er das Tempo ablesbar, in dem der Untergang schon läuft. Wir sollen uns im Spiegel dieses Resümees als eine für alles andere Leben satanische Art erkennen.

Weiter weiß er allerdings nur Notausgänge, die keine sind, weshalb deren Nichtbenutzung, die er beklagt, eben noch nicht beweist, daß nichts mehr geht. Etwa militärische Umrüstung auf defensive Verteidigung hält er für ein offenes Scheunentor. Dabei kann sie ebensogut bloß ein Hintertürchen sein, das an den gleichen Abgrund führt: Der US-amerikanische Sternenkriegswahn *ist* ja »defensiv« motiviert. Ebenso kann es mit der Anwendung des Verursacherprinzips gegen Umweltverschmutzer gehn, solange nur die Idee der industriellen Massenproduktion unangefochten bleibt. Auch meint er, wir sollten nicht so *kindisch* sein, einseitige militärische und industrielle Abrüstung zu wollen. *Er* möchte keinesfalls für so einen Kindskopf gehalten werden. Er fürchtet sehr viel mehr, als »Irrealo« durch Lächerlichkeit denn durch die Bombe getötet zu werden. Dagegen fürchtet er nicht, sich moralisch fragwürdig und intellektuell unmöglich zu machen, indem er das Bevölkerungswachstum – hauptsächlich anderswo! – nicht etwa als Symptom und Faktor, sondern als »Wurzel allen Übels« hinstellt.

Die Nachricht, daß wir uns absichtlich-unabsichtlich umbringen, ist also angekommen. Zugleich hat sich gezeigt, daß moderat-»erwachsene« Ratschläge – das sieht auch von Ditfurth – nicht gegen die oben wie unten herrschenden psychischen Strukturen durchschlagen. Er bietet am Ende seines Buches vor allem eine neue Methode, die Nachricht wegzuarbeiten. Er sagt, der Mensch kann sich gar nicht retten, weil er eine Fehlkonstruktion ist (Arthur Koestlers »Irrläufer der Evolution«?!). Sei er doch – wie an den analogen Gewohnheiten unabhängig voneinander aufgewachsener eineiiger Zwillinge ablesbar werde – derart festgelegt, daß er nicht einmal frei disponiere, was für eine Krawatte er umbindet!

Das Hirntier hat sich eine Umwelt geschaffen, an die sein Genotyp nicht angepaßt ist. Offenbar besteht unsere genetische »Erblast« darin, daß unser Gehirn bloß in der *natürlichen* Umwelt spontan einigermaßen richtig funktioniert, während es uns nicht besonders bekommt, die natürliche Welt hinter uns zu lassen und in Raumkapseln zu steigen. Herr von Ditfurth hält es für unnormal, daß wir in hochkomplexen Situationen, in die wir gar nicht hineingehören, in denen wir aber trotzdem den computergestützten lieben Gott spielen wollen, als Entwicklungshelfer versagen. Und so kommt er gar nicht erst auf die Idee, wir könnten unsere Kultur und unsere Ambitionen auf solche Maße und Vorhaben zurückführen, für die wir ganzheitlich ausgestattet sind.

Er sieht uns scheitern, weil wir das Werk unserer Hände und Köpfe, das wir zu unserem Götzen gemacht haben, nicht zu beherrschen vermögen. Verirrt im Labyrinth der Wissenschaft, fragt er nicht nach dem doch jetzt so greifbaren Ursprung der Misere: Was treibt uns denn eigentlich, Sachen zu machen, die sich gegen uns verselbständigen *müssen*? Es kann doch nicht an Zellausstattungen liegen, die wir mit den Tieren teilen, wenn wir uns aus Angst vor dem Tode in ihn zu flüchten scheinen.

Was für ein Unfug, anzunehmen, es sei der Erkenntnisapparat, mit dem uns die Evolution ausgestattet hat, unser wirkliches Problem, und nicht etwa die Hybris, deretwegen wir nicht mit ihm auszukommen meinen, und das falsche Leben, mit dem wir uns in die Flucht nach vorne treiben. Buddha gilt dem Westler als defaitistisch, weil er aus der conditio humana schon früh den

Schluß gezogen hatte, wir sollten auf soviel Außenwelt-Veränderung verzichten. Am Ende erweist sich unser eitler Aktivismus als viel defaitistischer: Wir *wollen* nichts machen können gegen all das, was wir gemacht haben.

Hoffnung, weil wir selbst es sind

Es gibt Situationen des Ausgeliefertseins, des Angewiesenseins auf Glück und Gnade – Geburt und Tod und einige mehr. Eiszeiten, Sintfluten, Erdbeben, Vulkanausbrüche – die Naturgewalten brauchen nicht unbedingt unsere Nachhilfe, wie in der technischen Moderne, wo wir den größeren Teil der Katastrophen selber machen. Aber Krieg, Hungersnöte, Naturzerstörung und Vergiftung haben nichts mit der aus unserer schmalen Perspektive willkürlichen Natur, nicht einmal mit der Willkür unserer eigenen Natur zu tun, sondern offenbar mit dem *Gesetz,* nach dem unsere Gattung angetreten ist, mit ihrer Fähigkeit zu bewußter Weltbeherrschung und mit deren mangelhafter Selbstkontrolle.

Diese Gesetzmäßigkeit – nicht Denkgesetze und Aussagekalküle von Aristoteles bis Hilbert – meine ich, wenn ich von einer *Logik* der Selbstausrottung spreche, die sich, bislang noch einigermaßen blind, »naturwüchsig« geltend macht, und von einer *Logik* der Rettung. Begreifen müßten sie zuerst diejenigen Völker, die die Führung in die Sackgasse der megatechnischen Zivilisation übernommen haben.

Immerhin ist unser Land trotz allem eines der ersten, in denen sich die Mehrheit der seit Hiroshima fälligen Einsicht öffnet, *daß* wir uns auslöschen können und *daß* wir dabei sind, es auch zu tun. Zumindest unterschwellig wissen dies die meisten.

Dennoch leben wir weiter wie bisher. Was heute bedeutet: Wir verhalten uns zwar nicht aus freiem Willen, aber auch nicht wider Willen so, als *wollten* wir uns auslöschen. Wir sind in unseren Gewohnheiten und Ängsten, in der Trägheit unseres Geistes und Herzens gefangen wie eh und je. Vor allem haben wir uns aus diesem diffusen Stoff in langem Anlauf ein äußeres Gefängnis gemacht, haben uns in äußere Zwänge und Abhängigkeiten zuhauf begeben, heute mehr als zu jeder Zeit vorher, in »Sachzwänge«, die uns zu sagen scheinen: »Ihr könnt ja gar nicht anders!« Noch wehren sich viele, Protestierer zumal, gegen das »wir« solcher Rede. Sie beharren darauf, die Schuldigen, wenigstens die Hauptschuldigen in den Korridoren der Macht gefunden zu haben, und Mitschuldige unter stumpfsinnigen Nachbarn und Kollegen. Unsere Augen sind immer noch Spiegel der Welt, nicht Spiegel der Seele. Nach innen richten wir unsere Sinne seltener denn je (diese neue Meditationsbewegung fängt ja erst an). Die Ursachen – wir sehen sie fast nur außen. Die Anderen sind es, die aggressiv und bedrohend sind. Wir müssen uns nur schützen.

Erst recht sind nicht wir, sondern »die da oben«, bestenfalls in beiden »Weltlagern«, die Militaristen und Umweltzerstörer. Die Sicherheits- und Komfortbedürfnisse, die *wir* haben, die stehen uns ja wohl zu. Wir verbergen gern, daß wir immer noch so gut wie Cäsar wissen: »Wenn du den Frieden willst, bereite den Krieg vor.« Verteidigung ist selbstverständlich. Und das Auto ist doch wahrhaftig kein Luxus mehr. Goethe in seiner Kutsche nach Italien, *das* war Luxus!

Friedensbewegung und Grüne sind inzwischen verblaßt, weil es sie so, wie ihre Namen vermuten ließen, noch gar nicht gab: Die Friedensbewegung hat gar nicht gesagt, daß wir aufhören sollen, uns zu verteidigen und in Feindbildern zu denken, sondern nur, daß wir für unsere Sicherheit *vernünftigere* Rüstungen brauchen. Und die Grünen haben zwar viel Umweltbewußtsein angestoßen, aber schon deshalb keine Alternative angeboten, weil sie nicht zu sagen wagten, meist nicht einmal selber wissen wollten, daß wir gar nicht mit diesem Industriesystem überleben können. Die Horrormeldungen sind zur Gewohnheit geworden. Quer Beet haben die Politiker überraschend schnell gelernt, Umweltschutz ungeheuer wichtig zu finden, soweit es »der Wähler« eben auch begriffen hat.

Eine Generation weiter – falls wir noch soweit kommen – werden wir mit unserer Arbeit fertig sein, aus den gut zweihunderttausend Quadratkilometern Bundesrepublik eine einzige Stadt zu machen. Oder können wir doch nicht mehr so lange vor uns verborgen halten, daß wir vor allem selbst anfangen müssen, aufzuhören, nicht nur mit dem Rüsten, einschließlich »Umrüsten«? Und zwar ohne zu fragen, ob die Freunde, Feinde und ob die Konkurrenten auch gleich mitziehen? Sollten wir uns wirklich nicht auch *retten* können, selbst dann nicht, wenn wir es wollten?

Hätten wir noch diese Regierungen, diese Militärblöcke, diese tödlichen Industrien, falls wir sie wirklich nicht wollten? Wenn die Brechtschen »Fragen eines lesenden Arbeiters« stimmen, zum Beispiel, ob denn die Könige allein die Paläste gebaut haben, die sie bewohnen, dann muß auch erlaubt sein zu fragen, wer es eigentlich ist, der uns Erde, Wasser, Luft und Feuer vergiftet? »Die« allein? Der Rhein stirbt, weil in *uns* keine Entschlossenheit aufkommt, eine *ökologische* Wende-Regierung, die überdies pazifistisch sein müßte, zu wollen, geschweige denn eine ökopazifistische Wende in unserem Alltag, für die wir uns mit einer solchen Wende-Regierung selbst unter Druck zu setzen hätten. Wir haben immer noch ganz andere Sorgen, als mit der Selbstmord-Vorbereitung aufzuhören oder uns wenigstens bewußtzuhalten, womit wir alltäglich hauptbeschäftigt sind. Wir haben uns psychisch so eingerichtet, daß alle notwendigen Eingriffe und Selbstbeschränkungen zwangsläufig gegen die Freiheit verstoßen werden, die wir gerade meinen.

Immerhin ist gerade dies das Hoffnungsvollste an dieser narkotisierten Atmosphäre, in der wir auf alles zutreiben: Uns bleibt nicht mehr die Ausflucht, andere als uns selbst verantwortlich machen zu können. Ein Lichtblick: Noch weiter oben auf der Bestsellerliste als das »Apfelbäumchen«, das Luther pflanzen wollte, stand lange dieser »Ganz unten«-Bericht von Günter Wallraff, aus dem also wohl Millionen Menschen den zusätzlichen Hinweis aufnehmen: Die Türken sind es jedenfalls nicht, wenn es mit »Arbeit und Umwelt« immer weniger klappt. Das ist neu in Deutschland: Kein Dolchstoß, kein Versailler Vertrag, keine Juden schuld, nicht mal »der Russe« mehr richtig bedrohlich, wenn wir auch seine Raketen anziehen – wir sind es wirklich selbst.

Vielleicht fanden wir bisher den Zugang zu einem Rettungswillen nicht, weil wir noch nicht erkannt hatten, wo das Knäuel seinen Anfang hat. Die Logik der ökologischen Krise muß uns so gegenwärtig werden, muß so unwiderstehlich zu uns sprechen wie bei Rilke der »Archaische Torso Apollos«: »Da ist keine Stelle, die dich nicht sieht. Du mußt dein Leben ändern.«[42]

Aufheben können wir, soweit ich es verstanden habe, das über uns verhängte Urteil nur, wenn wir die Realität unserer Selbstvernichtungspraxis in ihrer ganzen Nähe zu unserem ureigenen Wesen anzunehmen bereit sind und wenn das genügend viele von uns riskieren: bis die nötige »kritische Masse« für eine soziale Kettenreaktion zusammen ist. Dieselben Energien, die wir in die Katastrophe investieren, könnten uns auch retten.

Anthropologische Revolution

Konservative Revolution hin und her: Was wir eigentlich brauchen, ist eine anthropologische Revolution, einen Sprung in der Evolution des menschlichen Geistes, der bereits begonnen hat, nachdem er seit der »Achsenzeit« von Buddha, Laudse, Plato, Christus, Mohammed vorangekündigt war. Anthropologische Revolution meint die Neugründung der Gesellschaft auf bisher unerschlossene, unentfaltete Bewußtseinskräfte.

Wir sind aufgrund einer sozialen Evolution, die sich auf wachsende Ich-Konkurrenz gründete, dahin gekommen, daß die natürliche Evolution mit uns schiefzugehen droht. Doch die Institutionen, mit denen wir entgleisen, sind, wie ich mit Laudse denke, Überbauten einer in unserer Natur gegebenen Disposition, uns selbstisch gegen das Ganze zu stellen. Dann wäre jetzt gar nicht die richtige Frage, was für Institutionen dieser menschlichen Natur gemäß sein könnten – die bestehenden sind es nur allzu sehr! Erst nach dem Sprung in eine andere Verfassung wird die conditio humana Institutionen schaffen und tragen, die der menschlichen Natur in dem weiteren Sinne gemäß sind, daß sie auch deren Platz in der Gesamtnatur adäquat berücksichtigen.

Biedenkopf schreibt, wir hätten die Freiheit, unsere Institutionen zu wählen. In welchem Sinn? In den letzten zweitausend Jahren werden wir ja wohl nicht die ersten sein, für die das gelten soll. Warum ist dann nie eine nichtantagonistische Verfassung gewählt worden? Außerdem meint er auch nicht so sehr die Freiheit Jedermanns und Jederfrau, sondern die Freiheit der politischen Akteure, den Anderen etwas anzubieten, etwas einzurichten. Denn sonst – damit die Menschen von sich aus neue Institutionen wollten – müßte sich wohl auch nach Biedenkopfs Meinung sehr viel bei ihnen selbst bewegen und verändern.

Indessen soll die »staatlich verfaßte Gesellschaft« die »politische Energie« für eine Reorganisation mobilisieren.[43] Die gesellschaftlichen Strukturen seien Schöpfungen des Menschen, »insoweit sie durch Recht, Gesetz oder staatliche Macht«, also durch die entsprechenden Spezialisten, gestaltet werden. *Diesen* Menschen fällt dann die Aufgabe zu, allen klarzumachen, daß es – »nicht die *Menschen* sind, die sich ändern müssen, sondern die gesellschaftlichen und staatlichen Einrichtungen, die wir uns geschaffen haben«.[44]

Die Menschen können bei ihrer Subalternität bleiben! Die Initiative kommt aus dem verfaßten politischen Bereich, von dem Biedenkopf selbst gesagt hat, er spiegele seiner ganzen Struktur nach die Expansionslogik wider. Ich will gar nicht bestreiten, daß sie dort *auch* herkommen muß. Nicht alle dort investierte Energie funktioniert konform. Doch ist es eine sehr säuberliche, sehr europäische Gegenüberstellung von »innen« und »außen«: »nicht die Menschen, sondern ihre Einrichtungen«.

Teilweise distanziert er sich damit von der »volkserzieherischen« Moralpredigt der Strukturkonservativen. Denen gegenüber hat er recht, daß sich die Strukturen nach den Menschen richten und sie nicht andauernd moralisch überfordern sollen nach dem Motto: »Ihr laßt den Armen schuldig werden, dann übergebt ihr ihn der Pein.« In der Alternative »Verzichtsmoral oder strukturelle Erneuerung der Gesellschaft«[45] stimme ich schon deshalb zu, weil die verzichtsmotivierten kleinen Abstriche auch nicht entfernt an die Größenordnung heranführen, in der wir unser zivilisatorisches Projekt zurücknehmen müssen. Wir würden nur erreichen, daß es überall ein bißchen abblättert, bröckelt und zieht.

Aber verlangt denn die »strukturelle Erneuerung der Gesellschaft« nicht *mehr* subjektive Umkehrbereitschaft als der Appell an die Verzichtsmoral? Eine neue Grundsatzentscheidung ist doch einer konventionellen Partei und dem bürokratischen Apparat *intern* überhaupt nicht abzuringen. Hier sind die Widerstände, die sich in der Gesellschaft diffus verteilen, konzentriert verschanzt und können nötigenfalls alle sozialen Trägheitskräfte hinter sich bringen. Wenn es nicht zu einem wechselseitigen Anfeuern zwischen Staatsschauspieler und *Publikum* kommt, wird die Reform eine matte Vorführung, und der Matador wird sich hinterher am Kulissenstaub die Schwindsucht holen. Die neidischen Konkurrenten brauchen bloß einen Aufstand der Subalternität und Dummheit zu inszenieren, und für den müssen sich die Menschen nun wirklich nicht ändern.

Halten wir uns also bewußt, daß *alle* Mächte, mit denen wir in dem einen wie in dem anderen Konzept rechnen, *Bewußtseins-mächte* sind. Institutionen sind objektivierte Bewußtseinsmächte, geronnene Teilaspekte unserer kulturellen Existenz. Wir haben es *immer* mit dem Menschen zu tun, auch dann, wenn wir von den Institutionen her ändern, sie neu anpassen wollen: dann eben nur indirekter. Direkt haben wir es dann mit *unserem* Bewußtsein als Reformatoren zu tun, die einen neuen objektiven Kanal für anderer Leute Bewußtsein graben wollen.

Die These, die Institutionen müßten sich ändern, die Menschen nicht, folgt erstens der stillschweigend-pessimistischen Voraussetzung, sie würden dazu ohnehin nicht in der Lage sein, sie seien nun einmal so wie sie sind. Zweitens meint diese These das Programm einer Revolution von oben, betrifft also genau jenen Aspekt der konservativen Revolution, den ich vorhin als besonders deutsch erwähnt habe.

Wie schon mehrmals zugestanden: Wir werden nicht ohne dieses *Moment* auskommen. Herrscht es aber vor, d. h. kommen wir nicht über einen Öko-Bismarck hinaus, bleibt es nur eine weitere Strukturanpassung *innerhalb* des exterministischen europäischen Projekts, bleibt es eine »grüne« Restauration. Das ist Biedenkopfs Problem nicht minder wie Schilys.

Wo also ansetzen? Vom Staat, vom Gesetz her ordnen – oder, was die *Priorität* betrifft, ohne den institutionellen Eingriff auszuschließen, vom sich selbst verändernden Menschen her? Vom toten oder vom lebendigen Geist?

Der ökologischen Krise zu begegnen, zu der die menschliche Natur veranlagt ist, sie also dennoch wieder in die kosmische Ordnung einzufügen, sie an sie rückzubinden, das verlangt, kritisch mit menschlichen Verhaltensweisen umzugehen, die sozial durchaus »natürlich«, im großen Zusammenhang aber eher widernatürlich sind. Schließlich ist etwa der Wettbewerb von Forschern um die teuflischste Vernichtungsidee in einem Militärlabor durchaus natürlich – notfalls werden ihn die Soziobiologen bis in die Affenhorde zurückverfolgen.

Ist es nicht der Grundstein des strukturkonservativen Weltbildes, das Biedenkopf dann in den höheren Partien des Gebäudes bekämpft, mit dem Menschen nur so zu rechnen, »wie er ist«, und nicht wie er »gemeint ist« (etwa nach Pascals Wort, »Der Mensch übersteigt unendlich den Menschen«)? Das Vorhaben, statt des Staates das Recht in der Mitte der Gesellschaft aufzurichten – eine bisher kaum je gesehene Konstellation, der Rechtsstaat ist nachgeboren – *kann* nur als Aspekt einer allgemeineren Bewußtseinsrevolution gelingen.

Biedenkopf bestätigt es indirekt selbst:

> Noch heute fällt es unserem Denken schwer anzunehmen, daß es eine natürliche und rechtliche Ordnung geben kann, in der der Mensch sich frei entfaltet. Tief ist in unserem Denken die Verbindung von *Ordnung* und *Staat*, also *Ordnung* und *Befehl*, verankert.[46]

Solange diese Subalternität und ihre Rückverstärkung nicht aussetzt, wird die schönste institutionelle Reform bloß die Herrschaft modernisieren, zumal sie dann an der grundlegenden strukturellen Gewalt, die in unserer Megamaschine, in unserer Abhängigkeit von den Versorgungssystemen liegt, gar nichts ändern kann. Ein und dieselbe Staatsaktion kann je nachdem, ob sie nur oben veranstaltet oder von großen Teilen der Bevölkerung aktiv gewollt wird, sehr verschiedene, ja entgegengesetzte Bedeutung haben.

Sowohl für den Markt als auch für die politische Ebene behandelt Biedenkopf den subjektiven Faktor als schwarzen Kasten. So hat er den Stier, dem wir uns stellen müssen, nämlich das menschliche Machtstreben als anthropologisches Problem, zwar unausgesetzt im Blick, nimmt ihn jedoch nie bei den Hörnern.

In einer machtbestimmten Gesellschaft ist nahezu jeder Mensch ein Möchtegern-Monopolist. Es verlangt eine bewußte Gegenentscheidung, ein Schwimmen gegen den Strom, sich nicht völlig von dem Geschiebe auf der Macht-Ohnmacht-Skala einnehmen zu lassen. Wir werden getrieben, »Kapitalisten der

Macht« zu werden, in welcher – manchmal sehr intimen – Münze auch immer die Ansammlung stattfinden mag. Die Wirtschaft, die Wissenschaft und die Politik sind nur die bevorzugten Tummelplätze. Hier stoßen wir endgültig auf den ewigen Zirkel, in dem sich das ordoliberale Argument verfängt: Macht ist da, aber – sie soll nicht wirken, wie es in *ihrer* »Ordnung«, *ihrem* Wesen liegt. Quadratur des Kreises.

Drängt sich nicht auf, Ordnung oder besser das Ordnen mit der Bearbeitung der *Macht*frage zu beginnen? Nun aber nicht in dem üblichen Sinne des Machtwechsels von einem (individuellen oder kollektiven) Monopolisten zum anderen, sondern im Sinne der Auflösung von Machtobsessionen, also ihres Weg-Ordnens, vor allem ihrer Verhinderung in statu nascendi. Ist sie einmal konzentriert da, wird es nicht viel nützen, mit dem Gesetz oder mit einer Hundertschaft Polizei auf den Platz zu rücken, wo sie sich manifestieren will. Wenn es nicht gelingt, eine Gesellschaft zu bauen, die den Willen zur Macht selbst domestiziert und kultiviert, eine Gesellschaft, die die Motivation zur Machtmonopolisierung geringhält, dann geht alles weiter, dann kommt alles wieder.

Biedenkopf rechnet mit den Kirchen, mit dem Christentum. Wozu denn, wenn nicht im Hinblick auf die erlösungsfähige *Person*? Falls Christus gelebt hat und auch Mensch gewesen ist, haben wir zumindest für diesen einen Fall den Hinweis: Die »anthropologische Revolution«, wie sie der katholische Befreiungstheologe Johann Baptist Metz[47] wohl im Anschluß an Marcuse genannt und christologisch interpretiert hat, ist möglich! Das hieße, wir müßten mit den Überlegungen zum ORDO nicht bei Adams und Evas Sündenfall ansetzen, sondern bei dem Symbol des auferstandenen Christus, der den Heiligen Geist ausgießt über *alle* Menschen.

Kirchengeschichtlich wäre dies die eigentliche Reformation: Luther, mit seinem Haften an der Erbsünde und an der Obrigkeit, hat sie vollständig verfehlt. Letzte Chance eines verfaßten Christentums?! Ich bin da skeptisch. So weit ich sehe, werden die Kirchen zu solch einem Wandel ebenso wenig in der Lage sein wie die Staaten. Aber die Idee, die etwa von Joachim di Fiore stammt, von Franz von Assisi und von Meister Eckhart, gewinnt innerhalb und außerhalb, in christlichem wie in fremdem Gewand wieder sinnlichen Gehalt.

Mit unserem Normalverhalten samt »gesundem Volksempfinden« können wir uns nicht retten. Die Reaktionen etwa, die in Deutschland vor zehn Jahren die RAF auslöste und in England vor fünf Jahren der Falklandkrieg, und in den USA voriges Jahr Libyen – diese stets abrufbaren Potentiale der Angst und des Ressentiments, der Aggression und der Selbstablenkung, die nur auf einen Anlaß warten, auf irgendeinen designierten Feind, und die uns ausbeutbar machen für jede noch so betrügerische Manipulation der inneren Supermächte – all das zeigt den Menschen als Gefangenen eines psychischen Mechanismus, der nicht nur Umkehr unwahrscheinlich macht, sondern schon das bloße Verstehen verhindert.

Weise und Propheten, Erleuchtete und Heilige haben seit ein paar tausend Jahren bewiesen, daß der Mensch sich über diese Daseinsweise und Bewußtseinsverfassung erheben kann. Ich behaupte nicht, nur weil es notwendig ist, werde das jetzt auch massenhaft geschehen – niemand weiß, was geschehen wird. Aber es gibt keine andere Möglichkeit der Rettung als den Sprung in eine andere, bewußtere Art, in der Welt zu sein und auf sie zu reagieren. So viele bislang unlösbare Fragen könnten lösbar werden, beschlössen wir nur innerlich, daß sie gelöst werden *müssen* und daß unsere eigene Transformation der Weg ist. Wir könnten beschließen, einige für unheilbar gehaltene Gebrechen der menschlichen Natur doch nicht nur stellvertretend – in einem Christus oder Buddha – zu überwinden.

Im »Prolog im Himmel« läßt Goethe Gottvater zu Mephisto sagen, indem er ihm anheimgibt, Faust zu verführen: »Zieh diesen Geist von seinem Urquell ab.« Das immer stärkere Abgezogenwerden vom Urquell des Lebens ist das Schicksal des zivilisierten Menschen. Weniger noch als Faust erreichen wir, daß der Geist des Ganzen, oder daß wenigstens der Geist der Erde zu uns spricht. Wir erlangen nicht das Glück des Einsseins oder -fühlens mit der Allexistenz. Dieses Scheitern bei dem Versuch, durch unsere Praxis dahin zurückzufinden, treibt uns zur Ersatzmagie, zum Ansammeln von Macht und Geld, zum Stoffwechsel mit der Natur statt zur Selbstverwandlung. Mephistos Methode: »Staub soll er fressen, und mit Lust.«

So ist die ökologische Krise eine letzte, aber auch die stärkste Gelegenheit zu einer neuen menschlichen Artikulation, wie sie bisher selbst radikale Minderheiten verschiedenster Art kaum ernsthaft versucht haben. Jetzt wird der Staub knapp. Nicht allein die Gefahr, auch der Mangel an kompensatorischem Angebot könnte uns treiben. Die Rückbindung an den Urquell, den Ursprung als Hauptanliegen einer neuen Kultur würde uns organisch hindern, die Erde zu zerstören. Wir brauchten dann nicht von außen gegenzusteuern, was offenbar auch gar nicht glückt, sondern hätten den Regulator in uns, gemäß jenem göttlichen Zutrauen, »ein guter Mensch in seinem dunklen Drange« sei »sich des rechten Weges wohl bewußt«.

Es rettet uns kein höh'res Wesen – was heißt Spiritualität?

Das Wort Rettung steht in vielerlei Zwielicht. Obwohl das Tätigkeitswort »retten« eigentlich Aktivität anzeigt, wird es doch eher passiv als Gerettet*werden* assoziiert. Als Retter handelt jemand weniger für sich als für andere oder etwas anderes. Die Rettung pflegt ein passives Objekt zu haben. Gar im konventionell religiösen und oft auch im politischen Bezuge kommt der Retter von oben, kommt als Erlöser zu Geschöpfen, die sich nicht selber helfen können, auf ihn bauen müssen und von ihm abhängig sind. Die Nachfolger Alexanders des Großen in Ägypten hängten ihren Namen häufig den Titel »Soter«, das heißt Retter, an; einige nannten sich überhaupt gleich so. Es war eine erlösungssüchtige Zeit. So überhöhten die Herrscher ihre Rolle durch die Erinnerung an die altägyptischen Gottkönige.

Wir haben bis in die Revolutionen unseres Jahrhunderts immer wieder die Erfahrung gemacht, wie sehr die Helden und Retter, in die man sich doch selber nur allzu gern hineinträumt, der Erlösung von dem Übel auch dann im Wege sind, wenn sie den Auftrag des Befreiers haben. Besonders gehören die Helden, die sich der Welt noch beweisen müssen, mit einer Wurzel ihres Wesens zu dem, wovor sie retten wollen. Es ist wahrscheinlich nichts so grundlegend für die apokalyptische Perspektive der Zivilisation wie das heroische Ich, und der Mechanismus des Verderbens wird nur dann einhalten zu arbeiten, wenn jedes Ich und vor allem jedes »große«, von seinem *Krampf* freikommt, von seiner *Jagd* nach Glück. Und dem müßte entsprechen, daß wir aufhörten, Erwartungen auf einen Führer zu projizieren, die man dann nicht an sich selber stellen muß.

Sieht man von dem allenfalls eingemengten halb aufgeklärten Atheismus ab, der das Kind mit dem Bade ausschüttet, so bleibt bestehen, was die revolutionären Arbeiter und Intellektuellen in ihrer »Internationale« gesungen haben:

> Es rettet uns kein höh'res Wesen,
> kein Gott, kein Kaiser noch Tribun.
> Uns aus dem Elend zu erlösen,
> können wir nur selber tun.

Angesichts der ökologischen Krise haben wir es nötiger denn je, all diese symbolischen Mächte in uns zurückzunehmen, die Souveränitäten zu verinnerlichen, die in den symbolischen Gestalten uns gegenüber dastehn. Dann können uns die Symbole selber – Gott, Kaiser, Tribun, Meister usw. – hilfreiche eigene Kräfte sein. Sie bloß abzulehnen, geschieht wohl aus der Befürchtung, doch wieder von ihnen als Fetischen abhängig zu werden.

Wilhelm Reich hat in seinem »Christusmord« viel darüber gesagt, wie zwischen einem Menschen, der die Rettungserwartungen subalterner Seelen anzieht, und diesen Anhängern ein ungesundes System wechselseitiger Blockierung entsteht. Als das Christentum aufkam, haben noch kollektivistische Verhaltensstrukturen vorgeherrscht, das Gruppen-Ich war in der Regel stärker als das individuelle. Die Meister und Propheten jener Achsenzeit von Buddha bis Christus waren sehr weit in die Individuation vorausgeschritten, und je weniger individualistisch dann ihr Selbstverständnis war, je mehr sie sich sozial verantwortlich fühlten, desto stärker gerieten sie in die Rolle des Massenführers, in der sie scheitern mußten, während sie ihre Anhänger in eine neue Abhängigkeit brachten.

Wir dürfen uns jetzt nicht von der Erfahrung mit unserer inzwischen ohnehin vergleichsweise machtlosen Kirche davon abhalten lassen, unbefangen mit dem religiösen Phänomen umzugehen. Gottesvorstellungen sind niemals mehr als Hilfsmittel gewesen, um in uns selber Haltungen hervorzubringen und zu stabilisieren, die dem Zusammenhang zwischen Ich und (Menschen-)Welt, Welt und Natur gemäß sind. Alles deutet darauf hin, daß die letzte Quelle religiöser (im Unterschied zu kirchlicher) Autorität stets eine beglückende innerpsychische Begegnung mit dem vor- wie überpersönlichen Existenzgrund gewesen ist, von dem wir uns in unserer Besonderheit, Individualität abheben.

Was heißt spirituell? Wörtlich heißt es geistig bzw. geistlich, aber es könnte gerade hilfreich sein, zwischen geistig und geistlich zu unterscheiden. Neben Körper (Empfinden) und Seele (Fühlen) ist Geist (Denken) *an sich* mit dem Menschen gegeben, aber in seiner bloßen Existenz noch nicht spirituell akzentuiert. Denken, Verstandesgebrauch ist geistige, nicht jedoch spirituelle Tätigkeit. Spirituell ist erst »der sich seiner selbst bewußte Geist« (John Eccles[48]), der sich dann gewöhnlich als Ich oder Selbst erfährt, und zwar sowohl in seiner Einzigartigkeit als Dieser wie auch in seiner Repräsentanz des Bewußtseins überhaupt.

Alle Menschen haben die Anlage zur Spiritualität. Sie auch zu entfalten setzt voraus, daß wir unser Zentralnervensystem nicht nur in seinen Teilfunktionen, sondern integral als einheitliche Organgesamtheit nutzen. Sie ist also eine Funktion ganzheitlicher Kommunikation und Kommunion mit der Welt, mit dem Nicht-Ich, mit der Tiefenstruktur des universellen Lebens. Sie ist die Qualität des komplexen und ungehemmten, liebenden Kontakts über die Ichgrenzen hinaus.

Das Medium der Spiritualität ist die Intuition, eine Fähigkeit, die mit der integrierenden Funktion der rechten Hirnhälfte zusammenhängt. Für entscheidende Momente unseres Lebens muß unsere Weltwahrnehmung von dorther erfolgen, wenn wir uns als eins mit allem erfahren wollen. Greift nämlich stets die linke Hälfte, die vom analytischen Verstand und seinen kulturellen Entäußerungen besetzt ist, über, so wird die nur intuitiv zu leistende Einordnung unserer Existenz ins Weltganze unterentwickelt und untergeordnet. Das geht gegen die ursprüngliche Struktur unserer psychischen Steuerung: Der archaische Geist *ist* spirituell geführt, der magische und der mythische Geist sind es, wenngleich mit wachsender Einschränkung, immer noch – erst der mental-rationale Geist der Moderne kappt alle Rückverbindungen, verwirft diese Führung, anstatt sie mit hinaufzuqualifizieren. Nur im Ausnahmefall, etwa in dem Einsteins, gelingt die Große Integration.

Betrachtet sich unser Ich als objektiver Beobachter, der der Welt gegenübersteht und ausdrücklich von ihr abgespalten ist, so hat diese abstrakte Instanz mit sich selbst vereinbart, daß die spirituelle Komponente, die in Wirklichkeit die älteste und grundlegende Gestalt der Psyche und zuletzt ihre alles überwölbende Krone ist, nicht anerkannt existiert. Die Wissenschaft, jedenfalls in ihrem positivistischen Verstand, geht stets von außen an ihre Objekte heran. Der Geist aber arbeitet unsichtbar von innen. Er ist Leitstrahl und Muster der inneren Selbstbewegung in der ganzen Evolution.

Wenn der *menschliche* Geist als höchstes Evolutionsprodukt nun selbstbewußt und reflexiv den Kontakt zu dieser Steuerungsseite des Universums aufnimmt, ist er *an sich* von vornherein in seinem Element, so sehr er sich »gegenüber« postiert. In ihm ist der Gestalt-, Informations-, Organisations-, Struktur-Aspekt des Kosmos, die diesem eingeschriebene Gesetzmäßigkeit und Ordnungsfunktion nicht mehr nur gegeben, sondern auch bewußt. Vom objektiven Geist (der kosmischen Intelligenz) zum subjektiven, selbstbewußten Menschengeist vollführt das Bewußtsein etwas wie eine Kreisbahn, und so scheint es sich um so mehr von seinem Ursprung zu entfernen und ihm fremd gegenüberzutreten, je näher es ihm wieder kommt.

Bis zuletzt mag es für den Verstand so aussehen wie in der Aporie des Zenon, in der Achilles die Schildkröte nicht einholen kann. Aber jenseits dieser Befangenheit, für jene, die die allein vom so entfremdeten Verstand und seinen sozialen Sicherungen errichtete Mauer durchbrechen, wird die Realität wieder selbstverständlich, daß unsere Psyche Teil eines allumfassenden Bewußtseinsfeldes ist, so daß Unterschied und Kontraposition zwischen dem individuellen Tropfen und dem allgemeinen Meer wegfallen. Oder, wie es Meister Eckhart sagte, es gibt *in* unserer Seele einen Kreuzungspunkt von Ich und Universum, ein »Fünklein«, eine »Stadt«, wo der Urgrund Gottes (mit Spinoza ebensogut: der Natur) und der Urgrund der Seele ein und dasselbe sind. Wie sollte es auch anders sein, falls der Kosmos eins ist.

Es macht in diesem Punkte keinen so großen Unterschied, ob wir nun »materialistisch« oder »idealistisch« *Monisten*, d. h. von der Einheit der Welt überzeugt sind. Engels sagte, die Einheit der Welt besteht in ihrer Materialität. Da hebt er zwar unglücklicherweise den Trägheitsaspekt des Ganzen als maßgeblich hervor, aber in diesem Sinne ist dann logisch zwingend auch die Psyche materiell, sagen wir halt feinstofflich. Und der Leninsche Begriff der »objektiven Realität« ist noch neutraler! »Reiner Geist« wird ja wohl auch ebensowenig existieren wie »Reine Materie«, »Reine (Antriebs-)Energie«. Das sind alles Abstraktionen, die sich auf *Aspekte* des *Uni*versums, des *einen* Kosmos beziehen.[49]

Mircea Eliade bezeichnet im Vorwort seiner »Geschichte der religiösen Ideen« nicht Gott, sondern das Heilige als deren Gegenstand: Es sei ein (dauerndes) Element der Struktur des Bewußtseins und nicht ein (vergangenes) Stadium in dessen Geschichte. »Durch die Erfahrung des Heiligen hat der menschliche Geist den Unterschied zwischen dem erkannt, was sich als wirklich, mächtig, bedeutsam und sinnvoll enthüllt, und dessen Gegenteil – dem chaotischen und gefahrvollen Fluß der Dinge, ihrem zufälligen und sinnlosen Aufgang und Untergang.« Das wäre also eines der elementarsten Mittel, uns auf unsere Gattungsbedürfnisse hin den Kosmos zu ordnen und beides aufeinander abzustimmen. Denn willkürliche Projektionen werden uns ja nichts nützen.

Es handelt sich um psychische Realitäten und ihre objektiven Entsprechungen. Wo ich das Religiöse berühre, meine ich es in diesem Sinne. Ich kenne keinen persönlichen Vatergott, deshalb natürlich auch Christus nicht als dessen Sohn, sondern als einen Propheten, einen Buddha. Von der Gottheit können wir sprechen als von dem Geist des Ganzen, an dem wir Anteil haben und mit dem wir uns so bis in den Ursprung hinein in bewußte Beziehung setzen können.[50]

Einstein fand die Frage entscheidend, ob das Universum freundlich ist. Ich kann mir denken, daß er sie nicht analytisch beantwortet sehen wollte. Wenn wir es mit Raketen beschießen, kann es nicht freundlich sein. Die Frage läßt sich nur normativ beantworten: Wir müssen *uns* in den Stand der Freundlichkeit, und das heißt der Freudigkeit versetzen. Wir müssen in den Gnadenstand streben, um auch nur zu überleben. Wir müssen uns das Leben so befriedigend einrichten, daß wir aufhören können, Krieger zu sein, und bei genauerem Hinsehen heißt das, wir müssen einige *Vorleistung* in psychologischer Entmilitarisierung erbringen, dürfen auch das kämpferische Moment einer Existenz auf einen tiefen kulturellen Umbruch hin nicht idealisieren.

Es konkurrieren jetzt in jedem von uns zwei polare, zumindest unmittelbar gesehen sogar diametral entgegengesetzte Ansätze zur Spiritualität. In unserer Überlieferung, die als Lustangst in unseren Körpern festsitzt, dominiert eine asketisch-restriktive, »apollinische« Auffassung, die in eine Ethik der Pflicht und der Sparsamkeit mündet. Der konservative Ökologismus wendet sich dahin zurück, ohne zu begreifen, daß genau diese Welthaltung, die wir seit dem Alten Testament hauptsächlich verinnerlicht haben, in die exterministische Akkumulation und in die Grausamkeiten der Kultur hineingeführt hat. Der andere Ansatz ist körperfreundlich-hedonistisch (vielleicht kann die konsumistische Perversion gerade durch das, was die Fröhlichen unter den Mystikern »Gotteslust« nannten, überwunden werden), »dionysisch« auf die Fülle des Lebens gerichtet, entsprechend auf eine elyseeische Ethik des geneigten, glücklichen Bewußtseins: Liebende pflegen von selber viel eher die »goldene Regel«, niemandem anzutun, was sie selbst nicht erleiden möchten.

Spiritualität, wie sie heute wieder aufkommt, als eine körperfreundliche Disziplin, meint, daß wir unsere Eingliederung ins Weltganze auf die Weisheit unseres *ganzen* Organismus gründen wollen, nicht nur auf die Verstandesfunktion, die ihren Schwerpunkt in der linken Hirnhemisphäre hat. Der Verstand ist natürlich selbst eine spirituelle Komponente, aber die ist zum Diener der eigenen Entäußerungen geworden. Materialismus bedeutet die Niederlage der lebendigen Arbeit, des lebendigen Geistes, und es hat bisher nichts genützt, einem der Quantität verfallenen Verstand philosophisch die Vernunft entgegenzusetzen, weil das diskursive Denken, wie es sich in unserer »westlichen« Kultur institutionalisiert hat, überhaupt zu blutleer und erosfern ist. Sie will alle Sinnlichkeit ins rationale, wissenschaftlich denkende Ich hinaufdestillieren.

Gewiß, der menschliche Organismus hat seine Pointe im Großhirn, so daß wir das Hirntier sind. Aber von daher ist unser Gestaltgleichgewicht zugleich grundgefährdet. Es erweist sich als das größte Risiko, den menschlichen Leib, da er auf das Geistorgan »hingeordnet« ist, diesem auch unterordnen zu wollen (wohl auf das Versprechen hin, es par force in den Stand zu setzen, alles evolutionär gespeicherte Wissen, das wir in der Welt vor uns und im Körper in uns haben, auch bewußt zu integrieren). Unsere evolutionär gesehen überaus kurzfristige Spezialisierung zum Hirntier, die sich bis in die Anatomie hinein prekär bemerkbar macht, bedarf des Gegenhalts. Mir erscheint bedeutsam, was Dürckheim im Zen gelernt und weitergegeben hat: daß wir mit dem Kopf nur dann nicht aus dem Gleichgewicht kippen, wenn wir unseren Schwerpunkt nicht dort oben, sondern in der Körpermitte, im *Hara* haben. Es geht nicht um weniger Denken, und durchaus um konzentrierteres und klareres, jedoch um seine Rückbindung an die leibliche Mitte und um unser Gegründetsein auf der Erde.

Das reine Denken macht schon darum melancholisch, weil es die Wahrheit nur tot in den Speicher bekommt. Es tendiert dahin, die gesamte Psyche einzuschwärzen und zu deprimieren, ist in seiner Einseitigkeit ein unvermeidlich melancholischer Geselle. Außerdem haben wir dort, in unserer kognitiven Kapazität, nicht gerade einen Engpaß, während das Denken andererseits, infolge seiner physiologisch bedingten Verdunkelung, nicht mehr wirklich aufklärend funktioniert. *Wie* wir unsere Abstraktionskraft in Zukunft einsetzen wollen, das ist das Problem, das nach einer kulturell verbindlichen Lösung verlangt.

Da Kulturen überhaupt religiöse Fundamente haben, will sagen in Lösungen der menschlichen Urprobleme verankert sind, kann eine neue Kultur nicht darauf gegründet werden, daß »Religion Privatsache« sei – ein Prinzip, das aus dem Zusammenbruch der Christenheit im späten Mittelalter hervorgegangen und verständlich ist. (Die Sache liegt ähnlich wie mit dem Staat. Weil das Prinzip dazu herhalten muß, obrigkeitliche Apparate zu legitimieren, erscheint uns Ordnung selber als suspekt.) Was für ein Mißverständnis, die »Freiheit der Kinder Gottes« bedroht zu sehen, wenn dieses bürgerlich-individualistische Prinzip letzter existentieller Verlassenheit in Frage gestellt wird!

Rettung hängt angesichts des ebenso verführerischen wie erpresserischen Sogs, den die bestehenden Zustände auf die einsame Psyche ausüben, gerade von denen ab, die genügend Kraft und Individualität besitzen, sich ihm zu entziehen und ihre Haltung auf das Bewußtsein einer Substanz in sich zu gründen, die nicht in der Anpassung und Einfügung aufgeht, jedoch mit eben derselben Substanz in jedem anderen Menschen korrespondiert. Massen von atomisierten, nichtautonomen Individuen, die nichts als überleben und ihre letzten Tage genießen wollen, *können* gar keinen Ausgang finden. Selbstfindung wird zur tragenden Bedingung dafür, sich von der Megamaschine zu emanzipieren, aber gerade dieser Versuch wird naturnotwendig zu jener Kommunionserfahrung führen, um die sich eine neue Kultur nur kristallisieren kann. Jeder menschliche Genotyp ist einmalig, und das hat die »westliche« Kultur klarer als jede andere herausgearbeitet. Zugleich sind wir auf dieser Ebene in einem keineswegs beängstigenden, vielmehr beglückenden Wissen alle eins.

Deshalb beginnt *Rettungs*politik nicht mit *Politik* im üblichen Verstande, sondern mit einer in der Bedeutung vorgeordneten Praxis dogmenloser Meditation, die körperfreundlich, gefühlsbefreiend und denkschulend sein wird. Neue Kulturen sind immer aus solchen Innenräumen hervorgegangen, in denen als Subjektivität *Gestalt* annimmt, *wofür* gerettet werden soll und um die herum sich Lebenskreise anlagern konnten, die sich mit der Zeit sittlich wie materiell auch selber trugen.

Es hat öfter in der Geschichte Bewußtseinssprünge gegeben. Doch in jedem Falle braucht die Ansammlung Zeit, und wir können nicht wissen, wieviel. Deshalb muß ständig etwas für den *Aufschub*, für die *Gnadenfrist* geschehen (die Bischöfe haben sie lange ausgerufen, ohne sich so zu engagieren, als wollten sie sie auch ausgenutzt sehen). Es ist eines, meditativ den »Standpunkt der Gottheit« zu suchen, wo die Unterscheidung zwischen Gut und Böse nicht nur hinfällig wird, sondern sogar als eine der Ursachen des Übels erkannt werden kann. Zur Wirklichkeit gehört aber auch, daß dieselbe Gottheit, und zwar im Komplott mit gerade beiseitegelassenen Zügen derselben Meditierenden, die Machtkomplexe nährt, die die Auslöschung betreiben.

Insofern können wir Politik nicht lassen; wegmeditieren allein werden selbst eine Million Buddhas die träge Massenkraft nicht, die in der Bewegung der Megamaschine steckt. Die Azteken hatten ihre stärksten, im eigenen kulturellen Milieu wirksamsten Medizinmänner ausgeschickt, um Cortez aufzuhalten. An dem abendländischen Ego dieses Helden prallten ihre Kräfte ab. Es sitzen in den Betonwaben der Megamaschine, nicht nur in ihrem Pentagon, auch in ihren Bankentürmen und Labors, genügend viele mit dem abgeschirmten Herzen des Konquistadors. Solange auch nur ein Drittel der Besatzung der Megamaschine ungestört weitermacht wie bisher, ist der Untergang gewiß, gleichgültig, womit sich andere die Zeit vertreiben.

»Lager« also, ein »weißes« und ein »schwarzes« wie in den Fantasy-Romanen, gibt es wirklich, freilich und glücklicherweise nicht so reinlich abgegrenzt, sondern mehr oder weniger bis in jedes Herz. Es muß und wird zu einem Geisterkampf kommen nicht *vor* den polizeigeschützten Toren, sondern *drinnen* in den Knotenpunkten des »formellen Sektors« von Forschung und Produktion, Verwaltung und Geschäft, Bildung und Politik, aber in Abhängigkeit von dem psychologischen Kräfteverhältnis in der Gesellschaft. Um die ökologische Wendepolitik zu erreichen, die es für den bloßen Aufschub des Todesurteils braucht, muß sich die Ökopax-Bewegung auch auf den Staat, auf die institutionelle Ebene beziehen.

Es geht ums Wie, nicht ums Ob. Die Antwort aufs Wie wird sehr verschieden ausfallen je nach dem, ob wir von der Tiefenstruktur der ökologischen Krise ausgehen, sie als Dilemma unseres *Zivilisationsentwurfs* begreifen, oder nicht. Bisher sind wir immer zu unmittelbar über die Stöcke gesprungen – Raketen, Atomkraftwerke, Dioxin usw. –, die uns die herrschenden Strukturen hinhielten und viel zu gern auf die Konfrontation an den alten Fronten eingegangen. Auch das hat etwas bewirkt, nicht *nur* institutionelle Verhärtungen. Doch das Umdenken kann nur über Personen, nicht über Funktionäre weiter um sich greifen. Nur Menschen, die sich bewegen und ein (nichtmilitärisches, nichtkriegerisches) Partisanenbewußtsein entwickeln, können, wenn so eine Stunde kommt, wie sie beispielsweise 1967/68 in der Tschechoslowakei gekommen war, der regulären Struktur eine neue Richtung geben, wenn der Konsens dafür unterschwellig vorbereitet ist.

II. Logik der Selbstausrottung

1. Das Getriebe des rationalistischen Dämons

Geschichte ist Psychodynamik

Da eine von außen angreifende begrenzende Ordnung die materielle Expansion nicht aufhalten, sondern höchstens bremsen wird – wie können wir den Motor der Megamaschine selbst auslaufen lassen? Was sind das für Kräfte, die eine kulturelle und institutionelle Erneuerung tragen, und wie ist es vorstellbar, daß sie sich auf dem so überbesetzten sozialen Terrain formieren?

Das sind die beiden eng zusammenhängenden Fragen, die nach dem I. Teil offen geblieben sind. Aber ich gehe in diesem II. Teil noch nicht direkt auf Antwortsuche, weil die Antwort, die mir vorschwebt, erst treffen und überzeugen kann, wenn das Problem nicht nur beschrieben, sondern verstanden worden ist. Solange wir die materielle Expansion nicht bis in ihre letzten Wurzeln in der conditio humana zurückverfolgt und das soziale Terrain einer Umkehr nicht von *dorther* gesehen haben, werden uns nur kurzschlüssige restriktive und repressive Lösungen einfallen. So will ich die beiden oben genannten Fragen – nämlich wie wir die *Selbstbegrenzung üben und* wie wir sie *institutionalisieren* können – erst im III. und im IV. (letzten) Teil behandeln, d. h. dort über den *Weg der Rettung* und schließlich über den *Fürsten der ökologischen Wende*, über eine Rettung*spolitik* sprechen.

Jetzt ist mein Thema erst einmal die *Logik* der Selbstausrottung. Da will ich nicht noch einmal die bekannten Tatsachen des Expansionismus-Exterminismus beschreiben, sondern ihren Zusammenhang, vor allem ihre Tiefenstaffelung aufdecken. Ohne solche Analyse wird nicht recht plausibel, was wir denn noch tun können, nachdem wir die ganzen letzten Jahre *materiell* nichts erreicht, nichts aufgehalten haben.

Vor allem will ich Punkt für Punkt daran erinnern, wie sehr wir bei aller Geschäftigkeit, das Übel abzuwenden, in den Grundtatsachen unserer exterministischen Zivilisation nicht nur *ge-*, sondern auch *be*fangen sind. Wir können auch dann, wenn wir uns nicht hauptberuflich mit Rüstungsproduktion befassen, ja sogar,

101

wenn wir arbeitslos sind, durchaus mit dem größten Teil unserer Lebenstätigkeit und Reflexion dem Drachen verhaftet sein zum Beispiel würde es wohl mit den verschiedenen Alimenten oder gar mit dem ersehnten Mindesteinkommen für alle schnell recht knapp, wenn die Metropolis die Waffen wegwürfe).

Deshalb wird der zweite Abschnitt jedes Kapitels in diesem Teil des Buches vornehmlich dem Hinweis auf diese Identifikationen, Verhaftungen, Befangenheiten gewidmet sein.

Je dichter uns die apokalyptischen Reiter auf den Hals rücken, umso mehr neigen wir dazu, uns in panische Geschäftigkeit zu stürzen, die sehr daran gemahnt, einen Sack voller Flöhe zu hüten, nachdem wir sie auf den Tisch geschüttet haben. Die Verzweiflung ist heilsam, in die wir dabei über kurz oder lang geraten. Statt ihren Einbruch hinauszuschieben, um niemand zu entmutigen, sollen wir sie systematisieren. Wir sollen sobald wie möglich wissen wollen, was und warum nicht ausreicht oder gar nicht geht oder sogar der Fortsetzung der Höllenfahrt zugute kommt. Wie fachkundig hat sich etwa die Friedensbewegung in Rüstungsdingen gemacht! Über den Bonner Rheinwiesen, als Reagan hier war, hing als größtes Symbol eine schwarze A-Bomben-Attrappe, maßstabsgetreu!

Walter Benjamin hat in seinen geschichtsphilosophischen Thesen diesen bösen Traum gesehen:

> Es gibt ein Bild von Klee, das Angelus Novus heißt. Ein Engel ist darauf dargestellt, der aussieht, als wäre er im Begriff, sich von etwas zu entfernen, worauf er starrt. Seine Augen sind aufgerissen, sein Mund steht offen und seine Flügel sind ausgespannt. Der Engel der Geschichte muß so aussehen. Er hat das Antlitz der Vergangenheit zugewendet. Wo eine Kette von Begebenheiten vor *uns* erscheint, da sieht *er* eine einzige Katastrophe, die unablässig Trümmer auf Trümmer häuft und sie ihm vor die Füße schleudert. Er möchte wohl verweilen, die Toten wecken und das Zerschlagene zusammenfügen. Aber ein Sturm weht vom Paradiese her, der sich in seinen Flügeln verfangen hat und so stark ist, daß der Engel sie nicht mehr schließen kann. Dieser Sturm treibt unaufhaltsam in die Zukunft, der er den Rücken kehrt, während der Trümmerhaufen vor ihm zum Himmel wächst. Das, was wir den Fortschritt nennen, ist *dieser* Sturm.[51]

Nun, im Traume sind alle Elemente, die im Bild erscheinen, Aspekte des träumenden Subjekts, hier also des Trägers der Geschichte. Der Mensch ist nicht nur dieser vom Paradiese abgetriebene Engel. Er häuft auch die Trümmer auf, und er macht den Sturm. Selbst der liebe Gott, der ihn aus dem Paradiese bläst, sitzt (auch) in ihm selbst. *Geschichte ist Psychodynamik.* Die Logik der Selbstausrottung ist ein Gebrechen der menschlichen Seele. Unsere selbstmörderischen Mittel, unsere technischen und sozialen Strukturen sind ja nicht erster Natur. Beton ist nicht in dem Sinne »materiell« wie Fels es ist. Es ist alles *Kultur*, von uns geschaffene *zweite* Natur, woran wir scheitern. Es ist das Unbewältigte unserer menschlichen, unserer psychischen Existenz.

Daß das Sein, vor allem das *gesellschaftliche* Sein unser Bewußtsein bestimmt, daß wir das Ensemble dieser Verhältnisse sind, wie Marx einst lehrte, ist empirisch nur allzu weitgehend wahr. Es ist die Wahrheit unseres Untergangs. Es ist, philosophisch gefaßt, der Rahmen der Selbstausrottungslogik. Es lehrt uns, Ja zu sagen zu jener Dialektik von Produktivkräften und Produktionsverhältnissen, die uns die Freiheit materiell begründen sollte, statt dessen aber die Megamaschine gebracht hat. Der »materielle Lebensprozeß« als Praxis des Sachenmachens, dies Trümmeraufhäufen, von dem wir unser Dasein immer abhängiger rückbestimmt sein lassen, ist die Todesspirale. Dieser Mensch, »wie er nun einmal ist« – mit dieser »materiellen Interessiertheit« als Mitte seiner empirischen Existenz –, er ist verloren.

Doch wenn wir uns verführen lassen, all die materiellen Symptome für die Sache selbst zu nehmen und in die technische Diskussion einzusteigen, so erfahren wir nur, *womit* wir Gaia, die lebenstragende Schicht der Erde und ihren atmosphärischen Schirm, zerstören. Aber *warum?* Wenn wir das nicht begreifen, holen wir unsere todesträchtige Technik mit keinerlei wiederum bloß technisch begründeten Korrekturen auch nur annähernd ein und zurück.

Wer ahnte inzwischen nicht, die Ursache hinter den Ursachen muß mit einer Ambivalenz in unserer natürlichen Konstitution, unserer damit korrespondierenden sozialen Psyche und Organisation zusammenhängen?

Wahrscheinlich ist die Wahrheit so ärgerlich einfach und immer wieder von Weisen, Propheten, Heiligen, Dichtern ausgesprochen, von pessimistischen Konservativen und vom konservativen Volksmund wiedergekäut worden, daß wir uns nicht getrauen, sie anzunehmen – zumal wir die Konsequenzen fürchten (die allerdings nicht in den Lösungen irgendeiner Traditionspartei bestehen werden, wo doch frühere Zustände und Werte immer Wegmeilen auf die heutigen hin gewesen sind): Die ökologische Krise ist vor allem eine Krankheit des menschlichen Geistes, besser gesagt unserer gesamten Psychodynamik.

Luise Rinser knüpft in ihrem jüngsten Tagebuch »Im Dunkeln singen« an eine Stelle aus Rilkes Duineser Elegien die »bange Frage«, ob unsere »ökologische Arbeit« nicht ein Mißverständnis sei, ob wir bei unserem Versuch, materielle Dinge zu retten, nicht »auf der Schwelle stehenbleiben, verbundenen Auges«. Natürlich müssen wir jetzt materielle Dinge retten und behüten – aber deren Not ist eine Rückmeldung. Wir müssen das Verhängnis selbst ins Auge fassen, und das besteht einfach nicht in irgendwelchen Instrumenten, mit denen wir die Welt kaputtmachen, sondern in den Antrieben und Zwecken, für die wir sie besitzen und zu denen wir sie brauchen.

Dem Anschein nach ist der Zweck der zielgenauen Atomrakete die Zerstörung des »gehärteten Targets« auf der anderen Seite. Tatsächlich liegt er jedoch eine ganze Kaskade immer »tieferer«, gewichtigerer und umfassenderer Ansprüche davon ab, nämlich im Kampf um die Weltherrschaft – in diesem Falle ist das noch leicht zu sehen. Aber warum kämpfen Menschen und ihre Verbände um solche Ziele und all die vielen Zwischenzwecke? Für welches Ur- und Grundbedürfnis ist das notwendig? Etwa für Nahrung, Kleidung, Behausung? Gewiß, wir haben eine Wirtschaftsordnung geschaffen, in der es zumindest tendenziell so aussieht, als kämen wir nur dann zum Allernötigsten, wenn wir für das jeweils nächste Frühstück aufs Ganze gehen. Wer nicht nach dem höchsten Gewinn strebt, droht den ganzen Einsatz zu verlieren.

Aber wieso haben wir uns das so eingerichtet? Es sind ja auch viele von denen, die bei dem ganzen Spiel zu kurz kommen, nicht von Grund auf anders motiviert. Gerade bei uns stammen, weil es 1945 diesen Einbruch gab, besonders viele Haie aus den Unterklassen, aus dem Volke. Wohl gibt es Raffkes, weil es den Kapitalismus gibt. Aber zuvor haben die Raffkes, die damals noch zivili-

satorische Pioniere waren, den Kapitalismus durchgesetzt als die
endliche gefundene Produktionsweise fürs unbeschränkte Monopoly.

> Der Mann muß hinaus
> Ins feindliche Leben,
> Muß wirken und streben
> Und pflanzen und schaffen,
> Erlisten, erraffen,
> Muß wetten und wagen,
> Das Glück zu erjagen.
> Da strömt herbei die unendliche Gabe,
> Es füllt sich der Speicher mit köstlicher Habe,
> Die Räume wachsen, es dehnt sich das Haus.
> (»Und drinnen waltet
> die züchtige Hausfrau . . . «)[52]

Kurzum, wir müssen das Verhängnis in uns selbst aufsuchen,
ohne unsern vornehmsten Teil zu schonen, jene faustische Unersättlichkeit und Hungerleiderei nach dem Unerreichlichen. Lewis
Mumford hat über unsere industrielle Megamaschine gesagt –
und ich werde den Punkt hervorheben, auf den es mir ankommt:

> Die menschliche Unzulänglichkeit dieses Systems ist im gleichen Maße
> gewachsen wie seine technische Effizienz, während der Umstand, daß es
> heute alles organische Leben auf dieser Erde bedroht, als das paradoxe
> Ergebnis seiner unbegrenzten Erfolge in der *Beherrschung aller Natur-*
> *kräfte – mit Ausnahme jener dämonischen, irrationalen Kräfte im Men-*
> *schen, die den technologischen Geist aus dem Gleichgewicht brachten –*
> erscheint.[53]

Dem hat sich auch die Ökopax-Bewegung bisher nie gestellt. Es ist
aber die Grundfrage, und sie ist mit der Logik der Selbstausrottung letztlich gemeint.

Offensichtlich funktioniert dieser rationalistische Dämon alles
andere als rational. Rational sind nur die Mittel und Prozeduren
im einzelnen, nicht die Motive ihres Einsatzes, nicht einmal die
Steuerungen. »Dämon« bezeichnet ja seit altersher eine Teilkraft,
die sich gegen das Ganze verselbständigt und dann disfunktional
Schicksal wird. In diesem Sinne ist die westliche Wissenschaft und
Technik als ganze dämonisch, von ihrem inneren energetischen
Schub her. Bei einem Minimum an Introspektion weiß jeder
Wissenschaftler, Techniker, Unternehmer um diesen Dämon, der

ihn eigentlich treibt, während es vordergründig um Erkenntnis, Konstruktion und Geldgewinne geht. Aber *bekannt* ist nicht *erkannt*.

Von der Ebene der exterministischen Symptome abwärts will ich in diesem II. Teil fünf weitere, insgesamt also sechs Strukturen hervorheben, die in der Logik der Selbstausrottung untereinander liegen, analog zu geologischen Formationen, in deren Aufbau ein Schub von unten nach oben wirkt. Jede höhere »Schicht« in dieser Tektonik der Selbstzerstörungsursachen ist ein Ausdruck, eine Modulation, eine Spezialisierung, ein Transformationsergebnis der je tieferen. Zusammen sind sie das Getriebe der Todesspirale, das Getriebe des rationalistischen Dämons.

Wie gesagt stellt es für mich Formation um Formation in erster Linie eine subjektive Kraft, eine Bewußtseinsgestalt dar. Daß sie sich in sozialer und dann mehr und mehr auch technischer Form manifestiert, ist sekundär. Dieses Getriebe ist einerseits Geschichte (die einzelnen Formationen sind historisch nacheinander ans Licht getreten), andererseits sind seine Elemente innen wie außen hier und jetzt präsent. D. h. wir alle leben und reproduzieren mehr oder weniger intensiv täglich

den *Exterminismus* (den ich in diesem 1. Kapitel als negativen Gesamteffekt der historischen Psychodynamik verstehe, nachdem ich ihn schon zu Beginn des I. Teils behandelt habe);

das *Industriesystem* (siehe das 2. Kapitel »Gesellschaft als Megamaschine«);

die *Kapitaldynamik* (das 3. Kapitel »Der kapitalistische Antrieb«);

die *Europäische Kosmologie* (das 4. Kapitel, das auch diesen Titel trägt);

das *Patriarchat* (das 5. Kapitel »Der männliche Logos steuert zum Tode«).

Und wir nähren die verhängnisvoll destruktive Tendenz, die als Exterminismus mehr und mehr die Oberhand über die aufbauende erlangt, mit unseren ganz außerordentlichen Gattungskräften, für die ich von Christopher Caudwell den Ausdruck *Genotyp* übernommen habe, ein anderes Wort für die »Conditio humana«, wie das 6. Kapitel überschrieben ist, das aber die Idee der individuellen Einmaligkeit jedes menschlichen Wesens mit enthält.

Die Tektonik des Verderbens, die Logik der Selbstausrottung, stellt sich mir also in folgendem Schema dar:

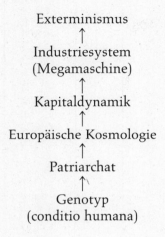

Oder es sieht, wenn man es als Spirale aufwärts auf eine Perspektive der Rettung hin zeichnen will, auf eine Antwort aus dem Genotyp hin, der sich mit dem Exterminismus selbst unter Druck setzt, so aus:

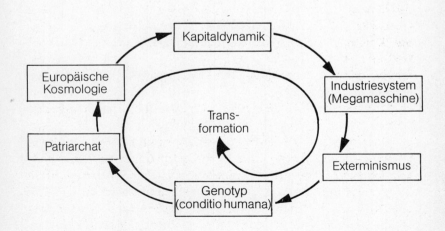

Selbstverständlich geht insbesondere der Genotyp immer neu in den formativen Vorgang ein, so daß es im Grunde folgende Bewegung ist:

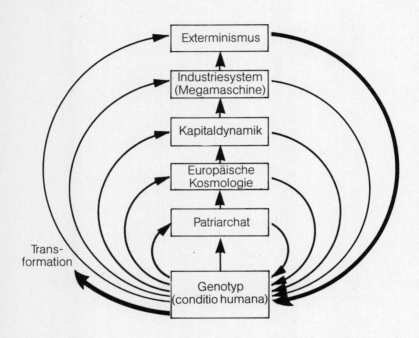

Ich will noch einmal auf den sowohl historischen als auch aktuellen Charakter aller dieser Momente hinweisen, die also sowohl nacheinander als auch gleichzeitig gesehen werden sollen, und alle als Realisationen der conditio humana, zu der ich erst im letzten Schritt komme, weil ich dort die tiefste Ursachenebene ansetze.

Der Exterminismus ist sowohl letzte Auswirkung als auch Inbegriff unserer Destruktivität, um deren Tiefenstaffelung wir wissen müssen. Wenn ich jetzt dazu übergehe, die Ursachenkette zurückzuverfolgen, dann um die Verhaftungen kenntlich zu machen, von denen wir uns loslösen müssen. Denn auch in vordergründig nonkonformen Rollen teilen wir so viele Selbstverständlichkeiten unserer Kultur, so viele in ihr Verderben verflochtene Grundhaltungen, daß es der erste Befreiungsschritt ist, uns dessen nüchtern bewußt zu werden.

Sind wir für oder gegen das Leben?

Ein Freund, dem ich das Exposé zu diesem Buch geschickt hatte, schrieb mir, ich solle nicht von *Logik* der Selbstausrottung und der Rettung sprechen, sondern einfach von der Entscheidung zwischen Leben und Sterben. Doch das würde bedeuten, die Frage auszulöschen, um die es mir durchgängig geht. Ist es denn klar, welche unserer Meinungen, Gefühle, Verhaltensweisen dem Leben, welche dem Tode dienen? Noch die Atombombe wird mit Lebensschutz gerechtfertigt. Und der Waffenschmied des Kriegerstammes mag subjektiv todverbundener gedacht und empfunden haben als mancher heutige Konstrukteur von Massenvernichtungsmitteln. Ganze Kulturen, die alte japanische etwa oder die aztekische, waren »nekrophiler«, todliebender als unsere. Die alten Ägypter haben den besten Teil ihrer Kraft in Grabpyramiden und Nekropolen gesteckt, während sich ihre Kultur über Jahrtausende als lebensfähig erwies!

Vom einzelnen Menschen her gesehen, erweisen sich heute Einstellungen als todverbündet, an denen dergleichen zu anderen Zeiten einfach nicht kenntlich gewesen wäre. Daß die Menschen Fleisch essen zum Beispiel, war in der Urzeit durchaus in der Ordnung der Natur, erst mit der organisierten Jagd begannen sie dadurch das Gleichgewicht zu stören, brachten sich unter Umständen indirekt in Lebensgefahr und schufen sich Tabus zum Gegensteuern. Gegenwärtig sind wir nicht durch unsere Grausamkeit gefährdet, sondern durch unseren Normalverbrauch, multipliziert mit der Kopfzahl der Menschheit. Erhard Eppler schreibt sehr zu Recht, es sei »höchst zweifelhaft, ob unsere Vorfahren ein besonders ersprießliches Verhältnis zur Natur hatten.« Aber: »Es fehlte dem Menschen ganz einfach die Macht, Natur in solchem Umfang zu zerstören, daß er sich damit selbst hätte gefährden können. Er hatte keine Motorsägen...«[54] Mit einem subjektiven Todeswillen haben diese Motorsägen an sich absolut nichts zu tun, eher – im Gegenteil! – mit dem Überlebenwollen um jeden Preis.

Was waren das, was sind das für Energien, mit denen die Todesspirale betrieben wird? Am wenigsten die schwachen Kräfte derer, die, zeitig abgeschlagen und niedergetreten, manchmal schon Jahrzehnte vor ihrem physischen Ende »gestorben« sind. Und das routinierte Mitmachen auf kleiner Flamme, das auch eine Art Tod ist, erklärt ebenso wenig, obwohl dadurch die Fließbänder rotieren. Es ist viel aufschlußreicher, daß wir stets die Genien – von Leonardo bis zu Einstein – mit an der Kriegsmaschine konstruieren sehen. *Warum* investiert der Mensch seit Beginn der Zivilisation immer mehr *schöpferische Lebensenergie* in mörderische und selbstmörderische Kulturzusammenhänge? Treibt uns nicht statt irgendeiner Todessehnsucht vielmehr die Flucht vor dem Tode auf ihn zu?

Es ist wohl richtig: Verneinung des Lebens, Liebe zum Tode, Beschäftigung mit Totem scheinen unsere Zivilisation zu beherrschen, wenn man sie von ihren Resultaten her betrachtet. Erich Fromm (1977) hat ein ganzes Buch darüber geschrieben, wieviel Lebensfeindliches wir unbewußt in uns haben. Gewisse Charaktere sind ganz von Grausamkeit und Zerstörungslust beherrscht. Aber warum gelangen sie häufiger und effektiver als früher in Schlüsselpositionen? Warum kommt dieses Potential im Fortschritt der Zivilisation immer stärker zum Tragen? Noch ganz zuletzt hat derselbe Erich Fromm zum Lobe Bertrand Russells darauf hingewiesen, dessen Liebe zum Leben, dessen Fähigkeit zur »Freude, ... daß alles in Fülle da ist«, sei heutzutage eine seltene Eigenschaft.[55] Wenn es so ist, nützen hier also keine Aufrufe und Beschwörungen »Seid biophil«. Die Freudenquelle ist da, aber sie ist zugeschüttet.

Fromm sagt weiter:

> Das Sichangezogenfühlen von Totem ist ein Phänomen, das tief in einer Kultur verwurzelt ist, die mehr und mehr von den bürokratischen Organisationen der Großunternehmen, der Regierungen und des Heeres beherrscht wird, und bei der vom Menschen hergestellte Dinge, Apparate und Maschinen die Hauptrolle spielen. Dieser bürokratisierte Industriestaat tendiert dazu, menschliche Wesen in Dinge zu verwandeln. Er möchte die Natur durch technische Geräte, das Organische durch Anorganisches ersetzen.[56]

Ja, vom Geborenwerden an über das Spielzeug, das Fernsehen, die Straße, die Schule bis, selbstverständlich, in die Arbeitsstätten, vom Militär zu schweigen, ist unsere Lebenszeit übersetzt mit künstlichen Gegenständen. Unsere Aufmerksamkeit, am meisten die der Männer, ist dem Lebendigen abgewandt. Gemessen an dem Tempo unserer sozialen und technischen Abläufe geht die Lebensuhr zu langsam. Bertolt Brecht stellt in einem seiner Gedichte fest: »Und die Natur sah ich ohne Geduld.«[57] Ich hätte mir die Zeile nicht gemerkt, wäre sie damals nicht meinem Empfinden entgegengekommen.

Aber – worin Fromm nicht eindeutig formuliert: Ist diese Nekrophilie und Ungeduld *Folge* der Megamaschine (zweifellos auch das) oder vielleicht zuerst erst deren Ursache? Ist nicht die Megamaschine selbst in einer Kultur verwurzelt, die die entscheidenden Schleusen in dieser Richtung längst geöffnet hatte? Wir mögen zurückblicken in irgendwelche früheren Zeiten, vor dem Überhandnehmen der technischen Zivilisation, in denen die Menschen lebensverbundener waren. Aber eben damals muß es doch angefangen haben. Die Selbstverstopfung des evolutionären Prozesses muß zumindest »dringelegen« haben. Die Völkerkunde hat ja auch wirklich nicht nur solche indianischen Zivilisationen aufgedeckt, die uns jetzt Vorbild sein könnten. Dieselben Irokesen, deren Medizinrad uns belehren kann, übten eine überaus grausame Folterpraxis gegen ihre Feinde aus.

Biophil und nekrophil, lebensfördernd und lebensfeindlich – die Ausdrücke erfassen viel mehr, worauf es objektiv hinausläuft, als worauf es beruht. Die Megamaschine funktioniert nicht nur, sie *ist* todorientiert – aber das versteht sich nicht einmal für ihre Produktion (»geronnene, tote Arbeit«) von selbst, von einigen »Spitzenerzeugnissen« abgesehen. Produkte wie das unbeabsichtigt krebserzeugende Formaldehyd oder die unerwünschten Dioxine sind charakteristischer für unser Dilemma als die eigentliche Vernichtungsproduktion.

Schon jetzt fordern unsere technischen Katastrophen einzeln mehr Menschenopfer als bis ins vorige Jahrhundert Kriege. Auch die Folgen des Autoverkehrs summieren sich zu Hekatomben von letztlich sogar freiwilligen Opfern. Wir nehmen die verschiedensten exterministischen Einzeleffekte billigend in Kauf, sonst blieben nicht selbst die auffälligsten Anti-Bewegungen wie die gegen die Kernkraftwerke immer noch minoritär. Die Falle der großen Investitionen, in die uns Wissenschaft, Technik und Kapital hineingeführt haben, »zwingt« uns zum Weitermachen, weil *wir* die zivilisatorischen Werte anerkannt und über die tragenden Lebensfunktionen gesetzt haben. So werden auch jetzt, nach Tschernobyl, weder dort noch hier die Atomreaktoren abgeschaltet, obwohl es zumindest in unserem Lande keinen aktiven Konsens mehr für sie gibt, sondern nur noch eine mehr oder weniger resignierte Hinnahme.

Sechs Kilometer von meiner Stadt Worms entfernt stehen die beiden Blöcke des Atomkraftwerkes Biblis. Mit soviel Wahrscheinlichkeit, wie sie technische Unfälle nun einmal haben, leben hier an die hunderttausend Menschen unter der Drohung einer ausweglosen Katastrophe in der »Zone A«. Die Bundesrepublik hat eine Reservekapazität an Elektroenergieerzeugung, die die Gesamtabgabe der Atomkraftwerke weit überschreitet. Das Abschalten ist nur juristisch unmöglich. Diese Situation läßt gar keinen anderen Schluß zu als den, daß die Gesamtsteuerung der superkomplexen Industriegesellschaft verrückt ist. Wir sollten nicht auf die herabblicken, die vor 50 Jahren in Deutschland gesungen haben: »Wir werden weitermarschieren, bis alles in Scherben fällt.«

Die sozialpsychischen Mechanismen aber, die in dieser Verrücktheit stecken, sind – durchaus im Unterschied zu damals – nur zu normal. Es bedürfte geradezu außerordentlicher Verhaltensweisen in den politischen Ämtern, um tatsächlich abzuschalten. Und es war in Wirklichkeit höchst unwahrscheinlich – bei der bisherigen Verfassung des menschlichen Bewußtseins, der menschlichen Kultur –, daß der Bau der Atombomben, der Atomkraftwerke oder die Ausführung irgendeiner anderen »nützlichen« technischen Ungeheuerlichkeit hätte unterbleiben können. Gegenwärtig erweist sich nun eben auch die Gen-Forschung und -Technologie als unaufhaltsam. Das ist kulturell so programmiert. Die Lobby, das dazugehörige Interessenkartell, schafft das Muster nicht erst, sie füllt es bloß in gewohnter Weise aus.

Aus Motiven, die absolut nichts mit jener »Sehnsucht nach Selbstauslöschung« zu tun haben, über die ich den Münsteraner Philosophen Horstmann einmal sprechen hörte, halten wir an einer gewohnten Praxis fest, die sich als selbstmörderisch herausstellt, ohne so gemeint zu sein. Es gibt kein schlichteres Beispiel als das Rauchen. Es steht wohl außer Zweifel, daß es nicht aus

Todessehnsucht aufkam und daß diejenigen, die auch jetzt daran festhalten, nachdem bekannt geworden ist, es verkürzt das Leben, in der Regel nicht eher sterben wollen. Die Sucht ist einfach stärker. Inwieweit Sucht und Tod etwas miteinander zu tun haben, selbst Lebensgier und Tod – das ist ein anderes, tieferes Thema, das mit der Todestrieb-Hypothese meistens nicht gemeint ist. Die Logik der Selbstausrottung hat nichts mit einem metaphysischen Mysterium zu tun – falls die urbekannten sieben Todsünden keines sind.

Wenn ich jetzt einen Grünen zitiere, der durch seine Mitgliedschaft kundtut, daß er *für* das Leben ist, während er durch seine Identifikation mit dem gewohnten Lebensstil von vornherein auf einer Ebene antritt, wo er nur *dagegen* sein kann, so zum einen, weil er sich auf mich bezieht, zum anderen, weil er nicht naiv genug ist, sich vor sich selbst die Zweideutigkeit seiner Einstellung verbergen zu können. Der Bremer Politiker Ralf Fücks, den ich meine, ist mit den Faktoren der ökologischen Katastrophe, ihren wirklichen Dimensionen bekannt und weiß, welchen Druck das metropolitane Modell auf die Dritte Welt ausübt.

Das Thema war die »Zukunft der Stadt«, der Großstadt Bremen. Stadt und Zivilisation sind Synonyme. Mumfords große Studie über dieses Thema – gar im Zusammenhang mit seinem »Mythos der Maschine« – zeigt sie als einen der Hauptaspekte der globalen Katastrophe. Nach Schätzungen der Vereinten Nationen wird die ländliche Menschheit in den nächsten 40 Jahren einigermaßen konstant etwas unter 3 Milliarden bleiben, während die städtische sich von heute 2,1 auf 5,3 Milliarden im Jahre 2025 fast verzweieinhalbfachen wird.

Der Druck auf die Erde kann unmöglich nachlassen, wenn dieser Trend nicht gewendet wird, denn die Stadt verbraucht pro Kopf viel mehr.[58] Am Gilgamesch, dem ältesten Epos der Menschheit, hat William Irwin Thompson (1985/1) demonstriert, wie das ummauerte kleine Uruk den Menschen der Natur entgegenstellte, und sei's, indem ihm die Stadt einfach »ganz andere Sorgen« machte; an Sokrates' Naturfremdheit sehen wir es wiederum, nun für die griechische Polis.

Aber jetzt Ralf Fücks, der zur Eröffnung des Kongresses »Grüne Zukunft für Bremen« im Oktober 1985 einleitend sagte:

Es soll vor allem um Zukunftsentwürfe für Leben und Arbeiten in der Stadt gehen: irgendwo auf einer Skala zwischen Rudolf Bahros Aufruf zum Auszug aus dem ökologischen Sündenbabel Großstadt und von seelenlosen *Science Fiction*-Visionen einer chromglänzenden und vollkünstlichen *High Tech-City*. Für solche Extreme werden sich die meisten von uns nicht erwärmen. Wir wollen doch im Grunde beides haben: Naturerfahrung in der Stadt, das vertraute Viertel als nachbarschaftliches Quartier, solidarische Gemeinschaft auf der einen Seite und zugleich die Großstadt als buntes, lautes und widerspruchsvolles Gemisch von Kulturen und Lebensweisen; als Zusammenballung von Waren und Dienstleistungen. Wir wollen Raum für Improvisationen, für Eigenarbeit, für Unkontrolliertes – und gleichzeitig soll die städtische Infrastruktur, sollen die großen Versorgungseinrichtungen gefälligst funktionieren. Wir konstatieren die zunehmende Entfremdung und Isolation der Menschen in der Großstadt und wollen doch nicht auf die Großstadt als Möglichkeit für Distanz und Anonymität verzichten.[59]

Das soll also irgendwo »dazwischenliegen«? In diesem Kontext werden »Naturerfahrung in der Stadt« und »solidarische Gemeinschaft« (beides irgendwie möglich oder jedenfalls nicht utopischer als sonst etwas – es wird ja seit es Städte gibt, gewünscht) Redestoff städtischer Kulturvereine bleiben. Das heißt jetzt also »grüne Zukunft für Bremen«. Man hat der allzu verfilzten SPD die Schau gestohlen und der traurigsten CDU der ganzen Republik erst recht. Warum auch nicht. Nur mit der Realität der ökologischen, der zivilisatorischen Krise und mit dem Minimum der Bewahrung für eine Zukunft hat es nicht die Spur zu tun. »Hindert uns nicht daran, so zu leben, wie wir es gewohnt sind – und noch etwas besser!« Der ganze Kongreß fußte auf dieser selbstverständlichen Identifikation mit der City wie sie ist und wie sie sein soll.[60]

Von einer höheren Warte aus gesehen, sind auch in den reichen Metropolen nur Surrogate der Beglückung und Befreiung eingetroffen. Dennoch werden sie als Errungenschaften empfunden. Gerade die zerstörerischsten Faktoren des individuellen Konsums, etwa das Auto und der Urlaubstourismus, werden mit Freiheit assoziiert. *Bedingungen* für die allgemeine Emanzipation, wie man sie im 19. Jahrhundert verstand, sind ja tatsächlich geschaffen worden. Es gibt – mag er jetzt auch bröckeln – den Wohlfahrts- und Sozialstaat für die größte privilegierte Minderheit der Weltgeschichte, für die Unterklassen des kapitalistischen Zentrums. Die »demokratische Industriegesellschaft« ist trotz allen Abstandes von Ideal und Wirklichkeit aus der Perspektive unserer unmittelbaren Wünsche und Gewohnheiten die beste aller bestehenden Welten. Insofern ist der Klimawechsel der letzten 15 Jahre, in denen das Nachkriegsmodell seinen eigentlichen Kredit verloren hat und die Wertigkeit des technisch-ökonomischen Erfolges sank, schon viel.

Seit dem Heraufkommen der Moderne ruhte die Hoffnung, Wohlstand und soziale Sicherheit für alle würden die menschliche Emanzipation herbeiführen, auf dem Fortschritt der materiellen Produktivkräfte, auf der Verbreitung von Wissenschaft, Maschinerie und Organisation. Hätten nicht auch die Sozialisten die allgemeine Freiheit und das allgemeine Glück davon erwartet, wären die sozialen Spannungen der frühkapitalistischen Ära und vor allem des 19. Jahrhunderts nicht so weitgehend aufgelöst worden. Dieselbe Hoffnung geht heute noch in denjenigen Schwellenländern der Dritten Welt um, denen der Weltmarkt und die eigenen Ressourcen und Umstände noch die Spur einer Chance vorspiegeln, sie könnten das »gute Leben« von Washington, London, Paris oder Frankfurt einholen.

Das interne emanzipatorische Moment soll nicht geleugnet werden, zumal wir es zum Ausgangspunkt einer Einkehr und Umkehr machen können: unterstellt, wir setzen die gegebene wirtschaftliche Position zum Guten ein, statt uns in ihr einzuigeln. Bislang aber geht der zivilisatorische Prozeß, der bis hierher geführt hat, brachial gegen die fundamentalen Erfordernisse dreier »Peripherien« an, die die Industriegesellschaft hemmungslos ausbeutet und zerstört: des »äußeren Proletariats«, d. h. der meisten Menschen in der Dritten Welt, der äußeren Natur und unserer eigenen inneren Natur, besonders ihrer weiblichen Seite. Und trotz der Folgen für die psychische Gesundheit würde die metropolitane Gesellschaft die Entfremdung, die bei alledem nur immer zugenommen hat, durchaus noch eine Weile unerschüttert ertragen.

Nur die Bedrohung durch den atomaren Militarismus und die Naturvergiftung und Landschaftszerstörung vor der eigenen Haustür haben wenigstens in Europa die Verdrängung durchbrochen. Wahrscheinlich ist die Erfahrung, daß die Glücksverheißung des Wohlstands möglicherweise uneinlösbar sein wird und die Fülle des Lebens eher weg- als herbeiproduziert werden kann, ein stärkerer Stachel als die ökologische Krise in ihrem objektiven Sachverhalt. Noch jedenfalls überwiegen der Abwehrreflex und das Ressentiment gegen den Preis der Bewahrung. »Freude war in Trojas Hallen, eh die hohe Feste fiel . . .«

Rom ist damals, nach dem Zusammenbruch des Imperiums, ganz von selber auf einen Tiefstand von 20–25000 Einwohnern zurückgegangen. Meine Forderung nach dem »Auszug aus dem ökologischen Sündenbabel« war zunächst nicht mehr als eine provokatorische Formulierung, die sich gegen die *Identifizierung* mit der »City« gerichtet hatte. So sind die Grünen gezwungen, sich bewußt dazu zu bekennen, daß sie »stadtrömisch« denken, weil sich die Debatte auf ihrem Feld so zugespitzt hat, daß sie Farbe bekennen müssen. Und siehe da, sie sind nicht grün! Für die überwältigende Mehrheit ist die Großstadt einstweilen noch fraglos selbstverständlich. Fücks' »Wir wollen doch im Grunde beides haben« – den Kuchen essen und zugleich behalten. Das aber karikiert sich selbst.

Indessen denke ich nicht, daß der Weg zur Auflösung der unhaltbaren Großstadtballungen über solche Debatten führt. Die »Pflasterstrand«-Mentalität, zu der sich Fücks ja nur noch mit trotzigem Unterton bekennt, ist doch schon ziemlich angekratzt. Wie die Christen im späten Rom kann man in der Metropole leben, ohne sich mit ihr zu identifizieren, d. h. vor allem, ohne den äußeren Sachzwang innerlich das Maß bestimmen zu lassen.

Wenn die Christen an Rom irgend etwas interessierte, dann waren es Freiräume für das andere Reich, das danach kommen sollte. Zumindest haben sie sich geistig mehr und mehr aus Rom herausgearbeitet. Bei einer Debatte in Frankfurt habe ich einmal – und zwar gerade den dortigen »Römer«-Fundamentalisten, also der grünen Rathausfraktion – gesagt, wir sollten Nichtbefassung mit der City als solcher praktizieren, sollten nicht mittels eines alternativen Stadtplans konkurrieren, der auf Vorschläge zur attraktiveren Gestaltung dieses Zentrums hinausläuft. Die ökologische Perspektive führt aus dieser Struktur hinaus, erfordert nicht nur die Auflockerung, sondern die Auflösung solcher Zusammenballungen, die stellvertretend für die ganze industrielle Megamaschine stehen. Auch Bremen ist natürlich viel zu groß. Es müßte sich weitgehend in die umliegenden niedersächsischen Kreise hinein auflösen. Ich meine, so müßte es zunächst einmal *gedacht* werden, wenigstens von den »Alternativlingen«, ihr Interesse an Freiräumen *in* der City unbenommen, aber hintangestellt.

2. Gesellschaft als Megamaschine

Was ist das Industriesystem?

Wir können uns darauf beschränken, den Exterminismus in seinen Symptomen zu bekämpfen, mit anderen Worten, wir können darauf verzichten, diesen Begriff von einer Logik der Selbstausrottung, von einem Exterminismus, überhaupt zu bilden. Es gibt ja immer noch Menschen, die aus einer paradoxen Vorsicht im Umgang mit sich selbst leugnen oder bezweifeln, daß wir auf den Wasserfall zutreiben, ja zusteuern. In diesem Falle ist punktueller Umweltschutz angesagt, und insofern die »neuen sozialen Bewegungen« (anti dies und anti das) zunächst einmal eine Partei der Umweltschützer auf den Weg gebracht haben, verfolgen sie, so sehr die Motivation darüber hinausreicht, von der anderen Seite durchaus dasselbe Ziel wie die inzwischen eingerichteten Ministerien. Ungeachtet aller Rückzugsgefechte für den Zeitgewinn beim Kapitalrückfluß hat auch die Industrie die Umweltschutzidee in diesem Sinne akzeptiert.

Ganz anders sieht alles aus, wenn wir die wachsenden Gefährdungspotentiale summieren und auf einen Generalnenner bringen, wonach sie die Quintessenz der industriellen Massenproduktion sind. Dann wird das Industriesystem, wird die Industriegesellschaft selbst zum Problem, und was nur wie eine Reihe vermeidbarer Disfunktionen aussieht, wird zum schwerlich direkt kurierbaren *Symptom* des Exterminismus, der Selbstzerstörungslogik der Industriezivilisation. Dann sind die Symptome *Erscheinungen* einer darunterliegenden *Wesensebene, Ursachenebene,* und ich nenne das Ursachensyndrom, mit dem wir es zu tun haben, mit dem Altmeister der ökologistischen Geschichtsbetrachtung, Lewis Mumford, die Megamaschine, genauer – denn er hat sie schon für das Altertum als Faktum ausgemacht – die *moderne,* die *industrielle* Megamaschine. Sie ist also, unterhalb der exterministischen Symptome auf der obersten Ebene meines Modells, die erste, immer noch oberflächliche Wesensschicht in der »Geologie der Ursachen«, die ich im ersten Abschnitt des vorigen Kapitels als »Getriebe des rationalistischen Dämons« skizziert habe.

Das Industriesystem – und auf dem Wort »System« liegt hier der Ton – ist keineswegs identisch mit dem Gebrauch irgendwelcher Werkzeuge und Maschinen zur Erleichterung und Verkürzung der Arbeit. Die mittelalterlichen Mühlen etwa fallen im Englischen unter »industry«, und ihre Fabriken nennen die Engländer noch heute manchmal »mills«. Eine Mühle, die ein paar Dörfer bedient, hat sozial wenig gemein mit einer Nahrungsmittelindustrie, über die das Kapital die ganze Landwirtschaft nach seiner Pfeife tanzen läßt, und der kleine Stau für das Mühlrad hat den Bach noch Bach sein lassen. Seit dem Altertum gab es in Asien und Europa, jedenfalls Südeuropa, »Industrie«. Aber es gab kein Industrie*system,* keine vom Industrialismus bestimmte Gesellschaft. Der Industrialismus ist nicht in erster Linie Kraftwerk, Stahl, Beton, Computer usw., sondern der soziale Gesamtkomplex, den Lewis Mumford als moderne Megamaschine beschrieben und analysiert hat, nämlich vor allem als einen alles übergreifenden *Macht*komplex.[61] Dieser Machtkomplex ist die Seele des Ganzen, mit dem Kapital als Spinne im Netz, die sich aber eine staatliche Superstruktur geschaffen hat, welche unendlich verschieden von dem Ideal des liberalen Nachtwächterstaates aus den Träumen der bürgerlichen Aufklärung ist.

Wir haben es dahin gebracht, daß unsere bescheidensten Werkzeuge abhängige Bestandteile dieses von uns scheinbar unabhängigen und entfremdeten Ganzen geworden sind, um so mehr, als wir ja meistenteils auch nicht mehr handfertig mit ihnen umgehen können. Ich will noch einmal betonen: Nicht in den eklatanten Extremen, in den absichtlichen Vernichtungsinstrumenten und als solchen kenntlichen Risikotechnologien liegt schon die Crux, obgleich wir sie als Signale verstehen müssen. Das Leben erträgt die *Grundlast* nicht, die wir ihm industriell zumuten. Mit dem Mercedes und mit dem »normalen« Lösungsmittel für die Wäscherei sind wir gründlicher als mit Bombe, Atomkraftwerk und Dioxin, diesen Damoklesschwertern, die wir über uns aufgehängt haben. Mit einer Eigentumswohnung vollen Komforts wird zwangsläufig die gesamte weltweite Infrastruktur mitbestätigt, in der sie ein kleiner Knoten ist – einschließlich Rüstungsbedarf, denn angesichts des ungeheuren Standardgefälles ist sie bedrohter Luxus.

Ehe ich auf das Wesen des Industriesystems bzw. der Megamaschine zurückkomme, noch ein paar Bemerkungen darüber, was ich mit der Grundlast meine. Ich erinnere noch einmal an die Bestandsaufnahme Zieglers, die ich im 1. Kapitel des I. Teils erwähnt habe, besonders an seinen Indikator Energieverbrauch pro Quadratkilometer, der sich als mindestens zehnmal zu groß für den Bestand der Biosphäre erwies. Was bedeutet er konkret, wenn man beispielsweise an die damit bewerkstelligten Umwandlungsprozesse in der Großchemie denkt?

In der konservativen »Wormser Zeitung« gab es eine Artikelserie über das Grundwasser im Rhein-Main-Gebiet. Hier versauere die chemische Produktion bis in 200 Meter Tiefe das Wasser, ein Effekt, der auf dieser Sohle nie wieder zurückzuholen sei. Zweitens vergifteten 60 000 Jahrestonnen Lösungsmittel, die allein die BASF produziert, verkauft und zu unser aller Gebrauch umsetzt (allerdings weltweit, aber wir nehmen es ja nicht nur aus Ludwigshafen), Boden, Luft und Pflanzenwelt. Der dritte Artikel handelte von der Agrarchemie, die die Bodenfruchtbarkeit zerstöre und die Nahrungsmittel verderbe; allein der Nitratgehalt im Boden habe sich in den letzten 100 Jahren verzehnfacht (auch hier wieder diese Größenordnung einer Zehnerpotenz!). Schlußfolgerung der Serie? Ausbau der Kontrollbehörden, ihrer Meßmöglichkeiten. Daß das reicht, wird wohl der Autor selber nicht geglaubt haben.

Wir erzählen uns in verschiedensten Ausdrücken etwas über »postindustrielle Gesellschaft« und über »qualitatives Wachstum«, weil sich unsere Spitzenaktivitäten dahin verlagert haben. Aber das Industriesystem, das wir betreiben, bringt auch mit den neuen Technologien sogar in den schon völlig überindustrialisierten Ländern Westeuropas und in Japan neue Quadratkilometer Erde unter Beton, rottet die letzten natürlichen Wälder aus, während es zu Hause die künstlichen vergiftet, dezimiert durch seine bloße Existenz die Artenvielfalt des Lebens, heizt die Atmosphäre auf, stört ihre klimatischen Prozesse. Allein um der Wasserversorgung willen zerstört Hamburg die Lüneburger Heide, Frankfurt den Vogelsberg.

Indem sich der Industrialismus der Gesamtbevölkerung des Planeten aufzwingt, muß jeder einzelne Mensch in kürzester Zeit seine Ansprüche vervielfachen, ohne dabei etwas zu gewinnen, im Gegenteil: Wer in die Stadt muß, um nun seine Lebensmittel im Supermarkt zu kaufen, nachdem er bisher irgendwo in der Dritten Welt noch der Agrarbevölkerung angehörte, ist hungerbedrohter als zuvor und schaltet zugleich ohne seinen Willen auf die »Produktivität« des agrarindustriellen Komplexes um, der bekanntlich inzwischen mehr Energie verbraucht als erzeugt. Und Regierungen feiern, wo immer es auftritt, das wirtschaftliche Wachstum als Erfolg. Jeder Mann kauft angesichts der wieder gesunkenen Benzinpreise um so lieber das nächste Auto. Die Todesspirale hat Konjunktur, und wir sind so weit abgekommen von der natürlichen Gefahrenwitterung jedes Lebewesens, daß wir das Offensichtliche umgekehrt deuten. Der Parasit freut sich über die größeren Freßportionen aus dem Leib seines Wirtes und vergleicht seine Leistungsbilanz stolz mit der seiner ebenso bescheuerten Konkurrenz.

Was die Megamaschine eigentlich ist, kommt aber auch in dem Begriff »Industriesystem« noch nicht völlig zum Ausdruck. Wir mögen dabei zuerst und durchaus mit Recht an die weltweite, wenn auch nationalstaatlich unterteilte wissenschaftliche, technische und informationelle Infrastruktur denken, die die großen Einheiten der Produktion verbindet und heute bereits gewichtiger für den Zusammenhalt des Ganzen ist als der Markt, der statt dessen zu einer vermittelnden Komponente unter anderen herabgesunken ist. Über den Markt koppeln wir vor allem die Imitation unseres Modells rund um den Erdball, die Konkurrenz der

Schwellenländer, als weiteren zusätzlichen Antrieb auf unsere Ökonomie zurück. Zur Megamaschine gehören nicht nur die Transport- und die Finanzströme und die Kabel für die entsprechenden Kommunikationen, sondern auch die Bildungsstätten, die Massenmedien, nicht zuletzt die bürokratischen Apparate, usf.

Schon 1968 hat Erich Fromm das Gesamtresultat, zu dem Mumford kam, als er die moderne Megamaschine analysierte, folgendermaßen zusammengefaßt:

> Er meint damit eine neue Form der Gesellschaft, die sich so radikal von der bisherigen Gesellschaft unterscheidet, daß die Französische Revolution und die Russische Revolution im Vergleich zu dieser Veränderung verblassen: eine Gesellschaftsordnung, in der die Gesamtgesellschaft zu einer Maschine organisiert ist, in der das einzelne Individuum zum Teil der Maschine wird, programmiert durch das Programm, das der Gesamtmaschine gegeben wird. Der Mensch ist materiell befriedigt, aber er hört auf zu entscheiden, er hört auf zu denken, er hört auf zu fühlen und er wird dirigiert von dem Programm. Selbst jene, die die Maschine leiten . . ., werden vom Programm dirigiert.[62]

Das Industriesystem ist mehr als ein Kompositum aus Anlagen, Kommunikationen, Institutionen. Es ist tatsächlich mit der Industrie*gesellschaft* identisch. Es ist die Integration all der menschlichen Kräfte und Tätigkeiten, die ja die eigentliche Substanz aller seiner Erscheinungsformen sind. Was einst für die Maschinerie der einzelnen Fabrik galt, daß der Arbeiter zu ihrem untergeordneten Bestandteil wird, das gilt jetzt für jeden Bürger der industrialisierten Gesellschaft. Der einzelne Mensch ist zerteilt nach ihren Unterfunktionen. Er gehört ihr als Fernsehzuschauer, der in den Einschaltquoten mitgezählt wird, nicht weniger an denn als Monteur. Und selbst noch der Großbankier ist *Diener, Funktionär* der Kapitalströme und ihrer Gesetzmäßigkeiten. Die Megamaschine hat praktisch unseren gesamten Alltag nach ihren verschiedenen Aspekten aufgeteilt. Freie Bewußtseinsanteile, die es wohl gibt, existieren von ihr aus gesehen nur wie die bedeutungslos gewordenen Götter Epikurs: in den »Intermundien«, den für das System nicht relevanten »Zwischenwelten«, und für den Notstandsfall der ganzen Maschine sind auch sie schon vorerfaßt.

Der Begriff der Megamaschine bedeutet, daß sämtliche

menschliche Energie, die über diese Struktur vermittelt in den gesellschaftlichen Lebensprozeß eingeht, falsch herum gedreht wird. Wenn wir uns tatsächlich Neuordnungsgedanken machen wollen, geht es zuerst um eine Standpunktentscheidung. Wollen wir die Existenz der Megamaschine, ihre Ansprüche an uns und ihre vielfältige Verankerung in unserer Psyche als uns bestimmende Norm hinnehmen, d. h. von der Spinne im Netz her ordnen – oder wollen wir einen Standort wählen, der nicht von *dieser* Welt (der Spinne) ist? Im zweiten Falle dürfen wir die Industriegesellschaft, wie wir Europäer sie in den letzten 200 Jahren über die Erde verbreitet haben, nicht als eine unentrinnbare Gegebenheit nehmen, *obwohl* sie die natürliche, jedenfalls auf dem Weg des geringsten Widerstandes entwickelte Konsequenz unserer bisherigen Geschichte, also unserer bisherigen Bewußtseinsverfassung ist.

Die Megamaschine muß nicht angeeignet oder umgebaut, sondern stehengelassen oder vielmehr – am besten von denen, die sich bis zuletzt an den Industrialismus gebunden fühlen – demontiert werden. Wenn wir der Megamaschine begegnen wollen, müssen wir davon ausgehen, daß die *gesamte* industrielle Entwicklung in ihrer europäischen Verlaufs- und Regulationsform die natürlichen Ordnungsgrenzen durchbrochen hat.

Noch ist die Kolonisierung der individuellen Existenz nicht dicht, und in den westlichen Ländern mutet sie flexibler als anderswo an. Aber das Prinzip ist zuverlässig installiert, und bloße Umbauten *können* nichts daran ändern. Diese Megamaschine ist das direkte Subjekt des Exterminismus, und soweit wir dort integriert sind, macht die vernünftigste Haltung in irgendeinem einzelnen Punkt keinen wesentlichen Unterschied. Es ist völlig anachronistisch, von Demokratie zu reden und die Staatsdebatte fortzusetzen, wenn das gar keine halbwegs unabhängigen Gegenstände mehr sind, weil es sich einfach um Aspekte der Megamaschine handelt. Umweltpolizei aufbauen und Wasserwerfer abschaffen oder wenigstens nicht neu anschaffen wollen – na gut, wer halt meint, sich auf dieser Ebene mitbefassen zu sollen!

Die Megamaschine ist nicht primär durch Macht*willkür* zustande gekommen und wird weniger als jede frühere Ordnung subjektivistisch reguliert. Vielmehr stellt sie eine entfremdete

Maschinerie dar, die sich nach ihren eigenen, nicht direkt von uns abhängigen Gesetzen bewegt. Angesichts ihrer Größenordnung und weltweiten Verflechtung gibt es nur zwei mögliche Lösungen. Entweder ziehen wir uns, indem wir sie auflösen, von ihr zurück und konstituieren das soziale Leben bis in die materiellen Fundamente neu, oder (worauf ich mich früher allein orientiert hatte) wir versammeln uns alle gewissermaßen an der Spitze der Struktur und finden dort einen neuen Konsens darüber, wie sie zu behandeln ist. In diesem Falle wäre die Frage, welche soziale und welche Bewußtseinsverfassung, d. h. welche psychosoziale Verfassung wir brauchten, um unsere Zivilisation weltzentral steuern zu können.

Wahrscheinlich sind dieses Entweder und dieses Oder zwei Seiten einer Medaille. Denn praktisch werden einerseits lokales und andererseits Weltniveau entscheidend, und es wird der Nationalstaat sein, der aufgelöst werden muß. »Think globally, act locally« – das schließt im Denken wie im Handeln die regulativen Strukturen ein, die schon allein deshalb unerläßlich sein werden, weil wir uns weltweit Begrenzungen auferlegen, d. h. Kopfzahl sowie Prokopfverbrauch bzw. -belastung limitieren *müssen*. Mit anderen Worten: Wie müßte eine Instanz aussehen, sozial funktionieren, psychisch möglich werden, die diese Weltregierungsaufgabe als gerechte Verwaltung der Mutter Erde und des kulturellen Patrimoniums praktiziert?

Können oder wollen wir nicht entrinnen?

Als Quintessenz und nicht bloß als »unerwünschte Nebenwirkung« des Industriesystems haben den Exterminismus bisher auch die wenigsten Ökologen begriffen, die Grünen mit ihrem »Umbau des Industriesystems« gar nicht. Die meisten Menschen machen sich, auch wenn sie über die Bildung oder wenigstens Ausbildung verfügen, nicht die Mühe, das Wesen der Sache zu erfassen. So wie die Menschen immer weitestgehend mit ihrem gesellschaftlichen Hausrat identifiziert waren, haben wir den unseren als Wertsystem verinnerlicht, bestätigen mit kleinen Abweichungen in allen unseren Rollen, was zu ihrem Funktionieren gehört. Indem sie gar nicht wissen wollen, was das Industriesystem ist, geben sie um so leichter ihrem *aktiven Interesse an seiner Unentrinnbarkeit* nach.

In den letzten Jahren sind die meisten Ökopax-Aufkleber wieder von den Autos verschwunden. Weil die Bewegungen abgeflaut sind oder weil die Unverträglichkeit zwischen dem Medium und der Botschaft erkannt wurde? Zu Ende gedacht, paßt selbst die Friedenstaube nicht aufs Auto. Wir werden die Panzer nicht los, wenn wir nicht bereit sind, die Autos zu riskieren, und wenn wir die Panzer nicht loswerden und die Panzerabwehrwaffen auch, werden die Atombomben nicht verschwinden. Wir mögen vor Kasernen ziehen und etwas gegen Bombenzüge unternehmen – oft ohne von dem Ganzen distanziert zu sein, zu dem das alles einfach dazugehört.

Umweltschutzpolitik, die nichts weiter ist, rührt gar nicht an die grundlegenden Identifikationen, auf denen der Konsens der »entwickelten« Völker beruht. Die heißen Humanismus, Fortschritt, Freiheit und Demokratie. Ich meine natürlich die *Art und Weise,* in der wir unsere menschlichen Interessen in diesen *Ideologien* gegen die Lebensgrundlagen festgelegt haben, so nämlich, daß der Exterminismus in unsere *Ideale,* unsere höchsten Güter und Werte eingebaut ist.

Die Konsequenzen der Abnabelung gingen in der Tat weit, nicht nur im Materiellen. Sie würden nicht zuletzt den Abschied von einem ganzen Weltbild erfordern, in dem sich Liberalismus und Sozialismus einig waren: von der Idee der allgemeinen Emanzipation *durch Überflußproduktion* einer weltweit assoziierten Arbeitergesellschaft. Auf einer Ausfahrt aus Mexico City hat mir ein dortiger kommunistischer Freund als sinnträchtig erzählt, der Prozeß der »Entwicklung« allüberall in der Welt bedeute den Aufstieg der Arbeiterklasse, letztlich eben die Menschheit als Arbeiterklasse. Aber von seiner Stadt aus kann man wegen des ungeheuren Smogs den nahen höchsten Berg des Landes, den Popocatépetl, nicht mehr sehen. Auch hatte er mir jene Übergangszone zwischen dem metropolitanen Zentrum der Stadt mit ihren 4 Millionen »sichtbarer Bevölkerung« und den Slums der 10 Millionen »unsichtbarer Bevölkerung« gezeigt. An dieser Nahtstelle wohnen in Holz- und Blechhütten vom Typ unserer früheren Laubenpieperkolonien jene aufsteigenden Arbeiterschichten, die in die verbeulten Blechkisten zwar noch nicht vom Gebrauchtwagenhändler, aber immerhin schon von den Schrottplätzen eingestiegen sind. Aussichten für die Autoindustrie!

In der Sache selbst war ich, mit dem Flugzeug in Mexico gelandet, mindestens so zuständig wie jener Freund. Das Modell ist von hier. Der grüne Abgeordnete Willi Hoss, bekannt als Organisator einer Gegengewerkschaft bei Daimler-Benz, flog nach Brasilien und unterrichtete die Arbeiter der dortigen Autoindustrie über die Lohndifferenz zwischen Stuttgart und Sâo Paulo. In welcher Richtung geht der historische Prozeß, wenn die ohnehin schon relativ privilegierten Autoarbeiter noch etwas weiter herausgehoben werden und zu dem Stuttgarter Standard mit dem Jahreswagen der Firma aufschließen? Es war die Botschaft der Metropolis und ihrer Nobelfirma, die er dort verbreitet hat, auch wenn er vielleicht den Klassenkampf *in* der Firma ein wenig angeheizt und deren dortige Manager ein bißchen geärgert hat. Es gibt kein besseres Mittel, die Logik der Selbstausrottung um die ganze Erde zu tragen, als die Interessen der Automobilarbeiter zu fördern.

Günther Anders hat schon 1959 über normales Arbeiten, Auslösen und Gebrauchen als Verbrechen geschrieben:

> Da die bloße Existenz unserer Produkte bereits »Handeln« ist, . . . kann Gewissensprüfung heute nicht mehr allein darin bestehen, daß wir der Stimme in unserer eigenen Brust lauschen, sondern auch darin, daß wir in die stummen Prinzipien und Maximen unserer Arbeiten und unserer Produkte hineinhorchen; und daß wir die »Verlagerung« rückgängig machen: also nur diejenigen Arbeiten leisten, für deren Effekte wir auch dann einstehen würden, wenn sie Effekte unseres direkten Handelns wären; und nur diejenigen Produkte haben, deren Dasein ein solches Handeln »inkarniert« (einschließt und zur Folge hat), das wir auch als eigenes Tun übernehmen könnten.[63]

Wir können für *nichts* mehr einstehen, was wir im Rahmen der gegebenen zivilisatorischen Struktur machen oder benutzen. Man zeigt sich sicherlich moralisch stumpfsinnig, wenn man – wie kürzlich Daimler-Benz – die Autofertigung mit direkt militärischen Produktionen fusioniert, aber den Unterschied zwischen Unschuld und Schuld macht das nicht. Nach dem Kriterium von

Günther Anders darf ich die elektrische Schreibmaschine, an der ich sitze, nicht benutzen. Eine Reparaturfirma, die ich kürzlich benötigte (und *daß* ich sie benötige, macht mich schon abhängig und statistisch berechenbar für die Investoren, sobald ich den Gegenstand nur kaufe!), hat auf den Rahmen ein Schildchen geklebt, wonach sie für »Computersysteme und Textsysteme« steht. Die zivilen Schreibmaschinen tragen die Sternenkriegsvorbereitungen mit. Es brauchte auch keine solche Eselsbrücke zu geben: Das große Geld, *eines* der vereinheitlichenden Medien der Megamaschine, ist in allen Kanälen dasselbe.

Mit den Lebensmitteln aus dem Supermarkt bin ich nicht unschuldiger als mit meiner Schreibmaschine. Ich kaufe nun also im Bioladen, ein kleiner Schritt von vornehmlich symbolischer Bedeutung, und körperlich ein wichtiger Gewinn. Ich habe aus mehreren Gründen – ohne Vegetariertum zur Religion zu erheben – aufgehört, Fleisch zu essen. Solche Handlungen nehmen etwas Neues vorweg, aber sie lockern den alten Zusammenhang zunächst eher unmerklich. Wir müssen so mit uns selber den Anfang machen, dürfen aber zugleich nicht aus dem Auge verlieren, daß unsere Ölheizung weiterläuft und daß die ganze Maschinerie wohl kaum anhalten wird, ehe der letzte Tropfen Öl verbrannt ist.

Das beliebte Sortieren an den Errungenschaften der Zivilisation – die Guten ins Töpfchen, die Schlechten ins Kröpfchen – führt deshalb nicht weit. Innerhalb ein und derselben Kultur gehören die guten und die bösen Dinge viel mehr zusammen, als wir zur Kenntnis nehmen möchten. Die Teilapokalypsen, die wir uns zunehmend organisieren, sind das unvermeidliche Ergebnis eines Gesamtzustandes. Der Exterminismus tritt an der Oberfläche als Serie mörderischer Geschwüre zutage, aber wie uns die ganzheitliche Medizin für den Analogfall des menschlichen Organismus lehrt, muß es sich um eine allgemeinere Stoffwechselstörung handeln, die sich diesen oder jenen Ausdruck gibt, und hinter der Stoffwechselstörung wird ein Fehler in der psychischen Steuerung verborgen sein.

Vor einer solchen Betrachtungsweise, die uns durch die Wirklichkeit selbst aufgedrängt wird, fallen ganze Scharen bisheriger Lösungsversuche dahin. Inzwischen lernen selbst die konservativsten Sozialisten, es würde überhaupt nichts bringen, die groß-industriellen Produktionsmittel und Infrastrukturen neu in Besitz zu nehmen; Syndikalismus würde nichts ändern; Selbstverwaltung auf »Schlachtschiffen« hatte ja bereits der späte Friedrich Engels für eine Illusion gehalten. Außerdem bindet schon der bloße Gedanke an Heilmittel dieser Art die Menschen geistig an das Fabriksystem. Anstatt sie auf dessen Überwindung zu orientieren, vereinnahmt er sie noch einmal mehr für den Betrieb. Schon Gustav Landauer hatte empfohlen, aus dem Kapitalismus, das ist aus der Fabrik, auszutreten.

Es ist zum Beispiel die ganze Idee der »Rüstungskonversion« eine Ausflucht und ein Flop. Die zivile industrielle Massenproduktion, und sei es in Umwelttechnik, ist nicht prinzipiell friedlicher als die militärische. In der Forschung ist es noch klarer, besonders in der Grundlagenforschung, daß es nicht viel zu unterscheiden gibt. Nicht die einzelne Erkenntnis, nicht das einzelne Produkt vor allem ist des Teufels, auch nicht das Auto an sich, sondern der Gesamtzusammenhang, was auch immer noch extra hervorstechen mag! »Rüstungskonversion« ist nichts als Seelsorge um das passable Funktionieren der Industriegesellschaft, im einzelnen wie im ganzen ein bißchen Distanz *in* der Identifikation, mehr nicht.

Wenn die »Rüstungskonversion« typisch für eine kritische linke Identifikation mit der Megamaschine ist, so der Marktidealismus – was die Steuerungsprobleme betrifft – für eine kritische liberal-konservative. Der Markt ist der ursprüngliche immanente Steuerungsmechanismus der Megamaschine, und bisher ist nur soviel klar, daß die *Expansivität,* daß eine *nicht-haushälterische* Ökonomie besser über den Markt als über den Plan gemanagt wird. Der bewußte Plan weiß stets zu wenig über den spontanen Prozeß der Produktions-Bedürfnis-Dialektik, die allerdings mit uns durchgeht.

Liberalismus und Anarchismus warnen vor der Staatseinmischung. Aber das ist ein hilfloses ideologisches Strampeln, weil Markt und Plan heute nur zwei komplementäre Wahrnehmungsmuster für eine *in sich selbst* immer totalitärere Realität sind. Mit Freiheit hat gerade der Marktmechanismus (mit oder ohne Monopol, das tut hier wenig zur Sache) in seiner Gesamtfunktion absolut nichts zu tun, im Gegenteil! An den objektiven Automatismus der Marktsteuerung kann sich nur hingeben, wer sich *bewußte* Vergesellschaftung (statt der unbewußt-automatischen über den Markt) allein in der total entfremdeten Form universeller Verstaatlichung vorstellen kann. Der »Systemvergleich« zu ungunsten des »real existierenden Sozialismus« verkennt hier von vornherein, daß es sich dort um »unterentwickelte« Ökonomien handelt, die den Schatten der unseren darstellen und mit dem Außendruck des Weltmarktes konfrontiert sind.

Auf Gedeih und Verderb ist die Menschheit nicht der östlichen Planwirtschaft, sondern dem westlichen Marktmechanismus ausgeliefert. Es ist zu einem dramatischen Widerspruch zwischen dem Spielraumgewinn vieler vereinzelter Einzelner und den Überlebensbedingungen der Menschheit gekommen. Sich dem Markt anvertrauen, heißt, sich der Strömung in Richtung Wasserfall und auf dem Kahn der Logik der Megamaschine anvertrauen. Schließlich ist der Marktmechanismus ja die Quelle der Entwicklung, die erst zu dem heutigen Stand der Dinge auf der Diagonale des Verderbens geführt hat.

3. Der kapitalistische Antrieb

Die Eigendynamik des Kapitals

Die Kapitaldynamik ist das nächste Glied, wenn wir die Ursachenkette des Exterminismus zu den Wurzeln hinab verfolgen wollen.

Nun sind vordergründig, auf eine erste Nachfrage, viel mehr Menschen bereit, den Kapitalismus verantwortlich zu machen als das Industriesystem, zumal Kritik an der »Industrie« ja häufig auch vor allem das große Geld dahinter meint. Zwar wird der Kapitalismus sehr unterschiedlich verstanden – von Marxens »Kapital« bis zu Wagners »Ring der Nibelungen« schon im 19.

Jahrhundert. Doch bestreitet kaum jemand, daß die Konkurrenz um möglichst viel Profit jedes andere Motiv für wirtschaftliche Expansion übertrifft. In keiner anderen Zivilisation ist dieser Geldantrieb so zur Zentralmacht geworden wie bei uns.

Aber er ist noch nicht der letzte, ursprünglichste Antrieb. Das vergißt allzuleicht, wer *alles* auf den Kapitalismus schiebt, als hätte der nicht auch erst einmal entstehen müssen und bedürfte nicht seinerseits der Erklärung. Doch ist das Kapital das aktuell mächtigste Triebrad der Expansion. Das Industriesystem ist *kapitalistisches* Industriesystem. Die Megamaschine ist kapitalgetrieben.[64]

Es ist das *Prinzip* gewinnträchtiger Kapitalanlage, das uns über den Rand trägt, auch ohne eklatante Katastrophen, die immerhin noch den Vorteil haben, bemerkbar zu sein. Wenn wir die Expansion begrenzen, wenn wir etwas aufhalten wollen, dann müssen wir erst einmal diesen Antrieb voll begreifen, in seiner Autonomie, in seiner Unabhängigkeit vom guten oder bösen Willen des Kapitalisten.

Können wir die Akkumulationslawine nicht verhältnismäßig kurzfristig aufhalten, wird alles Andere, Grundlegendere, Innerlichere zu spät kommen. Es ist für die Rüstung gesagt worden und neuerdings für die gesamte Kernkraft: Entweder wir schaffen diese militärischen und »zivilitärischen« Waffensysteme ab, oder sie werden uns abschaffen. Aber das gilt noch viel mehr für die megamaschinelle Sozialstruktur und ihre beispiellos expansionistische Ökonomik. Der Kapitalismus ist mehr als das besondere Profitstreben dieser oder jener Unternehmensgruppe.

Damit komme ich noch einmal auf Kurt Biedenkopfs »ökologische Marktwirtschaft« zurück. Erst in dem jetzigen Zusammenhang kann klar werden, worum es, jenseits der Ideologien, bei der Markt-oder-Plan-Debatte geht. In der Autonomie des Marktgeschehens haben sich doch unsere eigenen Kräfte von uns unabhängig gemacht. In unserer klassischen Philosophie bis hin zu Marx hieß das »Entfremdung«. *Wenn* nun ORDO diesem autonomen, entfremdeten, objektiv gesetzmäßigen ökonomischen Prozeß gerecht werden soll, *dessen* Natur und nicht der menschlichen Natur, sofern die sich auch noch anders als in der Akkumulationslawine offenbart – *dann* brauchen wir nichts als eine grün aufgebesserte Wettbewerbsordnung. Was aber, wenn wir uns weigern wollen, grundsätzlich die Rechte dieser ökonomischen Sintflut zu bestätigen, weigern wollen, dieser unserer Teilkraft die ganze Szene oder auch nur deren Mitte zu überlassen? Was, wenn wir Wirtschaft überhaupt unterordnen, das Geld zum Hilfsmittel des Austauschs und der Kalkulation degradieren wollen?

Wir erinnern uns: Indem sich Biedenkopf auf den Markt*mechanismus* (den an sich unschuldigen) und seine Ausnutzung konzentrierte, entzog er den Markt*kräften*, genauer gesagt, den Kräften *auf* dem Markt, den Subjekten, die ihn beherrschen, fast alle Aufmerksamkeit. Hinter dem Austausch von Gebrauchswerten, der Befriedigung von Bedürfnissen verschwand so *das Hauptmotiv der Marktveranstaltung: das Plusmachen, die Geldvermehrung.* Jemand, der anbietet – jemand, der nachfragt: Diese beiden Subjekte mögen den Flohmarkt, zuweilen noch den Wochenmarkt charakterisieren. Doch schon der einfachste Supermarkt wird nicht deswegen eröffnet.

Beim Marktwettbewerb in unserer Gesellschaft ist die Befriedigung von Bedürfnissen der Verbraucher stets nur das Mittel, nie der Zweck der Veranstaltung. Es geht dem Kaufmann, dem eigentlichen Akteur des Marktes, um möglichst hohen Geldgewinn. Die Verwandlung von Geld in Ware und zurück muß zu mehr Geld führen, und später, wenn die Produktion von vornherein kommerziell betrieben wird, ist natürlich die eigentliche Vermarktung auch bloß diejenige Unterfunktion des ganzen kapitalistischen Reproduktionsprozesses, die dieses Ergebnis realisiert. Zuletzt gerät auch der Löwenanteil der Nachfrage unter die Kontrolle des Kapitals, das sich von vornherein den Rückfluß der großen, langfristig angesetzten Investitionen sichert, nicht nur im Rüstungssektor.

Wenn ich vom Kaufmann rede, meine ich das regulative Prinzip, das er in die Geschichte eingeführt und zur Machtansammlung ausgenutzt hat. Gestützt auf diese Realabstraktion Geld hat er die Verlagerung des Schwerpunktes von konkreten auf abstrakte Werte, von der Steuerung des sozialen Ganzen durch überlieferte Autorität auf die Vermittlung der Synthese durch individualistische Konkurrenz eingeleitet. Die erste industrielle Revolution, die die exterministische Tendenz schon enthielt, ist der

Niederschlag einer *Entfesselung* gewesen. War die Moderne von der Renaissance her auf *menschliche* Emanzipation angelegt, so erwies sie sich tatsächlich vor allem als eine Emanzipation des *Geldes bzw. des Geldbesitzers* von allen Rücksichten, die in traditionellen Gesellschaften der Plusmacherei entgegenstehen, indem sie zum Beispiel den Zins verbieten.

Heute sind die Kaufleute selbst untergeordnet. Die moderne Gesellschaft wird in einem Grade vom *Finanzkapital* beherrscht, wie es die einflußreichsten Kaufleute und Finanziers vergangener Gesellschaften nie zu träumen wagten. Nur müssen wir diese Plutokratie, die fast den gesamten alltäglichen Lebensprozeß kolonisiert hat, als logische Endstation jenes Weges sehen, der mit dem Aufkommen von Warenproduktion und Geld begann und um so entschiedener eingeschlagen wurde, je individualistischer, konkurrenzorientierter schon die ursprüngliche Kulturbasis formiert war.

Unter geldwirtschaftlichen Bedingungen ist Produktion für den Markt spätestens dann, wenn die zwingendsten Bindungen an ein mehr oder weniger primäres Kollektiv und seine sittliche Ordnung entfallen sind, von vornherein ein Machtkalkül, und zwar ein sehr systematisiertes. Haben sich denn die Erfinder des »Monopoly«-Spiels geirrt, oder nicht vielleicht doch die reinen Marktwirtschaftler, die nicht müde werden, einen idealen Markt der chancengleichen Anbieter zu imaginieren, auf dem wirklich nur noch Qualität und Kostpreis, also Produktivität und das Ingenium der »richtigen Nase« entscheiden? Für die Marktidealisten kommt die Vermachtung verzerrend hinzu. Sollte sie indessen zum Markt gehören, weil Geldvermehrung der entscheidende Antrieb der Akteure ist, so müßten andere als bloß korrektive Schritte unternommen werden, um die Expansion zu stoppen.

Den *kapitalistischen* Markt konstituiert erst die eigentlich kapitalistische Handlung, deren man sich unter Freunden und Bekannten bis heute schämt, die Handlung des Kaufens, um teurer zu verkaufen, des Handelns, um Profit zu machen. Und hinter dem Profitmotiv steht das Machtmotiv. Historisch ist der Markt als eine neue, umfassendere Machtkampfarena entstanden. Er ist der Circus maximus, und Geld ist das Aufstiegselixier der energischsten Plebejer, die auf diese Weise den traditionellen herrschenden Mächten (der Aristokratie) sozial das Feld streitig machen.

Konzeptionell *nachträglich* stellt sich der ORDO-Liberalismus durchaus dem Machtproblem, das gibt ihm sogar den eigentlichen Anstoß. Er betrachtet den »Kapitalismus« bzw. Monopolismus als wegzuordnenden Impuls, der einen vorausgesetzten Idealtypus vollständiger Konkurrenz stört. Dabei sind doch mit Geld bewaffnete Machtkämpfer die Protagonisten, die den Markt in seiner entwickelten Form überhaupt erst konstituieren. Ökonomischer Machtkampf ist die *Essenz* des Marktgeschehens. Wollen wir es unter dieser Voraussetzung ordnen, so bestätigen wir indirekt die materielle Expansion.

Ich teile Mumfords Ansicht, daß der Kapitalismus kein modernes Phänomen ist, also nicht zu schnell auf die Aneignung von Mehrarbeit reduziert werden sollte (worauf der Marxismus zu einseitig die Aufmerksamkeit konzentrierte). Mumford versteht unter Kapitalismus

> die Umsetzung aller Güter, Dienstleistungen und Energien in abstrakte Geldwerte, mit Konzentrierung menschlicher Energien auf Geld und Handel, um Gewinne zu erzielen, die in erster Linie den Besitzenden zufließen, welche bereit sind, ihre Gewinne in neue Unternehmungen zu investieren und von den Einkünften aus bestehenden industriellen und kommerziellen Organisationen zu leben.[65]

D. h. er hebt drei Dinge hervor: die Monetarisierung bzw. tendenzielle Vollvermarktung des Lebens, die kommerzielle Gewinnorientierung als Dominante im Menschenbild, den Kapitalumschlag für erweiterte Reproduktion. Mit enthalten ist die Abkopplung von der Natur und von der primären Produktion, wie sie für industrielle und kommerzielle Aktivitäten typisch ist.

Es macht Furore in der Weltgeschichte und stellt gegenüber jeder ursprünglichen Lehre von der guten Gesellschaft einen fundamentalen Ordnungsverstoß dar, wenn die Kaufleute, die alles unter dem Gesichtspunkt der *Quantität* und des *Tausch*werts betreiben, das Gesetz der Gattungsentwicklung in die Hand bekommen. Geschieht dies so uneingeschränkt wie bei uns, muß das Gleichgewicht verlorengehen. Jede archaische Ordnung mit ihrer aus der naturwüchsigen Stammesentwicklung hervorgegangenen Hierarchie von Kasten (Priester über Kriegern, diese beiden über

Kaufleuten, diese drei über Bauern und Handwerkern) war »richtiger«.

Schon wo – im Eroberstaat statt der ursprünglichen Theokratie – die Krieger mit ihrem König an die Spitze traten, und je weniger das »brahmanische« Prinzip wenigstens als Ausgleichsgewicht blieb, verlor die Kultur todwärts die Balance. Mehr als ein Germanenstamm ging derart unter. Aber wenn schon diese Verschiebung zerstört, was an der theokratischen Verfassung allenfalls noch gestimmt hatte, wieviel mehr der Sieg der Kaufleute. Geld als ultima ratio ist – obwohl und späterhin dann weil soviel demokratischer – schlimmer als die ultima ratio der Könige, das Schwert.

Das Mana des Priesters, das Schwert des Kriegers, das Geld des Kaufmanns sind lauter Machtmittel; ich meine, bei der bisherigen Entwicklungsstufe des Menschen kommen sie von dieser Funktion nicht frei, die mit ihnen zusammengewachsen ist. Aber Geld hätte noch weniger als das Schwert die Welt regieren dürfen. Da es »nicht stinkt«, d. h. seine Herkunft nicht verrät und keinerlei Rückmeldung über die Folgen gibt, die um seinetwillen und mit seiner Hilfe angerichtet werden, hat es von vornherein den Charakter der Distanzwaffe, die den Täter entlastet.

Vom Standpunkt der freien Marktwirtschaft und des zugehörigen Rechtsstaates spricht ja beispielsweise nichts dagegen, verhungernden Indios in Bolivien oder Kolumbien um geringes Entgelt Blut abzuzapfen und es um ein Vielfaches teurer in Europa zu verkaufen, oder ganz analog Blut aus Haiti in die USA. Die Opfer dürfen eher froh sein, daß sie mit ihrer eigenen Blutarmut oder sogar mit ihrem Leben ihre Kinder vor dem Hungertod bewahren können (nach einem Bericht von Basile Ypsilantis, der »Konsumgesellschaft durch Völkermord« überschrieben ist). Aber das Anklägerische solcher Information läuft so leicht leer, weil das Blutgeld eben in keiner Weise mehr kenntlich ist und die Nachfragenden den Zusammenhang nicht wissen müssen.

Während das Mana wie das Schwert wenigstens in der Regel traditionell ordnungsgebunden bleiben, hat sich das Kapital früher oder später stets von seiner dienenden Rolle freizumachen gesucht, und in beiden europäischen Kulturanläufen, dem antiken und dem abendländischen, ist es auch gelungen. In dem Augenblick wird der Markt zur Bühne dieser nunmehr eigentlichen und immer mehr ausschließlichen Schicksalsmacht, die Produktion, Wissenschaft, Technik, Kunst usw. in ihr Schlepptau nimmt.

Mir geht es im gewählten Rahmen vor allem darum, den »Geist« des Kapitalismus als formativ für unsre Kultur kenntlich zu machen, eben weil wir viel tiefer in der Geldwirtschaft und ihren Konsequenzen verhaftet sind, als sich nach unserer Bereitschaft zur Kapitalismuskritik erwarten ließe. Nur zu oft richtet sich die bloß gegen »Auswüchse«, die in ihrer Normalität verkannt werden.[66] Die Geldabstraktion scheint ausschlaggebend für die ganze Art unserer Rationalität und Wissenschaft, ihres objektbeherrschenden und -manipulierenden Charakters zu sein. Münzen, bits, Begriffe, Individuen, Arbeitskräfte, Atome, Quanten aller Art – alle unsere Welt- und Verhaltensmodelle stehen unter der *Vorherrschaft* dieser abstrakten Einheiten, die sich alle bis ins schlecht Unendliche massieren lassen. Sehr treffend hat der brasilianische Ökologe José Lutzenberger gesagt, unsere Kultur sei schlimmer als rationalistisch, man müsse sie *abstraktionistisch* nennen.[67]

Mit dem Kapital rückte ein Machtmittel ins Zentrum des sozialen Geschehens, das auf dem *Prinzip* der Expansion ins schlecht Unendliche beruht und sich im Zins- und Kreditwesen das adäquate Instrument geschaffen hat, um geradezu als perpetuum mobile funktionieren zu können. Mumford schreibt und verweist damit für mich zugleich auf die Parallele zu der von Ziegler angegebenen Kennzahl der Zerstörung Kilowattstunde pro km^2 und Tag:

Wenn aber menschliche Funktionen in abstrakte, gleichförmige Einheiten, letztlich in Einheiten von Energie oder Geld, verwandelt werden, dann gibt es keine Grenzen für das Maß an Macht, die angeeignet, umgewechselt und gehortet werden kann (hier liegt das eigentliche Geheimnis der Atomenergieoption und ihres Nonplusultra, der gesteuerten Kernfusion, während wir den *Energiegebrauch minimieren* müßten! R. B.). Die Eigenart des Geldes besteht darin, daß es keine biologischen Grenzen und keine ökologischen Einschränkungen kennt. Als der Augsburger Finanzier Jakob Fugger der Ältere gefragt wurde, wann er soviel Geld haben würde, daß er kein Verlangen nach mehr Geld verspürte, antwortete er, wie es alle großen Geldleute stillschweigend oder offen tun, er glaube nicht, daß dies jemals der Fall sein würde.[68]

134

Diese Maßlosigkeit ist von Thomas von Aquin bis Marx immer wieder als dem Geld inhärente, in ihm geronnene menschliche Eigenschaft hervorgehoben worden. Freilich, wie Mumford an anderer Stelle sagt, ist

> die Idee, daß den menschlichen Funktionen keine Grenzen gesetzt werden sollten, ... absurd: Alles Leben bewegt sich innerhalb sehr enger Grenzen von Temperatur, Luft, Wasser und Nahrung, und die Auffassung, daß allein das Geld oder die Macht über die Dienste anderer Menschen zu verfügen, keine solchen definitiven Grenzen haben sollte, ist eine Geistesverwirrung.[69]

Diese Geistesverwirrung ist aber im Kapitalismus, wo schließlich der gesamte gesellschaftliche Prozeß auf dem kaufmännischen Prinzip beruht, objektiv programmiert.

Geld ist das *allgemeine Suchtmittel,* mit dem wir unsere ohnehin gegebene Tendenz, das Naturgleichgewicht umzustürzen, potenzieren. Deshalb ist eine *Wirtschafts*gesellschaft *mit dem Geldvermehrungstrieb im Mittelpunkt* nicht zu retten. Abgesehen davon, daß sie – wenn ihr Prinzip unangefochten bleibt – gar nicht erst eine unabhängige ordnende Gegenmacht aufkommen läßt, weil sie selbst das Feld total beherrscht, wünscht sie immer nur ihre Sucht stabilisiert. Mumford konstatiert:

> Das kapitalistische Wertschema verwandelte tatsächlich fünf der sieben Todsünden des Christentums – Stolz, Neid, Geiz, Habsucht und Wollust – in positive soziale Tugenden und sah in ihnen den notwendigen Antrieb aller Wirtschaftstätigkeit, während die Haupttugenden, von Liebe und Bescheidenheit angefangen, als »schlecht fürs Geschäft« abgelehnt wurden, soweit sie nicht dazu beitrugen, die Arbeiterklasse gefügiger und willfähriger in der Hinnahme kaltblütiger Ausbeutung zu machen.[70]

Kapitalismus ist nicht zuerst eine bestimmte Gesellschaftsordnung, sondern ein Machtprinzip, daß die verschiedensten Gesellschaftsordnungen mehr oder weniger beherrscht, seit Geld aufkam. Die moderne »westliche«, europäische Gesellschaftsordnung hat deshalb den Namen dieses Machtprinzips auch als Gesamtbezeichnung auf sich gezogen, weil sich keine andere Zivilisation jemals derart bedingungslos von diesem Souverän regieren ließ wie unsere, die das Kapital zu ihrem Zentralgestirn hat.

Es handelt sich nicht darum, das Geld anders anzueignen und zu verteilen, sondern es überhaupt als Macht- und Steuerungszentrum des historischen Prozesses zu eliminieren. Sonst werden wir von unserem Götterdreck (wie Südamerikas Indianer das Gold nannten) getötet, seine Sklaven, die wir sind.

Allerdings dürfen wir, wenn wir es mit dieser Herausforderung gedanklich aufnehmen wollen, nicht dabei halt machen, die Bankenzentralen als das feindliche Lager ins Visier zu nehmen. Es wäre nicht zu diesem Auswuchs uns gegenüber gekommen, wenn das Geld nur für diejenigen eine positive Bedeutung erlangt hätte, die sich mit nichts als seiner Akkumulation und Konzentration, Anlage und Verwaltung befassen. »Am Gelde hängt, nach Gelde drängt doch alles«, und Goethe meinte mit »alles« vor allem »alle Welt«. Wir sind so tief darin verwickelt, daß dies allein ausreicht, um auf dem Kapitalismus sitzenzubleiben. Und hat nicht die Enteignung der großen Kapitalien in den bisherigen antikapitalistischen Revolutionen tatsächlich die einfachsten bürgerlichen Freiheiten mit weggerissen – freilich in »unterentwickelten« Ländern, in denen das moderne Ich noch wenig entfaltet war?

Geld und Freiheit

Auch ich habe lange gedacht, wir hingen vornehmlich deshalb so sehr am Geld, weil wir so unentrinnbar davon abhängig sind. Daß wir *diese* übers Geld vermittelte Abhängigkeit trotz und wegen ihrer Universalität anderen direkteren und weniger universellen Abhängigkeiten *vorziehen*, und zwar aus *Freiheits*gründen, lernte ich erst vor kurzer Zeit. Viel mehr als Privateigentum schlechthin, das durchaus noch ans Gemeinwesen verhaften und verpflichten kann, bringt seine Geldform dem Individuum eine Menge »Freiheiten von« , ermöglicht es Rückzug von der konkreten Gesellschaft, bis zur Asozialität, und Verhalten ohne Rücksicht auf die anderen. Uns »freizukaufen von« geht im allgemeinen dem Freiheitswillen »für etwas« voraus. Abkopplung ist wichtiger als Selbstverwirklichung. Es ist inzwischen unmöglich auszumachen, ob uns das Geld erst dahin gebracht hat oder ob es dazu da ist.

Wir mögen zu wenig davon haben (steht es doch als Symbol für psychische Unersättlichkeit) und deshalb die Welt verbessern, die Geldordnung ändern oder das Geld umverteilen wollen. Aber Geld als Institution ist der strukturelle Grund, auf dem die abendländische Individualitätsform aufstieg. Ohne Geldwirtschaft hätte Goethe nicht dichten können, »höchstes Glück der Erdenkinder sei doch die Persönlichkeit«. Das ist eine Gestalterrungenschaft, auf die alle Mitglieder der bürgerlichen Gesellschaft Anspruch haben, keineswegs identisch mit Individualität und Person, sondern noch etwas Spezifisches darüber hinaus.

Die Persönlichkeit ist nicht jene der klassischen Mechanik analoge Billardkugel »bürgerliches Individuum«, setzt es aber ökonomisch als ihren Träger voraus. Der Bürger ist als *unabhängiges* Individuum (unabhängig von direkter Fremdbestimmung durch Nation, Stamm, lokale Kontrolle, Familienbande und die in diesen Zusammenhängen jeweils herrschenden Autoritäten) nur möglich, wenn der soziale Zusammenhang anders vermittelt wird als durch konkrete persönliche und kollektive Mächte! Das Geld erst ermöglicht den Rechtsstaat, die Gleichheit vor dem Gesetz, ja die Erklärung der Menschenrechte selbst. Auf geldwirtschaftlicher Grundlage erst kann der absolute Friedrich II. von Preußen die Religion zur Privatsache erklären: jeder möge nach seiner Façon selig werden.

All das trägt das Geld in seiner Eigenschaft als Regelautomatismus, der die Bewegung der Individuen ohne direkte Gewalt, vor allem ohne persönliche oder kollektivistische Willkür miteinander zum sozialen Gesamtprozeß verbindet. Die Unsichtbare Hand, der Marktmechanismus, dazu ein eingebauter Antrieb zur Ausbeutung allen Nicht-Ichs, vor allem der Natur, die zu erlauben scheint, daß die Erdenkinder auf immer höherem materiellem Standard ums »höchste Glück« konkurrieren dürfen – das ist das Geheimnis des Tiefenkonsenses, auf den sich das Kapital stützt.

In einer prosperierenden kapitalistischen Gesellschaft ist die Mehrheit, bei allem Ressentiment gegen das Große Geld, gegen Zins und Inflation von Grund auf positiv mit dem Geld als Vermittler und Verheißung identifiziert. Geldbesitz wird, noch mehr als Eigentum schlechthin, mit Freiheit assoziiert. Antikapitalistische (in Wirklichkeit meist nur: antimonopolistische) Stimmungen pflegen darüber nicht hinauszugehen. Anders hätte sich die

»freie Marktwirtschaft« nicht als Phrase selbst dann noch ideologisch behaupten können, als die politische Entwicklung zu den Weltkriegen und die ökonomische Entwicklung zur Tyrannis der Megamaschine fortschritt, immer gegründet auf diesen finanziellen Steuerungszusammenhang.

Das Ideal, des Gemeinwesens nicht weiter zu bedürfen, weil wir es in der abstrakten Form des Geldes in der Tasche tragen (wie der rückständige Marx zu sagen pflegte, der unsere Scheckkarte noch nicht kannte) – dieses Ideal, mit dem uns allmählich bange wird, macht immer noch in allen traditionalen Gesellschaften Furore, aus denen sich die Individuen befreien möchten zu einer offenbar tatsächlich höheren Stufe der Ich-Entfaltung. Mit dem emanzipatorischen Impuls, den die Geldwirtschaft stets noch mit sich führte, lockt sie auch in den kapitalistisch unterentwickelten Ländern und nicht zuletzt in der östlichen Zweiten Welt die Menschen an. In dieser letzten Rolle wird sie deshalb nicht hinlänglich erkannt, weil nicht ohne weiteres zutage liegt und außerdem interessiert verhüllt wird, daß Geld im Zusammenhang mit der Ausbeutbarkeit von Mensch und Natur unweigerlich *als Kapital* »arbeitet« und diesen gnadenlosen Weltmarkt betreibt.

Die objektive Ambivalenz des Geldes ist der Grundtext, nach dem sich Exterminismus und Emanzipation verflechten. Es handelt sich um einen in der menschlichen Natur selbst angelegten Widerspruch, der also gewiß nicht dadurch zu lösen ist, daß man an der Projektion nach außen, die das Geld darstellt, eine Krebsoperation versucht, ohne sich um den inneren Konflikt zu kümmern, der den Krebs erzeugt.

Nachdem ich in der Bundesrepublik angekommen war und mich bei den Grünen engagiert hatte, bin ich mit nichts anderem so regelmäßig versorgt worden wie mit »freiwirtschaftlicher« bzw. »freisozialer« Literatur über Boden- und vor allem Geldreform (Gesell, Otani u. a.). Lange konnte ich nicht recht verstehen, wieso diese Schule so darauf fixiert ist, die sozialen und neuerdings dann auch die ökologischen Übel durch »besseres Geld« zu kurieren, immer unter der Voraussetzung freier Marktwirtschaft, also »antikapitalistisch« im Sinne von antimonopolistisch und zugleich besorgt um das flüssigere Funktionieren des wirklichen Kapitalismus, um die stockungsfreie Konjunktur.

Ich habe nie daran geglaubt, daß es bloß an einer »richtigen« begrifflichen und technischen Lösung des Geldproblems gebrach, aber mir war die Motivation nicht klar, aus der sich diese Ansicht nährt. Da war immer dieser Unterschied zwischen dem ehrbaren Kaufmann oder Unternehmer und dem Bankier (anrüchiger zwischen »schaffendem« und »raffendem« Kapital). Aber die Freiwirtschaftler sind Intellektuelle, nicht einfach soziologisch rückführbar auf irgendeine Mittelstandsinteressenvertretung. Warum haben sie diese große Sorge, daß das Kind (nämlich das Geld) nur ja nicht mit dem Bade ausgeschüttet werde? Geldreform als Lebensinhalt setzt schließlich eine *positive* Faszination an der Sache voraus. Es geht ihnen um die *Rettung* des Geldes. Und eine Schriftenreihe, in der es vornehmlich um diese anscheinend bloß ökonomische Angelegenheit geht, heißt »Fragen der Freiheit«.

In einem der Hefte habe ich schließlich den Schlüssel gefunden. Geldreform erscheint dort als Konsequenz des – Stirnerschen Individualanarchismus. Sie ist nötig, um diesem »Einzigen in seinem Eigentume«, nämlich in seiner unabhängigen, isolierten, kontaktarmen Existenz, das Reproduktionsminimum zu sichern. Dort, wo das bürgerliche Individuum und die Persönlichkeit in der Gestalt des freien Einzelnen, des einzelnen Freien zusammenfallen und wo man sich nun die ganze Gesellschaft vorstellen kann als ein über den Marktmechanismus gekoppeltes System aus monadischen Billardkugeln, dort entspringt die Geldreform.

Aus der Sicht solcher Monadenfreiheit, die ich ja zuvor auch unter ihrem positiven Aspekt charakterisiert habe, darf das Geld natürlich nicht abgeschafft, darf auch sein Wirkungsbereich nicht eingeschränkt werden – soweit dort, wo er aufhört, persönliche Abhängigkeiten, und seien es auch ganz familiäre, wieder anfangen. Das Geld muß so reformiert werden, daß es jedem bürgerlichen Individuum gleichermaßen den unabhängigen Status sichert – ihm durch hinlängliche Teilhabe daran gerade soviel Gemeinschaftlichkeit sichert, wie die schizoide Psyche sich nahekommen zu lassen wagt. Wer genug davon hat, ist in der idealen Lage, einerseits abgeschirmt zu sein gegen unerwünschten Kontakt, andererseits den erwünschten Kontakt selektiv der eigenen neurotischen Struktur entsprechend aufnehmen zu können.

Stendhal gab einmal die Höhe der Jahresrente an, nach der sich das Kapital hätte bemessen müssen, das ihm die unabhängige Existenz als Schriftsteller garantiert hätte – berechnet unter Einschluß des gewissen repräsentativen Standards und Aufwands, der das Entréebillett zur Soireé bei Madame Soundso war – und Geldwertstabilität vorausgesetzt! Man kann also ziemlich radikal sein, aber das wird in der Regel durchaus nicht bedeuten, an den kapitalistischen Antrieb rühren, auch nur seine Mechanik und seine Tiefenstruktur wirklich kennenlernen zu wollen.

Da Geld heute nun unvermeidlich eine Unterfunktion der Megamaschine ist, die sich überhaupt unserem ganzen »frei-aber-einsam«-Individualismus untergeschoben hat, ehe wir es richtig bemerkten, ist der freiwirtschaftliche Ansatz geeignet, uns das ganze Ausmaß der Verhaftung an die *Grundlagen des bürgerlichen Zeitalters* bewußt zu machen. Selbstverständlich sind es unsere *Errungenschaften,* die es uns verbieten, dem Exterminismus an die Wurzeln zu gehen. Das bürgerliche Individuum, der Stirnersche »Einzelne in seinem (spirituellen) Eigentume« (an sich selbst) kann gar nichts anderes machen, als sich nur immer tiefer hineinzureiten und seinen partiellen Nonkonformismus (Individualanarchismus) als radikale Haltung mißzuverstehen, neuerdings womöglich gar in ökopolitischen Zusammenhängen. Mögen die eigenen Systemgrundlagen auch noch so sehr ächzen: Auf einmal ist die falsche Geldordnung für *zuviel* Wachstum verantwortlich. Das ist nun wirklich niemals eine freiwirtschaftliche Sorge gewesen, so sehr sich jetzt dem Zins anhängen läßt, daß er das Karussell beschleunige.

Auch ich gehe davon aus, daß Geld nicht zu den Dingen gehört, die völlig abgeschafft werden könnten oder sollten. Aber wenn wir es bewältigen wollen, dürfen wir uns *nicht mit ihm als einem Symbol der Freiheit identifizieren – obwohl* es das *auch* war und unter je konkreten sozialen wie individuellen Umständen immer noch ist.

Seltsamerweise scheint den Geldreformern der Machtzweck, zu dem das Geld realiter erfunden worden ist, nie aufgegangen zu sein. Hält man es für eine geniale Erfindung zur Erleichterung von *Tausch*akten, wie sie die Arbeitsteilung nötig machte, ist gar nicht einzusehen, weshalb es nicht gleich korrekt dieser Aufgabe angepaßt wurde und wieso es überhaupt so leicht zu »mißbrauchen« war. »Krieg, Handel und Piraterie, dreieinig sind sie, nicht zu trennen« heißt es im »Faust«. Aus diesem Kontext stammend, zu dem selbstverständlich auch Übervorteilung, Betrug und Wucher gehörten, kann Geld einfach nicht hauptsächlich mit dem Bedürfnis nach einem Tauschmittel erklärt werden, obwohl es auch in dieser Eigenschaft gebraucht wurde. Das Bedauern über »Fehler« und »Unzulänglichkeiten« der Erfindung, wonach sie nicht ihrem »wahren Begriff« bzw. Zweck gemäß ans Licht gekommen sei, verrät einfach ein Wunschprojekt – um so mehr, als sich die verschiedensten Kulturen in der gleichen Weise dabei verlaufen haben.

Schmölders[71] erklärt ganz zutreffend, wie es theoretisch zu diesem Irrtum kommt:

> Da das Geld in unserer heutigen arbeitsteiligen Marktwirtschaft die Funktionen eines Tausch- und Zahlungsmittels, eines Wertmaßstabes und eines Wertaufbewahrungs- und Wertübertragungsmittels erfüllt, wird immer wieder der Versuch gemacht, den Begriff des Geldes aus diesen seinen Funktionen abzuleiten. Dabei ist (. . .) unser heutiges Wirtschaftsleben, auf das sich die Funktionen des Geldes beziehen, selbst in solchem Maße Produkt des Geldes und des durch Geld ermöglichten wirtschaftlichen Verkehrs, daß es schon logisch unzulässig erscheint, das Geld wiederum aus seinem Produkt, der arbeitsteiligen Verkehrswirtschaft, abzuleiten.

Die Wirtschaftstheorie verfällt einem Zirkelschluß, sobald sie verkennt: »Geld und Geldgebrauch sind älter als die arbeitsteilige Volkswirtschaft«, und: »Das Geld als Urphänomen menschlichen Zusammenlebens ist nicht wirtschaftlichen Ursprungs«, könne also »nicht aus seinen Funktionen entstanden sein, auf ihnen beruhen oder durch sie definiert werden«. Nun, sekundär können sie schon, aber dann hat die Aussage einen anderen Stellenwert. Es kranken alle Ideen über eine vom Monopolismus gereinigte Marktwirtschaft daran, daß sie die expansionistische und monopolträchtige *Normalität* von Geld als Kapital nicht wahrhaben wollen, sie zur »schädlichen Nebenwirkung« herabstufen, die man dann in ebenso radikalen wie folgenlosen Attacken kritisieren kann.

Nach der Denkweise, die da zugrunde liegt, gibt es auch sonst viele Dinge, insbesondere viele wissenschaftliche und technische

Erkenntnisse und Erfindungen, von denen wir, wie auch vom Gelde, nur den »richtigen«, vernünftigen Gebrauch machen müßten. Wohl! Aber das geht nur im vernünftigen Ganzen, die Teilfunktion für sich ist unkorrigierbar. Wie etwa auch Binswangers Buch »Geld und Magie« (über Goethes »Faust«) sehr erhellend zeigt, sind beim Geldgebrauch Magie und Machtwahn von den Wurzeln her mit im Spiel. Das wird bei diesen Kurzschlüssen immer übersprungen.

An aller »natürlichen Wirtschaftsordnung« ist der Grundgedanke falsch, sofern sie sich nicht drauf einläßt, daß die Menschen doch offenbar durchaus ihrer Natur gemäß jenseits der Subsistenz sofort anfangen, Machtmittel gegeneinander zu produzieren, weil sie um ihren Genuß und ihre Entwicklung, vor allem um ihre Selbstdurchsetzung konkurrieren. Arbeitsteilung und Tausch können nicht für sich gesondert »natürlich« geregelt werden, sondern nur auf dem Hintergrund von Selbstregulation der conditio humana im allgemeinen und einer sozialen Gesamtkonstellation im besonderen, die Ziel und Stellenwert der Ökonomie vorbestimmt, hier also ihre Autonomie begrenzt.

Macht und Geld bilden schon von ihrem Entstehungszusammenhang her zusammen *ein* expansionistisches Syndrom. Das Geld hat da eine Funktion, von der es nicht geheilt werden kann, es sei denn, der Mensch heilte *sich selbst* in diesem Punkte durch eine veritable Entzugskur, durch eine Psychotherapie größten Stils, oder, weit besser, durch eine religiöse Metanoia, mit der er seine Sucht und Gier bezähmt, natürlich nicht nur in psychischer, sondern auch in institutioneller Gestalt. Der Mensch hat sich immer Institutionen geschaffen und schaffen müssen, um seine instabile Verfassung zu stützen. Und es ist offensichtlich, daß das emanzipierte Geld sogar destabilisierend wäre, genauer: wahnverstärkend, sucht*stiftend*. Es ist das abstrakte Blut des Dämons, der uns in einem psychologisch sehr realen Sinne besessen hält und uns die Mord- und Selbstmordinstrumente führen läßt und führen macht. Geldreformtheorien stehen also in einem kolossalen Mißverhältnis zu der Pfahlwurzel des Problems, die von technischen Vorschlägen seiner Neuordnung kaum berührt werden *können*.

Wer Geld zweckentfremdet sieht, sobald machtvoll und ausbeuterisch davon Gebrauch gemacht wird, der stellt die Wirklichkeit auf den Kopf. Das Geld hat von vornherein eine *autonome* Logik, die sich nie nach Zwecken richtete, denen es im Geiste einer »ursprünglich moralischen Ökonomie« hätte gehorchen können.

Am Anfang der Geldgeschichte stand vielmehr das menschliche Geltungs- und Schmuckbedürfnis.[72] Genauer erweist sich das Geld als Erfindung des patriarchalen Geistes:

> Der Besitzschmuck, aus dem sich das Geld entwickelt hat, ist nicht aus dem (weiblichen) Werbeschmuck entstanden, sondern aus dem (männlichen) Würde- und Rangschmuck: Die Frau erfand den Schmuck; der Mann machte Geld daraus. (Weiter) führt gerade das Geltungsstreben dazu, daß alle diejenigen, die durch die natürlichen Maßstäbe benachteiligt werden, nach neuen Differenzierungsmerkmalen suchen.[73]

Dafür aber ist Geld das ideale Mittel, kann es doch in alles eingewechselt werden: in Macht, Besitz, Prestige, Persönlichkeit.

Dies ist nirgends zugespitzter ausgedrückt als in der auch von Marx ins »Kapital« hineingenommenen Shakespeare-Szene, in der Timon von Athen, nach Wurzeln grabend, aufs »verdammte Metall«, nämlich auf rotes Gold stößt und nach seiner Erfahrung über die verheerende soziale Wirkung ausruft:

> So viel hievon macht schwarz weiß, häßlich schön,
> Schlecht gut, alt jung, feig tapfer, niedrig edel.
> Ihr Götter! warum dies? Warum dies, Götter?
> Ha, dies lockt euch die Priester vom Altar,
> Reißt Halbgenesenen weg das Schlummerkissen.
> Ja, dieser rote Sklave löst und bindet
> Geweihte Bande; segnet den Verfluchten.
> Er macht den Aussatz lieblich, ehrt den Dieb
> Und gibt ihm Rang, gebeugtes Knie und Einfluß
> Im Rat . . . Verdammt Metall . . .

Solche entsetzten Klagen wiederholten sich immer, wenn eine Gesellschaft, wie hier die griechische, zu umfassender Geldwirtschaft überging, von pluralistischer Kriegerkultur zur Händlerkultur zu werden begann. Machtausdruck und Machtvermehrung sind sein primärer Zweck. Der Mensch hat sich im Geld das Mittel geschaffen, das dem Antrieb der Machtakkumulation durch ökonomische Ausbeutung entsprach. Zins und Kredit sind deshalb seine ganz normalen Konsequenzen. Wenn schon, dann muß man diese *Normalität* angreifen, die Rolle des Zinses bzw. des Kredits im Getriebe der ökonomischen Evolution als durchaus funktional zur Kenntnis nehmen.

Jedenfalls sind die verschiedenen Ideologien, die »Zinsknechtschaft zu brechen«, in ganz anderer Perspektive aufgekommen als zu dem Zweck, die materielle Expansion zu stoppen. Nachdem einst die ursprüngliche Ordnung mit ihrer »moralischen Ökonomie« der Kapitallogik nicht hatte widerstehen können, kann es jetzt nicht ausreichen, nur wieder auf ihre Muster zurückzugreifen. Von dorther ändert sich die moderne Welt nicht mehr. Die Gesellschaft als Megamaschine hat das Geld, wie sie es braucht. Ihm die isolierten Mängel austreiben zu wollen, ist einerseits illusionär, andererseits konformer als gedacht, sofern halt nur verfolgt wird, der Megamaschine ein spezielles Symptom zu heilen.

Wohl haben entsprechende Eingriffe – wie im Falle Solons von Athen – vorübergehend auch erlösend gewirkt. Aber das setzte voraus, daß die vorige Ordnung in den Herzen noch mächtig genug war, um auch die Nutznießer der neuen Geldwirtschaft einzubinden. Sie waren nicht unerreichbar wie im Raumschiff New York City, und sie waren ganz im Gegensatz zu denen, die in den Banken die Weichen stellen, verantwortlich nicht nur für das korrekte Operieren mit Geld nach dessen Gesetzen, sondern vor allem für die Folgen seines Gebrauchs.

Solon, der die Geldwirtschaft durch seine Reform erst gängig machte, ist undenkbar ohne die Mobilisierung der traditionellen Substanz, die dabei – wie sich zeigen sollte – aufgebraucht und umgedreht wurde. Was schön an der Polis war, hängt mit diesen Reserven zusammen und damit, daß die Entfesselung des Geldes immer noch nicht vollendet war. Den »richtigen Geldbegriff«, den die Reformer immer erneut vertreten, haben doch Plato und Aristoteles, und zwar im Konsens mit ihren Zeitgenossen, *noch* gehabt. Und die Bekämpfung des Wuchers durch intakte religiöse Kulturen beruhte natürlich auf deren *gesamtem Weltbild* und hat stets vorausgesetzt, daß Warenproduktion und Geldwirtschaft noch nicht den ganzen Gesellschaftskörper atomisiert hatten. Bei uns hingegen müßte eine Kraft, die imstande wäre, eine moralische Ökonomie durchzusetzen, sich erst völlig neu konstituieren.

144

Ohne eine derartige Tiefenveränderung aber bleiben Reformprojekte reine Ersatzbefriedigung.

Auf geistiger Ebene gibt es sogar keinen besseren Schutz für das Finanzkapital als jene Kritik, die sich auf das große Geld, das »raffende Kapital« allein konzentriert, weil sie schon im Ansatz nicht begreift, daß *alles* Kapital grundsätzlich wie Bankkapital »arbeitet«. Der Bankzins spiegelt doch nur wider, daß Kapital, angelegt, Rendite abwirft, die auf der Ausbeutung von Arbeit und Natur beruht. Eine Geldreform, die »bloß« den Zins wegnimmt, ist kapitalistisch unmöglich. Außer in Notzeiten für den begrenzten Zweck der gegenseitigen Selbstversorgung (wie bei dem Schwundgeld-Experiment in Wörgl/Tirol) wird es auch keine Umlaufsicherung durch laufende geringfügige Abwertung geben, weil aus der Perspektive des Kapitals Umlaufsicherung überhaupt nur ein Nebenzweck ist.

Da es einen Zusammenhang zwischen jeder Sparsumme und dem Finanzkapital gibt, ist es nicht ohne Grund, warum Menschen um ihr Einfamilienhäuschen fürchten, sobald von der Bändigung der Hochfinanz die Rede ist: auch wenn sie sich über die Beträge ärgern, die sie jeden Monat der Bank in den Rachen werfen müssen. Wir haben uns die Welt, auch unsere Innenwelt, so einrichten lassen, daß wir *mit* unserem Drachen zittern, ob auch genügend Profit aus den Hungerleidern herausgepreßt wird, damit deren Regierungen ihn nach New York, Frankfurt oder Zürich transferieren können. Anstatt uns den Kollaps des Ungeheuers zu wünschen, *fürchten* wir für den Fall, daß nicht einmal mehr die Zinsen zu ihm zurückkommen, um unsere eigene Freiheit, unsere eigene Sicherheit, unseren eigenen Komfort. Die jetzt unumgängliche Überwindung der Geld- oder vielmehr der Kapitalherrschaft, die *Unterordnung* des Geldes, das an sich einen anthropologischen Status zu haben scheint, wird eine äußerste Anstrengung des Bewußtseins, und zwar von spiritueller Qualität, verlangen: nämlich angesichts vieler unmittelbar empfundener Ängste standzuhalten und bereit zu sein, die gesamte Lebenssicherung umzustellen.

Wollen wir uns loslösen von den grundlegenden Mustern der kapitalistischen Gesellschaft, so ist gerade nicht das allemal leicht zu verurteilende monopolistische große Kapital, sondern das Geld interessant, das tägliche Kleingeld, denn darüber sind wir gebunden. Geld ist der Durchgangspunkt der *Macht* – eine neue, gerechte Geldordnung, auf kleines Eigentum gegründet, wie sie immer wieder gefordert wird, meint vor allem Chancengleichheit, finanzielle Macht zugeteilt zu bekommen. Der Kommunismus – wie ideal auch immer formuliert – geht dem bürgerlichen Individuum (worunter neben dem »proletarischen« auch das »alternative« fällt) ja *deshalb* so gegen den Strich, weil er, zumindest bisher, nicht Unabhängigkeit von der Gesellschaft optimiert, sondern die Verpflichtung zu gegenseitiger Hilfe wachruft, die Wiederherstellung verbindlicher, verläßlicher Sozietät. Das schreckt um so mehr, als er dabei meist auf die ältere Psychologie konformistischer Gruppenzugehörigkeit (»Kollektivismus«) zurückgeworfen wird, die auch der Westen noch nicht unumkehrbar überschritten hat. Als Grundlage einer Gemeinwirtschaft, Eigenwirtschaft vom Stamme »Small is beautiful« würde ja subsidiäre Nächstenliebe von Fall zu Fall nicht ausreichen – wünschenswert zwar, doch auch schwankend je nach Befindlichkeit. Es wird nicht gehen ohne alltägliche planmäßige Kooperation. Darauf gründet sich ein spezialisierter Industriebetrieb wohl auch, doch bleibt da das individuelle Leben wesentlich ausgeklammert, so daß der Streß des persönlichen Konflikts, der den kommunitären Zusammenhang belastet, nicht unbedingt auftritt.

Die große (spirituelle!) Frage lautet, ob nicht diese Konstituierung der unabhängigen Persönlichkeit über das distanzschaffende Geld eine epochale *Ersatz*lösung war, ob sie nicht wenigstens *heute* als solche betrachtet werden muß. Das bürgerliche Individuum als freie Persönlichkeit ist ein Ich, das noch zu schwach ist, um das Gesamtaufgebot an Kontakt auszuhalten, das also zu seinem Schutz der Distanz bedarf – falls es zugleich seinen besonderen Charakter behaupten und nicht adaptiv ins »Kollektive«, d. h. ins »Naturreich« unmittelbarer Machtverhältnisse zurückfallen möchte.

Das Geld (als Prinzip, als Institution) ist ein präventiver Charakterpanzer zweiter Ordnung. Es ist darin dem so oft nur mit einer Person besetzten PKW verwandt, es umkleidet dasselbe Problem. Ich vermute also, wir werden den kapitalistischen Antrieb nicht los, solange der Mensch nicht lernt, Kontakt so erfahren zu können, daß er nicht primär bedrohlich ist. Ohne Geldwirtschaft brauchte das bürgerliche Individuum zwangsläufig entweder mehr Körperpanzerung oder müßte die Position der Ichhaftigkeit weitgehend rückwärts räumen. Beides ist keine Lösung.

Hier wird erneut sichtbar, warum Selbstfindung – im Sinne einer Festigung der eigenen Mitte statt des abwehrenden Charakterpanzers – eine Bedingung für den Ausgang aus dem Kapitalismus ist. Sonst wird im Namen der Freiheit eine Grundstruktur der individuellen Existenz verteidigt, die, zusammen mit der Geldwirtschaft aufgekommen, schwerlich von deren Konsequenzen als Kapitalismus, Megamaschine, Exterminismus zu trennen ist. Damit gebändigt werden kann, wer mit dem Geld Monopoly spielt, müssen die anderen, die es als Schirm ihrer Schwäche brauchen, die ungeschützte Existenz riskieren. Nur wenn es nicht mehr zu Selbstdurchsetzung und Selbstschutz gebraucht wird, kann Geld so funktionieren wie es »soll«. Die Geldreform macht sich dann von selbst. Seine Neutralisierung, seine Verwandlung in ein bloßes Vergleichs- und Verkehrsmittel ist ein seelischer Befreiungsakt ehe es organisatorisch-institutionell »richtig« eingesetzt werden kann.

Ist das Geld eine Ausgeburt des kompensationsbedürftigen subalternen Ichs, dann weisen seine Disfunktionen hierhin zurück. Es liegt letztlich nicht am Geld, es liegt an uns. Wären wir alle in der Lage, tatsächlich so zu empfinden wie Christus, als er meinte, wir sollten so unbesorgt um Nahrung und Kleidung sein wie die Vöglein unter dem Himmel und die Lilien auf dem Felde, dann wäre die Aufhebung der Geldwirtschaft nahe, und es wäre auch die Existenz aller menschlichen Wesen in einem annähernden Gleichgewicht mit der übrigen Natur gesichert.

Offenbar haben solche Vorläufer wie er diese materielle Existenzsicherung nicht vorausgesetzt, sondern eher als *Resultat* einer höheren Bewußtseinsqualifikation gesehen, und bis heute müssen Minoritäten selbstgewiß diese materielle Unsicherheit immer wieder wagen.[74]

Geld wird erst dann überflüssig für die Freiheit, wenn die Individuen nicht mehr fürchten müssen, wieder in persönliche Abhängigkeit zu geraten, d. h. aber, daß sie die innere Ruhe

147

erlangt haben müssen, sich ohne Unterwerfung und Schuldge-
fühle von einer Gemeinschaft tragen lassen zu können, die sie
auch ihrerseits nicht infantil ausbeuten wollen. Nur wer sicher
sein kann, nicht um seiner – gleichwohl als Selbstverwirklichung
natürlichen – Leistungen, sondern um seiner Existenz willen
versorgt zu werden, kann sich bedingungslos einer Gemeinschaft
anvertrauen.[75]

Die wirkliche Lösung besteht daher in der Neubegründung
solcher sozialen Zusammenhänge, solcher *kleinen Lebenskreise
kommunaler und kommunitärer Reichweite*, die dem Einzelnen
wieder so dauerhafte Einordnungen erlauben, daß jede individuelle monetäre Sicherung überflüssig wird, während die Freiheit,
aufzubrechen wohin eine(r) will, unberührt davon bleibt, wieviel
Brot in Anspruch genommen wird. Gastrecht und Reisefähigkeit
wären dann zusammen genug, um die alte Drohung mit der
Vogelfreiheit beim Herausfallen aus einem bestimmten Verband
nicht wieder aufkommen zu lassen.

4. Europäische Kosmologie

Homo conquistador

Doch auch das losgelassene Kapital ist nicht die Endursache des
Exterminismus. Es ist eine Erfindung, die zuerst die alten Griechen gemacht haben und dann, *nicht* der Kontinuität von ein
bißchen Warenproduktion zuliebe, sondern wegen tiefgehender
Verwandtschaft der Stammesdisposition, erneut die neuzeitlichen
Europäer. Die Renaissance hat nur so intensiv »anknüpfen« können, weil das Abendland – nicht aufgrund der römischen Tradition, die spielte nur mit, sondern vor allem autochthon – an
dieselbe Schwelle gelangt war. Die Geschichte hat ja später –
indem sich ihr Epizentrum immer mehr zu den romfernsten,

nordwestlichsten Europäern verschob – ganz deutlich gemacht, daß ein ganz bestimmter völkischer Impuls in dem industriellen Durchbruch steckt: nicht eine besondere technische und wissenschaftliche Begabung, sondern ein besonderer Typus von psychischer Energetik und von entsprechendem geistigem Zugriff auf die Welt.

Die *Logik* der Selbstausrottung wird in der üblichen kapitalismuskritischen Analyse vor allem der Linken meistens falsch herum gesehen. Gewiß hat der voll entfaltete Kapitalismus den asozialen, egoistischen Individualismus forciert, mit dem unsere Zivilisation wie keine andere glänzt. Aber das ist ein Sekundäreffekt: Hier wird nur ein Ergebnis verstärkend auf die Ursache zurückgekoppelt. Am Ende ist die Diskussion um Henne und Ei immer nur begrenzt interessant, aber hier geht es darum, zu begreifen, wieso denn ausgerechnet die Europäer diese äußerst expansionistische, kapitalistische Produktionsweise hervorgebracht haben. Marx war – im Anschluß an Hegel – so »aufhebungsbesessen«, daß er den Vorstufen »reifer« Verhältnisse nicht genügend eigene Substanz ließ: Im Kapitalismus schien ihm einfach alles Vorgängige rückstandslos aufgehoben, aufgegangen. Kapitalismus erklärt – alles erklärt. Da Europa sowieso das Maß aller Dinge war, fiel sein Besonderes nicht als solches auf. Es ist aber für eine Korrektur gerade die wichtigste Frage, *wie* und *wodurch* sich Geld und Reichtum zum Kapital emanzipieren konnten und *warum* es zur uneingeschränkten Zentralmacht werden konnte.

Johan Galtung hat (ich besitze es nur im Manuskript) die »Kosmologien« der heute dominierenden Zivilisationen strukturalistisch verglichen, indem er sie nach sechs verschiedenen Dimensionen abfragte: Raum, Zeit, Wissen, Mensch-Natur, Mensch-Mensch, Mensch-Gott. Gemeint ist mit Kosmologie die jeweilige kollektive Tiefenpsychologie, die wenigstens ursprünglich unbewußte Grundeinstellung zur Welt, die sich in den kulturellen Verhaltensmustern verwirklicht. Der westliche Mensch – homo occidentalis – bekommt dann die folgende Charakteristik:

Er setzt sich selbst als zentral, die anderen als Peripherie, wobei die Initiative natürlich vom Zentrum ausgeht und sich expansiv auf die fernsten Grenzen des sozialen und natürlichen Kosmos bezieht. Der Raum wird also scharf perspektivisch vom Interesse des eigenwilligen Subjekts aus geordnet.

Die Zeit verläuft in eine Richtung, Entwicklung ist Fortschritt vom Niederen zum Höheren, und der Ablauf ist dramatisch (vom Paradies über den Sündenfall bis zur Erlösung oder Verdammnis).

Das Wissen ergreift die Welt, indem es einige wenige möglichst mächtige Parameter abfragt, um möglichst alles auf ein einziges Axiom, irgendeine »einheitliche Feldtheorie« zurückzuführen. Wir konstruieren binär (die Computer mußten kommen!) und deduktiv. Wir lieben den theoretischen Pyramidenbau von einem einzigen Punkt aus, etwa die Ware als Tauschwert in der Politischen Ökonomie. Galtung meint, das letztere sei besonders teutonisch, findet übrigens, der »homo teutonicus« sei ein homo occidentalis in extremis, der Nazi wiederum ein homo teutonicus in extremis.

Der Mensch steht über der Natur als ihr Beherrscher.

Die Sozialstruktur (Mensch zu Mensch) ist vertikal *und* individualistisch, so daß »wölfische« Konkurrenz um den Rang die Norm ist.

Im transpersonalen Bezug ist Gott autokratisch, eifersüchtig und dualistisch über der Welt und dem Menschen – als Über-Ego unser großer Spiegel, vor dem wir zwischen Allmacht- und Ohnmachtempfinden schwanken.

Der homo occidentalis ist Welteroberer par excellence, ist homo conquistador. Das ist europäische Volkspsychologie. Etwa in Spanien sind die Familien jahrhundertelang davon ausgegangen, daß Söhne hinausziehen werden. Die außereuropäische Welt galt als leer, als zivilisatorisch unser bedürftig. Unsere gotischen Kathedralen und unsere Musik haben denselben himmelstürmenden und zupackenden Impetus. Romain Rolland sagt von dem Beethoven der Sinfonien bis zur VIII.:

150

Er stammt aus der Zeit, da ein Christoph Columbus nach dem anderen in die Nacht hinaustreibt und auf dem bewegten Meer der Revolution sein Ich entdeckt, das er alsbald mit Feuereifer zu erobern trachtet. Die Eroberer überspannen den Bogen, gierig wollen sie die ganze Welt an sich raffen. Jedes einzelne freigewordene Ich will Führer sein. Wem es im Leben nicht gelingt, der versucht es in der Kunst. Das All ist sein Kampfgelände, und kühn entfaltet er seine inneren Streitkräfte, sein Sehnen, Klagen, Toben, seinen Weltschmerz. Das Volk hat ihm stillzuhalten, nach der Revolution das Kaiserreich.[76]

Woher stammt diese psychoenergetische Grundlage, die in unserem Gebrauch von Wissenschaft-Technik-Kapital sich den explosiven Ausdruck schuf? Griechen, Römer, die Hethiter, die in Kleinasien, die Arya, die in Indien einrückten, nicht zuletzt die Germanen hatten ihren Stammescharakter aus dem Nomadenleben in den eurasischen Steppen. Auch die Juden und später die Araber fallen ja ursprünglich unter diese psychologische Disposition von Steppen- oder Wüstenwandervölkern. Unsere Kosmologie ist jüdisch-griechisch-römisch-christlich, und zeitweilig hat sie auch Einflüsse vom arabischen Gegner und Partner aufgenommen.

In allen Fällen handelt es sich um Assimilationen, Anverwandlungen zunächst fremder Überlieferung, gerade auch im Christlichen des Abendlandes, das ja dann mit Paulus über die Griechenstädte und Rom zu uns kam. Aber von nördlich der Alpen her gesehen sind all das Überformungen *einer autochthonen Grundlage,* die die germanischen Stämme aus ihrer eigenen formativen Periode mitgebracht haben. Rom war ja niedergebrochen, es war nicht einfach eine Fortsetzung, es war wirklich ein neuer Anlauf, in dem im Westen die Germanen, im Osten die Slawen die Rolle der »frischen Barbaren« spielten.

Die ursprüngliche germanische Kosmologie ist viel kriegerischer als die slawische gewesen. Die Slawen waren schon, die Germanen *wurden* erst seßhafte Bauern. Für die germanischen Stammesaristokratien waren Krieg und Eroberung, raumgreifende Bewegung entscheidendes Moment der »Produktionsweise«, wie es in exemplarischer Einseitigkeit räuberische Staatsgründer wie die Vandalen und dann im Aufschwung zum hohen Mittelalter die normannischen Gefolgschaften zeigten. Wenn das Leben abenteuerliche und kriegerische Expedition ist, wird der heimisch gewordene Flecken Erde zugleich immer eine Art »Basislager« sein. Und wenn die Expansion räumlich zum Stehen kommt, werden sich die Bewegungsenergien einen anderen Ausdruck suchen. Die Aufbruchsbereitschaft, die Unruhe, der Pionier- und Gründergeist warten weiter auf Gelegenheiten, seien es Kreuzzüge, Entdeckungen, Kolonisierungen, Industrien, Forschungen, Kosmosflüge.

Solche Initiative gehört zum Menschen, nicht unbedingt aber ihre aggressive und herrschaftliche Form, ihre Dominanz über alle anderen Verhaltensmodi, ihre Überwertigkeit und Rücksichtslosigkeit in der Selbstdurchsetzung, ihr Fanatismus des *einen* Prinzips. Es ist eine extravertierte Kosmologie: Die Initiative bewährt sich einseitig in der Veränderung und Erkenntnis der *Außenwelt*. Das macht ihren grundlegenden Materialismus aus. Noch unsere Mystiker sind Aktivisten. Meister Eckharts Vita contemplativa mündete immer wieder in ein ekstatisches Predigertum. Implizit muß das Reich Gottes den Erdkreis umfassen: Wir kommen normalerweise nie auf den Gedanken, daß es das vielleicht schon immer tut und daß es gerade unsere unausgesetzte Anstrengung ist, die den Sturm erzeugt, der uns vom Paradiese abtreibt.

Unser spirituelles Erbe – jedenfalls hier in dem nichtromanischen Land – hat den Wanderer-Wotan in sich, und es ist deshalb, daß ich daran glaube: Wie das untergehende Rom damals diese vielen fremden, nahöstlichen, nahasiatischen *Impulse* brauchte, um sich zu transformieren, brauchen wir heute die fernöstlichen, fernasiatischen. Das Benediktinertum, das die Neugeburt Italiens und die Geburt des Abendlandes symbolisiert, war römisch und unrömisch, nämlich christlich, zugleich!

Was war denn vorgegangen? Da hatte, so wie heute Reagan für US-Amerika steht, für die Römer der republikanischen Zeit jener Cato gestanden, der jede Rede im Senat abschloß: »Im übrigen bin ich der Meinung, daß Karthago zerstört werden muß.« Das war der herrschende Geist in Rom, über alle Klassenunterschiede hinweg, es war der Akzent des allgemeinen Bewußtseins. 700 Jahre später trug das allgemeine Bewußtsein den Akzent des Benedikt, seiner Regel, die um das »Ora et labora« kreiste.

Arbeiten, das vorher Sklavensache und des freien Römers kaum würdig gewesen war, als Losung einer neuen kulturschöpferischen Elite. Aber es stand an zweiter, nicht wie bei uns neurömischen Republikanern an erster Stelle. Wir sollten nicht »Schätze sammeln auf Erden«, sondern uns den Unterhalt schaffen, um menschenwürdig leben zu können. Und menschenwürdig war, das ewige Heil, die geistige Erhebung zum Göttlichen als Existenzzweck, als Lebenssinn zu erfahren. Darum das Beten zuerst, das nicht als Formelnaufsagen gemeint war, sondern als verbale Meditation. (Wir Deutschen müssen Meister Eckhart lesen, wenn wir wieder wissen wollen, was das war und sein kann und wie sehr es über den Bekenntnisfloskeln steht.)

Sie haben sich die innere Freiheit erbetet, die Gestalt, die Perspektive der Zivilisation neu zu finden. Das Benediktinertum war schon die erste *Frucht*. In den Jahrhunderten dazwischen haben sich von Generation zu Generation immer mehr Menschen diese Frage »Quo vadis?«, »Wohin gehst Du?« gestellt, weil der alte Weg zu Ende, jene catonische Selbstverständlichkeit römischen Soseins vergangen war. So hat sich die Subjektivität einer ganzen Gesellschaft geändert.

Das Italien von damals ist das hoffnungsvollste weltgeschichtliche Beispiel dafür, daß eine Tiefentransformation, eine Strukturrevolution in der Volksseele möglich ist, daß also nicht neue Völker kommen müssen (wo sollten sie heute auch her sein?!). Und für heute ausschlaggebend an diesem Beispiel: Wohl hat sich diese Klosterkultur nach der Regel des Benedikt ausgebreitet, aber das Modell blieb kontraktiv. Lewis Mumford hat den Beitrag des Benediktinertums zu unserer modernen Arbeitskultur und -disziplin hervorgehoben. Der ist aber durch die spätere Aufnahme in einem *anderen* strukturellen Muster bedingt. Die parallele Mönchskultur in Ost-Rom blieb kontraktiv, bewirkte keine Arbeits-, keine Wirtschaftsgesellschaft. Zu der Leistung Benedikts hatte der Germanensturm bloß einen äußeren Anstoß beigetragen. Benedikt ist als Kreuzritter undenkbar.

Das ungezügelte Ich der Weißen

Wir im Norden kommen von einem ganz anderen, von dem geistlichen burgundischen Ritter Bernhard von Clairvaux, der wieder 600 Jahre später ökonomisch, politisch, militärisch eine expansionistische Erneuerung der Klosterkultur zuwege brachte, für die die Christianisierung der germanischen Völker die Grundlage geschaffen hatte. Das war eine andere Subjektivität, die nun allerdings auch Italien wieder mitriß, es einspannte in die Kreuzzüge, als ihre Absprungbasis, nicht als ihren Herd. Bernhard war Mystiker von hohem Charisma, Klosterreformator und Kreuzzugsorganisator in einem. Hier in Deutschland wurden die von ihm angestoßenen Zisterzienser die Vorreiter der Ostkolonisation mit Kreuz und Schwert.

Die Affinität zum Kapitalismus, die bei Bernhard noch nicht hervortritt, inkarnierte sich im Verlauf der Kreuzzüge in dem Orden der Templer, die das Kaufmännische, die Geldwirtschaft, das Bankierswesen in ihr spirituelles Konzept integrierten. Das Kapital war in ihrem geistigen Ansatz formell noch untergeordnet, aber »Krieg, Handel und Piraterie« als Lebenspraxis mußten das Kreuz nicht nur einmal mehr pervertieren, sondern zuletzt ganz überwinden. Gewiß nicht zufällig kamen in der Templer-Spiritualität satanistische, machtmagische Züge hoch, die Rom dann zur Vernichtung jenes Ordens benutzte, dem zu früh das mittelalterliche Weltbild zersprungen war.

Wie schon die Griechen und Römer hatten auch die Germanen eine spezifische »kosmologische« Disposition aus ihren Wanderzeiten mitgebracht, die dem Kapitalismus zugute kam, ja gewissermaßen zu ihm führen mußte. Häufig ist die *pluralistische* Machtstruktur solcher Stämme und Völker hervorgehoben worden, deren deutlicher Unterschied zum orientalischen Despotismus. Bis hinunter in den letzten Volksrang gab es Rechte, gab es einen Artikulations- und Initiativespielraum. Die Lebensweise hatte keine kollektivistischen Theokratien, sondern Kriegskönigtümer gefördert. Kleinkönige machten einen aus ihrer Reihe zum primus inter pares, wie in der Ilias die Achäer den Agamemnon.

Als vertikal *und* individualistisch hat Galtung die entsprechende Sozialpsychologie charakterisiert. Die »Unternehmerinitiative« konnten tendenziell Menschen aller Ränge ergreifen, lange ehe dies Muster zu seiner modernen Bedeutung kam. Konkurrenz um den Rang innerhalb des gleichen Standes gehört zu jeder solchen Kriegerkultur. Erobert sie ein fremdes Land und Volk, kann sich im Grenzfall der ganze Verband in eine Lehens-Aristokratie verwandeln. Wo heute Deutschland ist aber gab es keine Unterworfenen, daher diese reine feudale Differenzierung innerhalb der germanischen Stämme, aber eben mit Volksfreiheiten, die noch auf den Fahnen des deutschen Bauernkrieges standen.

Es war also von weither diese individualistische Möglichkeit enthalten. Die Kosmologie appellierte unterschwellig an jeden, sein eigener Herr werden zu wollen, die Schranken von Geburt und Stand nicht absolut gelten zu lassen. Geldwirtschaft und Kapitalismus waren geeignet, die Chancen anzugleichen. Mit Geld im Sack konnte jedes Ich adlig und unwiderstehlich werden, eine Welt oder wenigstens einen Markt erobern und ein Reich gestalten, wie es in der Utopie am Schluß des »Faust« als großbürgerliches Ideal aufleuchtet.

Das läßt sich aber zurückverfolgen bis in die olympische Konkurrenz der Griechen und noch weiter bis zu dem von Homer überlieferten Motto, (im Kampfe) »immer der Erste zu sein und vorzustreben den andern«, um welches Gebiet, um welchen Gegenstand der Konkurrenz es sich auch handle.

Im Kapitalismus wird dieses Prinzip zuletzt so völlig defizient, weil der konkrete Gegenstand mehr und mehr zurücktritt, bis die Konkurrenz nur noch um die Höhe des Jahreseinkommens in Dollar geht. Als So-und-so-viel-Dollar-Mann kann das Individuum nie genug haben, nie im Sein ankommen. Persönliches Wachstum, das die Menschen natürlich nach wie vor suchen, wird einem auf Sucht und Wucherung im Seelenhaushalt hinwirkenden Muster untergeordnet.

Aber diese Entartung ist in dem wettbewerbsorientierten Individualismus vor-angelegt. Von daher haben wir diese ökonomische Formation, die um das Geld rotiert, geschaffen. Doch indem er sich so vordrängt, verbirgt der Kapitalismus uns auch leicht die Tatsache, daß wir wenig Aussicht haben, diese objektive Struktur loszuwerden, solange wir ihre subjektive Disposition bloß als Folge betrachten. Das westliche Ich – als der Träger dieser europäischen Kosmologie und des daraus geschaffenen Weißen Imperiums rund um die Welt – hat einen fundamentaleren Stellenwert in der Logik der Selbstausrottung als das kapitalistische Werkzeug. Vom schöpferischen Herrn zum subalternen Knecht der Megamaschine geworden, bleibt es doch deren eigentliches Subjekt.

Individualistisch aber bleibt es vor allem auch an sie verloren. Das alte, traditionelle Ich der Gruppenzugehörigkeit hatte sich die Normen, die die Kultur in den natürlichen Gang der Dinge eingeordnet halten, in Gestalt anschaulicher objektiver Mächte (Götter) gegenübergestellt, die die individuelle Hybris teils gar nicht erst aufkommen ließen, teils kurz genug hielten. Je mehr dies Ich unter dem Kirchendach hervortrat, desto mehr hätte es die stabilisierenden Institutionen durch eine verantwortliche innere Instanz ersetzen müssen.

Das hat der Protestantismus auch als Prinzip proklamiert. Kant hat die Idee im kategorischen Imperativ vollendet, Fichte sie (noch national beschränkt) populär zugespitzt:

> Und handeln sollst Du so, als hinge
> Von Dir und Deinem Tun allein
> Das Schicksal ab der deutschen Dinge
> Und die Verantwortung wär Dein.

Geld, Kapital hätte nur das Mittel einer persönlichen Intelligenz sein sollen, die ganz auf der Höhe der Maxime einer allgemeinen Gesetzgebung handelt. Dorthin hätte die freie Individualität zugleich aufgehoben und vollendet werden müssen. Sind alle *darin* gleich und frei und gar auch noch brüderlich, gehen sie womöglich – Lessing gab im »Nathan« diese höchste Losung einer spirituellen Reinigung aus – stets nur ihrer »von Vorurteilen freien Liebe nach«, so wird am Ende selbst die famose Unsichtbare Hand, die am Markte alles zum besten regelt, kaum noch – wenn, dann ja doch immer durch Ausfall ihrer Dienste! – an sich erinnern.

Alle sind sich darüber einig, daß Nathans Spruch ein frommer Wunsch bleiben muß, eine »Sonntagsrede« in einer Gesellschaft, die kaum noch weiß, was Sonntag überhaupt meint. Dabei gibt es nur diese einzige Perspektive, unsere Individualität zu retten und nicht daran kaputtzugehen. Was wir hier nicht aus eigener Kraft zuwege bringen, wird – ob es dann noch hilft oder nicht – durch ökodiktatorische Maßnahmen ersetzt werden müssen.

Mir ist einmal, in einer Art rationaler Vision, Bernhard von Clairvaux erschienen: Wenn wir doch die Energien, die er mobilisierte für die abendländische *Expansion,* wo sie schließlich zu Geld und Kilowatt geworden sind, mobilisieren könnten für den *Rückzug* aus der Sackgasse des vorwiegend materiellen Fortschritts, für die Umkehr! Denn wir haben diese Kräfte in uns, und es wird sogar noch ein *Unternehmen,* die Sackgasse zu verlassen, das Monstrum abzurüsten, eine Kultur der überschaubaren Lebenskreise aufzubauen. Bernhard selbst hatte mit einem Geist und Herz erhebenden Klosteraufbau begonnen – als einer Keimzelle für das Reich Gottes, und dann ging der Dämon des Machtwillens und der Eroberung der äußeren Welt mit ihm durch. Die geistliche Kraft wurde zum Vehikel dieses elementareren Antriebsgeschehens. Mit den Templern war es dasselbe. Es reicht im Grunde bis zu Adolf Hitler.

Jetzt, wo das Imperium des Weißen Mannes unter seiner eigenen Last zu ersticken droht, wo es nirgendswohin mehr lockt, muß Europa unter freilich noch ganz anderen Umständen versuchen, was damals Italien von Cato zu Benedikt gelang. Den Cato bloß erst auf dem alten Kontinent kaum hinter uns, läßt uns das Verderben weniger Zeit. Aber das unwiderstehliche Ich der Weißen ist uns hier und jetzt in die Hand gegeben, jedem seines. Wir sind bei diesem Thema dichter an der Macht, die uns tötet, als bei der Kapitaldynamik, beim Industriesystem und bei der Umweltkatastrophe.

Wer die psychophysiologische Verankerung dieser Struktur, ihre Verflechtung mit dem Selbstideal des Wissenschaftlers im weitesten Sinne, des Durchschnittspriesters der Megamaschine, noch verdeutlicht wünscht, der lese Friedrich Heers Buch »Das Wagnis der schöpferischen Vernunft«. Auf den ersten zehn Seiten seines Kapitels »Vom Wahnsinn der reinen Vernunft und der reinen Wissenschaft« porträtiert er René Descartes, der die moderne wissenschaftliche Methode begründete. Das Beispiel dieses Menschen spricht gerade auf der Ebene der Psychographie Bände über die große Selbstveränderung, der wir uns überlassen müssen, wenn eine naturverträgliche Wissenschaft herauskommen soll. Ausgehend von dem Ulmer Traum, in dem Descartes die Ansprüche seiner »Unterwelt« abwehrte, schreibt Heer u. a.:

Für die neuen Mönche, die reinen Wissenschaftler, wird die Wissenschaft zu einer für andere, »unreine Geister«, für »unwissenschaftliche« Freibeuter unberührbare Göttin, die vor dem »Obszönen«, vor den nicht der »Disziplin« gehorsamen »Zuchtlosen« zu verteidigen ist. Auch durch Scheiterhaufen, auf jeden Fall durch Exkommunikation durch die »neue Kirche« des Protestantismus, die Universität (Hegel: »Unsere Kirche ist die Universität.«)

»Vorbildlich« für das schizophrene Leben des »reinen Wissenschaftlers« des 20. Jahrhunderts, der »seelenruhig« mit Menschen und Atomen experimentiert, führt Descartes ein Doppelleben. Er hat jeweils zwei Räume: einen salon de réception und dahinter ein unzugängliches Laboratorium, worin er Tiersektionen (so auch Vivisektionen an Kaninchen), das Schleifen von Teleskoplinsen und andere naturwissenschaftliche Arbeiten vornimmt.

Der teuerste Preis, der für die »Unterjochung« der Natur, der »Triebe«, der »*Lüge*« (hier werden alle Poesie, alle Produktionen der schöpferischen Einbildungskraft mit verdammt, wo sie sich nicht instrumental verwenden ließen im Dienste der »reinen Theologie« und der »reinen Wahrheit« der »reinen Wissenschaft«), für die Unterjochung des Geschlechts, der Frau, der Kindhaftigkeit des Menschen bezahlt werden mußte (und heute noch in der Zivilisation des weißen Mannes bezahlt wird), ist *die Neue Furcht.*

Diese Neue Furcht gilt dem gesamten leibseelischen Untergrund der Person, der Weltgeschichte, der Menschengeschichte, die als ein »Chaos«, als ein »Werk des Teufels«, der »Dämonen«, als »Irrsinn«, »Wahnsinn«, »Verbrechen« abgetan wird.

Während ihn, im Traum, der unheimliche Wind herumwirbelt, wird er ständig von der Furcht gequält, zu fallen – die Erde, das heißt die Wirklichkeit, das Weiblich-Mütterliche (den Schoß aller Poesie, aller Einung der schöpferischen Kräfte des Menschen) zu berühren.

Descartes baut seinen Mythos der Wissenschaft ... in der Überwindung dieser als teuflisch erfahrenen »Anfechtung«, »Versuchung« durch die bösen Geister aus seiner Tiefe auf. Er erfährt, weiterträumend, sein Pfingsterlebnis: sein Ergriffenwerden durch den reinen Geist, durch den heiligen Geist der Wissenschaft. »Die universale Wissenschaft erhebt unsre Natur zu ihrem höchsten Perfektionsgrad.« In diesem seinem Pfingsten der Vernunft ... erlebt er in heiliger Ergriffenheit: diese reine Wissenschaft (*seine* Wissenschaft) ist die Wissenschaft Gottes und der Engel.

Descartes: »Ich werde annehmen, daß Himmel, Luft, Erde, Farben, Gestalten, Töne und das Gesamt alles Äußeren nichts anderes sei als ein
Gaukelspiel der Träume, durch das *er* meiner Leichtgläubigkeit hinterli-
stig Fallen stellt; ich will mich selbst so ansehen, als hätte ich keine
Hände, keine Augen, kein Fleisch, kein Blut, nicht irgendwelche Sinne,
sondern meinte bloß fälschlich, dies alles zu haben.«

Das ist ganz exakt – als Selbstporträt wie als Beschreibung seiner
wissenschaftlichen Methode – jene Ich-Festung, aus der heraus
wir Männer in unserer Eigenschaft als Wissenschaftler unser
Degen- und Mantel-Stück aufführen. Dieses Ich des Cartesius,
der unser aller kopfgebürtiges und kopfstehendes »Cogito ergo
sum« gesprochen hat, wonach wir nur aus der Selbstgewißheit
unseres *Denkens* unseres Seins versichert sind – dieses Ich, um
das herum wir mehr oder weniger unsere gesamte Existenz aufgebaut haben, müssen wir willentlich loslassen, wenn wir leben und
leben lassen wollen. Es ist *das* Problem der bisher tonangebenden
abendländischen Eliten, die die Megamaschine gemacht haben.
Die bioenergetischen Methoden, die Therapien der humanistischen Psychologie, die Praktiken der Meditation, woher auch
immer sie kommen mögen – sie sind für niemanden wichtiger als
für den homo occidentalis scientificus.

5. Der männliche Logos steuert zum Tode

Verlorene Balance zwischen Mann und Frau

Das vorige Kapitel habe ich ganz in einem patriarchalen Duktus
verfaßt, so als würde Geschichte nur von Männern gemacht, von
diesem männlichen weißen Ich vor allem. Aber das ist ja für eine
Geschichte, die in der Logik der Selbstausrottung steht, auch
wahr. Der *ganze* Stoff, den ich in diesem II. Teil zu überblicken
suche, sind patriarchale Strukturen, in die das Weibliche nicht

autonom und gleichgewichtig eingegangen ist. Der ganze weibliche Beitrag, der einst viel stärker und fundamentaler war, selbst in den Wissensstrukturen von dem Pflanzenkontakt bis zur Mondastronomie, wurde, soweit nicht vernichtet, männlich integriert. Die Zivilisation ist maskulin, Patriarchat und Zivilisation sind identisch.

In der Tageszeitung vom 5. Mai 1986 wurde aus Anlaß von Tschernobyl eine Moskauerin zitiert, die gesagt hatte: »Wenn da oben im Politbüro eine Frau säße, die das Leben kennt, dann würde man uns wenigstens bei der Auswahl der Lebensmittel helfen.« Und dann der Satz, der noch weit darüber hinausgeht: »Männer denken gar nicht an das Leben, sie wollen nur die Natur und den Feind bezwingen. Was immer es koste.« Einfacher und genauer läßt sich die Kriegerpsychologie nicht auf den Punkt bringen. Es ist das Geheimnis der ökologischen Krise überhaupt, daß der Mensch andere Prioritäten als das Leben – und sei es sogar sein eigenes – verfolgt. »Die Natur und den Feind bezwingen, koste es was es wolle« – wie Melvilles Kapitän Ahab in seinem Kampf mit Moby Dick, dem Weißen Wal.

Eben habe ich mir noch einmal erlaubt, vom Menschen zu reden statt vom Mann allein. Dabei ist es doch so offensichtlich: Wohl nicht der Tausch, aber »Krieg, Handel und Piraterie«, Geld und Kapital, Staat und Kirche, rationalistische Wissenschaft und Technik sind lauter männliche Erfindungen und Veranstaltungen. Keine Amazone, keine Marketenderin, keine Königin, keine Heilige, keine Curie kann dagegen zeugen. Die Rollen sind vorausgeschrieben und vor-verteilt, die Frauen dabei mitspielen können. Der Geist und die Methode sind männlichen Wesens, Frauen modulieren nur.

Jetzt sind alle unsere gesellschaftlichen Einrichtungen und unsere Technostrukturen das Resultat von ein paar tausend Jahren Entwicklung, in denen die Balance zwischen weiblichem und männlichem Weltverhalten bei der Gestaltung der Kultur gefehlt hat. Mit Mann und Frau standen die Welt des Logos und der Götter hier, des Bios und des Eros dort, entzweit einander gegenüber. Walter Schubart, der in diesem Zusammenhang von der Selbstzerstörung der Kultur spricht, nannte das schon vor 50 Jahren Rätsel aller Rätsel und Verhängnis aller Verhängnisse.[77]

Es würde eher eine Maskerade, bei der Behandlung dieses Stoffes – und im Hinblick auf die allein verfügbare Begrifflichkeit, die wiederum von Grund auf dazugehört wie die ganze Wissenschaft (auch die feministische) – die Logik, den Logos der Selbstausrottung darstellerisch aufzuweichen. Ich weiß, diese ganze Intellektualität stößt immer noch die Mehrheit der Frauen wenn nicht sogar die Mehrheit der Menschen ab. Sie ist der Geist einer herrschenden Minderheit von Männern und ein paar Frauen, der aber den ganzen modernen Gesellschaftskörper prägt.

Es ist »richtig« und »falsch« zugleich, sich ihm zu entziehen. »Richtig« – denn der männliche Logos in der herrschenden Position bedeutet, daß abstrakte Begriffe, geometrische und mathematische Strukturen (der binäre Code der Computersprachen zuletzt!) ins Machtzentrum der Gattungsentwicklung gerückt sind. Von daher hat das Ganze seine antinatürliche, antibiotische, antierotische, antiweibliche Perspektive. »Falsch« – denn es bedeutet Ignorieren der dann einfach als schicksalhaft hingenommenen Selbstausrottungslogik. *New-Age*-Leute z. B., die dies ja häufig auch nur für eine Teilzeit sind, meditieren auf dem fahrenden Zug. Tschernobyl verschont keine Findhorn-Community. Hexenrituale haben den Aufbruch des modernen technokratischen Mannes nicht aufgehalten. Warum sollten sie sein Finale verhindern können? Von dorther, wo »Kopf out« ist, können Ursprungsenergien für den Widerstand kommen, die so wichtigen inneren Selbstgewißheiten. Aber die geistige Struktur, in der sie auftreten, wenn *sie* das Feld beherrschen, hat zu ihrer großen Zeit nur scheinbar paradoxerweise den Weg gewiesen, den wir seither gegangen sind.

Aufgeben des Geistes statt seiner Reinigung, Abwehr der Begriffe statt ihrer Berichtigung, das ergibt nur einen Rückfall in Stadien, die heute mehr denn je auch unter dem Gesichtspunkt des Versagens gesehen werden müßten. Es gibt so etwas wie eine weibliche Verweigerung der Vernunft, und ich meine damit nicht einfach des Logos. Ich meine *das Fehlen einer weiblichen Alternative* dazu, die unter dem Namen *Sophia* zwar schon in der Geschichte hervorgetreten ist, aber ihre Struktur nicht wesentlich beeinflußt hat. Die Menschheitsgeschichte ist bisher *tragischer* Aufstieg zur Bewußtheit. Die Tragik hängt mit der Verfassung des Mannes zusammen *und* mit seiner geistigen Einsamkeit, mit dem Mangel der Gefährtin. Das ist natürlich gründlich vermintes Gebiet, denn Er stößt Sie ja präventiv ab. Die ganzen alten Geschichten bilden einen Teufelskreis und Hexenkessel. Inzwischen sind die Ursachen des Patriarchats weitgehend erklärt und es ist als notwendige (unvermeidliche) Bewußtseinsverfassung erkannt (die sich als hartnäckiger erweist, wenn sie unterschätzt, nicht genügend gewürdigt wird; das ist ganz analog zu der Ohnmacht bloß entlarvender Kapitalismuskritik).[78] Man kann – auf der psychologischen Ebene – sagen, der rationalistische Dämon beruht auf der kompensatorischen Machtpolitik des verängstigten männlichen Ichs.

Mir erscheint noch heute bedeutend, was Walter Schubart vor 50 Jahren hierzu und über das mentale Verhältnis der Geschlechter zueinander schrieb:

> Das Weib ruht näher an der Quellmitte des Lebens, der Mann jagt die Ränder des Daseins ab, immer bemüht, es zu überwinden, und das heißt in letzter Folgerichtigkeit, es zu töten. Das Weib ist mit dem Prinzip des ewigen Lebens, der Mann mit dem Prinzip des Todes im heimlichen Bunde. Die Frau will die Gegensätze der Welt umarmen und in der Umschlingung versöhnen. Der Mann dagegen löst die Spannung zwischen Gegensätzen, indem er die eine Seite, die ihm unangenehme, vernichtet. Er sucht die Lösung nicht in Liebe und Versöhnung, sondern in Überwindung und Vernichtung. Er hat eine kriegerische, keine erotische Art. Das männliche Prinzip, aus der Vereinzelung geboren, verewigt die Vereinzelung, sucht das Für-sich-sein, stört das Leben im Ganzen. Sein Wesen ist Kampf und Eigennutz, sein Lebenswille geht auf Behauptung der eigenen oder auf Überwältigung einer fremden Person, bis sich in ihm das Erlösungsmotiv entzündet ... Die Frau mit ihrer erhaltenden Anlage ist mit dem Weltgrund einig und im Einklang. Der Mann aber will die Welt ändern, vorwärtsbringen, überwinden ...[79]

Hypothetisch wäre die Kultur ganz anders, weniger abstoßend, weniger exterministisch ausgefallen, besäße vielleicht überhaupt den ersehnten utopischen Charakter, wenn die Frauen von Anfang an den vor 10 000 Jahren einsetzenden Schritt mitgegangen wären. Die ganze Zeit der *jungen* Göttin und »ihres« Heros, die jetzt von den Matriarchatsforscherinnen so idealisiert wird, war schon der Übergang, die Würfel waren längst gefallen, und die Lösung liegt gewiß auf einer völlig anderen Ebene als der, auf die die freilich zutreffenden Klagen und Anklagen hinweisen.

Der Mann hat die Frau ursprünglich wohl nicht des Ihrigen beraubt und enteignet. Er hat seine Macht um Tätigkeitsbereiche und mit Kräften aufgebaut, mit denen sich die Frauen nicht befaßten. Er hat der Gesellschaft Schritt um Schritt andere Schwerpunkte, ein anderes Zentrum gegeben als die Reproduktion des Lebens und die Beherrschung des nahen Lebensraums, um die die mutterrechtliche Sippe kreist. Allen neu aufkommenden Zweigen der Kultur aber waren abstrakte Kalküle und strategische Erwägungen eigen, die dem männlichen Geist, der sich auf dieser Grundlage entfaltet, gelegener gewesen sind. Das »Höhere«, »Spätere« macht sich das »Niedere«, »Tragende«, »Frühere« zur Peripherie. Die Frauen werden so zur ersten Peripherie der Zivilisation.

Ihr Bereich muß auch gar nicht unbedingt als solcher unterdrückt, eingeschränkt, stärker benutzt werden. Ausbeutung beginnt, wo in einem Austauschprozeß[80] das Gleichgewicht der Partner, ihre Gleichgeltung, Gleichbedeutsamkeit aufhört. Es genügt schon, daß der männliche Bereich nicht mehr komplementär und polar neben dem weiblichen und auf der gleichen Ebene steht, wie es in der Sippenordnung der Sammlerinnen und Jäger noch der Fall gewesen war, sondern – wie schon einfachste Vermittlungsfunktionen nach außen - teilweise darüber. Je komplexer eine Kultur nach innen und außen wird, so daß also Vermittlungsfunktionen oberhalb des Sippenverbandes und der Lokalität entstehen, desto größer ist der Machtvorteil, der dem männlichen Verhaltensmodus zuwächst. »Wer die Vermittlung hat, hat die Macht«, sagte Hegel. Es waren die neuen Gebiete, die »Marken« der jeweiligen Kultur, ihre Entwicklungsbereiche, von denen her das Patriarchat vordrang.

Tatsächlich waren Völker wie die Griechen, Römer, Germanen ebenso extrem patriarchal wie sie extrem expansionistisch waren. Anderswo sind die älteren, mutterrechtlichen Prinzipien nicht so völlig abgedrängt worden. Die sechs Charakteristika des homo occidentalis, die ich resümierte, sind Punkt für Punkt Kennzeichen einer völlig vom männlichen Prinzip beherrschten Kultur. Der berühmte Rangstreit der Königinnen aus unserem mörderi-

163

schen Nibelungenlied und Kriemhilds Rache darin stehen fest unter dem übergreifenden Sittengesetz der ganzen ritterlichen Welt.

Alle Frauenkultur bei uns, so weit wir zurückblicken können, ist davon eingerahmt. Das heutige Hexenrevival mag eine Form sein, sich weiblicher Ursprungskräfte wieder zu vergewissern, aber es bezieht sich auf eine bestenfalls rebellische Tradition. Ein emanzipatorisches Ideal dürfte die Hexe schwerlich sein. So wie sie damals kehrseitig zum Mönch gehörte und als Gestalt auch seine projektive Schöpfung gewesen ist, gehört sie heute, wiederum als Gegenstück, auch zu dessen Nachfolger, dem rationalistischen Monomanen in Wissenschaft, Technik, Kapital und Politik.

Auf lange Sicht und im Unterstrom mag die westliche Frauenemanzipation Raum für eine zivilisatorische Umkehr öffnen, aber zunächst bewegt sie sich *innerhalb* des europäischen Fortschrittsmodells. Die weiße Dame sagt dem weißen König Schach, macht ihm hin und wieder den ersten Rang streitig. Das schwarz-weißgekastelte Brett mit seinen Regeln, mit seiner Logik aber vertritt auch sie. Gleichberechtigung auf dieser Grundlage, der Einzug in die Welt der Arbeit, der Schule, der Wissenschaft, Technik, Medizin und selbst des Staates – all das tastet die patriarchale Struktur und ihre tödlichen Konsequenzen kaum an, und das liegt nicht nur am offenen oder versteckten Widerstand der patriarchalen Ideen und Instanzen in uns und außer uns. Das Einrücken der Frauen in die alten Positionen fügt dem Übel nichts Wesentliches mehr hinzu, legitimiert es allerdings ein letztes Mal.

Der Frauenemanzipation sind jetzt keine Unterwerfungs-Ideologien und -Absichten mehr mit irgendwelcher Erfolgsaussicht im Wege – ich meine, deren Kraft ist gebrochen, so viele Überreste es noch gibt. Verstärkt aber haben sich seit dem Eintritt des Patriarchats die strukturellen Bedingungen, die die Machtverschiebung bewirkt, die männliche Mentalität einseitig begünstigt haben.

Ich fürchte, wir können sämtliche Funktionen paritätisch besetzen und formell den letzten Rest der Frauendiskriminierung durch planvolle Überkompensation ausschalten – es wird nicht mehr als eine atmosphärische Veränderung im Status quo bedeuten. Zwar ist das in so einem Umbruch wie dem heutigen nicht zu unterschätzen. Aber selbst eine ganze Frauenliste wie jetzt in Hamburg kann nur so weit subversiv wirken, wie sie die normalen parlamentarischen Verhaltensnormen *nicht* erfüllt, d. h. vor allem der politischen Effizienz die Priorität verweigert, Lebensinteressen in direkterer Form hineinbrechen läßt, als es sich jene Moskauerin von irgendeiner Walentina Tereschkowa im sowjetischen Politbüro zu wünschen vermag.

Wahrscheinlich sind das alles nur Durchgänge zu einer diesmal ja von außen, von irgendeiner Inquisition viel weniger gefährdeten Unabhängigkeit. »Die Selbst« aus Mary Daly's »Gyn/Ökologie« ist in gewisser Weise »*die* Einzige in ihrem Eigentume«, d. h. die Vollendung unseres bürgerlichen Individualismus für die weibliche Intellektuelle. Sie erinnert an den Gestus, mit dem sich unsere Stürmer und Dränger einst über die damals noch ziemlich unentrinnbare Hofmeisterstellung erhoben. Natürlich fügt das »Spinnen« und »Weben« des weiblichen Geistes Dimensionen hinzu, und die Aufdeckung der spezifisch gegen die Frau gerichteten patriarchalen Grausamkeiten und Unterwerfungsmechanismen unterstreicht das Dilemma unserer Zivilisation.

Nicht lösbar aber ist dieses Dilemma in dem Dalyschen Geiste »Wer nicht mit uns ist, der ist gegen uns«. Die »klassenkämpferische« Behandlung der Geschlechterfrage ist nicht nur geeignet, das alte Muster festzuziehen und noch einmal mit Energie aufzuladen. Sie ist auch eine Erkenntnisbremse.[81] »Die Gute« und »Der Böse« hängen nicht nur in dem nachträglichen Opfer-Täter-Zirkel zusammen, sondern die Frau muß von vornherein auch »Komplizin« des erst entstehenden Patriarchats gewesen sein, d. h. die Rollen müssen sich *korrelativ*, sozusagen ko-evolutionär dahin bewegt haben. Kein patriarchaler Herrschaftswille wäre zum Zuge gekommen ohne eine »notwendige Gelegenheit«. Der Mensch — Mann und Frau — hat bisher keine nichtpatriarchale Form gefunden, soziale Komplexität (schon sehr viel geringeren Grades als heute) zu bewältigen. Die Geschlechter in ihrer Polarität sind komplementäre Hälften des einen bipolaren Systems Menschengesellschaft. Weder von der einen noch von der anderen »Hälfte des Himmels« allein können Zerstörung oder Heilung ausgehen.

Wie ich es verstehe, war das Patriarchat vor allem eine neue

Bewußtseinsverfassung, eine neue Ich-Verfassung. Sie trat mit dem heroischen, selbstbewußten, mythischen Ego auf den Plan, das sich aus dem mütterlichen Bereiche, aus der Rolle des Sohn-Geliebten der Großen Mutter, löste. Wenn jetzt dieser Held »am Ende« ist, so ist es über ein kleines die Frau auch, weil die Gesamtkultur krank ist und weil ihre zivilisatorischen Strukturen viel schwerer wiegen als der biopsychische Unterschied zugunsten der Frau, wie wichtig der jetzt auch sein mag. Wirklich am Ende sind wir mit der Herrschaft des männlichen Prinzips als einer kulturell bedingten Phase in der Entwicklung des menschlichen Geistes, die sich jedoch in der ungeheuren Trägheitskraft der Megamaschine niedergeschlagen hat.

Das männliche Prinzip sitzt nicht nur auch in jeder Frau (übrigens auch dort ja nur in seiner patriarchalen Verzerrung zu kritisieren, und sofern es die eigentliche, weibliche Identität erdrückt), sondern vor allem in dem Ganzen, das uns alle hat. Die Ressentiments und Schuldzuschreibungen nützen da einfach nichts, noch viel weniger als in den privaten Konflikten, wo dadurch manchmal etwas fruchtbar aufbricht. Manchmal sagen Frauen: Die Männer haben die Karre in den Graben gefahren, sollen sie sie gefälligst auch wieder herausholen. Und manchmal sagen – nicht einmal immer andere – Frauen, sie wollten nun die Führung übernehmen. In beidem kommt Wahres durch. Wie paßt es zusammen?

Nach meiner Meinung kann das Patriarchat vom besonderen Frauenstandpunkt allein nicht *zu Ende* kritisiert werden, schon theoretisch nicht, vom Praktischen zu schweigen. Es wird nicht *ganz* gesehen, wenn SIE sich ausnimmt oder sich bloß als Opfer oder nachträgliche Mitspielerin einrechnet, wenn es IHR bis zuletzt um den verantwortlichen Mann und nicht doch um den Menschen – Mann und Frau – geht, um das Gattungsproblem des »richtigen« Verhältnisses der beiden Pole *jetzt.*

Könige und Königinnen

Je mehr wir uns dem Ursprung der menschlichen Existenz nähern, desto labyrinthischer wird das Gefilde der Identifikationen, mit denen wir uns die Realität verdecken. Der Urtatsache, daß der Mensch Mann und Frau ist, wird gerade jetzt wieder jede Menge Ideologie aufgebürdet, so als wären wir in Wirklichkeit Unisex, nur eine Kombination männlicher und weiblicher Prinzipien, beliebig integrierbar, und als sei der tatsächliche Unterschied bloß eingebildet. Welcher Unfug!

So weit ich sehe, sind aber Androgynie- und Transsexualitätsvorstellungen größtenteils männliche Versuche gewesen, zusätzlich »weiblich zu werden«, um die priesterliche und ärztliche Macht zu vollenden. Es sind Konzeptionen *gegen* den ursprünglichen Aufbau des Lebens. Wenn es eine Ureinheit gab und gibt, so war und ist die weiblich. Der Urgrund ist »weiblich« und *nicht* »androgyn«. In der Geschichte des Lebens geht die Große Mutter dem später sich aus ihr herausdifferenzierenden männlichen, väterlichen Prinzip voraus. Das ist nicht nur eine psychologische, das ist eine physische, damit auch eine geistige Realität, im übrigen in zahllosen Überlieferungen verbürgt.

Das Patriarchat dann ist ein Umsturz der eigentlichen Lebensordnung gewesen, nur soweit sinnvoll, als sein sekundärer Charakter gewahrt blieb, sein Charakter als ein paradoxer Überbau des tragenden Grundes. Warum haben die matristischen Sozialverfassungen – weitwirkend bis tief in patriarchale Zeiten hinein – die Geschlechterrollen so rigide fixiert, nach höchst unterschiedlichen, manchmal gegensätzlichen Rastern, aber immer rigide?! Es war immer die *männliche* Rolle, die heraus*spezialisiert* wurde, weil sie eben später kam. Es genügte die kleinste Abweichung von dem jeweiligen Stereotyp, das für männliches Verhalten, für den Krieger festgelegt war, und der Mann mußte die soziale Position wechseln, mußte hinüber in die des anderen Geschlechts, häufig in eine spirituelle Funktion (Gisela Bleibtreu-Ehrenberg).

Was wir heute Individuation nennen, u. a. also die Aneignung und Integration der Eigenschaften des anderen Geschlechts, qualifizierte früh zu Führerschaft, wies die Aufstiegsrichtung des Geistes. Aber zugleich waren alle diese Initiationen der Frühzeit

Vereinseitigungen, ja Vergewaltigungen, bedeuteten Brüche mit sexuellen Naturtatsachen und neurotisierten die Gesamtkultur. Zwar geht es jetzt nicht darum, die rigide Rollenpolarität der Geschlechter wieder festzuziehen. Die tatsächliche Skalierung der Geschlechtseigenschaften, die ja bis ins Biologische zurückreicht, will ausgelebt werden, jedoch in ihrer Normalverteilung. Zu glauben, die bislang als abweichend diskriminierten Verfassungen des Eros würden nun umgekehrt dominant werden, ist eine Illusion. Was sich da entwickelt, sind Subkulturen, sicher häufig mit Pionierfunktion für neue Gesamtordnungen. Menschen mit weniger ausgeprägter sexueller Polarisierung haben immer wieder eine wichtige Rolle bei der Neuanpassung der Subjektivität gespielt, bei Stufenschritten des menschlichen Geistes.

Doch wie einst im Stamm werden diese Minderheiten jetzt auch in der Menschheit nur ein Ferment des Ganzen sein. Sie werden ihm eine freilich flexiblere psychosexuelle Ordnung schenken, die naturgemäß der bipolaren, an den Rändern aufgipfelnden Verteilung der Geschlechtseigenschaften nachgeben wird. Zum ersten Mal in ihrer Geschichte versucht die Menschheit das Problem der *starken* Spannung zwischen den wirklichen Polen von Mann und Frau kulturell stabil zu bewältigen. Mann und Frau, im Begriff, sich voll zu individualisieren und ihre Teilkräfte zu integrieren, werden leichter in einem Geflecht von Liebesbeziehungen leben können, angstlos und frei genug, einander zu beschenken, anstatt sich teils schuldig, teils bestohlen zu fühlen, wenn mehr als eine Liebe von ihrem Herzen ausgehen oder ihr Herz erreichen will. Es scheint mir sonnenklar, daß – ohne irgendwelche Diskriminierung anderer Bedürfnispräferenzen – das heterosexuelle Paar als Gestalt die Knoten des Geflechts besetzen und so die Basis des sozialen Gebäudes bilden wird. Bi- und homo- und transsexuelle Einstellungen mehr oder weniger aller Individuen werden sie ergänzen, vervollkommnen, verschönern. Aber die Zeit der Liebe zwischen Mann und Frau kommt erst herauf, die Figur der Heiligen Hochzeit, die einst eine unindividuelle, kollektive Metapher war, wird zum Mythos jeder gelungenen Individuation gehören. Die Liebesvereinigung wird sich als Königsweg des millionenfachen Aufstiegs zu einem höheren Bewußtseinszustand erweisen.

Weil es nichts Schmerzhafteres gibt als den Haß der Egos, die wirklich intim miteinander geworden sind, werden Mann und Frau aneinander die Grenzüberschreitung vom machtkämpferischen Ich zum liebenden Selbst erlernen. Die Liebe überhaupt, zentral aber die erotische Liebe ist der Weg.

Wo hingegen eine »platonische« Liebe gegen den sexuellen Antrieb des wirklichen Eros gekehrt wird, haben wir es nur mit letzten Zuckungen leibfeindlicher patriarchalischer Tradition in Spiritualität und Moralität zu tun. Es ist die schöpferische Energie des Menschen von Grund auf erotisch, und dieses Potential wird sich endlich voll ausdrücken können, wenn die Entfremdung dieser Kraft in den puren Produktivismus wieder verfällt. An der Aufgabe vorbei, eine Liebeskultur zu schaffen, die nicht metaphorisch bleibt, sondern sich sinnlich realisiert, kann die ökologische Krise schon deshalb nicht gelöst werden, weil dann die Krieger (inzwischen beiderlei Geschlechts) weitermachen müssen mit ihren diversen Ersatzprojekten, an denen sie sich dennoch niemals sättigen können.

Eines steht fest: Der weitere Aufstieg zur Bewußtheit muß tödlich ausgehen, wenn der männliche Logos dominierend bleibt. Es muß die Führung wechseln, aber bestimmt nicht willkürlich »matristisch«. Es muß sich *in beiden Geschlechtern* Sophia entfalten. War bisher Sophia dem Logos unterworfen, von ihm ausgebeutet und an der Entfaltung gehindert, so muß nun Sophia den Logos *integrieren*, sich *das* an ihm zu eigen machen, was auch vom Standpunkt des Bios, des Eros effizient ist und bei einer lebensrichtigen Einordnung nicht mehr im Widerspruche zur Natur steht.

Logos und Sophia umfassen von den Geschlechterpolen her die ganze uns zugängliche Welt. Ihre Strukturen müssen sich durchdringen. Der *Gegensatz* ist katastrophal, aber die *Polarität* auszuleben, würde uns wieder in Übereinstimmung mit dem natürlichen Gang der Dinge bringen. Laudse hatte im Blick auf den schon vollzogenen Gegensatz die Losung »das Männliche wissen, das Weibliche wahren«. Nimmt man es so, ist »Führungswechsel« sogar ungenau, irreführend, sofern das Wort »Führung« für uns im Kontext der Expedition steht. Auch die Frau soll, muß jetzt (der Mann sagt in seiner Angst und Ungeduld: »endlich«) ihre Logoskräfte anspannen, *aber auf dem Grunde jenes »Wahrens«.*

Und um auch seinerseits auf diesen Grund zurückzukommen, braucht der Mann ihre Hilfe. Denn unbegleitet – und wohl auch bis zu gewissem Grade ausgetrieben – hat er sich einseitig-logozentrisch vom Urgrund losgerissen und seine Heimat im Vorwärts gesucht – in Blochs berühmter Formulierung als etwas, das uns allen in die Kindheit scheint, worin aber noch keiner war. Und die Suche hat sich immer mehr veräußerlicht.

Die Heimat hat mit dem Schoß zu tun – von dem Phallus auf Buddhas Kopf bis zu den Weltraumraketen unseres supermaterialistischen Logos flüchten wir uns derzeit noch in den galaktischen Antischoß. *Die* Feministinnen, die zuweilen mit dem Bauch der Großen Mutter drohen, wissen gar nicht, wie sehr sie den Buddha treiben, der keine größere Angst hatte, als noch einmal in einen Schoß eingehen zu müssen, in dieses vorige Nichtsein oder vielmehr Nichtssein, dem er das vor ihm liegende geistgeschaffene Nirwana vorzieht. Der Mann braucht jetzt die Göttin, aber die moderne.

Mann und Frau haben sich naturwüchsig getrennt. Nun können sie sich nur von ihren verschiedenen Geistern geleitet wiederfinden. Das wird in der Begegnung all ihrer Sinne geschehen, aber Körper und Seele allein garantieren es nicht, weil in der Entwicklung der Gattung Mensch so oder so der Geist die Spitze des Prozesses ist. »Führung«, weibliche Führung meint da eine neue Bewußtseinsstruktur als Weg, meint die Überwindung jener Spaltung, jenes Schismas zwischen logischem (zunächst männlichem) Ich und Körper, zwischen Geschichte und Natur, Geist und Erde, Logos und Bios, Mann und Frau (dies alles Aspekte ein und desselben Problems).

Demgegenüber zeigt sich der radikale Feminismus, indem er sich kritisch auf die rationalistische Struktur (der Megamaschine, all ihrer Apparate und Institutionen) einläßt, immer wieder zu sehr verstrickt in den Antagonismus, der gerade das Grundproblem ist. Das ist – vielleicht unvermeidlich – weibliches Nachholen des Drachenkampfes: Sankt Georg als Amazone, um – uneingestanden – die *Errungenschaften* des Patriarchats zu erobern. Unter der schimmernden Wehr jedoch vergewaltigt sich die Frau noch ganz anders als der Mann, und sie macht dem Mann nicht in dieser kämpferisch konkurrierenden Rolle Angst, sondern mit der darin eingeschlossenen Figur der Großen Mutter, die *nicht* mit ihm konkurriert, sondern sein ganzes kompensatorisches Werk für Nichts hält.

Feministinnen lieben es, Patriarchen zu entlarven (wie z. B. C. G. Jung und seinen Schüler Erich Neumann), ehe sie deren Durchbrüche aufgenommen haben, die sich ausweiten ließen. Betroffen von der offenbaren Ungerechtigkeit des Patriarchats und seiner unzweifelhaft exterministischen Kapazität, konzentrieren sie die Auseinandersetzung oft auf die Schlacken statt auf das Erz. Es mag ja furchtbar sein, wenn der mythische Gott Marduk einst die mythische Göttin Tiamat (Mutter, mater, Materie) erschlug, zerspaltete, zerriß und ihre Teile zerstreute. Wie kam er in die Lage dazu? Ist darin nicht der Part der Göttin mit vorausgesetzt? Und hatte sie den Partner nicht auch zerstückelt?

Das männlich-patriarchale Ego, das schon nicht unabhängig vom weiblichen Gegenpol entstanden sein kann, hat nun auch noch ein weibliches Pendant hervorgekitzelt, das nicht minder problematisch ist als es selbst und ihm bei der Fortsetzung der Abspaltung vom Ursprung kräftig zur Seite steht. Der soziale Gegensatz zwischen den Geschlechtern dürfte der grundlegendste Mechanismus gewesen sein, der in die Zeit des Privateigentums und des Staates hineinführte. Deshalb scheint mir der Anklage-Feminismus über die aufgegriffenen historischen Fakten hinaus wenig zu erhellen. Das aufbereitete Material (die eigentümliche Grausamkeit der matristischen Gesellschaft darf im allgemeinen nicht gewesen sein) ist hauptsächlich eine Waffe aktueller Selbstbehauptung, aber nicht unbedingt der noch ausstehenden Selbstbefreiung.

Das Patriarchat *ist* zwar der umfassendste Name für die abzulösende Bewußtseinsstruktur, soweit sie sich als zwischenmenschliche, als Sozialstruktur objektiviert hat. Doch sind Mann und Frau gleichermaßen – und beide »zuständig« – darin befangen. Die Ichverhaftung, der Ichkrampf ist die Quelle der aufreibenden und verzehrenden Kämpfe in unseren Liebesverbindungen. Damit es zu der zusätzlich modulierenden, verharschenden Unterdrückung des ganzen »anderen Geschlechts« kommen konnte, mußte es dieses ungelöste Problem der Individualität, den Machtanspruch des um seine prekäre Identität geängstigten Ichs schon geben.

Nirgends so sehr wie im Scheitern des Eros wird diese Machtfrage kenntlich als das Urproblem, auch wenn der Liebeskrieg nur eine ihrer Facetten ist.

Während es verhältnismäßig leicht scheint, anzugeben, was auf der materiellen Ebene geschehen muß, um die Megamaschine zu stoppen und aufzulösen (wäre nur die seelische Ausgangsbasis dafür gewonnen!), ist es noch überaus neblig, in welcher Gesamtgestalt der Mensch als Körper-Seele-Geist auf die Krise des modernen rationalistischen Ichs, der Persönlichkeit, antworten wird und wie sich dabei die Geschlechter zueinander stellen werden. Fürs erste spitzen sich die Widersprüche zu. Es gibt hier keine ausgedachte Lösung, sondern helfen kann nur die Bereitschaft zu einer Tiefenöffnung für das darin durchbrechende ursprüngliche Potential und Thema, dem wir wie Anfänger neu begegnen müssen. Wird uns die Unterscheidung gelingen: Wo spricht der Eros wirklich aus seinem Naturrecht, wo wird er nur als Verstärker gebraucht für eine neueste Mode oder eine ältere Konvention der Selbstbehauptung und des Rollenspiels?

Seine Pointe hat der Widerspruch zwischen den Geschlechtern in der Tatsache, daß der selbstbewußte Geist (im Sinne von Bewußt*heit*, nicht bloß gegebenem Bewußtsein des eigenen Ichs) überhaupt erst patriarchal zur vollen Entfaltung gekommen ist, so daß all unsere Kultur und Wissenschaft das Weibliche nicht nur nicht »wahren« kann, sondern als niederziehend und feindlich behandeln muß. Die weibliche Art zu wissen, hat dieser Geist nicht integriert. Er hat sich im Gegenteil – anders als bei Laudse – davon abgestoßen, und sie im Extremfalle unserer Zivilisation mit den Hexen verbrannt.

Hier stoßen wir nun auf folgendes Dilemma. Nicht nur die Entstehung des patriarchalen Egos, sondern auch die spirituelle Reaktion auf den damit einhergehenden »Schrecken der Geschichte« standen im Zeichen der bereits verlorenen Balance und des Kampfes zwischen den Geschlechtern. Die Botschaft der Ichüberwindung kann sich gegen den Aufstieg der Frauen zu der seit ein paar tausend Jahren immer stärker ausgebauten odysseisch-listenreichen Ich-Struktur richten, kann die Frauen also von der Gleichberechtigung *im* Patriarchat, von der Teilnahme an regulären Funktionen rationalistischer Gesellschaften abhalten.

Vor allem verabsolutiert sie leicht diesen bestimmten asketischen, erlösungssüchtigen Typ von Spiritualität, der verleugnet, was Laudse wußte: daß der Geschlechtsunterschied eines der kosmogonischen Urprinzipien ist. So eine zwitterhafte Androgynität, wie sie in dem Film zu Michael Endes »Unendlicher Geschichte« der »Kindlichen Kaiserin« verliehen war, kann nicht mit dem Urgrund des Lebens stimmen. Die patriarchale Spiritualität ist grundsätzlich erosverdrängend, häufig direkt antierotisch. In solchem Klima können Mann und Frau nur geistig zusammenfinden, indem sie die geschlechtliche Polarität des Lebens mißachten, sich von ihr abstoßen.

Die Buddhas sind in der Regel mehr als irgend jemand sonst Patriarchen gewesen. Buddha selbst wollte keine Frau initiieren, und das war alles andere als ein Irrtum, es war nur zu kohärent in seiner Weltbefindlichkeit. Insofern ist sein Weg als ganzer letztlich nicht der wahre, indem er die »Hälfte des Himmels« desavouiert. Es soll, damit das Leid der Welt aufhört, erst gar niemand mehr geboren werden.

Mich hat, seit ich das Daudedsching vor 15 Jahren kennenlernte, immer das Besondere fasziniert, das den Laudse auch von Buddha unterscheidet. Laudse ist nicht auf der Flucht vor dem Weiblichen, vor der Zeit der Frauen. In der Substanz deckt sich seine Mystik mit jeder anderen – ob nun der des Buddha oder des Meisters Eckhart. Ihrem Wesen nach beschreiben Dau und Logos, der Christusgeist Eckharts und die Logik Hegels dieselbe Grundfigur des Seins und suchen denselben letzten Hintergrund, »höher als Gott und Trinität«. Aber bei Laudse haben wir ihn ohne monotheistische bzw. trinitarische, immer patriarchale Einkleidung, d. h. in unserem Sinne irreligiös. Außerdem ist der patriarchale Geist von Plato und Plotin bis Hegel homoerotisch. Daher ist dieser Urgrund bei ihnen ein eher männliches Neutrum. Für Laudse ist er mütterlich, und die Schöpfung ist wie in allen ursprünglichen Kosmogonien eine Geschichte, die über ein Welt-elternpaar abläuft. Yin und Yang, die beiden Geschlechtspole, gehen den abertausend Dingen, die im einzelnen entstehen, voraus.

Wenn es wahr ist, und alles spricht dafür, daß sich Eros und Logos – entlang der Wirbelsäule miteinander verbunden – von derselben Energie nähren, kann es keinen Frieden mit der Natur geben ohne »die Heimkehr des Eros zu den Göttern«, ohne den Gewinn einer Balance zwischen den beiden Polen, die einander bis ans entgegengesetzte Ende durchdringen, ohne einander dabei auszulöschen. In letzter Instanz gibt es keine Gefahr, daß der Eros den Logos tötet – auch der weibliche Geist steigt auf, jetzt mehr denn je. Aber der Logos tötet nur allzu häufig den Eros. Eine Spiritualität, die uns darin leiten könnte, die Erde zu retten, muß im Eros gründen statt ihn zu fliehen.

Aber hierin hängt viel auch von der Frau ab. Sie mag das Verhalten des Mannes noch so sehr zu seinen Ungunsten beschreiben, es bleibt ein elementarer Schicksalszusammenhang, ein ungelöstes Urproblem *beider* Geschlechter. Die Frau ist nicht auf diese rationale, mental-ichhafte Stufe fixiert, aber sie ist in ihrem Anspruch seit Vorzeiten ebenso egozentrisch (das meine ich nicht moralistisch, sondern anthropologisch). Ihr Interesse hat nur einen anderen Schwerpunkt, je unverfälschter durch die patriarchale Stufe, je mehr in den vitalen Tiefenschichten verwurzelt ihre Identität ist, je näher sie also der ursprünglichen weiblichen Zeit der Kultur steht, um so deutlicher.

Der Unterschied der Geschlechter mag mit der Zeit überideologisiert worden sein (immerhin entspricht er in etwa dem chinesischen Yin-Yang-Muster). In der aktuellen Situation mag das bloße Zurückkommen auf seine Existenz eine repressive Tendenz gegen die Frau haben. Es gibt jedenfalls eine Realität, die dem entspricht, und zwar auch heute noch als sehr mächtige Schicht. Dann handelt es sich darum, daß sich die egozentrische Tendenz beim Manne mehr um den Logos, bei der Frau mehr um den Eros herum kristallisiert, beim Manne mehr um den Kriegszug, die Expedition, bei der Frau mehr das Lager, das Bett.

Soweit es nun – auf dieser elementaren Stufe der Selbstausrottungslogik – bereits manifeste Feindschaft zwischen den Geschlechtern gibt, wird diese schwerlich rückwärts aufzulösen sein, indem wir irgendeinen vorhergehenden paradiesischen Naturzustand wieder aufdecken oder matristische Zustände idealisieren – als wären diese älteren Zeiten nicht mit dem Konflikt schwanger gegangen. Vielmehr besteht die einzige Chance in der von Mann und Frau verfolgten Überwindung der Egozentrik nach vorwärts.

Wie für alle näher zutage liegenden Stufen der Formationsfolge liegt der erste Schlüssel in der Befreiung des eigenen Selbst, die zugleich Selbstfindung jenseits der Bedürftigkeit ist. Der Anruf lautet also, in Hölderlins Worten: »Könige der Endlichkeit, erwacht!« Und Königinnen!

Das spirituell-erotische Paar ist angelegt, aber als Ziel, durch den Aufstieg zur Bewußtheit hindurch, und da ist nun die Ego-Transzendenz der nächste Schritt. Das Paar ist nur möglich, die Liebe ist nur möglich, »im Erotischen wie im Religiösen«, wenn wir Befriedigung, Beglückung, Erlösung nicht vom Anderen, nicht von der Gottheit *erwarten* (während wir entgegenkommender Hilfe wohl bedürfen). Nur zwei Menschen, die ihre innere Unabhängigkeit und Freiheit wirklich erlangt haben und ihren Wünschen nicht mehr *verhaftet* sind, die also halbwegs Arroganz und Eifersucht hinter sich haben und vom Nächsten nicht vor allem fordern, sind fähig, sich zum Paar zu verbinden. Vorher ist die Liebe ebenso ein Ersatzprojekt, bevorzugt von der Frau, wie andere, logozentrische Ersatzprojekte des Mannes auch, und auf der Schwelle zur psychischen Intimität beginnt der Machtkampf, beginnt das Alte von neuem: Gibst du mir, geb ich dir.

Wenn es wahr ist, daß Sexualität und Geist in den Individualitäten der beiden Geschlechter polar, aber untrennbar zusammenhängen, dann kann die Liebesbegegnung – wo doch beide vom Baum der Erkenntnis gegessen haben – nicht mehr unreflektiert auf Dauer gelingen, nicht mehr ohne den Willen zur Transzendenz des Machtspiels, d. h. beiderseits zu einseitiger Abrüstung. Deshalb geht die Selbstfindung beider Geschlechter, die Annahme der Einsamkeit, die mit der unumkehrbaren immer radikaleren Individualisierung verbunden ist, das Verlernen der auf den anderen projizierten Erwartungen – geht all das ihrer Kommunion immer wieder als Moment voraus.

In *diesem* Punkt hat die Frau den weiteren Weg vor sich, weil sie in der Regel an einem früheren geschichtlichen Ort verharrt – und sie hat vielleicht zugleich den kürzeren. Denn jenseits des Eros gibt es für sie kein gleichwertiges Ersatzprojekt mehr, während der Mann noch immer von einem logozentrischen Projekt zum nächsten flüchten kann. Wiederum: *Gegen* IHN, *gegen* seine Projekte, *gegen* sein Versagen in der Liebe wird SIE ihn nur weiter forttreiben, wie bisher, und auch den Weg zu ihrem Selbst (oder mit Mary Daly »ihrer Selbst«) verlängern. Und auch Er wird den seinen verlängern, wenn er – wie in dem ganzen patriarchalen »Yoga« welcher Hochkonfession auch immer – Befreiung sucht auf der *Flucht* vor der Frau: vor der Großen Mutter, vor der jungen Göttin. Es ergeht dann gegen ihn das Urteil, daß er die Große Göttin, die in den beiden andern Gestalten sich verbirgt, daß er *Sophia* verfehlt. Die Flucht vor der Frau führt von der Liebe und vom Leben weg, vom lebendigen zum toten Geist.

So bleibt also die leidenschaftliche Frage, ob und wie Mann und Frau in einer neuen spirituellen Praxis zusammenwirken können.

6. Conditio humana

Nicht das Gefühl, der Verstand geht durch

Das Patriarchat als Bewußtseinsverfassung ist eine sehr fundamentale, aber immer noch nicht die letzte, tiefste Ebene in der »Geologie« des Exterminismus. Reicht es doch, was seine Grundlage, die Polarität der Geschlechter betrifft, direkt in den Gattungsursprung und noch weiter zurück. Von dorther tritt es ja ab einem bestimmten Stadium kultureller Entwicklung in den Anläufen aller Ethnien als offenbar vorangelegte Tendenz des menschlichen Geistes auf. So müssen wir seine Verwurzelung im menschlichen Genotyp, im Gattungscharakter des »Hirntiers« annehmen. Der Mann bzw. das Männliche fungiert vorübergehend als privilegiertes Organ der Gattungsevolution.

Mit dem Patriarchat bricht der Mensch aus der zyklischen Verlaufsform seiner »Vorgeschichte« aus, in der die soziale Evolution noch so langsam verlief, daß sie mit einem Mythos der ewigen Wiederkehr vereinbar war. So überlappen sich im Patriarchat Geschichte und Anthropologie, progressive civitas humana und dauernde conditio humana. Von der letzteren hebt der Pfeil der Entwicklung ab.

Die Nahtstelle zwischen dem partriarchalen Niveau der Selbstausrottungslogik und der anthropologischen Disposition, die den exterministischen Exzeß erlaubt, läßt sich kaum besser kennzeichnen als mit dem Hinweis Walter Schubarts: »Das vital schwächere Wesen siegt, indem es sich auf die geistige Seite verlegt. . . . Ebenso wie der Mensch über das Tier siegt der Mann über die Frau.«[82]

Wenn dieser zweite Sieg schon eine ungeheuer folgenreiche Tatsache ist, die in alle »höheren« exterministischen Strukturen tragend hineinwirkt – fundamentaler noch ist der erste Sieg, ist die conditio humana selbst: Der Mensch – Mann *und* Frau – siegt über das Tier, macht sich die Erde untertan, indem er sich auf die geistige Seite verlegt.

Es liegt in der menschlichen Natur, d. h. in der gesamten Art und Weise, wie der Mensch funktioniert, wie er mit seiner Ausstattung in den Zusammenhang hineingestellt ist, und nicht erst in spezifisch bösen Verhaltensweisen, ein Verhängnis. Erst aus diesem Grunde sind wir auf die Frage gestoßen, »warum Gott das Böse zugelassen hat«. Gott, den es in dieser Eigenschaft, als personalen Schöpfer und Verantwortlichen, gar nicht gibt, sondern der so aufgefaßt nur die Projektion unseres Problems mit uns selbst und mit dem Leben ist (wir schließen aus unserer personalen Verantwortlichkeit auf eine analoge Struktur des Kosmos).

In der Tat ist, von uns aus gesehen, nach den Kategorien, mit denen wir an die Welt herangehen, auch mancher außermenschliche Vorgang »böse«. Spätestens fängt es im Tierreich an, mit dem Fressen und Gefressenwerden. Voltaire hat sogar gegen das Erdbeben von Lissabon protestiert. Der vorgestellte Schöpfer ist schon »schuld«, weil er das »Uhrwerk« überhaupt in Gang gesetzt hat, wie auch die biologische Nahrungskette, in der sich fühlende Wesen gegenseitig verschlingen.

Wenn wir schließlich, vegetarianisch, auf den Gedanken kommen, der Katze das Mausen abgewöhnen zu sollen – um theoretisch »konsequent« zu sein, bevor wir es praktisch uns selbst abgewöhnt haben, Fleisch zu essen –, so projizieren wir nur unsere besondere *menschliche* Situation. Nur für *uns* gibt es hier

Probleme. Der Yogi, der sich bemüht, keine Ameise zu zertreten, verhält sich keineswegs naturgemäß. Hätten wir nicht vom Baum der Erkenntnis gegessen, würden wir also nicht *absichtlich* Tiere töten, so kämen wir nicht auf den Gedanken, auch unabsichtliches Töten vermeiden zu wollen oder vielmehr die Bewußtheit so weit zu treiben, daß auch das unabsichtliche Töten als absichtliches erscheint: »Wir haben wissentlich nicht die Aufmerksamkeit aufgebracht, die notwendig gewesen wäre, das Unglück der anderen Kreatur zu vermeiden.«

Gewaltfreiheit ist die äußerste Kulturleistung, die uns von unserer spezifischen Naturausstattung, von unserer overkill-Kapazität als »Hirntier« zugemutet wird. Zugleich ist die Gewaltfreiheit das äußerste an Willentlichkeit. Nur wer schläft, sündigt nicht. Sobald wir wach sind, müssen wir bewußt sein. Und wenn die ältesten Weisen zu dem Schluß gekommen sind, wir sollten nicht oder doch so wenig wie möglich tun, so ist das auch eine Art, dem *Fluch* entgehen zu wollen, dauernd aufmerksam sein zu müssen. Und doch hat unsere Geschichte an einen Punkt geführt, wo sie uns Gewaltfreiheit in diesem äußersten Sinne für unser Überleben abzuverlangen scheint. Das bedeutet, entweder müssen wir allesamt Yogis werden, fähig und bereit, sobald wir wach sind, voll bewußt zu sein. Das wird natürlich in mehr als einer Hinsicht nicht aufgehen. Oder wir müssen uns solche Institutionen schaffen, mehr: eine solche *Kultur* einrichten, die uns erneut von der Notwendigkeit dieser Daueraufmerksamkeit, dieser Hellwachheit entlastet, so daß wir auch in der neuen Situation einer als endlich erkannten Erde abschalten, also wieder unbefangen leben dürfen.

Arthur Koestler hat in seinem m. E. nur halb durchdachten Buch vom Menschen als »Irrläufer der Evolution« einige Verwirrung gestiftet. Er meinte, alle Weltverbesserer, die »begnadeten Reformer«, an denen »es nie einen Mangel« gab, hätten sich in der Interpretation der Ursachen geirrt, »die den Menschen zwangen, aus seiner Geschichte ein solches Jammertal zu machen«. Ihr grundlegender Irrtum habe darin bestanden, »daß man die ganze Schuld dem Egoismus, der Gier und der angeblichen Destruktivität des Menschen, daß heißt, der *selbstbehauptenden Tendenz* des Individuums« zuschob.[83] Nach Koestler wurzelt die Tragödie des

Menschen nicht in seiner Aggressivität – worin ich ihm zustimme –, sondern in seiner »Hingabe an überpersönliche Ideale . . ., nicht in einem Exzeß der individuellen Selbstbehauptung, sondern in einer Funktionsstörung der integrativen Tendenzen«, d. h. in dem konformistischen Geist der Gruppenzugehörigkeit. Diese Überlegung führt ganz in die Irre, weil Ideale doch oft gar nicht jenseits des Egoismus stehen, gar nicht wirklich überpersönlich sind.

Und wurzelt die Tragödie wirklich darin, daß die Leute alles mitmachen? Die meiste Zeit *leben* sie doch in diesem Gruppengeist, und es ist damit an sich nichts darüber gesagt, wie gut oder wie schlecht, *worin* sie also gerade konform sind. Überhaupt stehen sich »selbstbehauptende« und »integrative« Tendenzen nicht wie Ich und Gruppe gegenüber, sondern als Tendenzen *im* Ich, das eben zunächst noch mehr dem Kollektivum angehört als sich selbst. Der Gruppengeist ist die erste massenhafte objektive Manifestation des menschlichen Geistes (der sich auf Symbole, auf Sprache stützt). Aus dieser Sphäre erst arbeitet sich – ungleichzeitig und besonders in Krisenzeiten lange noch rückfallbereit – allmählich das *reflexive, selbstbewußte* Ich geschichtlich heraus, und zwar patriarchal, wie angedeutet.

Bedarf es denn nicht für die *Exzesse* des Hasses gegen Fremde und Andere, für die *Exzesse* der Grausamkeit und Destruktivität gerade *mehr* als nur konformistischer Unselbständigkeit, Abhängigkeit des noch nicht voll zu sich selbst befreiten Individuums? Solche »überpersönlichen Ideale« müssen ja erst einmal charismatisch gesetzt werden, ehe sie möglicherweise als »Erlaubnis« zum Auslaß atavistischer Emotionen fungieren! Wilber[84] weist auf Erkenntnisse hin, wonach zu Gewalt führender Haß fast völlig ein *kognitives* und *begriffliches* Produkt ist, das weit über bloße biologische Aggression hinausreicht. Ideale sind gleichfalls Ich-Instanzen, die die eigene Teilheit, Begrenztheit kompensieren sollen. Dann aber bleibt es eine Frage der Kapazitäten, der persönlichen Kräfte und der um die bestimmten Individuen angesammelten objektiven Mächte, wer nun mitlaufen und wer führen wird.

Auch wenn das Ich sich seiner selbst noch nicht völlig bewußt ist – und zwar schon auf der früheren, »magischen« Entwicklungsstufe des Bewußtseins –, treten bereits *bewußtseinsmäßig* bedingte Machtungleichgewichte auf. Ideale haben machtvolle Repräsentanten. Es macht gar keinen Sinn, dualistisch »selbstbehauptende« und »integrative« Tendenzen gegenüberzustellen und dieses Schema quer durch ganz verschiedene geschichtliche Stufen zu ziehen. Sie sind korrelative Seiten des *einen* Weltbemächtigungsprozesses, auf den die menschliche Verfassung *im Ganzen* angelegt ist, durch den sie jedenfalls hindurchgeht. Egoismus, Gier usw. pflegen sich ausgezeichnet mit Idealen zu vertragen, in die sie hineinschlüpfen und in denen sie sich verstecken können.

Die ganze Unterscheidung zwischen Ich und Gruppe setzt stillschweigend eine Menschheit voraus, in der die Konkurrenz um mehr Sicherheit, um mehr Befriedigung, mehr Komfort, mehr Macht und mehr Bedeutsamkeit, die mit dem Intellekt als Werkzeug ausgetragen wird, schon der entscheidende Entwicklungsantrieb ist. Je mehr Individualität, je mehr Geist, desto machtbestimmter die ganze Geschichte, und es hängt zuletzt nur sekundär auch noch davon etwas ab, wie weit sich die Menschen irrational mitreißen lassen und wie weit ihre durch Unterdrückung um so mehr verböste psychische Unterwelt dabei zum Zuge kommt.

Aufgebrochen ist dieser Vulkan immer schon nur dann, wenn eine soziale Gesamtstruktur ineffizient und destruktiv geworden war, die ursprünglich von ihr verbürgten Befriedigungen nicht mehr sicherte und die inzwischen weiter erstarkte Individualität beengte. In allen diesen Fällen handelt es sich um Katastrophen, die nicht das Tier in uns verursacht, sondern die mit der Dynamik der Großhirnprozesse und ihrer zunehmenden Objektivierung in Sprache, Sozialstruktur, Staat usw. zusammenhängen.

Gleich das erste Werk abendländischer politischer Wissenschaft, des Thukydides Peloponnesischer Krieg, hatte anthropologisch argumentiert: Es gehe im geschichtlichen Ringen der Menschen um die zwei Urantriebe Herrschaft und Freiheit, die natürlich in den Selbstdurchsetzungsansprüchen ihre gemeinsame Wurzel haben. Er meinte, so wie in diesem barbarischen »Weltkrieg« der Griechen würde es sich stets wiederholen, *solange die menschliche Natur sich gleich*, also in diesem Dilemma befangen bliebe. Es zu überwinden wäre also die Richtung der Rettung.

In Wirklichkeit aber bezeichnet die »menschliche Natur« des Thukydides nur *eine* bestimmte Stufe in der Evolution des »Hirntieres«. Diese Evolution ist nicht zu Ende – falls unsere Spezies ihre jetzige Krise übersteht.

Als Top-Parasit auf verlorenem Posten

Selbstverständlich liegt das Problem in der *Gesamt*verfassung unserer Gattung, nicht im Großhirn für sich. Es *ist* aber die Natur des Menschen, dieses übergewichtige Organ zu besitzen. In diesem Sinne ist sie »schuld«, auch wenn sie selbst von diesem Organ frustriert und vergewaltigt werden kann. Der Geist war *von Anfang an* ein *kompensatorisches Machtinstrument,* und wir *mußten* die Flucht nach vorn in die Kultur antreten. Wir stehen unter Aktionszwang, und so sind Kultur und Zivilisation zu einem Prozeß wachsender Aufrüstung gegen alle Risiken des Lebens geworden. Wir meinen immer noch zu wenig zu arbeiten, zu wenig Außenwelt zu verändern, wir werden nie mit der Vorratswirtschaft fertig, auch im Geistigen nicht – wir speicherten zeitig schon in unseren Tempeln und Kirchen auch Gott. Wir sind besorgte Jäger geblieben, haben nie genug. Das alles schlägt nun gegen uns um. Unser Streben nach Sicherheit, nach Ausschaltung jeglichen Lebensrisikos bringt uns den Tod.

Man könnte sagen: Unsere *ältesten* Schichten »stören«, weil wir mit unserem *neuen Großhirn* auf ihre Wahrnehmungen und Erregungen reagieren können und das häufig inadäquat, weil angstbesetzt oder zu interessiert tun. Unser Überbau ist »Sicherheitspolitiker«, läßt die »von unten« drängenden Energien nicht fließen, blockiert sie, lenkt sie um, beschränkt dadurch zu oft sich selbst. Gelänge es nun, diese Instanz so souverän zu machen, wie sie ja gern sein möchte, brächten wir es dahin, daß unsere Vernunft an ihre Kapazität auch glaubt, daß sie also zulassen kann, was aus den älteren Schichten andrängt, ohne fürchten zu müssen, davon überschwemmt zu werden – dann hätten wir vielleicht die Tür offen in die nächste Phase der Evolution.

Unser Geist ist empirisch unfrei, nämlich durch Phylogenese

181

und Geschichte, Ontogenese und Sozialisation bestimmt. Schon gar nicht kann er frei werden durch Unterdrückung seiner Gewordenheiten. Alles deutet darauf hin, daß er bislang nicht fertig wird mit Traumatisierungen, die zur Folge haben, daß ihm die Welt, das Universum nicht freundlich oder wenigstens neutral, sondern gefährlich bis feindlich erscheint. Die Traumatisierungen, um die Geburt herum besonders konzentriert,haben sich mit dem Fortschritt der Kultur eher verstärkt, wahrscheinlich schon dadurch, daß sie bewußter wurden, ohne voll bewußt zu werden. Hier sind Erlösungen nötig und möglich.

Unser Weg beginnt unvermeidlich unter der Ägide absoluter mütterlicher Macht. Und zu der langen Kindheitsphase, in der wir durch unsere vergleichsweise ungeheure Abhängigkeit geprägt werden, tritt dann mit dem Aufstieg zur Moderne hinzu, daß die Aufzuchtpraktiken immer kälter werden, bis zuletzt das im Krankenhaus entbundene Kind den so entscheidenden nachgeburtlichen Mutterkontakt fast völlig hat entbehren müssen.[85]

Was in der frühkindlichen Phase durch die technokratische Kultur zusätzlich verdorben wird, wiegt um so schwerer vor dem Hintergrund der Forschungen über den Geburtsprozeß aus den letzten Jahrzehnten. Stanislav und Christina Grof etwa haben nachgewiesen, was einem im Nachhinein auch der gesunde Menschenverstand sagen kann, daß die Erfahrungen während der Schwangerschaft und beim Geburtsvorgang den Charakter viel grundlegender bestimmen als die später daran anknüpfenden biographischen (Sozialisations-) Einflüsse.[86]

Das Material der Grofs offenbart, wie weit schon hier über unsere dunklen, grausamen und perversen Tendenzen, über die Färbung unseres ganzen In-der-Welt-Seins vorentschieden wird. Aber das Ergebnis ist nicht unkorrigierbar. Grofs jetzt vorliegende Gesamtdarstellung »Geburt, Tod und Transzendenz«, eine Synthese der ganzen Entwicklung der humanistischen und transpersonalen Psychologie, zeigt, wie sich in der Befreiung von den jeweils individuellen »Geburtsmatrizen«, durch die Wiederholung im »Rebirthing«, einer Erfahrung von Tod und Wiedergeburt, auch die spirituelle Dimension eröffnet, und zwar, bedeutungsvoll genug, ganz ohne patriarchale Askese. Es gibt gewiß nicht nur diese eine Lösung.[87] Doch für mich handelt es sich hier um einen der hoffnungsvollsten und aussichtsreichsten Ansätze, der ökologischen Krise zu entkommen, Menschen in ein besseres Verhältnis zur Welt zu bringen. Offenbar ist es möglich, auf eine befreiende Weise das innere Kräfteverhältnis zwischen aggressiven und antagonistischen Impulsen einerseits, liebenden und solidarischen Motiven andererseits wesentlich zu verändern. Die Anpassung der tantrischen Traditionen an unsere westlichen Bedingungen, eine kulturelle Bemühung im selben Feld, weist in die gleiche Richtung.

All die kontaktschwachen Strukturen, auf die die an Wilhelm Reich anknüpfende Bioenergetik (etwa Lowens) hingewiesen hat und die so typisch für unsere abstraktionistische Verstandeskultur sind, erzeugen massenhaft unglückliches Bewußtsein, das wiederum in einen immer unerträglicheren Weltzustand umgesetzt wird. Wenn es keine positiven, glückversprechenden Angebote gibt, werden die mit der ökologischen Krise verbundenen Einschränkungen und Verzichte das psychosoziale Übel, die emotionale Pest nur noch vermehren.

Wir sind in unserem Erkennen, Fühlen und Handeln nicht vom objektiven, sondern vom subjektiven Geist geleitet, von unserem selbstbesorgten Ego, dessen spezifischerer Ausdruck der rationalistische Dämon ist. Mit diesem Ego sind wir in einer Grundposition, aus der heraus wir nicht lebensrecht und lebensecht agieren können. Der objektive Beobachter blieb eine abstrakte Teilperson, apart vom Menschen, der diese Rolle immer wieder spielen muß, sobald er ein halbwegs gegen seine unmittelbaren Interessen abgeschottetes Experiment machen kann und den dafür vorgesehenen Raum betreten hat.

Deshalb hat es die Wissenschaft nie zum Range einer anderen Theologie gebracht. Der Experimentator jagt nicht nach Wahrheit im großen Sinne, nicht nach der Rekonstruktion des Ganzen, die die Rekonstruktion Gottes wäre, sondern bloß nach Splitterwissen. So hat die moderne Wissenschaft die Kirche zugleich beerbt und blieb unendlich hinter ihr zurück, weil sie im Egotrip ihrer Adepten steckenblieb.

Geht es um Teileroberungen, hat sich der rationalistische Dämon ideal eingerichtet. Betrachtet man aber den Geist als Organ des Ganzen und seiner langfristigen Interessen, so kann man sich kaum eine unvorteilhaftere Position als die des spezialisierten Verstandes vorstellen, die er so ostentativ bezogen hat. Er gleicht einer ausgefahrenen Antenne – auf der letzten Außenverzweigung des Menschheitsunternehmens. In dieser Position verabsolutiert er unsere ohnehin schon überentwickelte Besonderheit. Ehe nicht der ganze Baum umfällt, wird die Antenne, auf die fernste Galaxis gerichtet, gar nicht merken, daß der Nachschub für die Expedition gefährdet ist, daß die »Bodenstation« weggesackt ist. Ohne zu moralisieren: Wir sind de facto Parasiten, und zwar an der Spitze einer Hierarchie von Parasiten.

In gewissem Sinne kann man das Leben überhaupt als »parasitär«, als ausbeuterisch und entropievermehrend für die mineralische Welt ansehen. Es gibt da von Anfang an keine vollständige »Kreislaufwirtschaft«. Analog verhält sich dann das tierische zum pflanzlichen Leben und, darüber rückvermittelt, zum anorganischen Bereich (denken wir zur Veranschaulichung an den vielfachen pflanzlichen, den Getreideaufwand für die tierische Eiweißproduktion). Darüber erhebt sich der Mensch, darüber der Mann. Zwar gibt der je »höhere« Parasit immer auch etwas zurück, aber auf der Grundlage der Ausbeutung.

Ein Erkenntnisproblem aber tritt, bis hierher, noch nicht hervor, weil bis hin zum archaischen Mann das Gleichgewicht noch von Grund auf gesichert, die jeweils tragende Schicht quasi unendlich, die Störkapazität der getragenen gering und bei einem Schritt zu weit ja lediglich selbstgefährdend scheint. Aber der Mensch und noch mehr der Mann hat von Anfang an verstanden, sich gegen die Rückschläge zu schützen.

Kultur bedeutet, daß wir uns hinter Mauern zurückziehen und Schutzschicht über Schutzschicht setzen. Zuerst steht dann die Stadt über dem Land, und eine oder mehrere abgehobene herrschende Kasten oder Klassen stehen über beidem. Heute kennen wir den »primären«, »sekundären«, »tertiären« und »quartären« Sektor. Erst über dem allen stehen die Steuerungszentralen: Banken, Laboratorien, Staat. Die Laboratorien der Naturwissenschaft betrachten das Ganze nach wie vor als peinlich zu befragendes und zu diesem Zwecke zu zersplitterndes und zu zerschneidendes Objekt; und dort kümmert man sich in der Regel überhaupt nicht um das Grundverhältnis des Top-Parasiten zu seinem um eine ganze Treppe von jeweils subjektiven, selbstinteressierten Reglern entfernte Basis.

Der Unterschied zwischen »selbstbehauptenden« und »integrativen« Tendenzen ist ökologisch betrachtet solange irrelevant, wie sich beides auf diesen sozialen Circus maximus bezieht. Denn solange handelt es sich nicht um Erkenntnis der Natur bzw. der Gleichgewichtsbedingungen zwischen Gesellschaft und Natur, Geist und Natur, sondern um ein einziges Pandämonium abgeleiteter Interessen, die – das ist der exterministische Clou – sich von der je sie tragenden Ebene losgerissen haben, so daß sich der gesamte Bau der Kultur herrschaftlich von oben auf den eigentlichen Wirt bezieht. Auch die Naturwissenschaft ist von Ausbeutungs-, nicht hauptsächlich von Erkenntnisinteressen geleitet, alles andere – Gesellschaftswissenschaften, Geldwesen, die politische Sphäre, Künste, soweit sie vornehmlich nach Brot gehen – ist überhaupt nur binnenkulturell orientiert.

Man weiß, daß in sozialen Hierarchien die Rückkopplung von unten nach oben nie mithält, so daß die Spitze alles zu spät erfährt. Ganz analog hat sich die Menschheit insgesamt installiert – über ihre prominentesten Faktoren habe ich in den vorigen Kapiteln gesprochen: Sie bilden (Mann, Weißes Imperium, Kapital, Megamaschine) die Stufenpyramide der Selbstausrottung. Und deren Basis ist, wie ich nun abschließend skizziere, die conditio humana selbst.

Diesen parasitären Grundzug der menschlichen Existenz können wir nur vom Ursprung her unter Selbstkontrolle nehmen – oder gar nicht. Am Ursprung aber ist das Gehirn Organ des fühlenden Körpers. Zugleich ist in ihm angelegt, Geist, der sich verselbständigen *kann*, zu produzieren, also die Hauptaktivität der jeweils den Kulturprozeß bestimmenden, führenden Kräfte, der Eliten, auf abgehobene Ebenen zu verlagern und von deren Sekundärinteressen her die primären zu vergewaltigen und auszubeuten.

Die vertikale Arbeitsteilung und die ganz besondere Spezialisierung der Spitzenfunktionen – so daß wir dort Wissenschaftler, aber keine Menschen; Manager, aber keine Menschen; Politiker, aber keine Menschen haben –, womit also nie die grundlegenden, stets nur die besonderen, das Prestige dieser Teilfunktionäre

185

konstituierenden Interessen herrschen können – ist das Verhängnis unserer Kommunikation über die Realität, die infolgedessen zu einem ständigen, gar keiner gesonderten Absprache bedürftigen Komplott gerät. *Positionelle* Interessen gehen automatisch vor. Wohin das Boot im ganzen treibt, ist strukturell, ist systematisch ausgeblendet.

Aber *in allgemeinen, der sozialen Synthesis dienenden Funktionen* sind menschlich-allzumenschliche Maximen des »Selbstbehauptungsprinzips« wie »Das Hemd ist mir näher als der Rock« und »Lieber der Spatz in der Hand als die Taube auf dem Dach« die reine Selbstmordphilosophie. Sie waren in keiner Hochkultur *an dieser Stelle* zulässig, signalisierten, *wenn* sie dort auftraten, die Klimax des Verfalls. Vielleicht ist es möglich, dies erst einmal als Faktum gelten zu lassen, auch wenn es in der diesbezüglich grundverkommenen Moderne noch kein Beispiel für eine gelungene Institutionalisierung von Verantwortungsethik gibt. Aber Not macht erfinderisch (und wenigstens das Prinzip des Dienstes an einem visionär intendierten Ganzen scheint derzeit wieder aufzukommen – ausgerechnet in der Sowjetunion).

Mit unserer Naturverfassung als »Hirntier« sind drei zusammenhängende Faktoren verbunden, mit denen wir gewohnheitsmäßig so identifiziert sind, daß wir sie gar nicht hinterfragen, die aber zusammen blind in die Sackgasse dieses Parasitismus hineinführen und uns im Grade unseres Gattungserfolges immer gefährlicher werden.

Projektion

Der *erste* evolutionär grundlegende Faktor, der tief in die vormenschliche Geschichte der erkennenden Widerspiegelung zurückreicht, ist der *projektive* Charakter des Bewußtseins überhaupt. Daran sieht man, wie groß und neu die Anforderung an die Bewußtseinsveränderung ist, ihr Rang als eine anthropologische Revolution.

Normalerweise macht sich das Bewußtsein, in seiner Eigenschaft als nach außen gerichteter Spiegel, »Abbilder« von der

Außenwelt. Es ist ein ungeheurer Erkenntnis*fortschritt*, der zum abgetrennten Ich führt, das zuletzt sogar noch das eigene Gedächtnis von sich selbst unterscheidet. Zu Anfang ist das (archaische) Ich noch gar nicht unabhängig da, stellt sich der Welt nicht als Subjekt dem Objekt gegenüber und – daran erkennt man den komischen Begriff – »projiziert« noch nicht, sagt nämlich noch *nicht* »Das und das bin nicht ich, das ist von mir unterschiedene Natur«.

Dann macht es sich, z. B. auf magische Weise »Mächte« als »Partner« aus der Natur herausgreifend, erste Objekte und zugehörige Begriffe, natürlich auch über die menschliche Gemeinschaft. Später wird ihm der eigene Körper zum Objekt, zuletzt die eigene Psyche, z. B. der sogenannte »Schatten«, d. h. die Summe oder das Integral der Eigenheiten, die es nicht an sich liebt, die es abgedrängt hat – und die ihm daher manchmal in anderen Personen gegenübertreten, nun wirklich projiziert: »als *wär's* kein Stück von mir«.

Das ist der horrende Begriff der Projektion: Wir haben das alles sukzessiv von uns ausgegrenzt und *identifizieren* uns *sekundär* damit, während wir es in Wirklichkeit von vornherein selber sind. Worum es sich da handelt, hat Ken Wilber in seinem Buch »Wege zum Selbst« besonders sinnfällig geschildert.[88] Er übertreibt dann allerdings mit dem Wörtchen »nur«, wenn er definiert: »Aber all diese ›Objekte da draußen‹ (vom Stern bis zum innerseelischen Schatten – R. B.) sind einfach nur *Projektionen* des eigenen Seins eines Menschen, und sie können alle als Aspekte des eigenen Selbst wiederentdeckt werden.«

Und doch: Wo etwa Brentano dichtet

O Stern und Blume, Geist und Kleid,
Lieb, Leid und Zeit und Ewigkeit

da hat er das auch gemeint: Ich bin es alles selbst. Das moderne Ich wurde schon im Augenblick seines Heraufdämmerns in dem Jahrtausend vor Christus aufgefordert, die – wie Gehlen es ausdrückt – Verteilung seiner Antriebe an die Welttatsachen hin[89] wieder umzukehren: Erkenne Dich selbst (in allem)! Alles bist Du selbst. Und das, während die Notwendigkeit, nach außen zu handeln, jedenfalls ursprünglich weiter reicht als die *Objekt*-Erkenntnis.[90]

In Wirklichkeit sind dann – trotz der Losung am delphischen Orakel - nicht wir Westlichen, sondern die Orientalen (jedenfalls in viel höherem Maße) den Weg der Selbsterkenntnis, den Weg nach innen gegangen. Das Abendland hat einen völlig außengerichteten, selbst noch die soziale Kommunikation weitgehend ausblendenden Begriff von Praxis gebildet, weil es – bis auf den esoterischen Zweig unserer Mönchskultur und einzelne Menschen, die intuitiv zu beten verstanden – ganz auf Außenweltveränderung setzte.[91]

Unerhörterweise (nämlich vom Standpunkt älterer Bewußtseinszustände und noch immer der meisten Menschen) verlangt die moderne Psychoanalyse (verstanden nicht als jene Freudsche Spezialstrecke, sondern als systematische Selbstaufklärung, Selbsterkenntnis schlechthin) in ihrer Eigenschaft als Furie der cartesianischen Wissenschaft, als peinliche Befragung des ja noch nicht so sehr gesicherten Ichs, daß der Mensch die normale Außenrichtung seines Erkenntnisapparats umdreht und »objektiver Beobachter« *seiner selbst* wird.

Noch macht sich dabei in der Regel ein herrschaftlich-rationalistisches Subjekt, ein Mensch, der in dieser Eigenschaft »helfend« auftritt, ein anderes auf dieser Skala weniger bewußtes Subjekt zum Objekt. Es gibt kaum ein Fach, in dem Unterdrückung und Emanzipation unentwirrbarer miteinander verquickt sind als Psychoanalyse. Und doch ist nichts wichtiger als diese Selbstaufklärung nach innen, und wer den hilfreichen Seelendompteuren nicht ausgeliefert sein will, muß sich nur selbst ins Labyrinth hineinwagen und möglichst wenig selbstmitleidig die Verantwortung für seine Risiken und Abenteuer übernehmen.

Politisch-psychologisch macht der Projektionsbegriff vor allem darauf aufmerksam, wie sehr wir durch die ursprüngliche Außenorientierung des Erkenntnisapparates und dadurch, daß uns die innere Natur (solange wir noch nicht cartesianisch-schizoid mit ihr umgingen) unbewußt gegeben war, gewohnt sind, von uns selbst als Ursache fortzusehen. Vor allem pflegen wir das Werk unserer Köpfe und Hände für genau so »objektiv« zu halten wie die wirkliche Natur. Wir erkennen uns ungern als Täter, lieber als Opfer unserer eigenen machtvollen Praxis. Und wenn wir zum Teil tatsächlich Opfer sind, so sind wir es deswegen! Wir müssen

Weltveränderung und Selbstveränderung als Einheit sehen lernen (wie übrigens in seinen Feuerbach-Thesen auch Marx verlangt hatte). In dieser Einheit aber geht heute Selbstveränderung, geht Selbsterkenntnis, geht Selbstfindung im analytischen wie im integralen (spirituellen) Sinne vor. Die Logik der Selbstausrottung sitzt hauptsächlich in unserer eigenen Bewußtseinsverfassung. Diese Einsicht und Erfahrung müssen wir uns abverlangen, um in den Vorhof einer Umkehrinitiation zu gelangen.

Was wir tun, wird sich danach richten, wie wir uns die Herausforderung definieren. Daß wir die Gefahr jetzt an den Symptomen wahrnehmen, heißt noch nicht, wir hätten sie auch verstanden. *Hätten wir die Atombombe nicht bloß wahrgenommen, sondern verstanden, würden wir uns die Genmanipulation nicht erlauben.* Denn noch viel weniger als unsere kognitive Präferenz (fürs Projizieren) ist unsere psychosoziale Verfassung – wir dürfen hinzufügen: bisher – darauf eingerichtet, die Weltenuhr zu regulieren, dem alten Meister ins Handwerk zu pfuschen, damit wir es bequemer bekommen mit dem Wassertragen. Der alte Faust hat wenigstens eine Ahnung gehabt: »Könnt ich Magie von meinem Pfad verbannen, stünd ich, Natur, vor Dir, ein Mann allein . . .« Doch geht es ja nicht zuletzt um die Machtmagie der Institutionen, um den allem Honig echter regulativer Erfordernisse beigemengten Tropfen Teer, weswegen meist mehr Finsternis als Licht durch die institutionellen Adern fließt. Wer dient schon? Wer ist wirklich *minister* anstatt herrschen zu wollen? Ganz offenbar befinden wir uns sozialanthropologisch nicht in der Reifeverfassung, in der noch so wahre Grundlagenerkenntnisse göttlich anstatt satanisch funktionieren würden. Selbst der Wahrheitswille und die Menschenliebe eines Einstein vermochten für nichts zu bürgen. Die Motive der Genforscher etc. sind einfach kein adäquates Argument, und wenn sie das nicht selber sehen, sind sie schon allein dadurch disqualifiziert.

Warum hören wir es uns ruhig an, von den Möchtegern-Nobelpreisträgern, daß sie bei ihrer Drachensaat vorsorglich Kraut und Unkraut auseinanderhalten werden, als machte diese Unterscheidung irgendeinen Sinn. Jetzt lassen wir uns beschwätzen über »Forschungsfolgenabschätzung«, um durch eine »Positivliste« die »humanistisch erwünschten« Untersuchungen zu

189

legitimieren, die erlaubt werden sollen. Allmählich wird es voll bewußte Lüge. Es wird bewiesen werden, was erwünscht ist. Die Vorentscheidung fürs Weitermachen *ist* schon automatisch gefallen, so daß jetzt nur noch um die Lizenz gebuhlt wird, die das schlechte Gewissen beruhigt und das Volk beschwichtigt, und um den Vorrang bei der Mittelzuteilung für das eigene hochlöbliche Untersuchungsprogramm. Individuell kann der moderne Wissenschaftler keinen Tag im Labor mehr verantworten, schon gar nicht in der sogenannten Grundlagenforschung.

Aber die Psychologie des Wissenschaftlers, der seinen Erfolg haben will – mag auch die Welt darüber zugrunde gehen –, ist nur ein, freilich besonders signifikanter, Spezialfall. Bislang gehen wir *generell* derart mit der ökologischen Krise um. Wenn etwas schiefgeht, liegt es an irgendwelchen wissenschafts*externen* Ursachen. Wir reden von unerwünschten *Neben*folgen, als ließen die keineswegs auf den Täter zurückschließen und als wären sie vermeidbar, wenn wir nur ein bißchen besser aufpaßten und einige allzu skrupellose Sünder bei den Haaren nähmen. »Menschliches Versagen« haben wir inzwischen an der Spitze dieser »objektiven Ursachen« angesiedelt. Als läge die Crux nicht etwa schon darin, daß der Mensch nicht mehr versagen darf, daß ihn sein eigener durchgegangener Verstand als gottgleich verlangt. Nach der mechanistischen Methode von Versuch und Irrtum lesen wir punktuell an der »Umwelt« ab, daß unsere Handlungen fehlerhaft sind und verbessern anhand dieser Rückkopplung unsere Methoden – um uns immer tiefer in die gleiche Richtung hineinzubohren.

So kommen wir von der Verstrahlung auf atomstaatliche Sicherheitsvorkehrungen, von unseren Krankheiten und von unserer summa summarum unberechenbaren Chemieproduktion auf noch mehr Tierversuche und gentechnische Menschenbastelei etc. Nur ja nicht von den Effekten zurückschließen auf die Methoden! Nur ja nicht von den Methoden auf deren Prinzipien und Motive! Nur ja nicht von den Methoden und Prinzipien auf die Zivilisation, die sie hat. Nur ja nicht von dieser Zivilisation auf den Menschen, der sie trägt! Ja nicht mit der Rückmeldung hindurchgehen durch das *Subjekt* des Exterminismus! »An ihren Früchten sollt ihr sie *nicht* erkennen« – das ist die inständige Bitte all der Zauberlehrlinge.

190

Zweitens macht uns unser Gehirn zu Wesen, die mit Beethoven von sich sagen können: »Wir Endliche mit dem unendlichen Geiste«. Wir müssen darunter leiden, daß jeder individuelle Mikrokosmos das Ganze nur potentiell und intuitiv, nie wirklich umfaßt, und daß wir sehr beschränkt sind: »Leiden ist beschränktes Handeln« (Spinoza). Ein Bewußtsein dieser Potenz, mit soviel unausgenützter Überkapazität, mußte dahin gelangen, sich als vereinzelte Monade all den »zehntausend Wesen«, schließlich dem All schlechthin gegenüberzustellen, dieses unverwechselbare Subjekt *allem* Objekt, dieses Ich allem Nicht-Ich.

Naturwüchsig, unreflektiert konnte es gar nicht anders, als mit der Zeit ein anthropozentrisches Weltbild zu schaffen und alles aus der Perspektive des eigenen Interesses, des eigenen Nutzens zu sehen, und dies kurzfristig-kurzschlüssig. Wir sind auf diese Weise nicht etwa vernünftig, sondern idiotisch selbstidentifiziert, nicht mit unserem wohlverstandenen Interesse, sondern wie ein Wassertropfen, der sich verewigen möchte, ohne an das Meer zu denken.

Auf dieser Grundlage muß sich die materielle Praxis um so mehr als Hybris erweisen, je umfangreicher, tiefer und weiter wirkend sie eingreift: Wir setzen dabei die göttliche Allwissenheit, die wir so gerne hätten, indirekt als gegeben voraus und verfälschen unseren auf Unwissenheit beruhenden Störeinfluß zu einem »Restrisiko«. Wie groß das ist, erfahren wir um so schwerer, um so später, je mehr wir die Warnsignale aus den älteren Hirnpartien auch schon ohne Drogen automatisch abschalten, indem wir fast alle unsere Energien von den Sinnen abziehen und uns einseitig auf rationales Funktionieren beschränken.

Ja, der Verstand beansprucht auch noch in der menschlichen Existenz selbst die zentrale Position, gegen Körper und Seele, so daß wir dann, etwa mit Franziskus, den Körper – in diesem Falle liebevoll, mitleidvoll – unseren »Bruder Esel« nennen können. Auch diese Perspektive unseres Sonderinteresses, aus dem wir auf alles andere Existierende, insbesondere auf alles andere Leben reagieren, erweist sich als todverbündet. Sägte der subjektive Geist nicht so fühlbar den Ast ab, auf dem er biologisch sitzt, könnte er sich schlicht über den »stummen Frühling« hinwegsetzen. Er *kann* von Buchstaben und Signalen in der von ihm geschaffenen künstlichen Weltraumkapsel leben – die Deprivation erreicht ihn nur indirekt, über den doch noch nicht ganz auf »Trägermasse« reduzierten »Bruder Esel« eben, der vergessen werden kann, solange er das Minimum bekommt, um nicht durch Ausfall zu stören.

Zum Abschluß reproduziert sich der entfesselte Logos auch noch den inneren Antrieb selbst: Das einseitig auf abstraktes Erkennen konzentrierte Interesse kann sich – weil eben die menschlichen Energien nicht instinktiv festgelegt, sondern verfügbar sind – die nötigen Energien nachholen. Der Kopf-Mensch ist möglich, wie wir an Descartes im Prinzip, aber längst noch nicht im Extrem gesehen haben. Die »göttliche Neugier« nährt sich selbst, hat sich die entsprechende soziale Position gesichert. Auf der Basis dieser Selbstidentifikation als homo scientificus reduzieren wir unseren Erkenntnisapparat auf das Korrelat unserer toten Kunstwelt, anstatt unsere gesamte Physis, die tatsächlich allerkennend zumindest veranlagt ist, als Erkenntnisorgan zu nutzen und zu qualifizieren, wie es Erleuchtete immer wieder lehrten.

Egozentrik

Drittens ist diese anthropozentrische Position zugleich im weitesten Sinne *egozentrisch*. Dies meint nicht, wir seien alle gleichermaßen »egoistisch« im landläufigen Sinne, und es meint auch nicht das »Persönchen«, den vordergründig ich-orientierten, narzißtischen Charakter, den wir manchmal mit diesem Wort bezeichnen. Sondern die conditio humana als solche bedeutet Ich-Entwicklung, in der die mitgeborene Individualität herausgearbeitet wird (auch da schon, wo es noch keine Ich-Bewußtheit gibt) und kulturell auf das selbstbewußte, reflektierte Ich zusteuert, das gar nicht anders kann als die Welt auf *sich* bezogen zu erleben und eine Trennungslinie zwischen Sich und dem Nicht-Ich zu ziehen.

Es ist eines, die anthropozentrische Denkweise rational aufzugeben. Dann bleibt sie immer noch in unserer noch viel gründlicheren Egozentrik verankert. Nicht einfach der Mensch steht im Mittelpunkt, sondern milliardenfach das menschliche Ich, »einzig in seinem Eigentume«. Gerade darin hat es Europa in seinem Individualismus am weitesten gebracht. Wiederum im umfassendsten und nicht von vornherein kritischen Sinne ist hier jede(r) sich selbst die oder der Nächste und Wichtigste und kann dabei durchaus auch altruistisch motiviert sein. Wir neigen dazu, noch die wesentlichsten allgemeinen Interessen, etwa auch die ökologischen Erfordernisse, zu psychologischen Pfründen zu machen und sie im Kampf um Selbstdarstellung gegen andere auszuspielen. Moralisch kann jemand, der in Sachen Tschernobyl schon seit Jahren recht gehabt hat, durchaus hinter jemand anderem zurückstehen, der jetzt erst anfängt, über Ausstieg nachzudenken. Aber mir geht es hier gar nicht um solche Differenzierungen, sondern um das Prinzip.

In der Regel will der Mensch nicht nur nicht bloß *über*leben, er will auch nicht *nur* leben. Wir richten unser Verhalten weniger nach der Angst vor dem physischen Tod als nach der Angst vor der subjektiven Sinn- bzw. Bedeutungslosigkeit unserer individuellen Existenz. Unbedeutsamkeit ist zumindest des (seine Naturproduktivität weniger erlebenden) Mannes eigentliche Todesfurcht. Hierin berühren sich individuelle und gesellschaftliche Selbstmordneigung. Und haben wir nicht als Kinder schon mitunter gewünscht, es möge, wegen irgendeiner narzißtischen Kränkung, die uns die Erwachsenen zufügten, die Welt untergehen? Und später mag es ja gehen, das Projekt der »Pyramide für mich« aufzugeben, *nachdem* man sich »einen Namen gemacht« und jene faustische Spur gezogen hat, die »nicht in Äonen untergehn« soll. Und jene Milliarden Egos, die dazu etwas mehr Material verbrauchen, werden sicherlich nicht aufgeben, solange die avancierteren, mehr innerlichen Pyramidenbauer weitermachen.

Mit ein wenig Übertreibung läßt sich sagen, daß eigentlich jeder Mensch die ganze Erde für sich allein brauchte, um sie dem lieben Nächsten als seine vorzeigen zu können, und das zu Wenige, das noch der Reichste hat, muß mit Verlustängsten besetzt und mit Verteidigungsanlagen umgeben sein. Der konkrete Gegenstand unserer Selbstsucht wäre demnach stets ein Ersatzobjekt mit dem wir unsere existentielle Blöße zuzudecken suchen. Wir möchten zuerst eine kleine Welt um uns sammeln, möglichst zu geschlossenem Kreis, in der wir uns als vollständig anschauen können, und dann erweist sich eben zuletzt die Erde als zu klein: Es müssen auch noch Mond und Sterne unser sein. So bewegen wir uns unablässig fort von der Stelle, wo wir doch *in uns selber*, mit einiger meditativen Kultur, der Gottheit, dem Eins und Alles begegnen könnten. Ich ahnte diesen Zusammenhang erst, als ich damals in meiner »Alternative« von der »Reise nach innen« sprach und in einer Zusammenfassung der Resultate hinzufügte, unsere Zivilisation sei an jene Grenze der Ausdehnung gelangt, wo *die innere Freiheit des Individuums als Bedingung des Überlebens* erscheint. Sie sei einfach die Voraussetzung für den einsichtigen kollektiven Verzicht auf die so verhängnisvolle wie subjektiv zwecklose Fortsetzung der materiellen Expansion.[92]

Aus dem Mangel an *dieser* »inneren Souveränität« (die durch die schönste »innere Souveränität« von Staat und Recht immer nur gewaltsam substituiert werden könnte) sammeln die Menschen Macht, Sicherheit, Bequemlichkeit, Rüstung gegeneinander an, und Expansionsdynamik ist das unvermeidliche Ergebnis. Da es ganz unmöglich und wegen vielfacher Darstellung in den Weisheitsbüchern der Menschheit auch überflüssig ist, das hier noch einmal ausgedehnt darzustellen, will ich nur an die jüngste systematische Übersicht der Ich-Problematik in den Werken Ken Wilbers erinnern. Sie sind auch hilfreich, um sich in dem zeitgenössischen Psychodschungel zu orientieren, dort ein wenig die Spreu vom Weizen zu trennen.[93]

Ehe ich dem Amerikaner das Wort gebe, um diesen Abschnitt abzurunden, will ich noch wenigstens andeutend zeigen, wie sich derselbe Stoff bei Meister Eckhart und bei dem altchinesischen Laudse liest. Es soll sichtbar werden, wir haben es tatsächlich mit einem »ewigen«, genauer gesagt, mit einem sehr langfristig wirksamen Thema zu tun, das aber jetzt an den Punkt heranrückt, an dem seine Matrix aufbricht.

Was die älteren Lehrer der Menschheit immer erneut zur Verzweiflung brachte, war ja die Frage: *Warum* fällt es uns so schwer, von dem Subjektivismus, von dem Eigenwillen, von der privaten Selbstsucht, die uns zur kämpferischen Billardkugel in der sozialen Mechanik machen, abzulassen? Auch Eckhart lehrte, wir müssen uns der Uridentität mit dem All-Einen vergewissern, *denn wir brauchen so viel, weil uns* in unserer üblichen sozialisierten Verfassung praktisch *Alles fehlt, was wir nicht haben und nicht sind.* So sagte er: »Es ist eine Frage, was in der Hölle brenne? Die Meister sagen gewöhnlich: Das tut der Eigenwille. Aber ich sage wahrlich: das Nichts brennt in der Hölle.« Das Kohlenfeuer, erläutert er, würde unsere Hand nicht brennen, hätte sie selbst auch Feuernatur – die ihr eben abgeht, die eine der Qualitäten ist, die sie nicht hat. »So viel Nichts dir anhaftet, so sehr bist du unvollkommen.« Aber da sei eine Stelle in unserer Seele, in die das uns sonst fehlende Ganze hineinragt, oder wo unsere Eigenheit eine Öffnung hat zum Ganzen hin. »Darum heißt ein Wörtlein: ›Gott hat seinen eingeborenen Sohn in die Welt gesandt‹, . . . ihr sollt es für die innere Welt verstehn.« An dieser Stelle, wo er ihn in uns gebären will »in des Geistes Innigstem«: »Hier ist Gottes Grund mein Grund und mein Grund Gottes Grund. Hier lebe ich außer meinem Eigenen, wie Gott außer seinem Eigenen lebt.«[94] All und Ich sind hier also sozusagen aufeinander zu entäußert und überlagern sich.

Wer sich dieser Kreuzung des Ganzen und des endlichen Wesens an dieser Stelle, dieser »Stadt der Seele«, diesem »inneren Jerusalem« erlebensbewußt würde, der wäre, sagt Eckhart, was der Mensch sein soll, nämlich »wie ein Morgenstern, stets in der Gegenwart Gottes«. Wir hätten uns von dort aus eine andere alltägliche Lebenswelt geschaffen, denn:

Wer nur einen Augenblick in diesen Grund geblickt hat, dem Menschen sind tausend Pfund rotes geschlagenes Gold nicht mehr als ein falscher Heller.[95]

Des Thukydides antagonistisch um Herrschaft und um Freiheit kämpfende »menschliche Natur« wäre übersprungen.

Ebenso wie Eckhart hält Chinas Laudse, ein grundpolitischer Heiliger, den Menschen des Thukydides, den er auch in seinem Land zur Genüge gesehen hatte, schon für aus der natürlichen Ordnung und Gnade herausgefallen. Er nennt sein Verhalten »erbärmliches Großtun von Räubern« und macht die Mächtigeren auch stärker verantwortlich für die Störung der Weltharmonie. Er lehrt vor allem die für das Gemeinwesen Verantwortlichen, das Herz leer zu machen von Eigensucht. Dann werde es Ruhe finden, müsse nicht mehr nach den Dingen greifen, sondern könne ihre Rückkehr an den rechten Platz in der Großen Ordnung erschauen. Denn nun, heißt es im 16. Spruche des Daudedsching

> von allen dingen in ihrer vielfalt
> findet ein jedes zurück zur wurzel
> wurzelwiederfinden heißt stille –
> was man nennen mag: rückkehr zum wesen
> rückkehr zum wesen heißt ewigdauern
> ewigdauerndes kennen heißt klarheit
> wer ewigdauerndes nicht kennt
> wirkt blindlings zum unheil.

Wer dagegen »ewigdauerndes kennt«, *braucht* nicht andauernd, muß nicht so vorsorglich *haben*, wird nicht die Flucht nach vorn antreten in die Pseudounsterblichkeit, denn er »umfaßt alles« und

> wer alles umfaßt, gehört allen
> wer allen gehört ist königlich
> königliches gleicht dem himmel
> der himmel gleicht dem Dau
> das Dau gleicht der ewigkeit
> wer dauert im Dau
> taucht in die tiefe gefahrlos.

Was für eine Königsdefinition – als Bedingung fürs Überdauern formuliert!

Ganz anders steht der egozentrisch befangene Mensch in der Welt. Und Wilber meint:

Die Menschheit wird diese Art mörderischer Aggression, von Krieg, Unterdrückung und Verdrängung, Anhaftung und Ausbeutung, nie, ich wiederhole, nie, aufgeben, ehe sie nicht den Besitz aufgibt, den man Persönlichkeit nennt – das heißt, ehe sie nicht zur Transzendenz erwacht. Bis dieser Zeitpunkt gekommen ist, werden Schuld, Mord, Eigentum und Person stets Synonyme bleiben.[96]

Das Gattungsdilemma ist also: Das Gehirn als Distanzorgan macht uns zur *mächtigsten besonderen Ursache* im Maßstab der ganzen Erdoberfläche und ihrer Atmosphäre. Diese Macht aber wird eben nicht von den allgemeinen Interessen der irdischen Evolution und des Erhalts ihrer Ergebnisse geleitet, sondern von unseren unmittelbaren, kurzfristigen Interessen und Willenszielen.

Diese anthropozentrische, egozentrische Ausrichtung ist normal gerade unter dem Gesichtspunkt, daß sie sich genau entlang dieses unmittelbaren Zwecks entwickelt hat, uns als Selbstbehauptungsinstrument zu dienen. Aber in *dieser* Machtposition – die Sophokles schon aussprach, als wir noch keinen Bruchteil unserer heutigen Reichweite und Störkapazität besaßen, wo wir um unserer menschlichen Interessen willen eine planetarische Praxis entwickelt haben – kann es nicht gutgehen, wenn sie aus dem Parallelogramm der Ich-Kräfte heraus gesteuert wird. Das Ich erweist sich dann nicht nur spirituell als Gefängnis, sondern materiell als eine Rüstung, die den Helden in die Tiefe zieht.

III. Richtung der Rettung

1. »Logik der Rettung«

Was kann das heißen?

Wie ich es mit der Idee der *Rettung* halte, darüber habe ich mich schon am Schluß des I. Teils geäußert. Und vielleicht habe ich mit dem II. Teil davon überzeugt, daß es eine *Logik* der Selbstausrottung gibt, die rational herauszuarbeiten sich gelohnt hat. Aber *Logik* der Rettung? Wenn es doch der Verstand ist, der mit uns durchgeht, wenn doch gerade der abstraktionistische Charakter unserer Kultur ein zentraler exterministischer Faktor ist? Aber wie exakt ist es, zu sagen, daß der Verstand *mit uns* durchgeht? Ja, seine Entäußerung, die Megamaschine, der tote Geist geht mit dem lebendigen durch, doch dem geht etwas voraus, nämlich, daß *der Mensch mit dem Verstand durchgeht*, wo er früher eher mit dem Gefühl durchzugehen pflegte. Schließlich sind Verstand und Gefühl keine wirklichen Subjekte, sondern Aspekte menschlichen Verhaltens, menschlicher Tätigkeit, und es ist eben die Verstandesform, in der *wir* unsere wie auch immer emotional motivierten Kräfte so überwältigend materialisiert haben.

Bei allen, die mit dem *New Age* möglichst billig und bequem davonkommen wollen – und aus verständlichen, dennoch nicht tragfähigen Gründen tun sich hier manchmal Frauen besonders hervor –, ist es Mode, sogleich über Kopflastigkeit zu klagen, wo überhaupt die Anstrengung des Gedankens verlangt wird. Demgegenüber will ich als selbstverständlich feststellen, daß es in der heutigen Wendezeit und bei all den Ausflügen in die Tiefenschichten unserer Psyche vor allem um die *Qualifikation,* und zwar um eine *höhere* Qualifikation des Denkens geht, besonders um einen höheren Freiheitsgrad des Denkens, um seine De-Automatisierung. Und in diesem Zusammenhang geht es um die *lebensrichtige Einordnung* des instrumentellen Verstandes (als *einer* Fakultät des Denkens) ins psychische wie ins soziale *Ganze.*

Denn einerseits scheitert soviel »nicht-logische« konkrete Betroffenheit – und nicht nur wegen ihrer häufig gleichfalls zu egozentrischen, zu wenig objektivierten Motivation – an der

Komplexität des entfremdeten sozialen Ganzen, dessen »Landschaft« sehr wohl kartiert sein will, wenn wir uns halbwegs in ihr zurechtfinden wollen. Andererseits bindet uns bloße logische Analyse, die sich als herrschend setzt, nur um so mehr an die Komplexität, die sie beschreibt. Es hängt eine ganze Futurologie daran, wieder und immer wieder das Bestehende für vernünftig zu halten, nur weil es sich als logisch ableitbar darstellt, solange die alten Prämissen gelten. Der wissenschaftliche Verstand regiert die technokratische Welt? Schon sind die Adepten von rechts und links dabei, aus diesem Faktum das Ideal einer Wissenschafts-, einer Informationsgesellschaft zu entrollen.

Verstand, Logik, Wissen als solche sind natürlich an gar nichts schuld – so wenig, wie das Messer an und für sich ein Mordwerkzeug ist. Bei dem rationalistischen Dämon liegt das Problem im *Dämon*, nicht in der ratio, in der er sich – oft nur allzu irrational – auszudrücken liebt! Es ist, wie wir sahen, eine ganz bestimmte, geschichtlich bedingte Subjektivität, die sich seit etwa 3000 Jahren immer suchtartiger in den instrumentellen Verstand hineinstürzt und ihn in ihr lebensschädigendes Machtinstrument verwandelt. Und eine Logik der Rettung fängt gerade damit an, dies festzuhalten, nämlich die Frage nach dem *Subjekt* des Exterminismus *zuerst* zu stellen und ihr bis auf den letzten Grund gehen zu wollen.

Ein theoretisches, d. h. in sich selbst notwendigerweise logozentrisches Buch gleich kopflastig zu nennen, könnte nur bedeuten, *Theorie* lassen zu wollen. Schöpferisches Denken kann so gut Lebensgenuß sein wie ein Liebesakt und muß dem nicht etwa entgegenstehen; das Leben hat viele Stunden. Freilich deformiert eine logozentrische *Kultur*, in der also das *Ganze einseitig unter Verstandesherrschaft* liegt, ihre Mitglieder von Grund auf. Aber wieso sollten wir darüber vergessen, daß der Mensch durch die Fähigkeit zu denken, auch abstrakt zu denken, ursprünglich ausgezeichnet ist?!

»Logik«, d. h. ein *nicht nur* intuitives Herangehen, gehört also unbedingt dazu, wenn wir die Richtung der Rettung ausmachen und eine Rettungspolitik entwerfen wollen. Erst wenn man die Koordinaten der Lage kennt sowie Schicht um Schicht die Struktur der Herausforderung eingesehen hat, läßt sich analysieren, wo und wie eine Änderung einsetzen kann: bis hin zu einer Synthesis auf das Subjekt eines Rettungsweges hin. Es ist auch nützlich, einigermaßen begründet die Holzwege auszuschließen, die Sackgassen im Labyrinth zu sperren usw. usf. Ich denke, wir sollen dem *Selbstlauf* der Zivilisation, die sich als eben *nicht* von einer Unsichtbaren Hand zum Guten geführt herausstellt, mit einer neuen *Idee* begegnen, die die alte Idee berichtigt, welche offenbar diese exterministische Tendenz enthält.

Um *aktive* menschliche Subjektivität handelt es sich beide Male. Auch diese Mode, wegen der exterministischen Macher *jedes* Machenwollen, pseudoesoterisch, als unstatthaft hinzustellen, ist absurd. Das Nichttun, das die alten Meister schon so lange empfehlen, meint Tun ohne ichbesessenen, süchtigen Tatendrang, fordert unsere Selbstkritik, wo wir zwanghaft schaffen müssen, wo wir nicht warten, nichts reifen lassen können und wo wir gegen den Lauf des Wassers statt mit ihm gehen.

Auch bedeutet, daß bei bisherigen »idealistischen« Investitionen in den Geschichtsverlauf oft nichts und häufig Schlimmeres herauskam, noch lange nicht, daß uns vor diesem Dilemma der menschlichen Existenz und Praxis nur die Rolle rückwärts bleibt. Neu herangereifte subjektive Kräfte haben das Recht, die sozialen Strukturen neu zu formen, den neuen Notwendigkeiten eingreifenden Ausdruck zu verleihen. Grundgestörte Verhältnisse ohne Eingriff weiterlaufen zu lassen, anstatt das Ganze neu zu gestalten, setzt indirekt voraus, daß man dem schlechten Status quo die Würde des ursprünglichen harmonischen Zustands zuschreibt, der nicht durch willkürlichen Eingriff gestört werden darf.

Wenn Fichtes »Handeln, handeln, handeln, das ist es, worauf es ankommt« jemals galt, dann jetzt angesichts der immer rascheren Umdrehung der Todesspirale. *Wie* zu handeln ist, aus welcher inneren Verfassung, aus welcher Einstellung zur allgemeinen und zur menschlichen Natur – das allerdings ist die Frage. Es *kann* durchaus die wichtigste Handlung sein, die subjektiven Voraussetzungen für adäquates Eingreifen zu schaffen. Gegenwärtig ist der subjektive Faktor ganz und gar entscheidend, weil es gar nichts mehr bringt, aus den alten Grundeinstellungen heraus auf die immer wieder neuen Handlungsanlässe zu reagieren, die uns die durchgegangene Zivilisation bietet.

Aus diesem Grunde muß sich jetzt unser logisches Bemühen viel mehr auf uns als die letzte und eigentliche Ursache richten als auf die von uns geschaffene Welt, die doch nur der objektive Spiegel unseres Gestörtseins ist. Es handelt sich letzten Endes um *ein* Ensemble, ich komme gleich noch darauf zurück. Subjekt und Objekt entsprechen einander natürlich, bilden *ein* nur sekundär-analytisch aufspaltbares System. Aber erst einmal ist die Akzentverlagerung wichtig. Übrigens gibt es kaum etwas logisch Scharfsinnigeres als die subjekt-zentrierte Erkenntnistheorie der Buddhas, wie man etwa an Tarthang Tulkus »Raum, Zeit und Erkenntnis« sieht. Schriften des Dalai Lama sind sogar herausgegeben worden unter dem Titel »Logik der Liebe«. Kurzum, die Logik ist und bleibt einfach allgemeingültiges Werkzeug unserer Denkkraft, kein Weitergehen wird ihre immer differenzierteren Kalküle entwerten. Außerdem ist sie eine Errungenschaft unseres Bios, der sich erst später mit ihr in sein labyrinthisches Gefängnis eingesponnen hat.

Auf der anderen Seite sind alogische (nicht antilogische), arationale (nicht antirationale) Praktiken, deren Einsatz logisch bzw. begründbar ist (wie bei der Bioenergetik, der transpersonalen Psychologie, dem Tantra, der Meditation) heute deshalb so wichtig, weil sie dazu dienen, dies Ge- und Befangensein aufzulockern, die festen Besetzungen und automatischen Verknüpfungen in unserem Biocomputer aufzulösen oder zu relativieren, mit denen wir auf die tödliche Automatik der Megamaschine festgelegt sind. Sie eignen sich, unserem natürlichen körperlichen Potential (einschließlich der Großhirnrinde!), das weitgehend von der Megamaschine besetztes Territorium ist, einen Freiraum zu verschaffen. Denn der automatisierte Teil unseres Willens verursacht die unfreie Reproduktion der bestehenden Zustände, behindert und blockiert mit seinen vorurteilsvollen Zwecken unsern eigentlichen Daseinszweck, macht uns zu Robotern der exterministischen Kultur, wo wir Schöpfer einen neuen, biophilen sein sollten und könnten.

In dieser Perspektive weist uns die *Logik* der Rettung den Weg der Wiederannäherung an den *Logos* als das natürliche (göttliche) Bewußtsein, das mit dem menschlichen Bios gegeben ist. *An sich* ist der Logos Bios, ist er dessen intelligible Seite. In erleuchteten

Momenten ist unser Denken nicht von ausgedachten Zwecken erfüllt, sondern vom Logos des Lebens. »Und vor dem Willen schweigt die Willkür stille«, heißt es für solche Fälle in Goethes »Urworten orphisch«. Eine Logik der Rettung würde also verlangen, uns bewußt solche Momente zu schaffen, in denen wir bis in unseren Denkapparat hinein offen für die Botschaft des Seins sind. Daraus wiederum folgt logisch die Forderung, eine soziale Verfassung zu finden, in deren Rahmen sich derartige Erfahrung für alle »von selbst« ergibt, weil der Weg dahin Bestandteil der allgemeinen Erziehung ist, die Aufhebung der sozialisationsbedingten Fixierungen dann also zur bis ans Lebensende unvollendeten Sozialisation gehört.

Allerdings ist nahezu die gesamte spirituelle Tradition naiv individualistisch. Indem sie die gesamte gesellschaftliche Wirklichkeit gern zur Illusion erklärt oder ignoriert, erweist sie sich in der Regel als unfähig, gesellschaftliches Bewußtsein zu *organisieren*. Man stelle sich einen Ameisen-Buddha vor, der das objektive Gehirn seines Staates, die Königin, für irrelevant erklärte. Sehr viele Meister haben ihren subjektiven freien Geist prinzipiell überschätzt. So führt der Buddhismus in seiner edelsten Figur, dem Avalokiteshvara, »der den Schrei der Welt hört«, zu dem Paradox, daß er *nie* in das so ersehnte Nirwana eingehen kann, weil der Dienst an der Erlösung aller fühlenden Wesen eine Sisyphusarbeit ist, die nicht enden kann.

Allzu viele Individuen finden gar keine Startbahn für den Aufstieg zu Gott (Thomas Müntzers letzte Motivation, den deutschen Bauernaufstand anzuführen, ist ja gewesen, ihnen die zu verschaffen). Lewis Mumford hat nur allzurecht, wenn er es kritisch den axialen (d. h. allen Religionen der Achsenzeit gemeinsamen) *Allerweltsglauben* nennt, »daß das Heil des Selbst unabhängig von der Wohlfahrt der Gesellschaft gesichert werden kann, oder zumindest unter ›Ausschluß der Öffentlichkeit‹; hier wird ›menschlich‹ fälschlicherweise mit ›privat‹ identifiziert«.[97]

Was meinen diese unpolitischen Leute (da doch der Mensch zoon politikon *ist*, indem er in Gesellschaft lebt), wenn sie zugleich den esoterischen Grundsatz wiederholen, »wie Außen so Innen, wie Innen so Außen«? Kann man diese Entsprechung behaupten, um sie zugleich zu ignorieren, wenn es die soziale

Welt betrifft? Wir haben es hier mit einem kurzschlüssigen Verfahren zur Vereinfachung der realen Komplexität zu tun. Mehr als ein bißchen Privatmagie wird dabei in der modernen Welt nicht herauskommen.

Der französische Marxist Lucien Sève hat sich den Unfug geleistet, ein ganzes Buch[98] lang den Menschen als »außenmittiges Wesen« zu feiern. Aber die Marxsche Formel vom Menschen als *Ensemble der gesellschaftlichen Verhältnisse*, die Sève ad absurdum führen zu wollen scheint, bleibt zutreffend, auch wenn Marx selbst die Wahl- und Entscheidungsfreiheit des Individuums nicht genügend gegen die Vulgarisierung seiner These geschützt hat, die entsteht, wenn sie auf den Einzelnen statt auf die Gattung bezogen wird. Es sollte offensichtlich sein, daß der Menschengeist im sozialen Ensemble funktioniert. Wenn wir jeden sozialen Verband *nur* unter dem Gesichtspunkt der Korruption seiner Mitglieder betrachten und das Entfremdungs*moment* der Assoziation absolut setzen, landen wir bloß wieder bei dem Stirnerschen Einzigen in seinem Eigentum, der symptomatisch war und ist, sonst aber nichts.

Der spirituelle Individualismus ist der schwächste Punkt fast aller der fernöstlichen Traditionen, worin sie sich nachteilig von dem Christusimpuls unterscheiden und mit der Anomie der spätbürgerlichen Gesellschaft korrespondieren. Diese Haltung hat schon von vornherein die Kapitulation vor der Bewußtlosigkeit des historischen Gesamtprozesses bedeutet. Indessen geht es gerade darum, das soziale Ensemble so zu vergeistigen und so transparent zu gestalten, daß das individuelle Bewußtsein sich zugleich als dessen Mikrokosmos erkennen und erleben kann, ohne in einem Kollektivismus unterzugehen. Gerade die geistlich bewußtesten Menschen haben die *Pflicht*, sich auch politisch zu konstituieren, und zwar in dem hohen Sinne, den zuletzt Hannah Arendts Denken dem Begriff des Politischen gegeben hat.

In allen vormodernen Hochzivilisationen verstand sich das von selbst. Sogar die Lehre Buddhas hat einen großen Kaiser inspiriert. Unser ganzes Mittelalter stand – bis in das Scheitern seiner Ordnung hinein – im Zeichen einer Gottesstaatsidee. Das Religiöse war zutiefst politisch, alles Politische war wenn nicht religiös motiviert so doch wenigstens auf religiöse Rechtfertigung angewiesen. Übrigens genauso ist es in den Ländern mit sowjetischem System, wie sich jetzt an der Regeneration des kommunistischen Glaubens in der Sowjetunion zeigt.

Wenn Hegel und Marx in einer Sache recht hatten, dann in ihrer Überzeugung, daß die Menschen dahin kommen müssen, ihren historischen Gesamtprozeß mit *Bewußtheit* zu machen. Kurzum, der *Selbstlauf der Geschichte,* die blinde Mitwirkung der menschlichen Akteure in einem nicht ihrem Willen unterliegenden »Parallelogramm der Kräfte«, die Lenin später (*ohne* damit die psychische *Impulsivität* zu meinen) »Spontaneität« genannt hat, bringt uns um. Den Markt, der uns hat, regeln die Automatismen ja vielleicht ausgezeichnet, abgesehen von der Kleinigkeit, daß die Summe suizidal ausfällt. Wir müssen uns dazu befreien, eine neue Gesamtentscheidung treffen zu können und zu wollen.

Der eigentliche Gegenstand der neu aufkommenden Spiritualität, an dem sie sich wird bewähren müssen, ist nicht die persönliche Heiligkeit, sondern der persönliche Beitrag zur Herstellung einer guten, einer wieder heiligen Gesellschaftsordnung: einer Neuinstitutionalisierung, wie sie heute nötig ist, wenn das menschliche Gattungsleben auf der Erde weitergehen soll. Und der Zugang, über den sich die *New-Age*-Bewegung das zu erschließen beginnt, ist das Gaia-Konzept. Es bedeutet, der Mensch muß sich statt nur mit seinem Ich mit der ganzen belebten Erde identifizieren und von *dorther* denken. Da aber das Ich seinem Wesen nach abgrenzend gegen die übrige Welt verfährt, braucht der Mensch ein nicht egozentrisches Selbstkonzept, das – »wie innen, so außen« – dem Gaia-Konzept entspricht.

Eine Erde heißt erst einmal *eine* Menschheit, denn nur durch deren planetarische Praxis – freilich nach dem beschränkten Modell des Weißen Mannes – stellt sich überhaupt das Problem »Gaia«. Der Punkt, in welchem sich die Menschheit auf ihre Einheit hin institutionalisieren muß, ist gewissermaßen der höchste Lotos der Rettungslogik: Bringen wir ein Weltregiment zustande, bei dem göttliches Licht, Licht einer göttlichen Gerechtigkeit von oben nach unten tropft wie die Töne einer Bach-Toccata pfeilerabwärts von den Kreuzgewölben?

Das Allerheiligste, um das sich die Menschheit versammelt, kann – wie der Gral unserer Rittermystik – nur ein Symbol für die

Würde allumfassender Bewußtheit sein, in der die Menschen potentiell alle eins sind, eine Inkarnation ihres einigen körperlich-seelisch-geistigen Potentials, das von sich aus zur Erleuchtung, d. h. zur Überwindung aller ichbesorgten Verhaftungen unterwegs ist. Die Ausbreitung einer solchen Bewußtheit ist die Bedingung einer rettenden Neuinstitutionalisierung. Es war wieder Lewis Mumford, der schon 1956 in seiner »Transformation of Man« versucht hat, einen entsprechenden »rationalen Mythos« zu entwerfen. Nur auf einen Menschheitsmythos dieser Art kann sich ein »gäanisches« (dem Leben auf der Erde verpflichtetes) Ethos gründen, das dann auch politisch trägt, nämlich eine Weltregierung *ohne* anderes Machtkalkül als das der notwendigen Selbstbegrenzung unserer Gattungspraxis auf einem endlichen Planeten.[99]

Auch theoretisch ist die Gaia-Hypothese bei weitem nicht bewältigt. Etwa Peter Russels filmische Vision von der erwachenden Erde, eine Vulgarisierung Teilhard de Chardins, den schon Mumford in diesem Punkt sehr in Frage gestellt hatte, fetischisiert unseren Planeten. In der Idee eines *global brain*, eines planetaren Gesamthirns, triumphiert schon wieder die Termitenkönigin. Bis in die künstlerischen Mittel korrespondiert der Film mit den technokratischen Phantasien der Buckminster Fuller und Alvin Toffler, die alle von der »Informationsgesellschaft« statt von einem Reich des Menschen ausgehen. Dennoch existiert die Herausforderung des »planet management«, auf die Russell schnell seine konventionelle Antwort gegeben hat, und es ist wahr, daß die traditionelle individualistische Meditationspraxis keine Aussicht hat, auch nur den Zipfel dieses Problems zu erwischen.

Das menschliche Selbst ist und bleibt *individuell*, weil jede(r) von uns genotypisch einmalig ist. Aber es identifiziert sich mit dem Ganzen, indem es sich als Mikrokosmos begreift und erfährt. Das Selbst ist nicht *individualistisch*. Es muß aber diese Identifikation mit dem Ganzen und insbesondere mit Gaia als der Repräsentantin des Kosmos auf *allen* Ebenen menschlicher Aktivität vollziehen. Nirwana ist nur *eine* Ebene, die des *zuletzt* wiederzugewinnenden archaischen Einsseins in einer neuen, höheren Qualität. Wenn das rationale Ich schon zu dem Schluß kam, daß die Wahrheit konkret ist, wieso sollte das integrale Selbst dahinter zurückfallen? Alle Überwindungen sollten Aufhebungen nach vorwärts und aufwärts sein. Weil wir bestimmte Entwicklungsstufen hinter uns gelassen haben, *ohne* ihren Reichtum zu integrieren, sind zwar Regressionen notwendig. Aber sie sollten als *partielle* verstanden und praktiziert werden, und bei fortgesetzter Aufklärung (was wiederum nicht bedeutet, keinerlei Risiko einzugehen und dem Zurücktauchen nicht *seine* Stunde, *seinen* Tag oder auch *seine* Woche, *seinen* Monat, *sein* Jahr zu lassen). Wir in Europa könnten uns daran erinnern, daß Parzifal wirklich *König* werden sollte, Gralskönig, allgemeiner Repräsentant, verantwortlich für das allgemeine Heil, und daß es die höchste Idee von der bürgerlichen Gesellschaft war, diese Verantwortung jedermann zuzudenken, und jeder Frau dementsprechend die Rolle der *Königin*. So war es bei Fichte gemeint, so bei Shelley. Dessen »Republik der Könige«, dieses Idealbild der westlichen Sozialverfassung, muß dann heute konsequent spiritualisiert werden. Denn pluralistisch konkurrierend, wie die Vorstellung sonst bloß ausfallen könnte, werden ein paar hundert Millionen oder gar fünf Milliarden Könige und Königinnen keine gute Gesellschaft stiften. Das geht nur, wenn sie sich als Ausflüsse *eines* evolutionären Gefäßes begreifen und erfahren lernen, *eines* Grals, *einer* Idee vom Menschen.

Ist Politik noch politisch genug?

Die Logik der Selbstausrottung macht vor allem deutlich, was alles nicht geht oder wenigstens nicht ausreicht. Ein rettender gesellschaftlicher Wandel setzt nicht mehr und nicht weniger als eine Verwandlung des Menschen, des menschlichen Selbst voraus. Unter diesem Gesichtspunkt müssen auch alle Eingriffe, die auf weiter oben liegenden Ebenen als der conditio humana nötig sind, gesehen werden. Und eine neue Politik fängt mit dem neuen Menschen an. Dies Neue ist nicht ein anderer Genotyp, sondern eine andere Bewußtseinsstruktur.

In Zeiten epochalen Wandels ist daher eine Praxis der Transformation, der Selbstverwandlung des Menschen *die* grundpolitische

Angelegenheit. Kurt Biedenkopf, so war vor seinem Sturz als CDU-Vorsitzender in Nordrhein-Westfalen in den Zeitungen zu lesen, müsse abgelöst werden, weil er »im Kern seines Wesens ein unpolitischer Mensch« sei. Was für ein unbeabsichtigtes Kompliment! Gerade der Überschuß in dem durchaus auch konventionellen politischen Verhalten des »Professors« disqualifiziert ihn für die Parteiarbeit – falls dies nicht die Partei disqualifiziert, die in einer solchen Zeit auf Sekundärtugenden setzt, wie sie sich hinterm Postschalter, am Biertisch und im Karnevalklüngel bewähren.

Was bei uns als Geschäft der Politik übriggeblieben ist, betrifft das geringfügige Modulieren gegebener Machtverhältnisse, die sich nach nichtrationalen Kriterien verändern, heute allerdings auch vermehrt durch den Zusammenstoß mit den Grenzen der Erde. Je »repräsentativer« die Demokratie ist, desto stärker bleibt die Politik den unmittelbaren und kurzfristigen Interessen verhaftet, während sich die wesentlichen Prozesse und Entscheidungen jenseits der politischen Sphäre vollziehen.

Freilich ist dies eben in Wahrheit bloß die Sphäre der Politikasterei. Auf die *Gestaltung* der sozialen Wirklichkeit und ihres Naturverhältnisses zielt sie erst gar nicht ab. Sie ist, wie ich noch näher zeigen will, dafür weder eingerichtet noch eingeordnet. Wir überlassen unser Schicksal dem blinden Spiel weitgehend anonymer Kräfte, die keinen anderen Gesetzen folgen als der Partiallogik ihrer erweiterten Reproduktion. Sollte es auch darin noch eine letzte List der Vernunft geben, so erscheint sie gerade im exterministischen Output, der uns empirisch belehrt, daß dieses Ganze falsch läuft.

Das installierte politische Geschäft hat gar keine anderen Mechanismen als das Reagieren auf Krisen*symptome*, die einen »Handlungsbedarf« setzen. Die entsprechende Realpolitik geht niemals an die Ursachen, die die Geschwüre hervortreiben. Die ökologische Krise hat bisher noch nicht vermocht, auch nur *einen* politischen Faktor unserer Gesellschaft dazu zu bringen, wenigstens auf der ersten Ursachenebene, der Ebene des Industriesystems, des Komplexes von Wissenschaft-Technik-Kapital, eingreifen zu wollen, d. h. dort etwas von der Schubkraft auszusetzen, die die Symptome erzeugt. Alle diese Betrachtungen über die nunmehr nötige »Forschungs- und Technologiefolgenabschätzung« sind geradezu blamabel betriebsblind angesetzt.[100]

Bis zur zweiten Ursachenebene, der der Kapitaldynamik, waren die sozialistischen und kommunistischen Intellektuellen mit ihrer Analyse der sozialen Übel, nicht allerdings der ökologischen Krise, vorgestoßen. Auch ihre Strategie versagt aus vielerlei Gründen, die ich hier nicht rekapitulieren will. Insbesondere gibt es jenes proletarisch-revolutionäre Subjekt nicht, das sie unter ihrem Kommando assoziieren wollten. Wenn auch nur im Prinzip so eine Tektonik exterministischer Tendenzen existiert, wie ich sie skizziert habe, dann ist der Zugang zur Wirklichkeit über die Kapitalanalyse weder breit noch tief genug.

Es ist das Grundproblem jeder materialistischen Philosophie, daß sie bei der Phase des »objektiven«, des projizierten Geistes anhebt, daß sie – mit anderen Worten – nicht anthropologisch vorgeht. Ich habe den II. Teil über die Logik der Selbstausrottung nur deshalb so aufgebaut, daß die Darstellung von den exterministischen Symptomen zur conditio humana fortschreitet, anstatt mit der letzteren zu beginnen, um dem Erkenntnisweg von der Erscheinung zum Wesen zu entsprechen und all die Probleme *vorher* zu Wort kommen zu lassen, die bei einem unmittelbar anthropologischen Darstellungsansatz im Kopf des Lesers intervenieren: Warum redet er so allgemeinplätzlich vom Menschen, während es doch um so konkrete Probleme wie die Verhinderung des nächsten Waffensystems, die nichtatomare Energieversorgung geht? Dabei läuft diese Gebetsmühle in Wirklichkeit völlig leer, es führt zu gar nichts, immer wieder die wachsenden Problemhalden zu besichtigen und folgenlos nach Lösungen zu rufen, die in dieser Matrix gar nicht gefunden werden können. Entscheidend ist die Blickwendung zur Innenseite derselben Probleme, hin zu den Triebkräften des exterministischen Ausstoßes von Wissenschaft-Technik-Kapital.

Jedenfalls ist klar, daß die Vorgänge auf den ersten beiden Ursachenebenen (Industriesystem und Kapitaldynamik) keineswegs bis zu Ende erklären, was sich an der Oberfläche als exterministische Symptomatik zeigt. Und selbst auf diesen drei Ebenen zusammen, wo es sich auf den ersten Blick um materielle Faktoren handelt, wo also die stoffliche Seite in den Vordergrund tritt, ist es in Wirklichkeit ein struktureller, d. h. ein informationeller, ein geistiger Zusammenhang, der den Prozeß bestimmt. Die Megamaschine samt Banken und Bürokratie ist in erster Linie toter Geist.

Die Analyse der Selbstausrottungslogik läßt sich für die ersten drei Kapitel (des vorigen II. Teils) in die Aufgabe zusammenfassen, *die Megamaschine zu stoppen*. In ihrer Negativität ist dies natürlich eine vorläufige Feststellung. Aber auch sie bedeutet vor allem die Forderung nach einer Bewußtseinsveränderung größten Stils, und zwar nicht nur auf der individuellen, sondern auch auf der sozialen, institutionellen Ebene. Schon der innere Abschied von unserem zivilisatorischen Fundament wird nur real sein, wenn das soziale Kollektiv ihn auch wirklich vollzieht. Desidentifizierung etwa vom Auto und von der Autobahn ist in der paulinischen Manier des »Haben, als hätte man nicht« auf die Dauer nicht zu machen, so sehr sie notwendig damit beginnt.

Nun stellt aber die Megamaschine ganz offenbar die progressive Lösung früherer Widersprüche der menschlichen Existenz dar, und ihre Rationalität ruht hier und jetzt auf tieferen, weniger oder nicht rationalen Schichten bzw. Zuständen des Bewußtseins auf. Deshalb *kann* eine Analyse, die ihren Schwerpunkt und ihre ultima ratio in den Produktionsverhältnissen und im Klassenkampf findet, nicht bis zu den letzten Wurzeln unseres Dilemmas vordringen. Die Konfliktstoffe der drei unteren Ebenen meines Exterminismusmodells sind wenn nicht aktuell gewichtiger, so doch bedeutungsvoller als die durch ihre gemachte Materialität so imponierenden Produktionsverhältnisse und (technischen) Produktivkräfte und deren physisch verheerende exterministische Effekte. Also ist die Aufgabe, das *patriarchale Ego zu stoppen*, in die sich die Analyse der Selbstausrottungslogik für die letzten drei Kapitel des II. Teils wiederum erst einmal negativ zusammenziehen läßt, auch ausschlaggebend für den Stop der Megamaschine.

Es folgt also eine Logik der Rettung keineswegs den exterministischen Extremen auf der Spur. Auf der Symptomebene (und das ist jede »höhere« im Vergleich mit jeder »tieferen«) wird meist viel zu viel Energie verausgabt, und auf der Ebene, woher der Schub kommt, viel zu wenig. Eine grüne Politik entlang der Symptome ist anfänglich effektiv für die Bewußtseinsveränderung gewesen, weil sie erst einmal die allgemeine Aufmerksamkeit auf die Schadwirkung des Industriesystems richten mußte. Jetzt aber käme es darauf an, über das Puzzle der Horrormeldungen hinauszukommen, die Erkenntnis auf den Zusammenhang aller dieser Phänomene zu lenken, so daß die Bereitschaft wächst, einen Summenstrich zu ziehen und eine gesamtgesellschaftliche Veränderung zu denken. Nun geht es um die Lockerung der psychologischen Verankerungen im Status quo. Nicht mehr mangelnde Kenntnis der Gefahren ist das Hauptproblem, sondern die Schwellenangst vor Veränderungen, die tief in die privaten und öffentlichen Gewohnheiten einschneiden werden.

Im Stadtrat von Worms sprach ein alter Mann, der dort für die CDU Mitglied ist, *deshalb* gegen den Ausstieg aus dem Atomkraftwerk Biblis, weil er, wie er sagte, überhaupt und in jeder Hinsicht und gegen jede Art von Ausstieg und Chaos sei. Er hat das Ressentiment und die Angstneurose ausgesprochen, die nicht nur noch ganz andere, mächtigere Leute, sondern letzten Endes immer noch die nunmehr atomausstiegsgeneigte Mehrheit bewegen, gleichwohl an dem alten Gesamtkurs festzuhalten. Demgegenüber ist eine Abschaltdemonstration in Biblis, das mit den Arbeitsplätzen ganz von dem AKW-Ungeheuer abhängig gemacht worden ist, nur anders herum eine ähnlich bewußtlose Kundgebung. Am gleichen Wochenende, an dem wir dort um die 20 000 waren, kamen um die 250 000 Menschen nach Worms, um einen Rheinland-Pfalz-Tag zu feiern. Gewiß nicht alle davon hatten die Wolke von Tschernobyl vergessen. Man sieht sich versucht, sie empört daran zu erinnern. Aber in welcher Richtung wirkt dieser Krafteinsatz? Zwar wird das an der wahrscheinlich meist ablehnenden unmittelbaren Reaktion auch nicht endgültig ablesbar. Spüren jedoch können wir immer mehr, daß auf diese Art nichts Entscheidendes passiert.

Oder nehmen wir die Frage der Tierversuche. Da gibt es seit mehr als hundert Jahren einen Kampf gegen die unglaubliche und unerträgliche Praxis der Vivisektion und ihrer Seitentriebe – in der Hoffnung, auf diesem Felde sogar das »gesunde Volksempfinden« für eine gute Sache mobilisieren zu können. Doch aus den Gründen, die mit der Gesamtstruktur der Megamaschine gegeben sind und sich von der europäischen Kosmologie bis zu den Pharmaprofiten, von der Bereitschaft des Menschen, Lebendiges zu quälen bis zu unserem Unverhältnis zum Tode, von der Profilsucht des Wissenschaftlers bis zur Genehmigungsbürokratie des Staates zu einem einzigen Knoten schürzen, vermehrt sich die Zahl der Gepeinigten unentwegt, so daß es jetzt hunderte Millionen jährlich sind. In Wirklichkeit reicht das »gesunde Volksempfinden«, abgesehen von Einzelfällen besonderer Sensibilität, nie weiter als bis zur Ablehnung »unnötiger« Tierquälerei und nie hinab bis zu den Wurzeln ihrer psychologischen Möglichkeit in unserer Kultur. Nur ganz wenige wissen, daß es unvereinbar mit der menschlichen Würde ist, Schlachthäuser zu unterhalten und Tiere überhaupt als Sklaven zu behandeln und zu vernutzen. Hier stoßen wir dann auf denselben untergründigen Widerstand wie in den anderen Ausstiegsfragen, nur noch verstärkt, weil der Gegenstand noch sensibler, die abzuwehrende Schuld schwererwiegend, die Sklaverei der Tiere so viel älter und gewohnter ist.

Wahrscheinlich werden alle diese brennenden Fragen nur jenseits der Konfrontation zwischen so oder so »Betroffenen« lösbar, in der die Skandale zwar aufgedeckt, aber nur selten bewältigt werden können, weil alles von der Problematik ihrer verletzten (oder bedrohten) Ich-Interessen überlastet ist. Was umgekehrt nicht etwa für die »Sachlichkeit« der Experten sprechen soll. Die haben es ja nun leicht, durch den gerade noch offiziell gültigen wissenschaftlichen und bürokratischen Kodex gedeckt, um so selbstbeherrschter egozentrisch zu sein. Noch die Fragen von Tod und Leben werden dem Wechselspiel der egozentrischen Konfrontation untergeordnet. Niemand darf eine Debatte, niemand darf »sein Gesicht verlieren«. Die für die ökologische Krise typischen Probleme erweisen sich als unter den gewohnten Verkehrsformen schwer behandelbar. Es käme nur dann genügend positive Energie für ihre Lösung zusammen, wenn Menschen fähig wären, über den Schatten ihrer unmittelbaren Interessen zu springen und ihre neurotische Maskierung verletzen zu lassen. Sonst wird der Zweck, um den es geht, wie üblich zum Spielball kleinlicher parteiischer Interessen, wie es von der Anlage des politischen Lebens schon ohnehin nahegelegt wird.

Die Lebensschutzangelegenheiten, die in der Regel eine besonders hohe emotionale Ladung anziehen und sie auch brauchen,

214

um die technokratische Hornhaut zu durchdringen, verlangen uns hier eine hohe psychologische Kulturleistung ab. Gerade das »alternative« Ego, das sich doch auch aus Selbstverwirklichungs- motiven engagiert, muß schon um der Sache willen, die befördert werden soll, die Toleranz aufbringen, den psychologisch ähnlich funktionierenden Gegner menschlich gelten zu lassen. Dies ist ein weiteres Argument dafür, mit der eigenen Subjektivität zu begin- nen.

Wohl dreht sich ökologische Politik solange sie nur unmittelba- re Gefahrenabwehr und Zeitgewinn für eine Umkehr der Seelen sein soll, darum, die Megamaschine anzuhalten, d. h. eine Menge exterministischer materieller Prozesse mit Gewalt zu stoppen (ich darf vielleicht daran erinnern, daß auch das Gesetz, daß auch die Staatsgewalt – Gewalt ist). In der Achse eines Rettungsweges aber steht die Aufgabe, das patriarchale Ego anzuhalten. Die ist natür- lich mit dem aus didaktischen Analogiegründen vorerst zweckmä- ßigen Blockadevokabular (»Stoppen«) noch nicht gut getroffen. Selbst der Stop der Megamaschine ist Notstandspolitik. Die reicht genau so unvermeidlich wie der von »unten« arbeitende Prozeß der Bewußtseinsveränderung, der Auflösung der ego-anthropo- zentrischen Grundhaltungen noch nicht wirklich an die Erforder- nisse der Lebensrettung und Zukunftssicherung heran.[101]

Von unten nach oben, von der *conditio humana* bis hinauf zu den exterministischen Symptomen gelesen, verlangt die Logik der Selbstausrottung nach einer Antwort, die nur auf eine »Politik des Bewußtseins«, d. h. der Bewußtseinsveränderung und -selbstver- änderung hinauslaufen kann. Genauer gesagt, ist das eine Politik der Bewußtseins*revolution*, der wir uns anvertrauen müssen, und *Bewußtheit*, d. h. ständiges waches Hinsehen, was wir eigentlich alltäglich leben und machen, ist der Weg. Mystische Versenkung – ich werde weiter hinten noch berühren, warum – ist ein *Moment* des Weges, nicht er selbst. Das jahrtausendelange Erleuchtungs- streben ist ein Ferment, das in allen Hochkulturen mitspielt, aber nicht auf die Lösung akuter Probleme zielt, sondern nur indirekt dazu beitragen kann, indem die Erfahrungen des »Einsseins« die Bildung initiativer Gruppen erleichtern und die Freiheit unbefan- generer Einmischung, kreativen Entwerfens neuer sozialer Zu- stände fördern mag. Auch dafür kandidieren nicht alle Mystiker.

Es gab immer einerseits die sogenannten »Stillen im Lande«, auf die auch jetzt nicht zu rechnen sein wird, wenn sie sich nicht aufraffen, über die kontemplative Frömmigkeit hinauszugehen. Und es gab andererseits die aktiven Geistrevolutionäre wie Meister Eckhart, Thomas Müntzer, Johann Gottlieb Fichte (ich meine den Typus – keine dieser Gestalten träfe so, wie sie war, den jetzigen Augenblick, obwohl die Fichtesche Kombination von Versenkung und Handlungsbereitschaft der Psychologie sehr nahekommt, mit der allein wir aus der Sackgasse der Zivilisation herausfinden können).

Die Bewußtheit, von der ich sprach, meint vor allem auch konkretes Wissen um unsere Verhaftungen auf allen Ebenen der Selbstausrottungslogik, meint das Engagement für konkrete Schritte geistiger und praktischer Befreiung daraus. Eine ökologische Rettungspolitik kann offensichtlich weder allein von den exterministischen Symptomen noch allein von den individuellen Strukturen ausgehen, sondern wird sich gegen das Patriarchat, für eine neue Balance in den Geschlechterbeziehungen; gegen den Kolonialismus und Imperialismus der weißen Zivilisation, für den Rückzug aus allen Eroberungen; gegen den Kapitalismus, für eine domistische (d. h. nach Gisycki für eine hauswirtschaftliche) Ökonomie im eigenen Land und für die Welt; gegen die industrielle Megamaschine, für eine soziale Wiedergeburt auf kommunal-kommunitärer Basis einsetzen.

Aber die konkreten Alternativen auf allen diesen Ebenen werden sich nicht als isolierte Einzelprojekte entfalten, sondern als integrierte Teile einer zusammenhängenden Antwort, eben eines neuen Kulturentwurfs. Dieser Entwurf wird aus der Assoziation von Menschen zu Gemeinschaften mit in sich einiger spiritueller Vision hervorgehen. Selbstverständlich werden das viele verschiedene Anläufe sein, die im einzelnen zunächst scheitern mögen. Aber nur dort, wo es so eine Vision im Mittelpunkt des Projektes gibt, kommen wir über das multilaterale Machtspiel der Individualist(inn)en hinaus, das, dem der souveränen Staaten nur zu ähnlich, die üblichen Wohngemeinschaften am Pflasterstrand kennzeichnet.

Ein vielfältiges Archipel solcher kommunitären Projekte, wo wir Weltveränderung und Selbstveränderung in einem neuen

Alltagsleben vereinigen können, gleichzeitig aber aktiv auf das allgemeine Bewußtsein und Lebensgefühl ausstrahlen und Vorschläge für eine neue Gesamtpolitik bereithalten, ist das nächste Ziel, oder ist der nächste Schritt über die *New-Age*-Kultur der Wochenenden und Urlaube einerseits, über die grüne Kultur der Freizeitpolitik andererseits hinaus. Einen anderen gesellschaftlichen Zusammenhang als den der bürgerlichen Gesellschaft für uns zu schaffen, ist von gleicher Wichtigkeit wie die Praxis der Selbstfindung in den therapeutischen und spirituellen Gruppen.

Das soziale Ganze wird am ehesten von den Wurzeln aufwärts, von der *conditio humana,* von der Verwandlung der Subjekte, von der Veränderung ihrer Selbstauffassung und Befindlichkeit, von ihrem Aufstieg in eine andere Bewußtseinsverfassung her heilbar sein. In größerem Umfang Bedingungen zu schaffen, die das begünstigen, wird die effektivste Intervention auch zugunsten all der spezielleren Engagements und Eingriffe sein, die die ökologische Krise verlangt.[102]

Das Geheimnis einer wirklich richtungsändernden Initiative ist ja immer eine Richtungsänderung im Menschen. Die Megamaschine und das Imperium des Weißen Mannes treiben jetzt immer mehr Einzelne dazu, über ihre bisherige Existenz hinausgehen zu wollen. Ihr Zusammenfinden an einem neuen »Ort« wird die natürliche Konsequenz sein.

Sie bedeutet auf keinen Fall politische Abstinenz, womit wir, Innen und Außen auseinanderreißend, nur verleugnen würden, daß wir eine Welt realer Strukturen aufgebaut haben, die in ihrem Selbstlauf übermächtig sind und uns ungeachtet ihrer fundamentalen Abhängigkeit von uns als ihren Schöpfern überrollen können, wie subjektiv geläutert wir uns immer fühlen mögen. Was die verselbständigten Mächte des Patriarchats und seiner Wissenschaft, des Weißen Imperiums, des Kapitals und der Megamaschine in ihrer trägen Fortbewegung anrichten, holen wir mit keiner Nabelschau des Ichs wieder ein und zurück.

Wir mögen uns auf den Standpunkt stellen, daß auch das Ich eine Illusion sei, die wir fallen lassen sollten (und es spricht viel dafür, dies müßte *ein* Pol der neuen Bewußtseinsverfassung sein). Aber das Ich ist uns gar nicht mehr so absolut verfügbar, es ist zumindest auch in allen diesen von uns entäußerten Objekten und

Strukturen ein zweites Mal real geworden. Diese Selbstentfremdung ist eben nicht bloß Illusion. Auch die als so problematisch erkannte Angewohnheit, Subjekt und Objekt einander gegenüberzustellen, ist mehr als eine falsche Wahrnehmung. Kein eingebildeter oder tatsächlicher Erleuchtungszustand konnte etwas ändern an der Wolke von Tschernobyl. Es werden keine »Auserwählten« verschont bleiben. Und welche Tatsachen auch immer dahinterstehen mögen, wo wir glauben oder wissen, es gäbe etwas über dieses eine Leben hinaus, so setzen auch die wunderbarsten esoterischen Phänomene die Existenz der Menschheit voraus. Sie sind ein hoher Luxus, den der Mensch sich zusätzlich leisten kann – solange er existiert!

Für Menschen mit einer traditionellen spirituellen Orientierung wird die ökologische Krise im allgemeinen nur ein zusätzlicher Anstoß sein. Aber es macht doch einen erheblichen Unterschied, ob man es, wie es bisher aussah, »nur« damit zu tun hat, am Leid der Welt auf dem kurzen Wege doch nichts ändern zu können und deshalb von vornherein alles auf die andere Karte setzt – oder ob das Rad überhaupt stehenzubleiben droht, im selbstverursachten Untergang des subjektiven Geistes.

Zugleich erfahren wir, je tiefer wir in der Stufenfolge der exterministischen Ursachen hinabsteigen, um so mehr, daß uns die sichtbare Apokalypse von der unsichtbaren ablenkt, die soviel Vorlauf hat und mit der aus unserem Innersten schon Dinge entschieden sind, die wir im Äußeren noch aufzuhalten suchen. Vor allem deshalb haben diejenigen von uns, die es an den Symptomen schon etwas eher abgelesen und sich punktuell engagiert haben, materiell nicht viel bewirkt; die Todesspirale dreht sich weiter.

Mit der Massendemokratie, die wie ein Versicherungsunternehmen für kleinere Schäden arbeitet, haben wir uns die ideale Einrichtung geschaffen, um jeden Einschnitt vermeiden zu können und die Hauptbetreiber auf der Diagonale des Verderbens an nichts hindern zu müssen. Eine Logik der Rettung führt an dieser untauglichen Einrichtung vorbei, indem sie uns darauf orientiert, den *unsichtbaren* apokalyptischen Schub aufzuhalten, d. h. den Gewohnheitskomplex aufzulösen, der die Logik der Selbstausrottung ausmacht, und die geistige Bereitschaft für eine neue Gesamtverfassung, eine Neuinstitutionalisierung der Kultur zu nähren.

Ihre Pointe hat eine Logik der Rettung darin, das Bild eines »Fürsten der ökologischen Wende« zu verbreiten, d. h. das Programm einer Umgestaltung. Dieser »Fürst«, Teil einer neuen Identität von uns allen, wäre eine politische Struktur, die mit sehr entschiedenen Eingriffen auf die exterministischen Symptome, Mechanismen und Antriebe reagiert. Sie würde aber »wissend« mit den eigentlichen, subjektiven Ursachen korrespondieren und auf diese Weise einen echten Konsens erreichen, welcher Disziplin wir uns unterwerfen wollen. Dann würde die ökologische Politik keine besonderen Interessen addieren, um zu einem Abzählergebnis zu kommen, sondern ihre Wurzel in den fundamentalen Interessen schlagen, die die Menschen aufgrund ihres Gattungswesens schon seit jeher teilen, bis heute allerdings meist, ohne es zu wissen. Wenn wir durchhalten könnten, diesen fundamentalen Lebensinteressen die Priorität einzuräumen, führte das zu einer anderen Welt, ganz im Gegensatz zu der antagonistischen Auseinandersetzung um die einzelnen Steine des Anstoßes, die in unseren gegebenen politischen Strukturen fest einprogrammiert ist.

Vordergründig wird eine ökologische Rettungspolitik die »Geologie« der Selbstausrottung in entgegengesetzter Richtung zu dem spirituellen Rettungsweg angehen: Sie wird »von oben nach unten« arbeiten, d. h. in weitem Bogen von Maßnahmen gegen die Symptome der Naturzerstörung über Veränderungen im materiellen Fundament und in den sozialökonomischen Strukturen bis hin zur Sicherung des Freiraums für die Praxis der Selbsterfahrung und für kommunitäre Experimente. Geht es bei solchen politischen Eingriffen um den Aufschub der Katastrophe, so können sie zugleich auch Hilfsinstrumente des eigentlichen Prozesses sein, der Entfaltung der neuen Bewußtseinsstruktur. Die notwendige Selbsttransformation als Grundlage einer Veränderung, die die materiellen Selbstzerstörungsvorgänge aussetzt, kann durch die Politik behindert oder begünstigt werden, wobei die Massenmedien eine wichtige Rolle spielen könnten, wenn sie entsprechend eingesetzt werden.[103]

An der individuellen Transformation vorbei gibt es keinen

Rettungsweg. Zunächst ist das Anwachsen dieser Bewegung, der Anstoß und die Ermutigung für immer mehr Menschen, sich auf intensive Selbsterfahrung einzulassen, der wichtigste soziale Prozeß.[104] Denn dadurch allein ändert sich die Wahrnehmung sowohl der Gefahren als auch der Chancen, ihnen von »unten« und »innen« her zu begegnen, qualitativ. Nur wenn die in den Kämpfen der bürgerlichen Gesellschaft stets aufs neue reproduzierten unfreien Verhaltensmuster zurücktreten, können wir uns auf eine Politik einigen, die den Exterminismus stoppt, und uns die geeigneten Einrichtungen dafür schaffen.

Was also die Apokalypse nicht aufhält

So wie wir es im ersten Anlauf versucht haben, die Lawine aufzuhalten, ist es nicht zu machen. Natürlich bleibt es eine elementare Notwendigkeit, sich gegen die unmittelbaren Symptome des Exterminismus zu schützen. Doch das Verhängnis schreitet verdammt schnell, weil die Vernichtungsfunktionen alle diesen Exponentialverlauf der außer Rand und Band geratenen quantitativen Vermehrung haben und sich gegenseitig überlagern und unvorausberechenbar verstärken. Es sitzt zu tief, sitzt gewissermaßen in den Zellen, genauer gesagt vor allem in der Programmierung und Schaltung unserer entäußerten symbolischen Gehirnzell-Inhalte, d. h. in der *Anordnung der Kulturelemente*. Der Abschied davon verlangt ganz anderes, als politische Geschäftigkeit im Staatstheater und Bürgerinitiativen aus Betroffenheit je leisten können.

Politische Geschäftigkeit im Staatstheater

Wer in den alten Institutionen Verantwortung übernimmt, *kann* nur Verantwortung in die Hand bekommen für das Funktionieren der Megamaschine, für das computergestützte Entlangsteuern am Abgrund. *Und wenn eine Opposition das macht, hat sie die zusätzliche Aufgabe, bereits beunruhigte Menschen und ihre*

Energien dort wieder einzubinden. Grüne Ministranten auf den Kommandobrücken dieses Unternehmens – das ist pervers. Wem daran gelegen ist, daß der Unterschied zwischen dem Umwelt-schutz der sozialen Trägheitskräfte und einer Umkehrbewegung fort von der Diagonale des Verderbens tiefer ins allgemeine Be-wußtsein dringt, kann die Grünen, die ihn inzwischen eher ver-dunkeln, nur mit sehr gemischten Gefühlen sehen. Die Grünen stellen dem Drachen hin und wieder einen Dritten Bürgermeister, der, zuverlässig eingeschirrt, von den laufenden Angelegenheiten absorbiert ist.

Nicht *hinein,* sondern *hinaus* muß die Richtung sein, die eine fundamentale Opposition symbolisiert und für die sie sympathi-sierende Anteile des gesellschaftlichen Bewußtseins anzieht. Ver-schleißt sie dieses Profil in der Administration kosmetischer Maß-nahmen und macht Pläne, wie die Metropolis ihre Reproduktions-probleme besser lösen kann, wechselt sie praktisch die Seite und signalisiert die Kompetenz des Apparats. Sie macht sich und anderen Illusionen darüber, etwaige kleine Resultate ließen schon darauf schließen, die Richtung des Ganzen habe sich doch geän-dert. Dabei gehen genau die eigenen neuen Zwecke unter, für die man sonst punktuell intervenieren könnte.

Das Parlament, der nächstliegende Köder, auf den sich das grüne Milieu alsbald geworfen hat, um Dinge umzusetzen, an die juristisch oder außerparlamentarisch nicht heranzukommen war, hat seinen Ort zweifellos im institutionellen Bereich, im politi-schen Regulator der Megamaschine. Dort wird nicht Volk vertre-ten, sondern Regierung legitimiert. Das Parlament ist einerseits anachronistisches Residuum einer bürgerlichen Klassengesell-schaft, die längst im Korporativismus (einem Quasi-Cäsarismus) angekommen ist; der Klassenkampf ist nichts als ein *Hilfs*motor des imperialen Getriebes mehr, und von Demokratie zu reden, als hätte der industriegesellschaftliche Wohlstandsbürger so auch nur die geringste Chance, den *Kurs* der Titanic zu beeinflussen, ist eine abgestandene Lüge. Andererseits ist das Parlament bloß noch ein Wurmfortsatz der Megamaschine, einer ihrer minderen Re-gelmechanismen, um den Zug der Lemminge friedlich zu halten.

Gewiß, auf Gemeindeebene ist die Einflußmöglichkeit manch-mal etwas größer, dafür sind auch die Kompetenzen gering. In der

Administration vom Rathaus bis zum Ministerium kann überhaupt nichts geschehen, das dem Reproduktionszweck der Megamaschine ernstlich zuwiderläuft. Die Botschaft, die von grünen Beamten ausgeht, kann nur lauten, daß Rettungspolitik nicht machbar ist. Schon zu ihrer Verteidigung gegen die eigene Basis müssen sie der Öffentlichkeit einmal mehr erklären, was »Sachzwang« ist. Sie berufen sich bereits genauso routiniert auf den Wähler, dem man dies und jenes nicht zumuten kann, wie jeder andere Abgeordnete der Staatsgewalt auch. Allem, was sie sonst noch sagen, sind die Zähne gezogen.

Vordergründig scheint es manchmal so, als würden sich die Institutionen andernfalls nicht einmal auf dem Niveau mit der Umweltschutzproblematik befassen, für das man grüne Politiker und Beamte zuständig sein läßt. Ich habe schon deutlich genug gemacht, daß der aus der institutionellen Perspektive betriebene Umweltschutz gar nicht in der Richtung der Rettung liegt, sondern Ablaßhandel zwecks Bewahrung der exterministischen Strukturen ist. Im übrigen ist es immer die Funktion besonderer Systembestandteile, alle anderen Komponenten zu entlasten. Indem den anderen, die sich sonst kümmern *müßten*, die Verantwortung abgenommen wird, verlangsamen sich die Lernprozesse.

All das schließt also nicht aus, daß das meiste, was in den Parlamenten beschlossen wird, zumindest die passive Duldung der Bevölkerung genießt. Dieser Duldungskonsens ist zum einen zuverlässig durch den privilegierten Status des ganzen metropolitanen Gesellschaftskörpers untermauert, zum zweiten über die schon analysierte Identifikation mit der Geldwirtschaft gesichert, zum dritten durch die geistig-kulturelle Hegemonie der exterministischen Eliten, des ganzen Komplexes von Wissenschaft-Technik-Kapital und Staat, verbürgt. Er ist nicht so sehr ein Kräfteverhältnis zwischen Köpfen, sondern *in* Köpfen. Eine minoritäre radikale Partei wird, abgesehen von einem weltanschaulich motivierten Stamm, nicht mit Wählern zu rechnen haben, die gleich ihr ganzes Programm realisiert, sondern die nur bestimmte Gesichtspunkte vertreten sehen wollen.

Welchen Sinn hat es dann, wenn sich eine Partei mit radikalen Absichten nach dem *Umfrage*willen ihrer Wähler formt, von denen die meisten mit dem größten Teil ihrer Einstellungen im alten Konsens aushalten? Die Grünen sind ursprünglich durchaus nicht aus diesen konventionellen Bewußtseinsanteilen begrüßt worden: Sie standen vielmehr für *die* Momente im allgemeinen Bewußtsein, die unkonform zu werden begannen. Dann aber haben sie sich mehr und mehr denjenigen Wählern oder vielmehr denjenigen Motivationsanteilen ihrer Wähler angeboten, die bloß einen Wedel wollten, um ein wenig die Sozialdemokratie oder – wenn's hoch kommt – die Staatsbürokratie aufzuscheuchen. Außer auf Programmpapier – und auch da nur vermischt mit dem Gegenteil – haben die Grünen nie wirklich für ökologische Politik kandidiert. Der einzige Dienst, den die Grünen bei ihrem Marsch durch die Institutionen wirklich leisten, ist die Integration einer thematisch fundamentalen Opposition in die alten Strukturen.

Ihrem Wesen nach ist Ökopolitik weder *links*radikal noch radikal*liberal*. Sie steht quer zu *allen* traditionellen -ismen der bürgerlichen Gesellschaft, von links bis rechts. Wenn sie noch am ehesten zu einem radikalen Konservatismus passen würde, so ist hier der Staatspositivismus nach innen und außen die Bremse – das Urgestein des imperialen Konsenses. *Wenn das Machtsyndrom vom patriarchalen Ego bis zu den modernen wissenschaftlich-industriellen Exzessen der harte innere Kern der ökologischen Krise ist, kann man nicht ausgerechnet mit einer Verbeugung vor dem Gewaltmonopol des vorgefundenen Staates von der Diagonale des Verderbens herunterkommen.*

Ich bin heute noch überzeugt, es wäre gegangen, das parlamentarische Terrain nur zu benutzen, um mit der Botschaft des Auszugs aus dem Industriesystem in die Massenmedien einzudringen, d. h. die exterministischen Symptome in ihrer wirklichen Bedeutung zu interpretieren. Hätten die Grünen die Bevölkerung eindeutig um das Mandat für diese radikale Aufklärung gebeten, anstatt Umweltkosmetik über den Behördenweg zu versprechen, wären die erforderlichen fünf Prozent der Stimmen *auch* dauerhaft zusammengekommen. Das »Verantwortungs«-Gerede der Politiker und der Presse hat nur gewirkt, weil die Grünen sich absolut unklar sind, *wofür* sie eigentlich verantwortlich sein wollen. Noch der Dümmste hätte verstanden, wenn Joschka Fischer verweigert hätte, für die Müllkippen verantwortlich sein zu wollen, von deren Aufnahmefähigkeit die Großchemie abhängig ist, so daß er ihren Betrieb sichern mußte, sobald er den Job übernahm.

Sind die Grünen etwa nicht das erste Mal gewählt worden, obwohl man sie – wenn auch irrigerweise – größtenteils für Chaoten hielt?! Es gibt bereits genügend viele Menschen, die in ihrem eigenen Untergrund schon ziemlich hochprozentig (zu weit mehr als fünf Prozent!) wissen, daß wir reformistisch auch nur auf den sicheren Untergang zusteuern, und die wenigstens die Genugtuung haben möchten, daß die Umkehr öffentlich empfohlen wird. Aber eine Grüne Partei, die das hätte versuchen und durchhalten wollen, war überhaupt nicht da. Die einen (Gruhl) wollten in Wirklichkeit den imperialen nationalen Konsens, die anderen (Linken) den gleichfalls imperialen sozialen Konsens nicht riskieren. Und der unentschiedene politische Stil der Grünen ist viel mehr auf das fehlende Selbstbewußtsein ihrer Linken zurückzuführen, die sich nicht wirklich unter dem Schutzdach von SPD und Gewerkschaften hervortrauen.

Wie es jetzt aussieht, wollen sie einem Patienten, der Krebs hat, die Krätze heilen. Mit wenigen Ausnahmen wollten sie nicht nur nicht operieren (was bekanntlich auch nicht der Weisheit letzter Schluß sein muß), sondern sind vor allem auf die eigentliche Therapie, nämlich eine Konflikt- und Streßbewältigung in der Bewußtseinsstruktur, die zur Selbstzerstörung führt, noch gar nicht eingestellt. Wir alle scheitern bisher in unseren grünen Geschäftigkeiten, weil wir den Dingen unserer Zivilisation, vor allem uns selbst als dem »wichtigsten« Ding, nicht auf den Grund gehen. Wir arbeiten aus Identitäten heraus, die alternativ zu dem dazugehören, was überwunden werden muß. Die durchaus verbreitete Ahnung, es ginge im Grunde weniger um unsere »Umwelt« als um unsere Psyche, weniger um Schadensbegrenzung außen als um eine psychologische Revolution innen, blieb noch privat.

Heute sind die Grünen einfach ein Laden mehr am politischen Markt der Metropolis. Sie haben den Parteinamen, der eine Alternative versprach, an die Brückenverkleidung der Titanic geheftet. Schade um das Sonnenblumensymbol. Grüne Politik dreht sich vornehmlich darum, Rollen auf dem Proszenium des Staatstheaters zu ergattern, um keine arbeitslosen Schauspieler zu werden. Fragt man heute, warum auch Menschen mit fundamentalistischen Absichten weitermachen und ihr steriles Revier verteidigen, so erfährt man, sie bleiben dabei, weil sie keine andere Praxis wissen. Wenn ich nachher von Rettungspolitik spreche, will ich also methodisch auf etwas ganz anderes hinaus: gewiß aber nicht auf einen letzten Versuch, die Parlamentsreden wieder fundamentalistischer zu phrasieren.

Solange die Tiefenidentifikationen mit der Selbstausrottungslogik nicht gesellschaftlich unterminiert sind (der Verfall des Experten-Images nach Tschernobyl ist ein kleiner Vorgeschmack), kann sich im institutionellen Überbau nichts ernstlich gegendrehen. Wer dennoch hineingeht, das hat sich auch unter den neuen Auspizien der ökologischen Krise bestätigt, braucht eine spirituelle Einwurzelung – und zwar nicht in einem verlorenen alten, sondern in einem eben erst anhebenden neuen Reich »nicht von dieser Welt« –, wenn er auch nur seine Identität wahren will.

Lenkt doch diese ganze politische Wirklichkeit – nach meiner Erfahrung in einer wenigstens formell nicht-totalitären Welt sogar noch mehr als im »Osten«, weil nicht einmal etwas »dahinter« versprochen ist – von den wesentlichen Dingen des Lebens, vom Kontakt, von der Liebe und vom Hasse ab. Sie ist weitgehend irreal, weil sie nicht im Menschen, in der Gemeinschaft wurzelt, sondern in der falschen Vergesellschaftung, die auf megamaschinelle Mechanik hinausgelaufen ist. Politik, die wieder zum Menschen gehört, muß an einem andern »Ort« verankert sein, mögen wir da zunächst noch so einflußlos und echolos sein oder scheinen.

Wie hat denn die Ökologiebewegung bisher Politik gemacht, wie hat sie Politik verstanden? Gewiß waren von vornherein – und mehr als sonst bei echten gesellschaftlichen Aufregungen – Antriebe aus dem Tiefenbereich unseres Genotyps mobil geworden. Ausgelöst war ihre Mobilisierung von der industriellen Megamaschine. Der Machtkomplex hat uns mit neuen Raketen, Atomkraftwerken, chemischen Giften, sterbenden Wäldern, zusammenbrechenden Wasserhaushalten usf. gereizt.

Es gab eine manchmal noch ganz konventionelle Spaltung zwischen Experten und Gegenexperten, zwischen alten und neuen

Eliten, wie sie bei kleinen Grenzüberschreitungen in der Geschichte gang und gäbe sind. Die Megamaschine zu »sanfter Chemie« bekehren – dieser Art mußten die Vorschläge sein, die dabei herauskommen.

Ist nicht inzwischen empirisch evident, daß in politischen Positionen, die »hinter« bzw. »über« dem wirtschaftlichen Bereich bzw. der Technostruktur der Megamaschine angesiedelt sind, *nichts anderes möglich ist* als reformistischer Wartungsdienst? Offenbar ist der »Marsch durch die Institutionen« grundsätzlich eine Fehlorientierung. Ideen von Partisanentum und die Taktik des trojanischen Pferdes verkennen die Natur des Geschäfts. Die Kirche hat noch jeden Mönch verkraftet, solange er auf *ihrem* Terrain gegen sie rebellierte und keinen archimedischen Punkt *außerhalb* bezog. Wie erst die Großkirche Wissenschaft-Technik-Kapital-und-Staat mit ihrem »objektiven« administrativen und kommunikativen Apparat! Und selbstverständlich *braucht* sie geradezu von Fall zu Fall einen reformistischen Impuls – zur eigenen Stabilisierung! Eine Partei, die da paßfähig ist, kann niemals das Werkzeug einer ökologischen Wende sein.

Gewiß, ihr Effekt ist durchaus nicht Null. Es *ist* möglich, innerhalb der herrschenden Struktur, und um sie zu retten, die Technologien zu »enthärten«. Dies Projekt setzt jedoch alternative *Fans* der Megamaschine, ihrer Wissenschaft und Technik voraus. Es ist auch möglich, *im Interesse* der Megamaschine – langsam genug, damit der Rückfluß des investierten Kapitals gesichert bleibt – aus der nuklearen Option auszusteigen, wenn das auch – wegen der militärstrategischen Ambitionen – schwerer fällt. Einzelne Fraktionen der Industrie können geopfert werden, solange dem Kapital Zeit bleibt, seine technische Identität zu ändern. Geradezu nötig sogar ist eine Anpassung der Kostenrechnung an die *relative* ökologische Stabilisierung der Megamaschine. Der Widerstand der Einzelkapitale gegen die Hereinnahme der von ihnen verursachten Reparaturkosten kann und wird über kurz oder lang gebrochen werden, soweit sich die Industrie in dieser Hinsicht nicht auf eigene Initiative halbwegs »japanisiert«.

Auch soziale Innovationen sind dringend erforderlich, obwohl sie nicht gleich erwünscht sind. Selbst die Herrschenden wollen hin und wieder ein wenig zu ihrem Glück gezwungen werden. Der

»Umbau der Industriegesellschaft«, den die Grünen jetzt schon ganz bewußt in diesem Sinne zuliefern, ist ein ziemlich ausgewachsen restauratives Projekt. Was darin tauglich ist, wird man in den Strategien der beiden Hauptparteien wieder aufgenommen finden. Auch viel »Radikalökologisches« wird noch auf diese Weise aktuell werden – fürchtet Euch nicht!

Es gibt inzwischen nichts Lächerlicheres mehr als Rathaus-Fundamentalismus der Phrase. Bei der gegenwärtigen Gesamtlage der Grünen muß man/frau schon überaus positionssüchtig sein, um sich trotz fundamentalistischem oder radikalökologischem Selbstverständnis für irgendwelche Sitze zu bewerben. Kein Realo kann in Sitz und Amt so weit entfernt und entfremdet von seinen Zielen sein. Dann »Wachhund« für grüne Prinzipien sein zu wollen – nichts als eine Schutzbehauptung.

Vor kurzem brachte vieles von dem, was die ersten Frankfurter Römer-Grünen einmal in radikalökologischer Absicht vertreten haben, gerade Daniel Cohn-Bendit auf seine Weise in den Bürgermeister-Wahlkampf ein, dieser Dany, der einst beinahe Danton war und nun bei sehr lebendigem Leibe zeigt, was alles eingeschmolzen werden kann in den Konsens der zum Niedergang bestimmten Metropolis, irgendwie unbeschädigt sogar, eben dazugehörig, wie ja auch Danton dazugehörig war – »nichts Menschliches ist mir fremd«.

Nichts von dem, was – in einem »spätrömischen« Horizont durchaus noch sinnvoll – getan werden kann, um die materielle und kulturelle Infrastruktur Frankfurts zu bewahren oder sogar zu erneuern, das nicht der Apokalypse eher zugute käme als sie aufhielte oder wenigstens hinausschöbe. Wer es ökologisch ernst meint, kann sich mit den Frankfurtern befassen, aber nicht mit Frankfurt. Nicht daß dort – gar mit Nachhilfe – alles zusammenbrechen sollte, ehe es ohnehin nicht mehr weitergeht. Aber worauf konzentrieren diejenigen, die es erkannt haben, ihre Kräfte? An alternativen Stadtsanierern dürfte es weniger denn je mangeln.

Damit ist der Rathaus-Fundamentalismus am Ende; er paßt einfach nicht in die Strukturen. Den Sachen, die da anstehen, ist auch Cohn-Bendits Wesen angemessener als Jutta Ditfurths. Er, wahrscheinlich, fände den Rest seines Lebens vergeudet in dem

Versuch, das Unaufhaltsame zu verhindern. So kann seine Politik ästhetisch werden. Es geht ja soviel sympathischer als bei Nero. Man muß die Stadt nicht anzünden, um ihren Untergang zu illuminieren. Mehr elektrisches Licht tut es auch. Und vielleicht stirbt ja unsere Welt doch noch um ein Unmerkliches langsamer als wir selbst. *Das* geht noch – so kann man sogar auch noch Politik machen, mit einem Schuß Lebensgenuß. Als Radikalökologe bzw. Fundamentalist nicht mehr.

Insofern sehe ich nun auch meinen eigenen Durchgang bei den Grünen, die Idee und den Stil der fundamentalistischen Politik, die ich ihnen vorschlug, als ganz unzulänglich, so sehr die Sachpunkte gelten, auf die ich zu orientieren versuchte.

Es gibt derzeit *vom Standpunkt soziologischer und sozialpsychologischer Analyse* in allen den Ländern der Ersten Welt kein Subjekt für eine politische Intervention, die gleichwohl dringend notwendig erscheint. Der linke Terrorismus, beispielhaft die RAF, hat diese letzte Krise der Linken und ihrer Theorie ausgedrückt.

Wir stehen jetzt jenseits, und es gibt keine Linke mehr, die man erwähnen bzw. in Betracht ziehen müßte, sofern es um Perspektiven geht. Es ist kein linkes Projekt mehr möglich. »Rot-grün« *heißt, daß sich die linke Konkursmasse unter ein provisorisches Behelfsdach rettet.* Das linksgrüne Realo-Milieu, selbst ohne nennenswerte Theorie (man setzt sich mit Habermas auseinander, als könnte die Reibung an dessen zahnloser Spätaufklärung noch einen Funken erzeugen), ist für diese Dienstleistung gut genug.

Insgesamt hat mich die Erfahrung mit den Grünen von der Aussichtslosigkeit eines bloß politischen Fundamentalismus und Radikalismus überzeugt – selbst, ja gerade angesichts des so viel günstigeren Resonanzbodens der ökologischen Krise. Politisch wird nach Köpfen organisiert und addiert, während die Fundamentalopposition in denselben Köpfen und Herzen heranwächst, die zugleich in anderen Beziehungen noch im imperialen Konsens stehen. Parteien sortieren in solchen Zeiten systematisch die Köpfe falsch: Kohl und Biedenkopf in einer anachronistischen Partei, Rau und Lafontaine (der sein Profil auf Null herunterschleift, um noch von den Niggemeiern toleriert zu werden) in einer anachronistischen anderen. Und die Grünen sind fast schon auf dieselbe Weise gemischt. Wer geistig auf sich hält, muß aufhören, da mitzuspielen.

Bürgerinitiativen aus Betroffenheit

Die politische Geschäftigkeit der Grünen hat inzwischen selbst zu den exterministischen *Symptomen* oft kein existentielles Verhältnis mehr. Die Inhalte sind Mittel zum Profilierungszweck. Die Bürgerinitiativen, mit denen die Ökopaxbewegung begann, hatten und haben einen seriöseren Charakter. Die konkreten Proteste vor Ort und die kleinen Verhaltensänderungen, am gewichtigsten immer noch die bis ins Alltagsleben hinein (und insofern gehören inzwischen die meisten Menschen in irgendwelchen Ausläufern ihres Bewußtseins und Handelns dazu), weisen geistig – selbst wenn sie manchmal technisch wieder einen Pferdefuß haben – in die richtige Richtung, obwohl sie meist nicht die eigentliche Dimension des Problems berühren.

Auch wenn das vorübergehend oder bei manchen auch ganz zur Resignation führt, lohnt gerade hier der Lernprozeß, was alles nicht geht oder jedenfalls nicht ausreicht, nicht an die Wurzeln der Katastrophe heranreicht. Nur eine Minderheit der Minderheit hat schon Mitte der siebziger Jahre geahnt, daß es nicht um eine Summe kleiner Veränderungen, sondern um ein anderes Leben geht, bei der Ökopax-Bewegung viel tiefer als bei der sozialistischen, die nie en masse zu der ihr zugeschriebenen Perspektive der *allgemeinen* Emanzipation durchgedrungen war. Und noch wenigeren war durchsichtig, wie *viel* das bedeutet, wie *tief* der Widerstand dagegen sitzt, auch in den für das Neue geöffneten Seelen.

Doch die Einsicht in die Logik der Selbstausrottung beraubt uns der Möglichkeit, den Ersatzhandlungen, mit denen wir ad hoc reagiert hatten, weiter soviel Selbstrechtfertigung abzugewinnen wie bisher. Jetzt müssen die punktuellen Motive der Gefahrenabwehr mit einer Gesamtperspektive der Rettung zusammenfließen, und es muß den angesichts der vordringenden exterministischen Symptome aufsteigenden konkreten Verzweiflungen eine Praxis der Ermutigung aus der Tiefe der menschlichen Wesenskräfte begegnen (in der Art zum Beispiel, über die Joanna Rogers Macy in ihrem Anleitungsbuch »Mut in der Bedrohung« berichtet, auf dessen Grundlage sich bereits ein Netzwerk »Interhelp« entwickelt, das besonders wechselseitigen psychischen Beistand meint). Rekapitulieren wir noch einmal kurz die Erfahrung der letzten 15 Jahre.

Was geschieht einem normalen, aber ein wenig sensibleren Menschen, wenn er – und noch mehr sie (die Frauen reagierten in der Regel stärker) – schwerwiegende Disfunktionen des allgemeinen Lebensstils bemerkt, die sich schließlich nicht mehr von der eigenen Haustür, dem eigenen Garten fernhalten lassen? Er/sie empfindet zunächst *Betroffenheit*. Die kann weitgehend unpolitisch sein und sich näher, als die Betroffenen glauben möchten, am Sankt-Florians-Prinzip halten. Zwar hat sich der Wunsch, das Unheil nur aus dem überblickbaren eigenen Umfeld abzuschieben, schnell weitgehend verloren, weil in unserem kleinen Land der Schwarze Peter unweigerlich zu jedem Spieler zurückkommt. Aber es ist bei der ichbetonten Abwehr unmittelbarer Gefahren geblieben und nur wenige waren und sind bereit, die ganze gelernte (»ansozialisierte«) Lebensform, gar Individualitätsform in Frage zu stellen.

Noch immer glauben auch engagierte Umweltschützer, wir könnten ökologisch und sozial durch entsprechende Sanierungsmaßnahmen in eine vorgestellte »Normalität« zurück, wir könnten das Industriesystem erhalten, seine Disfunktionen aber loswerden. Anders ist es nur bei den wenigen, die entweder so mitfühlend mit allem Lebenden oder so analytisch durchdringend sind, daß sie den apokalyptischen Charakter des Gesamtgeschehens nicht die meiste Zeit verdrängen können; und selbst sie lassen sich gern noch einmal täuschen. Normalerweise wird eben der untergehende Lebensstil als ganzer noch einmal um so intensiver bejaht, leuchtet noch einmal um so schöner auf in der Erinnerung. In Wirklichkeit war die Welt in der von heutiger Erinnerung erreichbaren Zeitspanne nie mehr so »in Ordnung«, wie es der Nostalgie des Herzens erscheint.

Der Gedanke ist, die Rückschläge müßten nicht sein, wären bei einiger Vernunft, bei einigem Zurückstecken aller Beteiligten vermeidbar. Empörung kommt auf, weil manche Leute, und zwar besonders einflußreiche in der Industrie und in der Administration, um ihres Vorteils willen nicht mit dem offensichtlich Falschen, Lebensschädlichen einhalten. Daß die »Sachzwänge« noch etwas mehr als eine Ausrede sind, daß sie mit der in überwältigendem Konsens bejahten *Substanz* der Zivilisation zu tun haben, wird erst langsam gelernt, entmutigend für den ersten naiven Ansatz, schmerzvoll für das eigene Bewußtsein. Denn es hat sich erwiesen, daß die *Inhalte* – »Abschaffungen« wie »Anschaffungen« –, die gemeint waren, so nicht durchsetzbar sind.

Gramsci hatte einst großen Wert darauf gelegt, die offizielle »bürgerliche Gesellschaft« (worunter er nicht zuletzt ihr staatliches Korsett, ihre institutionelle Seite verstand) von der »zivilen Gesellschaft« zu unterscheiden: Diese letztere wäre die Kraft, die sich im Konfliktfall außerparlamentarisch artikulieren und soviel kulturelle Überlegenheit erringen müßte, damit sie der industriellen Zivilisation eine neue institutionelle Verfassung geben kann. Indessen ist die industrielle »*zivile* Gesellschaft« Europas selbst das Problem! Und in dieser Hinsicht kann sie von ihren betroffenen *Bürgern* mit all den Forderungen nach punktuellen Eingriffen, um die Lebensqualität zu halten, gar nicht in Frage gestellt werden. Die auf die Betroffenheit gegründeten Bürgerinitiativen hatten ja zunächst schon dem Namen nach signalisiert, daß sie sich keineswegs außerhalb des politischen, erst recht aber nicht außerhalb des allgemeinen zivilisatorischen Konsenses sahen. Wir sollen unsere Zivilisation nicht übertreiben, sollen sie nicht selbst kaputtmachen, das Ganze soll bewahrt und verbessert, die mögliche Lebensqualität eigentlich erst herausgeholt werden. Diese Einstellung hat sich erschöpft, und jetzt tritt an der Betroffenheit viel mehr das Opfersein, das Ausgeliefertsein an die Todesspirale, an die sie weiter vorantreibenden Mächte (die immer noch zu schnell personifiziert und lokalisiert werden) hervor.

Was können wir nun tun? Besonders in Momenten akuter Bedrohung wie nach der Katastrophe von Tschernobyl äußert sich immer das Bedürfnis, sofort etwas Hilfreiches und Tröstliches *getan zu bekommen, und zwar vom Staat*, dem es zugleich immer weniger zugetraut wird. Kommt es wirklich zum Notstand, dann werden wir sofort den Atomstaat haben, wie ihn Robert Jungk vorausgesehen hat und wie ihn Armee, Polizei und Staatssicherheitskräfte voriges Jahr in der Ukraine zum Besten der Bevölkerung praktizierten. Das wird auch hier um eine ganze Größenordnung den vielbeschworenen »täglichen Totalitarismus« des Ostens überbieten. Je mehr Effizienz wir für akute Krisenfälle von den Organen der Megamaschine erwarten, desto totalitärer wird sie funktionieren. Die Beunruhigung nach Tschernobyl hat der Straffung der Informationsmacht nur genützt.

Das scheint überhaupt der bisherige Effekt der Ökopax-Bewegung (die noch keine ist) zu sein, daß sie den Drachen, den sie bekämpft, trainiert. Das sichtlichste Ergebnis der Anti-AKW-Bewegung ist die technisch und ideologisch exportfähige Reaktor-»Sicherheit«, zugleich das schönste Argument, in der Bundesrepublik zuallerletzt abzuschalten. Ganz analog hat die Friedensbewegung gewirkt. Wenn Euch unter der atomaren Abschreckung mulmig wird, können wir ja ein Raketenabfangnetz über Euch aufziehen (wenigstens erst einmal über unseren Hauptquartieren), sagt das Pentagon. Und die »Verteidigung mit (nichtnuklearen) Defensivwaffen« ist ein Hinweis für mehr konventionelle Aufrüstung, während die »soziale Verteidigung« ein absoluter Flop ist, der sowieso nicht eher geht, als bis ihn so oder so keiner mehr braucht – und vorher ein Vorschlag zur unterschwelligen Feindbildpflege und zur Durchmilitarisierung der sozialen Mikrostrukturen (notfalls werden sie schon etwas daraus zu machen wissen!).

All das sind keine Zufälle, sondern die normalen Konsequenzen kurzschlüssig »richtigen« Verhaltens in einem exterministisch funktionierenden Ganzen. Der gesamte grüne Aufbruch ist den Grundlagen der westlichen Zivilisation verhaftet geblieben, obwohl es an den Rändern der Persönlichkeiten zu bröckeln begann. Im Kern sind wir nach wie vor viel mehr identifiziert mit den angenehmen Seiten, den Errungenschaften des abendländischen Weges, mit City und Pflasterstrand – als mit dem von dieser Kultur überlasteten Leben und mit unseren eigenen Ursprungskräften, aus denen wir eine neue Gesamtstruktur schaffen könnten, wenn wir nicht so voller Verlustängste wären und soviel Wert auf den Komfort und die Genüsse der parasitären Metropolis legten.

Das ist ein Mechanismus, über den Widerstand *konsumiert*

wird. Am Ende hilft er, über »Ausstiegs«-Szenarien die beschleunigte Stillegung sowieso schon überholter Atomreaktoren zu finanzieren, damit der Park bereinigt und das Kapital wieder flüssig wird. Daß bei dem »Umbau der Industriegesellschaft« kein Gran Komfort leiden darf und daß es viele gibt, denen noch viel am Standardkomfort des weißen Imperiums fehlt, ist bei dieser Dienstleistung inbegriffen: Es macht ihren ideologischen Anteil aus.

Last not least wird die Erwartung auf den Staat gelenkt, wie er als Exekutivorgan der Megamaschine nun einmal ist. Die ökologische Modernisierung erfordert die erweiterte Reproduktion des *ganzen* Ungeheuers, nicht zuletzt eine Verstärkung der Administration und möglichst sogar der Staatsquote, damit sie nicht am Gelde scheitert.

Aber die Gesamtlogik dieser Politik ist falsch, und das liegt an ihrer industriegesellschaftlichen Perspektive, die auch von dem größten Teil der bewegten Bürger noch geteilt wird.

Außerdem sind die Bewegungen (Mehrzahl) noch dem patriarchalen Ablaufmodus unterworfen. W. I. Thompson[105] hat die kulturellen Unternehmungen des männlichen Geistes mit ihrem typischen dramatischen Zyklus von Aufstieg, Klimax und Niedergang mit dem Ablauf der männlichen Erektion verglichen. So laufen bis jetzt auch die sozialen Bewegungen gegen die einzelnen exterministischen Faktoren ab: wie kurzzeitige Erektionen. Die insistierende Kontinuität, die den »weiblichen« Kräften (nicht nur der Frauen) nachgesagt wird, ist die Bewegung hinter bzw. unter den Bewegungen.

Bei dieser Ausgangslage kann es sich also jetzt nicht um einen weiteren, den neuesten *Aktionsvorschlag* handeln. Vielmehr geht es um den spirituell fundierten *Entwurf* eines politischen *Projekts*, das einen – wenn auch nicht unbedingt in Zeiteinheiten meßbaren – langen Weg vor sich hat. Der unermüdliche Günther Anders hat nach Tschernobyl einen Widerstand gefordert, der die, die für das Verbrechen des Weitermachens mit der Kernenergie verantwortlich sind, nun *wirklich* behindert, ihnen *wirklich* die Hände bindet. Aber sie sind in ihrer »hardware« nicht wirklich zu treffen! Da ist unsere Strategie erschöpft. Wir müssen zugeben: In dieser Perspektive sind wir ohn-mächtig und treiben uns nur unschöpferisch in eine selbstzerstörerische Eskalation hinein. Der Protest, der Widerstand als *Konzept* erweist sich als Sackgasse. Es ist nicht mehr die Frage, ob wir mit Blümchen gehen und Händchen halten oder irgendeine härtere Gangart bevorzugen. Es bringt so oder so nichts.

Übrigens handelt es sich in *beiden* Fällen nur um Strategien, das *eigene* Gewissen zu beschwichtigen. »Aber man kann doch nicht nichts tun gegen die billigend in Kauf genommene, de facto geradezu eingeplante nukleare Menschenabschaffung?« Doch, man kann! Man kann aufhören, sich ein um das andere Mal in das gerade auffälligste Symptom zu verbeißen und immer erneut die notorisch windige Rechnung über punktuelle Mehrheiten aufzumachen, die zu 90 Prozent die *allgemeineren* Veränderungen sowieso nicht wollen, ohne die es die Vermeidung des *einzelnen* Horrors nun einmal nicht gibt! Eine Gesellschaft ist ein Ganzes. Ohne Atomkraftwerke ist die unsere – weil die mehr bedeuten als Stromversorgung – nicht mehr dieselbe. Das genau meinen die Leute, wenn sie den *allmählichen* Umstieg wollen: eine Veränderung, die keine ist, die ihre Tiefenstrukturen auch nicht von fern in Frage stellt. Es hat keinen Zweck, Interessen *für sie* vertreten zu wollen, die sie (noch) gar nicht haben.

Die einzigen Stellen, wo es vorübergehend Sinn macht, liegen dort, wo »neue«, bisher noch unberührte Bevölkerungen durch die Initiative der Technokratie politisiert werden, wie zuletzt in Wackersdorf. Darüber hinaus ist der einzige Sinn der verschiedenen Anti-Aktionen und Demonstrationen – nur so läßt sich die Teilnahme motivieren – die allgemeine Sorge darum, »daß sich der Kristall nicht schließt« (Benjamins Wort, ich fand es irgendwo zitiert), daß das Wissen um die Unversöhnbarkeit der Gesellschaft, um die Unhaltbarkeit des sozialen Friedens auf Basis der terroristischen Großtechnologien nicht einschläft. Dann dürfen wir uns allerdings nichts vormachen über »aktive Behinderung«, über unmittelbare Gefahrenabwehr. Günther Anders hat völlig recht: *Diese* Zwecke sind mit »Fasten für den Frieden« nicht zu erreichen. Anders aber auch nicht. Und das Fasten machen die Menschen – hoffentlich – in erster Linie für sich selbst, und nicht aus Masochismus. Es hellt die Seele auf.

Handeln bloß aus Betroffenheit wird in einer so objektivierten, entfremdeten Gesellschaft wie unserer mit ihren »Sachzwängen« und ihrer Bürokratie stets und unvermeidlich enttäuscht. Es *kann* hier keine spezielle Betroffenheit einzeln zu ihrem Recht kommen. Daher lernen jene energischen Charaktere, die sich überhaupt engagieren, verhältnismäßig früh, (gesamt-)systemkritisch zu denken, d. h. die allgemeinen Bedingungen für die Lösung des von ihnen persönlich favorisierten Problems in den Mittelpunkt ihrer Aufmerksamkeit zu rücken. Es ist allerdings eine schwere Arbeit, in doppelter Hinsicht. Einerseits ist die Ichstruktur – das System der Abwehrmechanismen und Selbsttäuschungen, Projektionen und Vorurteile, das die Weltwahrnehmung festlegt und einschränkt – im Wege. Andererseits ist die objektive Struktur, die ich unter dem Gesichtspunkt der Selbstausrottungslogik skizziert habe, d. h. die Welt, in der wir handeln, auf die wir uns geistig beziehen wollen, so komplex wie nie zuvor.

Obwohl schon im einfachsten Stammesverband die Anschaulichkeit täuscht und der Medizinmann, der Häuptling möglicherweise ein ganz anderes Verständnis dieser Welt haben als andere Stammesmitglieder, bleibt es doch den meisten möglich, das Ganze zu durchschauen. Für den Umgang mit dem Außen helfen Fremdstereotype, und wenn der Stamm in einer Konfrontation unterlag, so war es Schicksal. Heute dagegen ist jeder Haushalt, jede Gemeinde, jede Region, jedes Land überwiegend von der je größeren Einheit abhängig, und es wirken in den entfernteren Zirkeln, die um unsere Existenz geschlagen sind, stets so viele Kräfte, die sich durchkreuzen, daß es ganz unmöglich ist, alles Relevante zu wissen.

Noch höhere Abstraktionskraft aber erfordert es, trotz dieser weitgehenden Unwissenheit über wichtige Einzelheiten das Gesamtgetriebe einigermaßen zu verstehen. Nur wer die implizite Ordnung des natürlichen und des sozialen Kosmos sowie seiner selbst als des Mikrokosmos teils rational, teils intuitiv als inneres Modell aufgebaut hat, kann im bewußten Bezug auf das Ganze handeln und sich dann auch noch auf einen besonderen Gegenstand konzentrieren, ohne die Übersicht zu verlieren.

Im allgemeinen büßt das Ich aber auf diesem Wege seine Sensibilität, seine Beeindruckbarkeit, seine Fähigkeit, konkrete Bedürfnisse und Leiden mit genügend Energie zu besetzen, ein. Es erlegt sich schein-freiwillig (denn man bezweckt dies ja keineswegs) eine Art sensorischer Deprivation auf, nimmt den Kontakt zurück, der weitgehend identisch mit sinnlicher Liebesfähigkeit ist (jedenfalls läßt die nach, wenn man so eine theoretische Existenz führt). Diese theoretische Praxis – die andererseits durch die reale Komplexität erzwungen ist, welche nicht ohne jede Analyse übergangen werden darf – kann einen also auch ohne neurotischen Schub einigermaßen schizoid machen.

Die beiden Wege der Abstraktion und der Betroffenheit sind zwei Seiten derselben Medaille. Deshalb geht es offenbar noch um mehr als die notwendige Resensibilisierung des Intellektuellen und die Intellektualisierung des emotional Betroffenen. Wir müssen einen neuen Weg finden. Selbstverständlich beabsichtigt die Kritik, mit der ich das herausarbeite, nicht, daß denjenigen Impulsen, die durch das Umsichgreifen der ökologischen Krise immer neu erst einmal auf die Wege hier der Betroffenheit, dort des abstrakten Durchblicks gestoßen werden, das Motiv genommen werden soll.

Es gibt keine Abkürzungen, die die persönliche Erfahrung mit dem Scheitern der nächstliegenden Reaktionen ersetzen könnten. Außerdem findet eine so tiefe Verwandlung, wie sie jetzt in Gang kommt, gewiß auch unerwartete Durchbrüche. Es ist ja in jedem Impuls irgendwie die Gesamtsituation gegenwärtig. Es kann niemand genau wissen, wie es im Keller des gesellschaftlichen Bewußtseins arbeitet. Ohne wissentlich dafürzukönnen, mag selbst dieser oder jener Akt grüner »Realpolitik« in einer andern Matrix wirken, als wir es der Zeitung entnehmen können. »Der Mensch denkt, aber Gott lenkt«, sagten sie früher. Mich jedoch interessieren vor allem jene, die sich nicht mit so geringem Trost zufriedengeben und deshalb eine rücksichtslose Bilanz der bisherigen Praxis ertragen wollen.

2. Subjektivität der Rettung

Der logische Ort einer Rettungspolitik

Was für eine Praxis aber könnte die Apokalypse aufhalten? Die grundlegende Bedingung einer Rettungspolitik ist der Rückzug des lebendigen Geistes von den Infrastrukturen der Megamaschine. Die folgende Skizze will die Verschiebung der Grundposition versinnbildlichen, die die Botschaft einer fundamental ökologischen Politik kennzeichnen, die neue Mitte des sozialen Netzes. Auf den ersten Blick hat sie, wie jedes Schema, etwas Mechanisches an sich, das die Botschaft verfremdet. So will ich ihren Sinn vorwegnehmen: Nur aus der Wiedervereinigung unseres lebendigen Geistes mit seinen natürlichen *Wurzeln*, mit den *Quellen* der Kultur, können wir uns eine Chance gegen die entfremdete tote Arbeit, den entfremdeten toten Geist verschaffen. Wir müssen uns von der Megamaschine, diesem Ersatzhimmel des toten Geistes, statt von der Natur distanzieren, um die kolossale Disproportion unseres psychischen Energieeinsatzes und um seine Ausrichtung zu korrigieren.

Und ich denke wenigstens angedeutet zu haben, warum diese Distanzierung, diese Entidentifizierung, scheinbar paradoxerweise, doch nicht am *Material* der Megamaschine (sei sie Beton, sei sie Geld, sei sie Staatsapparat) ansetzt, sondern an den *inneren Verhaftungen und Motiven*, aus denen sie hervorgegangen ist. Der Bauplatz der neuen Kultur liegt in erster Linie *in uns* – wie der Bau der alten. Ich kümmere mich zunächst überhaupt nicht darum, wie »machbar« und »realistisch« die Kräfteverschiebung soziologisch, massenpsychologisch usw. ist. Ich spreche von dem inneren Modell, das wir selber haben und *sind*, je nachdem, wie wir unsere Welt betrachten und mit ihr umgehen. Diese fünf Momente *N-UB-B-W-I*, die man auf Seite 239 übereinander angeordnet findet, stehen nicht nur für das »Ensemble der gesellschaftlichen Verhältnisse«, das der Mensch nach jener Marxschen Definition (und auch tatsächlich) ist, sondern ebenso für das Individuum, für unser empirisches Ich, das mit seiner

Energie an allen diesen fünf Momenten, Ebenen, Aktivitäten teilhat.

Es ist ja eben eine Proportion oder vielmehr Disproportion in *unserem* Zeitplan (in dem, der sich täglich in uns durchsetzt), wieviel wir produktiv und konsumptiv in die Megamaschine (die große Ellipse oben) stecken und wieviel in unsere eigentliche Lebenswelt (der kleine Kreis unten). Ohne Bewußtheit über die tatsächliche Zeitökonomie und darüber, daß sie uns dennoch *nur relativ* aufgezwungen ist, bleibt unser Energiefluß festgelegt, wie er ist: in der Richtung »hinein«, um das Ungeheuer zu nähren.

Die Ellipse bringt vor allem zum Ausdruck, daß der größte Teil der menschlichen Wesenskräfte in die materielle Horizontale geht, so unsere Fesselung, die Selbstverstopfung jedes möglichen Ausgangs vermehrt. Finden müssen wir jetzt eine Praxis, in der wir uns *von* dieser ›Außermittigkeit‹, diesem Zerstreutsein an eine Sachwelt, die uns beherrscht, befreien können, und *zu* einer aufrechten Gestalt, die ihre Mitte, sich als Mitte hält. Das bedeutet ein Rückrufen unserer Kräfte aus der Horizontale der Warenwelt und ihre Konzentration um die Vertikale. In der sozialen Praxis darf es keinen Automatismus mehr geben, der nicht bewußt (reflektiert) von uns gesetzt und kontrolliert wäre. Sonst trägt uns die spontane Gattungsentwicklung, die Automatik unserer relativen und kurzfristigen Übermacht offensichtlich über den Rand. An diesem Punkt versagen alle liberalen und anarchistischen Weltbilder. Auch eine Riesentraube bloß horizontal verkoppelter Kommunen, die sich auf einfaches Leben werfen, kann für die Erde zuviel sein. Und gewisse planetarische Lebenszusammenhänge sind einfach vom dezentralen, kommunitären Pol einer Zukunftsgesellschaft her allein nicht faßbar. Die Vertikale schließt also eine Weltregierung ein.

Der Logik der Selbstausrottung zu entkommen, verlangt als allerersten Schritt, uns unabhängig von dem Werk unserer Hände zu *denken,* all die Begriffe relativ zu setzen, die in unserem Gedächtnis für den Kulturzusammenhang stehen, den wir uns geschaffen haben. Der Geist, die menschliche Energie muß die Kooperation mit der Megamaschine kündigen und sich mit aller Intensität darauf konzentrieren, seine abgerissenen Kontakte in der anderen Richtung wieder anzuknüpfen. Das vor allem ist der

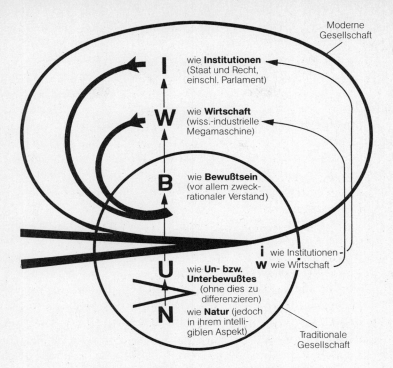

Moderne
Gesellschaft

wie **Institutionen**
(Staat und Recht,
einschl. Parlament)

wie **Wirtschaft**
(wiss.-industrielle
Megamaschine)

wie **Bewußtsein**
(vor allem zweck-
rationaler Verstand)

i wie Institutionen
w wie Wirtschaft

wie **Un- bzw.
Unterbewußtes**
(ohne dies zu
differenzieren)

wie **Natur** (jedoch
in ihrem intelli-
giblen Aspekt)

Traditionale
Gesellschaft

Schema unserer Abspaltung vom Ursprung

*Die Abspaltung vom Ursprung, von der Natur, aus der unser Geist kommt,
beginnt schon, wo das entsteht, was wir heute »UB« nennen und was ursprünglich die Spitze der Bewußtseinsentwicklung über das archaische Ureinheitsemp-
finden hinaus war: mit Magie und Mythos. Der untere kleine Spalt zeigt an, da
waren die Stammesmenschen schon beeindruckt und schauderten in dem Spiel
und Widerspiel von natürlichen und menschlichen Mächten. »B« wie Bewußtsein aber, d.h. der rationale Verstand, hat von vornherein einen neuen, tieferen
Spalt gesetzt und so seine eigenen Vorstufen tendenziell mit zur Natur geschlagen und feindlich behandelt. Seine Stärke, Breite, Tiefe, seinen endgültigen
Kluftcharakter jedoch erlangte dieser zweite Spalt erst in unserer modernen
Struktur. Hier hat der soziale Ensemblegeist (der kleine Kreis unten) die Institutionen (»i«) und die Wirtschaft (»w«), die ihm ursprünglich (etwa im Stamm
und noch im theokratischen Staat) untergeordnet waren, nach »oben« aus sich
herausgegliedert: in einen verselbständigten Produktionsapparat (»W«) und
noch darüber hinaus und davon abhängig in den modernen bürokratischen
Staat (»I«). Nun wird der lebendige rationale Geist von »oben« als untergeord-
nete Hilfskraft vereinnahmt, wird Funktionär der »Gesellschaft als Megamaschine« (die große Ellipse oben), wie es die mächtigen Pfeile symbolisieren, die
das »B« von oben umgreifen.*

239

Auszug aus dem Industriesystem. Und natürlich müssen wir auch daran gehen, eine andere Welt wirklich zu schaffen, aber nicht gedacht als »Lebenswelt« *neben* der Todesmaschine, von dieser abhängig bleibend, sondern sie ersetzend. Fort mit dem ganzen feigen und grundverlogenen »Projekt der Moderne«, mit dem die Autoren nicht nur ihr eigenes Leben fliehen, sondern mit dem die ganze Evolution am Scheitern ist. Es ist die schlimmste Verführung, dieses Projekt, »dualwirtschaftlich« untermauert, in eine metropolitane Spielprovinz Kastalien hineinretten zu wollen, während draußen – je nach Benennungsvorliebe – die »Dienstleistungs-«, die »Informations-«, die »Wissenschaftsgesellschaft« tickert.

Unter allen diesen Namen verbirgt sich: Das lebendige Bewußtsein hat verhängnisvoll die Position gewechselt. Einst war es Organ des Körpers, ein Organ der *ganzen* menschlichen Natur und des sozialen Kollektivs gewesen. Heute ist es – nach einem materiellen und institutionellen Prozeß, der gesetzmäßig dahin geführt hat – zum Agenten, zum Funktionär der Megamaschine und der von ihr durchdrungenen institutionellen Sphäre geworden.

Für vernünftig hatte Hegel einen Geist gehalten, der diesen ganzen Zusammenhang begriff, zurück bis ins ursprüngliche Sein und hinauf bis in die höchsten Überbauten, und der auf dieser Grundlage erkannter Notwendigkeit die Freiheit erlangt hatte. Aber wie kann ein Geist vernünftig sein, der von seinen Wurzeln losgerissen, dafür in die abhängige Kollaboration mit seinem insgesamt gesehen unbewußt erzeugten unorganischen Leib, mit seiner zweiten Stahl-Beton-Silizium-Natur gezwungen ist?

In den Institutionen ist der lebendige Geist von vornherein dem toten unterworfen, ist er der ganzen Struktur ausgeliefert, die die Megamaschine auf finanziellem, juristischem und techno-normativem Gebiet zu ihrer Selbstregulation hervorgebracht hat. Das Ich, das sie dafür in Dienst nimmt, findet den Rahmen völlig vorbestimmt, in welchem es auf seine Kosten kommen kann. Die Erkenntniskräfte sind an sich dafür geworden, uns auf höherer Stufe mit dem Leben zu verbinden. Nun aber dienen sie der Neuanpassung der Megamaschine an die »Umwelt«, die schon deren kaputtes Produkt ist. Das kann man dann noch »ökologische Modernisierung« nennen.

Hier kann gar nichts anderes als eine Umkehr helfen. Wohin also konstituieren wir die Initiativkräfte für eine neue Struktur und Gestalt? Oder bescheidener: Wo treffen wir uns, um uns erst einmal »leer«, um uns empfangsbereit genug dafür zu machen? Wie die Lösung aussehen muß, dafür kann jede jetzige Entscheidung nur ein im Bewußtsein der Vorläufigkeit versuchter Schritt sein. Aber wohin mit denen, die zum neuen Anfang bereit sind, die das Alte nicht einfach verwerfen, wohl aber ihm das Vetorecht verweigern wollen? Wohin mit dem überschüssigen und offenen Bewußtsein, dem Keim auch der neuen Institutionen? *Dorthin, wo jetzt der Spalt ist!* Dorthin, wo der Mensch sich mittels seiner eigenen Kultur selbst auseinandergerissen hat! Dorthin, wo sich Logos und Bios getrennt haben, wo der Logos davongezogen ist, um die Position zu wechseln: vom Organ des Bios zum Agenten der Großen Maschine, und wo die Wiedervereinigung stattfinden muß.

Genau dort, wo der Spalt aufgerissen ist, liegt die verlorene Ganzheit des Menschen, liegt die Mitte, von der aus er seine soziale Welt und seine naturbezogene Praxis maßvoll zusammenhalten könnte. Es ist die Stelle, an der die Logik der Rettung einsetzen kann. Die Abspaltung von der Megamaschine statt von der Natur (um die kolossale Disproportion unseres Energieeinsatzes, unseres Zeitplanes, damit unserer Bewußtseinsverfassung zu korrigieren) wird geistig-politisch die »Spaltung der Eliten« bedeuten, die Spaltung der wissenschaftlich-managerialen Priesterschaft von heute als sehr wesentliche Mitbedingung einer ökologischen Volksreformation.

Und das darf nicht nur individuell und spirituell, das muß auch institutionell und politisch gedacht werden: Dort, wo der große Spalt ist, muß die Kopplung hin, muß die Kluft geschlossen werden. Dieser Spalt muß weg. Und umgekehrt, wo von den Institutionen und der Technostruktur her jetzt die großen Kopplungen arbeiten, die das Bewußtsein (die lebendige Arbeit, den lebendigen Geist) als Funktionär vereinnahmen, muß für den Anfang wenigstens eine *Kupplung* hinein, die wir betätigen können, wenn es die Lebensinteressen verbieten, das Bewußtsein von den trägen Massenkräften und Informationsstrukturen der Megamaschine mitdrehen zu lassen.[106]

Eine solche Kupplung wäre natürlich immer noch bloß ein Notbehelf für die Gefahrenabwehr, für den Zeitgewinn zum Umsteuern. Letztlich muß die ganze große Ellipse oben leer werden, fortfallen, muß die wirtschaftliche und politische Aktivität dort herausgezogen werden und erneut unten in dem kleinen Kreis eine relativ autonome, aber nunmehr *eingeordnete* Rolle finden, in der sie sich nicht mehr verselbständigen und nicht mehr mit dem Ganzen durchgehen kann.

Nicht etwa, daß es in dem unteren kleinen Kreis der traditionellen Gesellschaft die wirtschaftlichen und staatlich-rechtlichen Tätigkeiten bzw. Funktionen nicht gegeben hätte, aber es ging nie so endgültig und unverblümt mit dem Teufel zu wie in der großen Ellipse der modernen Gesellschaft. Im Vergleich zur Herrschaft des Marktautomatismus und zur Abzähldemokratie ist eine archaische Theokratie ein hochkulturelles Ereignis. Denn Staat und Recht stehen dort noch *über* dem ökonomischen Bereich, und beide Sphären sind dem Geistbereich subordiniert.

Bei dem heutigen Stand der Dinge täuscht beinahe noch die kleine Überschneidung zwischen dem Kreis und der Ellipse, die dadurch zustande kommt, daß das Bewußtsein in beiden Konstellationen als Naturkraft eingebunden ist. Was auch in der modernen Gesellschaft noch von der alten Rechtsordnung übergeblieben ist, hat residualen Charakter und dient so nur der zusätzlichen Legitimation des falschen Ganzen. Das ist das Schicksal der meisten Anständigkeiten unten wie oben – sie kaschieren das ganz andere Wesen der modernen Zustände.

Es gibt natürlich keine einfache Wiederherstellung der traditionellen Gesellschaft, die ja auch nicht zufällig in die moderne übergegangen ist. Die Rückbesinnung macht uns aber auf eines aufmerksam: Das moderne Ich hat, nachdem es aus der kirchlichen Vormundschaft entlassen war, nicht vermocht, die sozialen Verantwortungen zu integrieren, die auf einmal ganz ohne metaphysischen Schutz waren; und noch weniger hat es vermocht, ein inter- bzw. überindividuelles Institut für den kategorischen Imperativ zu schaffen. Pluralismus ist nichts als eine Deckkarte für individualistische Unverantwortlichkeit. Das führt uns also auf den Gedanken, daß eine Neukonstituierung des menschlichen Selbst die Bedingung für eine Neuinstitutionalisierung der Gesellschaft ist. Wenn der Individualismus dominant bleibt, kann er nur die totalitäre »Lösung« heraufbeschwören, die sein kehrseitiges Komplement ist.

Dabei ist richtig an dem ORDO-Gedanken, wie ihn Biedenkopf vertritt, daß Staat und Recht zuerst, also sozusagen »vor der Wirtschaft« zurückgeholt werden müssen, obwohl diese Priorität nicht unbedingt zeitlich verstanden werden muß. In einer »richtigen« Gesellschaft bilden die rechtlichen Verhältnisse den ersten Kreis um das geistige Leben. Sie sind ja ursprünglich auch direkt aus dem sozialen Verkehr hervorgegangen. Sie sind bewußtseinsnäher als die Produktion, die in einem weiteren Kreis, schon näher zur Außenwelt, zur Naturumgebung des Gemeinwesens liegt. Der historische Materialismus, der es umgekehrt sieht, beschreibt richtig, was in der kurzen jüngsten Geschichte der Menschheit zunehmend falsch geworden ist: eben diese Machtverschiebung hin zu den Objekten, von denen wir uns produktiv immer abhängiger machen, um – wie wir denken – des »Fortschritts zur Freiheit« willen.

Von Natur hat der Mensch die Freiheit, sich aus einer kulturellen Sackgasse zurückzuziehen und ein neues Muster zu stiften. In der Struktur der Megamaschine, der großen Ellipse aber, ist die einmal in Staat und Recht investierte Bewußtseinsenergie fest programmiert und verfügt immer aufs neue über die Lebenden. Hier geht es nicht um den Bestand einer juristischen Sphäre als solcher (die jede über den Clan-Status hinausgewachsene Gesellschaft und erst recht eine um den Erdball zusammengewachsene Menschheit haben wird), sondern um die konkrete Gestalt des Rechts- und Staatslebens und noch mehr um seine Einordnung. Heute wird jeder Student der Rechte – und so vieler anderer Fächer – automatisch für den Exterminismus verhaftet, sein Gehirn wird dafür geöffnet, daß es von den Traditionen und Bedürfnissen der Megamaschine besetzt werden kann, also für den falschen sozialen Gesamtgeist. Erst wer den ganzen Kodex intus hat, ist dann schöpferisch befugt, darf Kleinigkeiten ändern. Das mag in Ordnung sein in Zeiten einer aufsteigenden lebenspositiven Kultur. In dieser Zeit endgültiger zivilisatorischer Krise aber ist es untragbar. Die Gesellschaft muß aufhören, diese ganze Struktur, dies Recht und diesen Staat zu reproduzieren.

Schließlich ist die neue Struktur damals, als das Abendland anfing, auch nicht vom römischen Palatin aus gestiftet worden, so sehr Kaiser wie Diokletian und Konstantin vorgesorgt haben für das Danaergeschenk in Form der kirchlichen Hierarchie analog zur Reichseinteilung. Die Substanz kam von Menschen, die sich jenseits Roms gestellt hatten. Die Regel des Benedikt hat zuerst ihren Ort in einer Grotte gehabt; gewiß gab es auch Vermittlungen, auch einen Bischof von Rom.

Bei dem heutigen Stand des Wissens werden schon Gesellschaften von wenigen tausend Menschen eine ungeheure Kraft, also auch Störkapazität konzentrieren. In solcher Größenordnung ist es noch möglich, die Selbstbeschränkung im unmittelbaren Kontakt miteinander und mit der jeweiligen Heimat zu üben. Alles körperlich, seelisch und geistig Lebensnotwendige kann bis auf einige Ergänzung und einigen Austausch von Menschen in Intensität und Fülle an diesem Ort versammelt sein. Nur so eine andere Gesellschaft wird eine annähernde Kreislaufwirtschaft haben und eine Wissenschaft-und-Technik, die sozial verantwortlich und lebensverantwortlich ist, statt von den Dämonen der Gier und des Ruhms beherrscht zu werden.

Die Kontraktion von der großen Ellipse auf den kleinen Kreis – auf einen Weltkreis und auf viele organisch koordinierte kleine Kreise zugleich – ist anthropologisch und ist ökologisch notwendig. Es kommt darauf an, diesen Entwurf zu pflegen, innerlich aufzubauen und das wieder dichtere Leben zu lernen, wie es in alten Gesellschaften war, jetzt aber auf der Basis einer anderen Bewußtheit. Niemand weiß genau, wie es sein wird, aber es läßt sich wissen, *daß* es an einem solchen Ort, auf einer höheren Ebene der Spirale, eine andere Lösung für jene menschlichen Urprobleme geben wird, die sich jetzt, weil es ohne einen Sprung nicht mehr weitergeht, als Stufen des Exterminismus äußern. Wir sind ja in der expansiven Phase immer schneller vor diesen Urproblemen geflohen. Gerade da müssen wir hindurch. *Dazu* müssen wir die Kräfte und Gestalten *wieder*gewinnen, die wir auf der anderen Seite des Spaltes verloren haben, weil wir sie noch nicht integrieren konnten (wir waren nicht souverän genug und ließen uns nicht die Zeit dazu bei unserem hektischen Aufstieg bis hierher). Diese Aufgabe ist uns jetzt gestellt und sie bestimmt den Ort.

Natürlich erhebt sich nun noch dringlicher die Frage nach dem Subjekt der Bewegung, nach der »ausgewanderten« neuen Gesellschaft, die sich dort konstituiert, nach dem »Fürsten einer ökologischen Wende« – kurz nach dem sozialen Organ der Umkehr, ja des Heimwegs der Menschheit. Die Versuchung ist groß, gleich wieder unmittelbar politisch zu werden, zumal wir unleugbar in Eile sind, in einem Wettlauf mit den Trägheitskräften der Todesspirale. Die Versuchung ist größer, seit die von der Russischen Revolution geschaffene Struktur neuerdings ein helleres als das blutrote Licht der Sterne von 1917 auszusenden beginnt. Tatsächlich ist über den Paradigmenwechsel zum *New Age* metapolitisch-abstrakt genug geredet, oft genug auch bloß geschwafelt worden. Praktisch wird das »Neue Denken« genau dann, wenn sich politische Mächte finden oder konstituieren, die zum Beispiel eine Politik der Abrüstung daraus entwickeln und d. h. zuerst im eigenen Umkreis die Möglichkeit und den Konsens dafür herbeiführen.

Wahr ist, daß das »Neue Denken«, die neue Subjektivität sich erst einmal ansammeln muß. Aber es kommt darauf an, daß dies mit einer von vornherein politischen Intention geschieht. Sonst fügt sich die Verinnerlichung erneut dem Status quo, wie das nach dem Fürstensieg über die Bauern und im Gefolge des Dreißigjährigen Krieges deutsche Tradition geworden ist. Dies zu vermeiden im Blicke, wende ich mich zunächst der Frage nach der *Herausbildung* der Subjektivität zu, die so eine rettende Instanz aus den Individuen heraus tragen könnte, denn die entscheidet über die *Qualität* der neuen sozialen Macht, die wir brauchen. Über eine Neuordnung wird mit dem Menschenbild der Bewegung entschieden, die sie herbeiführt.

Aufstieg der Kundalini – Politik der Liebe

Wir können uns fragen, warum der menschliche Geist bisher, von Ausnahmen abgesehen, dabei stehengeblieben ist, sich in intelligente Materialanhäufungen und Machtstrukturen zu entäußern – hat er doch in der Liebe, in der Kunst und Philosophie, schließlich in der Anbetung des Absoluten immer wieder darüber hinausgewollt. Er erreicht zuweilen diese höheren Ebenen, aber er hat sich dort noch nicht stabilisiert. Wir vermögen schon individuell, erst recht noch im sozialen Ensemble nicht von dorther zu leben. Wilber hat daher »Halbzeit der Evolution« konstatiert.

Aber könnte nicht der *erste Schritt* auf der zweiten Hälfte des Weges, der *Eintritt* in die zweite Halbzeit zugleich einen entscheidenden Sprung bedeuten, erst einmal *das Verhängnis wenden?* Das schließt ja die Vorstellung keineswegs aus, im Gegenteil, daß wir von etwas wie einem Ziel her geführt werden bzw. *an sich* von etwas geleitet werden, das wir *für uns* erst noch gewinnen müssen.

Der gute Ausgang kann nicht primär davon abhängig sein, daß wir schon *frei sind.* Es wird genügen, was wir für *diese* eigentlich gemeinte Dimension noch kaum ernsthaft beherzigt haben: »Wer immer strebend sich bemüht, den können wir erlösen.« Wir *haben* Anteil an der höchsten Intelligenz – lassen wir uns von ihr erst einmal an den Zugang leiten, der, wenn wir dem Einblick des Christus und so vieler anderer Meister folgen, Liebe heißt.

Wir mögen hören, *der* Appell habe schon zweitausend und mehr Jahre nichts bewirkt. Doch was beweist das? Die Verkünder mögen Vorläufer gewesen sein. Jedenfalls zeigt schon ihre bloße Existenz die Menschenmöglichkeit einer Politik des Offenen Herzens. Die Evolution mag jetzt viele an diesen Schritt herangeführt haben. Und außerdem ist es diesmal mehr als ein Appell. Es gibt eine Praxis, es gibt sogar Praktiken – ich sage es trotz der verfluchten Neigung unserer Zivilisation, selbst noch ihrer Dissidenten, an sich neutrale Techniken sogleich manipulativ einzusetzen –, um uns durchaus entlang unserer eigenen vitalen Interessen, also nicht nur altruistisch, an die Pforte heranzutasten, die gefühlsmäßige Ausgangsbasis für eine soziale und politische Transformation zu verbessern.

Die Gesamtstimmung, die sich in einer kritischen Phase sozialer Entwicklung durchsetzt, gibt den Ausschlag dafür, was eine Gesellschaft für Wahrheit hält, wenn sie nach der neuen Lösung sucht bzw. – strenger formuliert – wie dicht sie damit an das objektiv Rechte und Notwendige, Wahre und Schöne herankommt. Daß in einer *letzten Instanz* die Wahrheit, die das Ganze ist und erkennt, daß also Liebe zur Gottheit der Herzensliebe vorausgeht, sie überwölbt, steht dem nicht entgegen, sondern wirkt aus dem Urgrund, den wir in uns haben, mit, auch dann, wenn wir es nicht in voller Klarheit wissen. Und vom Herzen her, vom Kontakt mit den anderen Wesen her, sehen wir auch in den absoluten Dingen klarer.

Ich finde es überaus bemerkenswert, daß Lewis Mumford in seiner »Transformation of Man« (deutsch »Hoffnung oder Barbarei. Die Verwandlungen des Menschen«) von 1956 durchgängig dieselbe Perspektive hat: auf eine allmählich vordringende *Politik der Liebe als Herzstück der Aufgabe, ein neues Selbst zu schaffen.* Mumford, der mehrere Male den ganzen Stoff der Weltgeschichte, gerade ihre materiell-technische Seite, durchgeackert und ein alles andere als esoterisches Rettungskonzept entworfen hatte, kam zu dem Schluß:[107]

> Liebe hat wie der Verstand nur langsam an Wirkung in der organischen Welt gewonnen; da sie erst spät in dem Drama auftrat, das der Mensch selbst geschrieben hatte und inszenierte, erfüllt sie erst einen kleinen Teil seines Denkens, Lernens und Tuns. Doch in der kommenden Verwandlung des Menschen wird die Liebe das zentrale Element der Integration sein, Liebe als erotisches Begehren und als Zeugungskraft, Liebe als Leidenschaft und ästhetisches Genießen im Betrachten des Schönen und in seiner Neuschöpfung, Liebe als Kameradschaft und nachbarliche Hilfe, Liebe als elterliche Fürsorge und als Opfermut und schließlich Liebe mit ihrer wunderbaren Gabe, das geliebte Objekt über alles zu stellen, es zu verherrlichen und zu verklären. Ohne Steigerung unserer Liebesfähigkeit in all ihren Möglichkeiten können wir kaum hoffen, die Erde und alle Geschöpfe, die sie bewohnen, vor den gefühllosen Mächten des Hasses, der Gewalt und der Zerstörung zu bewahren, die sie jetzt bedrohen. Und wer wagt von Liebe zu sprechen ohne eine Philosophie, die den Menschen in ihren Mittelpunkt stellt?

Mumford meint hier zweifellos den Menschen als leidendes und sich freuendes Individuum, nicht als Stufen- oder Schaltkreisrepräsentanten bzw. -adepten (sh. Anmerkung 109, S. 511) – ohne dies letztere auszuschließen, aber es kommt auf seine Priorität an, sonst fallen die Konsequenzen techno- bzw. zuletzt neurokratisch aus, und die Psychopharmaka-Dompteure halten die Befreiung auf, während sie vorgeben oder sich vormachen, daß sie sie fördern. Mumford fährt fort:

Das Idealbild des Menschen, das diesem Stadium der Entwicklung entspricht, ist in der Vergangenheit nie verwirklicht worden, weder biologisch noch sozial; es ist nicht der Hirnmensch, nicht der Muskelmensch
noch der Nervenmensch, nicht der reine Hindu, der reine Mohammeda-
ner, der reine Christ noch der reine Marxist oder der reine Techniker,
nicht der Mensch der Alten und auch nicht der Mensch der Neuen Welt.
Die Einheit, die wir erstreben, muß alle diese Teilmenschen anerkennen
und sie liebend einschließen in ein Selbst, das fähig ist, sie zur Ganzheit zu
transzendieren. Eine Lehre der Einheit, die nicht mit der Liebe als Symbol
und Trägerin dieser organischen Ganzheit auftritt, kann kaum hoffen, ein
geeintes Selbst oder eine geeinte Welt zu schaffen; denn im emanzipier-
ten Intellekt allein kann diese Verwandlung nicht vollzogen werden.

Mumford ist kein Marxist, aber er ist, wie ich schon andeutete, in
einem bestimmten Sinne ein konsequenterer Materialist als
Marx, wird zumindest der monistischen Weltauffassung, für die
sich Engels so deutlich ausgesprochen hatte, besser gerecht als die
beiden Freunde selbst. Er hebt Marx, hebt insbesondere den historischen Materialismus in ein »unitarisches« Weltbild auf. So
könnte er der materialistischen Linken, wenn sie ihn denn mit
Fleiß studieren wollte, den Weg weisen nicht nur zu einer ökologischen Gesamtperspektive, sondern, wie ich eben zeigte, auch bis
an die Schwelle der spirituellen Praxis, die sich mehr und mehr
darauf konzentriert, diese allseitige Liebesfähigkeit zu entwikkeln, von deren Steigerung nach Mumford alles abhängt.

Ich werde diese Möglichkeit des Eintritts in den spirituellen
Bereich kurz an einem der individuellen Erfahrung relativ zugänglichen Konzept verdeutlichen, das mit den aus Indien stam-
menden Begriffen *Kundalini-Yoga*, *Chakra* und *Tantra* um-
schrieben ist.[108] Tantra ist, übrigens nur im engeren Sinne, die
Bezeichnung für die spirituelle Liebeskunst des alten Indien. Auf
die anderen beiden Begriffe komme ich sofort. Das Konzept hat
den großen Vorteil, das *Bindeglied* zwischen dem »durchschnittlichen« und dem »überbewußten«, dem »vitalen« bzw. »profanen«
und dem »spirituellen« Bereich zu betonen und sogar in dem
mittelsten, dem Herzchakra, zu orten. Dieses Bindeglied *ist* die
Liebe, und es geht dabei, wie gesagt, um die gefühlsmäßige *Qualität* der rettenden Bewußtheit, als eine maßgebliche *Bedingung*
dafür, daß wir es überhaupt versuchen können, unsere Massenproduktion und unsere Machtstrukturen fahrenzulassen.

Kundalini ist der indische Name für die sogenannte Schlangen-kraft, für unsere als eingerollt am unteren Ende der Wirbelsäule liegend und von dort mehr oder weniger weit und intensiv aufstei-gend vorgestellte bzw. erlebte erotische *Lebensenergie* (bei uns hat besonders Wilhelm Reich mit diesem Konzept praktiziert – sein Orgon-Begriff meint ungefähr dieselbe Kraft). Voll aufge-richtet, steht die Kundalini-Schlange mit dem Kopf im Logos, so daß diese Idee die dialektische Polarität von Eros und Logos, Sexualität und Geist als Faktum voraussetzt.

Und zwar hat die Kundalini, unsere Lebensenergie, die Ten-denz, durch eine Reihe von sogenannten *Chakras* bis in den Scheitel des Kopfes aufzusteigen (die Chakras werden als aufein-ander aufbauende *Knotenpunkte psychophysiologischer Ener-gieumformung* in unserem Zentralnervensystem verstanden). Das ist in der spirituellen Kultur Indiens besonders ausgenutzt und kultiviert worden, aber es haben wohl alle alten Hochkultu-ren damit gearbeitet.

Eingebettet in eine umfassende Philosophie und Ethik wurden vielerlei Praktiken entwickelt, um die Kundalini zu einem rasche-ren, intensiveren und vollständigeren Aufstieg als gewöhnlich anzuregen, ja zu trainieren. Die Sache selbst ist bioelektrisch bzw. biopsychisch gegeben, und es hat wohl fast jeder Mensch, insbe-sondere jeder schöpferische Mensch eine vitale Erfahrung von dieser Aufstiegsbewegung durch das Rückenmark bis hinauf in die Großhirnrinde.[109]

Die Chakras sind entlang unserer Wirbelsäule und dann weiter hinauf bis ins Gehirn angeordnet, wie es nebenstehendes Schema wiedergibt. Je nachdem, auf welcher Höhe dieser Stufenleiter wir hauptsächlich leben, bis wohin wir unsere Kräfte von unten nach oben mit Hilfe gewisser von oben ausgehender Lichtblicke inte-griert haben, können wir mit ihrer Hilfe unsere Lebensphiloso-phie, unsere Art und Weise, in der Welt zu sein, kennzeichnen.

Danach unterscheiden sich nicht nur Individuen sowie biogra-phische Stufen ein und desselben Menschen, sondern auch Kultu-ren (Zivilisationen) und deren Epochen. Vieles deutet darauf hin, daß wir nach der in dieser Lehre aufbewahrten »Anthropologie und Erkenntnistheorie der Buddhas« im gesellschaftlichen Durchschnitt, der sich in den herrschenden Sitten, Gesetzen,

Institutionen niederschlägt, erst beim Gebrauch unserer Kräfte über das dritte Chakra angekommen sind. In Wahrheit scheinen wir sie auch auf diesem Niveau noch gar nicht bewältigt zu haben, so daß nämlich Selbstverwirklichung noch vornehmlich als kompensatorischer Machtgebrauch sich äußert.

Hier kommt es nicht auf Feinheiten an, sondern auf das Prinzip des Aufstiegs zu umfassenderer, *eigentlich menschlicher Bewußtheit*, um die es jetzt realgeschichtlich geht – weniger auf die Transzendenz ganz oben. Dieser Fokus kommt sehr schön durch in einer Akzentuierung für die Praxis der »Pforten«-Öffnung, die Margo Naslednikow[110] anbietet, indem sie sich auf das 3., das 4. und das 6. Chakra, die es zu öffnen gelte, konzentriert.

In dem 3., dem Hara, fassen sich natürlich, insofern wir die Lebensprobleme auf den ersten beiden Chakraebenen einigermaßen bewältigt haben, die Probleme aller drei »vitalen« Energiezentren zusammen. Das Thema im *Hara*, im Körperschwerpunkt, ist also »Bewahrung des Lebens: der Körper«. Hier alles offen und harmonisiert zu haben, ohne asketische Vergewaltigung und ohne gierigen Exzeß der Lebenskräfte, ist die Bedingung für die Gesundheit jedes weiteren Aufstiegs. Diesem Zentrum entspricht also der Selbstbewahrungsinstinkt, und im Hinblick darauf, daß unsere Versorgung, unser Status und unsere Selbstverwirklichung zuerst entscheidend von der Mutter abhängen, mit der wir anfangs *eine* Welt bilden, können wir bis hierher sozusagen autistisch, narzißtisch bleiben, nach dem Motto »Jeder ist sich selbst der Nächste«.

Fürs Gesellschaftliche, für die Beziehung mit anderen sorgt das Herz. Fragt das Hara »Wer bin ich?«, so fragt das Herz »Mit wem bin ich?«, und da der erste in diesem Sinne Andere meist der Vater ist, haben wir hier nach rückwärts oft mit ihm bzw. mit der symbolischen Väterwelt unser Problem.

Und schließlich haben wir für die Übereinstimmung mit unserer Umwelt im weiteren Sinn das Gehirn als Sitz folgerichtigen logischen Denkens (linke Hälfte), der Intuition (rechte Hälfte), des Gedächtnisses usw. Es fragt »Wo bin ich, was ist passiert?«, und seine freilich mit dem 5., dem Sprachchakra verbundene Leistung ist eben die Objektivität, für die das 6. Chakra, das sogenannte Dritte Auge steht.

Bezeichnung Lage	Funktion	Symbole	Bewußtseins- höhe
Sahasrara Scheitel	Alleinheits- Erfahrung		supramental, „kosmisch", „göttlich"
Ajna Zwischen den Augenbrauen	Licht, objektives Schauen		
Vishuddha Kehle	Reinigung durch authent. Ausdruck		spirituell, „sakral", „eigentlich menschlich"
Anahata Herz	Liebe		
Manipura (jap. Hara) Solarplexus	Macht		vital, „profan", „tierhaft"
Svadishtana Genital	Status, Lust		
Muladhara Damm	Versorgung		

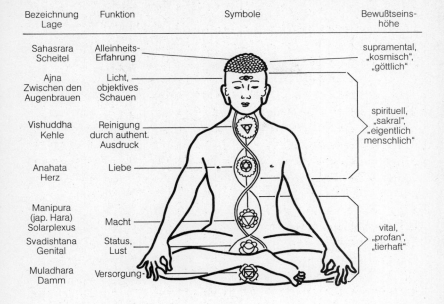

Das Kundalini-Schema

Die beiden kurvenförmigen Linien, die mit der Wirbelsäule aufsteigen, korrespondieren mit Sympathikus und Parasympathikus bzw. linker und rechter Gehirnhälfte. Wilber fügt zur Erklärung hinzu, die Lokalisierung der Chakras sei nicht symbolisch, sondern tatsächlich zu verstehen. Indem er sich weniger auf die Funktion als auf die repräsentierten Kräfte bzw. Energien konzentriert, ordnet er dem untersten 1. Chakra Materie, dem 2. sexuelle Energie, dem 3. die »Bauch«-Reaktionen (Emotion, Kraft, Vitalität), dem 4. Liebe und Zuneigung, dem 5. diskursiven Verstand, dem 6. höhere mental-physische Kräfte, dem 7. Transzendenz zu. (Ansonsten legt sein Buch innerhalb des 7. Chakras noch eine Unterscheidung nahe, äußerlich festzumachen vielleicht an dem Unterschied zwischen Scheitelpunkt im engeren Sinne und der gezeichneten Kalotte, so daß es dann 8 Chakras wären und sich der »Grundton« in der integralen »Oktave« wiederholen würde.

Für die drei »Pforten« verwendet Margo Naslednikow an anderer Stelle[111] das nebenstehende Tri-
pel-Symbol und erläutert: Der Mond repräsentiert
das Ajna-Chakra oder Dritte Auge, den (für von
außen kommende Information) empfänglichen
Pol; die Sonne (Kreis) repräsentiert das Herz, welches das Höhere mit dem Niederen harmonisiert
und einigt; das Kreuz repräsentiert das Hara, in
dem Horizontale und Vertikale sich ausgleichen. Der entscheidende nächste Schritt dürfte die Öffnung des Herzens samt voll-
zogener »alchimistischer« Vermählung von Herz und Hara sein,
wenn man dieser ganzen Modellvorstellung folgen will. Denn
davon hängt ab, *wie* wir von unserem instrumentellen Verstand,
wie wir überhaupt von unserer Vernunft Gebrauch machen.

Im Grunde genommen ist unsere bisherige »vitale«, »profane«
Position, die sich von unten her im Hara zusammenfaßt, nicht
»irdisch« (wie Leary sie nennt[112]), sondern noch »tierisch«, »tier-
haft«. Wie gesagt, ist Anthropozentrismus-Egozentrismus die
naturwüchsige Haltung des Hirntiers Mensch. Und das »Überbe-
wußtsein« bzw. die spirituelle und schließlich die göttliche Ebene
ist nicht »nachirdisch«, sondern eben eigentlich menschlich.

Die erste Gestalt dieser eigentlich menschlichen Grundposition
hatten Aufklärer wie Tschernyschewski »vernünftigen Egoismus« genannt, und das war, wenn auch mit dem unvermeidlichen
rationalistischen, abstraktionistischen Akzent, richtig gedacht.
Und ohne Zweifel kann uns die psychosomatische und neuroelek-
trische Euphorisierung die Befindlichkeit verbessern, um uns zu
dieser höheren Strategie, die selbstverständlich auch rational artikuliert werden muß, vorzuarbeiten. Wir können besonders dann,
wenn ein liebevoller sozialer Gruppenkontext mitträgt, unsere
Abwehr, unser Festhalten an den beschränkten, kurzsichtigen,
angstbestimmten Verhaltensmustern lockern und unser Mißtrauen in die menschliche Mitwelt zurücknehmen.

Denk*inhaltlich* sind gar keine Wunder von uns verlangt. Offenbar gilt aber für den »vernünftigen Egoismus«, was Brecht
über den Kommunismus gesagt hat: Er sei das Einfache, das
schwer zu machen ist. Wegen der Ängste, die entgegenstehen,
sind hier wirklich die therapeutischen und meditativen Techniken

der Weg, besonders die körperorientierten tantrischen mit ihrer Intention, Eros und Logos übers Herz miteinander zu verbinden. Leary hat auch gezeigt – und man könnte da gestützt auf die matriarchalen Forschungen über den Weg der Göttin noch einiges hinzufügen –, daß und warum gerade diese körperliche, somatische Sphäre (der 5. Schaltkreis) der natürliche Eingang in die spirituellen Bereiche ist (was andere Einstiege nicht ausschließt). Es braucht, um den Freiraum für die entsprechende Praxis zu sichern und die Ergebnisse zu stabilisieren, mehr soziale Assoziation, spirituelle Kommunen, um dem Menschen auf dem neuen Niveau das Schutzbedürfnis zu befriedigen.

Ich nahm schon vorweg: Uns regieren aufs Ganze gesehen noch die nicht zu Ende, nicht von den höheren Ebenen her integrierten Hara-Energien. Genauer gesagt: Erst unsere zivilisationsbestimmenden Eliten sind da angekommen – soweit wir Eliten nicht nach dem Grad umfassenderer Bewußtheit, sondern nach der Kapazität für mächtigen Verstandesgebrauch bemessen, soweit wir sie in Physikern, Politikern, Managern, Ingenieuren, Soziologen, Priestern, Therapeuten usw. zählen. Die Mehrheit läßt ihre Kräfte immer noch vornehmlich über die ersten beiden Chakras (für »Brot« und für »Spiele« sozusagen) laufen. Da hat es genügt, den einen Schritt weiterzugehen, um patriarchal aristokratisch zu werden, die Bedürfnisse nach Nahrung und Sexualität auszubeuten und die etwa verfügbaren höheren Mächte dafür zusammenzuziehen, um alles zu *beherrschen*.

Beim 3. Chakra – da baut sich der Charakter auf in der jugendlichen Gegenidentifizierung zur väterlichen Autorität und zu den Mitmenschen als Konkurrenten um Besitz, Status, Selbstdurchsetzung. Im individuellen Leben sind das die dritten sieben Jahre, in denen wir es der Welt beweisen wollen und uns von den Eltern abstoßen. Planetarisch beweisen wir's Gottvater (»Bedecke deinen Himmel, Zeus!«) und erst recht der Göttinmutter Erde. Diese Unreife ist der eigentliche Gehalt hinter der vielfachen Feststellung, wir seien psychisch, moralisch, sozial, institutionell hinter unserer Wirklichkeitsmacht zurückgeblieben. Jede Gesellschaftsverfassung muß diesen Entwicklungsstand berücksichtigen – aber muß sie auch darauf *gegründet* sein? Unsere ist es.

Dennoch bleibt es die Hauptsache, darüber hinauszukommen,

daß die psychophysischen Energien des Menschen über dieses 3. Chakra kanalisiert werden, und die Antwort wäre, wie schon angedeutet, das Kräfteverhältnis von Herz und Hara umzukehren, die an sich hochentwickelten Hara-Kräfte vom Herzen her zu steuern. Wir sind geboren zu liebender Erkenntnis. »Amor Dei intellectualis« ist Spinozas Formel für diese Botschaft unserer Erbinformation gewesen. Wir sind geboren zum Gebrauch unserer Energien über alle (potentiellen, zu entwickelnden, bei einer lebensrichtigen Kultur vielleicht in allen oder doch fast allen zu entfaltenden) Energiezentren der Kundalini-Schlange, unseres erotischen Bewußtseinskörpers. *Dafür* brauchten wir »Schulen«, Liebes- und Erkenntnisschulen – alles andere würde sich finden und ordnen.

Daß wir uns jetzt von diesen Computern dirigieren lassen, hat vor allem damit zu tun, daß wir nicht unser ganzes Wesen, unseren ganzen Bewußtseinsleib als Organ der Kommunikation benutzen. Wie es scheint, ist unser Neuerwerb, das Frontalhirn, deshalb großer Datenspeicher und -verarbeiter, weil wir dort ganz unerleuchtet sind, so daß es dem viel weiter unten konzentrierten Machtwillen als Sklave gehorchen muß. Gehorchte es dem Herzen, so wäre auch dann schon alles anders, wenn wir dort oben noch keinen unmittelbaren Zugang zu den neuroelektrischen, genetischen und quantenmechanischen Realitätsebenen hätten.

Vom Machtwillen gesteuert weiß der Verstand nur, was wir ihm als Resultat gewaltsamer Weltbefragung von außen zukommen lassen (nur manchmal und trotz unseres Mißbrauchs infolge natürlicher Gnade ein wenig mehr). Die Gottheit spricht deshalb immer noch bloß in Scharaden zu uns, und wir geraten aus dem Häuschen, wenn wir auf einen ihrer geringsten Schliche kommen. Kernfusion – der Sternzustand, mit dem sie ihre Emanation beginnt, die wollen wir in unserer haarsträubenden Macher-Unvernunft auf diesen Planeten holen, der in der kurzen Phase seiner Tragfähigkeit für biologisches Leben ist, für das die kosmische Strahlung ausgeschlossen sein muß. Vom Herzen her aber könnten wir erkennen, daß »göttliche Neugier« (unsere vornehmste Ausrede) ein Selbstbetrug ist, ein eitler Widerspruch in sich – die Gottheit kann wesensgemäß weder gierig noch neugierig sein.

Von der Herzebene her können wir Hirn und Hara in ein weit

besseres Verhältnis bringen und unsere Existenz entdämonisieren. Denn die *unreflektierte* Naturkraft, die wir im Hara darstellen und deren Spitze die Funktion unseres Gehirns als Waffe ist – in ihrem natürlicherweise eigennützigen, selbstsüchtigen Vorgehen haben wir jenen uns zur Megamaschine treibenden Dämon, von dem Mumford sprach. Es steckt in uns sonst keine andere Kraft als in jedem Tier, nur daß unser Eigenwille, unsere Partikularität, Endlichkeit, unser Wille zur Selbstdurchsetzung und Selbstbehauptung soviel besser bewaffnet ist. Das spezifisch Böse kommt noch hinzu, jedoch bloß als Beschleuniger und Verstärker; ebenso das Suchtverhalten. Und es ist durch die ganze Geschichte bewiesen, daß sich die Macht nicht selbst kontrollieren kann, sondern mit dieser Intention eher noch einen weiteren Trigger spielt.

Kontrolle unserer Kräfte und Mächte aber vom Herzen her zu organisieren, das ist bisher institutionell nicht gelungen, dem stand die bei dem bisherigen Aufstieg offenbar unvermeidliche Körperfeindlichkeit sogar in den spirituellen Ansätzen selbst entgegen, der Geist der patriarchalen Askese, bei dem die Liebe nur ein weiteres Machtmittel ist, weil diese alchimistische Hochzeit zwischen Herz und Hara vom falschen, unteren Pol her geschieht und dann die äußerste Perversion ist. Meistens steckt eine egozentrische Gier nach Erleuchtung dahinter, quasi die indische Variante dessen, was Horst Eberhard Richter den Gotteskomplex nennt.

In dem New-Age-»Magazin 2000« hat kürzlich jemand in diesem Geist einen wütigen Text seines Gurus Narayanananda gegen Margo Naslednikow zitiert. Die Meinung war, sie betrüge gutgläubige Adepten, wenn sie ihnen durch den Eros hindurch Befreiung verspräche. Der Guru und sein Schüler fauchten furchterregend. Aber sind nicht derartige Heilige durch die Jahrtausende in Indien Legion gewesen, während der Aufstieg des Menschen dort stagnierte? Da ist ganz offensichtlich ein Ungenügen, und zwar selbst beim Buddha, der sich in seiner Weibflüchtigkeit sehr von dem chinesischen Laudse unterscheidet. Möglicherweise ist in den folgenden zwei Zeilen, die ich bei einer Puja zu seiner Verehrung kennenlernte, das letzte Geheimnis von Buddhas Heiligkeit ausgesprochen:

> Die Gier nach Lüsten hat er überwunden
> und geht nicht ein mehr in den Mutterschoß.

Vielleicht geht es bei der Erlösung von dem Rad der Geburten mehr um ein Weg vom Weib als um ein Hin zu dem anderen kosmischen Schoß? Und Entkörperlichung, gar in der Liebe, wird uns gewiß nicht zur Wiedereingliederung in die Natur verhelfen.

In Rainer Langhans' »Theoria diffusa«, die um dasselbe Thema ringt, befremdet mich eben diese Fluchthaltung, diese Fortschrittsperspektive weg vom »äußeren«, hin zum »inneren« Gegengeschlecht. Es ist was völlig anderes, wenn in einem Prospekt der Margo Naslednikow steht: »Du wirst entdecken, daß Du Dich mit einem Partner ekstatisch fühlen kannst, ihn jedoch nicht dazu brauchst.« Eines ist, die *Besessenheit* von dem anderen Körper zu überwinden, ein anderes den Sex. Mit Langhans muten wir der Frau, wenn wir dennoch mit ihr kommunizieren wollen, eine Blockade zu, die den natürlichen Gestus des Eros im Grunde gewaltsam unterbricht. Warum denn wirklich? Fürchten wir Männer so sehr, sonst wieder physisch übermächtigt und zurückgeholt zu werden? Aber so ist an dem Aufstieg etwas faul – es ist eine Neuauflage des Aufstiegs ins spirituelle Patriarchat hinein.

Ich denke, Europa hat in diesem Punkt eine bessere Lösung als der asketische indische Yoga, und zwar aus den vorchristlichen keltischen, germanischen und slawischen Zeiten unterschwellig bewahrt. Unsere Epen aus der Ritterzeit sehen die beiden auch im Bett als einander Gehilfen zur Gottheit an. Unsere Romantik war dicht am Tantra der Liebe. Bei Novalis gibt es dieses nur scheinbar naive Märchen von Hyazinth und Rosenblüthchen, dem lieben Jungen und dem lieben Mädchen. Dann kommt von fernher ein finsterer Asket und macht den Jungen dem Mädchen abspenstig und unheimlich. Aber eine wunderliche alte Frau im Walde wirft des Gurus Buch ins Feuer. Sie schickt den Hyazinth dahin, wo die Mutter aller Dinge, die verschleierte Jungfrau Isis wohnt, und er findet auf der langen Reise unter dem Schleier der Göttin die Geliebte wieder. Ein Distichon des Novalis, abseits von dem Märchen, fügt hinzu:

> Einem gelang es – er hob den Schleier der Göttin zu Sais,
> aber was sah er? er sah – Wunder des Wunders – sich selbst.

Und ein letztes: »Die Liebe ist der Endzweck der Weltgeschichte, das Amen des Universums.« Das Rosenblüthchen braucht den Hyazinth. Noch mehr aber braucht der Mann die Göttin, die ihn initiiert. Mann und Frau müssen diese Freiheit erlernen, sich nicht mehr gegenseitig geschlechtlich auszubeuten.

Mag jetzt auch ein gewisser Pendelausschlag in der Gegenrichtung zum Patriarchat den Mann erschrecken (in der Frauenbewegung ist einiger kehrseitiger Sexismus virulent) – es spricht dennoch alles für eine Gewichtsverlagerung zum Weiblichen hin. Gehen beide Geschlechter je ihren Weg der Individuation, der Integration, so werden sie sich mehr denn je wiedertreffen, werden sich vielleicht das erste Mal finden. Es gibt da eine Zone, in der das Menschengemeinsame – *ohne* den Geschlechtsunterschied, der durch alles geht, zu verwischen oder gar auszulöschen – zu tragen beginnt, das wechselseitige Projizieren und Beschuldigen nachläßt, die Geister einander ergänzen können. Die von Walter Schubart ersehnte Heimkehr des Eros zu den Göttern könnte eine Chance bekommen.

Novalis' Lösung war gewesen, die *geistige* Gestalt der Geliebten von vornherein mit in sein Herzklopfen hineinzunehmen. Er hat exakt beschrieben, wo der moderne Mann von den Maschinen, von Wissenschaft und Technik hingezogen wird, und wie er ganz anders als geistig-homoerotisch darauf antworten sollte. In einem Brief von 1797 meint er:

Ich leugne nicht, daß ich mich vor dieser entsetzlichen Verknöcherung des Herzens – vor dieser Seelenauszehrung – fürchte! Die Anlage ist unter den Anlagen meiner Natur. Weich geboren, hat mein Verstand sich nach und nach ausgedehnt und unvermerkt das Herz aus seinen Besitzungen verdrängt. Sophie gab dem Herzen den verlorenen Thron wieder. Wie leicht könnte ihr Tod dem Usurpator die Herrschaft wieder geben! der dann gewiß rächend das Herz vertilgen würde. Seine indifferente Kälte habe ich schon sehr empfunden – aber vielleicht rettet mich noch die unsichtbare Welt, die bisher in mir schlummerte.[113]

Er hatte wohl nie das Gefühl, daß die Sinnlichkeit ihn zurückzöge bei seinem religiösen Versuch, sich »einen eigenen Weg in die Urwelt zu bahnen«. Da hat die deutsche Romantik eben Rückhalt in dem besten besonderen Teil europäischer Spiritualität gehabt, in den Bereichen der Keltischen Weißen Göttin (des Robert von

Ranke-Graves, wenn man's lesen will). Der Einweihungsweg von Wolframs Parzival schließt auch den Eros nicht aus. Trevor Ravenscroft hat in seinem Gralsbuch schön verdeutlicht, daß die Expeditionen in unseren Epen auf den Kreis angelegt sind, der zu Ihr zurückführt. Es hat bei uns früh starke weibliche *Individualität*, starken weiblichen *Geist* gegeben.

Dagegen ist die rein patriarchale Spiritualität des asketischen Yoga-Weges, auf dem der Mann zusätzlich Verweiblichung sucht, um seine Herrschaft zu vollenden, hier jetzt nicht angesagt. Außerdem ist sie unter unseren Bedingungen ein Verstärker des Rationalismus, keine Medizin dagegen. Sie hat mit dem unglücklichsten Strang in dem Erbe unserer mittelalterlichen Mönche zu tun. Und gesellschaftlich gesehen, geschichtlich gesehen, fehlt uns jetzt nicht Erleuchtung pur, uns fehlt die Macht der Liebe, und deren sozialer Auftritt hängt nicht vom Eingang in die göttliche, sondern vom Eingang in die menschliche Mitte, die Herzmitte ab. Margo Naslednikow läßt dort mit Recht den spirituellen Bereich beginnen, und ich sehe sie zugleich als die erste eigentlich menschliche Ebene an. Wir sollen den Körper nicht nur mitnehmen, sondern geradezu als Fahrzeug nutzen für unsere Reise nach innen, ohne uns daran zu verlieren und aus den Sensationen eine Droge zu machen. Es gibt wirklich gute Gründe dafür.

Unterm Strich fällt an der conditio humana auf, daß sie einen depressiven Einschlag hat. Von Buddha bis Hegel ist der Zusammenhang von Geist und Leid, ist das unglückliche Bewußtsein der Kontrapunkt des Denkens gewesen. Von daher die »revolutionäre Rolle des Bösen in der Geschichte«, die »nicht der Ort des Glücks« ist, der ganze Satanismus des Fortschritts. Und seit Hegel so sprach, hat sich diese Befindlichkeit noch einmal überschlagen. In welchem Maße unsere ganze Zivilisation eine »Anleitung zum Unglücklichsein« ist! Durch *Leiden* Freude – und wenn die Musik zur Freudenhymne durchbricht, heißt das noch lange nicht, sie erfüllte auch das *Leben* des Komponisten. Stärker als jede andere Spezies stehen wir unter dem Druck des Ungenügens und ziehen uns abwehrend zusammen. Bleiben wir unglückliche Tiere, entgehen wir der Apokalypse kaum, und die Maßnahmen, mit denen wir sie hinausschieben wollen, werden die Welt noch häßlicher machen. Bunkerbauen, Horten von Lebens- und Verteidigungsmitteln, Sparen – was für Tugenden! Dabei kommt die Knappheit erst mit der zupackenden Lebensweise auf!

Es ist bestimmt wichtig, was sich jetzt in den Wissenschaften in der Richtung systemischen, ganzheitlichen, nichtdualistischen Denkens ändert, wichtig vor allem für die Wissenschaftler, die die Weisheit des Dau von den eigenen Koryphäen bestätigt sehen möchten, um sich leichter darauf einlassen zu können. Aber nicht die Physik hat das abendländische Weltbild geschaffen, sie hat nur heftig daran mitmultipliziert in einer zunehmenden *sekundären* Autonomie. Jetzt ist der Paradigmenwechsel in der Physik vor allem deshalb hoffnungsvoll, weil er zeigt, wie das motivationale Fundament aufreißt, auf dem die wissenschaftliche Priesterschaft der Megamaschine en masse gleichwohl noch immer weitermacht.

Für die Umkehr von nekrophiler Wissenschaft zu biophilem Wissen braucht es hauptsächlich einen anderen Durchgang als den durch nunmehr dem Dau analoge mathematische Modelle, die wir, falls wir nicht selber Mathematiker und Physiker sind, kaum so dringend brauchen, um uns die innere und die soziale Welt neu einzurichten. Außerdem kommen sie fast automatisch ins Angebot, aus existentiellen, nur bedingt in der Wissenschaft tradierten Gründen. Ich will gleich hinzufügen, daß es mit der Re-Vision der Politik bis zu einem gewissen Grade dasselbe ist. Physiker oder Politiker – wir versuchen uns rational davon zu überzeugen, daß wir vom Rationalismus (Abstraktionismus) Abschied nehmen müssen, aber nicht gleich von der Physik, nicht gleich von der Politik.

Gut, aber die eigentliche Frage ist, ob der Mensch seine Befindlichkeit, sein Daseinsgefühl in der Welt verbessern kann, die Atmosphäre seiner Kommunikation mit ihr, ob er sein Leben von der Vorherrschaft der Negativität befreien, ob er seine Fähigkeit zum Glücklichsein erhöhen kann. Wenn ich im folgenden Jean Gebsers hochintellektuelle Idee des *homo integralis* aufnehme, dann interessiert sie mich nicht nur auf ihre philosophischen, sondern auch auf ihre Lebensqualitäten hin, auf unsere (meine) Fähigkeit, eine glücklichere Figur zu machen (auch wenn ich dies dann nicht noch einmal wiederhole). Wie froh die Botschaft, wie freundlich das Universum ist, entscheidet sich in uns.

Kurzum, was wir – genügend viele! – als nächstes erreichen könnten und erreichen müßten, das ist keineswegs die höchste Erleuchtung, sondern die Liebe, allerdings eine erkennende und das soziale Ganze in sich einschließende Liebe. Das ist der »kleine« Sprung von der Regulation der Kräfte übers 3. zu der übers 4. Chakra, ein Weltverhältnis durch die Herzmitte des Hirntiers, das wir sind – noch geht halt auch unsere Herzkraft meistens durch den Willen zur Macht. Vom Herzen aus hätten wir dann unsere Welt neu einzurichten, nicht so bedürftig, nicht so arrogant, nicht so eifersüchtig, nicht so gierig, nicht so neugierig. Und dann mit mehr Glück und mit mehr Ruhe weiter. Das dürfte der Schlüssel zu der anstehenden Reintegration des gesellschaftlichen Bewußtseins sein.

Rückbindung an den Ursprung

Jede Kulturrevolution der Menschheit hat eine *teilweise – und das heißt von der Aufstiegsorientierung gesteuerte – Regression eingeschlossen, einen erneuten Durchgang durch die Ursprungskräfte*, durch die anthropologische Substanz, durch die Urprobleme der menschlichen Existenz, also auch durch ihre Urängste. Es handelt sich um Faustens Gang zu den Müttern, zu den Quellen unserer Vitalität. Natürlich kommt es darauf an, daß »Faust« geht und nicht jener »Knecht« in uns, von dem Hölderlin sagt, wen wundert es denn, daß der hohle Topf so dumpf klingt, wenn ihn einer an die Wand wirft.

Den Geist, indem wir uns auf den Weg zu den Müttern machen müssen, hat wieder kein anderer besser gekennzeichnet als Lewis Mumford in seinem wohl visionärsten Buch, in seiner eben schon erwähnten »Transformation of Man«. Er antizipierte das *New Age* von vornherein jenseits der geistigen Billig- und der finanziellen Höchstpreise. Angesichts der Sackgasse des »postmodernen Menschen« als einer denkenden Ameise, die sich dem Selbstlauf ihrer entäußerten Wesenskräfte überläßt und »auf sich selbst die gleichen Prinzipien anwendet, nach denen sie mit der physikalischen Welt verfährt«[114], kommt er zu dem Schluß:

> Doch um den blinden Drang zum Automatismus zu überwinden, muß die Menschheit als Ganzes bewußt in die lange Bahn der Entwicklung zurücksteuern, die im Anfang die Hominiden zu Menschen werden ließ.[115] Die wichtigste Aufgabe des heutigen Menschen ist es, ein neues Selbst zu schaffen, das fähig ist, die Kräfte zu bändigen, die jetzt so ziellos und doch so zwingend am Werk sind. Dieses Selbst wird in sein großes Werk die ganze Welt einbeziehen, die bekannte und die erkennbare, und wird nicht versuchen, ihr eine mechanische Uniformität aufzuzwingen, sondern sie zu einer organischen Einheit zu gestalten...
>
> ...viele soziale Kräfte, die jetzt auf die Vernichtung des Menschen hinarbeiten, wie z. B. die Wissenschaft, werden einen großen Beitrag zu dieser Verwandlung leisten, wenn einmal die Uridee [hier hat Mumford an Sprecher wie Jesaja, Mo Di und Joachim Di Fiore erinnert – R. B.] mit ihrer großartigen Zukunftsschau allen Menschen bewußt geworden ist.[116]

Mumford versteht natürlich die Wissenschaft als menschliche Funktion, nicht als das Werk von Spezialisten, die sich darüber eine soziale Identität gegen Andere sichern wollen. Sein Blick ist auf Ganzheit und Gleichgewicht in der menschlichen Subjektivität gerichtet:

> In dieser Neuorientierung der Person werden Elemente des menschlichen Organismus, die seit langem unterdrückt oder der bewußten Kontrolle entzogen waren, wieder ans Licht gebracht, wiedererkannt, anerkannt, neu bewertet und neu ausgerichtet. Die Ausbildung der Fähigkeit, das eigene Selbst in seiner Ganzheit zu erkennen und jedes seiner Teile einer einheitlicheren Entwicklung unterzuordnen, muß sowohl Gegenstand der objektiven Wissenschaft als auch Anliegen der subjektiven Selbsterkenntnis sein.

Hier deckt sich Mumfords Perspektive völlig mit der von Gebsers »Homo Integralis«, die ich weiter hinten einbeziehe; er fährt fort:

> Es ist unmöglich, die erstrebte Ganzheit zu verwirklichen, ohne den wahrhaft integrierenden Elementen der Persönlichkeit, der Liebe, der Vernunft und dem Drang zur Vollkommenheit den Vorrang zu geben.[117]

Nicht also wahl- und ziellose »Freisetzung von ins Unbewußte verdrängten Impulsen« (wonach ein Psycho-Wochenende schon bloß deshalb gut war, weil »viel hochgekommen« ist).

Die größte Schwierigkeit für den heutigen Menschen besteht vielleicht darin, daß er aufgrund eines allgemeinen Mißtrauens gegenüber den von der Wissenschaft des 17. Jahrhunderts postulierten Werten nicht wahrhaben will, daß Ganzheit nur durch Anerkennung, Förderung und Belohnung der höchsten, edelsten Impulse der Persönlichkeit erreicht werden kann. Die Integration des Menschen beginnt oben, mit einer Idee, und wirkt nach unten, bis sie das sympathische Nervensystem erreicht, wo sich eine organische Integration vollzieht, die nun wieder nach oben wirkt, bis sie als Impuls zur Liebe oder als richtungsweisendes Denkbild ins Bewußtsein tritt ... Der geeinte Mensch muß das Es anerkennen, ohne ihm einen Vorrang zuzugestehen; er muß das Super-Ich fördern, ohne es die Energien unterdrücken zu lassen, die es zu seiner eigenen Entfaltung braucht. [118]

Obwohl Mumford hier terminologisch noch Freud verhaftet ist, weniger der späteren Entwicklung, meint er jedenfalls nicht das repressive, von den entfremdeten sozialen Mächten her in uns moralisierende Über-Ich, sondern viel mehr jene Instanz, die wir heute lieber unser wahres Selbst nennen. Analog verhält es sich mit seinem Begriff der Persönlichkeit, der gleichfalls von innen und die egozentrische Expansion überschreitend gedacht ist. Es geht ihm um die Ansprüche, die der Mensch mit seiner eigenen bisherigen Aktivität an sein heutiges Selbst stellen muß, wenn er seine Praxis wieder einholen und unterordnen will. Dann müssen wir uns noch mehr (und allerdings Besseres) abverlangen als die von den Meistern der Achsenzeit ausgelöste Sublimation:

Um mit allen Teilen der Menschheit auf gutem Fuß zu stehen, müssen wir mit jedem Teil unseres eigenen Selbst im reinen sein, und um den formenden Kräften in der Weltkultur gerecht zu werden ..., müssen wir die formenden Kräfte im menschlichen Selbst mit mehr Nachdruck fördern als selbst der axiale Mensch, denn wir können keine geeinte Welt schaffen mit gespaltenen, gehemmten, fragmentarischen Persönlichkeiten, die ihrem Wesen nach zwangsläufig Komplikationen, Konflikte, Zwiespalt und Zerfall verursachen würden. Nur die Idee des ganzen Menschen, der sich des Ganzen bewußt ist, wird allen Persönlichkeitstypen, allen Kulturformen und allen menschlichen Möglichkeiten und Fähigkeiten gerecht. [119]

Besser als mit Mumford kann ich die Grundhaltung nicht ausdrücken, mit der ich mich auf das politische Problem einlasse, zwischen dem Umgang mit unseren Ich-Strukturen und dem Umgang mit unseren Institutionen eine Brücke zu schlagen.

Denn es ist ja Mumfords Grundgedanke, daß wir, um eine lebbare Weltkultur zu erlangen, ein neues Selbst, d. h. eine Neuintegration unserer subjektiven Wesenskräfte schaffen müssen. Selbstverständlich wird das, was wir institutionell umsetzen können, dann zurückwirken, um den Strom der neuen Subjektivität zu verbreitern. Ich will dem Zitierten nur einen einzigen Akzent hinzufügen: Wenn wir das wahre Selbst fördern wollen, »ohne es die Energien unterdrücken zu lassen, die es zu seiner eigenen Entfaltung braucht«, dürfen wir den Durchgang durch *Momente* der Desintegration, des Nichts und des Chaos nicht scheuen, weil ja die »höchsten, edelsten Impulse« ohne dies Risiko ihr repressives, apollinisches, verdrängerisches Moment nicht loswerden, das zum Beispiel so viele Anthroposophen so melancholisch aussehen läßt. Ohne den Mut, Dionysos zu rufen, mit seiner vorsorglichen Diffamierung als »faschistoid«, werden wir nicht davonkommen, vielmehr wird er uns dann erneut erst recht als Satan erscheinen. Ein gewisser psychologischer »Antifaschismus« zeigt genau die Angst, die den Hund darüber belehrt, daß er hier beißen soll.

Ganz ohne Frage kann die Integration nur ein Vorgang nach vorwärts und aufwärts sein, der jede partielle Regression übergreift. Aber die apollinische Angst vor den Tiefenkräften will dafür sorgen, daß wir bei der *Flucht* nach vorn und nach oben bleiben, die so charakteristisch für den männlichen Geist ist, und sie will einfach nicht wahrhaben und einrechnen, daß sie den Dionysos selbst zum Teufel umgeschaffen hat. Wir müssen an die Bruchstelle zurückkehren, müssen uns endlich von dieser Angst heilen. Freilich ist der Dionysos schon ein Gott der *gekränkten* Großen Mutter gewesen, der den Mann auch zerreißen wollte (siehe Neumanns Buch über die Große Mutter). Der Mensch – Mann und Frau – sollte jetzt die Reife erlangt haben, *anders* mit diesem Urproblem des Sexus und des Geistes umzugehen, aber jedenfalls mutig *umzugehen,* anstatt es zu ignorieren und weiter in der Verdrängung zu halten.

Goethes Faust hatte sich erst vollends »der Magie verschrieben« und sich vom Teufel mit den »Reichen der Welt und ihren Herrlichkeiten« belehnen lassen, nachdem der Kontakt mit dem Weltgeist und mit dem näheren Erdgeist (doch wohl der Sphäre der Mütter) ihn überfordert hatte. An den Diensten Mephistos ist ja der Ersatzcharakter der Projekte und Befriedigungen, denen Faust nachjagt, immer ausgesprochen. Wie ist denn der Kontakt mit dem, »was die Welt im Innersten zusammenhält«, verlorengegangen, wie ist er abgerissen, so daß wir uns jetzt unsere Zugehörigkeit zum Leben durch Erkenntnis der äußeren Welt bestätigen müssen, weil wir sie nicht mehr unmittelbar organismisch »wissen«? Denn in diesem *Bruch*, darin, daß sich das Selbstbewußtsein in Gestalt des männlichen, besonders des europäisch-männlichen Logos angstvoll abwehrend *gegen* die Natur, den Körper, die Frau, das Weibliche gestellt hat, liegt die Wurzel der ökologischen Katastrophe, der Trieb zur kompensatorischen Akkumulation von Insignien und Sachen, Erkenntnissen und Siegen.

Jean Gebser hat in seinem »Ursprung und Gegenwart« fünf Bewußtseinsverfassungen der Gattung Mensch als mehr oder weniger nacheinander durchlaufen ausgemacht und die Schritte gekennzeichnet, die sie zu unserer kulturellen Evolution verbinden. Ich komme später auf seine Quintessenz, in dem Abschnitt über den »Homo integralis«. Hier interessiert mich zunächst sein Schema als solches, seine Wegkarte, und es interessieren mich besonders die durch verstärkte Zeichnung von mir hervorgehobenen abwärtsweisenden Pfeile. Sie sollen den *Abstoß*, den *Rückstoß* andeuten, der jeweils den Vorstoß auf die nächsthöhere Entwicklungsstufe begleitet (jetzt, bei dem Evolutionsschritt zum »Integrat«, sollte dieser Abstoß vermieden werden, macht sich jedoch in der Aversion gegen alles Men-

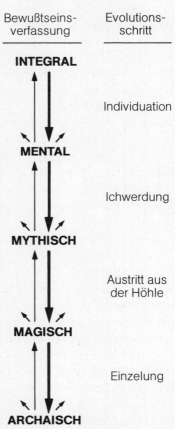

Bewußtseinsverfassung / Evolutionsschritt

INTEGRAL

Individuation

MENTAL

Ichwerdung

MYTHISCH

Austritt aus der Höhle

MAGISCH

Einzelung

ARCHAISCH

tal-Rationale nur zu bemerkbar). Die kleinen Pfeile zur Seite sollen das Kritischwerden, das Ineffizient-, Gebser sagt das Defizientwerden, Überholtwerden, Versagen der jeweiligen Bewußtseinsverfassung symbolisieren, das teils in Sackgassen bzw. ins Leere führt, teils den nächsten Schritt anstößt.

Oft, wenn uns die nächste Stufe, die wir erreichen sollen, als bedrohlich überfordernd erscheint, möchten wir in ältere Zustände zurückflüchten, und gegen diese Tendenz richtet sich die Abstoß-Energie. An den historischen Sprungstellen waren das einmal akute Probleme, zumal die alte Bewußtseinsverfassung, in Riten und Sitten verfestigt, die neue so wenig freiwillig losgibt wie eine Brombeerhecke ihren Prinzen. Heute sind die früheren, vor-mentalen Zustände zumindest für das vollentfaltete rationale Ich gewiß nicht mehr das, was sie einmal waren, als sie noch dem Umfang und der Reichweite der Gemeinwesen entsprachen, die mit diesen weniger entwickelten Kommunikationsmustern auskamen. Weder sind sie noch so mächtig, noch sind sie so effizient wie damals. Wir, bei unseren Regressionen, landen eher bei Splittern der einstigen Strukturen, in die sie zerfielen, als sie defizient wurden. Schon Gebser hat vor Rückfällen gewarnt, und aufgrund entsprechender Einblicke in die aktuelle Psychoszene und in das *New-Age*-Feld hat Ken Wilber es unterstrichen: Anders als *momentan* zum Zwecke der *Integration* nach »oben« (wozu sie bewußt vergegenwärtigt werden müssen) hat das Einlassen auf die älteren Bewußtseinsverfassungen und ihre Elemente keinen Sinn.

Aber es gibt ein großes Problem, das in der Realität nicht so leicht von dem oben erwähnten Aspekt unterscheidbar ist. Es ist die Ursache für den Hang zur Regression und begründet bis zu einem gewissen Grade ihre Notwendigkeit: Die Ablösung von einer überholten Stufe sowohl in der persönlichen als auch in der Stammesgeschichte geht nicht ohne Konflikt und Kampf ab. Gegenüber dem bergenden »archaischen Schoß« ist die Einzelpsyche, die ihm entwächst, relativ ohnmächtig und unsicher, fühlt sich auch zurückgehalten. Ja, die Muttermächte »verfluchen« häufig die Entfernung aus ihrem Anziehungsbereich. *Machtmagisch* kehrt sich die Psyche dann gegen den allgemeinen Grund, den Ursprung, aus dem sie kommt. Das wiederholt sich im »Drachenkampf« des *mythischen* Bewußtseinshelden gegen die psychische Struktur der Großen Mutter (Neumann, wie erwähnt), um aus der »Höhle« ins volle Licht der Sonne freizukommen. Und für den nächsten Schritt hat Julian Jaynes den Übergang vom Mythischen zum Mentalen als überaus dramatischen und leidvollen »Zusammenbruch des Zweikammergeistes« (in welchem die Götter aus unserer eigenen rechten Hirnhälfte zu uns gesprochen hatten) beschrieben, indem er dessen Charakter als soziale Katastrophe hervorhob.

Jedesmal fand eine »Schlacht« statt, bei dem die frühere Bewußtseinsverfassung – wegen ihrer Verteidigung durch den sozialen Apparat, der mit ihr entstanden war – feindlich behandelt wurde. Andererseits besaß auch die spätere noch nicht die Souveränität zur Integration, sondern neigte von sich aus dazu, sich angstvoll gewaltsam abzustoßen oder zumindest zu entziehen. Nur bei dem kaum erst begonnenen Aufstieg vom mentalen zum integralen Bewußtsein auf dem Wege der »Individuation« (der Begriff stammt aus der Schule C. G. Jungs) verspricht es, anders zu werden. Noch aber ist der vorige Übergang für viele Menschen und Völker nicht abschließend vollzogen, und zugleich ist dessen Ziel, die *effiziente* mentale Ichstruktur, wie sie einst ein Sokrates errungen hatte, blockiert und diskreditiert, weil statt ihrer der rationalistische Dämon herrscht, verschanzt in der westlichen Megamaschine.

Neulich haben wir – »Vater-Mutter-Kind« – die Schule besichtigt, in die »Kind« nun von der 5. Klasse ab gehen soll, ein opulentes Glanzstück an Ausrüstung aus den fettesten Jahren der Bundesrepublik und ihrer Bildungspolitik. Ich habe drüben in den 50er und 60er Jahren naturwissenschaftliche Universitätsinstitute gesehen, die dahinter zurückstanden. In diesem Schulbau wird nun die mentale Struktur *in extenso* vermittelt. Wer nicht hindurchgeht, bleibt »ungleichzeitig«. Entweder also lähmende Angst und dumpfer Analphabetismus vor der Megamaschine – oder Zutraulichkeit zu ihr bis zum sicheren Verschlungenwerden von diesem ungeheuerlichsten Drachen, mit dem sich der Mensch jemals zu schaffen machte?! Denn was dort gelehrt wird, ist jenseits allen guten Willens der Lehrerinnen und Lehrer diese nekrophile, mörderische und selbstmörderische rationalistische Kultur.

Gebser gibt als allgemeines Kriterium dafür, daß eine Bewußtseinsverfassung, eine soziale Kommunikationsstruktur unzulänglich, daß sie »defizient« geworden ist, die *Inflation der Quantität* an, damals der magischen Objekte, die sich durch den Kulturaustausch wie durch den Verfall der Stammesmuster krebszellenartig vermehrten, dann der immer obskurer, dekadenter und zusammenhangloser werdenden Mythologie in der hellenistischen Zeit, jetzt der »Fakten« und Massenprodukte (es ist eben gar nicht wahr, daß sich das *Wissen* alle paar Jahre verdoppelt, bloß weil sie in den Silos der Big Science so unentwegt Informationen produzieren).

Schon 1953 schrieb Gebser:

> Die Gebetsmühlen (des alten Tibet – R. B.), die Mythenzersplitterung, die Computer sind Ausdruck des Menschen, der in seiner Bewußtseinsfrequenz verharrt, während die notwendige neue Bewußtseinsmutation die erschöpfte Bewußtseinsstruktur bereits zu überlagern beginnt. Jedes Übermaß an Quantifizierung führt zu Ohnmacht, Leere und Hilflosigkeit. Wo dies offensichtlich wird, ist die nicht mehr genügende Bewußtseinsstruktur bereits überwunden. So gesehen sind die Computer ein negatives Wahrzeichen der neuen Bewußtseinsstruktur und ihrer Kräfte.[120]

Das klingt zu optimistisch, aber er fügte hinzu, wenn die Aufgabe des Übergangs nicht »in Bälde gelöst wird«, werde »ihre Lösung unausdenkliche Opfer heischen«. Und: »Die Zahl der Menschen, welche die Lösung erleben werden, hängt von der zeitintensiven Bewußtwerdung der neuen Struktur ab.« Und schließlich: »Aus der erschöpften Struktur geht keine neue hervor; aber aus dem, was *ursprungsgegenwärtig ist*, aus der Ganzheit heraus.«[121]

Gemeint ist mit dem hervorgehobenen Wort, daß der Genotyp jene Kräfte, aus denen die Bewußtseinsverfassungen gebildet wurden, auch jene Dispositionen, die in die *effizienten* alten eingingen, stets auch hier und jetzt gegenwärtig hat, nur ge- und befangen in der herrschenden Struktur. *Wie sehr* sie aber verhaftet sind, weil wir uns vom Ursprung abstoßen und die Verbindungen bis in die Sensibilität und Physiologie hinein abgebrochen haben – diese beispiellose *Dimension* der Entfremdung hat er zu wenig betont. Wir sind abgesperrt und abgespalten durch die Sozialisation für unsere Megamaschine. Und andere Partien unserer Psyche sind in die Zersplitterungen älterer Bewußtseinsverfassungen gebannt; auch diese Ungleichzeitigkeit, verbreiteter denn je, ist ein ungeheures, den solidarischen Zusammenschluß erschwerendes Problem.

Gerade die *effiziente* mentale Struktur (oder sagen wir ihr effizienter *Anteil*, der sie legitimiert) unterdrückt unweigerlich alles psychische Reagieren, das in älteren Weltverhältnissen wurzelt. Menschen, die noch dort ihren Schwerpunkt haben und darin häufiger ihrer Ursprungskräfte gewärtig sind (Kinder und sehr viele Frauen) leiden direkt unter dem Gesamtdruck einer Kultur, die das Abstrakte, das Antileben auf den Thron gesetzt hat. Das bedeutet keineswegs, daß sie nicht denken können, aber sie sind vielleicht hauptsächlich negativ beeindruckt von der Fähigkeit des listenreichen Odysseus, undurchschaubar lügen zu können – ein Bewußtseinsfortschritt, für den er gepriesen ward.

Schon Sokrates war dem konkreten Leben feind, er setzte den Kontakt mit der Natur, dem Alltag, dem Körper, der Frau herab. Es ist etwas grundsätzlich Lebensfalsches in dieser »Mentalität«.[122] »Staatsgeschäfte und Philosophieren« waren bekanntlich die einzigen würdigen Beschäftigungen für den Mann der Polis. Das ist schon damals abstrakt genug. Wie erst bei der heutigen Größe und Komplexität der mentalen Sphäre, die korrelativ zur Megamaschine ist. Wer sich, um »zeitgleich« zu sein, auf Wissenschaft, Technik, Weltmarkt, Staat konzentriert, muß sein konkretes Leben verlieren und wird bis in die Intimsphäre seiner Mitlebenden Frustration und Unglück um sich verbreiten.

Homo Integralis

Wie sich zeigte, nistet das Unheil in der Abtrennung, der Abspaltung vom Ursprung, in dem antagonistischen Abstoß selbst. Sie ist offenbar weder in der Geschichte noch im individuellen Leben von vornherein vermeidbar, so daß wir eine Praxis der Wiedervereinigung, der Integration brauchen, gesellschaftlich und individuell, eingedenk des Goethewortes »Nichts ist drinnen, nichts ist draußen, denn was innen das ist außen.« Seien wir uns erneut darüber klar, daß das Dilemma mit unserer größten Errungenschaft zusammenhängt, mit der gegen die Welt befestigten Persönlichkeit. Dafür sind wir – es vollzieht sich in jedem individuellen Leben neu – aus dem Paradies ausgetrieben, von der Welt außerhalb unserer Haut, oft vom eigenen Körper, ja von den eigenen unerwünschten Ich-Anteilen (vielleicht den vitalsten?!) abgetrennt, und es kann uns das jeweils Ausgegrenzte zum Feinde werden.[123] Hinzu kommt das Desensibilisierungstraining des städtischen, des industriellen Alltags, noch viel mehr beim Geistesarbeiter (auch im Büro). Wie wir ursprünglich beim Ausgang aus der Tierheit für unsere Freiheit unsere Instinkte lassen mußten, so haben wir später für die Zivilisation unsere älteren Bewußtseinsverfassungen mit ihrem so viel befriedigenderen sinnlichen Weltkontakt gelassen.

Das Ich bzw. der Charakter oder – von der sozialen Seite – die Persönlichkeit ist die Wächterinstanz hinter allen diesen Abtrennungen: die Persönlichkeit nicht als gewählte Gestalt, sondern als das mehr oder weniger unreflektierte, unerleuchtete Sozialisationsprodukt. Unsere europäische Kultur ist ausgezeichnet durch den Spielraum, den sie ihr zur Entfaltung bietet. Doch die wölfische Bindungslosigkeit, die dabei herausgekommen ist, dieses unvermeidliche Mißverständnis der Freiheit, ist zugleich ihr Fluch. Wir sehen es jetzt. Man liebt es, Hegel zu rügen für seinen – dann immer schon verkürzt verstandenen – Satz, Freiheit sei Einsicht in die Notwendigkeit. Aber Notwendigkeit war für diesen rationalen Mystiker natürlich auch *in uns,* und sie war identisch mit unserem Höchsten, mit dem göttlichen Funken des Meister Eckhart. Freiheit, recht verstanden, meint bei Hegel, daß wir unsere innere Wesensgleichheit mit der Gottheit erkennen, daß wir uns identifizieren sollen mit dieser unserer höchsten Notwendigkeit. Dagegen ist der übliche anarcho-individualistische Freiheitsbegriff samt dem zugehörigen Persönlichkeitskonzept ein Schmarren.

Der »positive« Inhalt der bürgerlichen Persönlichkeit ist vor allem ihre Position der größtmöglichen Unverletzlichkeit, Versorgungssicherheit, Situationskontrolle und Bequemlichkeit, insgesamt eben eine egozentrische aktive oder passive Machtposition, auf der sich die Liebe nicht entfalten kann. Dieses Ich-Profil ist untrennbar von dem Freiheits- und Unabhängigkeitsideal der bürgerlichen Gesellschaft, das ich in dem Kapitel über den kapitalistischen Antrieb und besonders in dem dortigen Abschnitt über Geld und Freiheit gewürdigt und kritisiert habe als ein Menschenbild, über das wir innerlich hinaus müssen. Zuwendung und Kommunikation unterliegen bei uns eindeutig den so postierten Ich-Interessen. Differenz und Konkurrenz der Persönlichkeiten dominieren so, daß Kommunion im Grunde unmöglich ist. Alle Lebenskraft wird in die Unterscheidung, die Trennung, die Entfremdung des Menschen vom Menschen, und in diese gerade eingangs erwähnten Selbstentfremdungen vom Körper und von den eigenen Schattenmächten gesteckt.

Freiheit in jenem großen Hegelschen oder Eckhartschen Sinne wäre gerade, dies zu überwinden. Guardini hat einmal von jener Mitte gesprochen, in der Mensch *sich* fände *und Gott.* Dort ist Freiheit, und – dort sind wir trotz aller Unterschiede im individuellen Genotyp weitgehend eins. Soll es denn unmöglich sein, darauf Gesellschaft, Gemeinschaft zu gründen? Die Differenzen müssen ja deshalb nicht glattgemacht werden. Hegel, Hölderlin, Schelling, als sie ihre Losung vereinbarten: »Reich Gottes!« – haben sie etwa die Freiheit nicht geliebt? Haben sie sich nicht im gleichen Atemzug verschwören können für »Vernunft, Freiheit und die Unsichtbare Kirche«?! Diese Quaternität – ich wiederhole: Reich Gottes, Vernunft, Freiheit, die Unsichtbare Kirche – *zusammen denken zu können,* das ist der Gipfel des europäischen Geistes, und das ist zugleich der Schritt über die Schranke Europas hinaus.[124] Ich komme noch auf Fichte, später, der vielleicht am größten in diesem Überschreiten war, weil er – wie neben ihm noch einer, der dieselbe Bahn hatte, Beethoven – bis zum Äußersten aufs souveräne Ich gesetzt hatte und dann in einem riesigen Bogen bei Laudses Kritik am »Selbst«, am großen subjektiven Ich einkam, nicht demütig, nein, sondern mit offenen Armen, und nicht etwa quietistisch, sondern um die Zeit seiner Reden an die deutsche Nation. Nicht als Zurücknahme, sondern als Transfiguration.

Aber ich greife vor. Sie haben das damals hauptsächlich im Kopf errungen, es waren eben solche Zeiten. Es war sozusagen deutsches Jnana-Yoga.[125] Sie waren Boddhisattvas wie nur welche. Sie alle kannten Verzückung. Und sie flohen die Frauen nicht. Da war Diotima-Susette. Da waren Josephine und Antonie, die Unsterblichen Geliebten des berühmten Briefes (es gibt ein tiefes und geistreiches Buch von Harry Goldschmidt darüber: »Die Geliebten Beethovens«). Da war Caroline Schelling. Es ist der freie Gebrauch aller unserer Kräfte, der die Freude macht, und wir brauchen dazu die Kommunion mit dem gesamten unseren Sinnen, unserer Seele, unserem Geist erreichbaren Universum.

Gewiß, das wünscht sich die Persönlichkeit. Sie hat sich da hinaufkasteit *um* solchen Gewinnes willen, *um* der Liebe willen, *um* – sie zu verdienen, ihrer würdig zu sein. Aber es geht dabei das Geliebtwerdenwollen vor das Lieben, und so widerspricht der Weg weithin dem Ziel. Niklas Luhmann hat sehr detailliert und treffend gezeigt, wie die erotische Liebe scheitert, weil wir einander nicht nur unsere Festungswerke zukehren, sondern uns als immer differentere, aber darin Bestätigung fordernde Welten begegnen. Unser empirisches Ich wollen wir geliebt, suchen »Validierung (d. h. positive Bewertung) seiner Selbstdarstellung«[126], wo ein Novalis die Liebe auf die beiderseitige Transzendenz in »das Ich unseres Ich«, in unser höheres Selbst gezielt gesehen hatte. Ist es etwa nicht so, wie Luhmann konstatiert: »Die Individualität . . . wird zum Anspruch auf Anerkennung eigensinniger Welt- und Selbstauffassungen und wird dadurch zur Zumutung«[127] und daß »die Konfliktträchtigkeit steigt, wenn die Partner ihre Beziehungen intensivieren«[128]? Die Persönlichkeit ist eine Fehlkonstruktion, sie wird zumindest dazu, ist dazu geworden.

Ich habe das andeuten wollen, ehe ich mich noch etwas näher mit Jean Gebsers Konzept des *homo integralis* befasse, um es ein wenig fortzuentwickeln, weil so das Blut in die abstraktere Materie einströmt, die er bietet. Schon im Blick auf die folgende Skizze will ich zur Orientierung sagen, daß die Persönlichkeit, wie ich sie, zugegeben sehr spitz, als zu überwinden dargestellt habe, das Ich der Gebserschen mentalen Stufe ist, und demgegenüber das, worauf die Klassiker samt Tagore alle zielen, das *integrale Selbst*. Gebser führt an ein paar Strategien heran, wie wir mit dem Ausgegrenzten, Abgespaltenen umgehen sollen, damit der Aufstieg zum integralen Selbst gelingt. Denn hier ist der gerade Weg des senkrechten Pfeils von der mentalen zur integralen Bewußtseinsverfassung bestimmt nicht der kürzeste, weil eben das mentale Ich allzu viele Hohlstellen hat, den Stoff nicht repräsentiert, der zu integrieren ist. Ich diskutiere das Modell um der verschiedenen gebogenen Pfeile willen, die ich hinzugefügt habe. Das Drumherum, den verbalen Schematismus habe ich nur mit herausgezogen, um Gebsers weiteren Horizont wenigstens anzudeuten, ohne da näher referieren zu wollen. Aber beginnen muß ich mit der Struktur als solcher.

Schon weiter oben (S. 264) hatte ich mich auf den Grundaufbau dieses Schemas und den Abstoß-Charakter der bisherigen Mutationen bezogen. Das ist nun der Ausgangspunkt: Wir haben Stufe um Stufe nicht vermocht – und ganz besonders in unserer eiligen Konkurrenz wir Weißen nicht –, die Wurzeln des Bewußtseins zu integrieren. Wir haben das in doppelter Hinsicht verfehlt, nämlich sowohl im Hinblick auf die *kulturell* bedingten Bewußtseinsstufen (selbst die archaische ist eine Kulturleistung) als auch auf die noch weiter zurückliegenden *soziobiologischen* Evolutionsschritte, die zu unserer Bewußtseinsqualität hinaufführten.

»*Archaisch*« korrespondiert mit dem Rückenmark und dem reptilischen Gehirnstamm. D. h. in jenem Zustand herrscht noch die durch diese Organe bestimmte Befindlichkeit vor (obwohl es schon früh auch abstrakte mentale Operationen gibt).

»*Magisch*« korrespondiert mit dem limbischen System, und unser »Säugetierkörper« hat die Führung inne (bei Wilber: der Typhon).

»*Mythisch*« korrespondiert schon mit dem Großhirn, aber – wie es Jaynes in seinem Buch über den »Zweikammergeist« aufgedeckt hat – mit dessen objektiver, dessen Organweisheit: Während der Mensch damals noch glaubte, das Herz sei das Denkorgan, sprachen aus seiner intuitiven rechten Hirnhälfte die Götter in seine linke hinein; noch hat das Großhirn viel mehr ihn als daß er es hätte.

»*Mental*« erst korrespondiert mit dem Großhirn als *unserem* Organ. Das Ich versucht sich endgültig als Reiter des Körperpferdes, aber es sortiert und grenzt sich ab; dazu war schon genug gesagt.

»*Integral*« – das ist das gleichfalls bereits angeschlagene Thema dieses Abschnitts.

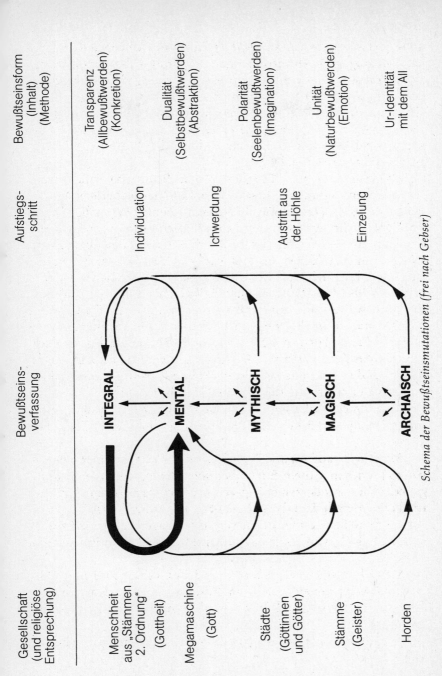

Schema der Bewußtseinsmutationen (frei nach Gebser)

Auf jeder *älteren* Stufe sind wir unbefangener, weil ichloser in Bezug auf unsere elementaren Lebensprozesse. Jede *neuere*, höhere Stufe stört erst einmal tendenziell die Weisheit des »objektiven«, des »an sich seienden« Geistes, der im Code des Lebens selber steckt. Wir entfernen uns von der immanenten Gottheit, schütten die Zugänge dazu zu. Wir lassen sie zurück, anstatt sie sukzessiv mitzuentfalten. Unser wahres Selbst, der Anteil am Urgrund, den wir in uns haben, kommt vor lauter eigenwilligen Steuerungen von oben nicht mehr zu seinem Willensausdruck.

Selbstverständlich haben wir alle mehr oder weniger an allen fünf Bewußtseinsverfassungen teil, und ebenso am männlichen und am weiblichen Geist. Aber die Zentren unserer Identitäten liegen verschieden. Das ist ebenso wie bei den Chakras und Schaltkreisen, deren Stufenleiter in gewisser Hinsicht eine ausführlichere Aufgliederung derselben Historie ist. Gebser konzentriert sich auf die intellektuelle Funktion, auf den Aspekt der rationalen Erkenntnis und ihrer Veränderung, bezieht sich dabei aber direkt auf deren Kopplung mit gesellschaftlichen Weltzuständen. Wilber ist ihm darin noch umfassender gefolgt.

Wie die Individuen auf diesen verschiedenen Ebenen heimisch sind, damit hängen die *tiefsten* sozialen Spannungen, die *allgemeinsten* Dimensionen der Ungleichheit zusammen, etwa das Verhältnis zwischen Dominanz und Unterwerfung *innerhalb* von Verbänden, die in ihrem Klasseninteresse vereint sein mögen. Kaste geht über Klasse, und letztlich gehörten eben beispielsweise Bismarck und Lassalle derselben Kaste an. Daran, in welcher Bewußtseinsverfassung, über welchen Schaltkreis, über welche der jeweils drei Kasten eines (Leary-Wilsonschen) Schaltkreises wir vornehmlich mit der Welt kommunizieren, scheiden sich im wahrsten Sinne des Wortes die Geister. Wo Ernst Bloch von »Ungleichzeitigkeit« sozialer Gruppen spricht, ist eigentlich dies gemeint; die Bauern etwa gehören nicht nur bis zum gewissen Grade älteren (feudalen bzw. vorfeudalen) Gesellschaftsformationen an als industrielle Arbeiter *und* Kapitalisten, sondern sie leben insoweit psychisch in einer anderen Welt, und das ist für ihre Subjektivität grundlegender als irgendwelche soziologisch zurechenbaren Qualitäten, die ins Schema der kapitalistischen Moderne passen.

Auch die Gesellschaften *einer* Zeit und *eines* Landes sind u. a. so geschichtet, wie es die erste Spalte in dem soeben zitierten Gebserschen Schema der Bewußtseinsmutationen andeutet: Es leben unter uns (cum grano salis) Hordenmenschen, Stammesmenschen, Städter, rationalistische Moderne und spirituelle Postmoderne. Und trotz aller von unten nach oben wirkenden und durch ihre Unterdrückung verstärkten Trägheits- und Störfaktoren liegt die Initiative »oben«. Die Zukunft wird in der Auseinandersetzung zwischen den mentalen und den integralen Eliten entschieden, wobei natürlich die Frontlinie häufig *mitten durch ein und dieselben Individuen hindurchgeht* und immer auch Elemente älterer Bewußtseinsverfassungen im Spiele sind.[129] Es kommt entscheidend auf die Integration an: Das höhere Bewußtsein setzt sich durch, indem es seine Vorstufen und Gegensätze ein- anstatt ausschließt und alles Abgespaltene versöhnt, wie es etwa Hölderlin vorausempfunden hatte: »Versöhnung ist mitten im Streit und alles Getrennte findet sich wieder.«

Mit den gebogenen Pfeilen, die ich in Gebsers Schema eingezeichnet habe, will ich die Bewegung (die dynamische Struktur der Bewegungen) symbolisieren, die diesen Integrationsprozeß ausmacht. Denn auch wenn ich die integrale Stufe schon als manifest in das Bild eingesetzt habe: in Wirklichkeit entsteht sie natürlich erst; und das muß durchaus nicht ausschließen, daß sie – als genetisch von weither vorgesehen, vorprogrammiert – bereits kräftig »zieht«: Ich habe ja dem Impuls, mit dem sie auf die mentale Bewußtseinsverfassung einwirkt, in der Skizze die größte Bedeutung beigemessen.[130]

Integriert werden soll also nicht so sehr die ausgebreitete Vielfalt der Produkte und Kenntnisse (darauf hatte die politische Linke immer die Aufhebung der Entfremdung zugespitzt), sondern das anthropologisch unverzichtbare Stufenfundament, auf dem sich – wie antagonistisch auch immer – das moderne Bewußtsein undankbar erhebt. Nicht die Entfremdung von den Sachen, die wir machen, ist die Crux, sondern die Entfremdung von unserem natürlichen Potential, einschließlich des Potentials zur Weiterentwicklung unserer geistigen Fähigkeiten, das wir durch den Dienst an der Quantität absorbieren und erstarren lassen. Die spontane Weisheit und Vitalität der archaischen, magischen und mythischen Bewußtseinsverfassung ist ein unersetzlicher Regulator. Aber wir treiben sie uns schon im frühen Kindheitsstadium aus. So wird Machtstreben, Es-der-Welt-beweisen-Wollen die nächstliegende Kompensation für den unterdrückten Eros, für den ins Melancholische abgedrängten allgemeinen Tonus.

So sollen die vom Mentalen absteigenden (einfachen) Pfeile links schematisch eine Notwendigkeit des *männlichen,* die aufsteigenden Pfeile rechts umgekehrt eine des *weiblichen* Geistes heute charakterisieren. Männlich und weiblich sind zwar nicht ohne weiteres dasselbe wie Mann und Frau. Doch werden Männer in unserer Zivilisation entschieden häufiger einseitig mental, zerebral fixiert sein, rational-maschinenmäßig funktionieren, und Frauen werden häufiger und stärker noch zu den Bewußtseinsstrukturen Kontakt haben, in denen überhaupt die Wurzeln der menschlichen Kultur zu suchen sind; andererseits werden sie oft inadäquat reagieren, weil die dort wohnenden Mächte deformiert und abgedrängt, nicht an ein ausgewogenes Ganzes angeschlossen sind.[131]

Wir können kaum hoffen, einfach »gradlinig« von der mentalen zur integralen Struktur aufzusteigen, weil gerade diejenigen, die mit ihrer schizoiden Ichgrundlage am repräsentativsten für die »Mentalität« sind und deren eigentümliches Gehäuse – Ersatz für den Uterus – die Megamaschine ist, den Ursprung weitgehend nicht mehr spüren. Andererseits hat der patriarchale Geist, erst recht in seiner heutigen defizienten Form, allen Menschen, die ihren existentiellen Schwerpunkt lebensnäher haben, darunter den meisten Frauen, den Aufstieg zum mentalen Ich und über das mentale Ich verleidet.

Zugleich bewegt sich das weibliche Denken in den letzten 200 Jahren immer mehr darauf hin, diese Position dennoch zu erobern. Teilweise geht jedes moderne weibliche Bewußtsein – nicht ohne Anzeichen verschärfter Selbstentfremdung – da hindurch. Ein selbstbewußtes (im Sinne auch von selbsterkanntes) Ich, insofern also eine möglichst selbstbestimmte Psychoanalyse (im allgemeinen, nicht unbedingt therapeutischen Sinne) ist zur Mitbedingung der Individuation geworden. Und doch sollte es im ganzen vermeidbar sein, daß noch Menschen – von Kind auf – neu durch diese disfunktionale Bewußtseinsverfassung hindurchgejagt werden. Die Aneignung der Rationalität müßte von der integralen Ebene her neugefaßt werden. Deshalb habe ich rechts die gebogenen Pfeile, die vom Archaischen, Magischen und Mythischen zum Integralen aufschließen, am Mentalen vorbeigeführt, um sie es in einer Schleife, gewissermaßen von oben, berühren zu lassen.

Mit den absteigenden Pfeilen auf der linken Seite will ich das Zurücktauchen, die partielle Regression in die älteren und grundlegenderen Schichten, und dann im Wiederaufstieg die mentale und integrale Einordnung der Reise in die Unterwelt andeuten. Dieser Durchgang ist nicht nur biographisch höchst bedeutsam für die Individuation (im Jungschen Sinne), sondern vor allem sozial überaus wichtig. Betrifft sie doch sowohl die Auflösung der Herde, an denen sich der Streß in bösen Verdrängungen angesammelt hat, wo sie auf ihren Durchbruch bei krisenhaften Gelegenheiten warten, als auch die Verständigung mit den »ungleichzeitigen« Potentialen, denen Wege der Integration und Versöhnung geöffnet werden. Nicht zuletzt erfährt das mentale Ich die Wiederbelebung, die Revitalisierung seines eigenen biopsychischen Fundaments. Der Energiezustrom nach oben verbreitert sich.

Die Disziplin der rationalen Ebene muß keineswegs aufgegeben werden. Die »indische« Kritik am »mind« richtet sich gegen den Automatismus, das roboterhafte Funktionieren des Denkapparats, nicht gegen präzises, klares Denken, von dem wir mehr und nicht weniger brauchen. Übrigens ist Emotion im Durchschnittsfalle viel automatisierter als Verstand, der nur oft von den Versorgungs- und Statusinteressen in Dienst genommen und korrumpiert wird. Der Schlüssel zu dem vernünftigen Egoismus, von dem ich sprach, ist natürlich die Vernunft. Mit anderen Worten: der Prozeß der Integration muß auch selbst integral verstanden werden. Die denkfeindlichen Motive sind bloß Schaum auf den Wogen. Die für das *New Age* wichtigen konzeptionellen Entwürfe und selbst die Reden der »mind«-kritischen Gurus sind meist auch intellektuell anspruchsvoll.

Was wir ausschalten wollen, um uns auf die Reise in die Unterwelt zu machen, das ist die *Zensur*, zu der uns der Intellekt nur etwas raffiniertere Mittel liefert — wie wir ihn auch benutzen können, schöne Barrikaden gegen die Aufgabe der egozentrischen

Grundposition zu errichten. Aber diese Grundposition, nicht ihr intellektuelles Mittel, ist das Problem. Wir können den Verstand genau so gut dazu benutzen, uns klarzumachen, daß allerdings der wirkliche Schritt, der in den Integrationsprozeß hineinführt, die ganzheitliche, also körperlich-seelisch-geistige Kontaktaufnahme mit dem Abgetrennten und Verdrängten ist. Und dann brauchen wir die kritische Vernunft, um die Erfahrung zu bewältigen, sowie einige durchaus altmodische Disziplin, um uns nicht einfach der Inflation der psychischen Erscheinungen zu überlassen, denen wir in der Unterwelt wiederbegegnen.

Integration (Individuation) ist der Hauptweg des Ausstiegs aus dem todgeweihten alten Kulturzusammenhang. Die Methoden laufen alle auf das eine hinaus: uns von der bis in die Tiefenschichten verinnerlichten, beschränkten Sozialisation zu befreien, mit der wir für diese exterministische Zivilisation zubereitet sind. Über die Neukonfiguration unserer inneren Gestalt – die jedenfalls näher an unserem mitgeborenen Inbild liegen wird als unsere übliche Rüstung und Maskierung – bestimmt kein Therapeut und kein Guru, sondern das befreite vitale Potential selbst. Der Mensch wäre nicht bis hierher aufgestiegen, hätte sich nicht immer wieder über seine Selbstdemütigungen erhoben, wenn dieses Potential nicht letzten Endes positiv gestimmt wäre. Wir müssen es von den Resten des mit dem Kultureintritt erfahrenen Traumas befreien, das in der Konzeption der Erbsünde seinen ebenso erklärlichen wie lebensfeindlichen Ausdruck gefunden hatte.

Auch geschichtlich, nicht nur individuell fruchtbar wird der ganze Prozeß, in dem wir uns unsere Wesenskräfte wieder aneignen, nur dann, wenn wir auch schon ein sozusagen mitwachsendes Modell des neuen »objektiven Geistes« im Kopf haben: einen im Netzwerk der Umkehrbewegung zirkulierenden anderen Gesellschaftsentwurf. *Homo integralis* (der bei uns in Europa selbstverständlich auch den *homo occidentalis,* den *homo conquistador* aufgehoben in sich enthält) meint ebensosehr das Individuum wie das soziale Ensemble, das seine freigesetzten Kräfte in die Richtung der Rettung lenkt.

Alle Stufen der Bewußtseinsentwicklung sind Stufen der Ich-Entwicklung. Die Ich-Transzendenz, die Überwindung der egozentrischen Position, setzt das Ich voraus. Es wird überstiegen, nicht ausgelöscht in dem höheren Selbst. Alle von Gebser und Wilber wie auch von Mumford und vielen anderen herausgearbeiteten Geschichtsepochen leiten sich von vorherrschenden Individualitätsformen ab. Das neue Selbst Mumfords, der »überbewußte« *homo integralis* oder wie immer wir das nennen wollen, ist nicht die erste, sondern eine umfassendere Integration. Der entscheidende Unterschied zwischen »Ich« und »Selbst« besteht offenbar darin, daß die egozentrische Perspektive abgelöst wird durch die gelebte psychische Grundposition »*Das Zentrum ist überall*« (und »Das Ganze greift über« bzw. »Die Wahrheit ist das Ganze« – Hegel).

Die verhängnisvolle Position des Top-Parasiten zu verlassen, bedeutet nichts anderes als diesen Übergang, bei dem wir die fundamentalen menschlichen Interessen, die mit unserer mikrokosmischen Funktion im Ganzen gegeben sind, über unsere unmittelbaren Interessen stellen, gleichermaßen unsere langfristigen Interessen (sogar über die eigene Lebenszeit hinaus) höher als unsere kurzfristigen und die gesellschaftlichen und gemeinschaftlichen höher als unsere individuellen stellen. Allerdings verlieren diese Gegenüberstellungen ihre Bedeutung, wenn der Sprung einmal gelungen ist, denn dann stellt sich heraus, daß so auch die unmittelbaren, kurzfristigen und individuellen Interessen am besten gewahrt werden. Wie der in Amerika lebende Tibeter Tarthang Tulku sagt, kommt aber die Ausschließung der fundamentalen, langfristigen und allgemeinen Interessen heraus, wenn man von der selbstischen Existenz ausgeht. Dann nämlich besetzt man ausschließend und aggressiv eine Nische, und dann hat man eine Position inne, auf der »aller Unterhalt und aller Kontakt nur erlangt werden können, indem man nach ihnen ausschickt«.[132]

Stellen wir uns das zu erfahrende Weltganze als eine Kugel vor, so kann der egozentrische Beobachter aus seiner Perspektive, selbst wenn er die Position im Mittelpunkt bezieht, immer nur wenig von den »zehntausend Wesen« aufnehmen. Jede einzelne Wissenschaft, Kunst, handwerkliche oder Lebenspraxis bedeutet *eine* andere Perspektive, jedenfalls soweit der Handelnde von sich abzusehen versucht wie der Objektive Beobachter in der Wissenschaft. Um aber des Ganzen teilhaftig zu sein, müßten wir es nicht nur auch von jedem Punkt der Kugelperipherie, sondern überhaupt von jedem Ort in der Kugel zugleich wahrhaben. Dies meint die Formel »Das Zentrum ist überall«. Wenn nicht einzeln so doch als Menschheit können wir das annähernd realisieren. Es hängt davon ab, ob wir einzelnen es einerseits zu einer Distanzierung von unseren unmittelbaren Interessen, andererseits zur Kommunion mit den anderen bringen, über die wir Anschluß an alle möglichen Perspektiven finden können (was zwei Seiten *einer* Medaille sind).

Der Gedanke ist nicht einmal neu. Der erste, der diese Ablösung der Ego-Perspektive zugleich politisch und spirituell verlangt hat, war Laudse, und er kommt unserem Verständnis insofern sehr entgegen, als er in der Eigenart asiatischen Denkens nicht – wie unvermeidlich etwa unser Meister Eckhart – erst über Gott zur Gottheit kommt. Spinozas große Errungenschaft, Gott gleich der Natur zu setzen, hätte Laudse wegen des Umwegs verwundert. Er sagt von vornherein »Welt«, wenn er das Ganze bezeichnen will, zu dessen Organ der Mensch berufen ist, und entwickelt von hier aus sein Fürstenbild. Sehen wir uns das zum Schlusse dieses Abschnitts noch etwas näher an, einerseits als so ein Stück notwendiger Regression, andererseits als ein Stück Integration nach vorwärts, denn der Alte Meister war uns zugleich voraus. Jedenfalls interessiert mich der *homo integralis* genau in dieser Dimension politischer Verantwortung, der dafür tragfähigen Subjektivität.

In seinem *Daudedsching* sind der erleuchtete Weise und der, welcher infolge seiner Übereinstimmung mit der Natur der Dinge berufen wäre, »Herr der Welt« zu sein, ein und dieselbe Figur, und die ist zugleich identisch mit dem Subjekt der ganzen Lehre. Jeder Mensch sollte wert sein, Herr der Welt zu sein. Oder Herrin der Welt: Michael Endes Kindliche Kaiserin popularisiert dieselbe Gestalt, wenn sie auch nicht so politisch konkret wird wie es die des Laudse jedenfalls für sein China war. Weisheit und Kaisertum sind in jedermann, in jederfrau. Nur ist dieser in uns angelegten Figur durch die Ichbezogenheit, durch das Selbst im Sinne des Selbstischen, des subjektivistischen Eigensinns, der Weg abgeschnitten:

befallen werde ich von großen übeln
weil ich ein selbst besitze
wäre ich frei vom selbst
welches übel gäbe es für mich?
dem aber, der die welt macht zum selbst
mag man die welt überlassen,
dem, der liebend der welt gleichsetzt sein selbst
mag man die welt anvertrauen. [133] (13. Spruch)

Und wer in diesem Geiste »eines landes unglück auf sich nimmt«, heißt es an anderer Stelle, sei »wert herr der welt zu sein«. Ein solcher »tut nichts für sich und will nicht gepriesen sein«. Die *Welt* zum Selbst machen, als das Subjekt ansehen anstelle des kleinen privaten Ichs – das ist schon bei Laudse diese »Aperspektive«, die Gebser als wichtigstes Charakteristikum des *homo integralis* ausgemacht hat. Nicht ich-, sondern weltidentifiziert (»gottheitidentifiziert«) sein, und dann, um es zu wiederholen: »dem, der liebend der welt gleichsetzt sein selbst mag man die Welt anvertrauen.«

Laudse selbst hatte seine Position, die in Wirklichkeit höchst avanciert war, als eine wiedergewonnene archaische interpretiert und sich *gegen* die Geschichte gestellt. In der Zeit der Streitenden Reiche darüber erschrocken, was der selbstisch gewordene Geist anrichtet, wollte er sie nicht nur beenden, sondern rückgängig machen. Er wollte nicht nach oben integrieren, was sich herausdifferenziert hatte, sondern es nach unten auflösen, Namen, Werkzeuge (Arbeitsteilung), kompensatorische Moral, nachträglich ordnende Institutionen usw. wieder stillegen bzw. überflüssig machen. (Der andere, konfuzianische Weg versprach ja nicht, all das harmoniestörende Wissen in einem höheren Bewußtsein aufzuheben, sondern nur, ihm Schranken zu setzen – was die Epoche des unglücklichen Bewußtseins bloß verewigen würde.)

Ein Bewußtsein, wie wir es jetzt brauchen, das imstande wäre, »Kosmos und Geschichte« (so der Titel von Eliades einschlägigem »Grundbuch«) wieder zu versöhnen, den Pfeil der Entwicklung in den Zyklus der ewigen Wiederkehr zurückkehren zu lassen (die bisher nicht besonders reale Idee der »Spirale«, die Kreis und aufsteigender Pfeil in einem ist) – ein solches Bewußtsein war damals noch nicht vorstellbar. Laudses Geist erinnert an Grofs zweite Geburtsmatrix: dem Schrecken, der mit der Einleitung des

Geburtsvorgangs verbunden ist, während nach vorn noch alles zu ist, antwortet die Sehnsucht nach Rückkehr in die vorige »ozeanische« Geborgenheit. Das Dau beschreibt die Kosmogonie im Mutterleib als *einen* Pol einer naturgerechten Ordnung, den Pol des sie tragenden Urvertrauens.

Mir ist durch die tantrische Rebirthing-Praxis, wie sie Grof darbietet, die Frage gekommen, was es bedeuten könnte, wenn wir alle den Rückweg in dieses Paradies des Laudse real erleben könnten, nicht um dort zu verharren, wo der individuell bewußte Geist noch leer ist, einfach nicht existiert, sondern um aus dieser Geborgenheit und Gelassenheit heraus die anderen Modi und die späteren Stufen unserer Existenz zu entfalten und insbesondere unaggressiv die Dämonen kurzzuhalten, die aus den nächsten beiden Geburtsmatrizen in unserem Unbewußten lauern.

Wir müssen annehmen, daß unsere gesellschaftlichen Verhältnisse mit jedem Fortschritt unserer sich vom Urgrund abstoßenden Kultur immer stärker die negativen Erfahrungen aus unserem Unbewußten bestätigt und rückverstärkt haben. Das Rad hat sich einfach falsch herum gedreht. Deshalb bemühen sich humanistische Psychologie und Meditation darum, die Richtung umzukehren, die Gewichte ins Positive zu verschieben, von daher dann auch die Dämonen zu integrieren, die viel von ihrer Macht verlieren, wenn sie in der Wiederbegegnung lokalisiert und als Teilkräfte erkannt werden. Die Unterscheidung der Geister, die uns mitunter führen, will geübt sein, dann werden wir weniger leicht auf die falschen hereinfallen.

Laudse hatte sich – was ihm, näher an der weiblichen Zeit der ewigen Wiederkehr, in der er spirituell zu Hause war, und geborgen in seiner tantrischen Atempraxis sicher natürlicher war als es uns ist – seines Urvertrauens so wiederversichert, daß sein *Dau* Zerstörung, Leid, Gefährdung, Tod nicht etwa ausschließt. Die Widersprüche, genauer gesagt, die Polaritäten, sind alle da – die soziale Welt bleibt in Ordnung, wenn man die Polaritäten annimmt, anstatt eine aus ihnen flüchtende Kultur zu schaffen, die vor lauter Sicherheitspolitik exterministisch wird.

Laudse weiß auch – *nicht darin* überkreuz mit dem Konfuzianismus –, die Menschen *sind* kraft ihrer Individualität, ihres Eigen-Sinns schon zu jedem beliebigen Zeitpunkt vom Dau abgewichen. Sie müssen also *kulturell* dafür sorgen, daß der von ihnen ausgehenden Harmoniestörung eine Rückregelung gegenübersteht. Deshalb haben sie immer eine religiöse, sittliche, moralische und rechtliche Ordnung, die vor allem die spezifischen Urphänomene menschlicher Existenz – ihre entbundene Geschlechtlichkeit, ihre Intelligenz, ihre Individualität, ihr eingreifendes Umweltverhältnis – im Maß halten muß. Aber sein Weg war, dieses Maß nicht restriktiv von außen zu setzen, sondern *im Geiste jene Selbstregulation zu imitieren, die für die Bedürfnisbefriedigung des Fötus im Mutterleib geschaffen ist.* Diese Mutter-Kind-Dyade muß nicht wissen, weil sie weiß, muß nichts tun, weil alles geschieht. Die Weisheit des Bios verhaltensmäßig annähernd wiederzuerreichen, das ist Laudses Weg.

Daß er ihn regressiv verabsolutiert hat, ist heute ganz nebensächlich, wir können kaum genug in dieser Richtung korrigieren. Es gehört gewiß auch zum Menschen, nicht nur zum Manne, Krieger zu sein (die dritte Geburtsmatrix) und Sieger (die vierte). Im Daudedsching steht, *wie* der Mensch Krieger und Sieger ist bzw. sein kann, *wenn* er in diesem Urvertrauen wurzelt und selbst den Tod nicht fürchtet. Es ist ein anderer Grundton auch noch als der machtmagische des Don Juan bei Castaneda oder gar der des Samurai. »Wo sich im Kampfe gleiche Gegner messen, siegt der mitleidige«, sagt Laudse[134] und:

gut ist siegen – und damit genug
man wage nicht, zwingherr zu sein
siegen und sich nicht brüsten
siegen und sich nicht rühmen
siegen und nicht stolz auf den sieg sein
gezwungen nur sei man ein sieger –
nicht, um zu zwingen[135]

Die Assoziation zwischen Laudse und der Praxis der Grofs zeigt die Identität des Stoffes, mit dem Spiritualität und Bewußtseinsforschung umgehen. Ich erinnere mich, irgendwo gelesen zu haben, nach C. G. Jung hätte die Hälfte seiner Patienten keine Therapie gebraucht, sondern Religiosität (womit er gewiß nicht das Drücken von Kirchenbänken meinte), und Menschen etwas über 40 brauchten überhaupt keine Therapie, sondern müßten beten lernen. Therapie erzeugt ja die Selbstdefinition des Menschen als »Patient« und richtet sich auf die Korrektur eines Mangels, um den sich erst einmal die Person sammelt.

Meditation dagegen (in der Vielfalt ihrer Formen, das Rebirthing kann man darunter zählen) schafft der jenseits von »Gesundheit« und »Krankheit« wartenden Naturkraft unseres Genotyps Raum zum Wirken, sie heilt, d. h. sie harmonisiert von unten, von den Wurzeln her und setzt die schwächenden und deformierenden Muster, die den natürlichen Energiefluß hemmen, außer Kraft oder dämpft sie jedenfalls. Vieles wird lächerlich oder unerheblich, was einem sonst am Herzen frißt.

Reinigung – oder wozu Meditation?

Homo integralis meint nicht nur, daß wir uns das geschichtlich Verlorene *wieder*holen, unsere kollektiven Verluste. Handelt es sich um *die* Menschen, die dazu beitragen wollen, etwas für die Heraufkunft eines lebensrichtigen ORDINE NUOVO zu tun, die also, ob sie wollen oder nicht, mit ihrer Subjektivität gesetzgebend auftreten werden, so wird die Integration der *eigenen* Geschichte zum Politikum ersten Ranges. Es folgt dann aus der bloßen Tatsache, daß wir Subjektivität haben, die Notwendigkeit einer Reinigung.

Auf dem biologischen Niveau arbeiten alle Koordinationen »uneigenwillig«, »nichtegozentrisch«. In der ganzen Anordnung des Zentralnervensystems, die funktioniert, wenn wir den kleinen Finger bewegen, gibt es keine Station, die ihr besonderes Projekt verfolgen würde. Die verschiedenen Ebenen in der Hierarchie der biologischen Information konkurrieren und diskutieren nicht, ebensowenig die parallel angeordneten Neuronen, die verschiedene Vermittlungen gleicher Stufenleiter ausführen.

Ich spreche da nicht von einem sozial einzuholenden Ideal, sondern von einer Tatsache, für den Vergleich. Im gesellschaftlichen Organismus werden alle diese Vermittlungsfunktionen von Akteuren ausgeübt, die in erster Linie ihrer eigenen Existenz und Subjektivität dienen möchten, jedenfalls, solange sie ihren spontanen Impulsen folgen. Das erklärt und bestimmt den unvergleichlich hohen Störungspegel, zumal wir – wie die asiatische Philosophie früh festgestellt hat – in unserer Einzelnheit, Endlichkeit, Teilheit wesentlich unwissend sind. Der von unseren besonderen Interessen gesteuerte Eingriff, die geringste Beimengung egozentrischer Subjektivität, wo es um Angelegenheiten überindividueller Bedeutsamkeit geht, *kann* das Gleichgewicht des ganzen Ensembles stören.

Unser Ich – insofern es vielleicht nicht nur, aber auch ein von Abwehrmechanismen eingezäuntes Nichts gegenüber einem fremden Universum ist, d. h. sich so gesetzt hat – *muß* sich eine unendliche Kunstwelt schaffen. Da geht es nur bedingt um konkrete Dinge, die jeweils erforscht und getan werden müßten, sondern: Wenn die Erde erobert ist, muß der interplanetare Raum an die Reihe kommen, damit der Pioniergeist das nächste Objekt hat. Wie es Günter Nenning einmal ausgedrückt hat, ist unsere Praxis von Grund auf »prometheisch kriminell«. Jetzt wollen wir uns auch noch auf dieselbe Weise retten, mit einem kybernetischen Ökologieprojekt, das die ganze Komplexität erst einmal wissen und durchrechnen möchte; es geht unsere ganze hoffnungslose Abhängigkeit vom Werk unserer Köpfe und Hände schon gleich wieder ein. Nicht, *daß* der Mensch sich wichtig nimmt (er kann gar nicht umhin), sondern *wie* er das tut, in welcher Verfassung, das führt ihn ans Nichts. Wir betreiben ein planetarisches Geschäft, aber mit der Konkurrenz unserer beschränkten Sonderinteressen als Antrieb und organisierendem Zentrum. Während wir keine wie auch immer geartete Autorität mehr anerkennen, gibt es natürlich die faktischen Mächte, bzw. die *eine* faktische Macht – aber unbewußt: die Megamaschine, die unseren Individualismus zur absurden Groteske macht.

Fragen wir uns um unserer selbst willen: Wie braucht – nachdem wir die ganze Erde brauchen – die ganze Erde uns? Wie braucht uns der intelligible Zusammenhang, der das irdische Gleichgewicht ist? Wie müssen wir sein, um es nicht zu stören? Wir werden sozial nichts anderes bewirken, als wir individuell sind. Nur von Verwandelten kann Verwandlung ausgehen. Wer seinem Körper feind ist (Brecht sagte, wer schon nicht richtig sitzt – und wer sitzt schon richtig?!), wer seinen Schatten nicht kennt und angenommen hat, nicht »mit Satan versöhnt ist«, wer das andere Geschlecht in sich nicht erfahren hat, wer von dem Minderwertigkeitskomplex seines Ego regiert wird – ist untauglich, »Herr« oder Herrin bzw. »Frau der Welt« zu sein, und sei es im kleinsten Kreise.

Wir müssen diese »Wege zum Selbst« gehen, denn nur, soweit wir, was wir sind, bewußt sind, haben wir immerhin die Chance der Entscheidung. Und die Meister sagen, daß die befangenen Verhaltensweisen, deren wir uns bewußt sind, ihre Macht verlieren, mit der Zeit von selbst verschwinden. Oder es fällt von an sich sinnvollen Reaktionen die Verunreinigung ab. Sobald wir weltverändernd handeln wollen, ist unbewußt zu sein die Sünde. Die neue Welt fängt mit dem neuen Menschen an, diesem neuen Selbst, das sich in uns über das bedürftige Ego erheben kann, indem es erlebt, »*in* uns ist *alles*«, jede(r) hat alles das Seine mit sich – was uns von den Anderen entgegenkommt, ist Geschenk darüber hinaus.

Zwischen dem Hara und dem Herzchakra einerseits und dem Dritten Auge der objektiven geistigen Schau liegt noch eine andere, in der bisherigen Darstellung nicht hervorgehobene »Pforte«: das 5. in der Höhe der Kehle gelegene Chakra, ohne dessen Durchschreiten die Beziehung zwischen Kopf und Herz nicht völlig aufgehen kann. Das Herz unterscheidet zwischen warm und kalt, weist »Kaltes« ab, auch eine halbe Welt also . . . Die 5. Pforte führt in das »Königreich der Reinigung«. Hier ist die Authentizität, die subjektive Wahrhaftigkeit unserer Kommunikation das Thema. Unsere Fähigkeit zur objektiven Wahrheit setzt voraus, daß wir uns selbst erkannt haben bis in die dunkelsten Winkel unserer Motivation. Anders können wir gar nicht wissen, was wir fallen lassen müssen, wenn wir Wahrheit wollen.

Nach der »Hochzeit zwischen Herz und Hara« dürfen wir uns also die andere »alchimistische Hochzeit von wachem und schlafendem Bewußtsein, Licht und Schatten, bewußter und unbewußter, rationaler und emotionaler Seite« (Sam Keen im entsprechenden 5. Kapitel seiner »Königreiche der Liebe«) nicht ersparen wollen, wie wir wohl geneigt sind, weil hier das Klima umschlägt, weil der Weg zunächst von der erotischen Ekstase in die Kälte führt – das Herz hat nicht nur »seine Gründe, die der Verstand nicht kennt«, wie uns Pascal gesagt hat, sondern da sind auch

Süchte, da ist zum Beispiel die Sucht nach »ewigem« Sky-Dancing, wie die Tantriker ihre Euphorie benennen.

In der Atmosphäre jenes Märchens, das ich erwähnte, gibt es bei Novalis auch dieses kleine Gedicht:

> Ihr schaut in einen Wirbel
> Von Menschenschicksal hin,
> Und forscht und fragt vergebens
> Nach dieses Rätsels Sinn.
>
> Einst wird es licht sich lösen,
> Längst ist der Schlüssel da,
> Denn war nicht Lieb und Einfalt
> Dem Menschen immer nah?

Es ist etwas darin, das nicht ungestraft verletzt werden darf. Dennoch wird es in solcher Einfalt allein mit der Liebe nicht aufgehen, schließlich sind wir individualisierter denn je, und das will sein Recht haben. Die eigentliche Intimität auszuklammern, das mag im alten Indien möglich gewesen sein. Das europäische Kunststück wäre, daß sich der Gott im Manne, die Göttin in der Frau nicht nur in ihrer archetypischen Natur, sondern zugleich in ihrer Individualität begegnen.

Nach meinem Einblick hat niemand dieses Thema tiefer auf- und kühner angefaßt als Dieter Duhm mit seinem Experiment eines »Kulturkristalls« in seiner »Bauhütte«. Die These ist: Um der Liebe willen müßte der Mensch die Liebe erst einmal lassen, weil sie so unheilbar mit Korruption vermengt ist; Mann und Frau müßten erst einmal bedingungslos sich selbst finden, ihre Sexualität jenseits der Anhänglichkeit-Abhängigkeit-Verlustangst usw. sowie aller moralistischen Sentimentalität leben. Mit anderen Worten, sie müßten erst einmal durch das 5. Chakra hindurch bzw. auf dieser Ebene statt auf der des Herzens miteinander kommunizieren.

Freilich, sollte nicht der Kälte die Wärme *vorausgegangen* sein? Vor drei Jahren habe ich dort die große Distanz gespürt, in der sich die »nicht mehr anhaftenden« Monaden dann zunächst um so egozentrischer gegenüberzustehen scheinen. Kaum Du, keine Kommunion – sie verboten sich's einstweilen. Kritische Wachheit in der Umarmung. Wer kommt heil über diesen Grat? Seltsamerweise war in dieser als exzessiv beleumdeten Liebesschule ein geheimer Asketismus spürbar, der keinen Vergleich zu scheuen braucht. Sollte der Weg zum Selbst unvermeidlich von der *Magie des Eros* fortführen? Aber dann bliebe es bei dem Ausgetriebensein aus der weiblichen Epoche, aus dem Umfangensein – keine Integration[135a]. Diese Magie mit hinaufzunehmen, setzt voraus, den spirituellen Egoismus, den Leistungstrip des yogischen Bergsteigers zu lassen, verlangt, einmal nichts erreichen zu müssen, auch keine »Heiligkeit«. Sonst versäumt der Mensch erneut die letzte Hingabe – und nichts kommt in Ordnung.

Allerdings muß die Kälte *ihre Stunde* haben, und es könnte wichtig sein, auch wacher – aber nicht wachsam wie dieser Krieger Castanedas – in die Umarmung zu fallen. Nur wenn wir auch die Kälte riskieren, meint jedenfalls Sam Keen, und ich stimme ihm zu,

> dürfen wir die Erfüllung jener Verheißung erhoffen, die sich uns flüchtig im Königreich des Herzens aufgetan hat. Ehe wir den Gipfel erstürmen, müssen wir von den vergifteten Illusionen, Projektionen und Verteidigungsmechanismen gereinigt werden, die unsere Persönlichkeit, das Ego und das gesellschaftlich konditionierte Selbst bestimmen. (Wir müssen vor allem uns selber) unsere geheimen Gedanken zum Ausdruck bringen ... Hierbei findet stets eine Art Striptease statt, in dessen Verlauf überflüssige Selbstbespiegelungen, Rollen und konditionierte Reaktionen untersucht und ausgeschieden werden. Die Persönlichkeit schwindet, indem wir hinter der Maske nach unserem wahren Gesicht suchen. [Diese Suche] wird in einer alles Äußerliche fördernden Welt zum unerläßlichen Abenteuer. Das Gesicht wahren, im Bekanntenkreis mithalten können, seine Sache »gut machen«, der öffentlichen Meinung entsprechen – dies sind die tatsächlichen Zeichen jener Krankheit, an der unsere Gesellschaft leidet.

Was nun die Reinigung von all unseren anpasserischen Lügen betrifft, so bildet die Kehle nach der alten Lehre

> einen ganz besonderen physio-symbolischen Sitz dieser Bewußtseinsform. Was einst unkritisch aufgenommen worden ist, muß nun ›gekaut‹ und aktiv aufgelöst werden, damit es verdaut werden kann. Unterdrückte Worte und Gefühle müssen zum Ausdruck gelangen. Die Urteile – oder vielmehr die Vorurteile –, die wir in den Mund genommen haben, sollen hinuntergeschluckt werden. Krieche zu Kreuze und friß deine Worte. Nimm zurück, was du gesagt hast. Die Worte, die das Gehege unserer Zähne verlassen haben, enthalten unsere gesamten Urteile. Sie offenbaren unsere Projektionen. Was Peter über Paul spricht, sagt mehr über Peter als über Paul.

Wenn das Bewußtsein die Stufe des fünften Chakras erreicht, besteht seine Hauptaufgabe im Reabsorbieren der Projektionen. Im tantrischen Körper-Mythos ist die feurige Energie des dritten Chakras – die Wildheit des Kriegers – zur Zerstörung der Ego-Festung einzusetzen. Aggression, Zorn und List, die wir einst zur Verteidigung gegenüber der Umwelt verwendet haben, müssen gegen unsere eigenen Verteidigungsmechanismen gerichtet werden. Unsere Kraft muß der Zerstörung unserer Paranoia dienen.

Soweit die Zitate aus Sam Keen.[136] Ist nicht dies der Weg, der an die nächste Pforte, die zum »Königreich des Lichts«, der objektiven Schau führt? Wir können nur jeweils soweit objektiv sein und die Welt zum Selbst machen, wie uns unsere unmittelbaren Interessen, Projektionen und Vorurteile nicht beherrschen.

Wozu Meditation? Meditation ist der umfassendste Name für die Praxis dieser Reinigung, für die verschiedensten Wege *inneren* Handelns, d. h. der *Innenweltveränderung*, wo wir uns bisher einseitig auf Außenweltveränderung geworfen hatten[137]. Wir haben die »Umwelt« bewußter gemacht (Geist in sie hinein vergegenständlicht) als uns selbst. Dann ist es unvermeidlich, daß unser Inneres hauptsächlich als Automat, als Roboter der Außenwelt, vor allem inzwischen der von uns geschaffenen, fungiert. Solange wir noch nur Automaten der Großen Natur waren, gingen wir längst nicht das gleiche Risiko ein.

Dies sagt nicht etwa, Arbeit und Meditation müßten notwendig auseinanderfallen, grundsätzlich zeitlich getrennt sein. Arbeit kann geistvoll sein, und Meditation muß nicht Sitzen im Za Zen sein. Meditation meint nichts als die Methode, Bewußtheit unseres Handelns zu erreichen, sei dieses Handeln Arbeiten, sei es Lieben, sei es Fühlen, sei es Denken – wir denken nämlich meist auch nicht bewußt, sondern »es klappert die Mühle am rauschenden Bach«.

Nicht nur deshalb, weil unser Erkenntnishorizont an sich beschränkt ist, wissen wir meist nicht, was wir tun, sondern auch, weil wir unseren Biocomputer einfach laufen lassen, wie er programmiert wurde, als wir der Prägung und Konditionierung noch kaum einen eigenen Formwillen entgegensetzen konnten. »Alltag als Übung« hat daher Graf Dürckheim ein Buch genannt, das den Sinn von Meditation besonders verständlich macht – als einer Praxis der Freiheit, einer Praxis der Befreiung von allem unbewußten Fremdbestimmtsein.

Meditation geht vor allem gegen die von links bis rechts alltäglich ungebrochen fortgesetzte Denkübung in Unfreiheit: nämlich die »Wirklichkeit«, die »Umstände« für unentrinnbar zu erklären, alles so zu beschreiben, daß wir unsere Abhängigkeit bestätigt bekommen, unsere bequeme Ausrede, daß wir ja nicht anders können, und daß nichts anderes geht – mit »den Menschen, wie sie nun mal sind«. Das wehleidige Ich sagt: Schaffen wir zuerst die Bedrohungen, Kränkungen, Frustrationen ab (von ihm selbst gehen natürlich keine aus) – statt der Zügelung unserer Ängste, Eitelkeiten, Bedürftigkeiten. Aber wir sind so in die Welt gekommen, so geprägt und so konditioniert worden, daß wir *immer* eine Gefahr, eine Demütigung, einen Verlust zu gewärtigen haben, und darauf reagieren wir mit Sicherheitspolitik, mit Eifersucht, mit Rentenvorsorge. Wenn wir davon ausgehen und dabei bleiben wollen, schaffen und reproduzieren wir erst die Umstände, die uns beherrschen.

Meditation als Weg der Reinigung, des Bewußtwerdens, der Innenweltveränderung, der inneren Emanzipation ist der eigentliche Zweck dessen, was wir üblicherweise für Meditation halten und was in Wahrheit nur ihr allerdings sorgsam zu bestellendes *Vorfeld* ist – vom Sitzen im Za Zen über alle möglichen Arten dynamischer Meditation (Yogastellungen, Atemübungen, nicht zu vergessen den Tanz) bis zu bioenergetischen, ganzheitstherapeutischen Verfahren wie Rebirthing und vielen anderen. Es ist nicht wahr, daß es ohne diese Praktiken keine Reinigung gibt, aber es sind erprobte Öffner und Beschleuniger, und vor allem zielen sie alle auf einen entscheidenden gemeinsamen Punkt: In der Regel sind wir gar nicht wirklich bei uns und haben unsere Ursprungskräfte nicht parat; also müssen wir uns erst zentrieren, müssen unsere Energien erst aus den fremdbestimmten Aktivitäten zurückholen, zurückziehen, müssen erst zu uns kommen.

Was bedeutet eine einfachste Übung wie die Beobachtung des Atems, zwanzig Minuten lang? Ich zähle die ersten fünf Minuten den vom Einatmen bis zum Ausatmen reichenden Atemzyklus nach dem Vollzug. Die zweiten fünf Minuten zähle ich die Zyklen jeweils vor dem Vollzug. Die dritten fünf Minuten verfolge ich den Atem auf seinem ganzen hoffentlich weiten Weg durch meinen Körper. Die letzten fünf Minuten konzentriere ich mich völlig auf den Ein- und Austritt des Atems an den Nasenlöchern. Wann achten wir schon einmal auf den unserer Aufmerksamkeit zugänglichsten unserer grundlegenden Lebensvorgänge, der die ganze Weisheit der Evolution in sich enthält? Dabei hat die Konzentration auf diesen Vorgang den Hauptzweck, einmal die klappernde Mühle in unserem Kopf auszuschalten, die unausgesetzt unsere gestrigen Urteile und Vorurteile repetiert und den uns so nötigen Neuanfängergeist erst gar nicht aufkommen läßt. Zwanzig Minuten lang, soweit unser Kopf halt bei dem Zählen und Beobachten bleibt, projizieren wir nicht, sind wir von der generellen Korruption durch die Außenwelt abgekoppelt. Zugleich liegt in den meditativen Praktiken eine Distanzierung, eine Entidentifizierung von der Ich-Ebene, die ja weitestgehend die innere Agentur der Fremdbestimmungen ist, zumal, soweit sie unreflektiert mitspielt.

Und dann fühlen wir bei regelmäßigem Üben immer mehr von jener Kraft in uns, die von sich selber sagt: »Siehe, ich mache alles neu.« Wir fühlen uns Teil von jener Kraft, unabgetrennt und unseres unglücklichen Bewußtseins enthoben. Auch gelingt uns für Momente dieses objektive Schauen, mit dem das 6. Chakra, das »Dritte Auge« der Selbsterkenntnis, der Reinigung schon zu Hilfe kommt. Die Meditation macht uns – nicht nur für die Stunde der Übung, wenn wir sie uns zur Regel machen – empfänglich für die universale Sprache, für das *ganze* »Nicht-Ich«, das für Momente zum Du werden kann, besonders, sobald wir uns klar sind, wie sehr das nichtgemachte das von uns gemachte Sein überwiegt.

So erfahren, ist Meditation nicht Bitten und Beten zu einem Gott, sondern Zurückkommen auf das Göttliche in uns selbst. Es liegt an jedem Menschen, es auf sich zu beziehen, wenn Hölderlin sagt: »An das Göttliche glauben die allein, die es selber sind.« In ihrer doppelten Funktion der Reinigung und der Bereitung des Bodens dafür ist Meditation, besonders dann, wenn wir auf ihren Gewinn gestützt *zugleich in der Welt handeln,* die weitestgehende Praxis der Autonomie. Diese Autonomie wird einem einfach nicht von außen zugeteilt, sie ist keine Folge gesellschaftlicher Einrichtung, sondern ihre Quelle. Freie Menschen werden die zu ihnen passenden Institutionen haben. Unter unseren Bedingungen, wo – anders als etwa in Nordost-Brasilien – nicht Hunger und Krankheit die physische Startbahn zerstören, stellen wir uns nur selbst ein Bein, wenn wir auf die Ungunst der Umstände hinweisen. Die Umstände sind günstiger denn je. Die Megamaschine ist allmächtig – *und* sie ist ein Flop, den wir selbst veranstalten und andauernd selbst bestätigen, indem wir uns etwa erzählen, der Mensch könnte ohne sie nicht leben.

Auf der »tierhaften«, »profanen«, vitalen Ebene verharrend und weiter in unsere Kämpfe um Selbstdurchsetzung verstrickt, können wir die Megamaschine nicht nur nicht aufhalten, wir können sie nur weiter vorantreiben. Sie ist unser wahrer Gott oder vielmehr Götze, der Niederschlag unseres kombinierten toten Geistes. Auf der spirituellen Ebene, vom Herzen über die Reinigung bis zur objektiven Schau, sind wir (mit) die Gottheit. Die Meister haben – und darin irrten sie trotz aller meist patriarchalen Einbindung nicht – immer gesagt, die gute Gesellschaft hinge davon ab, unsere Existenz auf dieser spirituellen Ebene zu stabilisieren. Meister Eckhart zum Beispiel hat das gemeint, wo er von jener »Stadt der Seele« spricht, die wir pflegen sollen als den Ort, wo Christus in uns geboren werden kann. Buddha würde ergänzen, wo er schon immer geboren ist, aber noch nicht wahrgenommen, nicht aktiviert, daher so oft zurückgebildet.

Mehr noch als das Volk neigen die Intellektuellen dazu, Spiritualität für unpolitisch zu halten. Sie sind entsetzlich unwissend, auch über die Grundlagen unserer eigenen Kultur. Und eher noch unwissender sind diejenigen, die angesichts des Bösen, das unvermeidlich hochkommt, wenn wir an die Arbeit der Reinigung gehen, vergessen, daß die Hitler eine Folge und nicht eine Ursache sind. Der schwarze Geist ist der pervertierte weiße. Eben weil Charisma als solches noch kein Beweis des Guten ist, brauchen die Grünen (ich meine nicht die Partei im Besonderen) die Reinigung.

So oder so sind von den Erleuchteten, den dunklen wie den hellen Spiritualen aller Zeiten, stets die tiefsten gesellschaftlichen Wirkungen ausgegangen. Aus dem meist ja Rembrandtschen Hell-Dunkel ihrer Geister haben sie den Kulturen in deren formativen Perioden die Form gegeben, natürlich im Kontakt mit den ihnen entgegenkommenden Bewußtseinsanteilen aller Mitglieder

der Gemeinschaft bzw. Gesellschaft. »Neben« einer solchen Praxis noch extra Politik betreiben zu sollen, ist für den in dieser spirituellen Dimension beheimateten Menschen ein bodenloses Mißverständnis. Denn ihre Grundposition schließt das denkbar weitestgehende politische Konzept ein und die geeignete politische Aktion nicht etwa aus.

Unpolitische Spirituelle sind Menschen mit einer insgesamt zu schmalen Welt, auch innen. Evolutionär betrachtet, dient Meditation doch nicht der Erzeugung irgendwelcher psychischer Zustände und euphorischer *Feelings,* die sich einstellen und dem eigentlichen Sinn günstig sein können (nicht müssen). Sie dient dem politischsten Zweck, der heute denkbar ist, der weitestmöglichen Befreiung von der Ich-Perspektive, vom selbstsüchtigen Eigenwillen und der Befreiung zum rettenden Handeln, zum Neubau der Kultur, zur Veränderung der Institutionen. Und wer so die *Welt* zum Selbst macht, wird dadurch in der persönlichen Kommunikation und Kommunion mit den Anderen nicht weniger, sondern mehr individuell sein. Unser Person*sein,* die Einmaligkeit unseres individuellen Genotyps, die bei der Reinigung erst wirklich herauskommt, gehört grundlegend mit zur Wirklichkeit des Menschen.

Am beispielhaftesten für den *homo occidentalis* hat die Umkehr, um die es jetzt für uns geht, vielleicht Johann Gottlieb Fichte geistig vorgelebt, und es scheint mir wichtig, daß wir uns das vergegenwärtigen, auch wenn die Sprache unserer philosophischen Klassik schwierig ist. Fichte war *der* Philosoph des welterobernden Ichs gewesen und ist durch dieses Extrem hindurch zu einer Position umgekehrt, die mit der des Laudse identisch ist. Ich könnte auch, vielleicht genauer, sagen, er ist der abendländischen Logik des Durchbruchs, des kämpferischen Austritts aus dem Mutterleib, bis zum äußersten gefolgt, er hat den Triumph des Sieges exzessiv ausgekostet und so zuletzt den Ozean erreicht (wie Beethoven in seiner späten Großen Fuge auch).

Wilhelm Weischedel[138] hat den letzten Fichte wunderbar in dieser Ankunft bei Laudse gezeichnet: Fichte, den er als *den* Philosophen der Freiheit anspricht, habe entdeckt, wenn die Freiheit sich nicht selber vernichten soll, dann kann sie nicht in schrankenloser Absolutheit stehen bleiben. Die Freiheit müßte untergehen, wenn sie keine ursprünglichen Schranken fände. Der Mensch ist eben nicht, wie es der junge Fichte gesehen hatte, reine Absolutheit; er ist zugleich ein endliches Wesen.

> Am sichtbarsten wird die Endlichkeit für Fichte an der Tatsache, daß das Ich andere Wesen seinesgleichen als außer ihm befindlich voraussetzen muß... Nicht mehr das vereinzelte Ich ist nun der Ausgangspunkt, sondern die Gemeinschaft freier Wesen, das »Reich der Geister« (in den Anführungen der Weischedelzitate kommt jetzt Fichte selbst zu Wort – R. B.). Doch auch diese Beschränkung der Freiheit durch den anderen Menschen reicht nicht aus, die Gefahren zu bannen, die darin liegen, daß das Ich sich selbst absolut setzt...

In Wahrheit gäbe es nun für Fichte Freiheit nur als je schon bestimmte, und zwar von ihrem *Grunde*, man könnte sagen vom kosmischen Evolutionsgesetz bzw. -geist her *bestimmte* Freiheit, d. h. im Ursprung der Freiheit walte eine tiefere Notwendigkeit. Und deshalb:

> Wer in den Grund der Freiheit zurückgeht, muß die Freiheit hinter sich lassen. Diese muß sich in die reine Hindeutung auf ihren Ursprung verwandeln. Sie muß den Untergang ihrer Selbstmächtigkeit auf sich nehmen, um im Absterben die wahre lebendige Realität, den Grund, zum Vorschein zu bringen. Es ist »das der Endlichkeit nie abzunehmende Schicksal: nur durch den Tod hindurch dringt sie zum Leben. Das Sterbliche muß sterben, und nichts befreit es von der Gewalt seines Wesens«. »Das Ich muß gänzlich vernichtet sein.« Darin sieht der späte Fichte die dringlichste Aufgabe für den Menschen, auch und gerade im Blick auf seine Gegenwart, die er das Zeitalter der vollendeten Selbstsucht nennt.

Es ist ungeheuer bedeutungsvoll, daß diese Position bei Fichte den Durchgang durch die Bejahung des Ichs, durch diese westlich-abendländische Errungenschaft der äußersten Ichstärke *voraussetzt*. Auf dieser Grundlage fährt Weischedel fort:

> Wenn der Mensch diese radikale Abtötung der Eigenmächtigkeit auf sich nimmt, gelangt er in Wahrheit über sich hinaus. Wer in einem letzten Sinne die Absolutheit der Freiheit aufgibt, der entdeckt, daß diese sich nicht selber hervorgebracht hat. Er erblickt im Grunde seiner selbst das wahrhaft Absolute: die Gottheit. Wenn »der Mensch durch die höchste Freiheit seine eigene Freiheit und Selbständigkeit aufgibt und verliert, wird er des einigen wahren, des göttlichen Seins... teilhaftig«. An die Stelle des absoluten Ichs tritt so der absolute Gott (der sich so, wie ihn Fichte nimmt, kaum wesentlich vom Dau unterscheiden dürfte – R. B.). Das ist die große und entscheidende Kehre im Denken Fichtes. »Gott

allein ist, und außer ihm ist nichts«, kann er nun sagen. Der Mensch aber ist nichts aus sich selber heraus; was er wesentlich ist, ist er als »Dasein und Offenbarung Gottes« . . . »Leben in Gott ist frei sein in ihm« . . .

Der Mensch, der von dorther Organ der Schöpfung ist, würde die Bedingung des kategorischen Imperativs erfüllen: Sein Verhalten könnte tatsächlich Maßstab einer allgemeinen Gesetzgebung sein. Gewiß, im konventionellen Sinne »politisch« wäre er damit nicht mehr, stünde jenseits der alten Polis wie der modernen Massenrepublik, stünde, genauer gesagt, über allen politischen und sozialen Veranstaltungen, obwohl er weiterhin – und sogar besonders verantwortlich – an ihnen teilnähme. Er würde das Ganze nicht vom Menschen, von der Gesellschaft *her* anthropozentrisch denken, sondern kosmozentrisch, biozentrisch, »theozentrisch« auf die Gesellschaft *hin:* auf eine seinsgerechte Sozialisation, eine meditativ geführte Kultur des Menschen hin.

Ich will zum Schluß dieses Kapitels meine eigene Erfahrung mit der spirituellen Praxis streifen, ich meine, mit der spirituellen Praxis im engeren Sinne, denn die Kommunistische Partei, in der ich mich mit 17 gebunden hatte, war auch eine Kirche, war es für mich anfangs mehr als die christliche, und die Geister Hölderlins, Fichtes, Beethovens sind mit mir gewesen. In meinem Kreise haben wir in den 50er Jahren über die kommunistische Sache disputiert wie die Mönche über den rechten Gottesbegriff.

Für mich kam die erste Wohltat der Psychoanalyse Anfang der 70er Jahre von ein paar in die DDR gedrungenen Schriften Wilhelm Reichs. Ich entnahm, daß die eigenen intimsten Frustrationen, Konflikte, Hemmungen und Verstrickungen bloß Variationen einer Problematik sind, die uns alle unglücklich macht oder jedenfalls daran hindert, das Leben frei zu genießen, *da* zu sein, die Welt, die Anderen, die Natur zu fühlen. Insofern war tatsächlich allein schon das Denken und Lesen befreiend, einfach das Herankommen an den eigenen biographischen Stoff, und daß von Reich die Ermutigung ausstrahlte, Ja zur eigenen Sinnlichkeit zu sagen und einige der lebensfeindlichsten Moralitäten dahinzustellen, an die ich intellektuell nicht glaubte, die mich aber dennoch unbewußt beherrschten.

Obwohl Reich streng materialistisch und antimystisch argumentierte (jedenfalls in den mir damals zugänglichen Werken aus den 20er Jahren), spürte ich zugleich den religiösen Untergrund des Eros heraus. Er vertrug sich auch gut mit Laudse, bei dem in der DDR-Ausgabe, die ich hatte, allerdings der Mystiker, der yogische Praktiker ziemlich versteckt war. Der Hinweis auf die Atemmeditation als Weg der Kontaktaufnahme mit dem Dau ging mir damals nicht auf, als ich las:

> ohne geschäftigsein, ans eine mich haltend
> kann die Seele sich dann noch zerstreuen?

> die atemkraft sammelnd, geschmeidig werdend
> kann man nicht rückkehren zum kindsein?

> den blick läuternd zur schau des tiefen
> kann man nicht frei werden von unreinheit?

Angestrichen habe ich mir damals in diesem 10. Spruch nur die beiden Stellen »kann sich öffnen und schließen das himmelstor ohne das weibliche?« – und das Wort, wonach »behüter, nicht beherrscher« das tiefste Wirkprinzip sei, an das der Mensch sich halten sollte.

Meine erste intensive Meditationserfahrung hatte ich vor fünf Jahren in dem zu Graf Dürckheims Rütte gehörigen Johannishof im Schwarzwald. Dürckheim nennt seinen Weg Initiatische (also ungefähr: einweihende) Therapie. Es ist aber Heilen in dem weitesten Sinne gemeint, wo damit die personale Harmonie wiederhergestellt, das eigene Inbild reiner zur Erscheinung gebracht wird. Damals ist es ein in diesem Geist entworfenes, in zenbuddhistische Formen gekleidetes Exerzitium »*Enlightenment Intensive*« unter der Leitung von Karin Reese gewesen. Einziges Thema einer ganzen Woche war das Koan (wie im Zen die paradoxen Sprüche heißen, die den Menschen auf sich selbst werfen sollen) »*Wer bin ich?*« Umrahmt bzw. unterbrochen von ein paar »Arica« genannten Körperübungen, ein paar Lesungen, Spaziergängen, Meditationen und bewußt vollzogenen Hausarbeiten, die aber alle streng eingeordnet waren, bestand das Exerzitium darin, sich in den ersten drei Tagen je zehn Mal vierzig Minuten lang auf nichts als jene Frage zu konzentrieren. Außerhalb des Rituals, auch bei den schönen, einfachen Mahlzeiten, war Schweigen verlangt, und die Einhaltung einer Art von Armuts- und Keuschheitsgelübde.

Am Anfang jeder der dreißig Runden wählte man neu den Partner bzw. die Partnerin, und alle fünf Minuten nach einem Glockenzeichen wechselnd, stellte man ihm/ihr die Frage »Wer bist Du?« Es wurde zwar, manchmal auch dringlicher, je nach dem Gegenüber, auch nachgebohrt, aber es mußte nicht gesprochen, nicht geantwortet werden. Dasein angesichts der Frage genügte. Früh und nach dem Mittagessen etwa sollte die Selbstaussage mit der körperlichen Befindlichkeit beginnen. Hin und wieder wurde darauf hingewiesen, daß es nicht um Reflexion, Diskussion ging (die Partner sollten nicht in ein Gespräch verfallen, etwa jeweils »ihre« fünf Minuten als Antwort oder Widerspruch zu den vorigen fünf Minuten ihres Gegenübers anlegen, sondern der Fragende sollte jeweils nur Spiegel sein), vielmehr um Aussage des eigenen personalen Seins, der Existenz selbst.

Drei oder vier von uns wurden durch diese Konfrontation mit sich momentan zu Ausbrüchen getrieben, und meine erste Reaktion war, daß ich Gott sei Dank kein solches Elend herauszuschreien hätte. Der andere tat mir leid. Das habe ich dort noch nicht gelernt, erst später, auch etwa auf die größere Zuverlässigkeit meiner Verdrängungen zu schließen, auf das Kettenhemd um meinen innersten Kern statt des schweren Blechs um die Außenhaut, das leichter scheppert. Schwerer als andere zu verunsichern, jedenfalls im Kern, bin ich geblieben. Aber ich empfinde es nicht mehr nur als einen Vorteil. Im übrigen aber waren das Sensationen am Rande.

Im Zentrum blieb diese Frage, die mir im Fortschreiten des ersten Tages immer blödsinniger vorkam, obwohl ich den Sinn der Übung ungefähr einzusehen vermochte. Blöd kam mir die Frage vor allem für mich selbst vor, obwohl es zeitweise Spaß machte, Sachen von mir auszusagen, die ich normalerweise nicht Wort werden ließ oder sogar noch niemals klar gedacht hatte. Was die anderen sprachen, war interessanter, manchmal direkt faszinierend, und noch spannender war die stumme Verbindung, die mit dem oder jener (nicht mit allen) sich einstellte. Manche Menschen haben sich gegenüber dem ersten Eindruck beim Eintreffen und sogar noch gegenüber der Erfahrung der ersten Runde völlig für mich verwandelt, bis zur äußeren Unkenntlichkeit, und zwar ausnahmslos in Richtung größerer Schönheit, edleren Wesens. Dabei mochten manche Selbstaussagen zunächst von bestürzender Häßlichkeit gewesen sein.

Es war wirklich eine Reinigung, die vor sich ging. Eine ältere Frau, die mir am ersten Tag ganz in ihrer Neurose befangen schien, sprach am dritten Tag aus ihrem Wesen. Am zweiten hatte sie furchtbar geweint. Nun sagte sie, sie habe es immer gewußt, daß sie ihr Verhalten gewählt habe, daß sie, ernsthaft genug, dennoch spielte, Schwäche spielte, und daß dies um ihrer Macht willen gewesen war, oder um ihrer Ohnmacht willen, anders zu dem Ihren zu gelangen. Und es gab keinen Gesprächstherapeuten, der sie darauf gebracht hätte. Das Koan selbst und die Vielzahl der »Spiegel« und Selbstaussagen ihr gegenüber hatten sie geführt, und vielleicht noch der schöne Raum mit der Kerze und der Ikebana-Schale, wogegen man sich beim Verlassen des Raums verneigte als gegen den schon von uns in ihm versammelten Geist.

Für mich selber wurde das Sprechen am zweiten und am dritten Tag immer sinnvoller. Einerseits: Wie wenig von dem Ausgesagten gehört mir allein, wie wenig bin ich in meinen aussagbaren Eigenschaften ich selbst! In wievielem, was andere über sich sagen, erkenne ich mich wieder! Andererseits: das Nichtaussagbare ist das Wichtigste, und auch das wiederum ist nicht übermäßig individuell. Ich erkannte einigermaßen bestürzt, wieviel Wille zur Macht mich zu dem Auftritt gegen die DDR-Zustände getrieben hatte, und wie sehr der mit meiner in der Kindheit und Jugend lange unbefriedigten Sehnsucht nach der Frau zusammenhängt.

Am beglückendsten aber war, wie ich mit wachsendem Erstaunen, wachsender Freude wahrnahm, wie sich der innere Lebensstrom verbreiterte und verstärkte. Ich empfand ihn wieder wie mit siebzehn bei Beethovens Es-Dur-Konzert, das mir damals die Wirbelsäule hinaufgesprungen war. Es erreichten mich in dem Hause Botschaften von den Anderen und im Walde Botschaften von den Bäumen, die ich ewig nicht mehr richtig wahrgenommen hatte.

Am vierten Tag, als die dreißig Sitzungen schon abgeschlossen waren, gab es ein Gespräch über die ökologische Krise, wie es in diesem politisch ganz inhomogenen Kreis vorher unmöglich hätte zustande kommen können. Mehrere Male in den letzten Tagen jener Woche dachte ich nicht, sondern *sah*, daß es offenbar in allen Menschen eine sonst höchstens in der Freundschafts- und Liebeskommunion wahrnehmbare Seinsebene gibt, wo wir wirklich alle eins sind, selbst mit gleichwohl weniger verwandten Seelen. Gesellschaft *müßte* nicht auf Differenzen *gegründet* sein, und *cum grano salis* könnten wir selbst intim mit *jedem* Menschen bis ans Ende zusammenleben, wenn wir den Zugang zu dieser gemeinsamen Ursprungsquelle finden und jene(r) Andere auch.

Frappierend war auch, in wie kurzer Zeit einander vorher fremde Menschen, jede(r) für sich und alle zusammen, in einen höheren Zustand gelangen können. Natürlich verliert sich das meiste wieder, besonders fürs Soziale, wenn alle immer wieder in ihre verschiedenen Alltage auseinanderlaufen. Ich fragte mich, warum wird der Alltag, werden Woche, Monat, Jahr nicht von solcher Mitte, solchen Festen her gelebt und gestaltet? (Denn es wurde immer festlicher aufs Ende hin, und es gab dann auch noch ein veritables Fest, wie eine Kammermusik zu Sechzehn.) Warum fahre ich als politischer Wanderprediger in der Bundesrepublik und in der Welt herum, anstatt einen solchen Ort zu schaffen? Die Frau allerdings, die mir in jener Woche an den offenen Platz der Gefährtin für so eine Vision zu rücken schien, war, was ich nicht erkannte, eine Iphigenie, jener Typus der Priesterin, die den Mann fürchtet.

Nach einigem Abstand von dem Ereignis und von der euphorischen Stimmung sah ich dann um so klarer, wie rein man die *eigene* Gestalt haben müßte und was es hieße, eine hier in Deutschland, in Europa vollgültige *sozial kulturelle* Gestalt zu schaffen. Auch hat mich immer noch der alte Perfektionismus nicht völlig losgelassen, ich habe die Gymnasiastenangst vor dem eigenen Versagen, den melancholischen, menschenscheuen Anteil meines Potentials nicht so weit hinter mir wie ich gern möchte. Um so besser weiß ich, was doch selbstverständlich ist, daß wir viele Verschiedene sein müssen, Männer und Frauen, die Altersgruppen, die Talente, die Charaktere.

Seit jenem Enlightenment Intensive ist verhältnismäßig viel Zeit vergangen. Jetzt muß es einfach sein. Ich möchte also, daß sich jene melden, die prüfen wollen, ob wir nicht für mehr als intellektuellen Austausch zusammenkommen sollten, z. B. hier in Worms, wo ich zu diesem Zweck ein altes Haus gekauft und Ende 1986 begonnen habe, Menschen für Wochenenden einzuladen. Laßt uns beginnen, diesen kollektiven Fürsten zu formen. Es ist leicht, ein politisches Programm zu formulieren – bisher hat sich nachher immer herausgestellt, daß unter seinen Trägern Menschen waren, die charakterlich genau entgegengesetzt funktionieren. Überdies wird die intellektuelle Verständigung leicht, wenn wir einander als ganze Menschen kennen. Ganzheitliche Politik müßte unweigerlich hohle Phrase bleiben ohne eine Praxis der Integration und Meditation. Laßt uns die menschliche Substanz assoziieren, reinigen und präzisieren, mit der wir auch zur Ausführung jenes Programms taugen würden, wenn die Stunde schlägt.

3. Axiome eines Rettungsweges

Heute hat die Wissenschaftssprache den Begriff des Axioms okkupiert. Danach sind Axiome mathematische Sätze, aus denen alle übrigen in einer Theorie möglichen Aussagen ableitbar sind; und die Eleganz verlangt, daß kein Satz zuviel Axiom genannt werde. Ich benutze das Wort hier im ursprünglichen, weniger strengen Sinne. Bei den alten Griechen war ein Axiom ein Grundsatz von Wert und Wichtigkeit, der nicht bewiesen werden mußte, weil er unmittelbar einleuchtend war. Ich hoffe, die folgenden Sätze, in denen ich das Bisherige zusammenfasse und den letzten, noch einmal direkter politischen Teil vorweg in seinem Stellenwert einordnen will, haben etwas von diesem Evidenzcharakter.

I. Die Chance

»Vernichtet zu sein oder zu sein«, Selbstmord oder geistige Neugeburt ist zur aktuellen Alternative der Menschheit geworden. Der vielmillionenfache Sprung in eine neue Bewußtseinsverfassung ist ihre einzige Chance. Zugleich ist die ökologische Krise ihrerseits eine einzigartige Chance für einen solchen Sprung, der uns auch ohne sie schon aufgegeben war. Und wo vor allem soll sich dieser Sprung ereignen, wenn nicht in Europa, wo die selbstmörderisch gewordene Kultur ihre Wiege hatte? Und wo anders eher als in Deutschland nach den zwei besonders von ihm ausgegangenen Katastrophen dieses Jahrhunderts?

Die Transformation, eine Tiefenverwandlung des Bewußtseins, eine neue Integration der menschlichen Wesenskräfte, ist der grundlegende Vorgang unserer Epoche. Wir versuchen, unser Selbstbewußtsein zu erweitern und zu vollenden, uns aus den Bedingungen unserer Geburt und Sozialisation zu befreien, um doch noch »einen neuen Himmel und eine neue Erde« zu schaffen, d. h. ein liebevolles neues Gesamtverhältnis von Mensch und Erde, Mann und Frau.

Kulturen sind auf Tiefenstrukturen im menschlichen Bewußtsein gegründet. Man kann diese Tiefenstrukturen mit Galtung neutral »Kosmologien« nennen. Traditionell sind sie als »religiös« bezeichnet worden. Jedenfalls ist die Rede von Bewußtseinsverfassungen, die bis in den Ur- und Grundbestand unseres Genotyps, in unseren anthropologischen Kern rückgekoppelt sind. Eine neue Kultur setzt eine neue Bewußtseinsverfassung voraus, in diesem Sinne eine neue »Religion«.

Ganz ähnlich wie damals im mittelmeerischen Imperium der Römer sind jetzt in der atlantischen, westlichen Metropolis schon jene Kräfte spürbar, die eine neue, höhere Bewußtseinsverfassung schaffen bzw. eine höhere Bewußtseinsebene erreichen, um die Kultur von daher neu zu begründen.

II. Aufklärung nach Innen

Diesmal wird es freilich keinen neuen verdinglichten Gottesbegriff geben, keine erneut vergötzbare anthropomorphe Gestalt. Der Geist, stellt sich heraus, kommt nicht von oben, sondern von innen. Als ein Aspekt der Evolution, ihr innerer Leitstrahl, ist er – und war er immer – mit unserem Genotyp gegeben. Er ist der

Gestalt-, der implizite Ordnungsaspekt unserer Natur und der in uns entfalteten Gesamtnatur, ob wir es wissen oder ob wir es nicht wissen. Aber solange wir es nicht wissen und unsere Kultur nicht auf die bewußte Kommunion damit gründen, solange nicht alle daran teilnehmen und von dorther eins sind, so sehr wir uns durch unsere individuellen Genotypen voneinander unterscheiden mögen – solange stören wir mit unserem Erkennen und Handeln auf begrenzte Zwecke hin die natürlichen Gleichgewichte.

Der Weg der Rettung beginnt damit, die zivilisatorische Krise in ihrem Wesen, in ihrer ganzen Tiefe und in ihrer bei positivistischer Trendberechnung erbarmungslosen Aussichtslosigkeit zu erfassen. Die materiellen Trägheitskräfte sind ungeheuer, und zwar historisch beispiellos. Es ist, als wollten wir uns mit Tonnen Blei an den Füßen aus einem Schiffbruch retten. Allzuviel New-Age-Optimismus, im Mercedes oder per Flugzeug zu allerhand Workshops unterwegs, vergißt geflissentlich den schnöden Massenfaktor unterm Allerwertesten. Dann ist es leichter, den Schatten des Kreuzes nicht wahrzunehmen, der über allem liegt.

Wir haben die Wirkungslosigkeit der Umweltkosmetik und den makabren Charakter des ökologischen Ablaßhandels erfahren. Wir ahnen den einen verhängnisvollen Zusammenhang, der das ganze innere Milieu unseres Gesellschaftskörpers bestimmt. Es ist auch klar, daß wir da – obwohl auf neue Weise – etwas sehr Altem begegnen, daß das Verhängnis immer mit uns war. Nur worin es besteht, davon sehen wir immer noch am liebsten weg: nach außen und auf andere Schuldige und Verantwortliche als uns selbst. Unser Verbrauch ist in seiner Größenordnung unhaltbar. Um zu begreifen, daß wir ihn herunterschrauben *müssen*, muß die Logik der Selbstausrottung voll ans Licht, sonst reicht der Antrieb nicht für eine spirituelle Mutation, die mit dem Verzicht auf den bisherigen Lebensstil verbunden sein muß; andernfalls bleibt sie ein Privatvergnügen.

Inzwischen sind alle unsere erlernten Lebens- (ich meine Selbstbehauptungs-) grundsätze und -gewohnheiten und unsere zugehörigen politischen Spiele unvereinbar mit unseren Lebensinteressen. Andererseits ist es unser abgründig Bösestes gerade nicht, das sich in der ökologischen Krise äußert. Wir machen uns mit unserer *Normalität* kaputt. Die Erde hält die »Menschen, wie sie nun mal sind« nicht mehr aus. Die Kalamität liegt so sehr im Ganzen, daß wir nur an irgendeiner unserer schönsten Errungenschaften ordentlich festhalten müssen, um uns schon de facto so zu verhalten, daß *alles* beim Alten bleiben muß, soll diese *eine* Blüte nicht verlorengehen. Und wie oft wollen wir gefühlsmäßig lieber zugrunde gehn als auf irgend*ein* wohlerworbenes Kulturgut auch nur im Gedankenexperiment zu verzichten. *Was* soll gerettet werden, unser Welt-Ich oder unsere Welt? *Das* macht den Unterschied von Tod und Leben, jetzt aber nicht mehr nur spirituell, sondern auch physisch.

III. Rettung ist möglich

So zweckmäßig es ist, unser Ausgeliefertsein für den Fall zu erkennen, daß die Megamaschine weiter mit uns durchgeht – wir müssen nicht untergehen. »Wenn«, so Lewis Mumford,

menschliche Kultur tatsächlich durch neue Vorgänge im Geist entsteht, sich entwickelt und erneuert, dann kann sie durch die gleichen Prozesse verändert und umgewandelt werden. Was der menschliche Geist geschaffen hat, das kann er auch zerstören. (Er) weiß aus eigener Erfahrung . . ., daß es viel leichter ist, sich vom System loszulösen und dessen Mittel selektiv anzuwenden, als die Verfechter der Überflußgesellschaft ihre fügsamen Anhänger glauben machen wollen. Ist auch keine unmittelbare und vollständige Rettung vor dem Machtsystem möglich, am wenigsten durch Massengewalt, so liegen doch die Veränderungen, die dem Menschen Autonomie und Initiative wiedergeben werden, in der Reichweite jeder einzelnen Seele, wenn sie erst einmal aufgerüttelt ist. Nichts könnte dem Mythos der Maschine und der enthumanisierten Gesellschaftsordnung, die er hervorgebracht hat, gefährlicher werden, als ein stetiger Entzug des Interesses, eine stetige Verlangsamung des Tempos, eine Beendigung der sinnlosen Gewohnheiten und gedankenlosen Handlungen.[139]

So weicht das Vertrauen in die Organisationszwecke, -ziele und -pläne dem Gefühl: Wir wissen gar nicht, was wir tun, wir können *nichts* mehr verantworten. Niemand, der irgendwo in den Waben der Megamaschine arbeitet, kann noch guten Gewissens seine tägliche Pflicht absolvieren. Es wäre lächerlich, sich darauf herausreden zu wollen, daß gerade die eigene kleine Unterfunktion, isoliert genommen oder so wie wir sie oberflächlich moduliert betreiben, nicht schädlich sei. Niemand kann zweien Herren dienen.

Entscheiden kann sich der Umschwung nur in der abertausendfachen persönlichen Begegnung und Auseinandersetzung, nicht zuletzt mit dem eigenen welt-, d. h. megamaschineangepaßten Ich. Die Fronten verlaufen nicht so sehr zwischen als vielmehr in den Menschen, und die Bewußtseinsspaltung in Richtung Aussteigen und Überlaufen, in Richtung Verrat und Verlangsamung der institutionellen Aktivitäten ist der erst einmal wichtigste Vorgang. Konfrontation gehört als Moment dazu, aber wo dann das intime Gespräch gewagt wird, kann die Lebens- und Liebesorientierung hervor-, die Todes- und Machtorientierung zurücktreten. Dann ändern sich nicht nur häufig die Bilder, die wir voneinander haben, sondern es verschieben sich auch Gewichte. Die Armee der blauen und weißen Kittel geht in Auflösung über.

IV. Wissen, was nicht mehr genügt

Wir lieben die tröstlichen Ausflüchte, selbst wenn sie ganze Wochenenden, etwa an den Bauzäunen, kosten, wo der Einsatz nichts mehr bringt – von geringerem Ablaß ganz zu schweigen. Die die Gefahr erkannt haben, brauchen vor allem die richtigen Verzweiflungen, d. h. sie müssen wissen, was nichts nützt, damit sie ihre Kraft nicht in folgenlosen oder mitunter sogar gegenläufigen Aktivitäten verschleißen. *An den Symptomen entlang gibt es keinen Rettungsweg*, und wer auch jetzt noch daran überhaupt erst einmal oberflächlich aufwacht, darf kein Lob mehr ernten. Weiter, zum Kern! Auf den Rettungsweg führt nur, sich geistig und physisch Schritt für Schritt von der Megamaschine und ihren Machtknotenpunkten zurückzuziehen und den Dissens auch um sich herum erkennen zu lassen. »Laßt die Toten ihre Toten begraben.«

Noch befangener sind meistens jene, die schon immer auf ihr Denken stolz waren. *Alle* Ideologien des bürgerlichen Zeitalters –

selbst die »illegitimen« wie Anarchismus, Feminismus, sogar Ökologismus – sind angesichts des wahren Charakters der ökologischen Krise (als vom Machtwillen des bürgerlichen Individuums verursacht) mindestens unzulänglich. Die drei genannten denunzieren zwar die Macht und ihren Mißbrauch, geben auch einige Hinweise, wie man Macht*konzentrationen* vermeiden könnte. Aber der Machtwille kann – wegen seines Schubs aus den Persönlichkeitstiefen – nicht politisch begrenzt werden, es sei denn, er würde zuvor kulturell, und d. h. primär spirituell begrenzt. Insbesondere müssen die Kinder von Geburt auf anders behandelt werden, als es eine Leistungsgesellschaft tut. Sie brauchten eine Art Isolierung von der »Welt«, wie der kleine Parzifal. Die mit den Ideologien verbundenen Utopien bedeuten alle mehr oder weniger, daß wir auch in der neuen Situation wieder nach »einem Staat suchen, der zu uns paßt«, d. h. auch unsere alten Vorurteile mitbestätigt und unseren Verhaltensmodus begünstigt. Alle unsere überlieferten Staatsideen sind Ich-Krücken und (Gegen-) Machtansprüche, die wir verabschieden sollen.

V. Sackgasse Gegengewalt

Die transformatorischen Kräfte sollen nicht in erster Linie (noch dazu meist negativen, protestierenden) direkten Einfluß auf die Herrschenden und den Machtapparat nehmen wollen, sondern auf das Bewußtsein der Menschen ohne Unterschied ihrer Zuordnung.

Druck auf den politischen Bereich muß dort die Energien mit den wirklichen Problemen beschäftigen, muß also von den exterministischen Herausforderungen ausgehen und Kräfte abziehen von den »normalen« Geschäften zur Reproduktion der Megamaschine. Sabotage aber ist zwar eine Möglichkeit, den eigenen Übergang auf neue Positionen zu artikulieren und die Widersprüche in der Megamaschine zuzuspitzen, zeigt jedoch noch nicht den Weg der Rettung, führt sogar zu neuen Strategien der »Härtung«, lenkt Energien an die Einbruchstellen.

Wir müssen wissen, daß Modelle à la »Herr der Ringe«, Endkampfphantasien für »weiße« gegen »schwarze« Machtmagie, auf Projektion beruhen und von Grund auf falsch, ja für die Sache der Ökologie verderblich sind. Wir müssen viel mehr mit der Ohnmacht als mit der Macht der Apparate rechnen. Es ist ahnungslos, anzunehmen, unsere Herrschenden stünden böse über der Welt und hätten das Heft in der Hand, aus dem ihnen in Wirklichkeit zwingender als uns diktiert wird, solange sie dieselben Spielregeln anerkennen, von denen auch wir noch größtenteils geleitet sind. Es gibt keine andere positive Möglichkeit als den Versuch, den Gegner »mitzuerlösen«, »den Wolf zu umarmen«. Wo wir so nicht hinreichen, müssen wir das Geschehen hinnehmen. Je mehr Zeit wir für unsere eigentliche Arbeit der Verwandlung am uns *erreichbaren* Menschen, zuerst an uns selbst, gewinnen, desto wahrscheinlicher interveniert biophile Energie zwischen dem exterministischen Finger und dem Auslöseknopf.

Es ergibt sich aus dem Charakter der Selbstausrottungslogik, daß ihr mit Gewalt gar nicht beizukommen ist. Terror trainiert die Mechanismen des Notstandsstaates, und er spielt nicht nur taktisch, sondern grundsätzlich im Exterminismus mit. Er bestätigt die moralischen und technischen Prinzipien der Todesspirale, übrigens ganz parallel zu dem *New-Age*-Science-Fiction-Kitsch in den Kinos, wo stets mephistophelisch veräußerlicht und dualistisch personifiziert wird, was zwischen den zwei Seelen *in* jeder Brust ausgetragen werden muß.

Dennoch wird sich »Gegengewalt« vom antiimperialistischen Terrorismus der RAF bis zum Ökoterrorismus »revolutionärer Heimwerker« intensivieren. Dabei werden sich Rechts- und Linksprofile überschneiden (um so leichter, als auch linker Terror Autoritarismus voraussetzt). Der Terrorismus ist jetzt ein unvermeidliches Symptom, das das Versagen des Staates in seinen Urfunktionen, den Verfall seiner Legitimität anzeigt. Die Regierungen führen, entwickeln, verwalten ihre Völker in den Untergang. Für Menschen, die die Lage klar erkannt haben und deshalb tendenziell auch immer mit dem Terrorismus sympathisieren, falls sie nicht resignieren wollen, liegt in einem spirituellen Rettungsweg die einzige ernsthafte Alternative zur Gegengewalt.

VI. Der Schlüssel

Die Selbstzerstörung, als ein Vorgang ausschließlich menschlichen Ursprungs, ist das Ergebnis unseres Erfolgs in der Naturbeherrschung. Der Nutzen, das Produkt der Ausbeutung, hat sich in ganz bestimmten Knoten angesammelt: Wissenschaft, Technik, Kapital und Staat, einschließlich Militär und Massenmedien, Schulen und Gesundheitswesen. Sie sind zu einer einzigen Zentralmacht verkoppelt, die uns auf ihren Kurs festlegt und sich doch von nichts anderem nährt als von unserer lebendigen Energie, und auf unsere Loyalität angewiesen ist. Ausgezogen in der Rolle des Top-Parasiten, der seinen Nutzen verfolgt, finden wir unsere Psyche nun als Anhängsel der Megamaschine vor, die uns in dieser verlorenen Position festzuhalten sucht.

Was sind das für unmittelbare Zwecke, deretwegen wir unsere Psyche nicht zu ihrer eigentlichen Rolle kommen lassen, Organ der Einheit von Mensch und Bios, Mensch und Erde zu sein, oder wenigstens unsere eigene Einheit als Körper-Seele-Geist aufrechtzuerhalten? Diese Zwecke gehen offenbar weit über das tägliche Brot hinaus. Es sind unsere kompensatorischen Selbstdefinitionen, unsere Ich-Identitäten, die immer wichtiger wurden, je höher die kulturelle Pyramide gedieh. Wir sind ja mehr und mehr zu Nichts geworden vor dem Getriebe der Welt, die wir gemacht haben. Die Termitenkönigin ist alles – solange wir uns nicht anders entscheiden und gewisse Risiken, hierzulande einstweilen kaum das des Verhungerns, auf uns nehmen, die unser Ich, unser Selbstbild betreffen.

Die Stärkung unseres wahren Selbst ist der Schlüssel zur Auflösung der Megamaschine. Wir müssen etwas dafür unternehmen, die ursprüngliche natürliche Person, den einmaligen Genotyp in uns wiederzufinden, wiederzubeleben und in die Verantwortung hineinzuwachsen, die dieser Instanz zugefallen ist, seit sie den Anstoß gab, unseren Verstand schöpferisch in die Welt hinein zu entäußern. Es heißt, nicht alles hinge von uns ab, es müsse uns »von drüben« auch etwas entgegenkommen – Gnade. Die ist aber ein Bewußtseinsfeld, von uns mit aufgeladen. Einer Gesellschaft von depressiven Junkies kommt keine Gnade entgegen. Schon ein mittelgroßer Begriff von Freiheit könnte helfen!

VII. Was ist wirklich?

Da die Logik der Selbstausrottung aus einem anthropologischen Dilemma folgt, ist sie auch nur aus dieser Wurzel überwindbar.

> Kein äußerliches Herumpfuschen wird diese übermotorisierte Zivilisation verbessern, die sich ganz deutlich in der letzten versteinerten Phase der Materialisierung befindet; nur die neue Transformation, die bereits im menschlichen Geist begonnen hat, wird einen wirklichen Wandel herbeiführen.[140]

Das Wesen des Menschen, das sein ganzes Weltverhältnis einschließt, ist eben nicht ein zusätzlich zu berücksichtigender Faktor, sondern die Wurzel, zu der wir auf dem Weg der Rettung zurückkehren und von wo wir neu beginnen müssen.

Jetzt ist eine große Spaltung über den Begriff der Wirklichkeit im Gange. Politische Realitäten, militärische Realitäten, wirtschaftliche Realitäten, alltägliche Realitäten und die entsprechenden Gegenzüge – wie real sind sie tatsächlich? *Wenn* das »materielle Sein« der Menschen als Rädchen und Schräubchen, Programmierer und Wächter der Megamaschine ihr Bewußtsein bestimmt, und wenn das alles oder auch nur das Wichtigste ist, womit wir bei uns zu rechnen haben, so ist der Punkt der Nimmerwiederkehr längst überschritten. Mit jenem Realismus, der sich an »historische Gesetze« oder statistische Wahrscheinlichkeiten hält, gibt es keine Rettung.

Wir müssen etwas anderes für wirklicher halten als die technischen und selbst die Sozialstrukturen. Wohl wird nur eine andere Gesellschaft einen zuträglicheren Gebrauch von Wissenschaft und Technik machen, aber diese andere Gesellschaft setzt einen anders gepolten Menschengeist voraus. Die gegebene Bewußtseinsverfassung, bei der der abstrakte Verstand des Ichs unser wahres Selbst im Schlepptau hat, mußte zur Megamaschine führen. Die Ressentiments, die mit diesem Typus verbunden sind, seien es soziale, nationale, antiimperialistische oder welche wir wollen, sind Teil des Problems, nicht der Lösung.

Es braucht jetzt keine Christen oder Buddhisten usw., sondern ein paar Millionen Menschen wie Jesus oder Buddha. Jede(r) Einzelne, der oder die den Geist des nächsten Zeitalters, den Geist des Homo Integralis, schon ein wenig entwickeln konnte, hat nur eine begrenzte Kapazität und Reichweite. Es braucht tatsächlich eine »kritische Masse« von halbwegs verwandelten oder sich verwandelnden Individuen. Bisher waren es immer zu wenige. Elite hin oder her, es kommt jetzt genau auf diejenigen an, die sich angesprochen fühlen, wo Christus sagt: Ihr seid das Salz der Erde, Ihr seid das Licht der Welt. Den Anruf zu vernehmen, ist noch keine Anmaßung, vielmehr der erste Schritt auf dem Wege der Nachfolge.

VIII. Empfänglich werden

Aber stochern wir nicht im Nebel? Unser Herz mag fordern, es müsse, wo eine Logik der Selbstausrottung am Werk ist, auch eine Logik der Rettung wirken – »in uns ist alles«. Hier hilft nichts anderes, als daß wir uns ganzheitlich um ihre Art und Richtung bemühen: denkend, fühlend, meditativ uns die menschlichen Möglichkeiten in Körper, Seele, Geist vergegenwärtigen. Wir können nichts als uns empfänglich machen für die Erfordernisse des natürlichen Gleichgewichts und die Möglichkeiten der menschlichen Natur, sich da wieder einzufügen, d. h. aktiv die bisherige Position und Praxis zu korrigieren.

Wir müssen der ständigen Verführung zum Konkretismus (Aktionismus) – anti dies und anti das – jedenfalls soweit standhalten, daß uns für das Wesentliche, den inneren Weg auf eine andere Grundposition, Kraft und Zeit und Mittel bleiben. Ohne Kontakt zu der Ursprungsebene sowohl des Katastrophenschubs als auch der Rettungskräfte kann Politik die Krise nur verlängern und verschlimmern.

Selbst auf den tieferen Ebenen des exterministischen Schubs kann der direkte Zugang noch zu kurz greifen. Erst eine *gelebte* Bereitschaft, das Industriesystem hinter sich zu lassen, auf die monetaristische Freiheit zu verzichten, die olympische Konkurrenz und die expansive Selbstverwirklichung aufzugeben, dem andern Menschen sich jenseits des Ich-Krampfs zu öffnen, letztlich von der Persönlichkeit, von der Sucht, sich einen Namen zu machen, Abschied zu nehmen – erst alles das zusammen führt wenigstens auf die Schwelle. Erst indem wir alle die heiligen Kühe unserer kulturellen Identitäten laufen lassen, gewinnen wir die Spontaneität für eine neue Figur und Geste des menschlichen Zusammenhalts.

IX. Imperativ des Glücks

Nicht die Individualisierung wird verschwinden, aber der um seine Identität besorgte Individualismus. Wir bringen die Kommunion nicht zustande, die den Krieg des Menschen mit dem Menschen, die Konkurrenz der patriarchalen Egos beenden würde. Wir gehen sogar für unsere an sich unverwechselbare natürliche Person von konkurrierender Knappheit aus, nicht von Fülle. Es fehlt uns an Bestätigung, gerade weil wir uns nicht überfließen lassen. Der angstvolle Drang, das zu kompensieren, gibt unserer Kultur den friedlosen Charakter. Der Rückzug von der Megamaschine wird nur gelingen als Rückzug auf die eigene Mitte, als *deren* »Eroberung«, die Ankunft dort. Darauf bezieht sich Einsteins Wort, nicht die Atombombe sei das Problem, sondern das Herz des Menschen. Nur wer sich selbst genug ist, so daß ihm alles Notwendige zufließt, kann aufhören, Jäger zu sein.

Nicht entbehren kann der Mensch, der seine eigene Mitte finden will, den anderen Menschen: als Spiegel, mehr: als Freund, mehr: als Geliebten, mehr: als Gehilfen zur Gottheit. Hier ein Gleichgewicht zwischen Abhängigkeit und Freiheit, Bedürftigkeit und Selbstgenügsamkeit zu finden, ist die endlich unentrinnbar gewordene Aufgabe der Kultur. In der Erfahrung, daß die Anderen die Hölle seien, wie Sartre sagte, erscheint der Kern der Tragödie der Individualität. Wir fürchten im Anderen uns selbst, denn schließlich sind wir, ehe wir uns in allem übrigen wiedererkennen, hier wirklich auch das Gegenüber mit.

Deshalb hängt die Heilung der Kultur davon ab, ob es gelingt, in ihren Mittelpunkt die Kommunion von Liebe her und auf Liebe hin zu sichern. Das ersparte soviel kompensatorischen Tatendrang nach außen. Es wäre *die* Schwerpunktverschiebung, wenn im Verhältnis zu den Anderen, um deretwillen wir immer auch

Welt verändern, die Liebe dominierte statt des Kriegs (der Macht, der Konkurrenz, des Mißtrauens). Nur ist es unmöglich, die Welt so einzurichten für unser Ich *wie es ist*. Sie kann nur so eingerichtet werden, wenn *wir*, jede(r) selbst und ohne die Liebeskultur schon als Bedingung vorauszusetzen, das Egozentrum transzendieren, d. h. lernen, vom Selbst her Ich zu sein.

Diese Umordnung der Individualität ist der Weg. Was sich ändert, sind nicht die Elemente der menschlichen Existenz, sondern ihr Zusammenspiel, die Richtung ihrer Bewegung, der Tonus der Energie. Das unglückliche Bewußtsein ist die Normalverfassung des rationalen (linkshirnig zentrierten) Egos. Die ist melancholisch anstatt freudig. Aus der rechten Hirnhälfte dagegen, aus der von altersher »die Götter« sprechen, erwächst uns, wenn wir sie nur zu Wort kommen lassen, ein anderes Temperament, ein positives, das auch ganz andere Energien mobilisieren kann. Die übliche Depression nährt sich ja selbst.

Wenn wir eine gute Gesellschaft wollen, so ist, ein glückliche-(re)s Bewußtsein zu erlangen, der Imperativ noch hinter dem Kategorischen Imperativ. Wir kommen weder praktisch noch im Verstehen an die Ursachen heran, wenn wir nicht anstatt aus Abwehr aus Urvertrauen handeln lernen. Auf diese so häufig und weitgehend verschüttete Quelle müssen wir zurück, sie müssen wir pflegen. Nur glücklich können wir »richtig« sein. Bloß *pflichtgemäß* werden wir nur Eingriffe finden, mit denen wir doch wieder die Harmonie der Welt stören: von Konfuzius bis Kant nur Aufschub des über uns Verhängten, nur Aufschub der Lösung, nur neue Barrieren gegen das Glück – und immer »Samiel hilf!!« Umkehr der Herzen muß vor allem Öffnung der Herzen sein. Es geht also um eine soziale Praxis, die unsere Liebesfähigkeit entwickelt.

X. Achse des Weges

Weil der Mensch mit sich und nicht mit der Welt beginnen muß, mit dem Mittelpunkt, nicht mit der Peripherie der Kugel, ist Meditation die Achse des Rettungsweges – Meditation als inneres

Handeln in der ganzen Vielfalt der Möglichkeiten. Alles, worin wir uns *versenken*, wird Meditation, nicht zuletzt die Liebeskommunion; es kann auch Arbeit sein, die wir als unserem Wesen gemäß vollbringen – alles, was wir mit ganzer Seele wirken. Meditation führt in unseren Psychischen Innenraum, aus dem allein die neue Kultur hervorgehen kann. Sie kann uns instandsetzen, unsere alltäglichsten Angelegenheiten rückzubeziehen auf die implizite »heilige« Ordnung, die mit der Existenz des Selbst, mit den Erhaltungs- und Enfaltungsbedingungen der Person gegeben bzw. gefordert ist.

Meditation ist die innerste Tendenz aller der jetzt praktizierten Selbsterfahrungsmethoden, die sich auch dann durchsetzen wird, wenn hier oder dort Vermarktung und Trivialisierung noch überwuchern. Die spirituelle Erneuerung in dieser einen Welt und Menschheit von heute überschreitet jede Kirchengrenze, jede Dogmatik. Hinter aller Verschiedenheit der Wege und Formeln scheint die eine Wahrheit auf, der wir uns annähern. Das Gesetz der menschlichen Existenz selbst bezeichnet den Punkt, wo sich die Wege treffen. Es geht um eine soziale Praxis, die dem linkshirnigen Verstand, der als Werkzeug unerläßlich bleibt, die usurpierte Führung über den historischen Prozeß wieder entzieht. Dieses Werkzeug hat funktionelle Autonomie erlangt und verfügt in Gestalt der Megamaschine über einen Faktor positiver Rückkopplung, so daß sich gerade seine Überfunktion, seine Okkupation der Gesamtregelung erweitert reproduziert. Vielleicht ist dies die letzte Fassung des klassisch unter dem Namen Entfremdung behandelten Problems.

Dann ist Stimulierung der Rechtshirnfunktionen zwecks Unterordnung des Verstandes unter diese zugleich fundamentalere und höhere Regulation das Kardinalproblem, Meditation der Königsweg der Rettung, ihre Ausbreitung durch die ganze Gesellschaft, nicht zuletzt in ihren jetzt noch exterministischen Eliten, die erste politische Strategie.

XI. Reise nach innen

Unser Bewußtsein steht auf der Grenze zwischen der inneren und der äußeren Welt. Bisher hat der Mensch die Erkenntnis und Veränderung der Außenwelt perfektioniert, wie es in der Logik der Evolution gelegen hat – das Auge blickt nach außen, nicht nach innen. Der »objektive Beobachter« des Außen muß zum »Zeugen« des eigenen Innen konvertieren, und das innere Erkennen und Handeln erweist sich glücklicherweise als ein letztlich genußvoller Prozeß, insbesondere dann, wenn, wie in den letzten beiden Jahrzehnten, die asketische Obsession beim Aufstieg zum höheren Bewußtsein überwunden wird.

Die Reise nach innen ist in doppelter Hinsicht der Schlüssel auch zu praktischen Antworten auf die megamaschinelle Entfremdung. Wo wir der Megamaschine bisher unsere Energie gegeben haben, entziehen wir ihr nun den besten, motiviertesten Teil davon, erneuern sie nicht mehr so vehement wie bisher, lassen sie tendenziell verhungern. Und zugleich verändern wir das Kräfteverhältnis zwischen unseren eigenen entfremdeten Kräften und besetzten Gebieten, also unserer Sklaven- und Patientennatur einerseits und unseren freien, überschüssigen Energien andererseits, ja wir konstituieren die letzteren erst als unabhängig, auf unbesetzten Gebieten unserer Geistnatur.

Politik als Machterwerb innerhalb der Megamaschine bleibt also ein Weg der Sklaverei und des Verrats an unserer Erstgeburt. Sobald wir dem Problem auf den Grund gesehen haben, können wir das Reformieren völlig denen überlassen, die sich noch damit begnügen, den Kollaps des zivilisatorischen Apparats hinausschieben zu wollen. Darin werden sie ohnehin ihr Mögliches tun.

Wir haben eine andere Arbeit. Wahrhaft ökologische Politik geht den indirekten Weg, der in Wahrheit viel direkter ist, weil die Psyche die Quelle der sozialen Übel ist. Wir werden uns, wo immer wir uns dennoch für den Erhalt von irgend etwas einzelnem engagieren, stets bewußt bleiben, daß das Problem zwar an dieser Stelle kenntlich und daher in gewissem Maße vermittelbar, aber für sich genommen nicht zu lösen ist.

XII. Rettungspolitik. Grundeinstellungen

1. Auf dem Wege der Rettung wird sich allmählich eine neue spirituelle Autorität herausbilden. Ich nenne sie eine Unsichtbare Kirche, die allen offensteht, der alle angehören mit den für die neue Welt freien Anteilen ihres Bewußtseins. Sie existiert als horizontales, multilaterales Netz. Sie verbietet sich jede direkte oder indirekte Konstituierung als kommandierende soziale oder politische Macht.

Die ökospirituelle Bewegung geht nicht auf unmittelbaren Erfolg aus, nicht auf zahlenmäßiges Wachstum, sondern baut auf die Ausstrahlung alles Lebensrichtigen, Biophilen, Liebevollen, mit ganzem Einsatz Vollbrachten, das sich in ihr ereignet. Intensität und Qualität, Bewußtheit und Schönheit ziehen mehr und mehr das ihnen in allen Menschen Zugeneigte an.

Macht überhaupt darf für eine ökologische Rettungspolitik nur »negativ«, nur zur Begrenzung und Verhinderung des überhandnehmenden Unheils eingesetzt werden. Positive Zwecke kann sie nicht setzen, höchstens subsidiär stützen. Keine noch so wohlmeinende Tyrannis würde eine gute, heile Gesellschaft schaffen.

So wünschenswert und notwendig selektive und gezielte ökodiktatorische Einzelmaßnahmen sind, liegt der Engpaß doch nicht in der Vorbereitung der Gesetze und den Maßnahmen ihrer Durchführung, sondern in der Vorbereitung der Seelen. Soviel vom Ego freigegebenen Innenraum es gibt, der auf eine Neufiguration wartet, soviel wird über kurz oder lang auch institutionell und administrativ ausgefüllt werden.

2. Wer die Wahrheit über die ökologische Krise, ihre Logik der Selbstausrottung, den Weg und die Politik der Rettung erkannt hat, muß sie als reinen Wein einschenken. Es gibt genug Menschen, die das gar nicht können oder wagen, weil sie sie nicht wissen oder wissen wollen. Wer zuerst fragt, ob er auch verstanden oder akzeptiert werden wird, hat die ganze Wahrheit selbst nicht angenommen.

Tatsächlich ist das Problem, wie man unsere ökologische Argumentation an jene weitergeben soll, die wir in Richtung dessen beeinflussen wollen, was uns ökologisch »gut« zu sein scheint, selbst ein ökologisches Problem... Ich glaube, daß... unser größtes ökologisches Erfordernis die Verbreitung dieser Ideen ist... Ist diese Einschätzung richtig, dann sind die in unseren Plänen angelegten ökologischen Ideen wichtiger als die Pläne selbst, und es wäre töricht, diese Ideen auf dem Altar des Pragmatismus zu opfern. Es wird sich auf lange Sicht nicht auszahlen, die Pläne mit oberflächlichen Argumenten *ad hominem* zu »verkaufen«, die der tieferen Einsicht widersprechen oder sie verschleiern werden. (Gregory Bateson[141])

In der üblichen Minimalkonsens- und »Leute-Abholen«-Politik äußert sich immer noch machterwerbsorientierte Politikasterei. Im Grunde ihres Herzens wissen die Menschen, was die Stunde geschlagen hat und könnten also auch ganz woanders »abgeholt« werden. Es kommt darauf an, ob wir als Funktionäre zu Wählern oder als Menschen zu Menschen sprechen wollen.

Wir brauchen jetzt die Massenmedien, voran das Fernsehen, als Organ jener letzten Aufklärung. Es gehört zu unserem Verhängnis, daß wir uns da eine Satanskirche halten (und sie womöglich noch von links verteidigen, weil die Zensur gegen den Gewaltkrimi auch irgendeinen kritischen Essay miterfassen könnte). Es würde sofort vieles Gewaltanbetende und Triviale weichen, wenn die Medien klar auf den sozialen Auftrag verpflichtet würden, der Selbstverständigung über unsere Situation und der Verbreiterung des Zugangs zu der Praxis und den Praktiken der spirituellen Selbstveränderung zu dienen.

3. Ökopolitik beginnt mit der Entscheidung, die apokalyptische Analyse und die Richtung der Rettung als in etwa korrekt anzuerkennen und sich auch praktisch daran zu orientieren (wer nicht »mit der Bergpredigt regieren« will, soll nicht beanspruchen, als ihr Anhänger zu gelten). Wenn wir nur fragen, was *innerhalb* der gewohnten Verfassung des Bewußtseins und der Institutionen das Beste und Machbarste wäre, kann es nicht zu einer ökologischen Rettungspolitik kommen.

Ökopolitik propagiert die *langfristigen, allgemeinen und fundamentalen* Interessen des Mensch-und-Erde-Systems Gaia, und sie organisiert den Prozeß der spirituellen Kraftansammlung um diese »rechtshirnige« Grundposition. Sie kann jetzt um so eher die Mehrheit der Gesellschaft ergreifen, als es bereits eine Vielzahl zerstörerischer Faktoren gibt, in denen es keinen Unterschied zwischen langen und kurzen Fristen mehr gibt. Das Haus brennt bereits, und es muß zuerst das Lebendige geschützt und gerettet werden. Die Verzweiflung darüber, daß nichts geschieht und dann die Einsicht in die prinzipielle Untauglichkeit der in den alten Institutionen geronnenen Bewußtseinsverfassung treibt fast von selbst zur Umkehr der Antriebsrichtung.

4. Eine Rettungspolitik kann nicht unter Vertretern *besonderer* Interessen ausgehandelt und kompromißfähig traktiert werden. Da die Regulierung der Sonderinteressen und ihres Verteilungskampfes aber die Hauptbeschäftigung der demokratischen Institutionen ist, sind sie zumindest ungenügend für die jetzige Hauptaufgabe des Staates. Die Lebensinteressen müssen absoluten Vorrang haben, und dies muß durch eine institutionelle Erneuerung gesichert werden.

Über den gerechten Ausgleich kann und muß nach Festlegung der notwendigen Schritte verhandelt und entschieden werden. Privilegierte Besitzstände, ohnehin stärker als andere in die Logik der Selbstausrottung eingebunden, müssen nicht reproduziert, andererseits auch nicht voll sozialen Ressentiments attackiert werden. Sie werden den allgemeinen Zusammenbruch der Zivilisation ohnehin nicht überstehen, sollten also in die Rettung investiert werden.

Völker wie unseres haben sich jetzt gerade darin zu bewähren, daß sie fähig werden, sich ohne schon völlig offensichtliche und unmittelbare Not von einem Lebensmodell zu lösen, das zwar lebensgefährlich, aber noch komfortabel ist und gewisse Kompensationen für die vornehmlich psychischen Verletzungen und Frustrationen bietet, die schon direkt spürbar sind. Wer immer zuerst nach dem unmittelbaren Vor- oder Nachteil fragt, und politisch stets zuerst danach schielt, ob nicht »der Gegner« etwas gewinnen könnte, wird mehr und mehr sein eigener Feind.

5. Zu ihrer Rettung braucht die in der industriellen Megamaschine befangene Gesellschaft eine Neuinstitutionalisierung. Wie die Bewußtseinsverfassung darf auch die politische Konstitution nicht länger um die Selbstsucht zentriert sein, wie es Prinzip der bürgerlichen Verfassung ist. Das Abendland hat nicht das Gemeinwohl, sondern den Belagerungszustand institutionalisiert, in

den es durch den Suchtcharakter der Bedürfnisse versetzt ist. Man muß sich über den totalitären Rückschlag nicht wundern. Solange die expansive Tendenz nicht vom Menschen selbst her beschränkt ist, muß das Gesetz mehr verbieten. Das kann es aber nur, wenn nicht schon die Gesetzgebung von vornherein dem Lobbyismus der Sonderinteressen ausgeliefert ist. Die Freunde des Status quo erinnern an die Freiheit des Individuums, aber sie scheinen eher juristische Personen wie BASF, Bayer, Farbwerke Hoechst usw. im Hinterkopf zu haben.

6. Die Souveränität, das eigene Leben und Verhalten mit der Naturgrundlage ins Lot zu bringen, muß weitestgehend dezentralisiert werden. Für jede das neue Bewußtsein entwickelnde Gruppe bzw. Gliederung muß diese Souveränität so weit wie möglich schon geschaffen werden, ehe sie gesamtgesellschaftlich abgesichert ist. Von hier aus muß der Gedanke einseitiger militärischer und industrieller Abrüstung vor allem auf die noch immer ausschlaggebende nationalstaatliche Ebene getragen werden. Als eines der reichsten und zugleich ökologisch bedrängtesten Völker haben wir Deutschen besonderen Grund, voranzugehen. Die innere Souveränität setzt voraus, auch die äußere in Anspruch zu nehmen für einen Alleingang hinaus aus den Strukturen des Verderbens. Voraussagen über die Reaktionen von Freund und Feind sind eitel – sie werden nichts anderes als das jeweils Befürchtete oder Erhoffte beweisen. Wir müssen es einfach tun, dabei zugleich auf *solche* übernationalen und letztlich weltweiten Funktionen drängen, die für die Restabilisierung des Systems Gaia notwendig sind. Es wird sich herausstellen, daß das lauter Probleme sind, die sich sowieso nicht im Interesse und mit den Methoden der alten herrschenden Mächte lösen lassen.

7. In der Bundesrepublik, einem der reichsten Länder der Welt, fehlt es nicht an materiellen Möglichkeiten, und es ist voll gerechtfertigt, sie auszunutzen, wenn es geschieht, um das Modell zurückzunehmen, das auf die übrige Menschheit drückt. Der Weg der Rettung eröffnet sich ohnehin nirgends primär von der Wirtschaft oder der sozialen Frage, auch nicht von den nationalen Interessen oder im Gegenteil von der internationalen Ebene, den Interessen des äußeren Proletariats her. Es hat keinen Zweck, sich

hier zum solidarischen Stellvertreter der Verdammten dieser Erde in der Dritten Welt zu ernennen und ihre *dortigen* Probleme selektiv lösen zu wollen, anstatt in der Metropolis selbst das Modell zu ersetzen, das die ganze Welt ins Unheil stürzt.

8. Boden, Werkzeuge, Gebäude, Geld für das andere Leben – hierzulande wird sich alles finden, sobald sich die Gestalt der Alternative herausschält.

Die traditionelle Umverteilungspolitik zugunsten der metropolitanen Unterklassen und Randgruppen, wie sie die Linke bevorzugt, bleibt Bestandteil unseres Verbrechens an der übrigen Menschheit und ein Beitrag zu unserem eigenen Verderben. Es ist klar, daß eine spirituell verpflichtete soziale Instanz auf Gerechtigkeit und vor allem auf den Schutz der Schwächsten drängen wird. Wir sollen jedoch nicht vergessen, daß die »armen Weißen« in der Metropolis lange nicht die Letzten sind und nahe genug am Sicherheitsnerv der Macht leben, um darauf zu drücken und für sich selbst einzustehen, sobald sie sich organisieren. Ökologische Politik kann sich immer nur so für besondere Interessen einsetzen, daß sie in ihnen die allgemeinen verteidigt: Wer die soziale Gerechtigkeit verletzt, behindert die Rettung.

Entscheidend ist, welche geistigen und materiellen Ressourcen von der Diagonale des Verderbens abgeleitet werden können, d. h. die große Hinausverteilung von Menschen und Mitteln aus dem Arbeitsfeld der Megamaschine. Das neue Bewußtsein greift auch und gerade in den privilegierten Kreisen unserer Gesellschaft. Es kommt so ähnlich wie einst Augustinus von der Zugehörigkeit zur *Civitas Dei* sagte: Es seien manche draußen, die drinnen zu sein meinten, und manche, die scheinbar draußen stünden, seien in Wirklichkeit drinnen. Auch wo wir auf ökonomische Grenzen stoßen, äußern sich darin meist Grenzen geistigen Einflusses, die auch mit unserem eigenen Sektierertum zusammenhängen mögen.

Das, worauf es ankommt: wirkliche Begegnung mit Anderen, Freundschaft und Liebe, Schönheit und Ordnung eines Milieus, Weisheit und Kultur im Umgang mit Konflikten – all das hängt nur sehr bedingt von einem materiellen Standard ab, falls wir eine minimale Distanz zu unseren Gewohnheiten erlangen. So viele es ernstlich wollen und den Mut zueinander haben, so viele werden auch ihre Grundversorgung sichern können.

9. Prinzipien einer neuen Kultur

- Priorität auf den ursprünglichen Zyklen und Rhythmen des Lebens und nicht auf Entwicklung und Fortschritt. Es wird Technologie und Technik geben, und sie werden sich entwikkeln – für den neuen Kulturzusammenhang müßte »das Fahrrad zum zweiten Mal erfunden werden« –, aber diese Entwicklung muß mit einem Ende festgebunden werden an den Zyklus der ewigen Wiederkehr. Mehr Glück ist nur möglich, wenn wir weniger Geschichte machen.
- Wir müssen unsere Interessen nicht vom Teil zum Ganzen, sondern vom Ganzen zum Teil hin begreifen und das auch in unseren Institutionen ausdrücken. Montesquieu:

  Wenn ich etwas wüßte, das mir dienlich wäre und meiner Familie abträglich, so würde ich es aus meinem Geiste verbannen. Wenn ich etwas wüßte, das meiner Familie und nicht meinem Vaterlande dienlich wäre, so würde ich suchen, es zu vergessen. Wenn ich etwas wüßte, das meinem Vaterlande dienlich und das Europa abträglich wäre, oder das Europa dienlich und dem Menschengeschlecht abträglich wäre, so würde ich es als ein Verbrechen betrachten.[142]

- Diesen Gedanken wollen wir ausdehnen auf alle fühlenden Wesen, auf alles Leben, auf die Erde überhaupt. Nichts darf geschehen, was das irdische Gleichgewicht stören, was den Pflanzen, Tieren und Kindern (späteren Generationen) schaden kann.
- Dies ernstgenommen, können wir heute nur bedingungslos ohne Rüstung leben, müssen unsere Industriezivilisation soweit zurücknehmen, daß keine Art verlorengehen kann, dürfen keine Tiere quälen und vernutzen, müssen auf die meisten Stoffumwandlungen großen Maßstabs verzichten, dürfen nicht am Tourismus teilnehmen, kein Auto fahren, kaum Medikamente benutzen, nicht am Geldkreislauf durch die Banken teilnehmen, keine positivistische Wissenschaft betreiben usw.
- Dazu müssen wir überhaupt aufhören, die Wirtschaft als den alles übergreifenden und für das soziale Leben ausschlaggebenden, wichtigsten Seinsbereich anzusehen und zu behandeln.

Wie auch immer Ökonomie und Ökologie *im allgemeinen* aufeinander bezogen sein mögen: Eine industriell-kapitalistische Wirtschaftsgesellschaft ist unheilbar. Es gilt den Lebensprozeß, der jetzt in so viele vermarktete Funktionsbereiche auseinanderfällt, wieder zusammenzuführen. Alle grundlegenden Reproduktionsfunktionen – Nahrung, Behausung, Handwerk, Bildungs- und Gesundheitswesen – gehören in den lokalen (kommunalen und kommunitären) Zusammenhang zurückgegliedert. Wir müssen Boden, Werkzeuge, Häuser und den arbeitenden Menschen in »Stämmen zweiter Ordnung« wiedervereinigen.

- Nur bei einem auf Subsistenzwirtschaft gegründeten Lebensstil freiwilliger Einfachheit und sparsamer Schönheit können wir uns, wenn wir außerdem unsere Zahl begrenzen, auf der Erde halten. Diese *kontraktive* Lebensweise ist auch notwendig, damit unsere Distanz zu den Gegenständen unseres Handelns, Wünschens und Denkens wieder geringer wird, denn im Kontakt liegt die Wahrheit. (Die superkomplexe Massengesellschaft *kann* nur ein Reich organisierter Verantwortungslosigkeit sein.)

- Diejenigen, die sich entschließen, das Imperium und seinen kolonialen Konsens hinter sich zu lassen, schaffen sich ein tragendes und vereinigendes Netz und darin auch lokale Knotenpunkte größerer Konzentration. Nachdem die Individualisierung und damit zunächst der Zerfall aller naturwüchsigen sozialen Verbände sich bis in die Kernfamilie durchgesetzt hat, kann eine neue soziale Synthese am ehesten über den wahlverwandtschaftlichen Zusammenschluß zu neuen kleinen Lebenskreisen und größeren »Stämmen zweiter Ordnung« zustande kommen. Die neuen Institutionen werden vor allem darauf abzielen, die volle Entfaltung jenes humanen Potentials zu ermöglichen, das in der Polarität der erotischen und spirituellen Energien liegt.

- Indem wir Keimzellen des ORDINE NUOVO aufbauen, werden unsere Bestrebungen den scheinbar privaten und willkürlichen Charakter verlieren. Eine neue Sittlichkeit kann nur in der Regelung primär der alltäglichen Konflikte wurzeln, in die sich Individualitäten verstricken. Wir werden nicht wie in manchen Wohngemeinschaften der letzten Jahrzehnte ständig aneinander herumkritisieren und -analysieren und doch eine (effektivere) Form finden, um uns gegenseitig zu entwickeln, um unsere egozentrischen, ichverkrampften, machtorientierten Tendenzen, Inszenierungen, Spiele abzubauen. Es bedarf einer gewissen Ritualisierung der Konfliktbehandlung.

Die Lebensfähigkeit neuer Gemeinschaften hängt von der Gemeinsamkeit der Vision und von der Zentrierung des Alltags um eine spirituelle Praxis ab, in der sich Eros, Logos und Arbeit versöhnen und überhöhen lassen. Der Zeitplan des täglichen Lebens hat sich in jeder hohen Kultur vom Sabbath her aufgebaut. So wird es auch in der neuen Kultur wieder sein – oder sie wird niemals zustande kommen.

IV. Der Fürst der ökologischen Wende

1. Vorspiel

Erneut vom Gottesstaat

Die Chance, von der ich ausging, als ich die Axiome eines Rettungsweges entwarf, ist nicht nur spirituell-kulturell, sie ist auch politisch. Das ist jetzt noch viel klarer als vor einem Jahr, im Sommer 1986, als sie entstanden. Ich hatte einiges Licht über dem östlichen Horizont Europas wahrgenommen, hatte insbesondere gesehen, daß Moskau dabei ist, das sowjetische Gesamtinteresse neu zu definieren, nach innen und darum – was natürlich für uns von höchster Bedeutung ist – auch nach außen. Aber mit diesem *Sonnenaufgang* hatte ich nicht gerechnet, obwohl ich ihn in meiner »Alternative« angekündigt hatte. Es *ist* ein Sonnenaufgang, weit mehr als ein russisches bzw. sowjetisches Ereignis. In der Geschichte der Sowjetunion steckt die Geschichte Europas seit 1000 Jahren, die Geschichte der Welt seit 1905, 1917, 1941–45.

Michail Gorbatschow ist der erste, der im höchsten Staatsamt (oder mehr als Staatsamt) das Denken des neuen Zeitalters auszusprechen und zu verkörpern sucht. *Dort* ist einer erschienen, der schon die Hoffnung auf den »Fürsten« einer Rettungspolitik personifiziert, und die Sonne bringt ans Licht: Mit der Kommunistischen Partei, die er repräsentiert, war *doch* jener *kollektive* Fürst, jener »kollektive Intellektuelle«, von dem Antonio Gramsci im Anschluß an Macchiavelli sprach, war *doch* jenes nicht nur intellektuelle Avantgarde-Ensemble gemeint. Er erschien zunächst verlarvt, und jetzt sind wir Zeugen, wie die aufspringenden Schalen die Farbe des Schmetterlings erkennen lassen.

Solch ein Kandidat wird *auch hier* erscheinen, personal wie kollektiv. Unaufgedeckt ist er schon da. Ich wüßte keinen besseren Ort als Deutschland, um dem neuesten Rußland würdig zu antworten, zumal dies neueste Rußland hinter der Elbe mitten im andern deutschen Land steht. Mit der begonnenen großen Reformation der Russischen Revolution hat auch die Wiedervereinigung Europas, somit die Wiedervereinigung Deutschlands begonnen. Die Glasnostj, die Öffnung der Sowjetunion, wird es ermöglichen, den Vorhang und die Mauer zu überwinden, die aus dem Hitlerkrieg hervorgegangen sind.

Wir sollen uns jetzt nicht vexieren lassen durch die Zumutung, für Deutschland eine Kommunistische Partei zu denken: Es wird nämlich keine – keine in dem Sinne zumindest, wie sie in 99 Prozent unserer Hinterköpfe sitzt, wenn wir den Namen vernehmen. Name ist gerade in Fällen höchster Verallgemeinerung meistens »Schall und Rauch«. Eben gestern abend habe ich Kurt Biedenkopf mit Günther Gaus von jenen politischen Menschen – Frauen und Männern – sprechen hören, die »überparteilich« denken, fühlen und handeln, weil sie fähig sind, sich über ihre jeweiligen *besonderen* Parteiinteressen (dieser oder jener – mit Verlaub – »Volkspartei« hierzulande) hinaus zu den Interessen der ganzen Gesellschaft zu erheben, wegen der unabweisbaren Verflochtenheit der heutigen Welt also tendenziell zu den Interessen der Menschheit.

Die beiden haben noch nicht über eine »Kommunistische Partei« gesprochen (ich sage es gleich noch einmal: Name ist Schall und Rauch – aber ich vermeide die Provokation nicht, weil wir die Vorurteile überwinden *müssen*, die so verständlicherweise dagegen aufstehn) – aber sie haben es nur aus einem einzigen Grunde verfehlt: weil sie nicht darauf zu kommen wagten, an die *tatsächliche Assoziation*, die *verbindliche Vereinigung* dieser Menschen bzw. dieser Bewußtseinsanteile in uns allen zu denken, nicht an ihre (wie auch immer dann näher vorstellbare) Konstituierung zu einem – nennen wir es unter unseren Bedingungen – Großen Ökologischen Kulturrat (Name ist Schall und Rauch), kurzum, zu dem Fürsten einer ökologischen Wende.

Und sie haben bei näherer Überlegung recht getan, das noch auszusparen, weil es sich dabei nicht – jedenfalls heute nicht mehr – um eine rein oder auch nur vornehmlich politische Assoziation im engeren Sinne handeln kann, während ihre Unterhaltung auf dieser unzulänglichen Ebene vereinbart war, so daß das überschüssige Bewußtsein nur zwischen den Zeilen oder vielmehr zwischen den Sätzen, in den Stimmen und Gesten der beiden Männer spürbar war.

Dieser letzte Teil des Buches läuft zu auf jene schon erwähnte spirituell-politische Idee unserer Hegel, Hölderlin, Schelling und

Marx von einer Unsichtbaren Kirche, von einer zugleich inner-weltlichen, säkularen und auch transzendent gerichteten »Ge-meinschaft der Heiligen« weltweit. Diese schöpferische Leistung, das überschüssige Bewußtsein zu einer sanften sozialen Macht zu organisieren, die alle partikularen Mächte und Interessen über-wölbt und begrenzt, ist jetzt von der westlichen Kultur verlangt – kein Double, sondern ein Pendant der durch die Umstände ihrer Entstehung so schwer belasteten alten Kommunistischen Partei, jedoch der ursprünglichen Idee der Wiederherstellung eines Menschheitsorgans für den Gottesstaat um so näher.

Ohne ein solches »überparteiliches« Organ ist es unmöglich, den Staat aus der Gemengelage mit den ökonomischen Sonderin-teressen herauszuholen. Seit dem Bankrott der Kirche im päpst-lich-kaiserlichen Machtkampf des hohen Mittelalters hat das Ziel, das Ideal keinen institutionellen Halt mehr. Der individuelle Ta-schenkompaß ist zu schwach.

Faßt man die Ordnungsaufgabe, die in der ökologischen Krise steckt, als ein Ganzes, erfordert sie eine derart starke gesamtge-sellschaftliche Autorität, eine so mächtige Rechtssphäre, daß die entsprechende Lösung nicht allein erst gerechtfertigt, sondern auch nur dann möglich und haltbar sein wird, wenn ihre Institu-tionen mit einem Pol im Lichte einer neuen *Civitas Dei* stehen (weil sie sonst – vermittelt über die Reproduktion der unmittelba-ren Sonderinteressen – unweigerlich in der *Megamaschine* ihren Schwerpunkt haben werden). Aus sich selbst kann der säkulari-sierte Staat diese Autorität unmöglich haben.

Mit der Kommunistischen Partei *über* dem Staat und über allen gesellschaftlichen Sonderinteressen könnte sich in der Leninschen Praxis eine politische Struktur angekündigt haben, die im *Prinzip* aus der Welt der streitenden Sonderinteressen und der souverä-nen Staaten hinausführt. Nur eine institutionelle Struktur, in der die fundamentalen, langfristigen und allgemeinen Interessen auch ein tatsächliches leichtes Übergewicht für sich haben, kann überhaupt die Regulative setzen, die unseren Zugriff auf die Natur begrenzen. Es ist ja wahr: Die ökonomischen Sonderinter-essen schlagen nicht in jeder Gesellschaftsformation entscheidend durch, es ist also *denkbar*, ein institutionelles Gegengewicht dazu zu finden. Aber in unseren westlichen Gesellschaften ist eine Lage *gegeben*, bei der die privaten und korporativen Profitinteressen sich *im Staate selbst* festsetzen konnten, so daß er geradezu als Mechanismus der Vermittlung *zwischen* diesen Sonderinteressen verfaßt ist. Nicht bloß im Vorhof, nein, im Allerheiligsten dürfen die Wechsler schachern.

Nehmen wir die sowjetische Struktur einmal idealtypisch, so daß sie *nicht* mehr, wie zweifellos praktisch auch jetzt noch, primär Überbürokratie, Überstaatsapparat ist. Dann *kann* die Kommunistische Partei tendenziell das Organ des *vernünftigen* Egoismus der Menschheit sein. Der Rest (groß genug – was da zu tun wäre, habe ich im Schlußteil meiner »Alternative« ziemlich umfassend dargestellt, und das sieht jedenfalls für den Moment nicht völlig utopisch aus) hängt bei dieser institutionellen Ausgangslage davon ab, wie die Partei intern und in der Kommunikation mit der Gesellschaft arbeitet. Wird, was sie dort *innerparteiliche* Demokratie nennen, aus der Phrase zur Wirklichkeit werden?

Innerparteiliche Demokratie meint im wesentlichen Freiheit der Diskussion unter dem Dach eines letztlich spirituellen Konsenses über das Menschenbild. Und sie setzt voraus, worauf Gorbatschows Vorschlag, die Sekretäre zu wählen, abzuzielen scheint: die Entmachtung des Partei*apparats* oder besser seine Unterordnung, so daß die *Funktionäre nur noch dienend* den organisatorischen Rahmen für die herrschaftsfreie Kommunikation und Kommunion über die höchsten Prinzipien und Ziele sowie über die allgemeinen Angelegenheiten der Gesellschaft sichern.

Der Weg wäre dann ein intensiver innerparteilicher Aufklärungsprozeß, der aber zugleich inmitten des Volkes stattfände. Denn die Parteigrenzen wären offen, wären durchlässig für jeglichen Bewußtseinsanteil, der dieser dialektischen Konsensbildung zugehört. Andererseits böte die Glasnostj der Massenkommunikation dann hinlänglich Garantien, daß durchkommt, was der Mensch auf dem gegenwärtigen Niveau seiner Evolution überhaupt an Mitwirkung am »Plan der Gottheit« zu leisten vermag. »Transparenz« – das ist ein Lichtbegriff. Kommt dies Gemeinte bei der Perestrojka Gorbatschows heraus, so wird sich die Sowjetgesellschaft auf das Ideal einer Heliopolis zubewegen.

In der Epoche der (Neu-)Begründung einer Kultur repräsentieren die Institutionen immer ein höheres als das durchschnittliche Bewußtsein ihrer Zeit und ihres Landes, schaffen der massenhaften Entfaltung der von ihr entbundenen subjektiven Kräfte erst freien Raum. Insbesondere hängt ihr Niveau von dem Bewußtseinsrang der Minorität ab, unter deren Führung sie geschaffen werden (natürlich auch noch von anderen Umständen wie etwa dem Konsens für das Prinzip der gegebenen Revolution, dem Widerstand auswärtiger Mächte, usf.). Sie sind kulturschöpferisch, soweit sie das ganze Gemeinwesen befähigen, sich auf eine neue Stufe zu erheben, dem Menschen eine edlere, harmonischere Gestalt erlauben und die Quellen des Genotyps, der conditio humana fließen lassen, um der jeweiligen Herausforderung sozial begegnen zu können.

Wenn auch manchmal gegenläufig und paradox, spiegeln die Institutionen den Aufstieg des Menschen zu höherer Bewußtheit wider. Etwa die athenische Scherbengerichtsdemokratie hat – für sich betrachtet – gewiß nicht über der alten Theokratie gestanden, mit der sie Platon zu ihrem Nachteil verglich. Aber sie gab eben der Entfaltung der Individualitäten viel mehr Raum als die Heilige Monarchie. Wenn aber einmal eine neue Individualitätsform allgemein geworden ist, wenn sich zumindest schon sehr viele Menschen geistig auf der Königsebene bewegen, stellt sich das institutionelle Problem wieder anders dar.

Die Menschen können sich dann alle *über* der ganzen Pyramide der Arbeitsteilung und Verwaltung versammeln, um über den Gesamtkurs zu entscheiden und den Modus des sozialen Zusammenlebens zu bestimmen. Ob sie dann im einzelnen für begrenzte Zeit »oben«, »unten« oder »in der Mitte« arbeiten, wird nun sekundär, weil sie diesen Plätzen nicht mehr untergeordnet, d. h. sozial nicht mehr auf Rollen oder gar Kasten reduziert sind. In meiner »Alternative« hatte ich daher direkt geschrieben: »Wie ist die ›Versammlung‹ der ganzen Gesellschaft, aller Individuen *über* ihrem Reproduktionsprozeß möglich? Das ist die Kardinalfrage der sozialistischen Demokratie.«[143]

Gegenwärtig legt die »Perestrojka« in der Sowjetunion gerade diesen Gedanken nahe. Wenn auch gewiß nicht gleich die ganze Gesellschaft, so versammelt sich doch eine verhältnismäßig große

Zahl fortgeschrittener Individuen unter der Tendenz zu intern herrschaftsfreier Kommunikation über die allgemeinen Angelegenheiten an der Spitze des historischen Prozesses, nachdem der Zugang zu den Medien der Massenkommunikation und der Freiraum für den Austausch der Argumente in den Kollektiven und Verbänden prinzipiell eröffnet worden ist.

Auf einmal erfährt die Struktur, die wir schon als in sich selber falsch anzusehen geneigt waren, eine Neuinterpretation, und es scheint ihr idealer, wie man denken mochte durch eine fürchterliche Inquisition ein für allemal blamierter und ausgelöschter Urtext hindurch, der übrigens auch noch weit hinter modernen Kommunismus (mit und ohne Anführungszeichen) zurückgeht. (Kommunisten haben die Sowjetunion in der Zwischenzeit nie ernstlich für kommunistisch gehalten. Jetzt kommen umgekehrt die Antikommunisten in die Verlegenheit, »Liberalisierung« nennen zu müssen, was in Wirklichkeit die Wiedereröffnung des Tores zur kommunistischen »allgemeinen Emanzipation des Menschen« sein mag.)

Das Vermittlungs*problem* – nämlich wie jeder unvernünftige Egoismus der unmittelbaren, kurzfristigen und besonderen Interessen einsichtig überwunden werden kann – liegt bei uns nicht anders als dort. Aber wir haben keine Instanz für die allgemeinen Interessen. Die höchste Legitimation – durch die allgemeinen Wahlen – wird erlangt, indem die prätendierenden Parteien und Politiker schamlos vor eben diesen unmittelbaren, kurzfristigen und besonderen Interessen scharwenzeln. Die Bürger werden selbst noch gegen ihren Willen dahin zurückgezerrt, wo die dunkelsten Punkte in ihrer Seele liegen. Angesichts der ökologischen Krise ist es ein Skandal, hauptsächlich die Wahl zwischen diesen beiden »Volksparteien« CDU und SPD zu haben, die auf dem kleinsten Nenner einerseits der materiellen Selbstsucht der Bürger und andererseits der politischen Selbstsucht ihrer Matadore frönen.

Oder irre ich mich und vermisse im Parlamentarismus fälschlich, daß es auch nur die idealtypische *Möglichkeit* gäbe, etwa in unserem Bundestag das Gemeinwohl der Menschheit, das Gleichgewicht der Gaia zur Richtschnur zu machen? Die einzige formelle Chance – darauf komme ich zurück – bestünde in der Einrichtung eines Oberhauses, sagen wir – im Unterschied zu einem

House of Lords – eines House of The Lord. Die unmittelbaren, kurzfristigen und besonderen Interessen müssen ihre Vertretung haben. Es geht aber nicht länger an, daß *diese* Interessenvertretung institutionell das Feld *beherrscht* und daß die fundamentalen, langfristigen und allgemeinen Interessen gar keinen durchdringenden Ausdruck finden und deshalb immer nur erst in zweiter Linie berücksichtigt werden können.

Für mich zeigt die neue Entwicklung in der Sowjetunion auf einer höchsten – nicht mit der Diskussion über »Kommunismus« zu belastenden – Verallgemeinerungsebene, wie wenig notwendig es ist, uns mit den Standard-Institutionen der westlichen Demokratie in der besten aller möglichen Welten zu wähnen. Das war schon ohnehin nicht mehr gerechtfertigt, wenn man sich die Folgewirkungen rund um den Erdball vor Augen hielt. Und daß der sowjetische »Osten« auch keine Alternative aufzuweisen hatte, hätte uns eher noch mehr beunruhigen sollen. Nun aber wird die Moskauer Alternative (obwohl natürlich noch furchtbar weit von aller Idealität entfernt) wieder wirksam, und zwar auf der Schnittstelle zwischen rückwärts durchlaufener Theokratie und der wieder glaubhaften Fernperspektive einer herrschaftslosen kommunistischen Gesellschaft.

Wie wir jetzt an der Sowjetunion ablesen können, kommt die neue Ordnung unter Umständen erst in einer verlarvten Gestalt zur Welt. Nur ganz zuinnerst, manchmal selbst von den Trägern der »Erbinformation« nicht mehr hoffnungsvoll geglaubt, blieb etwas wie ein ideeller Genpool wirksam, in dem die Raupe ihre Schmetterlings-Bestimmung weiß. Dabei wuchsen in der Zwischenzeit Millionen und Millionen ganz anders kultivierter und selbstbewußter Menschen heran. Es ist deren Subjektivität, die jetzt das Design, das unter Lenin begründet, unter Stalin festgelegt wurde, von oben oder jedenfalls aus dem sozialen Nervensystem heraus mit Licht erfüllt.

Daß die Russische Revolution so ein blutiger eiserner Strom war, hing nur in letzter Instanz von der bolschewistischen Führung ab, es sei denn, man meint, Lenin und seine Partei hätten die Macht gar nicht erst übernehmen und behaupten sollen. Ressentiment, Sadismus, Kulturlosigkeit oben waren vornehmlich Ausdruck derselben Züge unten: Die Masse der neuen »Kader« kam ja von dort. In seinem letzten, zunächst aussichtslosen Kampf gegen den neozaristischen Sowjetbürokratismus hatte Lenin verzweifelt nach kultivierten Menschen ausgeschaut, mit denen man wenigstens die Schlüsselpositionen in Staat, Wirtschaft, Bildungswesen hätte besetzen können. Eine – nur im Hinblick auf ihre numerische und kulturelle Schwäche »putschistisch« zu nennende – Minorität hat zwar das Gerüst der neuen Verfassung hinstellen, kaum aber dafür sorgen können, daß in den neuen Schläuchen nicht – wie Marx sich einmal ausdrückte – »die ganze alte Scheiße« hochsteigt, oder zumindest viel davon.

Jetzt hat es einen Sprung gegeben, die Exkremente beginnen abzufließen, und es wird, bedeutsam für die ganze Menschheit, jene von Platon bis Gramsci immer wieder erwartete Dimension sichtbar: Die Spitze sendet Licht aus.

Ich habe in einer Anmerkung zum Kundalini-Thema (109, auf S. 511) das neurologische Tarot von Timothy Leary erwähnt. Kurioser-, aber nicht zufälligerweise bietet sein »Spiel des Lebens« eine aufschlußreiche Assoziation zu diesem politischen Stoff. Von den 24 Evolutionsstufen gleich 24 Karten seines Spiels sollen die ersten 12 unserem durchschnittlichen Bewußtsein entsprechen, die andern 12 einem höheren Bewußtsein. An der letzten Stelle des ersten Dutzends steht die Tarotkarte »Gerechtigkeit«, und die symbolisiert für Leary »zentralisierten religiösen Sozialismus« als typisches soziales Muster des 20. Jahrhunderts, nicht etwa nur in der Sowjetunion. Charakteristisch für die Menschen dieser Phase seien »insektoide Sozialisierung« (er redet von »Amenschen«, in welchem Kunstwort er Ameise und Mensch kombiniert) und »Bienenstockbewußtsein«.

Auf die Überwindung dieser Verfassung bezieht sich nun, was Leary zu seiner Karte 17, die dem zweiten Dutzend angehört, also ein höheres Bewußtsein repräsentiert, zu sagen hat und was in gewisser Weise einen Kommentar zu der neuen sowjetischen Entwicklung darstellt. Es handelt sich um die Tarotkarte »Der (vom Blitz getroffene) Turm«. Sie bezieht sich zunächst auf den individuellen Geist, das individuelle Gehirn, aber wir können sie auch auf das Gehirn des sozialen Ensembles, auf den institutionellen Apparat und seine kommunikativen Prozesse beziehen.

Leary teilt mit, zu dem gespaltenen Turm »als Wirklichkeitsre-

332

gisseur« (d. h. als Kommunikationsprinzip) gehört der hebräische Buchstabe Pe mit der Bedeutung: »Das Eindringen deiner Worte bringt Licht.« Das Gehirn übernimmt auf dieser Stufe die Verantwortung für sein eigenes Funktionieren und wird so zu selektiver Neuprogrammierung fähig. Laut Tarotkartenbild sind beide Gehirnhälften freigelegt worden.

> Die primitive Tarotkarte zeigt einen stilisierten bewohnten Turm, dessen Spitze abgesprengt worden ist. Die Spitze deutet auf den Kopf, auf die Struktur des Bienenstocks. Ein Blitz ist in den Scheitel des Kopfs eingeschlagen und hat so das Gebäude in Brand gesetzt. Zwei menschliche Gestalten mit erstauntem, leerem Gesichtsausdruck schweben oder fallen herunter. »Es ist bestimmt eine Karte der Verwirrung.« . . . Der Turm stellt die geistige Struktur des Bienenstocks dar, die von neuroaktiven Substanzen gesprengt wird.[144]

Soweit Leary. Paßt das nicht tatsächlich auf die Moskauer Atmosphäre von heute, die in diesem Sinn »neuropolitisch« verstanden werden kann? Und die Vorgänge lassen auf einen Geist schließen, der noch eine Stufe höher steht: Tarotkarte 18 »Der Stern«. Die assoziiert Leary mit einer »Auswanderer-Avantgarde«, mit der Idee eines gemeinschaftlichen Aufbruchs »verschmolzener«, freiwillig zusammengekoppelter Gehirne, sozusagen eines Bundes von Gleichgesinnten: »Sie schließen sich zusammen und bereiten sich darauf vor, den alten Bienenstock zu verlassen, um zu einer neuen, offenen ökologischen Nische auszuwandern, wo sie neue Bienenstöcke (höheren Typus) bilden« (daß Leary das platt als megatechnischen Ausflug in den Kosmos versteht, können wir ihm hier schenken). Der zugehörige mythische Titan sei Hyperion, der hebräische Buchstabe Tzaddi: »Ich werde von Einsicht verzehrt; ich arbeite mit reinen Elementen.«

Das erinnert an den König Echnaton und an seine Königin Nofretete.[145] Dazu gehört auf der darunterliegenden Stufe 17 (des »vom Blitz getroffenen Turms«) die Praxis einer »Zweiten revolutionären Tyrannis« – nach der »Ersten« dunklen, patriarchal aggressiven Tyrannis, die im ersten Kartendutzend, wo es um das durchschnittliche Bewußtsein geht, auf der zur 17. analogen Stufe steht, also auf Stufe 5: »Der Herrscher«.

Es ist natürlich von höchstem Interesse, wie sich die Probleme des sozialen Bienenstocks darstellen und wie sie behandelt werden, *wenn* die institutionelle Sphäre nicht mehr hauptsächlich der Reflex der durchschnittlichen, naturwüchsigen Subjektivität ist, sondern der Ausdruck einer eigentlich menschlichen. Immerhin geht einer Regierung auf der Stufe »Turm« bzw. »Stern« bei Leary die Öffnung des Herzens, die Entwicklung der Liebesfähigkeit *voraus*.

Ob man nun diesen Exkurs ins neurologische Tarot für mehr oder für weniger erhellend nimmt, was die Moskauer Reform betrifft – jedenfalls sehe ich darin einen weiteren Hinweis auf das, worum es mir in diesem Buch letztendlich geht: daß die einzig vorstellbare Rettungspolitik vornehmlich *Bewußtseinspolitik* sein wird. Es genügt natürlich nicht, eine Stufenleiter von Gehirnverfassungen (»Kasten«) bzw. Bewußtseinsschaltkreisen festzustellen, so aufschlußreich dies ist. Das Modell von Leary liefert *einen* Zugang, um besser Geschichte als Psychodynamik begreifen zu können. Aber nicht Gehirn-Kasten oder -Klassen machen Geschichte, sondern Menschen, von denen potentiell jede(r) an allen Stufen teilhat.

Was die Kommunistische Partei als »Wirklichkeitsregisseur« betrifft, so hatte ich vor allem an ihr kritisiert, daß selbst sie korrupt geworden war, ihre Perspektive preisgab, ihrem Auftrag nicht entsprach, den besonderen Interessen der Funktionäre nachgab, zuließ, und zwar systematisch zuließ, daß die Staats- und Parteifunktionäre Pfründner und – wie es in der chinesischen »Kulturrevolution« hieß – »Kapitalisten der Macht« wurden. Lenin wäre niemals auf den Gedanken gekommen, als erster in den allgemeinen Topf zu greifen, und nach der größeren Portion. Positiv ist diese Frage aber jetzt durch ein Aufgebot lösbar, das die Selbstlosesten für die Partei gewinnt, wenn zugleich die Kontrolle der Öffentlichkeit gesichert wird – von oben allein ist die Korruption in einer zugleich machtausübenden Partei nicht zu besiegen.

Undenkbar ist es nicht, die Kommunistische Partei, und das sozialpolitische System mit ihr, von innen auf eine Verantwortungsethik à la Max Weber auszurichten und vor allem – als Bedingung dafür – zu spiritualisieren. In Wirklichkeit ist die Kommunistische Partei von dem Marxschen und dann dem Leninschen Ansatz her schon in dieser Perspektive geschaffen worden, freilich materialistisch verlarvt und verkürzt, weil die christliche Spiritualität politisch total Bankrott gemacht hatte. Es begann mit dieser Idee des Bundes für die allgemeine Emanzipation des Menschen gerade die Wiedergeburt der Substanz, die in dem Gedanken des Gottesreiches gelegen hatte.

Diese Substanz kommt jetzt durch, ohne daß die Errungenschaften der Säkularisierung – Errungenschaften vor allem der Aufklärung über die Menschenimmanenz des Staates, der Ordnung überhaupt, und der Gottheit – wieder verlorengehen werden. Die Parteimetaphysik – eines Majakowski etwa – wäre unmöglich gewesen ohne dies verborgene Korn Wahrheit. Man kann über Sachen wie Majakowskis Leninpoem denken wie man mag – Lenin *ist* ein moderner Kulturheros gewesen. Jetzt, wo sein Werk in seinem wahren Wesen zu leuchten beginnt, könnte man ohne Verlust sogar sein Mausoleum auflassen und ihn endlich in Frieden ruhen lassen. Freilich, die Praxis, den ganzen Gesellschaftskörper vom Scheitelpunkt her mit Licht zu durchdringen, beginnt erst.

War das bis hierher sozusagen russisch gesprochen, obgleich um daran die allgemeine Problematik sichtbar zu machen, so will ich die nun noch ins Deutsche übersetzen. Da kann ich allerdings die Essenz *zitieren* – schöner formuliert, als ich es vermöchte, vor beinahe zweihundert Jahren, 1799, von Novalis. Der hat jenes Jahr in Weißenfels gesessen und im Hinblick auf eine neue politische Spiritualität seinen Aufsatz »Die Christenheit oder Europa« geschrieben.[146]

»Europa« – wie soeben im Falle der Kommunistischen Partei meine ich auch hier die allgemeine Struktur der Aussage. Wo Novalis »Europa« sagt, müssen wir die ganze Welt ins Auge fassen, und wo er von der Christenheit spricht, müssen wir uns so etwas wie die »Gemeinschaft der Heiligen aller Völker« vorstellen, einen Verbund, der nichts anderes als Ausdruck des aufstrebenden menschlichen Wesens ist. Zugleich sind des Novalis Worte ein *deutsches* Vermächtnis. Rußland, die Sowjetunion gibt jetzt einen Anstoß, eine Hilfe. Aber wir folgen unserem eigenen Traum, wenn wir uns auf diese Denkweise einlassen, die jetzt vielleicht noch aktueller ist als zu der Zeit, da ihr Novalis Ausdruck verlieh, indem er, erst einmal beim Verfall der alten Autoritäten ansetzend, schrieb:

Der anfängliche Personalhaß gegen den katholischen Glauben ging allmählich in Haß gegen die Bibel, gegen den christlichen Glauben und endlich gar gegen die Religion über. Mehr noch – der Religionshaß dehnte sich sehr natürlich und folgerecht auf alle Gegenstände des Enthusiasmus aus, verketzerte Phantasie und Gefühl, Sittlichkeit und Kunstliebe, Zukunft und Vorzeit, setzte den Menschen als Naturwesen mit Not obenan und machte die unendliche schöpferische Musik des Weltalls zum einförmigen Klappern einer ungeheuren Mühle, die vom Strom des Zufalls getrieben und auf ihm schwimmend, eine Mühle an sich, ohne Baumeister und Müller, und eigentlich ein echtes perpetuum mobile, eine sich selbst mahlende Mühle sei.

Daß die Zeit der Auferstehung gekommen ist, und gerade die Begebenheiten, die gegen ihre Belebung gerichtet zu sein scheinen und ihren Untergang zu vollenden drohten, die günstigsten Zeichen ihrer Regeneration geworden sind, dieses kann einem historischen Gemüt gar nicht zweifelhaft bleiben. Wahrhafte Anarchie ist das Zeugungselement der Religion. Aus der Vernichtung alles Positiven hebt sie ihr glorreiches Haupt als neue Weltstifterin empor. Wie von selbst steigt der Mensch gen Himmel auf, wenn ihn nichts mehr bindet, die höhern Organe treten von selbst aus der allgemeinen gleichförmigen Mischung und vollständigen Auflösung aller menschlichen Anlagen und Kräfte als der Urkern der irdischen Gestaltung zuerst heraus...

Ruhig und unbefangen betrachte der echte Beobachter die neuen staatsumwälzenden Zeiten. Kommt ihm der Staatsumwälzer nicht wie Sisyphus vor? Jetzt hat er die Spitze des Gleichgewichts erreicht, und schon rollt die mächtige Last auf der andern Seite wieder herunter. Sie wird nie oben bleiben, wenn nicht eine Anziehung gegen den Himmel sie auf der Höhe schwebend erhält. Alle eure Stützen sind zu schwach, wenn euer Staat die Tendenz nach der Erde behält. Aber knüpft ihn durch eine höhere Sehnsucht an die Höhen des Himmels, gebt ihm eine Beziehung aufs Weltall, dann habt ihr eine nie ermüdende Feder in ihm und werdet eure Bemühungen reichlich belohnt sehn!...

Es ist unmöglich, daß weltliche Kräfte sich selbst ins Gleichgewicht setzen, ein drittes Element, das weltlich und überirdisch zugleich ist, kann allein diese Aufgabe lösen. Unter den streitenden Mächten kann kein Friede geschlossen werden, aller Friede ist nur Illusion, nur Waffenstillstand; auf dem Standpunkt der Kabinette, des gemeinen Bewußtseins ist keine Vereinigung denkbar.

Wer weiß, ob des Kriegs genug ist, aber er wird nie aufhören, wenn man nicht den Palmzweig ergreift, den allein eine geistliche Macht darreichen kann. Es wird solange Blut über Europa strömen, bis die Nationen ihren fürchterlichen Wahnsinn gewahr werden, der sie im Kreis herumtreibt, und, von heiliger Musik getroffen und besänftigt, zu ehemaligen Altären in bunter Vermischung treten...

Haben die Nationen alles vom Menschen – nur nicht sein Herz? – sein heiliges Organ?

Wo ist jener alte, liebe, alleinseligmachende Glaube an die Regierung Gottes auf Erden, wo ist jenes himmlische Zutrauen der Menschen zueinander...?

Novalis verlangt eine neue alte »Kirche ohne Rücksicht auf Landesgrenzen..., die alle nach dem Überirdischen durstige Seelen in ihren Schoß aufnimmt und gern Vermittlerin der alten und neuen Welt wird«: »Keiner wird dann mehr protestieren gegen christlichen und weltlichen Zwang, denn das Wesen der Kirche wird echte Freiheit sein, und alle nötigen Reformen werden unter der Leitung derselben als friedliche und förmliche Staatsprozesse betrieben werden.«

Ja, wir müssen uns diese rettende Instanz schaffen, weltweit, bei uns aber beginnend. Und die deutsch-russische Verbindung wird dabei höchst bedeutungsvoll sein. Die neue soziale Macht wird zuerst als innerer Entwurf und dann als Geisterbund existieren, ehe die neue deutsche Reformation auch den Staat ergreift, was sie indessen von vornherein auch ins Auge faßt.

An einer Stelle seiner »Neuen Sicht der Dinge« schreibt Biedenkopf einigermaßen unauffällig, und zwar im Hinblick auf das Menschenbild, das sich in den Institutionen ausdrücken soll: »Die freiheitliche Gesellschaft geht von der Einzigartigkeit des Menschen und seiner letztlich personalen Verantwortung einer Instanz gegenüber aus, die außerhalb seiner selbst und außerhalb der menschlichen Gesellschaft liegt.«[147] Als Phrase steht dergleichen wohl in der Verfassung so manchen »christlichen« Landes.

Es käme auf eine nähere Verständigung an, was der Begriff der Gottheit, der doch offenbar hinter Biedenkopfs Satz steht, heute meint und will (und was dann »außerhalb« bedeutet, was hingegen nicht). Hat man sich einmal darauf eingelassen, in diesem platonischen, urbildlichen Bezuge von ORDO zu reden, ist eine solche Vergegenwärtigung sogar unerläßlich. Wenn unsere Gesellschaft sozusagen eingeboren expansionistisch ist, kann die politische Energie, um sie darin zu begrenzen, aus dem politischen Raum allein unmöglich gewinnbar sein.[148] Welche Orientierung aber haben wir für die spirituellen Energien, die wir hereinnehmen wollen? Hier sehen wir uns zurückverwiesen auf eine Diskussion der Subjektivität der Rettung. Auf diesem Vorfeld scheiden oder finden sich die Geister.

Rohrmoser erzieht den »Fürsten dieser Welt«

Da die Hemmung, wirklich so weit zu gehen, wie es eigentlich in der Intention angelegt ist, mit einer Verwerfung im Fundament der konservativen Weltanschauung zu tun hat, will ich sie da aufsuchen, indem ich von Kurt Biedenkopf auf Günter Rohrmoser verschiebe, einen Philosophen, der gewöhnlich dem rechten Flügel der CDU/CSU zugeordnet wird, weil er die Position, um die es ihm geht, halt sozusagen fundamentalistisch vertritt. Ich ignoriere also dieses untaugliche Links-Rechts-Schema einmal mehr. Insofern Rohrmoser wirklich fundamentalistisch ist (er hält es leider *nicht* durch!), finde ich ihn mir geistig sogar noch näher als Biedenkopf – für eine Disputation Auge in Auge.

Denn während es zwischen Biedenkopf und mir noch eine Grauzone in der *Beschreibung* des Weltzustandes gibt – ob er denn wirklich apokalyptisch ist?! –: zwischen Rohrmoser und mir ist dieser Punkt völlig klar. Das geht nicht nur aus seinem Buch (von 1983) hervor, sondern wir konnten uns auch darüber austauschen. Auch er sieht den ganzheitlichen, fundamentalen Charakter der Krise und artikuliert das auch politisch so, daß keine Halbheit mehr durchgehen dürfte. Wieso er dann Ökonomie (indem er unter diesem Allgemeinbegriff automatisch unsere bestimmte Art des Wirtschaftens mitschwimmen läßt) und Ökologie noch für versöhnbar hält, kann ich in seinem Denken nicht begründet finden. Es wäre wirklich ein fauler Trick, die Blöße der kapitalgetriebenen Megamaschine mit dem Gemeinplatz zu bedecken, daß sich Ökonomie tatsächlich zu allen Zeiten ökologisch einfügen *muß* und *mehr oder weniger* eingefügt *hat*. Schließlich haben ganze Kulturen ihr Ambiente verwüstet – als das noch lokale Unfälle waren.

Auch daß er sich seinerzeit für die »Nachrüstung« mit den neuen Raketen aussprach, kann er nicht *geistig* rechtfertigen. Denn da die selbstlaufende Machtlogik des Wettrüstens evident ist, müßte aus seiner Einsicht, daß die Katastrophe aus der *Machtlogik* der Vernunft, aus ihrem eingeborenen Bemächtigungswillen hervorgeht, unzweideutig folgen, »einer muß anfangen, aufzuhören« (Franz Alt), und zwar bedingungslos. Der Totalitarismus des »Gegners«, der so sehr mit unseren eigenen Kulturgrundlagen zu tun hat und weithin auch deren – objektive – Projektion darstellt, ist ein erbarmungswürdiges Argument, wenn man ihn mit dem Szenario der drohenden Totalkatastrophe vergleicht. Wie kann man aus einer Aversion auf abgeleiteter, sekundärer Ebene auf der primären blockieren? Wäre es nicht an der Zeit, *philosophisch* dies Bedrohtheitsdenken aufzugeben?

Günter Rohrmoser schützt sich gegen solche Zumutung, indem er vorsorglich Zeit für sein Umdenken verlangt: Wir müßten, meint er, die Maxime von Marxens Feuerbachthese umkehren. »Es kommt darauf an, ehe wir die Welt verändern, sie zunächst zu interpretieren. Solange wir die neue Situation, in der sich die Welt befindet, nicht begriffen haben, sollten wir sie vor jeder Veränderung mit totalem Anspruch und totaler Zielsetzung verschonen.«[149] Einverstanden mit dem Interpretieren, dem Neubegreifen. Nur wenn die Reflexion extra Zeit beanspruchen soll, anstatt »mitzulaufen«, müssen wir uns erinnern: Die Welt *wird* indessen verändert, genauer gesagt vernichtet. In ihrer megamaschinellen Gefangenschaft *sind* Wissen und Werkzeuge unausgesetzt gegen die »Erhaltungsimperative der menschlichen Gattung« (Rohrmoser) wirksam. Wäre der Versuch, diese Todesspirale für ein unbefristetes Moratorium zu stoppen, bis das Begreifen nachkommt, nun so unerlaubt »total(itär)«? Sollte so eine Generalpause nicht wenigstens erst mal gedanklich riskiert, als ein philosophischer Wille konstituiert werden?

Der (Zeitverlust-)Preis der Inkonsequenz wird offenbar, wo Rohrmoser unkritisch an die alten, der Selbstausrottungslogik verhafteten Institutionen appelliert. Sie sollen ihm einen Auftrag erfüllen, der offensichtlich in ihnen gestorben ist. Und an solchen Stellen verrät sich das Wissen des Philosophen um die Unzulänglichkeit seiner Intervention jedesmal in dem Tonfall pastoraler Besorgnis, mit dem er sich an die schlechten Hirten wendet. Wie sollen wir zu einer neuen Konfiguration kommen, wenn wir keinen Bruch – unter anderem auch mit Freunden, die weitermachen wollen wie bisher – und keinen Durchgang durch Momente bzw. Sektoren von Chaos riskieren wollen?

Die ganze Nachkriegsrestauration in Westdeutschland hat nicht wahrhaben wollen, daß der Niederbruch von 1914–1945 schon endgültig war. Jetzt ist dadurch verhüllt, und zwar für

»rechts« wie »links«, daß die Nazibewegung u. a. auch bereits eine erste Lesung der Ökologiebewegung war, ein von allzuviel Ressentiment und Aggression überlagerter fundamentalistischer Aufruhr gegen Wissenschaft-Technik-Kapital, gegen das exterministische Industriesystem, dem sie zugleich noch wieder anheimfiel.

Rohrmoser bringt sehr richtig die Zwei-Reiche-Lehre von *Civitas Dei* und *Civitas Terrena* in Erinnerung – aber so, als könnten Kirche und Staat, wie sie *nach* diesem ganzen europäischen Durchlauf *gegeben* sind, d. h. als genetisch auch für den Exterminismus letztverantwortliche Institutionen, noch eine geistige Autorität aufbieten, um jetzt die menschliche Substanz zu retten. Er ist gewiß wohlvertraut mit dem Gedanken, daß der mörderische Machtkampf von Päpsten und Kaisern, in den die ganze Elite des Abendlandes verstrickt war, jedem späteren Gottesgnadentum schon vorab die letzte Quadratmeile unverseuchten Bodens entzogen hatte. Anders – nämlich bei einer geistlich ungebrochenen theokratischen Instanz – wären Wissenschaft-Technik-Kapital niemals freigekommen für ihren hemmungslosen Beuteritt.

Die Konservativen machen alle denselben Fehler: Sie erwarten von den ausgebrannten Hüllen, die an dem bisherigen Weg der Menschheit liegengeblieben sind, daß sie noch einmal auferstehen und ihren ursprünglichen Gehalt weitertransportieren. Sollte ich eine Kirche von Assisi heraufkommen sehen, würde ich mich belehren lassen. Aber gerade dafür wäre es besser, auf eine Neugeburt aus dem lebendigen Geiste zu setzen, denn dergleichen kann nichts werden ohne neue Fränze, die in puncto institutionellen Bruch noch den letzten Schritt gehen, zu dem sich jener Franz von Assisi noch nicht gezwungen sah.

Rohrmoser appelliert an Machthaber, ohne hinzuzufügen, daß sie politisch resignieren sollen, wenn sie die Mahnung bloß als Sonntagspredigt verbuchen. Er spricht vor Managern des Rüstungskonzerns MBB in München, ohne ihnen nahezubringen, daß sie *aufhören* sollten, was immer dann privat passieren mag. Der Terrorist, der den Rüstungsmanager Zimmermann ermordete, bleibt trotz der barbarischen Form seines Aktes ein Waisenknabe gegen den Rüstungsmanager selbst, dessen Tätigkeit am laufenden Bande Tod erzeugt. Und gerade ein Mensch wie Rohrmoser hätte den Rüstungsleuten das nahebringen *können*. Indessen verhält er sich wie weiland ein später Römer, der noch in der letzten Aufstiegszeit des Christentums an den alten Cäsarentyp und die römischen Götter appelliert, um die Pax Romana aus der Zeit des Augustus oder der Antonine wiederzuholen. Nein, wir dürfen uns nicht auf Ordnungselemente berufen, die *sub specii aeternitatis* gelten, um den Status quo mit Erwartungen auszustatten, die von vornherein in ihm betrogen sind.

Wie mit dem Staat und zuvor schon mit der Ökonomie redet Rohrmoser auch mit den Kirchen, als *wären* sie noch befugt und *könnten* uns für das Ausschöpfen der Gnadenfrist dienen, die sie genauso folgenlos besorgt wie Rohrmoser selbst von Zeit zu Zeit ausrufen. Der bloße Appell an die Kirchen und den Staat ist *so praktiziert* schon indirekte Apologie. Gerade aus einer Erwägung dieser Art habe ich aufgehört, an die vergleichsweise harmlosen Grünen zu appellieren, seit mir zutage liegt, daß sie auch zu der Großen Unordnung dazugehören.

Die Idee des Gemeinwohls und erst recht die Idee der *Civitas Dei* können nur bewahrt werden, wenn der von Grund auf korrupt konstruierte Parteienstaat und die realexistierenden Kirchen *prinzipiell* dahingegeben werden. Immerhin hatte Augustinus für die *Civitas Dei* den Bruch mit dem Imperium Romanum zur Bedingung erklärt. Was spricht eigentlich dafür, daß wir nicht in einer Situation wären, die mindestens so zwingend verlangt, uns von der modernen Metropolis abzulösen?

Die Kirchenfrage ist noch wichtiger als die Staatsfrage, weil es um den religiösen Grundkonsens des Abendlandes geht: *Der* steht in Frage. Deshalb ist es auch richtiger, erst einmal theologisch zu diskutieren anstatt sogleich politisch. Man wird sich leichter über die *Civitas Terrena* einig, wenn man sich zuvor über die *Civitas Dei* verständigt hat: ob wir mit der letzteren bei Null neu beginnen müssen oder nicht?! Wenn die Gottheit, wenn die sittliche Idee wiedergewonnen ist, wird sich auch der Staatsgedanke »richtig« wieder fügen. Andernfalls ihn zu beschwören heißt dagegen, den unerziehbaren »Fürsten dieser Welt« (den Satan des Lutherliedes) zu bestärken.

Natürlich kann man auch heute im Kirchenraum, da er wenigstens einen Schritt abseits ist, der Gottheit begegnen. Aber das

Dogma und die Hierarchie lenken von dem lebendigen Christus ab, den Johannes lehrte, den Eckhart lehrte, und eine lebendige Maria, in der der Gegensatz von himmlischer und irdischer Liebe entfallen wäre, kann sich noch schwerer da entfalten. Was würde denn gegenwärtig das in die Bergpredigt hineinführende Christuswort bedeuten: »Ich bin nicht gekommen, um aufzulösen, sondern um zu erfüllen«? Was würde es bedeuten, konkordant mit der anderen Intention Christi, den Tempel einzureißen und ihn neu zu bauen?

In einem beliebigen Kreis, wo sich Menschen der Existenz von etwas namenlosem Heiligem gewärtig sind, ist immer der Tendenz nach alles da, was sich in unserer Kultur um die Gestalt des Christus geordnet hat, und fehlt momentan dies oder jenes Bestandsstück – nichts, was anthropologisch notwendig ist, kann auf Dauer verloren sein, wo Menschen ernstlich versuchen, »dem Dau zu folgen«. Christus ist längst nicht mehr auf die Weitergabe des Wortes durch die ihn verwaltenden Institutionen angewiesen. Worin er etwas Besonderes ist, gerade das sollte keiner Apologie, keines Schutzes gegenüber anderen Wegen bedürfen. Unsere unausgefüllten Kathedralen müßten ihren Innenraum für das Treffen aller Wege zur Gottheit, aller geeigneten Praktiken öffnen. Aber wie unsere Kirchen sind, kann man nicht mehr von ihnen erwarten, als daß sie wenigstens nicht stören, was ökumenisch zusammenkommen will.

Beruft man sich, *ohne* die Lage *radikal* zu charakterisieren, darauf, daß Politik in Zeiten tiefer Krise von Religion geleitet sein muß – gemeint: von christlicher –, so ist man Pharisäer und Schriftgelehrter *gegen* den Neuen Bund heute. Die kirchenchristlichen Werte haben selbst zu der Zeit, von der Rilke seinen Minderbruder ausrufen ließ »Wie war Gott groß im Mittelalter!«, nicht aus dem von Thukydides benannten Dilemma des Kampfes »um Herrschaft und um Freiheit« herausgeführt. In Wirklichkeit plädiert Rohrmoser, ohne es direkt zu wollen, aber weil er nicht bis zu Ende fundamental denkt, für eine besser legitimierte Machtpolitik alten Typs.

Zuletzt kann er sich so auf seine Anfangsprämisse zurückziehen, die neue Situation sei noch nicht begriffen. Auf der intellektuellen Ebene nehme ich ihm das gar nicht ab. Oder bilde, umgekehrt, ich mir nur ein, sie begriffen zu haben (denn unsere Kategorien für die Wahrnehmung der Wirklichkeit sind ja weitgehend deckungsgleich)? Der einzige Realunterschied liegt vielleicht in der energetischen Ladung des Logosbegriffs. Rohrmoser nimmt ihn als eher kontemplatives Konzept, das bereits in die dadurch gerechtfertigte Wirklichkeitsstruktur eingegangen ist: so wird in *jeder empirischen* Institution deren transzendentales *Prinzip* geheiligt.

Ja, er hat den Terroristen richtig vorgerechnet, sie verwechselten ihr empirisches mit dem transzendentalen Ich, träten so auf, als könnten sie mit ihrer besonderen Existenz tatsächlich den kategorischen Imperativ fürs Ganze exekutieren. Doch er selber behandelt den Staat so, wie die Terroristen das Ich behandeln. Bei ihm agiert der Logos nicht als lebendiger Geist, nicht als Feuersäule, sondern ist toter Geist, in den Strukturen geronnener Geist. An die Funktionäre geht dann nur die Mahnung, subjektiv nichts zu verderben. Das »Siehe, ich mache alles neu« gilt so fürs Aktuelle nicht. In der laufenden Geschichte soll der Geist nicht wehen, wie er will, es ist schon in der Vergangenheit über ihn entschieden. Es kann nicht jederzeit auch Urzeit, Schöpfungszeit sein.

Was ich von dem gegenwärtigen Weltzustand verstanden und »exoterisch« auf den Exterminismusbegriff gebracht habe, läuft darauf hinaus, daß wir nicht nur mit dem abstrakten Verstand, sondern auch mit der rationalistischen Mystik der objektivierten, entäußerten dialektischen Vernunft Hegelscher Provenienz erst mal am Ende sind. Rohrmoser bestätigt diesen Befund sogar, indem er Heidegger und Adorno zitiert, dann aber will er der gottverlassenen Wirklichkeit dennoch die Hegelschen Einsichten als Stützen einziehen. Wir brauchen den Geist jetzt aber gerade flüssig, wenn wir das »Projekt der Moderne« zum Stehen bringen wollen. Mit dem konservativen System-Hegel aber haben wir nicht einmal gegen die megamaschinellen Tatsachen recht, die die Kehrseite der von ihm bejahten bürgerlichen Emanzipation sind. Wie man mit Tatsachen umgeht, deren Logik exterministisch ist, diesem Problem hatte sich Hegel halt noch nicht stellen müssen.

Für die ökologische Wende kommt es am meisten auf den *richtigen* Konservatismus an. Da eine Rettungsbewegung eben retten, d. h. auch die gewachsene Substanz, eben die entfaltete europäische Individualität, Subjektivität bewahren soll, während sie alles verwandelt, kann sie nur aus der Tiefe des inneren historischen Raumes kommen. Dann wird eine Rettungspolitik die Seele des Volkes für sich haben. Ist aber das gewährleistet, kann ich mir, in verhältnismäßig wenigen Jahren erreichbar, eine überwältigende Akzeptanz für die nötigen Eingriffe vorstellen, so daß die Widerstände, so mächtig sie sein mögen – ähnlich wie bei der sowjetischen Reform heute –, auf passive Resistenz zurückgedrängt sein werden. Warum sollten nicht in jeder großen Bank eines Tages einige Vorstandsmitglieder entdecken, daß es Dringlicheres als Finanzen gibt und daß es gar nicht menschenwürdig ist, in erster Linie Funktionär von Geldströmen zu sein?

Die Werte, um die es geht, sind nur zu retten, wenn wir uns zur revolutionären Erneuerung des institutionellen Systems entschließen und dabei an die stärksten politisch-psychologischen Dispositionen unseres Volkes anknüpfen. Wie Weimar keine Antwort fand auf die soziale, so findet heute Bonn keine Antwort auf die ökologische Krise – und die Deutschen haben sich trotz aller schlechten Erfahrungen ein Gefühl dafür bewahrt, daß es eine Instanz des Gemeinwohls geben muß, allerdings eine würdige, eine von echter Autorität, wie sie ein Parlament, dessen Mitglieder allem Möglichen, nur nicht ihrem mit dem Kantschen kategorischen Imperativ korrespondierenden Gewissen verpflichtet sind, einfach nicht aufbringen kann. Lassen wir es diesmal bestehen, damit die Sonderinteressen, die ja einmal da sind, weiterhin ausgehandelt werden können, aber schaffen wir uns zusätzlich eine Instanz fürs Allgemeine, eine Art wirklich übergreifender Präsidentschaft (nachher noch konkreter, das ist erst einmal die Idee als solche)!

Ohne eine mächtigere, überwölbende Instanz ist die bürgerliche Demokratie keineswegs – wie oft fälschlich vermeint wird – der Garant, sie ist vielmehr der Auspuff der individuellen Autonomie. Sie ist vor allem die mit der Weltregierung durch das Geld von vornherein liierte, adäquate Verfassung für die wettläufige, schrankenlose Kapitalakkumulation. Um Meinungsfreiheit, gar Mitbestimmung über die allgemeinen Angelegenheiten zu sichern, *gibt* es Alternativen, die vor allem in der Richtung einer neuen, diesmal reflektierten »Stammesverfassung« für die ganze Menschheit wie für alle ihre »Stämme« liegen und eng damit zusammenhängen, daß ohnehin »nur Stämme überleben« werden, d. h. soziale Organismen *mit* überschaubaren Rückkopplungen zueinander und zur Natur.

Die neue Lösung muß erst einmal von einer berufenen Gestalt regulär verfochten werden; nur personifiziert wird sie der Allgemeinheit kenntlich. Da die Struktur, an deren Spitze diese Gestalt erscheinen könnte, hier gar nicht gegeben ist (Kanzlerschaft will unter den gegebenen Umständen nicht viel besagen, die sogenannte Richtlinienkompetenz ist unter der des Königs Johann ohne Land angesichts der Magna Carta Libertatum), muß sich der Anspruch erst einmal in einer bewegungsgetragenen Kandidatur für einen anderen Staatszustand ausdrücken. Die charismatische Darstellung darf nicht vor dem vorhersehbaren Haßausbruch aller strukturkonservativen Kräfte zurückscheuen. Die Prophetie muß öffentlich riskiert werden. Vielleicht gibt es auch die Doppelkandidatur eines inspirierten, aber noch mit dem Realismus der demokratischen Struktur korrespondierenden Politikers und eines politischen Propheten. Beide müßten von konservativem Persönlichkeitszuschnitt, aber nichtautoritärer Charakterhaltung sein.[150]

Stünden wir nicht immer noch unter dem Trauma unseres verbrecherischen Ausbruchs, so daß wir an der Bewegung auf 1933 hin nur das moralisch und humanitär katastrophale Scheitern sehen können – wir hätten es in Deutschland, wo die westliche Demokratie nach wie vor nicht verwurzelt ist, leichter als in jedem anderen »entwickelten« Land (mit Ausnahme Japans), die neue Lösung zu finden. Trotz aller schlechten Erfahrungen sind die Deutschen ansprechbarer als andere Völker für charismatische Führung geblieben. Sie werden wieder lernen, daß Charisma zunächst eine Kraft jenseits von Gut und Böse ist und uns herausfordert, auf Reinigung zu denken, individuell wie kollektiv, anstatt die Ansprache zu verwerfen, die die Herzen erhebt.

Es war schließlich ein und dasselbe Volk, da war auch Kontinuität in so verschiedenen Situationen: ein und dasselbe Volk, das seine Herzöge und nachher seine Könige auf den Schild hob; das sich im Aufschwung zum Hohen Mittelalter in eine Millenniumsbewegung warf; das von seinen Kaisern nicht nur Land-, sondern auch Gottesfrieden wollte; das nachher unter Thomas Müntzer aufstand, um von der Reformation mehr als bloß eine neue Obrigkeitskirche zu gewinnen; das sich 1813 gegen Napoleon erhob; 1848 »Halten zu Gnaden!« dann gegen die Fürsten, weil sie gar nichts Kaiserliches mehr an sich hatten, so daß eine Republik her sollte, würdiger als Gottesgnadentum; das 1870/71 aufbrauste für die Illusion eines neuen Kaisertums; und auf 1933 zu noch einmal für die Reichsidee.

In Rußland zeigt sich jetzt, daß der Stalinismus das Larvenstadium eines neuen großen Anfangs war. Wir Deutschen sind gründlicher gescheitert, unsere Gestalt muß politisch gänzlich neu geboren werden. Dennoch gibt es eine mindestens bis in den jugendbewegten Anfang dieses Jahrhunderts, bis auf den Hohenmeißner zurückreichende Kontinuität der jetzigen grünen, ökologischen Bewegung als einer Reaktion auf den monetären Industrialismus, und diese Geschichte hat etwas mit der Polarität von Grün und Braun zu tun, die für die deutsche (und nicht nur für die deutsche) soziale Bewegung im XX. Jahrhundert kennzeichnend ist.

In dem *feigen* Antifaschismus, den wir zur Strafe lernen mußten und der bis heute nicht wirklich losgekommen ist von dem, was er bloß negativ bekämpft, haben wir es verweigert, nach der *Kraft* zu fragen, die *hinter* der braunen Bewegung stand, und die selbst nicht braun, natürlich auch nicht grün, sondern einfach die Vitalität selbst war, freilich konkret-historisch bereits disponiert, kanalisiert für die Katastrophe. Aber das war damals, und der Zusammenbruch hat etwas bewirkt. Autoritarismus und Ressentiment sind jetzt schwächer, Selbsteinsicht ist stärker. Es kann schwerlich etwas weiter jenseits des Faschismus führen als die therapeutische und spirituelle Bewegung (sogar trotz ihrer regressiven Momente), weil sie Aggressionen und Ressentiment aufarbeitet, bewußt macht, abbaut.

Es kann aus derselben Energie, die damals auf die Katastrophe hin disponiert war, sogar aus der Neigung zum *Furor teutonicus*, wenn sie bewußt gehalten und dadurch kontrolliert wird, heute etwas Besseres werden. Kein Gedanke verwerflicher als der an ein neues anderes 1933?! Gerade der aber kann uns retten. Die Ökopax-Bewegung *ist* die erste deutsche Volksbewegung seit der Nazibewegung. Sie muß Hitler miterlösen – die seelische Tendenz, die er, wenn auch schwächer, immer noch in uns ist – wie Rußland jetzt Stalin erlöst, ohne Verteufelung, ohne Beschönigung, mit aller Ehrfurcht für die Opfer. Wir können uns kaum besser zu der Herausforderung stellen als mit dem Ausruf, der am Ende von Friedrich Wolfs linksrevolutionärem Drama »Die Matrosen von Cattaro« steht: »Kameraden, beim nächsten Mal besser!« Das Wirtschaftswunder hat die Bundesdeutschen quasi erneut in ein »Volk ohne Raum« verwandelt, sogar realer und intensiver. Aber diesmal geht die Energie hauptsächlich nach innen, und sei es nur, weil keine äußere Grenze mehr wirklich nachgibt oder auch nur nachzugeben scheint.

Geben wir uns zu: Die parlamentarische Demokratie, die aufgebesserte Weimarer Verfassung, wird die ökologische Krise ohnehin nicht unverwandelt aushalten, weil sie mit ihr nicht aufgehalten werden kann. Es muß einen besseren Weg als damals geben, insbesondere auch einen gewaltfrei(er)en, die Institutionen an die Herausforderung anzupassen. Ob das geht, hängt aber von dem bewußten Konsens für so einen Übergang ab, einschließlich einer bewußten Verarbeitung und Bewältigung der Vergangenheit über Abgrenzung, Ausgrenzung, Anti hinaus. Ich glaube, daß Erich Fried das richtige Zeichen gesetzt hat, indem er Kontakt mit dem eingesperrten Neonazi Michael Kühnen aufnahm. Die Energie, die da auf eine neue Hitlerei hinauslaufen könnte, muß im Vorfeld umdisponiert werden auf eine bessere Perspektive des Krafteinsatzes hin.

Kaisertraum

Mich hat vor langer Zeit Franz Werfels Roman »Die vierzig Tage des Musa Dagh« ergriffen. Ich habe ihn im Gefängnis wiedergelesen und jetzt noch einmal. Er berichtet ein tatsächliches Ereignis.

Im zweiten Jahr des I. Weltkriegs entscheidet sich eine Gemeinschaft armenischer Bauern, die an der syrischen Küste siedelt, an die fünftausend Köpfe stark, sich nicht widerstandslos von der jungtürkischen Regierung, die mit den Armeniern ebenso verbrecherisch verfuhr wie die Naziregierung später mit den Juden, in die Wüste treiben und vernichten zu lassen. Sie ziehen auf den Musa Dagh, den Moses-Berg, und halten dort drei türkischen Angriffen stand, bis sie nach vierzig Tagen in letzter Stunde durch eine französische Flotte gerettet werden.

Gleichnisse gelten niemals wörtlich. Es war eine bewußte Ausrottungskampagne, während die Logik der Selbstausrottung der geltenden Ökonomie und Politik als nicht beabsichtigte, wenn auch als unvermeidlich in Kauf genommene Nebenwirkung innewohnt. Dennoch drängt sich mir ein Vergleich mit der Atmosphäre des Auszugs aus den Dörfern und der tiefgreifenden sozialen Umstellung auf, die die konservativen Bauern auf sich nehmen, weil sie keine andere Alternative zum Untergang mehr besitzen. Es handelt sich nicht um ein Ideal, sondern um die denkbar würdigste Bewältigung einer Notlage durch eine noch überschaubare Gemeinschaft, die keineswegs neuen Zielen anhängt.

Das Gemeinwesen der sieben Dörfer ist klein genug, um eine Lösung ohne Terror, wenngleich nicht ohne allen Zwang gegenüber Privategoismen zu ermöglichen. Die große Mehrheit ist ja unvorbereitet auf die Umstellung. Bis zuletzt etwa, als es schon völlig sinnlos ist, verteidigen die vormals Wohlhabenderen und gar Reichen wenigstens symbolisch ihre alten Besitzstände, obgleich alle Vorräte und insbesondere die Schafherden, an denen sich der Status maß, hatten vergemeinschaftet werden müssen. Die Revolution, die als Vorgang gar keine ist, macht deutlich, wie relativ die Unüberwindlichkeit der Eigentumsinteressen ist, wenn es um alles geht. Die soziale Struktur verschiebt sich entsprechend der Lage, obwohl in den Grenzen des Allzumenschlichen. Es bildet sich eben eine andere Hierarchie, die eines Kriegerstamms, in dem das erste militärische Aufgebot am meisten zählt, und danach erst einmal dessen Reserve. Nur wenige haben jene Distanz zu ihrer Rolle, die sie befähigt, hinter das zurückzutreten, was sie tun. Zwei von diesen aber sind mit dem gewissen Charisma, das ihnen eignet, die Seele des Widerstands. Ohne sie hätte sich das Bauernvolk, ohnehin orientalisch hinnahmebereiter als ein westliches, nicht aufgerafft.

Der eine ist Gabriel Bagradian. Nach mehr als zwanzig Jahren als Pariser Intellektueller ist er mit seiner französischen Frau nach Hause zurückgekehrt, ursprünglich nur, um die Geschäfte zu ordnen, nachdem sein älterer Bruder gestorben war. Bagradian hatte auf dem Balkan als Artillerieoffizier einen türkischen Feldzug mitgemacht. Als er das Unheil herannahen sieht, nimmt er das Terrain des Heimatberges auf und studiert alle Ressourcen der Dörfer, ehe noch die Bauern ernstlich beunruhigt sind. So hat er in der Stunde der Gefahr den Verteidigungsplan fertig und kann seinem Volk eine Perspektive vorschlagen. Er, der eben noch Fremde, wird der unangefochtene Kriegskönig des Stammes sein.

Der andere ist Ter Haigasun, der orthodoxe Hauptpriester der Gemeinden, ein skeptischer Mann, der auf dem Berge einige wunderbare Ereignisse erleben wird, rettende Zufälle, die dennoch mehr als Zufälle zu sein scheinen. Als der türkische Vertreibungsbefehl kommt, beruft er die Volksversammlung ein in den Garten des Hauses Bagradian. Er eröffnet nicht mit einer tröstlichen, aufmunternden oder ergebungsvollen Rede, läßt keine Illusionen, das Volk werde auch diese Prüfung überstehen, sondern sagt die bittere Wahrheit ganz, daß diesmal niemand überleben wird und mehr noch, daß es kaum Aussicht auf einen würdigen Tod gibt. In diesem Lichte entscheidet sich, während eine Minderheit um einen anderen Pastor beschließt, dem Übel nicht zu widerstehen, das Volk für den Musa Dagh. Ter Haigasun wird nicht nur wie bisher ihr geistlicher Hirte und ihr Sittenrichter sein, sondern das Volksoberhaupt, zuletzt, als der gewählte Rat an den Eitelkeiten einiger wichtiger Mitglieder scheitert, der unfreiwillige Diktator ohne persönliche Willkür.

Etwas wie in diesem Epos mag uns bestenfalls erwarten, wenn wir nicht eher handeln als im Augenblick der akutesten Gefahr. Diese Armenier standen in jener Art Situation, von der es in Schillers Wallenstein heißt, die Menschen fänden sich in ein verhaßtes Müssen weit besser als in eine schwere Wahl.

Ganz natürlicherweise mündet die Subjektivität der Rettung in den Traum von einer aus ihr konstituierten rettenden sozialen Macht. Sie will schließlich »den Staat finden, der zu ihr paßt«, »Staat« in dem alten, umfassenden platonischen Sinne, wo die sittlich begründete institutionelle Verfassung des Gesellschaftskörpers damit gemeint ist. Ich denke, wir müssen jetzt naiv genug sein, die Probleme der sozialen Macht erneut von ihrer archaischen Substanz, von dem Archetypus des Fürstenproblems her aufzunehmen.

Früher haben sich die Menschen solche Instanzen wie den Kriegskönig und den Priester äußerlich gegenübergestellt, ohne sich ganz bewußt zu sein, welchen Anteil ihre eigene Projektion daran hatte. Jetzt liegt es an uns, unsere eigene Kaiserlichkeit (wie im Religiösen unsere eigene Christusnatur) in eine soziale Instanz hineinzukonstituieren, die sich bei voller allgemeiner Bewußtheit über den Vorgang nicht entfremden muß. Schon ein auch nur halbwegs seiner selbst und seiner Lage bewußtes Volk projiziert vielleicht einen Präzeptor, aber noch keinen Hitler. Es müssen erst mehr als die üblichen regressiven Mutter- und vor allem Vaterkomplexe, es müssen massenhaft Besessenheit, Rigidität und Ressentiment hervortreten, damit der Rattenfänger anstelle des Präzeptors seinen Auftritt bekommt.

Es haben diese Dinge wenig mit »Oben« und »Unten« zu tun, vielmehr damit, wie eine soziale Bewegung, die sich heute in unserem Lande mehr denn je aus bewußtheitsfähigen Individualitäten zusammensetzt, von innen geführt wird, von innen sich selber führt, wie sie ihren Konsens findet und in welcher repräsentativen Gestalt oder Gruppe dieser Konsens sich vermittelt, wie kommunikations-, wie kommunionsfähig dieses Medium ist. Die neue Lösung für die ganze Gesellschaft kann gewiß nur jenseits jener Bewußtseinsstruktur ausgearbeitet werden, in der sich Obrigkeit und Subalternität gegenseitig korrumpieren.

Werden Impulse für eine Umkehrbewegung kaum aus den alten Strukturen heraus erfolgen, so können sie dennoch *auch* von Menschen kommen, die noch dort eingebunden sind. Ein führender Politiker, der grundlegend etwas ändern möchte, hat persönlich kein grundsätzliches anderes Problem als jeder kritische Geist, der zugleich irgendwo eingebunden ist, und es gibt keinen anderen Maßstab als die Konsequenz und Integrität des betreffenden Menschen. Kommt er von »oben«, so muß er seine Machtidentifikation hinter sich lassen, kommt er von »unten«, ebenso die Identifikation mit seinem Unterdrücktsein.

Es ist niemand nur subaltern, niemand nur superior. Bis zu einem gewissen Grade steckt bisher in jedem Menschen ein Tyrann und ein Sklave (samt Verkleidung und Paradoxien), wenn auch in glücklicheren Fällen nur marginal, und die beiden Figuren korrespondieren wie im Individuum so auch im sozialen Verband miteinander. Auch die reformatorische Konstellation wird nicht davon verschont bleiben. Aber eine Lösung der ökologischen Krise ist sehr davon abhängig, wie stark in wie vielen Individuen die selbstverantwortliche Mitte zwischen den beiden prekären Polen ist. Ob es Terror geben wird oder nicht, entscheidet sich nicht am Despoten in spe und auch nicht an unserer Warnung davor, sondern an der Stärke oder Schwäche der alternativen Bewußtseinsstruktur, daran, ob eine überzeugende Gesamtlösung ausgearbeitet und vorgeschlagen ist, um die herum sich eine Bewegung gestalten und organisieren kann.

Fehlt es einerseits an so einer Neukristallisation, während andererseits keine gemeinschaftliche Verpflichtung an die bestehende Ordnung mehr durchträgt, können die Menschen nur von ihren unmittelbaren, kurzfristigen und privaten Interessen ausgehen, so daß nur die Ressentiments und Antihaltungen gemeinsam sind. Gibt es dagegen die Vision einer neuen Ordnung und ist ihr Entwurf schon inkarniert, so kann es zu einer Assoziation der besten individuellen Bestrebungen kommen. Die meisten Menschen sind durchaus in der Lage, sich zu ihren fundamentalen, zu langfristigen und allgemeinen Interessen zu erheben. Die Atmosphäre freilich wird in dem einen und in dem anderen Fall von sehr verschiedenen Charakteren bestimmt, und es werden je nachdem unsere bösen oder unsere guten Geister das Zentrum halten.

Jene Grundentscheidung, »den Kahn am Ufer zu vertäuen«, kann nur fallen, wird aber auch fallen, wenn das ganze Volk dazu bereit ist – in seinen dumpferen Schichten wenigstens bereit, sie hinzunehmen. Vor allem müssen die zahllosen Individuen, die die mehr oder weniger privilegierten Initiativeträger unseres bisherigen Modells sind, ihre Nadeln neu ausrichten, zu einer anderen als der für unsere Kultur so typischen besitzergreifenden Weltumseglerhaltung finden. Aber wie soll das gehen ohne einen institutionellen Rahmen, der dem entgegenkommt, der das belohnt? Läuft doch unser ganzes politisches System seit Jahrhunderten darauf hinaus, daß »das Ganze schon für sich selber sorgt«, wenn jede(r) nur das Seine treibt.

351

Bei uns ist dieser unverpflichtete Individualismus nach 1945 erst von unseren besser darin geübten transatlantischen Vettern zu Ende legitimiert worden. In einer solchen Situation ist die Vernetzung der für eine ökologische Wende engagierten Kräfte allein nicht genug, sondern das kommende neue Ganze bedarf darüber hinaus eines starken sichtbaren Symbols. Und es ist nur menschengemäß, dieses Symbol auch in einer Menschengestalt zu erwarten, die die neue Verfassung vorverkörpert. Es mag auch eine Gruppe sein, wir wissen es nicht; jedenfalls wird es Zeit, diesen Antipersonalismus zu verabschieden, der dem eigenen Narzißmus so schön entgegenkommt: »Keine Macht für niemand«, vor allem aber »keine Prominez für niemand«. Für mich hat den höheren Rang dies Hölderlin-Wort: »Einer aber, der ein Mensch ist, ist er nicht mehr denn Hunderte, die nur Teile sind des Menschen.«

Der Auftrag, unsere soziale Existenz ans Naturgleichgewicht zurückzubinden und sie kontraktiv, zentripetal auszurichten, ökonomisch viel mehr auf Haushalt als auf Unternehmung, bedeutet, daß das Medium einen starken weiblichen Akzent haben wird, wie es ja auch schon in den neuen sozialen Bewegungen angelegt ist. So oder so aber bedarf es für den Durchbruch durch diese Masse zivilisatorischen Betons starker charismatischer Kräfte. Die entsprechende Fähigkeit, im Kern des Menschen gegeben, wird sich in allen aufdecken, die an der Bewegung teilnehmen; etwas davon wird ja immer freigesetzt, wenn sich Menschen auch nur einen Schritt aus dem Spinnweb der Abhängigkeit und Interessenpolitik befreien. Wer davon ausgeht, daß sich charismatische Potenz nicht mit Aufgeklärtheit und Kritikfähigkeit verträgt, der reproduziert bloß mit an einer Konstellation, in der sich wieder so ein falscher Gegensatz manifestieren kann.

Der politische, der institutionelle Aspekt so einer Umkehrbewegung läßt sich nicht besser als von der Denkfigur des »Fürsten einer ökologischen Wende« her fassen. Für Deutschland und vielleicht überhaupt für die europäische Nord-Süd-Achse visualisiert sich dieser Archetyp eben am ehesten in einem Kaisertraum. Selbstverständlich gilt heute mehr denn je, »dem Kaiser, was des Kaisers ist« – nicht mehr! Aber die Erkenntnis, daß ihm überhaupt etwas gebührt, gewinnen wir heutzutage erst wieder neu.

Und indem wir uns die Erfahrung des Scheiterns mit einer rein säkularen Staatsauffassung, gleichzeitig jedoch die Erfahrung der *Gottheit in uns* vergegenwärtigen, rückt diese kaiserliche Instanz zugleich an ihren Platz *in uns selber, nicht über uns.*

Die Frage nach dem Fürsten für eine rettende Transformation steht unabhängig davon an, welche von Tag zu Tag schwankenden Ängste und Hoffnungen sich mit ihr verbinden. Die psychologische Abwehr, die sich gegen Führung und ganz besonders gegen persönliche Führung erhebt, kann sich bei uns auf die negative Erfahrung der NS-Zeit stützen, muß dabei allerdings voraussetzen, daß der Psychopath an der Spitze eines großen Volkes mehr über sich verrät als über dieses Volk. Hitler ist auch jetzt noch die große Ausrede derer, die ihre eigene Subalternität zu fürchten haben. Aus einigem Abstand ist indessen kaum anzunehmen, daß irgendein verbrecherischer Führer die allgemeine Idee der repräsentativen Persönlichkeit (die den intuitiven Willen einer Menschengruppe, die notwendige Tendenz ihres Handelns ausdrückt) widerlegen könnte.

Wo alles gestaltet ist, mag ein herausragender Repräsentant überflüssig sein, obwohl der monarchistische Einschlag selbst da – etwa in der französischen oder der US-Verfassung – den schöpferischen Umgang mit der Gesamtsituation begünstigen kann. In Zeiten tiefer Krise kommt es meist zu so einer Projektion, und das Interesse sollte sich auf ihre Qualität konzentrieren, also primär auf die charakterliche und intellektuelle Integrität derer, die votieren. In Deutschland hat die Projektion nach ihrer objektiven Seite eben lange die Gestalt eines Kaisertraums und der entsprechenden Reichsidee gehabt. Wenn das letzte Mal »ausgerechnet Der« kam, so sagt das wenig über das historische Muster, sehr viel über die soziale und seelische Realverfassung der Deutschen in der ersten Hälfte des 20. Jahrhunderts, die sich so oder so einen passenden Ausdruck verschafft hätte. Mir ist, seit ich ihn mit siebzehn lesend kennenlernte, »der gute König Heinrich-Huhn-im-Topfe« als Ideal erschienen, wie ihn Heinrich Mann in seinem Doppelroman von »Jugend und Vollendung des Königs Henri Quatre« der Hitlerei entgegensetzte, Figur gegen Figur.

Wie schon gesagt, hat Antonio Gramsci, auf Macchiavelli zurückgehend, die moderne Kommunistische Partei als den (kollektiven!) Fürsten einer Transformation gedacht. Zuvor hatte Schiller in seinem »Wallenstein« mit dem Thema gerungen. Von Platons »Staat« habe ich schon gesprochen. In Indien suchte der Kaiser Ashoka mit der Weltauffassung des Buddha zu regieren. In China standen sich durch zweieinhalb Jahrtausende bis in die Kämpfe der Ära Mao Tse-tungs hinein des Konfuzius und des Laudse Konzeptionen von einem herrschaftlichen und einem nicht herrschaftlichen Weisen als »Fürsten«-Bilder gegenüber. Die Inhalte unterschieden sich, aber stets ging es um mehr als ein Klasseninteresse. Der Topos als solcher bestätigte sich als eine notwendige Instanz *im* Individuum, so daß man geradezu sagen könnte: Das Erscheinen des wirklichen Fürsten, welcher Gestalt auch immer, ist nur das Komplement der Leerstelle in uns, d. h. jenes intraindividuellen Raumes, in dem wir dem kategorischen Imperativ nicht genügen.

Solange wir überhaupt projizieren, ist die Personalisierung völlig normal, ihre Ablehnung bloß eine Verdrängung, die sich irgendwie rächen wird. Es ist nur der westliche Individualismus, der hier so sehr die *Tyrannis* fürchten und die Tyrannis *fürchten* wird, weil er paradoxal damit zusammengehört: Das vernachlässigte Ganze meldet sich in dieser *mißgestalteten* Form. In Asien hat es die schon von Platon konstatierte europäische Abfolge der Staatsformen – von der (theokratischen) Monarchie über die Aristokratie (bzw. ihre pejorative Form als Oligarchie) zur Demokratie, die in ihrem Verfall zur Herrschaft des Pöbels dann die Tyrannis herbeizieht, damit diese (im Idealfall, den Platon vergebens erhoffte) dann wieder umschlägt in die ursprüngliche Monarchie – vergleichbar nicht gegeben. Dafür hat es dem Laudse, der aus unserer Perspektive anarchistisch anmutet, gleichwohl keine Schwierigkeit bereitet, sich das soziale Ganze von einem königlichen Weisen regiert zu denken, indessen auf eine Art, die von den Grundlagen her total verschieden von dem Despotismus ist, zu dem Platon sich angesichts der Furien des Privatinteresses getrieben sah.

Für Laudse war der Kaiser dafür verantwortlich, die Harmonie der Welt zu bewahren, d. h. gar nicht erst durch Eingreifen zu stören. Ich habe seine Vorstellung von der menschlichen Verfassung, aus der heraus jemand geeignet wäre, »Herr der Welt« zu sein, ja in dem Kapitel über die Subjektivität der Rettung gerade zitiert, weil sie mir beispielhaft für die Zielrichtung erscheint, in der ein heutiger »Fürst der ökologischen Wende« handeln, also freilich doch eingreifen müßte, da er das Gleichgewicht erst einmal grundgestört vorfindet. Bei Laudse gibt es diese fudamentale »Gewaltenteilung« nicht, die sich bei uns zwischen »wahrer« und »oberflächlicher« Politik entwickelt hat und die sich von der Unterscheidung zwischen *Civitas Dei* und *Civitas Terrena*, geistlicher und weltlicher Ordnung herleitet – einer Unterscheidung, die er als letztlich selbst *nicht* in Ordnung angesehen hätte. In der dauistischen Staatsauffassung ist die soziale Macht heilig und profan zugleich, es sind nur zwei Aspekte einer polaren Einheit, die nicht auseinandergerissen werden dürfen.

Selbstverständlich ist die Personalisierung vor allem ein Hilfsmittel zur Verlebendigung der gemeinten Ordnungsidee. Die Staats*form* ist in meinen Augen kein Wertmaßstab in sich selbst. Ich glaube nicht an eine an sich beste Verfassung, etwa an die repräsentative Demokratie. Sicher entspricht sie am meisten der modernen europäischen Individualitätsform und dem von dort aus über die ganze Welt verbreiteten Zivilisationstyp. Aber sie ist – so sehr da etwas Substantielles in ihr zu bewahren bleibt – doch auch mit ihm fragwürdig geworden. *Indem sie es empirisch unmöglich zu machen scheint, das Gemeinwohl neu zu definieren, erscheint sie denkbar ungeeignet für eine Situation, in der die Gesellschaft über ihren Schatten springen muß.*

Es ging immer um eine seinsgemäße, gute und gerechte Ordnung des Ganzen, in der Sprache unserer christlichen Zivilisation um die Idee des Gottesstaates, die viele Lesungen hatte, zuletzt am Umschlagspunkt des Mittelalters, wie erwähnt jene Option des Joachim di Fiore für eine mystische Demokratie. Wenn alle im Kontakt mit dem Geist sind, entfällt einfach der Verfassungszirkel Platons, weil dann Monarchie und Demokratie identisch sind. Das Bedürfnis nach einer solchen machtpolitischen Fürstenfigur wie bei Macchiavelli oder in unserer Barbarossa-Sage hängt gewiß mit dem vorherigen Scheitern der anderen, hochmittelalterlichen Ordnungsidee, die in Joachim gipfelte, zusammen. Ähnlich hing später auch die Marxsche »Diktatur des Proletariats« mit dem Scheitern des Liberalismus, der »Republik der Könige«, zusammen. Der Marxsche Staatsgedanke zielte noch immer auf ein (säkularisiertes) »Reich Gottes«, das mit lauter vollentfalteten Individuen rechnete, nur daß sie nicht wie bei Joachim alle am Heiligen Geist, sondern an der allumfassenden sozialen Praxis gleichen Anteil haben sollten.

Lag es an dieser Idee selbst, wenn sie praktisch immer auf eine totalitäre Konsequenz hinauslief? Oder sprach sich darin ein tieferliegender und bisher unlösbarer Widerspruch unserer Existenz aus? Totalitarismus und Anarchismus haben sich in der Geschichte der revolutionären Bewegung geistig viel zu eng miteinander verflochten, als daß man nicht auf ein für ihren Streit ursächliches und darunterliegendes Drittes schließen müßte. In einer *traditionellen* Gesellschaft ereignen sich normalerweise weder Anarchie noch Diktatur. Auch der Anarchismus ist ein modernes Produkt, setzt das sozial ganz auf sich selbst zurückgeworfene Individuum voraus. Gerade die radikalsten individualistischen, anarchistischen, existentialistischen Positionen führen deshalb auch oft an den Umschlag zu einer neuen Gesamtsicht heran. Das Ziel besteht dann darin, auf die an ihrer Verlorenheit, auf die an der Abwesenheit genießbarer Mitmenschlichkeit verzweifelte Individualität einen sozialen Zusammenhang neuzugründen.

Bei Menschen, die nicht so geübt sind, es durch Reflexionen zu verdecken, stellen sich Individualismus bis zum Anarchismus und die Sehnsucht nach einer starken Macht, die die Welt nach dem jeweils gewünschten Gusto ordnet und der sie sich deshalb notfalls auch unterwerfen würden, als zwei Seiten ein und derselben Medaille dar. *Je stärker aber eine Neuordnung objektiv notwendig wird, desto mehr erweist sich der Pluralismus bloß als eine Ideologie mehr, sich um das Notwendige zu drücken.* Aus der Auszählabstimmung der Sonderinteressen wird mit Sicherheit niemals ein neuer verbindlicher Rahmen des sozialen Zusammenlebens hervorgehen. Wo aber das Bedürfnis danach dringlich wird, erweist sich stets aufs neue, daß der Satz, wonach die Zahl der Irrtümer grenzenlos, die Wahrheit aber nur eine ist, auch in der politischen Dimension gilt.

Wenn sich die Elemente einer neuen Politik und die Akzeptanz dafür im Volke angesammelt haben, was für eine Kraft wird ihnen komplementär entgegenkommen? Ein Parlament, das von vornherein so eingeordnet ist, daß es das schwächste Glied im macht-politischen Getriebe ist, und wo die Abgeordneten statt ihrem Gewissen ihrer Fraktion, ihrem Kanzler, der riesigen Bürokratie, den Interessen der faktischen Mächte verantwortlich sind? Wenn sie im Wahlkreis erscheinen – gehören sie etwa zum Volk? Oder sind sie exakt, was ihnen Marx vor 1848 bescheinigte: Abgeordnete der Regierungsgewalt *gegen* das Volk?

Der politische Diskurs, den die Parteien stiften, ist auf alles Mögliche gerichtet, nur nicht darauf, Bewußtheit über die gesellschaftlichen Erfordernisse zu erzeugen. Das bestehende Parteiensystem mag im Rückblick auf die Naziherrschaft so liebenswürdig wie nur möglich sein – interessant ist das jetzt nicht mehr. Mit der bösen Vergangenheit, der damals zugelassenen, mehrheitlich erwünschten Diktatur läßt sich heute nicht der kleinste Schritt vernünftig begründen. Außerdem kommt die jetzt gewiß nicht wieder, auf keinen Fall kommt sie so, daß sie an der Verfassung scheitern würde, die man gegen den toten Führer gemacht hat.

Dem Scheine nach hat die Nazibewegung – in der Eigenschaft als *Bewegung* – das »System« überwunden, nämlich die Weimarer Parteiendemokratie – auf die es aber gar nicht ankam, weil sie nur der politische Vorhang war, hinter dem sich die faktischen Mächte verborgen hielten. Diese selbst waren dabei, sich umzustrukturieren, nämlich auch formell zu der modernen Megamaschine zu verwachsen, die schon im Kriegskapitalismus 1914–18 erprobt worden war. Das Nazi-Regime war die Außenansicht dieser Konstituierung, ihr im Augenblick des Übergangs hervorstechendes Merkmal. Die irrationalen Züge, die in der Person des Führers als allgemein bedeutsam bestätigt wurden, spiegelten gar nicht diesen formativen Vorgang wider, sondern die Verstörtheit der Massen über die Krise, die voraufging. Deutschland wäre ja relativ gut bedient gewesen mit einer Neuordnung à la Rathenau als einer anderen Antwort auf dasselbe Problem, einer ordoliberalen Lösung in gewissem Sinne (wobei Rathenau überdies noch die Russische Revolution nicht verteufelte). Das »hat nicht sollen sein«, d. h. Rathenau konnte als einsamer Mann erschossen werden.

Die »Volksgemeinschaft« war ein Aspekt der neuen Gesamtstruktur, und gewiß kein spezifischer Einfall der Nazis. Die Megamaschine formiert korporativ, und das, was damals noch mit direkter Gewalt und einigermaßen unorganisch geschah, hat nach dem für sie geradezu heilsamen Schock von 1945 in dem flexiblen neuen Rahmen freier wachsen können. Seit Mitte der siebziger Jahre erleben wir die nächste Strukturveränderung der Megamaschine. Sie geht weniger konvulsivisch vor sich, weil sie über ein weltweites informationelles Netz und vor allem über eine weltweite Kontrolle verfügt. Das ist eine Struktur, die selbst die Sowjetunion und China wenigstens im Gröbsten einschließt. Und die mörderische »Entwicklung« draußen erspart *uns* den Terror drinnen.

Stalin paraphrasierend kann man sagen, »die Hitler kommen und gehen, die Megamaschine aber bleibt«. Deshalb kann die antifaschistische (und antikommunistische!) Fixierung auf den Führer als Ursache nur irreführen. Trotz allen Gerangels der Sonderinteressen auf der Staatsbühne kommt auch bei uns das falsche Ganze keineswegs zu kurz. Die Metropolis kann sich vielmehr den Luxus dieser Verteilungskämpfe, der sich als »Innenpolitik« darstellt, noch leisten. Die Macht ist gesichert genug, vor allem durch die stumme strukturelle Gewalt des zivilisatorischen Apparats, von dem alles abhängt, und für den Ernstfall durch Notstandsgesetze, die den »friedlichen« GAU des Atomkraftwerks vorsorglich mit einschließen.

Das bedeutet: Die bereits hier und dort vernehmbaren Rufe nach einem »grünen Adolf« werden keineswegs zu einem wiedererkennbaren Faschismus jenes unverwechselbaren Typs mit einem Psychopathen an der Spitze führen. Da wird nach einem Gespenst gerufen, und von der Gegenseite vor einem Gespenst gewarnt, das keinen Auftritt plant. Sicher wird wieder jemand für die dann fällige »Junta der nationalen Errettung« sprechen, aber jene subjektiven Faktoren, die damals nötig waren, um die (braune) Restauration zu schaffen, werden jetzt noch viel mehr als einst bloße Begleiterscheinungen eines technischen Ablaufs sein, der »rational« vorbereitet und beschlossen ist. Die Psychopathie des Ganzen ist perfekt genug, als daß es auch nur eines einzigen Psychopathen in dem präparierten Notstandsbunker bedürfte.

Im Notstand, der sich in Zukunft ökologisch rechtfertigen kann, wird man die Megamaschine »rettend« einsetzen, von der

Wisssenschaft bis zur Umweltpolizei, unter lauter menschenfreundlichen Begründungen und indem eine Menge ehrenwerter Motive ausgenutzt und umgedreht werden. Wir werden noch dankbar für die polizeiliche Rationierung sein, weil sie Mord und Totschlag unter Überlebenskämpfern, wie sie ihn in den Rocky Mountains vorbereiten, so lange wie möglich hinausschieben wird. Und das Wichtigste für unsere Erkenntnis: All das folgt *nicht* aus perfiden Verabredungen in einer herrschenden Minorität, sondern schlicht aus der Existenz der Megamaschine und der von ihr verursachten Gefährdung, die wir indirekt bejahen, solange wir nur um- statt abbauen wollen.

Antiindustrielle Ressentiments sind diesmal viel schwächer als vor 60 Jahren, weil die älteren Mentalitäten ungleich stärker zersetzt und aufgebraucht, die Segnungen des Industrialismus so breit gestreut worden sind, daß dies die eigentliche Grundsicherung des politischen Regimes ist, mit dem sich die Megamaschine in der Nachkriegszeit versehen hat. Sie wird im Grunde bejaht. Deshalb gehen, sobald sich das Gesamtsystem auf »Umweltschutz« eingestellt hat, die unmittelbaren Panikreaktionen auf die selbstmörderischen »Nebenwirkungen« wieder zurück.

Offenbar wird es gestützt auf »soziale« Bewegungen im herkömmlichen Sinne keine Systemveränderungen geben, im Gegenteil. Die konzertierte Aktion war keine Eintagsfliege, obwohl sie formell nicht fortgesetzt wurde. Kämpfe wie um den Paragraphen 116 haben eine systemkonforme Funktion; es geht um die Ermittlung des Stabilitätsbereichs zwischen innerem Frieden und Weltmarktschlagkraft des Modells Deutschland. Der Rest ist eine Frage der Geschicklichkeit, an der es dem gegenwärtigen Management etwas gebricht. Keine der beiden industriellen Hauptmächte Kapital und Arbeit wird den Grundvertrag brechen. Jede Parteinahme für eine der beiden Seiten bestätigt die Spielregeln der industriellen Apokalypse.

Aber von dieser ganzen Normalität geht keinerlei echte motivationale Kraft mehr aus. Die organisierte Selbstsucht hat jeden sittlichen Status verloren. Die Schauspieler der Sonderinteressen beginnen verächtlich zu wirken. Selbst die parteipolitischen »Hoffnungsträger«, die nichts weiter sind, werden in der begonnenen Epoche nie mehr als das Glück einer Wahlkampfepisode haben, weil der Betrug (vielleicht auch der Selbstbetrug), Führung aus der alten Struktur heraus anzubieten, die selbst der mächtigste Katastrophenfaktor ist, immer rascher auffliegen wird.

Um es durch Wiederholung zu unterstreichen: Was wir normalerweise unter Politik verstehen, ist in Zeiten, da es auf eine Neubegründung bis in die Fundamente der Zivilisation ankommt, einfach nicht politisch genug. Politik erweist sich dann als Politikasterei, wird immer mehr Teil des Problems statt Teil der Lösung. Eigentlich zählt jetzt nur noch, was Menschen jenseits all ihrer Abhängigkeit an Kraft aufbieten, um in sich selbst und um sich herum geistig und praktisch einen neuen Anfang zu setzen. Erst wenn das genügend viele Menschen tun, die allerdings durch Signale einer persönlichen Umkehrbereitschaft auch aus dem politischen Bereich ermutigt werden können, wird sich institutionell etwas ereignen, das die verhängnisvolle Kontinuität bricht.

Rein betrachtet, ist Führung überhaupt keine Kommandofunktion, sondern der Kommunikationsprozeß, in dem die schöpferischen Elemente einer Gruppierung zusammentreffen, um Weg und Ziel ihrer Initiative auszuleuchten. Im Idealfall umfaßt diese Kommunikation die ganze Gesellschaft. Dann kommt sie nicht von außen, sondern von innen, und ist viel eher »vorn« als »oben«. Da der Staat auch der Schatten des Individualismus und Egoismus ist, kann er nur zurücktreten, wenn die Individualitätsform, die er ergänzt, auch aufgehoben wird. Speziell das Machtstreben kann nicht bei den Herrschenden sei's domestiziert, sei's überwunden werden, es würde denn im *Menschen* domestiziert bzw. überwunden.

In Wirklichkeit müssen wir nach Verhältnissen fragen, mit denen sich der Mensch nicht andauernd selbst überfordert, indem er sich an seine zivilisierte Welt anpaßt, anstatt diese zivilisierte Welt an sich anzupassen. Noch wichtiger als konviviales Werkzeug ist eine konviviale Gesellschaftsordnung, eine politische Verfassung nach menschlichem Maß. Mit der ökologischen Krise werden wir immer häufiger darauf aufmerksam, wie eng die Gefahr, in die wir geraten sind, mit elementaren Widersprüchen der menschlichen Natur (des menschlichen Geistes) zusammenhängt, die zwar institutionell (zum Guten wie zum Bösen) verstärkt werden können, aber letztlich nicht durch diese Aufbauten verursacht sind (es ist viel eher umgekehrt). Wirklich fundamentalisch vorgehen heißt, eine neue Lösung dieser Urprobleme zu suchen. Zugleich scheint uns das Tempo unserer verheerenden Geschichte weder Zeit noch Ruhe dafür zu lassen.

So sehen wir uns vor folgendem Dilemma: Um überhaupt eine Zukunft offenzuhalten, muß etwas geschehen, die Megamaschine zu stoppen. Das ist nicht anders als durch ein Machtwort vorstellbar. Damit aber würden wir höchstwahrscheinlich nur wieder zu »Lösungen« gelangen, die die Endursache der Katastrophe – ihre subjektiven Antriebe, die in eine ängstliche und gierige Subalternität münden – noch einmal verstärken. Aber könnte nicht die Frage lauten: Wie ist eine Tyrannis möglich, die aus einer Mentalität »anfänglicher«, »heiliger« Monarchie heraus wirkt – *nachdem* wir alle die Königinnen- bzw. Königswürde für uns beansprucht haben? Das erste, was König und Königin zu lernen haben, war von jeher: sich selbst befehlen.

Biedenkopf – über sich selbst hinaus

Für nonkonformistische Militante ist schon die kameradschaftliche *Auseinandersetzung* mit einem Mann wie Rohrmoser und selbst Biedenkopf eine Zumutung – die ertragen sein will. Dazu gehört vor allem, die aus den Schwächegefühlen und Minderwertigkeitskomplexen geborene Negativität zu überwinden.

Die Ökopax-Bewegung hat pointiert eine Veränderung im »Zeitgeist«, in der kollektiven Psyche ausgedrückt und bis zu einem gewissen Grad verstärkt. Je breiter wir sie sehen und von je weiterher kommend, je mehr wir hinausblicken über den »militanten« Teil und über die Phase Ende der siebziger, Anfang der achtziger Jahre, da sie sich über Wasser manifestierte, um so weniger werden wir fürchten, es könnte ihr Impuls verlorengegangen sein. Wir werden aufhören, uns darüber aufzuregen, wie dieser Impuls jetzt von den faktischen Mächten aufgenommen und zu ihren besonderen Zwecken (*nur* zu ihren besonderen Zwecken?) ausgenutzt wird. Wie sollte es anders gehen?

Letzten Endes – heute heißt das freilich auch, falls uns der

Selbstlauf der von uns entfesselten materiellen Massenkraft Zeit und Raum läßt in der eigenen Seele – sind kulturelle Tiefenströmungen stärker als alle besonderen Machtinteressen. Wie ausbeuterisch auch immer sie sich darauf einstellen mögen, sie müssen dem Zeitgeist Rechnung tragen. Was jetzt zwischen Deutschland West und Ost, Europa West und Ost, die Sowjetunion bis in ihr fernstes Asien eingerechnet, politisch-klimatisch vor sich geht, ist vielleicht weniger eine Enteignung des Bewegungsimpulses als ein Reflex auf ihn. Und nicht alle regulären politischen Kräfte beuten ihn nur für die nächste Offensive in der alten Richtung aus, nicht alle passen sich bloß widerwillig an. Aus einer ganzen Reihe von Gründen könnte es, was den Westen betrifft, in Deutschland zuerst zu einer Umkristallisation kommen, die bis in die Institutionen durchschlägt.

Außerdem ist es völlig unwahrscheinlich, daß eine Massengesellschaft in der ökologischen Krise die Kurve kriegt, wenn ihr ganzer regulärer Überbau blockiert. Es würde auch verdammt teuer, nicht allein materiell. Die Konfrontation von Brokdorf, Startbahn West und Wackersdorf ist ein Anstoßmoment in einem Ablauf, der scheitern müßte, wenn er anhaltend dort seinen Schwerpunkt behielte. Unsere Gesellschaft braucht eine institutionelle Struktur für den geordneten Rückzug aus der Sackgasse jenes Fortschrittes, der mit seinem Glücksversprechen via industrielle Massenproduktion mehr und mehr scheitert.

Solch eine neue Verfassung kann die soziale Bewegung nicht direkt herbeiführen. Sie wird aber um so mehr darauf einwirken, je intensiver sie im allgemeinen Bewußtsein präsent ist. Das setzt gerade voraus, daß sie sich nicht in die alte Struktur einbinden und rund um die Uhr von ihr beschäftigen läßt. Einmischen muß sie sich nicht durch vorzeitige formelle Kooperation, sondern indem sie eine *Atmosphäre* im Lande bereitet. Das geschieht durch radikale Aufklärung der Situation, durch kompromißlose Kritik der Halbheiten und Ausflüchte, mit denen sich nicht nur die politisch Verantwortlichen davonstehlen möchten, sondern auch viele »Opfer«, die sich nicht als Mittäter erkennen wollen. Vor allem geschieht es, indem wir die Subjektivität der Rettung als Ausgangspunkt und Mittelpunkt einer anderen Politik so zu leben beginnen, daß die übrige Gesellschaft den Sog bemerkt, der von den kommunitären Knotenpunkten im Netzwerk der neuen Liebeskultur ausgeht.

Nun wende ich mich in den Schlußteil hinein noch einmal Kurt Biedenkopf zu, indem ich anerkenne, daß er die Punkte, auf die es ankommt, wenigstens erst einmal alle berührt. Immerhin sagt er direkt, wir seien auf die *derzeitigen* Organisationen der staatlich gesetzten Ordnung »nicht in gleicher Weise *lebensnotwendig* angewiesen wie die Passagiere der Titanic auf ihr Schiff auf hoher See. Wir können, jedenfalls in Grenzen, ›aussteigen‹. Menschen können sich in Zeiten abnehmender Funktionsfähigkeit der staatlichen Einrichtungen selbst helfen.«[151] Erst wenn eine Wechselwirkung zwischen autonomen Verhaltensänderungen »unten« und einem konsistenten reformatorischen Impuls von »oben« zustande kommt, entsteht ein hinlängliches Gefälle. Was aber jetzt schon möglich und notwendig ist, sind geistige Vorbereitungen, die nicht auf einem Unterschied von »Unten« und »Oben«, sondern auf einem horizontalen Beziehungsnetzwerk zwischen gleichstrebenden Menschen beruht.

In diesem Sinne habe ich vorn schon den Versuch gemacht, seinen Ansatz näher zu befragen, womöglich zu erweitern, zu vertiefen, bis an den Punkt zu radikalisieren, an dem er über sich selbst hinaustreibt. Es mag sein, daß ich den machtorientierten Politiker, der Biedenkopf in seinem Selbstverständnis zweifellos auch ist, gerade in diesem Bezug überinterpretiere, indem ich ihn mit einem Auftrag konfrontiere, den er sich in dieser Gestalt nicht anmaßt (wie er ein wenig ausflüchtig sagen mag, um die Mittelmäßigkeit ringsherum nicht allzu sehr zu verprellen). Es geht mir darum, an seiner Position Möglichkeiten kenntlich zu machen, von denen ich wünschte, sie würden im konservativen Lager wahrgenommen – und nicht nur dort, da es sich um eine Sache handelt, die alle verantwortlich denkenden Menschen angeht.

So kehre ich erneut zu seinem (und meinem) Ausgangspunkt zurück, der Ordnungs- bzw. *Neuordnungsfrage*! Oder wie Dohnanyi gespottet hatte: »Der Gral heißt ORDO.« Ja, die gesellschaftliche Rechtsordnung darf nicht länger vom Staat und von anderen, noch unbefugteren faktischen Mächten gesetzt sein. Recht muß *vor* Macht gehen, auch die staatliche Exekutive muß von der Rechtsordnung abhängig, muß ihr allein verpflichtet und ihrerseits in der Lage sein, jedes private oder Gruppen-Machtmonopol zu zügeln, ja zu verhindern.

Andernfalls würde die »Berichtigung der Begriffe« (des Konfuzius Grundforderung als Politikberater, die auch bei Biedenkopf zentral ist[152]) nur die Stabilisierung, auch relative Verbesserung und Aufwertung eines Staatszustandes bringen, der schon im Fundament überkreuz zum ORDO steht. Wir sind in einer Zeit, wo nichts mehr lohnt – weil nichts anderes mehr rettend ist – als der Versuch, die »Begriffe« *bis auf den Grund* zu »berichtigen«, die Gesellschaft *von Grund auf* nach dem Dau, nach dem ursprünglich-natürlichen Lauf der Dinge einzurichten, unseren Geist so anzustrengen, daß er imstande ist, den Kreis zurück zu schließen. Dies meint nicht, etwas Altes wiederherstellen zu wollen, sondern im Jetzt jener Gesetzmäßigkeit, die von späteren kulturellen Aufbauten her gestört wird, auf der fundamentalsten Daseinsebene wieder Genüge zu tun.

Wo es zum fatalen Zusammenstoß zwischen Kultur und Natur kommt, muß bei Strafe des Untergangs die Kultur korrigiert werden, von unten nach oben um- und neubauend. Konfuzianische Bemühungen um gute Sitten in einer schlecht geordneten Welt, um die moralische Regeneration in einem Machtapparat sind nicht mehr genug, falls sie es jemals waren. Es kann ein wunderbares Abenteuer sein, auf der Stufe der heute möglichen Bewußtheit unsere ursprünglichsten Motive wieder ins Spiel zu bringen. In Barbarei werden wir dabei schon deshalb nicht zurückfallen, weil wir es uns gar nicht leisten können, weil wir auch dazu schon zuviel wissen. Einen härteren Test für unsere Bewußtseinsfähigkeit als die ökologische Krise kann es kaum geben. Es wird nicht das eine oder andere Motiv mehr geprüft, sondern die ganze Motivation. Mögen sogar ihre Elemente stimmen – stimmt dann auch ihre Anordnung, steht alles richtig nach Perspektive, Gewicht und Stellenwert im Ganzen?

Heute wird niemand ohne innere Umbauten, bis in die Grundpfeiler hinein, wirklich mit dem rettenden »Lauf der Dinge« in Einklang kommen – müssen wir doch sowohl unsere Wurzeln wiederfinden als auch den Baum unserer Erkenntnis, unseres Logos höher hinauf kultivieren. Gerade im Geistigen, wo deswegen zwischendurch niemand allzu sehr im Regen stehen muß, ist sogar Abriß und Neuaufbau möglich. Wenn es denn um die Fundamente und Pfeiler geht, ist das unter Umständen rationeller. Das verlangt ja nicht, die Materialien wegzuwerfen und auf Fragestellungen, Differenzierungen zu verzichten, die sich schon einmal als fruchtbar erwiesen haben. Man kann das Anliegen neu aufnehmen, *muß* sich nicht in den Grundriß des vorigen Gebäudes fügen.

Die ökologische Krise zwingt nicht nur dazu, sie bietet auch die glückliche Gelegenheit, das Ewigdauernde in den wechselnden Gestaltungen klarer zu erfassen und alles durch den Gang der Geschichte etwa angesammelte Strandgut (»Es erben sich Gesetz und Rechte wie eine ewige Krankheit fort«) wegzuräumen. Wieviel ursprünglich Richtiges, das inzwischen nicht einfach falsch geworden, sondern durch spätere übermächtige Kräfte falsch eingeordnet sein mag, müßte wahrhaft neu werden!

Wahrscheinlich gibt es nun angesichts der Herausforderung keine schwierigere Frage, die jedoch im höchsten Sinne korrekt beantwortet sein will, ehe man sich politisch gemäß verhalten kann, als die nach der Funktion des Staates in einer erdumspannend zusammenwachsenden Menschheit. Die europäische Lösung, die mit der *Magna Charta Libertatis* beginnt, auf jene Unsichtbare Hand hinter den Privategoismen baut und in dem allgemeinen Napoleonismus endet, wird gewogen und zu leicht befunden.

Die verhältnismäßig erfreuliche Grunderfahrung der westdeutschen Restauration – daß man nämlich nach dem Debakel einen weitaus angenehmeren Staatszustand bekam, als man nach eigenem Verdienst erwarten konnte – ist in der gegenwärtigen Situation ein psychologisches Hindernis. Kein Vergleich mit Nazideutschland und erst recht keiner der so oft projektiven und pharisäischen »Systemvergleiche« Ost-West gibt einen Urteilsmaßstab her, was die aufgebesserte Weimarer Verfassung der Bundesrepublik jetzt taugt.

Unsere staatliche und rechtliche Verfassung (ich meine nicht primär den geschriebenen Text, obwohl der auch dazu gehört) ist doch *insgesamt* der einigermaßen adäquate Ausdruck einer Gesellschaft, die immer effektiver an dem evolutionären Ast sägt, auf dem sie sitzt. Sie ist absolut ungeeignet zum Überdauern auch nur der nächsten 50 Jahre, und zwar in viel grundlegenderen Strukturen als denen, die sich in einer solchen Zeitspanne ohnehin sichtbar oder unterschwellig zu ändern pflegen (so daß wir zuwarten könnten).

Selbstverständlich kann die Frage nach der (Rest-)Legitimität des Staates nicht vom Standpunkt bürgerlichen Ressentiments aufgeworfen werden, sondern nur im Zeichen einer Kritik an der *gesamten* Bewußtseinsverfassung der Gesellschaft, die sich in den Institutionen *wie* in den Attitüden der Einzelnen äußert. Wenn überhaupt jemals, so sind in unseren heutigen politischen Zuständen der Staat und seine Bürger einander wert! Biedenkopf beklagt, die »innere Souveränität« werde der »Anarchie der Interessenhaufen« ausgeliefert.[153] »Der Kampf um die Verteilung der gesellschaftlichen Ressourcen, um Kaufkraft, Eigentum, Macht und Kontrolle ist zum bestimmenden Grundsatz geworden.«[154] Und er sieht, das Übel sitzt tief:

»Auch die wirtschafts- und gesellschaftspolitischen Strukturen, die ihre Wurzeln im Boden der industriellen Revolution haben, blieben weiterhin geprägt durch die Erfahrung der Expansion. Wachstum ist ein Teil ihrer strukturellen Erbanlage.«[155] »Der Wachstumszwang *kann* nur überwunden werden, wenn die gruppenegoistische Dynamik der gesellschaftlichen Teilbereiche eingefangen und wieder auf die Ziele des Ganzen ausgerichtet werden kann.«[156] Ja und nochmals ja! Das Problem unserer Zeit, die Krise der Legitimität bestehe darin, so fährt Biedenkopf fort, »daß eine wachsende Anzahl von Menschen unsere Gesellschaft durch Gefahren existenziell bedroht sieht, die von den *bestehenden Strukturen und Institutionen der Gesellschaft und des Staates* ausgehen ... Die ›expansive Gesellschaft‹ ... überfordert ... auch ihre Rechtsordnung«.[157]

Ich kann mir Konservative vorstellen, die vor dem »Systemveränderer« erschrecken würden, wenn sie sich die Mühe machten, alles zu lesen. Er freilich sieht in der Reduktion auf den Kampf der Sonderinteressen nicht das Wesen parlamentarischer Demokratie (obwohl sie doch mit dem Industrialismus aufkam?!), sondern ihre Entartung, die bei gutem Willen auf der gegebenen Grundlage geheilt werden könnte. Dabei sind unter den »Interessenhaufen« solche, die sich ganze Länder kaufen könnten. Und die allermächtigsten müssen nicht einmal mitrangeln, weil ihr Einfluß immer schon voreingeordnet ist. Die Deutsche Bank *ist* nicht nur, sie *fühlt* sich offenbar auch verantwortlicher als die Bundesregierung!

Natürlich, jeder Reformator beginnt mit einem Appell an seine Direktionskollegen, indem er sie an ihre in Worten immer noch aufrechterhaltenen, in der Tat aber längst desavouierten Prinzipien erinnert. Er sagt ihnen, daß sie sich zugrunde richten, wenn sie sich nicht zu der vorgeschlagenen Regeneration aufraffen. Denn von einem schwer abschätzbaren Punkt an wird die Mehrheit unbewußt und dann bald auch bewußt realisieren, daß sie um ihres Überdauerns willen die gewohnten institutionellen Sicherungen opfern muß. Dann aber findet sich auch ein Führer zu »neuen Ufern«. Die Stärke des konservativen Reformators ist seine Wendung nicht gegen Institutionen als solche, sondern *gegen diese untauglichen*, weil er *für tüchtige* Institutionen und darin auch mit dem *common sense* des Volkes eins ist. Aber nach diesen tüchtigen Institutionen muß er dann auch weit genug greifen!

Da ist schon aufschlußreich, daß nicht einmal Biedenkopf sich letzte Rechenschaft über die Dimension der Aufgabe gibt und daher noch Kraft verschwendet mit dem Kampf gegen Windmühlen. Sind denn der Interventionismus in der Wirtschaft und die ihm zugrunde liegende Demokratie der Verteilungskämpfer nicht nur (obwohl nicht belanglose) Epiphänomene? Da den Degen zu nehmen, das ritzt nur die äußerste Haut des *homo conquistador*. Ja, gibt nicht am Ende sogar der Fechter selbst zumindest noch vor, ungestört durch Interventionen sollte die Wettbewerbswirtschaft gleichmäßiger laufen, d. h. gleichmäßiger – expandieren? In der Tat brauchen wir jetzt nicht Intervention*en* (Mehrzahl), sondern *eine* Intervention, *ein* Interventionspaket, das die Megamaschine wenigstens für eine große Denkpause stoppt!

Warum ist unser europäischer Staat nicht nur zusätzlicher Hilfsmotor, sondern als von Anfang an mitlaufende Phase (besonders virulent im Absolutismus und wiederum jetzt) in diese ganze Geschichte verflochten? Und das Recht natürlich auch? Weil eben alles Gesellschaftliche zusammen ein Ganzes bildet und der komplexe Ausdruck *einer* innewohnenden *Subjektivität* ist, die sich bis in die letzte Verästelung des sozialen Organismus manifestiert. Der Interventionismus paßt zu allen übrigen Lebensäußerungen, *obwohl* er disfunktional ist. Dieses Ganze ist doch *mit* seiner Selbstmordtendenz alles andere als willkürlich, willentlich, sondern vielmehr gesetzmäßig so geworden. Kam es zum Wucher weniger naturwüchsig als zuvor zum ehrenwerten Tausch?

Wie also gehen wir methodisch vor, wenn wir den Begriff des ORDO aufbauen? Setzen wir ein »Urbild« voraus, so wird sich das höchstwahrscheinlich auf eine (im positiven Sinne) archaische Richtigkeit der Verhältnisse beziehen. Aber dieser urbildliche ORDO darf nie dazu mißbraucht werden, über das Amalgam von »Rechtem« und »Unrechtem«, »Gradem« und »Schiefem« einer *bestimmten* Ordnung hinwegzutäuschen (das will Biedenkopf auch nicht). Andererseits nützt es nichts, ihn diesem Istzustand als Regulativ entgegenzuhalten (das versucht er allerdings). Denn die gegebene Ordnung/Unordnung ist ja nicht aus der »falschen« Idee, sondern aus der sozialen Subjektivität und deren Widersprüchen hervorgegangen.

Jetzt ist allerdings äußeres Ordnen angesagt, das aber seine Kraft noch nicht aus dem ORDO, sondern aus dessen über viele unbegriffene Zwischenstufen hinweg offenbar werdender Verletzung beziehen zu wollen scheint. Das Korrekturlineal wird von den Einbrüchen geführt, nicht vom ORDO. Indirekt könnte die ORDO-Idee hierbei dadurch zur Geltung kommen, daß wir uns bewußt bleiben, wie *prinzipiell unzulänglich* solches Ordnen bleibt. Immerhin ist eine *erklärte* Notstandspolitik, als konsensual vereinbarte rechtzeitige, daher *partielle und punktuell bestellte und begrenzte* Ökotyrannis einer bloß faktischen vorzuziehen.

Dennoch bleibt sie eben ein Provisorium, das in sich selbst noch nichts mit der impliziten Ordnung zu tun hat, die allein uns langfristig von innen leiten kann, hinausleiten kann aus dem Dilemma staatlich reglementierender Ordnungspolitik. Und jede Idealisierung der Notlösung müßte verhängnisvoll wirken. Einigermaßen gefahrlos kann sie überhaupt nur praktiziert werden, wenn ihre ausführende Instanz real auf eine andere Perspektive verpflichtet ist, d. h. wenn eine Verfassung gefunden werden kann, die den heutigen Normalzustand verhindert, wonach die regulären Strukturen stets nur den kurzfristigen und unmittelbaren Erfordernissen folgen und buchstäblich jeden Tag zwei und drei Tage Zukunft verbrauchen.

Die Kriterien der adäquaten Wirtschafts- und Sozialordnung können jetzt also keinesfalls primär aus den in der Neuzeit gegebenen wirtschaftlichen und sozialen Zuständen, wie sie sind und wie sie von den meisten Menschen bis in ihre Grundverhaltensweisen verinnerlicht wurden, genommen werden. Wie schon im 18. Jahrhundert kommt daher das Thema des Kommunismus – ohne damit entschieden zu sein, vielmehr als Diskussionsgegenstand – erneut auf den Tisch. Es ist ein unumgänglicher Topos unserer Suche nach einer kontraktiven Produktionsweise für den Grundbedarf, nach einer *haushälterischen Eigenwirtschaft* sowohl in der kleinsten Einheit als auch – im Weltmaßstab: Gaia als »Pharao«, d. h. »Großes Haus«.

Wollen und dürfen wir uns wirklich leisten, uns das nicht anders denn als einen ungeheuren Despotismus vorstellen zu können? Immerhin – Kommunismus fürs Existenzminimum wird ja inzwischen bis in die CDU hinein überlegt. Der Markt im vollen Sinne muß wieder eingeschränkt werden auf den wirklich notwendigen überlokalen Austausch. *Lokal* könnte sich bei der notwendigen *einfachen* Reproduktion – wo wir morgen nicht mehr, wenn auch vielleicht qualitativ anders verbrauchen als gestern – die Sache »von selbst« einrichten, wie es in der Apostelgeschichte steht: »und sie hatten alles gemeinsam«.

Und das Thema Planung kommt von der ökologischen Stabilitätsgrenze her auf uns zu. Wir *müssen* uns den Bissen rationieren und wir *müssen* unsere Zahl beschränken. Dies ist nicht der Ruf nach einer Reglementierung »gleich morgen früh«, sondern die Forderung nach der Anerkennung eines Prinzips zunächst. Eine nichtinterventionistische, dafür um so verbindlichere Rahmenplanung auf dem Standpunkt der allgemeinen Interessen (im Grunde international) dürfte gerade Biedenkopfs eigenes eigentliches Anliegen sein, obwohl er es so nicht formulieren würde. *Dafür* doch soll der Staat die »innere Souveränität« wiedergewinnen, gegenüber den partikularen Interessen, die das Patri- bzw. Matrimonium verwüsten, wenn man sie unbeschränkt gewähren läßt.

Der abgrenzende »Systemvergleich« zu Lasten der »Zentralverwaltungswirtschaft« (mit viel zutreffender Kritik an dieser Larvengestalt des Kommunismus) ist da nun allerdings nicht nur ein anachronistisches Stück ideologischer Blockkonfrontation, festgeschriebenen Ost-West-Konflikts, sondern aktuell eine Erkenntnisbremse. Jemand wie Biedenkopf müßte *prinzipiell* an dem antikommunistischen Stolperstein vorbei, der seinen Lehrern Eucken und Böhm im Wege lag und selbst einen Jaspers dazu gebracht hatte, vor der vollständigsten Einsicht in das Exterministische der atomaren Situation dennoch einen Salto mortale rückwärts in die Logik der Abschreckung zu machen. In welcher bundesdeutschen Stadt gibt es keine Rathenau-Straße? Man braucht heute weniger Kühnheit als dieser Mann, um in der Russischen Revolution und ihrem institutionellen Bemühen trotz aller Fremdheiten und Verwerfungen erfreut das *»Tua res agitur«* zu erkennen. Bei näherem Hinsehen ist das Fremde, das da zu uns will, doch Eigenes.

Geistig kann es jetzt keine echte Schwierigkeit mehr sein, diese wenn auch sicherlich tiefgehende Prägung durch die Gründungssituation der Bundesrepublik zu überwinden, wie wir es nicht zuletzt auch für die Außenpolitik dringend nötig haben. Von ihrer Gesamtanlage her kann Biedenkopfs »Neue Sicht der Dinge« (tatsächlich, wie ich gerade sehe, schon in der Wahl der Worte ein Pendant zu dem sowjetischen »neuen Denken«) weiter tragen, als sie derzeit en detail verspricht. Der Entwurf scheint offen für Anregungen. Da Biedenkopf Wert auf theoretische Schlüssigkeit, haltbare Begründungen legt, ist er auch argumentativ beeinflußbar.

Für die Chance seines Konzepts spricht: Die ökologische Krise stellt den Gesamtzustand und damit insbesondere alle Kräfte, die größeren Einfluß auf ihn haben und ihn vorrangig repräsentieren, so tief in Frage, daß auch eine größere Möglichkeit entsteht, selbst mächtigste Sonderinteressen zurückzudrängen und den fundamentalen Bedürfnissen, die für alle aus der *Conditio humana* folgen sowie dem Gedeihen des Ganzen die Vorfahrt einzuräumen.

Wie weit die Kapitallogik dennoch durchschlägt, wird nicht unabhängig von dem psychologischen Kräfteverhältnis zwischen »ökologischer Modernisierung« und »Begrenzung« (als zwei konservativen Konzepten mit entgegengesetzter Priorität) sein. Biedenkopf ist gewiß kein Feind, aber auch kein Interessenvertreter des Kapitals. Sein Wille, die Katastrophe aufzuhalten, ist unzweifelhaft. Da Programm und Person in diesem Falle eins und seit langem zusammengewachsen sind, kann man darauf vertrauen, daß die Grundsätze nicht zur Disposition stehen. Überdies sind sie als Regierungsprogramm gar nicht anders denkbar als vor dem Hintergrund einer erneuten sozialen Klimaveränderung, die das ökologische Erwachen der siebziger Jahre an Tiefgang übertrifft. Dann wird die Logik der Sache selbst alle etwaigen Inkonsequenzen überspringen.

Daraufhin erlaube ich mir, Biedenkopfs Linien zusammenfassend ein wenig zu verlängern, einige sicher über den einstweilen gemeinten Horizont hinaus.

Erstens. Der Ausgangspunkt ORDO bedeutet, daß die wirtschaftliche Entwicklung nicht länger sich selbst überlassen bleiben darf, sondern einem sozialen, d. h. de facto moralischen Maßstab untergeordnet werden muß, im Grunde einem *Menschenbild* (das neu gemalt sein möchte wie zuletzt zur Zeit der Renaissance). Es muß die anonyme Selbstherrschaft der Wirtschaft über den menschlichen Lebensprozeß aufgehoben und alles geändert werden, was dem entgegensteht. Solange die Wirtschaft den Staat, das Recht, die Sitte, den Menschen als ihre Funktionäre hat, ist alle Rettungshoffnung eitel. Wir werden vom Ganzen der menschlichen Existenz her ausholen müssen, um die Wirtschaft (unter) zu ordnen. In jedem anderen Falle, bei jedem direkten Versuch, die Wirtschaft für sich allein zu ordnen, weil sie der »Elementarbereich«ist (was wir gerade nicht mehr anerkennen dürfen!), wird das Ergebnis von den Bedingungen abhängig bleiben, die diese innere Supermacht diktiert.

Zweitens. Wie bei keinem anderen Politiker, der sich zusammenhängend geäußert hat, steht die gefährlichste Eigenschaft der abendländischen Zivilisation durchgängig im Mittelpunkt der Aufmerksamkeit: ihre innerlich unbeschränkte materielle Expansivität. So ist es ein Projekt, das konzentrisch darauf abzielt, die Dynamik der Akkumulation zu begrenzen bzw. auf immaterielle Dinge zu lenken und den Antrieb zu entspannen, der die Menschen in der alten Richtung puscht.

Drittens. Wenn nicht als Hauptantrieb (der ja Gesellschaft und Wirtschaft insgesamt beherrscht), dann doch als Getriebe und Rückverstärker spielen die Interessengruppen, die sich zentral um die Umverteilungsmasse streiten, welche mit viel zu hoher Staatsquote und Staatsverschuldung zusammengebracht wird, eine verhängnisvolle Rolle. Um dagegen die »innere Souveränität« des Staates, seine Dienstbarkeit am Ganzen wiederherzustellen, muß er nach einer neuen sozialen Kraft und Macht Ausschau halten, die den organisierten Sonderinteressen standhalten kann. Da der Staatskörper als ganzer wachstumssüchtig und in seinem Personal (grundsätzlich, ich meine nicht die allfälligen Skandale) vom Virus der Korruption befallen ist, bezeichnet Biedenkopf eigentlich den leeren Platz, auf dem sich eine Neuinstitutionalisierung vollziehen muß. Das kann nur mit dem Volk ausgemacht werden, nicht mit irgendeiner Partei oder gar mit der Staatsklasse selbst. Es bedarf eines Plebiszits im größten Stil, sowohl um die Menschen zu mobilisieren als auch um den konstitutionellen Auftrag zu gewinnen.

Viertens. Worauf ich im einzelnen kaum eingegangen bin, was aber m. E. gewichtiger ist als das davon abgeleitete politische Tauziehen um die Staatskasse: Er sucht für Arbeit und Soziales nach einem Weg, die Verteilungskämpfe von der menschlichen Situation her zu entschärfen. Die Abhängigkeit von einem subjektiv unbeeinflußbaren superkomplexen Ganzen muß die soziale Angstschwelle immer weiter senken und die Positionskämpfe anheizen. Die Menschen sollen wenigstens einen Teil ihrer Daseinsvorsorge wieder an sich ziehen können, anstatt mit ihren Einlagen den Bürokratismus zu nähren. Arbeitszeitverkürzungen und eine soziale Grundsicherung sollen vor allem den Spielraum für individuelle Initiative erweitern, in dem die Menschen ihr Leben neu entscheiden können.

Fünftens. Als neue Mitte der sozialen Ordnung sieht er – und daraufhin vor allem macht das Viertens seinen Sinn – zunehmend souveräne Kleine Lebenskreise. Sie mögen sich von der residualen Kleinfamilie wieder zu größeren Einheiten aufbauen (Stichwort »Stämme zweiter Ordnung«). Das wird nur dann kein Traum bleiben, wenn sie die neuen Zellen auch der wirtschaftlichen Entwicklung werden. Die Menschen müssen – sobald sie sich dafür zusammenschließen wollen – den Boden und das Werkzeug für ihre Grundversorgung in die Hand bekommen. Industrielle Fertigungen und Infrastrukturen müssen subsidiär hierzu verstanden und eingeordnet werden. Es entsteht eine neue Subsistenz- und Eigenwirtschaft als Kern einer kontraktiven Produktionsweise. Das moderne technologische Wissen wird ganz anders funktionieren, wenn es von solchen sozialen Subjekten her zustande kommt und angewandt wird. Laser braucht man halt für SDI, nicht für ein Gemeinwesen nach menschlichem Maß. Kleinproduktion kann heute produktiv sein, besonders, wenn die Entwicklung auf konviviale Werkzeuge ausgerichtet wird.

Sechstens. Biedenkopf steuert eine grüne Wendepolitik mit der Bevölkerungsmehrheit an. Subkulturen drücken häufig radikaler die Krise des Ganzen aus, aber um sie herum wird sich kein neues Ganzes kristallisieren. Er bietet einen Bezugspunkt, auf dem sich radikale und ex-zentrische Positionen, die zunächst unvermeidlich minoritär sind, mit der Normallage vermitteln können. Für mich verlaufen die spannenden Brüche quer zu den überlieferten sozialen und politischen Lagern. Unsere üblichen innenpolitischen Querelen und Kautelen sind unglaublich kleinkariert und verantwortungslos. Die Parteien führen auf der ganzen Linie den falschen Streit, was nur bedeuten kann, daß es falsche Parteien sind, daß die menschlichen Kräfte mit diesem Parteiensystem »falsch sortiert« sind, direkt gegen die Notwendigkeit, um ein Verständnis unseres Dramas zu ringen und einen Rettungsweg zu eröffnen. Nicht nur diese oder jene Politik, das Politische als Ganzes funktioniert falsch, ja es ist die *ganze Formation,* die Kapital *und* Arbeit, Rechte *und* Linke der reichen westlichen Länder miteinander bilden, zu der *einen* Titanic geworden, die dem Eisberg entgegendampft, was das Zeug hält.

Interessant ist nur noch, was geeignet ist – man kann es nicht oft genug wiederholen –, »den Kahn am Ufer zu vertäuen«, die Maschinen zu stoppen und vorsichtshalber Rettungsboote in Marsch zu setzen. Die mit der »neuen Sicht der Dinge« – falls sie sie wirklich haben – werden sich zunehmend klar, daß sie auf morgen hin zusammengehören, wo immer sie herkommen mögen, und zwar gegen das *Sitzfleisch aller politischen Farben,* nicht nur innen-, sondern auch außenpolitisch. Warum nicht jetzt schon offen zusammengehen, warum nicht einen neuen sozialen Körper formen? Subversiv jedenfalls verhält man sich gerade bei Nichtbefassung mit dem üblichen Stoff, und umgekehrt verhält man sich konformistisch durch Mitkämpfen alias Mitspielen in den alten Schlachtordnungen.

Das größte Problem, das ich sehe und das über die bisherige Kritik hinausgeht, besteht in der Versuchung, die *Conditio humana* kulturell eurozentrisch und das Ganze national beschränkt zu sehen (was sich *verbal* leicht leugnen und vermeiden läßt). Uns kann keine innere Versöhnung mehr retten, deren Bedingungen auf jener monopolistischen Position im Menschheitszusammenhang beruhen, die der weiße Mann jahrhundertelang eingenommen hat. Die hiesigen sozialen Kämpfe spielen ja, im Weltmaßstab gesehen, sozusagen innerhalb einer einzigen herrschenden Klasse (es hat immer auch *arme* Ritter und Burgfrauen gegeben). Während wir durch den Standard, dem sie überall nachjagen, alle anderen mitreißen gegen die Naturschranken, kann sozial gesehen die heutige Lage der Weißen in Südafrika durchaus das Paradigma unserer eigenen von morgen sein. Die übrige Menschheit kann unser Modell einfach nicht mehr unverwandelt ertragen.[158]

2. Die Matrix der politischen Umkehr

Zwei Große Koalitionen – Dreigliederung der Metropoleninteressen

Im III. Teil habe ich am Ende der Axiome eines Rettungsweges bereits zitiert, wie einer unserer größten Aufklärer, Montesquieu, mit dem eben berührten Problem des imperialen Metropolenkonsenses umgehen wollte. So wie in den ersten Jahrhunderten nach der Zeitwende auch der ärmste Freie privilegiert war, wenn er das

Glück hatte, römischer Bürger zu sein und dadurch im Konsens der Metropolis gefangensaß, ist jeder Bürger zum Beispiel der deutschen Bundesrepublik privilegiert. Wir konnten uns den I. und II. Weltkrieg leisten, um nun dennoch, wohin wir auch kommen, mit dem grünen Paß Weltbürger erster Klasse spielen zu können. Die deutschen Arbeiter hatten sich nicht einfach geirrt, als sie Wilhelm II. 1914 das Recht gaben, keine Parteien mehr zu kennen, sondern nur noch Deutsche.

Wiederholen wir uns vor diesem Hintergrund noch einmal jene Sätze des großen Franzosen:

> Wenn ich etwas wüßte, das mir dienlich wäre und meiner Familie abträglich, so würde ich es aus meinem Geiste verbannen. Wenn ich etwas wüßte, das meiner Familie und nicht meinem Vaterlande dienlich wäre, so würde ich suchen, es zu vergessen. Wenn ich etwas wüßte, das meinem Vaterland dienlich und das Europa abträglich wäre, oder das Europa dienlich und dem Menschengeschlecht abträglich wäre, so würde ich es als ein Verbrechen betrachten.

Nach diesem Kriterium ist unser gesamter metropolitaner Status quo ein Verbrechen sondergleichen. Das Modell Deutschland, das Modell Europa ist der Welt zur Last geworden, und glücklicherweise – deshalb haben auch die anderen eine größere Chance – glücklicherweise endlich auch uns selbst.

Mit der Ökopax-Bewegung hat der Zusammenbruch des imperialen Konsenses begonnen. Wie Friedrich Dürrenmatts Bühnenkaiser Romulus Augustus beginnen nun auch wir zu begreifen, daß »Rom« es nicht mehr wert ist, verteidigt zu werden, jedenfalls nicht in der vorgefundenen kulturellen Gestalt und politischen Verfassung. Anders als damals stehen nicht einmal Barbarenscharen *ante portas*. Wir können uns nur selbst entbinden, bestenfalls die neuerdings so eindrucksvoll offerierte Hilfestellung aus dem Moskauer Gegenzentrum nutzen, um die nötige Transformation über die Bühne zu bringen. Eine günstigere internationale Situation als jetzt können wir schwerlich haben. Der konkurrierende Ostblock hat sich selbst die Frage schon annähernd ebenso gestellt, wie wir sie auch bei uns auf die Tagesordnung setzen müssen. Es gibt eine Konvergenz des neuen Denkens.

Wie aber bildet sich eine Mehrheit heraus, die bereit ist, der ökologischen Krise an die Wurzeln zu gehen? Das ist die Frage einer ganz bestimmten psychologischen Verschiebung und Neuorientierung im politischen Konsens, die seit etwa 25 Jahren im Gange ist, sich seit 10 bis 15 Jahren »grün« manifestiert und seit der Katastrophe von Tschernobyl erneut an Tempo gewinnt. Ausbreiten kann sich die Idee einer ökologischen Wendepolitik natürlich nur bei denjenigen, die bereit sind, gegen eigene Bequemlichkeit der Realität der Weltzerstörung ins Auge zu sehen und dann sich selbst als mitverursachend zu erkennen. Zwar sind alle auch Opfer, selbst die Antreiber des exterministischen Projekts. Aber von denen, die sich als Mit*täter* erkennen und das nicht mehr verantworten möchten, hängt es am meisten ab.

Der eigentliche Resonanzboden der Unheilszeichen sind sicher die Frauen. Aber ein Durchbruch setzt voraus, daß das wesentlich dickere Fell der technokratischen Elite beunruhigt wird. Das sind dann, von Fall zu Fall, persönliche Konversionen, bis es zu einer Massenspaltung dieser exterministischen Mönche kommt, die sich jetzt sichtlich vorbereitet. Gegenwärtig sammelt sich der Konsens für eine Rettungspolitik bereits in sehr vielen verantwortlichen Köpfen an, wenn auch die »Konzentration pro Kopf« noch nicht ausreicht, damit es schon zu einer individuellen oder gar korporativen Kristallisation kommen könnte. Damit es kein Mißverständnis gibt: Ich spreche, obwohl von sehr vielen Köpfen, dennoch von einer Minderheit, aber von einer qualifizierten Minderheit, die bald in der Lage sein wird, das träge Gros der bürokratischen und technokratischen Futteralmenschen in den Silos der Ämter, Kommandozentralen und Institute aufzuscheuchen.

Aber dann wird es nicht mit irgendwelchen Maßnahmeplänen getan sein – es muß eine neue Gesamtstruktur her. Eine ökologische Wendepolitik vorschlagen, heißt einen neuen Staat, ja sogar den Staat neu vorschlagen. Ich habe ja gesagt, daß wir zuerst die Rechtssphäre und den Staat aus dem megamaschinellen Zusammenhang herauslösen müssen, um überhaupt an die materiellen Fundamente, an die materielle Dynamik auf der Diagonale des Verderbens heranzukommen. Wenn die Gefährdung der Gesellschaft durch den Kurs der Militarisierung, der Großtechnologie und der Massenproduktion zunimmt, treibt der Lebenswille der Bevölkerung doch einen Keil zwischen die gegebenen Staatsapparate, die formal zur Schadensabwehr verpflichtet sind, einerseits und die kapitalistische Technostruktur, die Megamaschine im engeren Sinne andererseits. Die Ablehnung der Daimler-Test-strecke in Boxberg, der Sieg des neuen Bundschuh vor dem höchsten Gericht, ist ein Beispiel, und der zugehörige Glaubenskampf in der örtlichen Bevölkerung ist nicht etwa ärgerlich, sondern vielmehr der eigentliche Grundtext des Umbruchs im metropolitanen Konsens. Schließlich ist nahezu ganz Deutschland (nämlich bis nach drüben) mit der exterministischen Nobelfirma in Stuttgart identifiziert, von den in der unmittelbaren Nähe überaus wirksamen materiellen Anziehungskräften des glänzenden Drachens ganz zu schweigen.

Es kommt darauf an, die gesamtgesellschaftlichen Regulierungsfunktionen, die an die große Ellipse der »Gesellschaft als Megamaschine« entfremdet sind, in den kleinen Kreis zu verschieben, wo sie wieder vom lebendigen Geist abhängig sind und einer ständigen inhaltlichen Neubestimmung aus der freien Entscheidung der Allgemeinheit zugänglich werden. Diese Verschiebung verlangt zugleich, daß der Vorschlag einer ökologischen Rettungspolitik wirksam manifestiert wird, im Konsens um sich greift und zuletzt die Hegemonie in der sozialen Atmosphäre erlangt. Dann werden sich die faktischen Mächte teils beugen, teils anpassen, teils sogar an die Spitze zu stellen suchen, und die alten politischen Parteien, falls sie überleben, werden darum wetteifern, die politische Umkehr exekutieren zu dürfen. Die Crux liegt wirklich nicht »oben«, die Crux liegt in dem Konsens, den der jetzige Kanzler eben doch viel mehr repräsentiert, als denen von uns lieb sein kann, die die Massen am liebsten als Opfer böswilliger Verführung sehen. Das *Volk* muß umlernen, um sich andre Repräsentanten zu verdienen.

Bei der Kritik an den herrschenden Institutionen sind deshalb gar nicht diese selbst der Adressat, sondern die noch damit identifizierten und noch nicht weit genug davon distanzierten Menschen, natürlich nicht zuletzt auch die in den verantwortlichen Positionen des ganzen Machtkomplexes von Wissenschaft-Technik-Kapital und Staat. Die Aufnahmebereitschaft steht in einem direkten Zusammenhang damit, wie sensibel nach innen, wie offen für Selbsterfahrung die unterschiedlichen Charaktere jeweils sind. Aber den Ausschlag für das Tempo der Umgruppierung dürfte geben, ob es gelingt, für all die Bewußtheitspartikel, die sich schon auf äußeren Bahnen des bisherigen Konsenses bewegen oder schon herausgeschleudert wurden, einen neuen Fokus zu schaffen – aus diesen Partikeln selbst. Die Frage lautet, inwieweit sich nun doch allmählich Menschen entschließen, ganz dem Zug ihrer zunächst auch im eigenen geistigen Haushalt noch »minoritären« Neueinstellungen zu folgen, weil die immerhin schon ein qualitatives Übergewicht erlangt haben. Dieser Prozeß tendiert zu sozialen Zusammenschlüssen »am anderen Ufer«.

Wir sprechen von den »neuen sozialen Bewegungen«, die ja zunächst häufig aus der Umformung älterer Protesthaltungen hervorgingen, welche – wie kritisch auch immer – noch auf die Polarisierungsschemata der bürgerlichen Gesellschaft bezogen waren. Es gibt heute einen »neuen« Pazifismus, »neuen« Naturschutz, »neuen« Tierschutz usw., wobei das Neue größtenteils aus dem übergreifenden Kontext der beginnenden allgemeinen Transformation stammt, der den traditionelleren Engagements auch viel neues Blut zugeführt hat. Auf einmal finden sich zum Beispiel Tierschützer in einer seelischen Konfrontation mit dem gesamten politischen und psychologischen Status quo, weil der die Schlachthäuser, die Massentierhaltung, die Massentierversuche in höchst komplexer Weise deckt.

Auf dem politischen Felde, d. h. schon mit direktem Anspruch auf eine Gesamtveränderung, wollten zunächst die Grünen ein solcher Pfeiler am anderen Ufer sein. Ein weiterer waren und sind die Öko-Institute und Öko-Gesellschaften, -Kreise, -Vereine, die sich so vielerorts gebildet haben.

Wieder ein anderer sind die Alternativprojekte verschiedenster Art. Am weitesten reichen m. E. kommunitäre Zusammenschlüsse, die den Versuch unternehmen, den gesamten alltäglichen Lebenszusammenhang mehr oder weniger vollständig jenseits der Megamaschine neu aufzubauen.

»Ganz anders« und dennoch vergleichbar mit der Entwicklung auf dem Naturschutzsektor der bürgerlichen Gesellschaft rücken nun auch die älteren spirituellen Zirkel in den Zusammenhang des neuen Zeitalters ein, das sie, obwohl sie sozial häufig total in den Status quo eingebunden geblieben waren, schon immer mehr oder weniger antizipiert hatten. In letzter Instanz werden kommunitäre Gemeinschaften, die ihren Arbeits- und Lebensalltag um eine undogmatische spirituelle Vision und Praxis herum organisieren, die am weitesten reichenden und stabilsten Initiativen sein.

Alles das sind Institutionen des neuen Zeitalters, und es ist überaus charakteristisch für die Umbruchsituation, in der wir uns befinden, wie viele Menchen progressiv »Spagat« machen, d. h. »mit einem Bein« probeweise in den neuen Zusammenhängen Fuß zu fassen suchen, während sie mit dem Standbein noch in der alten Kultur verharren. Da bereiten aber viele eine Schwerpunktverlagerung vor, und dann kehrt sich der Energiefluß nachhaltig um. Es kommt dann zu einer Ableitung auch ökonomischer Energien, finanzieller Energien aus den alten in die neuen Strukturen. Diese Rinnsale könnten nur fehlbewertet werden, wollte man sie quantitativ mit den Massenströmen der regulären Ökonomie vergleichen, weil ja der neue materielle Kulturzusammenhang, wie schon gesagt, um mindestens jene Zehnerpotenz »billiger« herauskommen und wieder Raum für Tiere, Pflanzen, Erde, Wasser, Luft und Feuer in deren eigener evolutionärer Richtung lassen muß.

Vor diesem Hintergrund einer psychologischen Kräfteverschiebung will ich nun anhand einer letzten Skizze das Machtproblem behandeln. Ich nenne das die »Matrix der politischen Umkehr«. Ich will hier noch nicht von jener Rettungsregierung sprechen, die die letzte Konsequenz meines Gedankens auf politischer Ebene ist, sondern vorerst das Spannungsfeld betrachten, in dem sich die neue soziale Macht allmählich formiert. Und das führt auch nicht sofort an das machtpolitisch »letzte« Problem der Neuinstitutionalisierung heran, sondern mündet mit dem Ende dieses Kapitels in die Frage nach der Rettungs*bewegung*, die eine Rettungs*regierung* erst menschlich tragen und in ihrer Funktion beschränken kann. Der Rettungsregierung soll erst der allerletzte Abschnitt gewidmet sein.

Die Matrix der politischen Umkehr (vgl. übernächste Seite) bezieht sich mit dem (dreigeteilten) rechteckigen Block in der Mitte schematisch auf die *Gesamtheit des politisch relevanten Bewußtseins in einem ökologisch angeschlagenen Metropolenland,* wie die Bundesrepublik eines ist. Die Matrix knüpft an die im I. Teil skizzierte Dynamik der sozialen Bewegung zum Auszug aus dem Industriesystem an, die ich dort im Anschluß an »Galtungs Weltschematik« angedeutet hatte. Sie betrifft den politischen Kampf um die Ablösung der Gesellschaft von der Diagonale des Verderbens, von dem Exterminismus der Megamaschine, die sich in Staat (»Etatismus«) und Wirtschaft (»Ökonomismus«) manifestiert. Und sie zielt in die Richtung jener Regenbogen-Gesellschaft, die mit den Pfeilern am anderen Ufer beginnt.

Man mag die *Matrix der politischen Umkehr* in Gedanken in jene frühere Skizze auf S. 43 einordnen. Dann hätte sie dort ihren Platz zwischen den beiden »Hakenpfeilen«, läge also mit der oberen Kante, wo ich die »Große Koalition der Trägheitskräfte« hingesetzt habe, an der Diagonale des Verderbens an, während ihre untere Kante, die der »Anderen Großen Koalition«, eben bei dem Regenbogen anläge. Außerdem korrespondiert die Matrix der politischen Umkehr mit dem Schema unserer Abspaltung vom Ursprung, das ich auf S. 239 im III. Teil gegeben habe, d. h. mit der Frage nach der Heimkehr der Gesellschaft an jenen »Ort«, an dem sich die Kluft zwischen Mensch und Natur, Mann und Frau, Bewußtem und Unterbewußtem wieder schließen kann.

Die *Waagerechte* der Matrix ist die konventionelle Dimension der politischen Auseinandersetzung zwischen »links« und »rechts«, zwischen »Fortschritt« und »Reaktion« auf dem Boden der bürgerlichen Gesellschaft, die sich als weithin konform mit dem Gesamtcharakter der kapitalistischen Formation erwiesen hat. Die Rettung vor der ökologischen Krise ist nicht in einem Machtkampf zwischen den alten politischen Fronten, nicht in irgendeiner »Schlachtordnung« auf dieser waagerechten Achse möglich, die nämlich mit der Diagonale des Verderbens parallel verläuft, wenn nicht mit ihr identisch ist. »Etatistisches« Rot und »ökonomistisches« Blau sind nicht Alternativen, sondern Teilmomente eines falschen Ganzen. Schon die Nazibewegung hatte recht mit ihrem alsbald überrollten und dadurch diskreditierten Ansatz, diese Schlachtordnung überwinden zu wollen.

Rettung ist überhaupt nicht möglich durch Kräfte, die in erster Linie *irgendwelchen* durch die Logik der bürgerlichen Gesellschaft vorgeschriebenen besonderen Interessen folgen und ihr Handeln in allgemeinen Angelegenheiten stets davon abhängig machen, wie ihre eigene Machtposition dabei herauskommen

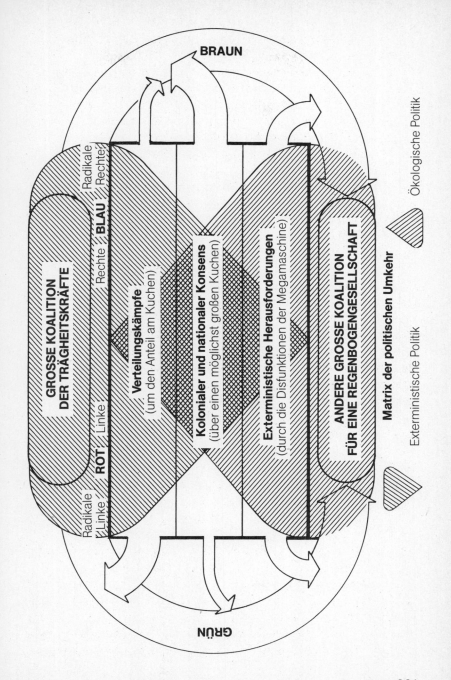

BRAUN

Radikale Rechte

BLAU

Rechte

Ökologische Politik

GROSSE KOALITION
DER TRÄGHEITSKRÄFTE

Verteilungskämpfe
(um den Anteil am Kuchen)

Kolonialer und nationaler Konsens
(über einen möglichst großen Kuchen)

Exterministische Herausforderungen
(durch die Disfunktionen der Megamaschine)

ANDERE GROSSE KOALITION
FÜR EINE REGENBOGENGESELLSCHAFT

Matrix der politischen Umkehr

Radikale Linke

ROT

Linke

GRÜN

Exterministische Politik

381

wird. *Alle* sind an der Bewahrung der gemeinsamen Lebens-grundlagen interessiert, aber alle erst in *zweiter* Linie! Da wir wissen, wie normal das ist (obgleich die Völkerkunde auch Ge-meinschaften angetroffen hat, die nicht so total von dem Prinzip der Ich-Konkurrenz beherrscht sind), wird um so klarer, wie sehr wir eine kulturelle *Massen*bewegung zum Verlernen des patriar-chalen Ego brauchen.

Die *senkrechte* Dimension der Matrix ist die der *Bewegung*, von der unser ganzer Gesellschaftskörper ergriffen ist und die in die Richtung »Grün« oder vielmehr »Regenbogen« zielt. Hier stehen sich die im bisherigen institutionellen Apparat veranker-ten Trägheitskräfte an der einen, in der Zeichnung oberen Kante, und die ökologischen Wendekräfte an der anderen, in der Zeich-nung unteren Kante gegenüber. In Wirklichkeit haben wir natür-lich eine Gemengelage über das ganze politische Bewußtseinsfeld hin, und kaum jemand nimmt nur irgendeinen »offiziellen« Ort ein, den man ihm (oder ihr) zuschreiben könnte, kaum jemand fühlt nicht den Weltriß mitten durch die eigene Brust. Dies ist gerade der Vorteil der Situation, der eine nichtantagonistische *Form* der Auseinandersetzung erlaubt, eine Unterordnung der unvermeidlichen und auch fruchtbaren Haß- unter die Liebesmo-mente des Umkehrprozesses. Während die Institutionen natür-lich zunächst stationär sind, an der Diagonale des Verderbens festgewachsen, ist es dennoch undenkbar, daß sie nicht wenig-stens punktuell immer wieder mitgerissen würden auch schon vor ihrer unerläßlichen Gesamtreformation.

Auf diese Grundorientierung für eine Andere Große Koalition bin ich zuerst im Frühjahr 1980 nach dem Gründungsparteitag der Grünen gekommen, und zwar in der Vorbereitung auf eine – Erste Sozialistische Konferenz, die dann in Kassel stattfand. Damals war ich noch nicht frei von der Intention, die grüne Perspektive der roten unterordnen zu wollen, wie ich es mitgebracht hatte. Ich wollte der radikalen Linken verständlich machen, daß Grün auf eine völlig neue politische Topographie *quer* zu den alten partei-politischen Lagern auf der Rechts-Links-Achse hinauslaufen müßte. Ich sagte den Linken, in Zeiten umfassender zivilisatori-scher Krisen hätte man es generell weniger mit Klassen-, als mit »Geschichtsparteien« zu tun, mit einer (übrigens auch von »Generationskohorten« mitgetragenen) politisch-psychologischen Division in progressive, konservative und reaktionäre Kräfte. Die Welt ändern (»progressiv«); alles lassen, wie es ist, mit kleinen Verbesserungen (»konservativ«); die Uhr zurückdrehen (»reaktionär«) – diese drei Grundhaltungen würden dann parteikonstitutiv, wögen schwerer als die natürlich nach wie vor mitlaufenden Klasseninteressen. Aber:

Gegenwärtig erscheinen freilich selbst die üblichen Begriffe zur Kennzeichnung jener »Geschichtsparteien« seltsam verkehrt, weil wir eine Weltveränderung gegen sehr vieles von dem brauchen, was bisher Fortschritt hieß, weil wir vieles erhalten und manches wiederherstellen müssen, was historisch verlorengegangen ist. So reduzieren sich die »Geschichtsparteien« jetzt eigentlich auf zwei: Die eine will, an vielerlei Privileg und Machtgenuß gewöhnt, daß alles so weitergeht wie bisher. Man könnte sie den Block der Beharrungskräfte, den Block der Trägheitskräfte nennen. Träge Fortbewegung auf der einmal eingeschlagenen Bahn . . . Die andere »Partei«, der reformatorische Block, will – da hatte jemand den guten Einfall . . ., den weisen sizilianischen Aristokraten Lampedusa zu zitieren – »alles radikal umwälzen, damit alles so bleibt, wie es ist«. Dieser konservativ getönte Aphorismus ist jetzt überaus nützlich, insofern er wahrscheinlich kennzeichnet, wie die Mehrheit der Menschen, die jetzt die grüne Bewegung bilden, motiviert ist. Wir können uns darauf verlassen, und auch andere Leute schließen es gewiß nicht aus, daß bei einer radikalen Umwälzung wohl doch nicht *alles* ganz so bleiben wird, wie es ist.[159]

Vor diesem Hintergrund sprach ich dann von der Einen und der Anderen Großen Koalition. Theoretisch steckte natürlich darin schon der Abschied von der linken politischen Theorie mit ihrer Zentralität des Klassenkampfes und der angehängten »Berücksichtigung der Umweltprobleme«, und von dem linken soziologischen Schematismus und (eher vulgären) Materialismus überhaupt. Schon von drüben her hatte sich mir die »Systemfrage« im Westen nicht mehr im Geiste des marxistischen Revolutionsmodells dargestellt, das vor allem die Frage des nationalen, des kolonialen, des imperialen Konsenses metropolitaner Bevölkerungen als ganzer abgedrängt und fürchterlich unterschätzt hatte. Wer einmal in der Lage war, die hiesige Situation von außen zu betrachten – sei es von der »östlichen« Zweiten, sei es von der »südlichen« Dritten Welt her –, kann die metropolitanen Arbeiter nicht mehr für eine potentiell revolutionäre, weltbefreiende Klasse halten, und der wird auch skeptisch sein, was die Arbeiter von, sagen wir, VW do Brasil, *in ihrer Klasseneigenschaft* betrifft. Man kann nach wie vor überzeugt sein, daß der Kapitalismus weg muß (und ich bin es *nicht nur* aus ökologischen Gründen) – aber im Kampf zwischen Lohnarbeit und Kapital wird er nicht verschwinden.

Im Gegenteil, was hier noch von der sozialen Frage des 19. Jahrhunderts übriggeblieben ist, treibt ausschließlich dazu, die wohlstandsbürgerliche Existenz für alle Einwohner der Metropolis zu vollenden. Es geht nur um die Sitzverteilung auf der Megamaschine. Man braucht nicht die Augen zu verschließen vor den internen Ungerechtigkeiten, vor immer mal wieder »neuer Armut« und »neuer sozialer Frage« – die herrschenden Kräfte selber achten aus guten »Sozialversicherungs«-Gründen darauf, solchen Sprengstoff unterhalb der kritischen Masse zu halten. Jede interne sozialpolitische Lösung wird auf die wirklichen »Verdammten dieser Erde« (immer noch das Buch dieses Titels von Frantz Fanon!), auf das »äußere Proletariat« abgewälzt. Wie groß der Kuchen ist, den das imperiale Zentrum aus dem Weltmarkt herauswirtschaften kann und wie es dabei seine politische Dominanz sichert, ist letzten Endes auch für die Unterprivilegierten, für die armen Freien des Atlantischen Imperiums viel interessanter als die immer nur um Grade oder Bruchteile von Graden verschiebbaren Schnitte zwischen den Anteilssegmenten.

Nehmen wir an, das Rechteck in der Mitte der Matrix sei die Gesamtheit an politisch bedeutsamer sozialer Energie, an politischer Interessiertheit und Bewußtheit der Bevölkerung in einem Metropolenland, gerade auch in dem unseren – wie ist dieses Feld dann in der Senkrechten differenziert? Die Dreiteilung, die ich in das Rechteck eingezeichnet bzw. eingeschrieben habe (weshalb ich hier den Text nicht wiederholen muß), ist freilich schematisch und ohne Berücksichtigung der Gewichte erfolgt. Sonst müßte der mittlere Teil viel voluminöser oder gleich ganz den beiden anderen unterlegt sein: Der nationale und koloniale, oder zusammengefaßt der imperiale Konsens ist wahrhaftig immer noch dick genug! Er ist bei den Verteilungskämpfen um Geld, Macht und Einfluß ebenso tragend wie meistens noch bei den Kompromissen um die Umweltpolitik.

Selbstverständlich sind die drei Momente meines Schemas auch in jeder individuellen Bewußtseinsverfassung präsent. Das Schema ist durchaus nicht in erster Linie korporativ gemeint. Jede(r) Einzelne partizipiert überall und wird sicherlich auch noch unter jedem bedeutsamen Gesichtspunkt irgendwo auf der Links-Rechts-Waagerechten seine Optionen haben. Oft ohne sich dessen allzu bewußt zu sein, unterscheiden sich die verschiedenen individuellen und kollektiven (bzw. korporativen) Subjekte eben in der Konfiguration und Gewichtung der drei Interessenbereiche, in der Art ihres Umgangs damit. Gerade auf dieser Grundlage, daß wir alle mit demselben Stoff befaßt sind, geschieht die neue Polarisierung zwischen ökologischer und exterministischer Politik, je nachdem, von welcher Kante, der unteren oder der oberen, wir an das ganze Puzzle herangehen.

In einem weitesten Sinne treffen wohl alle Interessen in der Entscheidung um den Konsens zusammen, der zwar von der imperialen Situation den Akzent hat, aber eben nicht auf Dauer darin befangen bleiben darf. Es ist wirklich ausschlaggebend, von welcher Kante her das alles auf die Funktionsfähigkeit und Lebbarkeit des Ganzen hin integriert wird. Setzt sich dabei die alte Große Koalition der Trägheitskräfte durch, oder bestimmt bereits die Andere Große Koalition für eine ökologische Wende? Jede(r) hat Zuordnungsmöglichkeiten zu beiden Varianten, so daß die Sache nicht auf eine *Fifty-fifty*-Konstellation hinauslaufen muß, sondern sich zumindest theoretisch zu hundert Prozent für eine neue Struktur entscheiden kann, in der dann die alten Konsensmomente ihren angemessenen Platz finden können, so weit sie nicht völlig *out of date* geraten sind und so ihren Anspruch auf Mitrepräsentanz verloren haben.

Dieses Strukturproblem sollen diese beiden auf die eine und die andere Kante aufgesetzten Dreiecke – das eine für die bisherigen exterministischen, das andere für die ökologische Rettungspolitik – symbolisieren. Mit der »spitzen« Verengung des jeweiligen Zugriffs auf die gegenüberliegende Kante zu ist natürlich nicht gemeint, daß irgendwelche Realitäten thematisch außer Betracht blieben. Die exterministische Politik ignoriert die Umwelt keineswegs, sie behandelt sie »nur« als abhängige Variable. Eine ökologische Politik wird den Verteilungskampf nicht ignorieren. Themen als solche auszublenden oder nicht zu erwähnen, die einem von der eigenen Kante, der eigenen Ausgangsposition her nur zweitrangig bedeutsam erscheinen – das würde sich natürlich als Schwäche des jeweiligen Gesamtentwurfs bemerkbar machen. In Wirklichkeit geht es gar nicht um eine stets irgendwie vorgefaßte Einteilung in wichtige und weniger wichtige Dinge, sondern eben um ihre Integration entweder in die eine oder in die andere Perspektive. Ich bin allerdings sicher, daß – so unentwickelt diese Integration von der Regenbogenkante momentan noch sein mag – die Integration von der anderen, der Betonkante, schon prinzipiell unmöglich geworden ist; und gerade das schlägt auf die Legitimität des institutionellen Status quo zurück.

Allerdings, und jetzt kommt das Aufregende, vollzieht sich diese geistige Umgruppierung nicht bloß als unmerkliche Diffusion in voneinander isolierten Individuen. *So* atomisiert ist die Gesellschaft eben doch nicht, und sie assoziiert sich auch nicht bloß in den vorverfaßten institutionellen Kanälen. Sonst gäbe es ja das Spiel des Lebens nicht mehr. *Innerhalb* des dreigeteilten Rechtecks ist das sozialpolitische Feld in meiner Skizze gewissermaßen noch in Ruhe betrachtet, die Bewegung auf der senkrechten Achse, die Umakzentuierung zahlloser Bewußtseinspartikel mehr unterstellt als symbolisiert. Aber »umgeben« ist dieses Rechteck von bestimmteren politischen Kräften, die sich herausspezialisieren, um die verschiedenen Interessen schärfer zu artikulieren:

Oben von ganz links bis ganz rechts das Spektrum der politischen Parteien und Verbände (man möge die Vereinfachung hinnehmen), die die Demokratie der Verteilungskämpfer ausmachen; ihr Standort ist die Diagonale des Verderbens (Schemata S. 37 bzw. 43), ihre Wirkung exterministische Politik.

Unten – als Vorgriff, denn hier bildet sich die Realität erst in den Bewegungen heraus, noch handelt es sich um eine weitgehend unmanifestierte Tendenz, die aber schon mächtig ist und politisch mitspielt – der neue soziale Verbund einer Rettungspolitik, ihrer heraufkommenden Institutionen, der Corpus des Fürsten der ökologischen Wende.

Links und rechts die Bewegungskräfte, die sich von der regulären politischen Sphäre des rationalistischen Dämons, von den Disfunktionen des Industrialismus abgestoßen fühlen. Gerade für

Deutschland ist schon seit Anfang dieses Jahrhunderts nicht »Rot«, sondern die Polarität von »Grün« und »Braun« für die Kräfte charakteristisch, die sich der Megamaschine entziehen möchten. Die links zu Grün und rechts zu Braun aus dem Quadrat hinausführenden Pfeile sollen andeuten, wovon (von welchen der drei Ebenen) und in welcher Richtung sich Bewegungskräfte abstoßen, darunter retardierend besonders auffällig bei Grün die sozialen, bei Braun die nationalen Ressentiments, die in die exterministische Politik zurückfließen. Wie man sehen kann, bin ich schematisch davon ausgegangen: Noch fließt erst »die Hälfte« der sozialen Bewegungsenergie in Richtung Andere Große Koalition, noch reagiert erst »ein Drittel« der sozialen Bewegungsenergie wirklich auf die ökologische Krise.

Was es mit Grün – ohne diesen Kontrast zu Braun – auf sich hat, wissen wir einigermaßen oder glauben es wenigstens zu wissen, während uns das Ausland nicht mit dem Verdacht in Ruhe läßt, es könne gar nicht sein, daß die Deutschen auf einmal eine auf die Rettung der *Erde* gerichtete Volksbewegung hätten, die auch kein bißchen braun gesprenkelt sei. Man kann ja dem distanzierten Beobachter nicht abverlangen, die linksgrüne Partei schon für den endgültigen politischen Ausdruck einer deutschen ökologischen Wende zu halten.[160] Ich komme im Fortgang dieses Kapitels noch einmal auf die Problematik der linksgrünen Politik zurück. Aber noch wichtiger scheint es mir, zum Verständnis der ökologischen Wende die Geschichte des XX. Jahrhunderts in Deutschland hinsichtlich der braunen Problematik noch einmal neu zu lesen. Ich kann und will hier nicht ausführlich diese Arbeit leisten, muß aber meine Einstellung dazu andeuten – habe auch schon im 1. Kapitel dieses Schlußteils damit begonnen –, weil sie nicht unerheblich für meine politische Gesamtperspektive ist.

Auf dem grünen Parteitag im Dezember 1984 in Hamburg bin ich begreiflicherweise nicht besonders gut verstanden worden, als ich unter Hinweis auf diesen Hintergrund, und in einer insgesamt ziemlich aufgeregten Rede, sagte, die Grünen stiegen nach einem formell ähnlichen Muster wie einst die Nazis auf, reagierten – anders und unter veränderten Umständen – auf Probleme, die schon damals akut gewesen sind. Deshalb will ich nun in einem Exkurs dokumentieren, was ich dort dazu gesagt, zusätzlich schriftlich vorgelegt sowie kurz danach in einer Disputation zu diesem Thema entwickelt habe.

Andauernd wird in der Linken das braune Gespenst an die Wand gemalt, aber es soll bitte absolut nichts mit uns zu tun haben. Das ist zu einfach und ziemlich gefährlich. Mich hatte der Zusammenhang zuerst aus der Studie des linken Soziologen Otthein Rammstedt über »Soziale Bewegung« angesprungen. (Durch die DDR-Lesart des Antifaschismus war ich begreiflicherweise nicht besonders gut darauf vorbereitet, wenn ich von Sachen wie Christa Wolfs nicht gerade offiziellem Roman »Kindheitsmuster« absehe.) Werke von Hannah Arendt und Walter Laqueur sowie C. G. Jungs Wotan-Aufsatz[161] weisen in dieselbe Richtung. Nachträglich hat mich Jacques Ellul[162], dessen Text ich erst später aufschlug, auch noch in meiner Sicht bestätigt.

Bemerkenswerterweise hat es nach dem Aufschrei auf dem grünen Parteitag und nach den unvermeidlich oberflächlichen Presseberichten weder in der regulären noch in der alternativen Öffentlichkeit irgendeine Auseinandersetzung mit meiner Intervention zu diesem Thema gegeben, wenn ich von einer lokalen Attacke, damals im Wormser Kreisverband der Grünen, absehe. Das Eisen war zu heiß.

Exkurs über Grün und Braun

Der »Faschismus-Vorwurf« im Kontext: Der Schluß meiner Hamburger Rede

Ihr Reformisten, das könnt doch selbst Ihr nicht ernstlich glauben, daß die Große Maschine, die uns immer mehr an die Wand drückt, durch irgend etwas anderes aufzuhalten ist als durch eine Volkserhebung, für die unsere Brokdorf und unsere Startbahn-Demo nur ein Prolog gewesen sein kann?! Und das ist nicht Reformisten-, das ist eine Reformationszeit, die jetzt angehoben hat. Es gibt da einen kleinen Unterschied, den, daß die Reformation etwas einschließt, was Engels einmal die radikalste Tatsache der deutschen Geschichte genannt hat: den Großen Deutschen Bauernkrieg. Es gab nicht nur Luther, an den heranzureichen sich schon lohnen würde. Es gab auch noch Thomas Müntzer. Der hat sie unter der Regenbogenfahne, voran einen unsichtbaren Bauern-Christus, in den Kampf geführt, nachdem ihnen die Herren keine andere Wahl gelassen hatten als den Aufstand. Die Bauern sind besiegt worden. Es steht ja geschrieben, wer zum Schwert greift, wird durch das Schwert umkommen. Also beim nächsten Mal anders besser. Aber wir müssen Müntzersche sein, nicht von dem sanftlebigen Fleisch zu Wittenberg, wie der den späteren Luther nannte, nicht eine ökoliberale Paulskirchenpartei, die von vornherein so vor dem Idealtypus der repräsentativen Demokratie scharwenzelt wie die späteren Bismarck-Liberalen schon 1848/49 vor der verfaßten Monarchie.

Denen war es halt das Wichtigste, daß sich das Volk, der wilde Lümmel, nur wohldosiert zu Wort melden konnte. Jetzt haben die moderaten Leute noch einen viel schöneren Hammer. Das Volk – und mit ihm als einer autonomen Kraft umgehen zu wollen – das ist nämlich totalitär. Sie haben es nötig, dem Hitler diesen letzten Sieg zuzuschanzen, daß man nun endgültig in Deutschland das Volk nicht mehr rufen dürfe.

Aber wir hatten erst Bundschuhverschwörungen, diese Jahre, Treffen wie die Aufläufe um den Behaim Hans in Niklashausen, die damals allerdings noch eins mehr hatten als wir: ihre naive Vision vom Reiche Gottes. Wie gesagt, das waren erst Windstöße. Der Sturm kommt noch.

Es geht derzeit eine »Datenverarbeitung« vor, wie sie sich die Herren nicht gedacht haben. Die Leute – und *das* letztlich drückt sich in den Stimmen für uns aus – sehen: Waldsterben, Dioxin, Tiefflieger, Grundwasservergiftung, Pseudokrupp, Tierversuche – es geht da jeweils um die ganze Chose und es gehört alles zusammen. Die Bevölkerung – und die Bauern sind, obwohl nicht mehr allzu viele, dennoch das beste Indiz dafür – beginnt einen Summenstrich zu ziehen, beginnt zu begreifen, was sie schon ein paar Jahre länger ahnt: daß sich in den täglichen Horrormeldungen in Wirklichkeit eine einzige Totalkatastrophe ankündigt und daß sie auch *eine* tiefere Ursache hat, wenn auch keine ganz einfache. Gerade die Bauern wissen nämlich, *wie* aktiv sie mit dieser Art Viehquälerei und Bodenvergiftung daran beteiligt sind – und *warum*. Der EG-Agrarmarkt ist ein harter Lehrer. Wer die Tiefschichten der Selbstausrottungslogik verstünde, wüßte auch besser über den Charakter der einen Rettungsbewegung Bescheid, die kommt.

Jetzt... müßte ich eine weitere halbe Stunde über das Verhältnis zwischen Ökopax-Bewegung und Faschismus sprechen, aber anders, als Ihr es riskiert. Formell, strukturell gesehen, stehen sich nämlich Bewegung, Staat und Gesellschaft heute ganz ähnlich gegenüber wie in der Republik von Weimar, und die Grünen steigen formell nach einem ganz ähnlichen Muster auf wie die Nazipartei. Um diesmal gut herauszukommen, nämlich damit die Volkserhebung gewaltfrei wird, dürfen die Grünen nicht verlorengehen. Lassen sie sich kooptieren und werden sie kooptiert, sind sie nachher, wenn der Sturm seine größte Stärke, die Welle ihre volle Höhe erreicht, schon eine Systempartei mehr – besser könnt Ihr den Bürgerkrieg und die anschließende Diktatur nicht vorbereiten. Aber dazu wäre viel mehr zu sagen, vor allem darüber, daß die Bewegung für einen friedlichen Übergang noch eine andere von innen arbeitende Struktur als die politische Partei braucht; die Partei gerade nicht als Avantgarde. Sie wäre der Bock als Gärtner für eine neue Kultur, sie darf nur politischer Arm sein, der im entscheidenden Augenblick den politischen Arm der Gegenseite, die CDU/CSU, mögen wir annehmen, mit Fingerhakeln beschäftigt, so daß die Staatsmaschine paralysiert ist, durch die Bewegung natürlich, die nichts aus den Kasernen läßt, nachdem sie die Soldaten schon bis hinauf ins Offizierskorps gespalten hat. Ich erinnere mich: Novotny hat Ende 1967 Armee und Sicherheitskräfte gerufen – sie kamen nicht, weil sie gespalten waren.

Dann erst hätte ich über das positiv Wichtigste zu sprechen, über die soziale Alternative, wenigstens eine Skizze davon. Denn das ist ja die ungeheure Sache, daß eine Politik, die die Großchemie usw. wegräumt, den Job als den Zugang zum Lebensunterhalt mit wegräumt... Wollen wir anfangen, eine selbstversorgerische Gesellschaft jenseits der Jobs bei der BASF und des EG-Agrarmakts aufzubauen – und zwar als Hauptrichtung, *dies* unser positives Projekt! – oder nicht?...

Der Mensch lebt nicht, um zu produzieren. Oder, daß er es vielmehr doch tut, ist gerade die Ursache seines Untergangs. Ich hätte eine letzte halbe Stunde darüber zu sprechen, daß und warum die andere Republik vor allem eine Assoziation von Gemeinden, also von Lebensgemeinschaften mit Gott bzw. Göttin in der Mitte sein wird. Und ein paar Worte hinzuzufügen über den fundamentalistischen Bund, das fundamentalistische Netz, daß wir noch hinter allen Partei- und Bewegungsstrukturen und weit über den jetzigen Umkreis hinausgedacht zu allen sensiblen Nonkonformisten in allen sozialen und politischen Lagern aufbauen sollten über's ganze Land. Die Fundamentalisten wurzeln alle – auch die es leugnen, beweisen's durch den Widerstand oder gar den Sprung – auch noch in einer anderen Wirklichkeit, die wir alle in uns haben, die aber unter unserer eigenen Mitwirkung alltäglich zugeschüttet wird. Der Wettlauf mit der Apokalypse kann nur gewonnen werden, wenn dies eine große Glaubenszeit wird, eine Pfingstzeit mit dem lebendigen Geist, möglichst gleichermaßen ausgegossen über alle.

Letztlich von dorther nur kann Politik neu begründet werden, so daß sie nicht in den alten Teufelskreis zurückführt – Rettungspolitik nur von dorther. Ein Freund hat mir die zentrale Botschaft, die von uns ausgehen muß, aus dem Propheten Hosea zitiert: »Wir suchen nicht mehr Hilfe bei den Assyrern, wir vertrauen nicht mehr auf unsere Pferde und Streitwagen, wir wollen nicht mehr das Machwerk unserer Hände als unsern Gott anrufen! Denn DU hast Erbarmen mit dem, der keinen Beschützer hat.« Allem Anschein entgegen heißt ökologische Politik gerade: Weg mit dem Sicherheitsgurt, weg mit der ganzen Rüstung, die wir tragen. Dann werden wir leben. Dann ist auch politisch alles möglich. Der Götze wackelt schon. Er wird auch stürzen.

Aus meinen Hamburger Papieren

Auf der Ebene der sozialen Bewegungen ist in Deutschland schon seit der Jahrhundertwende Grün der – zunächst hoffnungslos unterlegene, auch übertölpelte, in manchen Fällen aber auch vereinnahmte und umgedrehte – Gegenpol zu Braun. Die Jugendbewegung war mindestens nicht faschistoider als dieses ganze Übergangsfeld zwischen dem Roten Frontkämpferbund und der SA. Bei den Grünen heute herrschen andere, nichtautoritäre und auch noch im Ressentiment flexiblere Charakterstrukturen vor.

Die beiden von Deutschland ausgegangenen Kriege haben einen seelischen Umbruch eingeleitet, der in den Nachkriegsgenerationen von Weltkrieg II allmählich seine Früchte trägt. Der moralische Gewinn der Niederlage, den Walter Dircks und Eugen Kogon zunächst nicht ernten konnten, jetzt ist er wohl doch sukzessiv da. Auch ist den verbliebenen aggressiven Potentialen die Flucht nach vorn in militärische und industrielle Aufbrüche verlegt. Und das Wirtschaftswunder *war* – diesen dritten Krieg haben die Westdeutschen gewonnen, und während der Sieg jetzt schal geworden ist, gibt es immerhin ein Polster der Genugtuung – und sei's, daß es andern schlechter geht. Summa summarum eine ganz andere Lage als in »Weimar«. Nun äußert sich das Ressentiment eher defensiv, besonders in diesem üblen Ausländerhaß. Es gibt keine faschistische *Bewegung*, sondern eine *Ökopax*-Bewegung, die sich nicht nur programmatisch, sondern auch praktisch immer mehr in Richtung Gewaltfreiheit entwickelt, in Richtung Versöhnung mit der internationalen Außenwelt und der Natur.

Dennoch gibt es Aspekte, unter denen sich der Gegensatz von Grün und Braun bis zu einem gewissen Grad innerhalb der Ökopax-Bewegung reproduzieren kann und reproduziert. Die alte Geschichte ist nicht auf einmal zu Ende, zumal der Mechanismus der Entfremdung und Atomisierung des Individuums weiterwirkt. Wer uns beispielsweise in erster Linie aus Ressentiment über die Flickaffaire zufiele, würde uns noch erheblich mehr belasten als jeder junge Mensch, der schnell mal Ministerialdirigent werden möchte. Aber erst durch unseren alternativen Machtwahn kann uns das gefährden. Der Kampf um die Plätze kann die Sensibleren nur von der Partei fernhalten, in einer Sympathisantenszene, die keinen Einfluß auf die interne politische Kultur nehmen kann. Demgegenüber wird der Zustrom von Menschen, die so oder so geführt und von einer Massenbewegung getragen sein wollen, begünstigt.

Wir mögen uns, was Inhalt und Verlaufsformen grüner Politik angeht, als Fundamentalisten und Realpolitiker diametral gegenüberstehen, aber als Resultante unserer Konfrontation die Vermachtung vorantreiben. Etwa das Frankfurter Klima scheint in diese Richtung zu entarten. Wir können es durchaus dahin bringen, daß aus den Grünen doch das wird, was wir basisdemokratisch vermeiden wollen: der Embryo der nächsten Staatsmaschine, der Kandidat für die vielbeschworene Ökodiktatur.

Im Falle der tatsächlich hereinbrechenden Katastrophe würde sich auch der Mobanteil im allgemeinen Bewußtsein »grün« verstehen. Es sollte bis dahin unbedingt mehr als bloß politische Strukturen geben, um die sich eine Alternative kristallisieren kann. Ein und dieselben Menschen können in der Notsituation sehr verschiedenes Verhalten an den Tag legen, je nachdem welche Kräfte in ihnen praktisch angesprochen werden. Hier vorzuarbeiten, ist gerade deshalb so ungeheuer bedeutsam, weil wir es uns angesichts der ökologischen Krise nicht leisten können und dürfen, das Erwachen im Volke sogleich als »völkisch« zu denunzieren. Wir müssen uns ernstlich auf diese Ambivalenz einlassen, dürfen sie also nicht verdrängen und für nichtexistent erklären.

Wir müssen uns selbst und die grüne Bewegung – tatsächlich die erste deutsche Volksbewegung seit den zwanziger Jahren und immerhin in einer formell ähnlichen Konfrontation wie die Nazis mit einem versagenden Parteiensystem – vorurteilslos im Spiegel betrachten. Wir sind nicht einfach eine linke Partei, auch wenn es oberflächlich mehr denn je so aussieht. Wir sind zumindest links-populistisch. Ich denke inzwischen, nachdem ich das bis vor zwei Jahren anders gesehen habe, daß diese linksnationale oder auch nationalneutralistische Fragestellung falsch ist. Ich weiß von mir selbst, daß hat mit machtpolitischem Denken zu tun, das auf Staatssubjekte sieht. Ich dachte, daß wir die im nationalen Ressentiment gebundenen Energien in die Friedensbewegung mit hineinnehmen sollten, weil sie unter den gegebenen Umständen, wo es keine Alternative zum Pazifismus gibt, nicht gegen uns losgehen, aber die andern mit unter Druck setzen könnten. In einem empirischen Sinne ist unsere Position sowieso »national«. Aber dann erst recht genügt die Tatsache, daß *wir* es sind, die die nackte Existenz der Bevölkerung verteidigen, um – wie es heißt – »das Feld zu besetzen«. Ich denke auch jetzt noch, daß die damalige Überlegung oberflächlich korrekt war. Aber die historische Tendenz wird im Seelenuntergrund entschieden. Außerdem kommt es sehr darauf an, daß die Minorität, die die Initiative hat, sich den eigenen Kontur nicht verwischt um temporärer Vorteile und Bündnisse willen, die keine sind. Ich lese, es sind 35 Prozent für Neutralität, während knapp 10 Prozent die Grünen wählen. Bei den übrigen Neutralisten müssen wir erst an die seelischen Ökopax-Ressourcen ran (so vorhanden oder zu entwickeln), damit das »Ami go home!« nicht den falschen Klang hat. Was heißt »besetztes Land«, wenn drei Viertel der Bevölkerung, also auch noch einige Neutralisten, von den USA beschützt sein wollen. Wiederum ist es genug, daß unsere Position de facto neutralistisch ist.

... Welch ein Unfug, heute die verlorenen bürgerlichen, nationalen, völkischen, ethnischen Identitäten erst wiedergewinnen zu wollen, als führten sie nicht alle von der Liebe und vom Leben ab. Die nationalen und ethnischen Befreiungsbewegungen sind ja alle auch darin Opfer des Imperiums, daß sie auf ihre angegriffenen alten Identitäten festgenagelt werden, und sehen dann jeden Sieg nachher mit erneuter eigener Deformation bezahlt. Wenn wir anfangen wollten, hier in einer der Kernzonen des Imperiums ETA- und IRA-Mentalitäten zu pflegen, so käme dabei ein Kopfstand *gegen* die Basken und *gegen* die Iren heraus. Wenn wir dagegen wirklich dazu übergingen, das Imperium von innen aufzulösen, den Druck wegzunehmen, könnten die Menschen überall auf dem Erdball die Freiheit erlangen, sich auch ihrerseits über ihre traditionellen Identitäten zu erheben.

Hier bei uns sollten wir allerdings die *Verdrängung* der alten Identitätsmomente nicht mitbetreiben. Es muß ans Tageslicht des eigenen und des allgemeinen Bewußtseins, wo wir da anhaften, und Denunziation ist dann eine mindestens unzureichende Taktik. Wer schon die Worte »deutsch« und »national« scheut wie der Teufel das Weihwasser, wird genau vor den damit indizierten Gefahren versagen, kann sie leicht abwehrend sogar vergrößern helfen. Es gibt *natürlich* nirgends einen kläglicheren Antifaschismus als in Deutschland . . .

Was gegenwärtig gegen den Staat durchschlägt, ist etwas Urtümliches, und deshalb wird das Bestehen auf dem Gewaltmonopol nicht helfen, diesmal nicht. In den alten Zeiten sind die politischen Repräsentanten und Unterdrücker der Gesellschaft immer auch für das Naturverhältnis haftbar gemacht worden . . . Etwas wie ein Erdbeben stellte die Legitimität der Macht in Frage. Noch heute müssen Minister hin, auf dem schnellsten Wege, wenn irgendwo eine Naturkatastrophe hereinbricht.

Was aber nun, wenn solche Naturkatastrophen immer häufiger von Menschen hausgemacht sind, wenn sie von den Strukturen hervorgerufen und vorbereitet sind, die die Gesellschaft gerade vor Unheil schützen sollten? Der Staat repräsentiert heute gerade den negativen, selbstmörderischen Anteil des Allgemeininteresses. Er steht für die nekrophilen Seelenkräfte in uns allen. Er ist eine Verstärkung der lebensfeindlichen Tendenzen, die unserer ganzen Zivilisation innewohnen, er ist dies unvermeidlich, er ist *ihre Institution.* Der Mensch muß seine Institutionen neu machen von den anderen Bezirken seiner Psyche her, in denen er das Leben will. Da die rationale Ebene seiner Existenz fast völlig von der entfremdeten Rationalität der Großen Maschine okkupiert ist, da wir den größten Teil selbst unserer Vernunft haben instrumentalisieren lassen, so daß sie sich mit Dialektik der Technologie statt des Lebens befaßt sieht, brauchen wir hier einen Schub aus der Tiefe.

Das aber heißt, wir müssen Geister rufen bzw. loslassen, die zunächst unter keiner altinstitutionalisierten sozialen Kontrolle stehen, denen wir also nur aus unserer eigenen Bewegung heraus eine geben können. Wir brauchen eine Neuinstitutionalisierung, die wir nur selber leisten können. Wir dürfen uns nicht der Enttäuschung und dem Rachebedürfnis überlassen . . . Die aufbrechenden Energien (weibliche im Jungschen Sinne?) wollen nicht gezähmt, sondern neu kultiviert werden . . .

. . . Wie eine Millenniumsbewegung geführt werden oder vielmehr sich selbst führen kann, mit welchen Organen, *das* ist die Frage. Dergleichen steht jetzt deshalb an, weil die Ökopax-Bewegung eine Millenniumsbewegung zur Begründung einer neuen Kultur *ist.* Wo die

Menschheit neu anzufangen sucht, ist immer Tausendjähriges Reich das Ziel, bei Marx als »Reich der Freiheit«, bei Hölderlin »Reich Gottes«. Soll jetzt behauptet werden, dabei könne – zumal in Deutschland – nie etwas anderes herauskommen als jener zur Unheilsbewegung entartete Aufbruch nach den plötzlichen Zusammenbrüchen von 1918, 1923, 1929–32 – das wäre eben wieder Hitlers Sieg. Seid Euch klar darüber, die Ökopax-Bewegung ist ein Versuch, im nächsten Wellental der kapitalistischen eisernen Ferse ein ganz analoges Problem zu lösen. Es kann und muß diesmal anders gehen. Je bewußter wir sind und je klarer uns wird, jedem von uns, daß der Abfall vom Auftrag und die Entartung des Prozesses mit dem Satz beginnt: »Und ich beschloß, Politiker zu werden« – um so bessere Geister werden wir rufen, werden uns entgegenkommen.

Wo es diese Bewegung damals macht-materialistisch nach außen angegangen ist, expansiv und aggressiv, macht die Ökopax-Bewegung eine Wende nach innen. Sie geht tendenziell davon ab, die Gefahr nach außen zu projizieren, sondern sucht sie in den Innereien der eigenen Kultur auf. So haben Propheten Israels im Alten Testament äußere Bedrohungen darauf zurückgeführt, daß die Juden selbst von Gott abgefallen waren. Das ist ein großes Beispiel für uns. Um unseres eigenen körperlichen und seelischen Wohls, ja Überlebens willen müssen wir in dieser Krise zur einseitigen Abrüstung der eigenen Zivilisation übergehen, nicht als Gegenkraft gar noch ins Imperium einsteigen.

Die Grünen wissen gar nicht, was sie tun, wenn sie sich kooptieren lassen. Und die bürgerliche Gesellschaft weiß es auch nicht, was sie sich antut, wenn sie uns jetzt kooptiert. Die bürgerliche Gesellschaft riskiert gerade dann Kopf und Kragen, wenn sie uns kooptiert, weil sie das geringe Risiko nicht aushält, das wir darstellen, wenn wir vor den Toren sind.

Spüren wir nicht die Vorbereitung des Erdbebens in der Tiefe, des Menschenbebens, mit Robert Jungk? Wehe, wenn der deutsche Vulkan das nächste Mal zum Ausbruch kommt, und es gibt dann nicht die konsistente politische Kraft, um der Erhebung von innen einen vornehmlich konstruktiven Charakter zu ermöglichen. Die Bombe und das AKW gingen erst abstrakt ans Leben. Inzwischen ist das Krisenpotential – und ich meine, diesmal nicht primär das ökonomische, obgleich es mächtig mitwirkt – umfassender und wühlt noch tiefer auf als nach 1918 auf 1933 hin. Das Volk ist dabei, einen Summenstrich zu ziehen, und der Durchgang durch die Arbeitslosigkeit, der Zusammenbruch der letzten Berufsidentifikationen, die vielfältige Drohung der technologischen Revolution – das alles fließt zu einer emotionalen Bereitschaft zusammen, notfalls auch das ganz andere zu versuchen. Trifft der Durchbruch des seelisch Verdrängten mit der absehbaren Situation zusammen, wo es sich für die meisten mehr ums Überleben als ums gute Leben handelt, so wird es genau den fürchterlichen Durchgang geben, den der vergangenheitsfixierte feige Antifaschismus am meisten fürchtet, den ökologischen Bürgerkrieg und danach die Diktatur.

In den Grünen hat sich die Gesellschaft in einer glücklichen Konstellation ein Organ gegeben, um dieser Stunde der äußersten Zuspitzung in zweierlei Weise zuvorzukommen:

Durch einen Druck auf alle erdenklichen Bremsen, bei dem sie – da sie keineswegs direkt an die Bremshebel kommen – stets auf Totalbremsung bestehen müssen, um den möglichst größten Effekt zu erzielen. Und zweitens durch eine rechtzeitige kulturelle Fundierung der Volkserhebung in geistiger wie materieller Hinsicht. Die Erhaltung der grünen Partei als eines unkompromittierten politischen Vermittlungsinstruments ist nur ein untergeordneter, allerdings sehr wichtiger Aspekt dieser kulturellen Aufgabe. Daß wir darin so eine ungeheure Lücke haben, ist die Ursache dafür, daß sich jetzt bei den Grünen dieser alternative Machtwahn abheben kann. Lest ruhig mal nach, nicht zufällig genau darin, in dieser Gier, sich durch Aufstieg zur politischen Macht zu verwirklichen, gibt es formale Ähnlichkeiten zu den Vorgängen in der aufsteigenden Nazipartei und -bewegung.

. . . Sollten die Grünen im Falle des Ausbruchs schon verbraucht sein und mit zu dem rettungsunfähigen alten institutionellen Komplex zählen bzw. gerechnet werden (das macht dann keinen Unterschied), müssen sich die Massen strukturlos, also unter Schilderhebung finsterer aggressiver Tribune, dazu aufmachen, das kaputtzumachen, was sie kaputtmacht. Der Tiger ist im Anmarsch, und wir sind in Deutschland.

Es gibt jetzt dreierlei Möglichkeiten. Man kann sein Nahen spüren und in hysterische Warnrufe ausbrechen. Was, die Grünen sind eine alternative Volkspartei, nicht so ein statistisches soziologisches Gebräu wie die heutige SPD jenseits des alten Arbeiterkerns? Also sind die Grünen völkisch?! Dieser Antifaschismus wird diesmal noch weniger Gewicht auf die Waage bringen als beim vorigen Mal.

Man kann sich, andererseits, so borniert um diese ausgelaugte SPD kümmern, daß man vor lauter Schellengeklingel über Koalition, Tolerierung, Bündnis, Zusammenarbeit den Dschungel nicht mal existieren ahnt. Ich weiß gar nicht, wozu Ihr Euch neuerdings wieder mehr um Eure Träume kümmert und nach den Sternen fragt. Sicher fällt das unter die ökolibertäre Privatheit, die mit Politik nichts nix zu tun hat.

Und schließlich kann man sich, wenigstens kritisch bewußt über die eigenen Allmachtsphantasien, damit sie nicht mit einem durchgehn, darauf vorbereiten, den Tiger zu reiten. Dazu muß man mit seinem wahren tiefsten Anliegen im Bunde sein, darf seinen Lebenswillen nicht zensieren wollen . . ., darf nicht einen Totalitarismusbegriff pflegen, unter den nicht nur der Großinquisitor, sondern gleich auch noch Jesus Christus fällt, weil er was anderes als Liberale unter Freiheit versteht.

Man muß den Tiger lieben, damit das Tier nur vertilgt, was es vertilgen muß: die lebensfeindliche Struktur, die in unserer Gesamtverfassung dominant geworden ist, und nicht die darin gefangene menschliche Substanz. Es muß keine Menschen fressen. Kurzum: Man muß den gewaltfreien Aufstand wollen und vorbereiten, wenn man den Bürgerkrieg nicht will. *Davon* kann unsere Position im Parlament nur eine Hilfsfunktion sein. Was die »Zusammenarbeit« betrifft: Ja, man kann bei passender Gelegenheit eine FDP-Resolution aufgreifen und einen Sprengsatz daraus machen wie im Falle Buschhaus. Falls das ein Bündnis war – bitte! Morgen wieder!

Ich sage nicht, da ist kein Risiko. Aber jedenfalls hat die Millenniumsbewegung diesmal einen Charakter wie nie zuvor in Deutschland.

Wozu ist der Nazi-Vergleich notwendig?
(Aus einer Disputation in »Kommune« 1/1985)

Parlamentarismus als antifaschistisches Minimum

Nicht die Parlamentarismus-*Debatte* ist die Falle, sondern das *Parlament* – dies aber nicht aus den bekannten allgemeinen Gründen, sondern aus speziellen deutschen für die *deutsche* Ökopax-Bewegung.

Warum ist es für uns eine Falle, während es das – um also wieder mit der Tür ins Haus zu fallen – für die Nazibewegung und -partei offensichtlich nicht gewesen ist? Eben *weil* die Nazis antiparlamentarisch und – in der Begrenzung auf das Weimarer *Parteien*system – bedingungslos systemfeindlich waren –, *dürfen wir es nicht sein.* So jedenfalls sagt es uns jeden Tag ein paar mal die alliiert, vor allem US-amerikanisch, restaurierte bürgerliche Ideologie, und mit durchschlagendem Erfolg bis fast in die letzte unserer eigenen Reihen hinein. Sie werden jetzt, gestützt gerade auf das Trauma der braunen Restauration, versuchen, die grüne Bewegung für eine letzte, grüne Restauration des Imperiums abzufangen und einzufangen.

Wir betrachten das Parlament ja als eine antifaschistische Errungenschaft! Wir haben ja akzeptiert, es sei »totalitär«, dieses Ding in seiner Eigenschaft als Teil des ganzen exterministischen institutionellen Komplexes radikal in Frage zu stellen. Und *deshalb* ziehen sie uns hinüber. Wir haben uns von vornherein nicht souverän gesetzt, sondern als eine Reformbewegung innerhalb des Imperiums.

Es gab nicht nur die Nazi*partei*

Hier liegt das tiefste Motiv für meinen Versuch, uns mit der Erfahrung der Nazibewegung in Beziehung zu setzen, d. h. – in Rainer Langhans' Diktion – von »Bruder Hitler«, an seinen Winken aus der Hölle, für uns etwas zu lernen, ja für uns etwas zu machen. Vorausgesetzt ist dabei natürlich, daß sich die Nazi*bewegung* nicht von vornherein auf das imperialistische Instrument reduziert, das die Nazi*partei* nachher war, daß dahinter – wie es in einem mir eben zugehenden Text von Armin von Gleich heißt – *auch* »eine weitverbreitete, auf unmittelbare und unverarbeitete Erfahrung gestützte Kritik an Verstädterung, Maschinisierung, Rationalisierung und Verwissenschaftlichung (konservative bis reaktionäre Kapitalismuskritik)« stand. »Die Kritik«, fährt Gleich fort, »(vorher Lebensreform- und Jugendbewegung) konnte von einer auf den technischen Fortschritt und rationale Aufklärung setzenden KPD nicht aufgenommen werden.«

Ich habe, als ich mir sofort nach unserem Einzug in Bonn Gedanken über die Basisanbindung der Grünen im Bundestag machte[163], auf das Gefälle hingewiesen, dem wir uns ausliefern. Oder vielmehr, ich benutzte damals das Bild eines Getriebes. Da dreht sich das Gesamtsystem, dann kommt sein Riesenzahnrad Staat, danach dessen Übersetzer Parlament und nun unser kleines Zahnrad Fraktion, das dann seinerseits den Druck weitergibt an die Partei, bis hinunter zur Basis. Dasselbe läuft natürlich in den Ländern, Kreisen, Stadtparlamenten nochmal. Wenn dann noch die Bewegungen in unseren Fraktionen betteln kommen, hat es perfekt funktioniert. Die Minderheit, die sich da lieber abgekoppelt hält, ist wieder so klein und radikal, wie es sich der freilich nicht als Person oder Verschwörung existente Systemgeist nur wünschen kann.

Hatten wir uns nicht gedacht, wir würden von den Bewegungen her ein Gegengefälle, ein Gegengetriebe aufbauen? Sollten nicht im Parlament die beiden Drehmomente aufeinandertreffen, daß wir die Große Staatsmaschine wenn schon nicht gleich blockieren, so doch stottern machen? Hatten wir uns gedacht, wir wollten sie neu ölen?

Die entscheidende Frage lautet nun, welche Umbewertung wir vornehmen und kühn vertreten müssen, um das Gefälle Gesamtsystem–Parlament durch das intendierte Gegengefälle Bewegung–Parlament zu kompensieren, um so eine Situation zu schaffen, die die volle Entfaltung der Bewußtseinsbewegung im Lande begünstigt, während der Spielraum bzw. die Manövrierfähigkeit der Macht eingeschränkt wird. Die Menschen müssen beginnen, und wir müssen vorangehen, neue Wirklichkeiten und neue Institutionen zu schaffen. Auf der geistigen Ebene, die entscheidend ist, wird das millionenmal Jakobs Kampf mit dem Engel sein.

Die alliierte Demokratie vollenden oder auffliegen lassen?

Warum wollt Ihr nicht verstehen, wieso sie Euch mal des Kommunismus, mal des Faschismus verdächtigen: Damit Ihr ja nicht auf den Gedanken kommt, diese alliierte Entnazifizierung hier, diese amerikanisch verbürgte Restauration derselben Weimarer Demokratie, die dazu bestimmt war, von der Nazibewegung gesprengt zu werden, Eurerseits auch auffliegen lassen zu wollen.

Nein, die Ökolibertären sind wirklich nicht die einzigen, die diese bürgerliche Demokratie, diesen politischen Ausdruck der kapitalistischen Konkurrenz, diesen unabtrennbaren Bestandteil des insgesamt exterministisch funktionierenden Systems aus der Bankrottmasse herausnehmen und daran die Übung vollziehen wollen, den einst in Frankreich wohl immer noch ein bißchen verfehlten Idealtypus nun doch noch herauszuholen – um Deutschland zu zivilisieren . . .

Die Grünen in die Variable der Weimarer Gleichung einsetzen

Vor einem Jahr habe ich für die Hamburger ZEIT einen Versuchsballon gebastelt, der aber nicht wieder heruntergekommen ist, eine Rezension über Hannah Arendts »Elemente und Ursprünge totaler Herrschaft«. Sie beruhte auf der Idee, zugleich die Totalitarismus-Konzeption für den Osten zurückzuweisen und die Fixierung auf den Republikanismus von oben für den Westen zu durchbrechen.

Vor einem Jahr[164] war mir die Blockadefunktion des Parlamentarismus, deren Verstärkung bzw. Absicherung durch den erbärmlichen »antitotalitären«, d. h. antikommunistischen offiziellen »Antifaschismus« noch nicht richtig klar. Deshalb habe ich damals nicht diesen letzten Punkt gesetzt, sondern mich auf das Verlangen beschränkt, die Ökopax-Bewegung möge sich – ohne Rücksicht auf diesen ideologischen Schutzanzug der restaurierten imperialen Machtstruktur – souverän setzen. Dahinter stand schon und steht jetzt die Idee, daß wir in die Weimarer Gleichung, die sich in Bonn variiert wiederholt, kühn das neue Subjekt, die Ökopax-Bewegung, einsetzen müssen.

Grün und Braun – zwei Pole *einer* Bewegung

Wenn wir mobilisieren wollen – verlangt werden muß dann von uns, verlangen müssen vor allem wir selber von uns, die Grün-Braun-Polarität in der sozialen Bewegung voll bewußt zu halten. Zwar ist das Kräfteverhältnis zwischen den beiden Polen umgeschlagen, aber wir sind den anderen, braunen Pol nicht los.

Wir können nicht nur durch Insuffizienz der Anlaß für rechte soziale Bewegungen sein (bzw. ihnen den Weg freigeben) – in den eigentlichen *Lebens*fragen (wie z. B. die Tierversuche eine sind) geht keine grüne Halbheit durch, ohne daß sich braune Tendenzen daran aufschaukeln können. Vielmehr hängt es überhaupt von uns ab, ob die Bewegung grün bleibt. Wollen wir verantwortlich sein, so lautet die Anforderung an uns, *einen Begriff der Bewegung zu riskieren, der nicht von vornherein, sondern erst immanent links und rechts unterscheidet.*

Wir müssen uns die Bewegung als eine Ellipse denken, deren Achse zwei Pole hat (die ich mir mit Hilfe von Wilhelm Reichs Unterscheidung zwischen Panzerung – braun – und biologischem Kern – grün – erkläre), eben einen braunen und einen grünen. Ich setze voraus, Bewegung *ist* radikal; braun ist per se nicht weniger, sondern anders radikal als grün (siehe Erich Fromms Analyse Ender der 20er Jahre über rebellisch-autoritäre Charaktere und ihr Verhalten zwischen rot und braun).

Wir sollten wissen, daß Leben als verletzter Wert eine noch viel größere Rechtfertigungskapazität für Terrorismus besitzt als verletzte Gerechtigkeit; und gerade in Deutschland waren viele Schlüsselwerte der heutigen Ökologiebewegung damals eben dieser Verschiebung von Grün zu Braun unterworfen. Michael Kohlhaas *kann* übertroffen werden.

Wie mit dem Gegenpol umgehen?

Allerdings gibt es keine dämlichere Strategie des Umgangs mit dem Gegenpol als die von den eigenen Abwehrmechanismen gesteuerte Berührungsangst und die Verleugnung seiner Repräsentanz in der eigenen Seelenverfassung. Wir haben im Gegenteil alles zu gewinnen (»alles« in dem hier besprochenen Bezuge), wenn wir *unsere* nichtdominanten Braunanteile als Antennen benutzen, die uns über die entsprechenden Positionen am Gegenpol den Zugang zu den dortigen – und zwar vorhandenen! – Grünanteilen eröffnen. Da diesmal Grün die insgesamt stärkere Instanz ist (jedenfalls, wenn wir kühn damit umgehen), können wir uns die Aufgabe stellen, unser Grün mit dem des Gegenpols zu assoziieren und auf dieser Grundlage die braunen Anteile herunterzuarbeiten bzw. ihre Energie freizusetzen und neuzuprogrammieren. Bedingung ist, daß wir das eigene Pharisäertum beiseite lassen.

Wichtigste Sicherung wäre, beim Kontakt mit dem ganzen Potential, das uns gegenübersteht, die Regel zu befolgen: *auf der grünen Welle fraternisieren, auf der braunen Welle analysieren,* d. h. die Selbsteinsicht benutzen, um die andere Position aufzudecken und unter der Bedingung der Nichtdiskriminierung entschärfen zu können. Eine intellektuelle Bereitschaft, sich für Grün *als* Grün zu öffnen, ist am Gegenpol da. Es ist ganz entscheidend, auf dieser Ebene der Herausbildung einer Gruppierung von intellektueller Führungsqualität um den braunen Gegenpol zuvorzukommen.

Das ist es, was Grün jetzt wagen muß, und sobald wir es auf diese Weise wagen, müßte uns die verschüttete pazifistische Substanz des Urchristentums – die sich bei dem Frontalzusammenstoß auf 1933 hin nicht entfalten konnte – verstärkt zu Hilfe kommen. Selbst, daß das autoritäre Potential politisch von einer Partei, die – wie heuchlerisch auch immer – das C im Namen führt, absorbiert wurde, kann diesmal einen guten Ausgang herbeiführen helfen...

Für Braun – keine Platzanweisung!

Der Fehler liegt, wie gesagt, darin, daß die Grün-Braun-Polarität nicht *zunächst einmal* als innerhalb quasi des *einen* Phänomens »soziale Be-

wegung« gesehen wird. Die Annahme zweier sozialer Bewegungen, einer
grünen und einer braunen, nimmt erstens nicht wahr, daß es auch in den
20er Jahren nur eine *zugleich* grüne (das dominierte vor 1914 sogar) *und*
braune (was nach 1918 verheerend dominierte) Bewegung gab, und konstituiert zweitens zumindest den »notwendigen« Platz für eine selb-
ständige, konsistente braune Bewegung uns gegenüber.

Genau das dürfen wir nicht zulassen. Genau das verlangt von uns, diese
Dichotomie zu verweigern und vor allem die vergangenheitsfixierte
Angst abzuwerfen, die die Dichotomie regiert. Ich habe einige Argumente dafür angeführt, daß die grüne Hegemonie über die gesamte Bewegung
(über das gesamte überschüssige bzw. »aussteigende« Bewußtsein, über
die entsprechenden Anteile in beinahe jedermanns/jederfrau Psyche)
prinzipiell angesagt ist. Wir werden sie aber nicht realisieren, wenn wir
uns die alte Schlachtordnung imaginieren. Wenn sich *jetzt* in Deutschland wiederholt, was wir da andauernd rückblickend befürchten – dann
dürfte wirklich nichts mehr zu machen sein, auch anderswo als in
Deutschland nicht.

Wir müssen uns dazu bekennen, daß wir annähernd dieselben existentiellen Probleme, auf die nach dem I. Weltkrieg die Nazibewegung rea-
gierte, jetzt unter ungleich günstigeren Bedingungen erneut auf den
Tisch bekommen haben, und zwar auf der fundamentalen Ebene der
nichtmateriellen Bedürfnisse noch radikaler als damals. Ja, auf die Lebensinteressen letzter Instanz läßt sich (wenn, wie in den USA heute, die
Psychologie von Deutschland 1914 vorherrscht) die finsterste, »totalitär-
ste« Ökodiktatur gründen. Wenn wir das in Deutschland auch wollen,
müssen wir den Karren nur bei realpolitischer Kosmetik oder vielleicht
sogar japanischem Abschneiden der Spitzenbelastungen bis an den Punkt
weiterlaufen lassen, wo er allzu plötzlich umkippt, weil sich der Schwerpunkt der Grundlast zu hoch nach oben verlagert hat ...

Eines ist wirklich falsch: die Annahme, es würde die radikale Kritik an
den bestehenden Institutionen zur *Ursache* eines rechten Auftriebs werden. Mit dieser Denkweise müßten wir an der Seite der Sozialdemokratie
zur Verteidigung der Republik antreten. Kam nicht die Einheitsfrontidee
auf 1933 hin schon von vornherein in einer Form auf, wo sie bloß
Ausdruck der schon vorentschiedenen Niederlage war? Die beiden Arbei-
terparteien hatten schlicht keine attraktive Alternative zu den Nazis
anzubieten.

Bewußtheit über das Machtproblem

Wovor ich warnen wollte in Hamburg, war wahrhaftig nicht *vor den
Grünen* – weil die »nach demselben Muster aufsteigen«, was für jeden
noch nicht ganz vollendeten Verdrängungskünstler evident sein müßte
–, sondern *die Grünen selbst*. Ich meinte dreierlei: Erstens, wir sollten
es wissen. Zweitens, wir sollten es bewußt (statt teils unbewußt, teils
verschämt, teils verlogen) ausnutzen. Dann aber, drittens, sollten wir

rückhaltlos, halt schmerzauslösend offen, nicht nur mit der *Farbe* (Grün versus Braun macht da schon einen Unterschied, aber noch nicht den tiefsten), sondern mit der *Substanz* des Machtproblems in unserem Projekt umgehen.

Die Crux der Parallele

So, wie die Partei sich jetzt entwickelt, werden zwei Dinge passieren, die damals auch passiert sind – der ganz anderen, finsteren sozialrevolutionären Bewegung. Zum einen, und das *ist* vorläufig, aber noch nicht irreversibel, bereits passiert: Ersatz der Bewegung, Enteignung der Bewegung durch die Partei. Zum anderen: unmittelbar politischer Zugang der Partei zur Macht, so daß die grüne Kulturrevolution ebensowenig stattfinden wird wie damals die braune. Das eben meine ich mit grüner Restauration des Imperiums, analog zu der damaligen braunen. Wir werden aller Voraussicht nach weder KZ einrichten noch Juden (Ausländer) verfolgen und vernichten noch gar Krieg machen – weiß der Teufel, was wir statt dessen Alternatives anrichten werden. Jedenfalls wird es, wenn alles so weitergeht, wenn wir nicht bereit und fähig sind, die Kontinuität unserer Entwicklung beizeiten für eine Denkpause zu unterbrechen, die Wiederholung von irgendwas Altem sein...

Ökosozialismus bleibt Exterminismus

Soeben, bei der Auseinandersetzung mit der Faschismusproblematik heute, habe ich mich darauf konzentriert, den Bewegungscharakter von Braun hervorzuheben, und dabei zugleich als selbstverständlich vorausgesetzt, daß meinen Lesern mehr oder weniger klar ist, wie hier die nationalistische Komponente funktioniert. In einem Metropolenland, das mitten im Zentrum des Weißen Imperiums steht, kann nationales Ressentiment nur dazu führen, daß das Wasser der Bewegung auf die Staatsmühle zurückgeleitet wird, und sei es mit antiamerikanischem Gestus. Hier hat mir also der Hinweis auf den dicken Strom genügt, der rechts aus dem zentralen imperialen Konsens zur braunen Bewegung hinaus, aber dann rasch an die Kante der exterministischen Politik zurückführt. Es spielen hier natürlich *alle* autoritären Charaktermomente samt ihren rebellischen Kopfständen mit. Würde ich annehmen, daß mein Buch in erster Linie im nationalistischen Milieu gelesen werden wird, hätte ich gewiß einiges mehr dazu zu sagen.

Wenn der Prozeß einer Umkehr in den Volkstiefen wirklich in Gang kommt, wird diesbezüglich im Alltag der Bewegung viel Gelegenheit und Notwendigkeit zum Nachholen sein. Dann wird es sich nicht so sehr darum handeln, die Finsternisse einmal mehr ans Licht zu zerren, sondern hilfreich zu ihnen hinabzusteigen, um dort mit dem Drachen zu kämpfen, wo er tatsächlich sitzt und seine – sei's auch verqueren – Gründe hat. Auf gewissen Darstellungen tötet Georg den Drachen nicht, sondern fesselt ihn, um den Energien einen anderen als den bisherigen Kanal zu öffnen.

Wenn ich mich nun bei der Auseinandersetzung mit dem Öko-sozialismus vergleichsweise viel ausführlicher auf den analogen Rückstrom konzentriere – auf jenen dicken Pfeil des Ressentiments, der links oben aus dem sozialen Interessenkampf zur grünen Bewegung hinaus und dann von dort aus rasch an die Kante der exterministischen Politik zurückführt –, so deshalb, weil ich weiß, daß hier das linke Denken am meisten blockiert. In puncto »Sozialpolitik« und »Sozialarbeit« in der Metropolis möchte die Linke einfach nicht wissen, was sie tut.

Um einem beliebten Mißverständnis zuvorzukommen: Selbstverständlich verlangt der Abbau der Megamaschine aus vielerlei Gründen eine gerechte Lastenverteilung und damit auch ein Stück an und für sich konventioneller Interessenpolitik. Er wird schon deshalb, weil er Millionen Arbeitsplätze und vor allem Lebensentwürfe betrifft, nur mit einem umfassenden sozialen Rahmenplan zu bewältigen sein. In diesem Sinne kann ich Oskar Lafontaine in erster Lesung zustimmen, wenn er in seinem Buch »Der andere Fortschritt« schreibt: »Wer heute die Abschaltung ganzer Industrieanlagen verlangt und kein Wort über das weitere Schicksal der Arbeitnehmer verliert, die darin beschäftigt sind, handelt nicht ökologisch...«[165] Er wird ganz einfach so sein Ziel nicht erreichen.

Ich weiß nur nicht, ob in Lafontaines Augen irgend etwas wirklich als Alternative zählt, das nicht darauf hinausläuft, den Betroffenen andere Arbeitsplätze *im* Industriesystem zu beschaffen, ganz konform mit Lothar Späths Politik im Nachbarländle.

Nehme ich Oskar Lafontaines Äußerung in ihrem vollen Zusammenhang, so läßt sie mich vielmehr voraussagen, daß er mit seiner »Verantwortungsethik« (auch er zieht sich auf diesen Gemeinplatz zurück) nicht einmal den ersten Schritt zu einer ökologischen Umkehr bringen wird. Im Kontext hängt sie nämlich hinter einem anderen Satz, und da mutet das Ganze wie eine unbeabsichtigte Selbstparodie an: »Die notwendigen Veränderungen müssen aber ohne große soziale Brüche vonstatten gehen. Wer heute die Abschaltung ganzer Industrieanlagen verlangt und kein Wort über das weitere Schicksal der Arbeitnehmer verliert, die darin beschäftigt sind, handelt nicht ökologisch, da er unsolidarisch handelt.« Und dann schiebt er – ganz Sozialarbeiter – die alte »Machtfrage« (Gewerkschaften versus Unternehmerverbände) *vor* die Notwendigkeit des »ökologischen Umbaus«, macht also alles von dem Karussell des Verteilungskampfes und von der Besitzstandswahrung der reichsten Unterklasse der Welt, de facto vom Erhalt der *gewohnten Form* des Lebensstandards abhängig (nur marginal ist immerhin von der erneuten Bedeutsamkeit des Genossenschaftsgedankens die Rede[166], aber gerade den hat er nicht über die bisherige ökonomische Logik hinausgedacht; nichts von Eigenwirtschaft für die Subsistenz, von Selfreliance als vielleicht zentral für eine nachindustrielle Gesellschaft).

Der Clou von Lafontaines Argumentation – womit sie ausgesprochen unseriös wird – ist der Einsatz des Solidaritätsbegriffes. Niemand (den er um sein Konzept sammeln möchte) wird es wagen, sich »unsolidarisch« zu erklären. So rechnet er. Aber »ökologisch« von »solidarisch« abhängig zu machen, setzt voraus, »Ökologie« nur als Umsetzungsfrage zu behandeln und ihren prinzipiellen Gehalt zu streichen, während man das Wort zitiert – ein rechter Taschenspielertrick. Die ökologische Krise bedeutet doch wohl, daß wir aufhören müssen, sozialem Komfort irgendwelcher Art die Vorfahrt vor natürlichen Gleichgewichten einzuräumen. Vielleicht gibt Oskar Lafontaine nur vor, das begriffen zu haben.

Und selbst abgesehen von dieser grundsätzlichen Problematik: Habe ich nun pragmatisch das moralische Recht, oder habe ich es nicht, die Abschaltung sämtlicher Atomkraftwerke zu verlangen, auch wenn ich keinen Sozialplan für die dort Beschäftigten in der

Tasche trage? An den Verlautbarungen der Atomarbeiter kann ich ablesen, daß sie selbst so solidarisch sind, uns allen das »Restrisiko« einer Tschernobyl-Katastrophe vor der eigenen Haustür zuzumuten, und zwar nicht, um selbst überleben zu können (denn sie würden ja gar nicht verelenden), sondern für einen sogar im Maßstab des eigenen Landes privilegierten Standard. Und ich weigere mich, einen prinzipiellen Unterschied zwischen dem nuklearen Risiko und dem Risiko beispielsweise der Kohlenwasserstoffchemie zu machen. Für die Arbeitsplatzbesitzer, mit denen ich solidarisch sein soll, steht (wenn man das politische Kräfteverhältnis einrechnet) im Vorhinein fest, daß sie *nicht* verelenden müssen, ja es ist gar nicht ausgemacht, ob sie nicht auch etwas zu gewinnen haben, wenn aus einem wirklich existentiellen Grunde ihre Routine zusammenbricht. Es heißt die ganze Bemühung um den Ökologiebegriff, die das Buch sonst womöglich darstellt, zur Schreibübung zu degradieren, wenn man ihn am Schluß, bloß um die grüne Konkurrenz zu disziplinieren, einer Solidaritätsforderung unterordnet, die sich völlig auf die Gerechtigkeit zwischen uns Kahnfahrern in Richtung Wasserfall reduziert.

Niemand wird willkürlich soziale Brüche provozieren wollen, die nur zur Folge haben können, daß menschliche Energien an den alten Fronten verbraucht statt in die Neugestaltung der Verhältnisse einfließen werden. Aber ist es denn wirklich unmöglich, zu begreifen, daß die Erde keinen Kompromiß mit uns macht? Daß sich unser gesamtes Unternehmen Wohlstandsgesellschaft als eine absolut unsolidarische Veranstaltung erweist? Anders als Lafontaine ordnet *Biedenkopf* die Situation gedanklich richtig, wenn er dem ökologischen Umbau Priorität einräumt und dann wünscht, »während der Übergangszeit Auseinandersetzungen, Konflikte, Zwietracht und Not so gering wie möglich zu halten«.[167]

Es ist eines, von einer ökologischen Rettungspolitik her die Probleme der sozialen Sicherheit und Verteilungsgerechtigkeit ernstzunehmen: ein anderes, Kompromisse mit den politischen Vertretern des entgegengesetzten Projekts zu suchen. Es pflegt ja bei solchen Streitigkeiten nicht um die konkreten Fälle selbst zu gehen, sondern die werden zu Waffen einer konzeptionellen Auseinandersetzung. Die Kriterien sind einfach nicht mehr sicher, nach denen es solidarisch verdienstvoll ist, Arbed Saarstahl gerettet zu haben. Selbst die Lemuren wissen nicht immer, wann es ein Grab ist, das sie schaufeln.

Nirgends in der ökonomischen Theorie ist Georgescu-Roegens Nachweis widerlegt oder auch nur angefochten worden, daß Ökonomie und Ökologie prinzipiell und im Falle der kapitalistischen Ökonomie dramatisch unversöhnlich sind. Die Ökonomie nicht unterordnen, sondern die Ökologie mit ihr »versöhnen«, d. h. umgekehrt die Ökologie unterordnen zu wollen. Der Top-Parasit will weiterfressen dürfen, als wäre alles, was er eben neu über die Endlichkeit der Erde gelernt hat, doch nicht wahr – weil es eben undenkbar ist, daß der Mensch seine eigenen Interessen, Gewohnheiten, Bequemlichkeiten hintansetzt.

Bemerkenswerterweise sind die Ökosozialisten innerhalb und außerhalb der SPD resistent, den offensichtlichen Widerspruch auszuhalten. Sie müssen immer erst noch irgend jemandem wohltun und wollen einfach nicht merken, daß das ihre Verhaftung ist. Es wäre gut, sie würden – um es ein bißchen zu verfremden – mal die Studien über das Helfersyndrom in den Psycho- und in den ihnen noch näherliegenden Sozialarbeiterberufen lesen. Man hängt an dieser Rolle, in die sich das Ich geflüchtet hat – die Betroffenen, die in solchen Debatten immer als *Objekte* verantwortlicher Tätigkeit hin- und hergeschoben werden, sind ein Anlaß, und die ganze Sache bleibt auch dann noch *politisch* falsch und unecht, wenn zugleich noch wirkliches Gefühl mitschwingt.

Was bei dem regierenden Ökosozialisten Lafontaine wenigstens noch pragmatisch Sinn macht, wird bei den linken Grünen vollends irrational. Weil es, wenn *sie* Stahlstandorte verteidigen, auf *sie* gar nicht ankommt, ist um so offenbarer, daß es ihnen nur um sich selber geht. Sie wollen von den *alten*, von den Status-quo-Anteilen im Ruhrpott-Bewußtsein angenommen werden, sie halten die Kälte nicht aus. Da sind sie lieber selber auch noch Teil der ökologischen Krise, seelsorgerisch und sozial in diesem säkularisierten Protestantismus, der die ganze Ökopax-Bewegung ebenso trägt wie verdirbt. Es gilt als »nicht human«, den Menschen aufzudecken, daß sie in Wahrheit die Bombe *wollen*, auch das Dioxin usw., indem sie auf militärische und industrielle Rüstung nicht verzichten zu können glauben. Daher muß man »die

Menschen da abholen, wo sie sind«, anstatt ihnen, wie der Don Juan Matus dem Castaneda, den Schubs zu geben, der sie für einen Augenblick anhält. Diese Humanität ist es, von der Jung sagt, »das so schön klingende Wort ›menschlich‹ bedeute(t) in seinem letzten Verstande nichts Schönes, nichts Tugendhaftes, nichts Intelligentes, sondern unteres Mittelmaß«.[168] Sie ist zur *Selbstschonung* da, und sie wird uns nicht retten. Der Schubs allein läßt uns noch eine Chance.

Was ist das für ein kriecherisches Werben um den DGB, der als Organisation (und um *deren* gute Miene wird gebuhlt, nicht um Menschen geworben, die die Wahrheit verdienten) eines der Schlachtschiffe der Kaputtindustrialisierung ist?! Wie die Grünen auf einer ihrer letzten Bundeskonferenzen den Schulterschluß mit der IG Metall demonstriert haben, das war geeignet, für die Menschen aller Lager den diametralen Gegensatz der Gesamtperspektiven zu verwischen, in den Lohnarbeiterinteressen einerseits, Lebensinteressen andererseits nun einmal geraten sind. Wenn dieser Gegensatz überwunden werden soll, dann durch einen Kampf im eigenen Bewußtsein, der nur behindert werden kann, wenn hinter den dort auftretenden Energien die »Besatzungsmächte« stehen, die die Organisationsapparate darstellen. Aber treibt die Leute nur zurück in die Einheitsgewerkschaft, zeigt ihnen, daß *ihr* überflüssig seid.

Da die industrielle Formation *insgesamt* das Problem, der Antagonismus der beiden industriellen Klassen demgegenüber sekundär ist, spielen die Lohnarbeiterinteressen *überall* dieselbe lebensfeindliche Rolle. Im Osten war und im Süden ist das Unheil, das permanent von der industriellen Arbeit ausgeht, sogar unmittelbar verheerender, weil sie der bäuerlichen Mehrheit der traditionellen Gesellschaften den Boden unter den Füßen weggezogen hat und wegzieht. Der Mythos von der welthistorischen Mission des Proletariats bewahrheitet sich nur in seiner exterministischen Umkehrung. Die Akkumulation von Kapital und die Akkumulation von Lohnarbeit, das ist ein und derselbe exterministische Prozeß. Am Ende wird die Bourgeoisie für das Zerstörungswerk nicht mehr gebraucht. Der Faktor »Arbeit« allein genügt.

Im 19. Jahrhundert, als der Marxismus und die Arbeiterbewegung entstanden, konnte man – stillschweigend eurozentrisch, nationalistisch und kolonialistisch – einfach übersehen, daß es zu Hause noch etwas anderes als die Verteilungskämpfe um den erarbeiteten Reichtum und den politischen Aufstiegskampf der modernen Plebejer, der zweiten industriellen Klasse, gab, nämlich den zivilisatorischen Konsens über den Fortschritt von Wissenschaft und Technik als Bedingung der allgemeinen Emanzipation. Auf dieser Grundlage sollte die innere Auseinandersetzung zwischen Bourgeoisie und Proletariat der reichsten, kapitalistisch entwickeltsten Länder das Menschheitsschicksal entscheiden. *Über den Industrialismus waren sich die Kontrahenten einig*, so daß sie gemeinsam die paar abgeschlagenen Romantiker verspotten konnten, die sich dem eisernen Strom entgegenstellten. Kaum noch ein Wanderer, der wie bei Goethe für Philemon und Baucis fechten wollte.

Die Idee der proletarischen Revolution, gestützt auf die ökonomische Analyse, war, daß das soziale Spektrum in der Mitte zwischen den beiden antagonistischen Klassen, die den Rest schon zur Parteinahme zwingen würden, auseinanderbrechen wird. Die nationale Kohäsion wurde, wie sich dann 1914 zeigte, verheerend unterschätzt. Allerdings waren Marx und Engels schon um 1880, Rosa Luxemburg und Lenin dann verstärkt am Anfang des 20. Jahrhunderts auf die kolonialimperialistische Korruption der proletarischen Menschheitsavantgarde gestoßen. Rosa Luxemburg hat in ihrer »Akkumulation des Kapitals« schon die später auch für die Frauenbewegung bedeutsame Feststellung getroffen, daß das Funktionieren des metropolitanen Reproduktionsprozesses, damit Mäßigung oder Nachdruck der sozialen Kämpfe, von der Einbeziehung immer neuer »Peripherien« in die kapitalistische Ausbeutung abhängen.

Wenn der *nationale* Konsens im Falle der militärischen Niederlage oder des Krisendesasters schon mal momentan brechen konnte (aber wie stark war der Schlachtruf »Versailles!« auch in der deutschen Arbeiterbewegung der 20er Jahre) – der *koloniale* Konsens des *homo occidentalis* hat sich bisher als unanfechtbar erwiesen. Die überwältigende Mehrheit hält den Westen noch immer für die beste aller möglichen Welten. Jeder europäische Arbeiter kann draußen als Kolonialherr auftreten, notfalls halt als linker Volkserzieher. Und die sowjetischen bzw. osteuropäischen Spezialisten kennen dasselbe Problem. Alle »Entwicklungshelfer« sind Einflußagenten und Lockvögel für die Diagonale des Verderbens.

Weiter die ökonomischen Interessen der metropolitanen Unterklassen zum *Ausgangspunkt* einer Politik zu machen, mit ihrer Forderung nach gut bezahlten *Arbeitsplätzen* im Industriesystem solidarisch zu sein, nachdem der Mythos von der welthistorischen Mission des Proletariats restlos über Bord ging, ist der moralische Bankrott der sozialistischen Linken, die Offenbarung ihrer Stellvertreter-Selbstsucht. Sie wollen um jeden Preis Politik machen, sie verfolgen ihr Projekt weiter so gut wie andere politische Kräfte auch – um sich nicht ändern zu müssen, um nicht »unpolitisch« erst einmal in ein persönliches Nichts zu fallen.

Um dieses Interesse kristallisiert sich eine Menge Kleingeisterei, Wehleidigkeit und Denkfaulheit. Sobald jemand konzeptionell verweigert, die Ansprüche irgendwelcher sozial Zukurzkommender aufzunehmen, wird ihm »Zynismus« vorgeworfen. Ich habe noch nie erlebt, daß dieser Vorwurf von den viel berufenen Betroffenen selber gekommen wäre. Verräterischerweise taucht dann als Krönung meist eines der häßlichsten Slangworte auf, alles andere als liebevoll gefärbt: »Der Malocher«, der dies oder jenes angeblich sagt oder braucht. Diese ganze Mentalität hält das Bewußtsein der Menschen in jenem Sektor fest, wo der expansionistische Schub erzeugt wird. Die Stellvertretersorge ist dazu da, die Angst um die eigenen Brötchen (manchmal sind es symbolische) zu verstecken. Wer wäre auch abhängiger von der ökonomischen Stabilität als die Leute in den »tertiären« und »quartären« Sektoren!

Die Gewerkschaftslinken sprechen vornehmlich über ihre eigenen Machtansprüche bzw. Rollenwünsche, wenn sie, wie ich es erlebt habe, fähig sind, tagelang – hoffnungslos eingeschlossen in den Horizont der Kapitallogik – über die Interessen der Lohnabhängigen und Arbeitslosen zu debattieren, ohne sich auch nur mit einem Wort daran zu erinnern, daß die Formation als ganze, innerhalb deren sie avancieren sollen, das Unglück der übrigen Menschheit und alles nichtmenschlichen Lebens ist. Selbst so kritische Leute wie Mike Cooley und seine Freunde mit ihren Rüstungskonversionsplänen (die nicht aufgehen können, aber sei's drum) scheinen nicht einmal ahnen zu wollen, daß Arbeiter und Ingenieure *diese* ihre sozialen Identitäten aufgeben sollten, anstatt sie via »Humanisierung der Arbeitswelt« und liebenswürdigerer Massenproduktionsprogramme ein bißchen zu reformieren und zu modernisieren. Sie suchen Wege, drinnen zu bleiben statt Wege nach draußen.

Genau so grundkonform sind alle alten betriebsräte-demokratischen und Selbstverwaltungskonzepte, die keineswegs den *Menschen,* sondern den Arbeiter *als Produzenten* zum Zentrum haben – auch hier von der Illusion zu schweigen, die tendenziell planetare Technostruktur, die in den Multis ihren adäquaten Ausdruck gefunden hat, ließe sich von unten selbstverwalten.

Das ganze Kreisen um Ökonomie, um Produktions- und Produzenteninteressen zeigt nur die Charakterbefangenheit in der industriell-kapitalistischen *Formation,* in der europäischen Produktionsweise; und zur Abwechslung mit »Konsumenteninteressen« und »Verbraucherpolitik« ist es noch einmal dasselbe. Mit der industriellen Produktion im Mittelpunkt seines Weltbildes hat man die Verewigung der Lohnarbeit, des Warenfetischismus, der Sach-Entfremdung mit im Gepäck und alle ihre lebensfeindlichen Konsequenzen nach außen und innen dazu.

In ihrem Sindelfinger Programm von Anfang 1983 hatten die Grünen noch Umwelt und Arbeit (in dieser Reihenfolge) gesagt, während sie in dem neuen »Umbauprogramm«-Entwurf für die Industriegesellschaft mit Johannes Rau Arbeit und Umwelt sagen. Es macht in Wahrheit *keinen* wesentlichen Unterschied, denn »Umwelt« ist in beiden Fällen als eine zwar zu »schonende«, ansonsten aber abhängige Variable des Industriesystems gedacht. Wer beflissen ist, dauernd nachzuweisen, daß Umweltschutz Arbeitsplätze schafft und dann noch zusätzlich alternativ zu den Realos ins »Umbauprogramm« schreibt, es solle nichts passieren, was gegen Lohnarbeiterinteressen geht, der sollte aufrichtigerweise das Präfix »Öko« fallen lassen.

»Ökosozialismus« konnte ein erster Schritt in einer Bewegung fort von dem Bodensatz der alten Lehre sein. Im nächsten Schritt mußte die »rote« Identifizierung fallen, oder man fiel damit zurück in die alte Position links neben der SPD, auf der man – wie ich in der Skizze andeute – immer halb zur Großen Koalition der

Trägheitskräfte dazugehört. Mangels Masse kann die radikale Linke in ihrem konventionellen Selbstverständnis niemals unabhängig von den »linken« Hauptkräften, bei denen sie Korrektiv sein möchte, handeln. Sie will immer die rote bzw. rosa Partei verbessern, bis sie »reif« wird, sich programmatisch was andienen zu lassen und sich ein bißchen nach links zu bewegen. Am schönsten machen es die Trotzkisten: Mal treten sie aus, mal treten sie ein beim Prinzipal, im Zweifel waren sie immer für unseren großen Arbeiterkanzler Schmidt als das kleinere Übel.

Inzwischen waren die Grünen schon wieder genau so weit. Wahlziel im Januar 1987 war: die CDU-Regierung abzulösen. Nicht sich auf eigene Rechnung ans Volk wenden, um Bewußtheit zu fördern, sondern den großen Partner trimmen, um nachzuregeln, soweit es mit dem institutionellen Apparat der Megamaschine machbar ist. Ein vollständiger Rückfall in die alte Politikform, nur durch die veränderten Realitäten des grünen Kontexts ohne eigenes Verdienst gemildert. Leider, leider nur zeigt das Volk abnehmendes Interesse für den rot-grünen Mischmasch.

Nein, die radikale Linke hat die Chance, die sie durch die Grünen hatte, nicht wirklich genutzt, sondern ziemlich verdorben, noch über das hinaus, was sich inzwischen überhaupt als problematisch an der Existenz einer grünen Partei ansehen läßt. Ihrem Auftrag nach durften die Grünen mit einem guten Linksanteil beginnen, aber sie durften keine Linkspartei werden und bleiben. Gewisse Lernschritte, die ich in dieser Richtung sah, scheinen nur verbal, scheinen vor allem nicht von der Einsicht in die tiefere Notwendigkeit eines anderen Profils getragen gewesen zu sein. Ich sah im Geiste vor mir eine große Rochade der lebendigsten Menschen auf der Linken an die andere Kante auf der Senkrechten des ganzen politischen Feldes, ein Streben in den Mittelpunkt jenes »Ortes« der Anderen Großen Koalition, die angesichts der exterministischen Herausforderungen Politik von dem ökologischen Paradigma aus macht. Diese Rochade haben nur Wenige zustande gebracht.

Die Losung »sozial« in den grünen Programmen hat bis heute nicht den Geruch des Sozialstaats verloren, niemals den Bannkreis der Selbstausrottungslogik überschritten, war niemals von der neuen Regenbogengesellschaft her gemeint (wenige Ausnahmen

410

einzelner Menschen bestätigen die Regel). Die radikalen Linken, die in den Grünen Fuß faßten, waren keineswegs die einzigen, die in Wirklichkeit auf der Diagonale des Verderbens sitzen blieben, aber sie haben den Ausschlag gegeben. Die Menschen selbst hören sukzessiv auf, sich mit den ihnen aufgezwungenen Rollen als Arbeiter und Angestellte zu identifizieren und ihre Energien in diese alten Kämpfe zu stecken, die nur zu Lasten der Erde und auf dem Rücken der übrigen Menschheit ausgetragen werden können.

Dabei ist das Anbiedern bei der SPD und den Gewerkschaften, bei dem immer noch ein Reflex des Schutzsuchens eine Rolle spielt, wie er für das ganze zersplitterte Spektrum links von der regulären Regierungs-Linken typisch ist, inzwischen nur das Feigenblatt für eine soziale Anspruchspolitik der eigenen Klientel. Sie fordert vom Cäsar mehr Zubrot und bessere Spiele. Ein Mindesteinkommen soll die Reproduktion der »Scene« sichern; natürlich hatten die grünen Rechenkünstler in ihrem »Umbauprogramm« großzügig an die ganze zivile Gesellschaft gedacht, und es kam eine Variante heraus, bei der wir alle arbeitslos weiter an unserem Pflasterstrand und an den etwas ferneren anderen Stränden rund ums Mittelmeer bequem aus dem Supermarkt leben könnten, ermutigt zu ein bißchen mehr von dem üblichen Protest und Widerstand, aber unverändert im kulturellen Habitus.

International betrachtet sind die Grünen in ihrer Sozialpolitik eine Lobby der metropolitanen Alternativ-Bourgeoisie, obwohl sich das nicht in einer offen kolonialistischen Ideologie niederschlägt. Die grüne Realpolitik straft die antikoloniale Programmatik Lügen, die ich mit dem linken mittleren, ohnehin nicht besonders starken Pfeil meiner letzten Skizze gewürdigt habe.

Von wo bricht der imperiale Konsens?

Wie schon gesagt: Ich hebe die *Komplizenschaft* von Arbeit und Kapital deshalb so hervor, weil die linke Ideologie so sehr dazu neigt, diese Realität zu verleugnen oder von ihr abzulenken. Jegliche Interessenvertretungspolitik, die man, egal ob links oder rechts, an der oberen Kante des politischen Feldes machen kann, setzt den imperialen Konsens voraus, und sei es, um die Fahrkarten für den Einsatz in Nikaragua bezahlen zu können. Wir sind alle »römische Bürger«. Gewerkschaftsgesinnung funktioniert aktiv imperial, mag sie vom Standpunkt der internen Konstellation noch so legitim erscheinen. In den sozialen Kämpfen reproduziert die Metropolis bislang nur ihre Stabilität. Wer es ernst meint mit Ökologie und internationaler Solidarität, *hat* zwar dennoch das Interesse, in den gegebenen Umständen seine Existenz zu reproduzieren, kann sich aber nicht um dieses Interesse *organisieren*.

Welche Mühe macht sich die linke Theorie, die kapitalistische Ökonomie, etwa das Weltwährungssystem, krankzubeten! Andauernd ist Krise, am liebsten, wenn der Zuwachs stockt. Daß nur ja nichts zusammenbricht, wegen der ärmsten Betroffenen natürlich. Dabei sind die kritischen Stellen – etwa das Nord-Süd-Gefälle in Europa selbst, der EG-Agrarmarkt usw. – alle regulär! Die westeuropäischen Ökonomien und besonders die bundesdeutsche prosperieren und rutschen gut in die nächste Welle der Innovation hinein, wie Lothar Späth es möchte.

Trotz des Konkurrenzdrucks aus Japan und auch schon aus einigen »Schwellenländern« droht hier weder ein Kollaps der internen sozialökonomischen Strukturen noch der Außenbeziehungen. Selbst an den beiden gefährlichsten Klippen, der Arbeitslosigkeit und damit der Belastung des Sozialstaats einerseits, der Verschuldung der Dritten Welt andererseits, wird das Schiff nicht zerschellen. Die langfristige Abstiegstendenz, die Johan Galtung gegenüber »Gelb bzw. Golden« wie Japan und dahinter China diagnostiziert, steht auf einem anderen Blatt. Sie hat mit dem Nachlassen der psychisch-kulturellen Antriebe zu tun, die die europäische Expansion getragen haben.

Jedenfalls würde die metropolitane Gesellschaft die Entfremdung, die bei all dem Fortschritt nur immer zugenommen hat, trotz der Folgen für die psychische Gesundheit durchaus noch eine Weile ungerührt ertragen, wenn nicht allmählich spürbar würde, daß es ans physische Leben geht. Insbesondere sollen wir nicht glauben, die Arbeitslosigkeit würde den Konsens sprengen. Solange der Zufluß vom Weltmarkt groß genug bleibt, um das

Existenzminimum zu finanzieren, wird sie politisch nahezu unspürbar sein, wird sich, genauer gesagt, nicht als solche bemerkbar machen, sondern auf dem Umweg über die »Immigration« in seelische Umkehrprozesse.

Nur die Bedrohung durch die ökologische Krise und den nuklearen Militarismus stört den inneren Frieden, gefährdet den an sich überwältigenden Konsens, der auf der Identifikation mit der »demokratischen Industriegesellschaft« beruht. Ich sage »gefährdet«, nicht mehr, denn noch lassen sich die Menschen nur allzu gern ablenken. Es ist möglich, und ein Oskar Lafontaine wirkt dabei mit, den Skandal der Fischvergiftung in der Saar zum Versagen eines ohnmächtigen Umweltministers umzufälschen, der freilich selber schuld ist, wenn er auf dieser Bühne spielt. Das Problem besteht nicht nur nicht in dem Umweltminister, sondern auch nicht in dessen mangelnden Mitteln und Kompetenzen. Wie lange noch wollen wir bloß schneller und besser messen? Das Problem besteht auch nicht in der Einleitung des Cyanids, sondern in der *Existenz* der viel zu massenhaft produzierten Gifte. Und wirklich begriffen hat die Lage sowieso erst, wer in Sachen wie dem nächsten durch Späth subventionierten Neubau von Daimler-Benz, etwa in Rastatt, das fundamentalste Verbrechen erkennt, die Vermehrung der Grundlast, mit der wir uns die letzten Ausgänge verstopfen.

Die Mehrheit der Bevölkerung verharrt keineswegs geistig bewegungslos. Wir stehen potentiell auf der Schwelle: In dem Augenblick, in dem wir, während unsere »Klassenlage« gar nicht mehr ohne weiteres kenntlich ist, als Endsieger der Geschichte dazustehen scheinen, sollen wir uns von den *Errungenschaften* distanzieren, davon, daß es uns »noch nie so gut gegangen« ist? Denn es gelingt ja nicht mehr, die Übel zu isolieren. Da ist es eher erstaunlich, wie schnell das Klima in der Bundesrepublik – mehr als in den meisten vergleichbaren anderen Ländern – umgeschlagen ist.

Das setzt natürlich voraus, daß der Gewinn nur in einigermaßen ungestörtem Komfort – bei verdrängter Kriegsangst – bestanden hat und nicht in gelebter »Freiheit *für* etwas«. Eine Bevölkerung, die in ihrer Mehrheit *diese* Freiheit gewonnen und jetzt bedroht fühlte, würde sich viel radikaler sowohl mit der ökologi-

413

schen als auch mit der sozialen und politischen Sanierung ihres Gemeinwesens befassen.

So haben wir einen Schwebezustand, der wahrscheinlich bereits eine andere Politik zuließe, wenn die Kanäle der Institutionen und der Massenkommunikation nicht von den traditionellen Macht- und Besitzstandsinteressen verstopft wären.

Angesichts der psychologischen Veränderungen im Volke gibt es keine absurdere und erbärmlichere Strategie für die Ökopax-Interessen als die einer »Mehrheit gegen rechts«, die die konventionellen Politiker in den Grünen praktizieren. Rot-grün oder vielmehr rosa-grün setzt voraus, daß man artig auf dem angestammten Platz links oben neben der SPD Platz genommen hat. Antiimperialismus und Antikapitalismus, worauf besonders die Ökosozialisten moralisch Wert legen, sind auf dieser Position, die nicht bloß mit dem imperialen Konsens rechnet, sondern ihn als Mutterboden des ganzen politischen Spiels zwischen links und rechts akzeptiert und pflegt, schlimmer als hohle Phrasen.

Die Menschen werden nicht auf die neuen Prioritäten, sondern auf die beiden alten Parteiprofile der SPD und der CDU hingewiesen. Nicht die Frage, wie wir uns auf der Achse zwischen Grün und Japan-Gelb (siehe S. 43) von der Diagonale des Verderbens abstoßen können, wird in den Mittelpunkt der Aufmerksamkeit gerückt, sondern die Alternative zwischen Rot und Blau (bzw. in unserem Lande Schwarz). So wie die FDP die Stabilität nach rückwärts absichert, sichern sie die Grünen nach vorwärts ab.

Bisher haben die meisten Aktivisten der Ökopax-Bewegung, auch die außerparlamentarischen, infolge ihrer Sozialisation auf der Linken nicht die Spur davon begriffen, daß die Sammlung der Kräfte für eine Rettungspolitik nicht auf der Position irgendeiner Gustav-Heinemann-Initiative zu haben ist, daß die Idee, die »guten Leute« um irgendeinen sozialdemokratischen Reformpolitiker zu sammeln (in den USA machen sie es ebenso mit dem Topos Demokrat gegen Republikaner), der eigentlichen Aufgabe direkt entgegengesetzt ist. Es ist nicht nur taktisch kurzsichtig, weil eine ökologische Wendepolitik und erst recht eine Abrüstungspolitik nicht mit knapp über 50 Prozent zu machen ist. Vielmehr wird die Bevölkerung durch das ganze Schema falsch sortiert. Ähnlich wie im Falle »Ost« und »West« stabilisieren sich da innenpolitische

Blöcke aneinander, die einfach keine Alternativen sind. Mit den üblichen Wählerfang-Methoden wird das Subjekt für eine Rettungspolitik um keinen Millimeter vorankommen. Im Paket einer rot-grünen Gesamtpolitik würden die Lebensinteressen ebenso untergehen wie bei der »Bürgerblock«-Regierung, die wir gerade haben – weil es in Wirklichkeit *zwei* »Bürgerblöcke« sind.

Oskar Lafontaine hat inzwischen seine Einstellung in diesem Punkte weiterenwickelt. In seinem »Anderen Fortschritt« hatte er noch völlig konventionell gefragt: »Welche Wählerschichten und damit welche Parteien könnten nun die neue Politik verwirklichen?«[169] Ihm ging es dort natürlich um Rosa und Grün, aber ich finde die Frage ganz abgesehen davon falsch gestellt. Die Niedersachsenwahl hat mit dem Fast-Null-Einfluß von Tschernobyl, während die Bevölkerung tiefer denn je berührt war, gezeigt, daß die Parteienlandschaft, einschließlich der Grünen, in Existenzfragen vollkommen irrelevant ist.

Lafontaine hat auch schon vor dieser Wahl sehr richtig davor gewarnt, mit einer geringfügigen Gewichtsverschiebung im Bundesrat Ausstiegspolitik machen zu wollen. Praktisch meint er also jetzt, der Ausstieg geht nur mit einer Großen Koalition, ob nun die Regierung diese *Form* hat oder nicht. Er verlangt eine Große Koalition etwas anderen Typs als des zunächst wahrscheinlichen auf der Linie Späth–Glotz. Es käme dann darauf an, was für Kräfte aus den verschiedenen politischen Lagern aufeinander zugehen.

Eine Kombination Biedenkopf–Lafontaine–Schily (letzterer »hellgrün« auf der Mitte zwischen links und Gruhl) wäre schon interessant, obwohl es einer Illusion anhängen hieße, selbst eine AKW-Ausstiegs-Regierung schon für eine ökologische Wenderegierung zu halten. Es wäre nur die erste Regierung, mit der zu diskutieren sich lohnen würde. Und sie wäre ein Struktursymbol. Lafontaines Erwägung über den Ausstieg aus der Kernenergie ist auf die ganze ökologische Problematik verallgemeinerbar.

Offen bleibt nur eine Kleinigkeit: Nimmt man sich eine Politik »von der anderen Kante« vor, die dann einen völlig anderen Typ von Großer Koalition bedeuten würde und schwerlich als ein Geschäft zwischen Parteien vorstellbar ist (jedenfalls dürfte das nicht dominieren) – oder geht es bloß um eine »mittlere« Kombination auf der alten Hauptachse? Denn einlassen muß man sich auf den Konsensumbruch in der Kernkraftfrage usw. natürlich auch aus der konventionellen Perspektive.

Im allgemeinen ist es ja die Funktion der Erneuerer in den alten politischen Parteien, den Bewußtseinswandel für die Machtkampfstrategie gegen die andere Mannschaft auszubeuten; manchmal verspricht es halt mehr fürs eigene Profil, zu schwere Brocken durch Kooperation mit dem »Gegner« zu neutralisieren. Immerhin kennzeichnet Lafontaine, indem er die rot-grüne Idee tendenziell fallenläßt, das Rechts-Links-Schema als sekundär. Ob das eine wesentlich veränderte Fassung seines »Anderen Fortschritts« ergibt, wo in der bisherigen Lesart die Wahrnehmung der Gefahr und die politische Antwort darauf entschieden weiter auseinanderliegen als die beiden Ufer der Saar?

Mit der »Mehrheit gegen rechts« jedenfalls ist Rot-Grün bloß die neueste Variante einer linken Denkfaulheit und vor allem -feigheit: Der Bodensatz des ganzen Linkseinheitsdenkens ist die Angst um den positionellen Komfort, und die wird dadurch kaschiert, daß man ja, falls eine rechte Wenderegierung durchzöge, nicht mehr so schön kämpfen könnte – hinter den Kathedern und Staatsschreibtischen. Die realen Interessen, die dahinter stehen, sind – soweit sie nicht gleich auf der falschen Seite zu Buche schlagen – historisch nahezu gewichtslos geworden.

Keine »Mehrheit gegen rechts« wird das Wettrüsten stoppen, die Megamaschine anhalten, die Verdammten dieser Erde von dem Druck des »guten Lebens« in Washington, London, Paris, Zürich und Frankfurt befreien oder auch nur entlasten und unserem Satanismus gegenüber Tier und Pflanze Grenzen setzen. Was Werner Raith für die römischen Unterklassen zeigte, daß sie niemals den außenpolitischen, d. h. den kolonialen, den imperialen Konsens gebrochen, die Versorgungs- und Verteidigungsinteressen der Metropolis vergessen hätten, gilt heute, wo das Gefälle ungleich größer ist, erst recht.

Wer es für wichtig hält, der Mehrheit der Bevölkerung klarzumachen, daß es die Amerikaner sind, die den Rüstungsvorsprung haben (was freilich stimmt und absehbar so bleiben wird), muß einfach von dem schlichten Irrtum ausgehen, die metropolitanen Arbeiter ertrügen die Rüstungspolitik glatt gegen ihre grundlegenden Interessen. In Wirklichkeit ist es ein Konflikt der üblichen

416

Art. Es geht so wenig um Abrüstung wie um Nonprofit, es geht um »Güterabwägung«, es geht um Mäßigung bei der Rüstung wie bei der Kapitalakkumulation. Es gibt bei der Bevölkerungsmehrheit keine trägeren Interessen als jene, die sie in ihrer Eigenschaft als »inneres Proletariat« *im ökonomischen Sinne* hat.

Ganz im Gegensatz zu der Marxschen Überzeugung, die Arbeiter seien keine Klasse der bürgerlichen Gesellschaft, sondern stünden antagonistisch außerhalb, hat die Sozialdemokratie durch mehrere Generationen von Politikern gelernt: Die Arbeiter gehören dazu, und sie wollen dazugehören, wollen immanent ihre Klassenlage bis zur Unkenntlichkeit überwinden. Demgemäß stellt sie sich auch nicht mehr die Aufgabe, von den Verteilungskämpfen her etwa den Konsens und die bürgerliche Gesellschaft zu sprengen. Vielmehr will sie diesen Konsens erhalten und vollenden. Sie strebt nach der vollen Integration der Metropolis. Imperiale, koloniale, nationale Interessen gehören zu den Selbstverständlichkeiten, auf die sie sich positiv bezieht. Sie sind einfach die Außenseite der Pax Atlantica.

Es geht immer zuerst um die Größe des Kuchens, um die Sicherung der Versorgungskanäle, also auch um die präventive Verteidigung, dann erst um die Proportion zwischen den Anteilen und um die wohlkalkulierte und begrenzte innenpolitische Auseinandersetzung. Da die Lohnabhängigen die abhängige Variable im kapitalistischen Formationszusammenhang sind, wird ihre Risikobereitschaft unterm Strich sogar geringer sein als die des »bürgerlichen« Lagers. Ihre Interessen sind halt verletzbarer, vertragen weniger Diskontinuität, keine Opferkombinationen, kein Setzen auf Gewinne, die erst übermorgen zu erwarten sind. So unterscheidet sich die offizielle Linke hauptsächlich darin von der Rechten, daß sie – bis in die Trilaterale Kommission hinein, wo man nach der klügsten Sicherung des Zuflusses von draußen fragt – stets die »*Allianz* für den Fortschritt« betont.

Hier nun sind die grünen Realos, von Joschka Fischer bis zu den Ökosozialisten im Ruhrgebiet, mit ihrem Umbauprogramm ideologisch ganz vorn mit dabei. Der grüne hessische Minister gab eine Broschüre heraus, wie man – nach seinem Vorwort – »durch sinnvolle Einsparungsmaßnahmen, die keinerlei Komfortverzicht bedeuten«, den Trinkwasserverbrauch senken kann. Es gäbe nämlich Beschaffungsprobleme, und es gäbe Naturverwüstung durch die Beschaffung. Im Haupttext wird dann festgestellt, es habe sich der Wasserverbrauch in den letzten 30 Jahren *verdoppelt*, seit 1930 aber *verfünfzehnfacht*. Die Vorschläge nun sollen den Verbrauch um 40 Prozent senken. Sie sind alle vernünftig. Jede Regierung wird jetzt Ähnliches empfehlen. Aber was steht als Botschaft auf dem Umschlag? »*Hessen wird grün:* durch sparsamen Verbrauch von Trinkwasser.«

Die Wahrheit wird zugedeckt, die da lautet: »Wenn Ihr diesen Hinweisen folgt, wird Hessen ein wenig langsamer wüst.« Woran Hessen kaputtgeht, läßt sich nicht ganz verbergen, aber schön unkenntlich unterbringen: »Interessanterweise gibt es beim Wasserverbrauch ein Stadt-Land-Gefälle. Während etwa die Frankfurter annähernd 300 Liter am Tag verbrauchen (sagen wir: während soviel pro Kopf auf sie entfällt – R. B.), fließen in Helsa, einem Städtchen bei Kassel, im selben Zeitraum nur rund 100 Liter pro Einwohner in die Kanalisation (gewiß *auch*, weil Frankfurt für Helsa »mitproduziert«, ohne dort zu fragen – R. B.).« Es soll ja niemand auf den Gedanken kommen, daß wir uns Frankfurt, d. h. diesen Typ städtisch-industrieller Infrastruktur und das heißt natürlich das ganze Industriesystem, nicht mehr leisten können. Die Funktion so einer grünen Politik besteht darin, den imperialen Konsens dort, wo er tatsächlich bricht, nicht an der linken Sollbruchstelle zwischen Arbeit und Kapital, sondern an den exterministischen Disfunktionen möglichst wieder zusammenzuschieben. In diesem Geiste plante das hessische Umweltministerium unter Fischer denn auch ein Symposion »Chemiestandort Hessen – Perspektiven einer risikoarmen Chemie«. Nur weil der Konsens *doch* zerfällt, weil sich schließlich auch dem abhängigsten Wasserexperten, IG-Chemie-Vertrauensmann, Bürgermeister oder Industriemanager aufdrängt, daß es alles nichts mehr nützt, kann so eine Veranstaltung dennoch die unterschwellige Verzweiflung verstärken, obwohl das nicht in der Konzeption steht.

Ist es denkbar, daß sich so eine Konferenz geistig an der anderen Kante des sozialen Kräftefeldes konstituiert, daß sie von der Erkenntnis ausgeht, die chemische Massenproduktion als solche ist unverträglich mit dem Gewebe des Lebens? Wenn ein Umweltministerium nicht die Institution ist, um in dieser Perspektive einzugreifen, können Menschen, die die Lage verstanden haben, doch nur an den Bedingungen arbeiten, um rettende Institutionen herbeizuführen. Und dafür sind Ministerien nicht der Ort, solange sie nicht unter dem Druck einer Volkserhebung gegen den Exterminismus stehen. In sich verlogener als mit »Perspektiven einer risikoarmen Chemie« kann man den *doomsday*-Konsens nicht pflegen. Das grüne hessische Umweltministerium propagierte die Logik der Selbstausrottung, während es vorgab, etwas zu retten.

Schon die Verzweiflung an dieser verderblichen Sanierungspolitik parallel zum Abgrund wäre – von hunderten solcher Experten eingestanden und öffentlich gemacht, zusammen mit der Weigerung, sich weiter dafür herzugeben – ein Lichtblick.

Wie bricht der imperiale Konsens?

Vorausschicken will ich: Ich sehe sieben verschiedene Möglichkeiten, in der ökologischen Krise mit dem imperialen Konsens umzugehen. Ohne mich mit allen befassen zu wollen, sollen sie doch wenigstens genannt sein:

– die *restaurative*, die ihn von der Ausbalancierung der Verteilungskämpfe her immer erneut durch das notwendige Minimum an Umweltschutz sicherstellt (die offizielle Umweltkosmetik);

– die *reformistische*, die die Menschen »ohne Komfortverzicht« punktuell herauslocken möchte, ohne daß sie es richtig merken (rot-grüne Realpolitik, mit verborgener fundamentaler Absicht);

– die *radikal-konservative*, die ihn moralistisch und dirigistisch zurechtrücken möchte (Gruhl);

– die *linksradikale (neulinke)*, die ihm vom Standpunkt des äußeren Proletariats feindlich gegenübertritt;

– die *terroristische*, die ihn vom selben Standpunkt durch Schrecken verunsichern möchte;

- die *radikalökologische,* die ihn mit vernünftig-humanegoistischen Argumenten aufbrechen möchte (und auch in Terrorismus übergehen kann);
- die *spirituell-fundamentalistische,* die ihn von innen auflösen möchte.

Mir hatte schon ein verhältnismäßig kurzer Blick auf den realexistierenden westlichen Sozialismus und Eurokommunismus genügt, um keinerlei Perspektive mehr damit zu verbinden (selbstverständlich meine ich die Konzepte, nicht die Menschen). Insbesondere die älteste, die deutsche Sozialdemokratie sah ich schon vor Jahren, als das noch nicht so unübersehbar war wie jetzt, *historisch* am Ende, so daß ich nie eine rotgrüne Perspektive hatte, obwohl es Momente gab, wo vorübergehend taktische Kombinationen möglich schienen. Zum Beispiel hätten sich die Grünen, was ich damals mit verhindert habe, durchaus auf die bedingungslose Tolerierung Oskar Lafontaines als SPD-Ministerpräsident an der Saar einlassen können.

Ich habe damals diese Souveränität nicht aufgebracht, weil ich mich durch die Entwicklung bei den Grünen, die ich mitbegründet hatte, in eine persönliche Krise verstrickt fand. Auf die grüne Bundesdelegiertenkonferenz in Hamburg Ende 1984 zu holten mich noch einmal meine ältesten politischen Identitätsängste ein: Ja nicht ins andere Lager geraten! Sollte ich dabei mitgeholfen haben, dem »System« noch eine neue, für seine Zwecke innovative Partei zu stiften? Weil ich innerlich noch nicht von dem Parteiprojekt gelöst war, hatte ich Angst, mit den Grünen ans »System« verlorenzugehen, »gefressen zu werden«, »im Sumpf zu landen«. Vordergründig hätte ich über alle diese Formeln gelacht, aber sie hatten mich doch. Diese Stimmung hat auch den etwas rückfälligen, linksradikalen Gestus einiger Passagen in den vorhin zum Thema Grün und Braun herangezogenen Teilen meiner Hamburger Äußerungen mitbestimmt.

Abgesehen von der heute überaus unzweckmäßigen Dichotomie »Wir« und »Sie«, die von Grund auf in jede sozialistische Erziehung eingeht, kannte ich an sich keine Berührungsängste mit dem, was ich für die andere Seite hielt. Das war es also nicht, sondern ich sah – sehr ichbetroffen –: Wir wollen das Weiße

Imperium mitregieren, mitverwalten, wollen den Staat, wie er als Instrument der Selbstausrottungslogik nach innen und nach außen fungiert, mittragen. Wir wollen im Kampf die Seite wechseln. »Nie!«

Meine Emotion hatte auch mit dem Andenken der Ulrike Meinhof zu tun. Je mehr ich die Grünen zurückfallen sah, desto stärker fühlte ich mich politisch auf die Nullposition geworfen, von der sie in diesen verzweifelten Terrorismus absprang. Tatsächlich bleibt man mit einer rein politischen Alternative zu dem vordergründig überwältigenden imperialen Konsens – falls man ihn nicht bedienen will – in einer abstrakten, moralistischen Kontraposition stecken, die einen Einschlag von Hysterie und Paranoia enthält. Ich habe also diesen Punkt Ende 1984 auf der Hamburger Bundeskonferenz der Grünen auch geschrammt. Ich sehe auch nicht, wie man (oder frau) dagegen gefeit sein könnte – es sei denn aufgrund einer theoretischen (nämlich anthropologischen) und spirituellen Perspektive, einer anderen, als sie auf der Linken üblich ist.

Wie denn politisch handeln, wenn man sich – nach der treffenden Quintessenz Günter Rohrmosers – geistig in der folgenden Lage sieht, die ja, wie man sich gerade überzeugen konnte, *soweit* erst einmal auch die meine ist:

> Nachdem einmal erfolgreich durch marxistische, neomarxistische, anarchistische und kulturrevolutionäre Ideologiekritik der Legitimitätsanspruch der parlamentarischen Demokratie und des liberalen Rechtsstaats zerstört worden war, blieb als einzige politische Wahrnehmung nur übrig eine Gesellschaft, die sich verhält wie ein eingetragener Verein zur organisierten Ausbeutung der Natur (und anderer Gesellschaften – R. B.) mit dem Versprechen einer kontinuierlichen Steigerung des materiellen Lebensstandards, tendenziell für alle ihre Mitglieder.[170]

Dominant – jedenfalls bei quantitativer Betrachtungsweise – ist das auch heute noch, ich nehme es eher noch umfassender unter meinem Exterminismusbegriff. Wer gar nicht bis zu dem Erkenntnisstand der Ulrike Meinhof über den imperialen Konsens vorgedrungen oder sicherheitshalber davor zurückgewichen ist, steht, glaube ich, nicht auf der Höhe der Fragestellung. Die ganze neueste Gewaltdebatte ist ziemlich unter Niveau, es werden nichts als alte Hüte hin- und hergeschoben. Politisch allein, mit

(Un-)Zweckmäßigkeitserwägungen, läßt sich Gewaltlosigkeit auch nicht begründen. Denn der Terror ist eine existentielle, eine spirituelle Option, welcher Qualität auch immer. Politikasterei reicht da nicht heran. Eine politische Partei ohne spirituelles Fundament kann es nur bis zu irgendeinem Opportunismus bringen. Fundamentalopposition oder imperialer Konsens ist das zentrale politische Problem, und seine Lösbarkeit hängt vom überpolitischen Charakter der Fundamentalopposition ab.

Dann allerdings ergibt sich auch realpolitisch ein neuer Zugang, den ich auch vor jener persönlichen Krise schon verfolgt hatte, nämlich das Zutrauen in die fundamentalen Gegebenheiten und Bedürfnisse der menschlichen Existenz selbst. Dieses Zutrauen ist auch die Voraussetzung für den anderen Zugang zum Imperialismus- und Faschismusproblem, den ich vorschlage. Andererseits erscheint mir in diesem Lichte der ökosozialistische Ansatz, sei es Lafontaines, sei es des entsprechenden Flügels in den Grünen, so oberflächlich und so aussichtslos wie nur möglich, wobei die inzwischen einigermaßen evidente Aussichtslosigkeit einer rotgrünen Option für Bonn und einer entsprechenden Kanzlerkandidatur noch das geringste Unglück ist.

Bisher konnte eine rücksichtslose Analyse auf die ärgerliche Alternative zulaufen: Entweder diese unerträgliche Sozialdemokratie oder die RAF. Die ökologische Krise löst das Dilemma auf, das bisher in dem antiimperialistischen Terrorismus seine ebenso konsequente wie kurzschlüssige Lösung fand. In der ökologischen Krise schlägt der Imperialismus, der die stillschweigende Zustimmung der Mehrheit in der Metropolis hat, auf sein Zentrum, auf seinen Ausgangspunkt selbst zurück, und nur deshalb kommt es zur Spaltung im imperialen Konsens. Entsprechende Anteile in jedem einzelnen Bewußtsein, die bisher atomisiert und ohnmächtig bleiben mußten, weil sie keinen gesellschaftlichen Ausdruck finden konnten, werden endlich durch den Rückschlag organisiert.

So kann der exterministischen Politik von der einen eine ökologische Rettungspolitik von der anderen Kante des metropolitanen Bewußtseinsfeldes gegenübertreten. Sie ist nicht ausgrenzbar, da sie von dem auf »Werterhaltung« abzielenden Grundmotiv des imperialen Konsenses ausgehen kann. Nach der Notstandsethik, wie sie Hans Jonas entwirft und die im Herzen der Ersten Welt ihren selbstverständlichen Standort hat, soll die ökologische Wende dem Menschen »die Unversehrtheit seiner Welt und seines Wesens gegen die Übergriffe seiner Macht... bewahren«.[171] Das ist die Formulierung eines *inneren* Widerspruchs.

Gleichzeitig würde jemand wie Hans Jonas schwerlich irgendeine der Tatsachen leugnen wollen, die eine Ulrike Meinhof empört und zum Handeln getrieben haben. Mein Begriff des Exterminismus umfaßt all das mit, was sie bewegte: die Verelendung der halben Menschheit, die Vernichtung der Selbstbestimmung von Völkern, Gruppen, Individuen und das militärische, bürokratische oder kommerzielle Niederwalzen jedes Widerstandes durch die Megamaschine.

Jedoch rücken diese Tatsachen aus dem Blickwinkel einer metropolitanen Bevölkerung, die durch die Disfunktionen ihrer imperialen Existenz betroffen ist und sich in erster Linie selber retten will, das erste Mal in eine Perspektive, in der sie vernünftig-egoistisch »interessant« werden. Die Ökopax-Bewegung ist in ihrem Kern nicht altruistisch, sondern artikuliert das Eigeninteresse fundamentaler als der Imperialismus. Ein *Populus Romanus* hat natürlich dasselbe gute Recht, seine Existenz zu bewahren wie jede andere Population.

Die Perspektive einer ökologischen Rettungspolitik in der Metropolis hängt davon ab, wie schnell der Mehrheit klar wird, daß sie in ihrem eigenen Interesse das Imperium liquidieren und einen Ersatz für die imperiale Versorgungsgrundlage, für die kapitalgetriebene Megamaschine schaffen muß. In Rom ist selbst die christliche Opposition erst im vierten Jahrhundert mit Augustinus dazu gekommen, auch das Benefit des Imperialismus geistig fahren zu lassen (reichlich hundert Jahre früher ist Tertullian mit der gleichen Forderung noch Sektierer gewesen). Für uns kämen wir mit diesem langsamen Rhythmus zu spät. Freilich, je sozialreformistischer, cityversessener und opportunistischer jemand links ist, um so mehr hängt er an der städtisch-industriellen Kultur und Subkultur.

Die Neue Linke war bereits von der Krise der *Zivilisation*, der industriell-kapitalistischen *Gesamtformation* in den *Metropolen* ausgegangen, hatte aber das ökonomistische Schema noch nicht abgestreift *für den Weltmaßstab*. Wo das innere Proletariat ausgefallen war, sollte nun das äußere den Kampf weiterführen. Alle diese immer noch am Marxschen Paradigma haftenden weltökonomischen Analysen von Frank, Wallerstein, Samir Amin fühlen der weltweiten Kapitalakkumulation den Puls. Unmittelbar deprimierend, ziehen sie ihr letztes Fünkchen Leben aus der Hoffnung, dieselbe »Entwicklung« könnte doch noch in die »richtigen« radikal linken Hände geraten, und alles könnte emanzipatorisch gut werden. Dabei hatten antiimperialistische, antikoloniale Revolutionen mit ihrer Perspektive, den Westen einzuholen und womöglich zu überholen, stets diese despotische, bürokratische Perspektive, und die Ursache liegt nicht in dem direkten politisch-militärischen und ökonomischen Druck des Westens allein.

Die Neue Linke hätte erkennen sollen, daß Antiimperialismus nicht antiimperial genug ist. Sie kam nicht dazu, und die Folge war dieses kopflose Konzept eines Guerillakrieges in den Metropolen. Es hatte direkte kontraproduktive Auswirkungen – die geistige und polizeimilitärische Aufrüstung bis weit in die zivile Gesellschaft hinein. Außerdem war die Stadtguerilla kulturell konform mit dem Gewaltsystem. »Krieg dem Krieg« ist eine Losung, die die nekrophile, exterministische Motivation ihrer Vertreter enthüllt. Es ist kein Zufall, daß es den faktischen Mächten so leicht fällt, Nutzen aus der Guerilla zu ziehen. Die Paranoia der Ohnmacht übertrifft noch die Paranoia der Macht, so ungleich die Wirkungsradien sind. Freilich wird die Metropolis den Terror nicht mehr loswerden, im Gegenteil, die ökologische Dimension wird das entsprechende psychologische Potential noch mehr anziehen als die antiimperialistische, zumal hier sehr viel mehr »klammheimliche Freude« anzapfbar ist. Doch das wird kein Weg der Rettung.

Paradoxerweise sind die Reste der neuen Linken, wenn sie dann auf die »angestammte« politische Position neben der Massen-»Partei der Arbeiterklasse« zurückfallen, dem imperialen Konsens besonders hoffnungslos ausgeliefert, weil sie wenig Zugang zum Volk besitzen und als kultureller Fremdkörper wahrgenommen werden, also immer ein Übersoll bringen müssen, um noch akzeptiert zu werden. Seit der Neugründung der Kommunistischen Parteien nach der Russischen Revolution fällt die radikale

Linke auch unbeschadet ihrer eigenen Fehler zunehmend aus dem metropolitanen Integrationsprozeß heraus und unter das Verdikt eines Antikommunismus, der viel unspezifischer ist, als das Wort vermuten läßt.

Der Antikommunismus ist ein Abwehrmechanismus des *homo occidentalis*, der den Gegenschlag der ganzen von ihm herausgeforderten nichteuropäischen Welt zu fürchten hat. Deutschland besonders hat sich diesen Gegenschlag aktiv ins Haus geholt. Die kommunistische Linke stellte sich in der Zwischenkriegszeit direkt als Außenposten der Sowjetunion dar. Die radikale Linke der Nachkriegszeit identifizierte sich mit dem antikolonialen Befreiungskampf (Algerien, Vietnam usw.) oder mit China, Kuba usw., erschien also – sich selbst als heimatlos bezeichnend, wo die Arbeiter ihr Vaterland längst (wieder-)gefunden hatten – als Vorposten des *äußeren* Proletariats, und ihre *Systemfeindschaft* wurde von der Gesellschaft in diesem Sinne wahrgenommen. Zudem erschien ihre Haltung als ein Luxusprodukt, denn sie teilte ja weithin die privilegierte Ausgangsposition der metropolitanen Mittel- und Oberklassenherkunft.

Welches Handicap dies für die Grünen werden mußte, habe ich zwar von Anfang an gesehen – ich gab der »Bunte-Liste-Zeitung« Hamburg ein Interview, in dem ich ziemlich ausführlich (aber sie ließen die Passage aus!) »Über das Wahre am Antikommunismus«[172] sprach –, habe dieses aber nicht in seiner vollen Tragweite erkannt. Jene Andere Große Koalition konnte sich schwerlich um eine politische Formation herum anlagern, die großenteils gegen alles zustande gekommen war, das den Kitt in dieser Gesellschaft ausmacht. Und woher hätte bei dieser Generation ohne traditionelles Hinterland jenes auch für einen oppositionellen Hegemonieanspruch unerläßliche Gefühl der Gesamtverantwortung, der Verantwortung für das *hiesige* Ganze kommen sollen? Die Gesamtverantwortung für alles von dem hiesigen Ganzen Unterdrückte, Verfolgte, Verletzte und Zusammengeschossene war zunächst die äußerste Möglichkeit. Nach der Niederlage des 68er Anlaufs konnte Grün für manche erst mal nur eine andere willkommene Waffe gegen die verhaßte Macht und die sie tragende Majorität sein.

Andererseits warten die regulären Vorurteile begierig auf jede

Bestätigung, daß man »so auf keinen Fall« grün sein dürfe. Dieser Faktor war stärker als das große und notwendige Thema. So konnten die Grünen über den initialen Impuls hinaus nicht viel erreichen. Jetzt sind sie als Impuls schon fast und als Ort einer möglichen sozialen Synthese schon ganz vorbei. Vielleicht ist das auch ein Hinweis darauf, daß es einer anderen, nicht parteipolitischen Lösung bedarf, um die institutionelle Basis für ökologische Rettungspolitik zu schaffen. Politische Parteien dividieren das Volk oder verstärken schon vorhandene Fraktionierungen – während die Erhaltung der Erde eine gemeinschaftliche Aufgabe *ist* und allen besonderen Interessen den zweiten Rang zuweist.

Die Menschen in den Metropolen sitzen – allgemein-psychologisch gesehen – zumindest nicht stärker in den Gewohnheiten, Vorurteilen, Selbstverständlichkeiten ihrer Kultur fest als andere Leute auch. Die eigentliche Falle sind die Privilegien, die sie genießen. Hinter dem faktischen imperialen (kolonialistischen und nationalistischen, in jeder Hinsicht ausbeuterischen) Charakter unserer Lebensweise steht keine besonders skandalöse, besonders bösartige Intention. In der Bundesrepublik äußert sich der imperiale Konsens heute – trotz wieder ansteigender faschistoider Tendenzen, die in den letzten Jahren auch in der jungen Generation vermehrt um sich greifen – nicht einmal besonders aggressiv. Soweit der materielle Standard zählt, ist es einfach ein ungeheurer Vorteil, hier zu leben, und man wird natürlich nur ungern an seine Unvertretbarkeit erinnert. Wenn nur die Nebenkosten nicht so gefährlich wüchsen... Das Allzumenschliche bringt uns um.

Abgesehen von unserer Tüchtigkeit ist auch nichts spezifisch Deutsches daran. Die spezifische Unbußfertigkeit der Nachkriegsdeutschen ist da für die nächste Generation eher ein willkommenes Epiphänomen gewesen. Ja, hier gab es einen spezifischen Skandal! Selber nicht ganz so anti-autoritär, wie man sich wahrnahm, saß man wenigstens moralisch stark am Drücker. Aber die Empörung über andere Leute macht noch kein eigenes Projekt.

So ist die radikale Neue Linke auf einer innenpolitisch imaginären »dritten Kante« gelandet: bei der abstrakten Negation auf dem verlorenen Posten als antiimperialistischer Stellvertreter für ein äußeres Proletariat, das bei näherem Hinsehen auch dafür kämpfte, zu den Fleischtöpfen Ägyptens aufzusteigen. Es war theoretisch konsequent, nicht bloß dem Staat, sondern gleich der bürgerlichen Gesellschaft den Krieg zu erklären. In der Tat ist die Tiefenidentifikation mit dem *ganzen Stufenbau jener Selbstausrottungslogik* der Grundstock des imperialen Konsenses. Wie wir darauf reagieren wollen, das ist die Frage.

Es ist ein allzu einfaches Kunststück, uns mit der Maschinenpistole im cartesianischen Ich zu verschanzen und die *gesamte* Realität der Metropolis einzig unter dem Gesichtspunkt ihrer *Struktur*, die als ganze die falsche *ist*, geistig zusammenzuschießen. So stehen wir gar nicht jenseits, im Gegenteil. Ulrikes letztes Konzept ist ein Extremfall der europäischen Kosmologie, eine Quintessenz des tödlich-nihilistischen männlichen Logos, der sich ebensogut der weiblichen Seele bemächtigen kann. Eine Politik der Rache und des Todes kann jenseits jeder Debatte über ihre Gründe und Zwecke nur selber Zeichen der Apokalypse sein, wer sie betreibt, gewiß nur ihr begleitender Dämon.

Die Psychologie des Terrorismus, die sich angesichts der exterministischen Legalität »alles erlaubt«, kann gar nicht anders als spirituell aufgefangen werden, weil es in einer der Logik der Selbstausrottung verfallenen Gesellschaft keine legitime Instanz mehr gibt, die richten könnte. Der Generalstaatsanwalt zählt nicht. Terrorismus kann nur noch aus dem liebenden Gewissen abgelehnt und verworfen werden. Und da in letzten Dingen keine bloß individuelle Haltung bis zu Ende trägt, brauchen wir gerade hier eine Rekonstruktion der Gottheit. Es muß sich in der Krise und an der Krise selbst ein neues Wertsystem von überpersönlicher Gültigkeit und Verbindlichkeit herausbilden. Selbstverständlich wird darin wiedererscheinen, was die Menschheit in ihren besten Augenblicken spirituell erarbeitet hat. Nicht durchkommen wird dagegen alles, was nach moralistischer Restauration riecht.

Das neue Wertsystem wird aus der geistigen Anstrengung, Selbsterfahrung und Intuition derer neu geboren werden, die jetzt den Blick in den Abgrund nicht scheuen und weder die Garantie des Überlebens noch einen Sündenbock für den Fall des Untergangs brauchen. Der imperiale Konsens bricht an den exterministischen Disfunktionen der Megamaschine auf, aber er bricht daran allein noch nicht um. Daß uns auch nur eine Chance bleibt, hängt von denen ab, die bereit sind, die Funktion des Sauerteigs zu übernehmen, sich selbst zu transformieren, das gewohnte Leben hinter sich zu lassen und einen neuen Anfang zu setzen.

Da sich die zuletzt wichtigste Frage, wie die politische Energie für eine Neuordnung zusammenkommen soll, für mich am besten in der bereits erwähnten Denkungsart Antonio Gramscis (sein Begriff der Hegemonie, der sich auf das geistig-kulturelle Vorfeld der politischen Entscheidung, sein Begriff des Kollektiven Intellektuellen, der sich auf eine »Kommunistische Partei« als den neuen Fürsten bezieht) behandeln läßt – bei Neufassung ihres sozialen Inhalts, welchen Gramsci zumindest verbal noch »proletarisch« ausgedrückt hatte –, benutze ich für meine eigene Vision in dem folgenden letzten Kapitel das von dem Italiener geprägte Stichwort ORDINE NUOVO.[173]

Wenn ich in der Kapitelüberschrift das spirituelle Fundament betone, dann nur, um etwas an sich Selbstverständliches dennoch hervorzuheben. Es gibt keine Kultur ohne spirituelles Fundament, wie sehr man es auch verleugnen mag. Jene europäische Kosmologie, die ich im II. Teil charakterisiert habe, ist auch ein spirituelles Fundament, das bisher gültige oder zumindest vorherrschende unserer nur sehr bedingt christlichen, jedenfalls nicht jesuanischen abendländischen Kultur. So ist also die allgemeinste These des letzten Kapitels, daß der Aufbau einer neuen Kultur mit dem spirituellen Fundament beginnt und auch bewußt so angegangen werden sollte. Dann ist eine Veränderung der Subjektivität eben das erste.[174]

Wohin sie führen müßte, habe ich in den Axiomen eines Rettungsweges angedeutet.

Nun also zum Charakter der Rettungsbewegung, um schließlich die Forderung nach einer Rettungsregierung aufzuwerfen und zu diskutieren.

3. ORDINE NUOVO auf spirituellem Fundament

Utopie einer Rettungsbewegung

Wenn wir die Gesellschaft wieder dort ansiedeln wollen, wo sich die Kluft zwischen Kultur und Natur schließen kann und ungefähr darin übereinstimmen, was die Subjektivität der Rettung ausmacht, so bleibt zu fragen, wie die Bewegung aussehen wird, die sich zielstrebig dahin aufmacht und die entsprechende Subjektivität tatsächlich entwickelt. Die politischen Namen Grün und Braun, in Wirklichkeit natürlich nur Tendenzen in dem weiten Felde der sozialen Interessen, sagen darüber in Wirklichkeit sehr wenig, weil es sich um Oberflächenphänomene, um Ausdrücke einer an sich viel weniger spezifischen psychischen Energie handelt. Mich interessiert ja gerade die *eine* Bewegung auf eine Regenbogen-Gesellschaft zu. Die mag die Polarität zwischen grünen und braunen politischen Tendenzen berücksichtigen, aber sich nicht darauf gründen, sie nicht kultivieren. Wie sich die Bewegung politisch, d. h. im Zusammenhang der sozialen Interessenkämpfe, die die Umgruppierung im Konsens begleiten werden, artikulieren wird, daran versuche ich mich erst im letzten Abschnitt dieses Kapitels und des ganzen Buches.[175]

Hier handelt es sich zunächst um den Träger dieser Bewegung. Ökologische Rettungspolitik ist eine abgeleitete Funktion aller der Kräfte, d. h. zunächst und in erster Linie aller der Bewußtseinsanteile und -qualitäten, die die Diagonale des Verderbens und damit das Imperium des Weißen Mannes verlassen wollen. In dem oder jenem Grade hat fast jede(r) an diesem Exodus teil, nur daß es bisher bei den meisten noch privatistisch bleibt, und daß die Energien all jener Menschen, die ihre alternativen Absichten über die alten Institutionen zu vermitteln suchen, größtenteils von denen aufgebraucht werden, um die alte Logik noch einmal abzusichern. Es wird – aus mancherlei Motiven und oft auch aufgrund mangelnder Einsicht in die Logik der Selbstausrottung – noch viel zu wenig erkannt, daß diese Institutionen gerade zum Kernbestand der Megamaschine gehören und daher grundsätzlich der

Bock als Gärtner sind, sie würden denn von einer zur Macht gekommenen Logik der Rettung her völlig umfunktioniert, dabei natürlich auch formell entsprechend umgestaltet.

Es ist an der Zeit, daß sich für alle die aus dem bisherigen Zusammenhang herausgeschleuderten oder herausstrebenden »Partikel« (nicht immer gleich ganze Individuen, sondern oft sozusagen erst Teilpersonen) ein attraktiver Gegenpol herausbildet, wo sich der individuellen Neuorientierung ein sozialer Rückhalt bietet. Die eigentliche psychische Triebkraft, die hinter der Umgruppierung und Kraftflußrichtung in der Matrix der politischen Umkehr steht und die das politisch soziale Kräftefeld von »unten« her entscheidend beeinflußt, muß auch real manifestiert werden. Dann wird sich der ganze Prozeß sehr beschleunigen. An den Anzeigern auf der politischen und sozialen Ebene abgelesen, kann das wahre Kräfteverhältnis inzwischen nur falsch eingeschätzt werden.

Die Strukturkonservativen wundern sich immer erneut, wie stark ihnen der Wind ins Gesicht bläst, während doch die Wahlergebnisse im Grunde immer noch Stabilität vermuten lassen. Und die traditionelle Linke in ihrem soziologisch so wohlbegründeten Defaitismus irrt sich auf ganz analoge Weise. Der objektive Geist – auch wenn er noch nicht in neuen Strukturen zu sich gekommen ist – arbeitet aus den Tiefen der Evolution. Von dorther webt er noch immer von Neuem »der Gottheit lebendiges Kleid«. Daher hat auch das neue politische Paradigma seine Autorität, der sich die alten faktischen Mächte des Komplexes Wissenschaft-Technik-Kapital-und-Staat immer weniger entziehen können. Der Evolutionsdruck klopft von innen an die Seelentore, und dann sehen wir, im Einzelfalle immer wieder überrascht, Szenen wie die des Paulus vor Damaskus.

Wenn ich in diesem Abschnitt von der *Utopie* einer Rettungsbewegung, im letzten aber von der *Idee* einer Rettungsregierung spreche, so will ich mit diesem Unterschied zweierlei berücksichtigen. Zum einen »übersteigt der Mensch unendlich den Menschen« (wie ich drüben bei Johannes R. Becher wieder und wieder Pascal zitiert fand), so daß sich das Humanum nie völlig realisiert. So muß die *Bewegung* sich selber immer wieder »rückrechnen« von dem *Ziel*, dem *Ideal* einer naturgerechten und menschenwür-

430

digen Ordnung. Die utopische Vision gehört zu ihren Existenzbedingungen! Wo die Bewegung, wie in dem berühmten Bernsteinschen Satze, alles ist, das Ziel aber nichts – da gibt es am Ende halt keine Bewegung, höchstens noch ziellose Veränderung wer weiß wohin.

Dagegen ist eine Rettungs*regierung* ein begrenztes Projekt. Sie ist rational konstruierbar, wenigstens soweit es um Gefahrenabwehr geht, und sie ist im Grunde *jetzt machbar,* sobald sie als Idee akzeptiert wird. Und ihre Möglichkeit, weil ihre Notwendigkeit, reift schnell heran. Sie schafft keine Ordnung, sondern soll »nur« den Boden sichern, auf dem diese entstehen kann. Die Bewegung dagegen geht auf eine Erfüllung, auf eine Ankunft zu. Und sie muß vor der Regierung, vor dem Staat da sein. Zwar gibt es keine Transformationsperiode ohne den Staat. Für die Transformation und für den dienenden Charakter der Institutionen aber ist ausschlaggebend, welche Qualität die Bewegung hat, welche tatsächliche Subjektivität in ihr aufkommt und wie sie sich organisiert. Die Bewegung ist ja vor allem der Prozeß, in dem die Subjektivität der Rettung entsteht. Und sie ist der Mutterboden für den Fürsten der Transformation. Soweit zum einen.

Zum anderen geht das, worauf es eigentlich ankommt, sogleich *über Rettung hinaus.* Vordergründig soll nur gesichert werden, daß das Leben weitergeht. Wenn aber Rettung in Wirklichkeit von dem Sprung in ein anderes Bewußtsein, in eine andere geistige, seelische und sinnliche Gesamtbefindlichkeit abhängt, wird dieser Aufstieg zum autonomen Motiv. »Überleben« ist ohnehin die Formel mit dem braunen Akzent; *wenn* wir *unbedingt überleben müssen,* gilt es so schnell wie möglich die effiziente Ökodiktatur zustande zu bringen. Aber vom Standpunkt der Ökopax-Bewegung als einer Bewußtseinsbewegung – denn das ist sie ihrem Wesen nach – ist das gesellschaftliche Leben nur »gut«, wenn es einen Rahmen bietet, unser eigentlich menschliches Potential auszuschöpfen, alles Wissen von der Welt zu gewinnen, das in unserer Seele verborgen ist, und in der Seele des anderen Geschlechts. Wann und wie wird es uns gelingen, unser gesellschaftliches Zusammenleben so zu organisieren, so zu *gestalten,* daß es uns auf den *Weg* bringt, daß es unser ganzes Leben in einen initiatorischen Prozeß verwandelt?!

Wie viele Menschen, besonders häufig Frauen, identifizieren sich inzwischen mit jenem »Stufen«-Gedicht Hermann Hesses! Es enthält einen Anruf nicht nur für individuelles Wachstum, für eine Folge immer tieferer Begegnungen mit dem (der) Anderen und so mit uns selbst, sondern auch für die soziale Gestaltung der *Gelegenheiten*. Wir haben so eine »große Gesellschaft« geschaffen und zugleich so kleine Familien, zuletzt Einpersonenhaushalte. Aber aus der äußersten Vereinzelung beginnt nun der Wiederaufbau, den wir bis in den Großen Stamm zurückzutreiben suchen müssen, natürlich im Geiste der Spirale, des Wiedergewinns auf einer höheren Stufe.

Mir scheint, daß die Wiederaufnahme der tantrischen und der indianischen Initiationspraxen und -rituale von zwei Seiten darauf zusteuert, eine integrale kulturelle Gestalt zu schaffen und dabei zugleich das Problem der Megamaschine zu lösen: denn dann werden wir keine produktivistische Abfuhr mehr brauchen, wirklich nur noch das Nötige machen wollen, weil wir für unsere Energie etwas Besseres wissen, eben den Aufbau einer naturverbundenen, in ihre Geheimnisse zurückwurzelnden Liebeskultur, die richtig »von unten« aufsteigt, d. h. von den Kontaktsinnen Getast, Geruch, Geschmack her ins Hören und Sehen, Fühlen und Denken.

Dies ist die eigentliche Utopie, für die die ökologische Krise die große Gelegenheit ist. Und es lohnt sich vor allem *deswegen*, die Megamaschine, die Todesspirale zu stoppen. Die Logik der Rettung verlangt dann, den Eingriff nicht entlang der Überlebens-, sondern entlang der Lebensfragen, entlang der Versprechungen der menschlichen Existenz zu probieren und zu denken, zu planen und auszuführen.

Die Spaltung der exterministischen Mönche

Das sagt nichts gegen den Umstand, daß sich die große Bewußtseinsspaltung quer zu den alten politischen und weltanschaulichen Fronten sowie mitten durch die vielen sensiblen Köpfe und beunruhigten Herzen hindurch erst einmal an den Bedrohungen und Disfunktionen entlang entfaltet. Die Herausforderung des

»Stummen Frühlings«, wie eines der ersten Bücher über das Artensterben hieß, oder in unserem Lande nun des Waldsterbens dringt unmittelbar zu den Schichten unseres Wesens vor, wo wir noch intuitiv wissen, daß mit den Bäumen und mit den Tieren auch der Mensch verschwinden wird, und je weniger verschüttet die älteren und archaischen Wahrnehmungsfähigkeiten in uns sind, um so stärker reagieren wir. Das ist auch die Ursache dafür, daß die Frauen, immer noch weniger vom abgespaltenen Verstand regiert als die Männer im allgemeinen und die Aufsteiger unter ihnen im besonderen, elementarer auf die Todesspirale reagieren.

Zwischen der Minderheit, die sich schon experimentell an den Aufbau einer neuen Kultur gemacht hat und diesen vornehmlich weiblichen Bewußtseinslagen im Volke ist gerade die Psychologie der offiziellen Eliten das Hauptfeld der geistig-kulturellen Auseinandersetzung. Viele sind da sehr viel verunsicherter, als man an ihrem immer noch rollenkonformen öffentlichen Verhalten merkt. Wie viele Ärzte zum Beispiel sind in den letzten Jahren aus willigen zu unwilligen Sklaven der Pharmaindustrie geworden und leiden stärker als früher an dem unmenschlichen Abfertigungsbetrieb der viel zu vielen Menschen, die sie in Anspruch nehmen, an der ganzen Heillosigkeit einer Heilerei, die infolge der Situation, in die sie eingebettet ist, gar keine ist!

Sollten nicht die Privilegierten dieser exterministischen Zivilisation noch eher als andere bedauern, daß sie, nicht ohne eigenes Zutun eingespannt in den Zeitplan der Profit- und Statusjagd, das Leben verlieren, um deswillen sie sich in die Ränge oder an die Spitze hochkämpfen oder wenigstens auf dem jeweils erreichten Treppenabsatz der Kletterpyramide halten zu müssen glauben? Das Jet-Set-High-Life ist gerade der Verzicht auf das Abenteuer der Seele. Wie lange noch?

Heute wird das gesamte Management der Megamaschine von wissenschaftlich ausgebildeten Menschen betrieben. Und die Wissenschaftler im engeren Sinne, die in Natur- und Geisteswissenschaftler auseinandermanövrierten Erben der christlichen Mönche, spüren – polar zu den »Hexen« von heute – am meisten die Grundlagenkrise des ganzen Unternehmens, das auf ihrer Arbeit beruht. Es herrscht heute nirgends eine größere Schizophrenie als in den »Eierköpfen« und in ihren Bienenstöcken. Dort

braut sich aus der Summe der Gewissenskonflikte und Antino-
mien etwas zusammen, das nur in der Spaltung der mittelalterlichen Mönche durch die Reformation und auf sie hin (siehe Ecos
»Der Name der Rose«) eine Parallele findet. Im Grunde genommen ist die neue Reformation bereits im Gange. Einstein schon
hat das Zeichen gegeben.

Weil die Wissenschaft nicht nur Wahrheitssuche, sondern auch
ein Brotberuf und eine Identifikation ist, die man nötig hat,
solange man sich auf sein menschliches Potential lieber nicht
verlassen möchte, herrscht dort allerdings eine erhebliche Verwirrung über das Wesen der internen Krise. Gerade die engagierten, nicht die dumpfen, fachidiotischen Forscher sind untereinander und in sich selbst darüber zerstritten, ob sie eigentlich die
Wissenschaft vollenden bzw. auf ihren ursprünglichen Auftrag,
Gott zu erkennen, zurückführen – oder ob sie sie an den Nagel
hängen sollten, weil sie eine Veranstaltung des Teufels ist und den
Menschen immer weiter von seiner eigentlichen Bestimmung im
Naturzusammenhang und von seinem Glück entfernt, nicht zuletzt im persönlichen Leben ihrer asketischen, gehemmten, ver-
panzerten Adepten.

Immanent, auf der Basis des cartesianischen »Discours de la
méthode«, ist die moderne *Wissenschaft* nicht zu retten – so daß
sich die *Wissenschaftler* retten müssen, indem sie ihre säkulari-
sierte Priesterrolle aufgeben und integrierte Menschen werden,
sich einer Umwandlung unterziehen, die die meisten von ihnen
zunächst als »Gehirnwäsche« verwerfen werden. Das Alternativ-
expertentum, auf das die Ablösung von dem alten Paradigma
bisher in der Regel hinausläuft, bleibt noch im Ökomodernismus
stecken – übrigens eine der Hauptquellen für die Rückvereinnah-
mung und den Verderb der Grünen.[176] Wie Julian Jaynes bewiesen hat, ist das unvermeidlich so, nämlich wegen des schon ursprünglich kompensatorischen Charakters der Wissenschaft, die
die Gottheit verfehlen muß, weil sie aus dem Verlust des Kontakts, aus der Entfremdung und Abspaltung vom Ganzen hervorgegangen ist und sich auf der Grundlage dieses psychologischen
Desasters etabliert hat.[177]

Die Wissenschaft ist tatsächlich jenes Unternehmen, das Zenon
in seiner Aporie von Achilles und der Schildkröte, die der niemals

einholen kann, gekennzeichnet hat. Fast möchte man sagen, über Zenon hinaus, sie entfernt sich mit jeder weiteren Annäherung an die Wahrheit noch weiter von ihr.

Natürlich rede ich hier nicht von jemandem wie Goethe, der auch als Forscher kein Wissenschaftler war. Ich rede nicht über Wissen, über Erkenntnis schlechthin, sondern über diese bestimmte psychologische und soziale Institution, die die Quintessenz des patriarchalen Geistes ist. Ich rede über eine Wissenschaft, die zum Beispiel als Biologie all ihr Forschen auf der von Leuten wie Bacon aus der Hexenverfolgung übernommenen Folterpraxis am Lebendigen aufgebaut hat und diesen Skandal noch immer verdrängt.

Wir werden nur über eine andere Subjektivität zu einer anderen, nämlich nichtexterministischen Objektivität kommen. Das ist auch der Weg, den die mit dem neuen Zeitalter verbundenen Forscher gegangen sind: Ihre Konzepte haben sich geändert, weil sie selbst sich geändert haben oder schon eine Sensibilität in die Wissenschaft mitbrachten, mit der sie dort aus der Rolle fallen mußten. De facto knüpfen sie wieder dort an, wo Meister Eckhart den Kontakt zu allem Wissen suchte, indem er den Logos in der eigenen leib-seelischen Bewußtseinstiefe fand und sich selbst als das eine Ende einer Weltenachse erkannte, deren anderer Pol sogar über den großen Gott des Mittelalters noch hinauslag.

Es handelt sich gar nicht darum, ob dies oder jenes Urteil über die Wirklichkeit an und für sich falsch oder richtig ist. Sondern unsere in der Wissenschaft geheiligte Grundverhaltensweise ist es, zuerst immer außen etwas ändern zu wollen, auch jetzt wieder, gegen die exterministischen Disfunktionen. Damit können wir nur Aufschub, nicht Aussetzen des über uns verhängten Urteils erlangen, weil wir den Schub der Katastrophe unangetastet lassen, ja uns in seiner Richtung fortbewegen. Immerhin stellt sich die theoretische Wissenschaft wenigstens tendenziell der weiteren Anwendung ihrer vorigen Konsequenzen entgegen. Hier ist der Glaubenskampf innerhalb dieser modernen Priesterschaft schon ziemlich offen im Gange, weil in den Grundlagendisziplinen mehr als anderswo die Intuition aus der rechten Hirnhälfte, die jetzt subversiv wirkt, verlangt ist.

In der Wissenschaft noch viel mehr als im militärischen Bereich, der gar nicht ohne sie leben kann, gilt der Satz »Einer muß anfangen, aufzuhören«, d. h. die exterministische Wissensproduktion einzustellen. Gerade hier muß der Generalstreik gegen das Weitermachen anfangen, aus der Einsicht heraus, *daß die gegebene Gesamtstruktur jede Erkenntnis, die im Anziehungsbereich der Megamaschine aufkommt, in ein Moment der Todesspirale umfunktionieren wird.* Wer in diesem Kontext – mit mehr oder weniger Kritik versetzt, das tut nicht viel zur Sache – als Wissenschaftler (Physiker, Biologe usw.) professionell definiert bleiben will, der definiert sich in Wirklichkeit exterministisch.

Jetzt wäre die Zeit, zu sagen, zuerst bin ich Leben, bin ich fühlendes Wesen, bin ich Mensch – und muß also existentiell an der Umkehrbewegung teilnehmen, die die soziale Basis für ein anderes Funktionieren des menschlichen Wissens herbeiführt. Weiteres Wissen über die *Ausnutzbarkeit, Ausbeutbarkeit* der Erde zu erzeugen, während die soziale Verfassung und die ihr zugrundeliegende Bewußtseinsverfassung grundsätzlich unverändert bleibt – das ist verbrecherisch in jenem tiefsten und ursprünglichsten Sinne, den die Griechen mit dem Wort »Hybris« verbanden. Das kann gar nicht radikal genug gesagt werden, weil diese Labors das Fronthirn der Megamaschine sind. *Dort* muß der Antrieb abgezogen werden. *Dort* ist eine massenhafte Verweigerung fällig, und zwar seitens der Spitzenleute. *Die* müßten das Handtuch werfen und sich auf die Reise nach innen begeben, um an den rechten »Ort« für eine lebensdienliche Praxis zu kommen und von dorther auch die Partikel des bisher angesammelten Wissens neu integrieren zu können.

Worauf wir zugehen, das ist eine Art *Doppelherrschaft im gesellschaftlichen Bewußtsein.* Die *vorhandene* Bewußtseinsspaltung, die noch unter der Etikette der Institute und Verwaltungskorridore verborgen schwelt, deshalb bislang eine eher lähmende, unkreative Schizophrenie ohne Stimmen, muß an die Oberfläche gebracht werden. Hier gilt ganz eindeutig »spalten statt versöhnen«, es gibt keinen anderen Weg von dem alten zu dem neuen Konsens als über die Spaltung. In ihren ersten Jahren haben die Grünen einen kleinen Vorgeschmack von dieser Doppelherrschaft geboten – es gab keine konventionelle Position mehr, und wäre sie noch so autoritativ vertreten worden, die sie nicht bestritten hätten! Und da war die Schizophrenie fruchtbar, hatte Perspektive. Diese Doppelherrschaft wäre der Vorabend der Reformation, d. h. der massenhaften offenen Konfrontation innerhalb der wissenschaftlichen und managerialen Eliten.

Die Herren (und wenigen Damen) liegen natürlich unterschwellig in jedem ihrer Bienenstöcke miteinander im weltanschaulichen Clinch, und noch gehen da alte und neue Frontlinien oft psychologisch unentwirrbar durcheinander. Man/frau hat sich noch nicht »neu sortiert«. Das beginnt im erstbesten Lehrerkollegium. Noch wird die Arbeit nicht blockiert, noch hat der Streik gegen das Weitermachen nicht angefangen, noch tun *auch* die Protogrünen überall so, als wüßten sie nicht, daß der Skandal nicht in den Mängeln des Systems liegt, sondern in dessen *Existenz* und in seinem nach wie vor verhältnismäßig effizienten Funktionieren. Die Schulen z. B. bilden fast ausnahmslos in der exterministischen Perspektive aus, auch wenn aus dem Herzen mancher Lehrerinnen und Lehrer noch etwas anderes, dann viel Wichtigeres, herüberkommt.

Ich spreche von der Schule, ich habe auch vom Gesundheitswesen gesprochen, weil diese Bereiche der Allgemeinheit am zugänglichsten sind. Aber die Spaltung der Eliten wird nicht Halt machen vor den Chefetagen etwa der Deutschen Bank oder des Auto- und Rüstungskonzerns Daimler-Benz, nicht vor den Spitzenleuten der Krebsforschung mit ihrer erbärmlichen Tierversuchspraxis, die überdies selbst vor den eigenen Maßstäben versagt, nicht vor der Beamtenschaft der Verwaltungen und Ministerien, besonders nicht vor dem Militär, das Verteidigung als Selbstvernichtung plant und spielt.

Das werden nicht die alten kleinen Ballspiele zwischen konservativen und sozialliberalen Gemütern, das werden nicht bloß Debatten um mehr oder weniger Modernisierung der üblichen Expansions- und Ausbeutungspraktiken. Da werden Menschen immer häufiger vor der Frage stehen, nicht ob sie anders, sondern ob sie überhaupt weitermachen sollen als Banker, als Wirtschaftskapitäne, als Wissenschaftler, als Staatsbeamte, als Ärzte, als Offiziere, als Lehrer usf. Es wird dahin kommen, daß die Karrieristen des Weitermachens den größeren Teil ihrer Kräfte in einem Abwehrkampf gegen die moralisch-spirituelle Erosion verlieren.

So soll es auch sein. Die jungen flotten Neueinsteiger, die die Managementschulung so sehr liebt, werden immer öfter Grund haben, sogar Sabotage in den älteren höheren Rängen der Firma zu vermuten, zu wenig Elan beim Profitmachen festzustellen – und sich einige Jahre früher als bisher auch blöd vorkommen bei der Schufterei.

Das ganze Modell beginnt auszulaufen, der expansionistische Impuls ist verbraucht, die europäische Seele möchte zur Ruhe kommen, und wenn nicht das, dann jedenfalls ihren Abenteuerspielplatz transponieren. Es zieht eine neue kulturelle, ja eine neue geistliche Hegemonie herauf. Es naht die Stunde der »Idealisten«, die den Anspruch erheben, mit einer *geistbestimmten Antwort* auf die Herausforderung der zivilisatorischen Krise zu reagieren. Sie sind jetzt schon stärker als sie wissen. Denn von der je individuellen Verbindung zu einer anderen Wirklichkeit als dem technischen Verstandes-»Reich von dieser Welt« geht, wenn sie selbstbewußt ausgestrahlt und im Auftreten gezeigt wird, eine atmosphärische Macht aus, der die Trägheitskräfte nichts Gleichgewichtiges entgegenzusetzen haben. Von dem Selbstbewußtsein dieser inneren Kraft hängt die Unabhängigkeit und Standfestigkeit ab, auf die es im Augenblick der offenen Auseinandersetzung ankommt. Werdet Ihr wagen, auch offen zu dem zu stehen, was Ihr großenteils schon lange denkt? Anstatt bloß die obligaten Zynismen anzubringen, die den Status quo längst nicht mehr kratzen?

Die Männer und Frauen der Neuorientierung werden sich bald überall stärkere gemeinschaftliche Rückhalte schaffen, über taktische Bündnisse gegen oder für Dies und Das hinaus zu neuen Lebenszusammenhängen, die auch ein Minimum an sozialer Sicherheit jenseits der Megamaschine stiften und dem Einzelkämpfertum den Bezugspunkt einer gemeinsamen geistigen Heimat bieten. Interessenvertretungen gewerkschaftlichen Typs sind nicht mehr ausreichend, sind nur gut, um Spielräume freizuhalten und neu zu eröffnen; ihre Verhaltenslogik bezieht sich noch auf das alte Paradigma. Man muß sich allerorten *für* Ausstiegs- und Umkehrprojekte verbinden, gemeinschaftlich die Neukonstituierung der Gesellschaft wie der eigenen Person betreiben. Und um die Perspektive dafür zu klären, den Geist und die Gefühle für den Weg ins Offene, Unfestgelegte zu stabilisieren, braucht es darüber hinaus eine Art Ordensbildung neuen Typs. Auf diese beiden Gestalten der Rettungsbewegung gehe ich jetzt in sicherlich allzukurzen Unterabschnitten ein.

Basisgemeinden des ORDINE NUOVO

Die neue Ordnung existiert zuerst – obwohl auch Elemente im sozialen Status quo sie schon ankündigen mögen – in den Köpfen und Herzen, in den unbefriedigten Wünschen der Menschen. Ganz am Anfang mag sie nicht mehr sein als der undefinierte Fluchtpunkt, wo die Negativerfahrungen mit dem Status quo zusammenlaufen. So entsteht erst einmal der leere Platz, den – ohne, daß man es gleich einsähe – nur eine neue Ordnung wird ausfüllen können. Inzwischen wird sich das alte System mit Hilfskonstruktionen durchzumogeln suchen, die mit der Zeit als immer unverträglicher mit dem alten Verfassungsgeist erkannt werden. Dann erst kommt die Stunde der Revolution, der Reformation.

Genauer gesagt: Diese grundsätzliche Veränderung wird erst einmal von organisierten Minoritäten ins Auge gefaßt, die praktisch eine andere Politik entwerfen. Wie die Dinge liegen, kann das nicht weniger als eine Rettungspolitik sein, die zunächst einmal als alternativer Entwurf auftritt. Es muß ein neuer sozialer Anfang gesetzt werden, der zeigt, daß der Mensch für seinen Lebensunterhalt keinen großindustriellen oder bürokratischen Job braucht. Vor allem aber geht es um Orte, an denen sich eine Rekonstruktion Gottes ereignen kann. Daß wir uns von den Mustern der alten Kultur befreien und den Anruf an die Gottheit wieder wagen, darin liegt die letzte Chance nicht nur unserer Existenz, sondern auch der Emanzipation. Es sind solche Orte wie die, von denen gesagt ist, wo zwei in meinem Namen zusammen sind, da bin ich mitten unter ihnen. Als Beethoven 1821 seine E-Dur-Sonate op. 109 Maximiliane, der Tochter seiner geliebten Freundin Antonie von Brentano, widmete, schrieb er: »Der Geist, der die Bessern auf diesem Erdenrund zusammenhält, dieser ist es, der jetzt zu Dir spricht.« Solchen Zusammenhalt müssen wir konkreter werden lassen, um in uns selber die Grundlagen des neuen Zeitalters aufsteigen zu lassen.

Die soziale Ordnungsfunktion muß völlig neu aufgebaut werden, von den neuen Lebenszusammenhängen her, die sich um jenen zentralen Strang einer meditativen Selbstveränderung herum entwickeln. Indem ich diesen Punkt hervorhebe, halte ich solche Zusammenschlüsse um ein Projekt der Subjektivität herum durchaus nicht für die einzigen Embryonen einer anderen Gesellschaft. Auch werden es Lebenszusammenhänge verschiedener Art und Vollständigkeit sein, die sich um solche Kerne herauskristallisieren. Andererseits werden sich bisher »profane« Projekte von selber mehr nach innen wenden. Es ist hier absolut nichts vorzuschreiben, sondern wir wollen uns nur ein wenig vorstellen, was da als vielfältiges, vernetztes Archipel aus dem partiellen Chaos aufsteigen wird, welches mit dem Zerbröckeln und der wachsenden Abstoßungskraft der Megamaschine entsteht.

Negativ von den Katastrophen, positiv aber nur von solchen Neuanfängen kann der Anstoß zu der erforderlichen Neuinstitutionalisierung kommen. Mit einer Selbstregeneration des bestehenden Apparats, der so weitgehend Fortsatz der Megamaschine ist, können wir nicht rechnen. Möglicherweise paßt er sich immerhin erheblich an, schon um nicht alle Initiative zu verlieren. Aber dazu werden die neuen gesellschaftlichen Kräfte nicht gebraucht, denn es gibt immer und in allen Lagern genügend reformistische »Realos«. Wir sollen auch unsere eigene Organisation gar nicht antagonistisch dem Apparat gegenüber postieren, sonst werden wir nur angesteckt. Wir müssen sie hauptsächlich »hinten« aufbauen, als Rückhalt der neuen Lebenszusammenhänge, als deren Organe nach innen, ohne vielfältigen Kontakt in alle empfangsbereiten sozialen Bereiche auszuschließen.

Da die Veränderung die Fundamente betrifft, steht nicht etwa weniger, sondern mehr als eine politische Revolution an. So ist der entscheidende Strang ihrer Vorbereitung nicht eine politische, in unserem Falle eine parlamentarische Opposition als Regierungspartei im Wartestand (wer die Grünen so in Ansatz bringt, kann sie zwar offenbar wenigstens vordergründig als so eine harmlose und konventionelle Kraft haben, dann aber ohne den Atem der Geschichte im Rücken), sondern eine immer deutlicher spirituelle, kulturrevolutionäre Umkehrbewegung fundamentaler Motivation.

Soziale Bewegung ist generell ein Bewußtseinsbegriff. Bezeichnet werden, wenn man von Bewegung spricht, jene Anteile unserer psychischen Energie, die nicht von der Reproduktion des Status quo absorbiert und auch nicht in kompensatorischen Aktivitäten verbraucht werden. Ich habe früher den Ausdruck »Überschüssiges Bewußtsein« dafür geprägt und bin davon ausgegangen, daß so ein Überschuß zum Menschen schlechthin gehört, potentiell in jedem Menschen verborgen ist und in dem oder jenem Grade aktualisiert werden kann. Damit aus dieser Substanz wirkliche Bewegung wird, bedarf es einer Konstituierung, einer sichtbaren Praxis, die mit regelmäßigen Zusammenkünften beginnt und eben diese emanzipatorischen Tendenzen durch Anrufung, Austausch, Assoziation und aktive Einmischung in den sozialen Prozeß bestärkt.[178]

Basisgemeinden des ORDINE NUOVO – in Gestalt eines netzwerkartigen Verbundes von Gleichgesinnten und -empfindenden, die überall lokale Knotenpunkte kommunitären Zusammenlebens bilden – werden die erste Daseinsweise der neuen Kultur als einer wirklichen sozialen Formation sein. *Keime* nämlich gibt es viele – alle die teilweise ja auch schon quervernetzten Zusammenhänge der punktuellen Abwehrbewegungen, die verschiedensten kommunitären Projekte, die immer ausgedehntere therapeutische und spirituelle Szene; auch die Grünen gehören natürlich, wenn man es von der motivationalen Seite her betrachtet, dazu, so konventionell ihre Politik meist ist.

Aber noch ist das größtenteils eine Feierabend- bzw. Wochenendkultur, so daß die Lebensschwerpunkte der Teilnehmenden mindestens de facto immer noch in der Großen Maschine liegen. So viele Lehrer zum Beispiel sind engagiert – es würde für hunderte Freier Schulen reichen, die von den neuen Gemeinschaften getragen sein könnten. Und in den Projekten, im therapeutischen und spirituellen Bereich, fehlt die politische Orientierung, d. h. die Ausdehnung der psychischen Energie auf den gesamtgesellschaftlichen, ja menschheitlichen Plan. Die Adepten und Kom-

441

munarden kandidieren nicht zugleich für eine Rettungspolitik, eine Rettungsregierung. Politik wird denen überlassen, die zugleich als am wenigsten dafür qualifiziert angesehen werden. Der politische (anarchistische, libertäre oder wie er sich sonst nennt) und der spirituelle Flügel teilen weitgehend die individualistische Beschränktheit, oft aus eingewurzeltem Unverständnis dafür, daß der Totalitarismus gerade von der Atomisierung, der Anomie ausgeht, die die imperiale Megamaschine erzeugt.

Die wirkliche Alternative, die sich im Falle der Krisenzuspitzung wieder erst von ihrer ungünstigen Seite zeigen wird, wenn sie nicht von genügend vielen Menschen vorhergesehen und bewußt entschieden wird, ist, ob nachher isolierten Monaden eine »Volksgemeinschaft« übergestülpt wird oder ob wir uns, unserer sozialen Kapazitäten eingedenk, selber assoziieren und tragfähige Kristallisationskerne schaffen, die ein Angebot an die ganze alte Gesellschaft sind. »Utopie« meint also nicht Papiere und wieder Papiere (es gab ja in den letzten Jahrhunderten nie einen Mangel an utopischer Literatur), sondern Entwürfe in den eigenen Alltag hinein, vor allem das Wagnis des Zusammenrückens, das Riskieren der bisherigen Bindungen (die ja davon nicht unbedingt kaputtgehen müssen) und das Öffnen für eine Vielzahl und Vielfalt neuer Begegnungen.

Über die relativ zufälligen und unverbindlichen Wochenenden und Workshops hinaus kann sich die Subjektivität der Rettung nur sozial stabilisieren und manifestieren, wenn wir unsere Lebenszusammenhänge darauf gründen und die Experten, die jetzt noch als Mitglieder der bürgerlichen Gesellschaft Geld für ihre therapeutischen Dienste kassieren (und in Maßen auch kassieren müssen, weil die Struktur halt noch nicht anders ist), da mit hineinziehen (was nicht heißen muß, ihre Mobilität auf Null zu bringen). Also, die neue Subjektivität muß den Alltag wagen, muß suchen, dem täglichen Zusammenleben Schönheit, einen rituellen Rahmen und ein spirituelles Zentrum zu geben. Wir können es zuletzt nur in realen Beziehungen lernen, tiefer miteinander zu kommunizieren, unsere Wünsche einzubringen, unsere Bedürfnisse auszuleben *und* zu begrenzen. Nur so kann die Gestik, die Gestalt der neuen Kultur, jene soziale Skulptur hervorgehen, von der Joseph Beuys zu sprechen liebte.

Es wird nichts bringen, weiter die beliebten »kleinen Brötchen« zu backen. Ich bezweifle die Gültigkeit der Erfahrungen, die solche Bescheidenheit als Ausfluß einer endlich erlangten Weisheit erscheinen lassen. Den Spatzen in der Hand, den können wir fast immer haben, aber wozu? Es mag etwas länger dauern und zeitweise durch kältere Zonen führen, wenn man die Taube auf dem Dache will. Jedenfalls kann das Scheitern einer Wohngemeinschaft oder der Frust einer Kommune, die den alternativen Individualismus und die Regellosigkeit als Geschäftsgrundlage angenommen haben und keiner gemeinschaftlichen Vision anhängen, höchstens beweisen, daß tatsächlich keine Quadratur des Kreises geht.

Die wirkliche Assoziation ist gefragt, derjenige anfangs vielleicht kleine Lebenskreis, der zugleich beansprucht, »Kulturkristall« zu sein (so nennt es Dieter Duhm in seinem »Aufbruch zur neuen Kultur«): eine ganze neue Gesellschaft *in nuce*. Die wächst nicht von Außenkriterien her (zu wieviel Prozent wir uns in den ersten Jahren noch an dem großen Supermarkt der Arbeit und des Reichtums beteiligt sehen; sämtliche Brücken abzubrechen, vollständige Dissoziation dürfte ohnehin nicht die optimale Strategie sein), sondern aus der Ausrichtung der inneren Energie auf die Gemeinschaft und ihr geistiges Projekt, das die Reichweite der ganzen Erde haben muß.

Unsere Bescheidenheit ist verlangt, um unsere *praktische* Reichweite richtig einzuschätzen und nicht in Perfektionismus und Doktrinarismus zu verfallen, also die Spannung zwischen Sein und Sollen bzw. Wollen auszuhalten und der Möglichkeit je konkreten Scheiterns und Mißlingens ins Auge zu sehen – nicht aber, um uns auf weniger als das menschheitlich Notwendige auszurichten, das ja identisch sein müßte mit dem menschlich, dem individuell und zwischenmenschlich Notwendigen. Es kann die einzelne Gemeinschaft »selfreliant« (d. h. mit der Zeit auch materiell ganz auf eigenen Beinen gehend, aber durch mancherlei Austausch mit andern verbunden) so zu leben streben, daß sie sich vorstellen könnte, in analogen (natürlich nicht etwa identischen) Zellen könnte die ganze Gattung organisiert sein, verantwortlich für Gaia, als in gemäßem Kontakt mit Tierwelt, Pflanzenwelt und Mineralreich, mit den Urelementen Erde, Wasser, Luft und Feuer.

Unter der Oberfläche greift das Bedürfnis nach solchen Zusammenschlüssen um sich, und zudem war Deutschland immer »bündisch«, war unsere Atmosphäre fruchtbar für das Thema Individuum – Gemeinschaft – Gesellschaft. Es gibt einen tradierten Resonanzboden. Es kommt ganz darauf an, was wir heute daraus machen. Welcher Unfug, die Sache unter »Ideologie des imperialistischen Zeitalters« abzuhaken.

Gerade in Deutschland, etwa in unseren klassischen und romantischen Zeiten, war die soziale Reflexion viel enger mit der kommunitären Utopie verbunden, als uns geläufig ist und als jeweils dem allgemeinen Bewußtsein aufging. Die Idee, »ein Elysium zu gründen«, hat zum Beispiel Schiller und Beethoven verbunden. Hölderlins Hyperion entwirft eine kommunitäre Subjektivität. Susette Gontard, seine Diotima, hatte noch einen anderen Freund, Wilhelm Heinse, dessen »Ardinghello« gleichfalls in eine – allerdings ästhetisierend-elitäre – Kommunevision mündete. Und vor lauter Germanistik wird kaum je gesehen, wohin eigentlich Goethes »Wahlverwandtschaften« zielen. Die dort behandelten Themen, Probleme und Konflikte machen den intimen Grundstoff jeder Kommunebildung aus, gar erst, wenn man den Roman mit der Atmosphäre des Zweiten Faust in Beziehung setzt. Und was war mit den Freundeskreisen der Romantik, etwa mit Schuberts Freundeskreis, den Harry Goldschmidt so eindrucksvoll beschrieben hat?

Freilich war es immer dieselbe Geschichte: Das bürgerliche Individuum sehnt sich über die Vereinzelung und über die Kleinfamilie hinaus, aber es riskiert zuletzt nicht einmal die »Zweierbeziehung« wirklich; die Abstoßungskräfte erweisen sich als stärker.

Aber ich bin ganz überzeugt, das hat mit einem bestimmten Menschenbild und Selbstkonzept, nicht mit *dem* Menschen zu tun, viel mehr mit Persona und Persönlichkeit als mit natürlicher Individualität. Es hat mit der Selbstbeschränkung des Energieflusses zu tun, der der abstrakten Selbstverwirklichung des Helden (der Heldin) geopfert wird.

Am ehesten haben es daher die Salons der Damen (Rahel Varnhagen, Henriette Herz) zu Gemeinschaftsbildung gebracht, so verhalten auch der Eros sich geben mußte. Bei Franz Schubert, der viel Weibliches hatte, schuf die Kunst entsprechende Momente der Vereinigung.

Zum Ausleben, leider, hat die Gesellschaft, hat die Konvention den Freiraum nicht geboten. Wie die Weltbürgerlichkeit an der Nation, mußte die Kommune damals noch an der Familie scheitern, d. h. in beiden Fällen schon an den entsprechenden Verinnerlichungen. Gerade Goethe in seinen »Wahlverwandtschaften« ging wenigstens in seiner Imagination weiter, indem er die Idee der Familie ausdehnte bis zum Zerspringen. Zwischen seinen Vieren – welcher Reichtum an Beziehung und Aktivität! Und heute sind wir Millionen in annähernd ebenso privilegierter Situation. Das Individuellste und das Kommunitäre können sich verschränken, sobald die Menschen aufhören, mit sich zu geizen und vorsichtig jedem Nein auszuweichen, das ihnen begegnen könnte. Ist doch die alles zerstörende Eifersucht ein Mangelphänomen, ein Suchtphänomen, ein Minderwertigkeitskomplex.

Unsichtbare Kirche weltweit

Im weitesten Sinne ist die Umkehrbewegung als ganze – und dem Wesen des Problems entsprechend übernational – der Fürst der ökologischen Wende; *an sich* gehören ihr alle Bewußtseinsanteile an, alle sozialen und politischen Energiemomente, die sich in Richtung auf die andere Kante, die Andere Große Koalition bewegen, indem sie über enge und selbstsüchtige Identifikationen hinausreichen. Aber hier spielt der Unterschied zwischen Bewußtsein und Bewußt*heit*, hegelianisch gesprochen zwischen dem Ansichsein und dem Fürsichsein des Bewegungsgeistes, doch eine sehr wesentliche Rolle. Ja, es geht um eine solche Bewußtheit, die sich nicht einmal *gegen* die noch über ihren Auftrag unaufgeklärten Elemente des Prozesses setzt, sondern *alles* zu integrieren vermag. Noch einmal hegelianisch gesprochen: Es geht um An- *und* Fürsichsein dieser Bewußtseinskräfte in Bewegung. Das war es, was sie damals gemeint haben, als sie sich verschworen – Hegel, Hölderlin und Schelling – für Vernunft, Freiheit und die Unsichtbare Kirche, auf das Losungswort »Reich Gottes!« hin.

In dieser Kopplung von (objektiver) Vernunft, in der »die Substanz Subjekt wird«, mit der *Freiheit*, hat Europa, wie ich schon einmal erwähnte, einen neuen Zugang zu den Topoi von »Kirche« und »Gottesstaat« geschaffen. Dadurch, daß hier die bis in die Tiefen ihrer selbst bewußte Individualität eingebracht wird, kann die »Gemeinschaft der Heiligen« *Unsichtbare* Kirche werden, ein freier, nichthierarchischer Zusammenschluß. Und wenigstens intentional hat das auch in der Idee der Kommunistischen Partei als eines »Kampfbunds von Gleichgesinnten« gesteckt – als die noch nicht mit dem Wechselbalg des »demokratischen Zentralismus« verkuppelt war, der die ungeheure Lücke kitten soll zwischen revolutionärer Zweckbewußtheit (»Gut ist, was der guten Sache nützt«) und der wahren Transparenz und Selbsteinsicht, jener umfassenden spirituellen Bewußtheit, die ich als »Subjektivität der Rettung« bezeichnet habe.

Das Schlimmste an der dunklen Phase, die die kommunistische Parteiidee bei ihrem Durchgang zunächst durch das Schattenreich der westlichen Metropolis, nämlich durch die staatsstärksten der kapitalistisch »unterentwickelten« Länder – wie Rußland und China – durchlaufen hat, war (und ist zum Teil noch) die Emanzipations*heuchelei*. Lenin hatte noch klar gesagt, hier werden erst die *Grundlagen* des Sozialismus und der realen, mehr als bürgerlichen Freiheit geschaffen. Er sprach von Diktatur auch über die Arbeiterklasse und verhüllte nicht, daß das innerparteiliche Fraktionsverbot selbst die Kommunisten zu Parteisklaven machen konnte. Später aber hat man – was freilich schon in seiner Epoche angelegt war – immer schamloser das Erwünschte als erreicht auszugeben versucht.

Die italienische Fürstin Vittoria Alliata hatte, als sie im Orient ihrer weiblichen Identität nachging, in den 70er Jahren das Drusenoberhaupt Kamal Dschumblat, Führer der libanesischen Sozialistischen Fortschrittspartei und Träger des Leninpreises, interviewt.[179] Was er sagt – und was selbst noch für die oberflächlich individualisierte, demokratische westliche Welt mehr als ein Gran Wahrheit enthält –, besticht vor allem durch die schwarz-weiße Aufrichtigkeit, mit der er seine Sicht der Realität und dementsprechend des Rettungsfürsten gibt. Er spricht in Gegenwart seiner Getreuen.

Monsieur Dschumblat, wer sind die Drusen?

Die Drusen sind die Erben uralter – ägyptischer und griechischer – Weisheit, verbunden mit einem gewissen muselmanischen Gnostizismus. Sie haben 5000 Jahre Geschichte hinter sich, seit der Mensch Mensch ist und die Wahrheit über die vollkommene Einheit des Kosmos sucht. Ihre Religion ist nicht irgendeine Volksreligion, sondern eine esoterische Geheimlehre, eine philosophische und moralische Weisheit, die ontologische Suche nach dem reinen Wesen der Welt.

Aber welchen Stellenwert hat heute die Religion, Monsieur Dschumblat?

Wenn alle Religionen der Welt heute eine große Krise durchmachen, so deshalb, weil der Mensch auf der Suche nach einem universalen Credo ist.

Die Kirche flüchtet sich, um modern zu sein, zu den Massen: an die Stelle der göttlichen Gnade setzt sie die Gnade der Massen. Aber es ist eine Utopie zu glauben, die Massen könnten sich der schweren Probleme, die sie bedrohen, bewußt werden. Ebenso wie es utopisch ist, an eine Herrschaft des Volkes zu glauben, an eine demokratische Vertretung, alles Dinge, die eine wirksame Unterscheidung zwischen Gut und Böse voraussetzen – wozu die Massen überhaupt nicht in der Lage sind.

Die Massen wollen gut essen, sie wollen Radio, Fernseher, Auto und jeden anderen Komfort haben; sie wollen den Reichtum, und wie die Reichen sind sie nur armselige Sklaven des Geldes. Nur eine wahrhaftige Elite kann die Welt erneuern: Individuen, die den hohen Auftrag der Evolution erkennen und sich nicht vom Mythos des Geldes, des Fortschritts, der Demokratie und des Sozialismus blenden lassen; Menschen mit einem scharfen Verstand, die sich zu einer uneigennützigen Sicht der Dinge emporschwingen, in dem Wissen, daß Glück etwas Innerliches ist und nichts mit der Anhäufung von Gegenständen zu tun hat und daß die Gesellschaft für den Menschen geschaffen werden muß und nicht der Mensch für die Gesellschaft . . .

Wer schlägt sich nicht erst einmal an den Kopf und sagt: So ist es? Dschumblat fährt fragend fort:

. . . Ach, wer wird wohl der Held sein, der sich eines Tages erheben und die Umkehr einleiten wird?

Und wie müßte dieser Mann sein?

Nötig wäre ein Mann, der Gerechtigkeitsempfinden, Nächstenliebe und Mut besitzt. Er müßte Diktator sein, um Reformen durchzusetzen, die demokratischen Systeme bieten keinerlei Hoffnung mehr. Die Massen setzen sich aus Individuen zusammen, die sich aufgrund ihres vergangenen Karmas voneinander unterscheiden; vielen fällt das Denken schwer, und nur wenige verstehen den tiefen Sinn des Lebens. Die Gleichheit ist eine Absurdität . . .

Aber Sie sind doch der Führer der libanesischen Linken?

Mein Streben richtet sich auf die Gleichheit in der Armut. Wenn alle reich würden, wäre das eine schreckliche Katastrophe. Wie Jesus Christus sagte, kann man nicht gleichzeitig Gott und dem Geld huldigen. Wofür ich eintrete, ist ein wirklich menschlicher Kommunismus, der einzige, der diesem teuflischen Prozeß Einhalt gebieten kann, der die Welt zugrunde richtet. Marx hat nicht begriffen, daß der Mensch, da seine Bedürfnisse begrenzt sind, auch nur über begrenzte Mittel verfügen soll, um sie zu befriedigen . . .

Dschumblat hat damals schon die weltanschauliche Öffnung in Rußland bzw. der Sowjetunion vorhergesehen, weil er Antennen für das starke linksseitige bzw. rechtshirnige Potential dort hatte. Er erwähnte als Indiz: »Schon haben die parapsychologischen Studien in der UdSSR einen großen Sprung nach vorne getan und die interpretative Armut des historischen Materialismus verringert . . .«

Die übliche materialistische, säkularistische Ideologie, in der man sich im Westen von links bis rechts völlig einig ist, gibt keinen archimedischen Punkt her, um Dschumblats Position aus dem Gleichgewicht zu bringen. Spricht man intimer mit westlichen Politikern und politischen Menschen, so stellt sich ihr Demokratismus als eher noch viel heuchlerischer (im Vergleich zu dem der »Realsozialisten«) dar. Sie teilen nämlich fast durch die Bank zwar nicht die Einsicht in die Notwendigkeit der Armut (diese wohl zu unterscheiden von Elend und selbst Entbehrung), aber die Einschätzung der »Massen« – und man braucht sich ja auch nur kurz ihren öffentlichen Umgang mit dem Volk in den Wahlkämpfen anzusehen, um es evident zu haben, wie sie alles daransetzen, seine Dummheit, Kurzsichtigkeit, Versicherungsmentalität, Neidhammelei, Rachsucht, Habgier, Subalternität anzusprechen, auszubeuten, fortzuzeugen.

Eine andere Perspektive als bei Dschumblat ergibt sich nur auf der allerdings noch unerlösten, uneingelösten Entwicklungslinie abendländischer *Spiritualität*, dann nämlich, wenn man nach der Lichtseite der individualistischen abendländischen Kosmologie fragt. Falls es idealtypisches Ziel des abendländischen Entwurfes ist, eine Republik der Könige (und Königinnen!) zu stiften[180] – dann muß man/frau sich nur noch darüber klarwerden, daß selbst König und Königin bereits ein Abfall von der Bestimmung des Menschen sind, insofern diese Gestalten schon Militarismus und Subalternität, insofern sie schon das von Laudse apostrophierte

»erbärmliche Großtun von Räubern« mit repräsentieren. In Hölderlins »Eichbäumen« werden sie denn u. a. auch angesprochen: »und ergreift, wie der Adler die Beute, mit gewaltigem Arme den Raum . . .« Deshalb wohl hat auch er selbst noch gefordert, sie sollten *erwachen*, die Könige (und Königinnen), erwachen offenbar in seine »Unsichtbare Kirche« hinein und auf sein »Reich Gottes« zu.

Da war eine Gemeinschaft entworfen, unter den Dreien damals in Tübingen, die auf der Grundlage der Individualität erstehen sollte. Zwar nahmen sie gewiß nicht an, es wäre im Augenblick alle Subalternität zu überwinden, aber ihr Bund war *unterwegs* von dem alten Ordens- und Logenkonzept, das immer – wie auch bei Dschumblats Drusentum – esoterisch und insofern »weißmagisch« war (»schwarzmagisch« sind dann immer die andern, versteht sich) und der Idee eines gesellschaftsoffenen Bundes, der keine Zugangsschranken errichtet. So weicht diese Dichotomie zwischen den »Eingeweihten« und den »Massen« auf, und der Führer und Diktator wird teils aufgelöst in ein Kollektiv, das, wenn auch nach Bewußtheit abgestuft, *im Prinzip* die Letzten einschließt, teils wird er in seiner Funktion relativiert, enttotalisiert, d. h. das Diktatorische wird zum sektoriellen Moment, betrifft nur kritische Bereiche und Aspekte des Verhaltens, in denen die individualistische Selbstsucht das allgemeine Wohl verletzt).

Wenn – asiatisch gesprochen – *alle* immer auch schon »Buddha sind«, d. h. *an sich* an dem Bunde partizipieren, den etwa Schillers und Beethovens Freudenode feiert, muß niemand ausgeschlossen bleiben oder sich – wie es im Liede heißt – »weinend hinausstehlen«.

Strukturell genau so war dann die Idee angelegt, die Marx, Lenin und Gramsci mit ihrer Konzeption der »proletarischen« Kommunistischen Partei als dem neuen Fürsten, als dem Kollektiven Intellektuellen verfolgten. Gewiß, wie noch diese von dem hochsensiblen Gramsci geprägte letztgenannte Formel verrät, war die Vision rationalistisch, abstraktionistisch, intellektualistisch verengt; überdies waren die Frauen nur als Gleiche, nämlich »wie Männer«, eingeschlossen. Der Vernunftbegriff, der einging, war nicht auf die Integration *aller* subjektiven Wesenskräfte, nicht auf die *Individuation*, nicht auf die *Liebe* gerichtet. Die Drei in Tübingen hatten den breiteren Zugang gehabt. Auch war charakteristisch, obwohl nicht *so* gemeint, daß Lenin in seinem Parteibegriff der Bewußtheit die Spontaneität als das zu Überwindende entgegensetzte.

Mit seiner Kritik an der Spontaneität hat Lenin gewiß nicht hauptsächlich – wie man bei dem Wort vermuten könnte – die Impulsivität verwerfen wollen. Vielmehr zielte sie gegen das Moment der sozialen Trägheitskräfte, gegen das gewohnheitsmäßige Weiterstricken am Status quo selbst noch in der Bewegung, die die neue Epoche heraufbringt. Aber schon wegen der rationalistischen Fassung des Bewußtheitsproblems, wegen seiner revolutionär-utilitaristischen Engführung auf den Zweck eines politischen Durchbruchs zu war die Impulsivität, war das Lebendige des Geistes dann doch asketisch eingeschnürt.

Lenin hatte zwar nicht an Hölderlin und Schelling angeknüpft, aber immerhin direkt an Hegel, hier jedoch nicht an den glühenden jungen Mann der »Phänomenologie des Geistes«, sondern an den der zum System geronnenen »Wissenschaft der Logik«. Bei Rosa Luxemburg, bei Karl Liebknecht und bei Antonio Gramsci, auch bei Leo Trotzki ist die Parteiidee ein breiterer und tieferer Fluß gewesen. Dennoch war der Leninsche Durchbruch kein Zufall. Dennoch waren die eben Erwähnten alle vier in einem weitesten Sinne Leninisten, auch Rosa, obwohl die immer des »Spontaneismus« beschuldigt worden war, weil sie die Rigidität des Leninschen Konzepts als tödlich für die Arbeiter*bewegung* empfand.

Was bis in das heutige sowjetische Wiederanknüpfen – mit den Worten Glasnostj (für Transparenz, Offenlegung der Vorgänge für den Einblick und die Einsicht) und Neues Denken – von Lenins marxistisch-hegelianischem Grundkonzept blieb, das ist sein Losungswort Bewußtheit, Bewußtheit, Bewußtheit! Dort kann der ganze ursprüngliche Reichtum der Idee, den schon Gramsci weitgehend wiedergewonnen hatte, neu einströmen.

In dem Tübinger Triumvirat aus der französischen Revolutionszeit war ja die Quintessenz einer vieltausendjährigen Bestrebung präsent. Um in die Wirklichkeit einzugehen, hatte dieser Fluß Canons durchbrechen und dann die Mühen der Ebenen durchstehen müssen. Schon Hölderlin selbst ließ in seinem Hyperion, den französischen Revolutionsterror vor Augen, seinen Helden die Illusion beklagen, mit einer Räuberbande ein Elysium gründen zu können.

Die Frage bleibt, ob das Volk, ob die Menschheit ein Organ wie die »Kommunistische Partei« oder vielmehr die »Unsichtbare Kirche« braucht, um in Vernunft und Freiheit das Gottesreich auf Erden erreichen zu können. Das ist keine spezifisch russische oder gar bloß bolschewistische Frage (wissen wir immer noch nicht, daß die Russische Revolution ein Menschheitsereignis war, wie die chinesische auch eins ist?), sondern die Grundfrage der westlichen Zivilisation selbst, von Plato bis Augustinus, von Augustinus bis Joachim di Fiore, von Joachim di Fiore bis Thomas Müntzer, von Thomas Müntzer durch die Jahrhunderte der bürgerlichen Revolution bis ins Jahrhundert der »proletarischen« Revolution.

Für das, was bei dem modernen Gottesstaat herauskommen soll und was also der Verbund dafür inkarnieren muß, hatten wir in Westeuropa früh eine wunderbare Formel, von diesem Joachim di Fiore gefunden. Er fand sie in dem Augenblick, als sich Papst und Kaiser (Friedrich II, der von Palermo) auf den letzten Anlauf vorbereiteten, die Grundlagen der augustinischen Konzeption von der *Civitas Dei* als dem Christusreich zu zerstören, indem sie im Kampf um die Weltherrschaft den Menschen zeigten, daß es nicht um Erlösung ging, sondern um Macht.

Kurz zuvor trat in Calabrien der erleuchtete Mönch hervor. Joachim hatte die Vision von drei aufeinanderfolgenden Reichen. Das Erste Reich war das Reich des Vaters, des eifersüchtigen Gottes Israels, das Reich des Alten Testaments. Kontrolle von oben. Das Zweite Reich war das Reich des Sohnes, des Christus als des brüderlichen Gurus, das Reich des Neuen Testaments. Das Dritte Reich, das Joachim kommen sah, das war das Reich des Heiligen Geistes, der ausgegossen sein sollte *gleichermaßen über alle*. Nach dem Osterreich des wiederauferstandenen Christus das Pfingstreich, aus dem Prinzip einer mystischen Demokratie. Sie würden den Konsens über das allgemeine Wohl nicht so sehr suchen müssen – sie würden ihn haben.

Joachims Vision ging damals als Samenkorn in die Erde. Die Franziskaner – ihr verfolgter Flügel – haben es weitergepflegt. Sie ist auf Eckhart gekommen, auf Müntzer gekommen, auf unsere klassische Philosophie und Dichtung in ganz Europa. Ihre bewußte Wiedergeburt im Kommunismus der Gegenwart hat Ernst Bloch vollzogen. Aber mit Marx schon begann offenbar – nach dem liberalistischen Kehraus aller sentimentalen Werte, den er zusammen mit Engels im Kommunistischen Manifest als Ergebnis des Manchestertums konstatiert hatte – die *Wiederherstellung* der alten Idee des Gottesstaates, natürlich auf einem neuen Niveau, obgleich auch bei ihm und seinen Nachfolgern ein letztes Mal patriarchal, und immer noch zu kollektivistisch (dies am wenigsten bei Rosa Luxemburg und Karl Liebknecht).

Man sieht jetzt erst, was für eine Erfindung das war, dieses System mit der Partei als, verkappt, einer geistlichen Instanz an der Spitze – nachdem diese neueste Staatsidee sich zuerst als ihre eigene Karikatur ereignete, gewissermaßen mit dem Großinquisitor *vor* dem Christus ins Leben getreten war (aus sehr realmaterialistischen Gründen, denn spätestens seit Hobbes war ja das satanische Prinzip in seinen beiden Aspekten als Machthybris und Kapitalakkumulationsgier ins schlecht Unendliche hinein zur erklärten Verfassungsgrundlage des Westens geworden; durch den ungeheuren Hirseberg, der da aufgehäuft wurde, mußte sich der Geist erst neu hindurchfressen).

Mit dieser Parteiidee von Marx und dann mit der Leninschen Praxis (»Bewußtheit versus Spontaneität«) kommt – nachdem der Kirche der Gottesstaatsgedanke kaputtgegangen war – anfangs bis zur Unkenntlichkeit verkleidet, von Grund auf das Substantielle daran für die Menschheit wieder. »Proletariat« war bei Marx sowieso nicht die wirkliche Arbeiterklasse, sondern das war ein Name für eine neue Art von »Gemeinschaft der Heiligen«, vorteilhafterweise zunächst rein weltlich eingeführt. »Arbeiter« waren die, die die welthistorische Mission trugen. Und was war die Mission? Was heißt letztlich allgemeine Emanzipation? Das ist eine Befreiung, die nicht ohne spirituelle Konsequenz gedacht werden kann, nicht ohne die Entdeckung und Erfahrung der *Gottheit in uns.*

Wir sehen, daß das sozusagen eine List der Geschichte war, dieser kommunistische Anlauf. Übrigens war ja der Kommunismus des 16. Jahrhunderts noch spirituell, der des 19. Jahrhunderts in Frankreich wieder. Sie wußten, wie unser Thomas Müntzer, der Bauernführer, wußte, daß da über dem Thema der sozialen Gerechtigkeit noch eine höhere Oktave mitschwang. Jetzt ist es also so weit, daß die *aufgeklärten,* die bürgerlich *befreiten* Menschen wieder mit der Gottheit ins Gespräch kommen wollen und auch müssen. Und nun ist natürlich die internationalistische »proletarische« Kommunistische Partei nicht genug. Nun ist das die Larve, die gesprengt (im sowjetischen Osten) oder der evolutionäre Vorgänger, der abgelöst sein will (im Westen). Herauf kommt eine Unsichtbare Kirche weltweit, zunächst synkretistisch, d. h. in dem sich erst einmal mischt, was sich verbinden will, aber die Anläufe konvergieren. Am Ende von »Der Mensch im Kosmos« hat Teilhard de Chardin den Konvergenzpunkt des Geistes, der sich um den Planeten zusammenschließenden Noosphäre den Punkt Omega genannt!

Ich sehe dem überparteilichen Verbund in unserem Lande schon zehntausende Menschen mit mehr oder weniger Fasern ihres Herzens angehören. Vielleicht käme »Unsichtbare Gemeinde« der Sache noch näher als Unsichtbare Kirche. Es gibt durchaus eine Analogie zu dem, was ganz am Anfang der Christenheit mit der »Gemeinschaft der Heiligen« gemeint war und – ich leugne es nicht – auch mit jenem »Kampfbund der Gleichgesinnten«, den Kommunisten wie Anarchisten ursprünglich im Sinne hatten statt solcher Apparatparteien. Oder wollen wir von einem offenen Orden sprechen? Oder wie Brecht nüchtern und bewußt ernüchternd von einem Verein? Ich bin überzeugt, daß die Idee des Bundes aktuell ist.

Wenn wir es wollen, können wir alle Glieder dieser letzten Kirche, dieser neuen »Gemeinschaft der Heiligen« sein. Die Zugänge jedenfalls sind offen. Es gibt keinen Logenzauber, keine Aufnahmeriten, wenn auch die eine oder andere, heute aber kaum noch esoterische Form der Einweihung, der Einführung durch einen bestimmten Menschen oder eine bestimmte Gruppe. Initiation als Ritus hat leicht etwas Repressives. Heute ist wohl der Prozeß, den C. G. Jung Individuation genannt hat, die angemessene Initiation, geht es doch gerade nicht ums Erwachsenwerden in die überlieferte Kultur hinein, sondern um eine zweite Geburt des Erwachsenen in eine andere. Nicht so sehr »Einweihung« in irgendwelche, mag sein vorhandene, Psi-Geheimnisse tut not, sondern daß sich allerdings möglichst viele Menschen wieder einer Aufgabe weihen, einem Auftrag, der über sie hinausgeht und dem gegenüber das jeweils »momentane« Befinden vielleicht doch nicht so ausschlaggebend ist. Sehr viele psychische Turbulenzen haben zwar nicht in ihren Wurzeln, aber in ihrer Ausprägung und Durchschlagskraft mit dem Mangel an verbindlichem, voll verantworteten Engagement zu tun.

Es wird jedenfalls eine offene Verschwörung, und wir können uns nur wünschen, daß die Zugehörigkeit sich noch etwas verbindlicher ausdrückt – in der Art der Empfänge zum Beispiel, die wir einander bereiten –, die Solidarität sich selbstverständlicher und unverborgener äußert. Wir brauchen insbesondere »intern«, d. h. in unserem weltweiten Netzwerk, mehr Kommunismus als in der Apostelgeschichte des Lukas, nach der sie »alles gemeinsam hatten«. Wenn es wirklich zu einer vollständigen Entbürokratisierung der Kommunisten im »realexistierenden Sozialismus«, zum Rückzug der Parteien dort von der Staatsmaschine, zur Spiritualisierung ihrer Programmatik und Praxis käme, wie es sich als Tendenz in dem Erscheinen Michail Gorbatschows ankündigt, und wenn dann Moskau, dieses Dritte Rom, *nicht* papistisch agieren würde . . . Ich will den Satz nicht vollenden, denn es ist kaum auszudenken, welche glückliche Wendung die Geschichte am Ende des 20. Jahrhunderts nehmen könnte.

Für das Werden dieses Bundes aber sollen wir auf allen Ebenen der sozialen Kommunikation (lokal, regional, landesweit, kontinental, weltweit) und in allen Verbänden fachlicher und sachlicher Zusammenarbeit bewußt etwas tun. Wir brauchen ein permanentes »Treffen der Wege«, und wir brauchen Mission, und zwar »innere Mission«, jeweils bei uns zu Hause vor allem (nicht zu verwechseln mit Missionarismus als fanatischem oder verlockendem Predigertum). Wie Christus, Matthäus zufolge, in der Bergpredigt sagte: »Es kann die Stadt, die auf einem Berge liegt, nicht verborgen sein. Man zündet auch nicht ein Licht an und setzt es unter einen Scheffel, sondern auf einen Leuchter; so leuchtet es denn allen, die im Hause sind.« Es wird vor allem die alltägliche Praxis, in der sich die Subjektivität der Rettung formt, dieses Licht sein.

Religiöser Totalitarismus?

Es wird ja wohl einen Aufschrei geben: Am Ende der Moderne und nach dem gescheiterten braunen Millenarismus in Deutschland die grüne Utopie einer neuen Reformation, neuer Klostergründungen, einer Unsichtbaren Kirche? Und die Perspektive des Gottesstaates, des Heiligen Reichs wieder aufnehmen? Ich kann nicht anders, ich sehe die ökologische Krise in diesem Licht. Aber ich will mich in einem letzten Exkurs gerne diesem Aufschrei stellen.

Seit meiner Verhaftung wegen der »Alternative« bin ich mit nichts mehr aufgefallen als mit meinem vierwöchigen Aufenthalt in der inzwischen aufgelösten Kommune des Bhagwan Shree Rajneesh in Oregon. Wer mir das alles übelgenommen und wer alles sich um meine Reputation gesorgt hat! Und wer alles Verständnis für die persönliche Problematik hatte, die doch dahinter gesteckt haben muß! Ich hatte jedenfalls keine Not.

Da ich schade finde, daß das Experiment den Keim so rascher Selbstzerstörung in sich trug, will ich dem mit ein paar Worten nachgehen. Vielleicht sollte ich klüglich nicht daran erinnern, daß mir Rajneeshpuram 1983 als der wichtigste Ort der Welt erschien und zwar, obwohl mir schon Verschiedenes auffiel, was hoffentlich korrigiert werden würde. Indessen war die Kommune ein Versuch genau an jenem »Ort« (dem weiter vorn charakterisierten), an dem er unternommen werden muß, an der Stelle jenes Spaltes, jenes Weltrisses in uns, und sie meinte jenen kleinen Kreis, in dem Gemeinschaft und Gesellschaft jenseits der großen modernen Ellipse wieder zur Deckung kommen können. Was an einem solchen »Ort« geschieht, ist auch bei unbefriedigendem Ausgang unvergleichlich viel wichtiger und lehrreicher als jede neueste Umdrehung etwa der rot-grünen Brauchwasser-Umwälzpumpe. Für mich war schon damals nicht ausgeschlossen, daß Rajneeshpuram scheitert, aber davon hing meine Einstellung überhaupt nicht ab. Die Grünen habe ich seinerzeit, als sie meine Äußerung für einen Ausrutscher hielten, gegengefragt, ob sie im Ernst glauben, das Parlament, in das wir gerade eingezogen waren, sei ein wichtigerer Platz?

Wo hat denn nun – denn sonst hätte das Experiment nicht so

unvorhergesehen platzen können – der innere Entwurf, den Bhagwan Shree Rajneesh selbst repräsentierte, nicht gestimmt? Die subjektive Seite muß gewesen sein, daß sich der Erleuchtete über seinen eigenen Machtanspruch vorgemacht hat, der sei gar nicht vorhanden. Es ist verrückt, eine bereits verhältnismäßig große Gesellschaft von ein paar tausend Menschen, die sich eben erst auf einen Weg gemacht haben, so zu behandeln, als gehörte der Machtaspekt nicht zu den elementaren anthropologischen Gegebenheiten, als sei er quasi überhaupt nicht existent, zumindest überhaupt nicht relevant. Rajneeshpuram hat den beliebten spirituellen Kurzschluß ad absurdum geführt, der da lautet, der politische Bereich sei irreal und also zu vergessen. Nichts anderes als Politik hat die Kommune von innen gesprengt.

Bhagwan wollte die Verantwortung für seine Schöpfung nicht tragen, die er selbst so eingerichtet hatte, daß sie entgleisen mußte, daß die Sannyasins durch eine hohe psychische Barriere daran gehindert waren, ihrerseits die Verantwortung auf sich zu nehmen. Nicht in dem kuriosen Terror selbst liegt das Problem, sondern in einer Vorvereinbarung über den *Ausschluß* der Verantwortlichkeit für alle sozialen Angelegenheiten. Die *Struktur*, die Bhagwan eingerichtet hatte, hätte so erfunden werden müssen, um experimentell zu zeigen, wann der Machtwille unaufhaltsam durchdreht. Es war jedes Gegensteuern institutionell ausgeschlossen. Selber unerreichbar, hat er eine Stellvertretung mit aller Vollmacht eingesetzt, die sich noch dazu auf ihn als eine unerreichbare Instanz verborgener Weisheit berufen konnte. Er ließ eine devotionale Religion gründen, die er gar nicht wollte. So hat er mindestens den Beweis geliefert, daß Erleuchtung an und für sich keine *soziale* Kompetenz, keinen *sozialen* Auftrag, keine *soziale* Struktur impliziert: nicht von vornherein.

Es haben sich in Rajneeshpuram überhaupt alle abgehakten, ausgeklammerten Probleme durch die Hintertür wieder bemerkbar gemacht, u. a. auch die von Bhagwan in seinem Buch »Vorsicht Sozialismus« vertretene halb vulgärmarxistische, halb prokapitalistische Entwicklungsideologie für arme Länder. Sonst wären die Autoparaden nicht gewesen. Keine spirituelle Qualifikation erlaubt es, in Sachen einer Ethik und Politik bei den zwischen zwei Weltzeitaltern der Bewußtseinsentwicklung in Bewegung gekommenen Kräften inhaltlich alle fünfe gerade sein zu lassen. Der reiche Mann, auch er, braucht vielleicht durchaus momentan einen Guru, aber keinen »Guru des reichen Mannes«, wie Bhagwan sich eben nur halb ironisch selbst charakterisierte.

Aber mit welcher Vehemenz, in welcher Reinkultur, in welcher Komprimierung von Raum und Zeit genau das zentrale Problem, das Machtproblem aufbrach: das unterstreicht, was das Experiment in jedem Falle wert war. Mir scheint bewiesen, daß es fruchtbarer sein wird, nicht vorzugeben, daß das Ego alsbald verschwände und irgend jemand »leeres Bambusrohr« des Universums sei.

Morris Berman hat anknüpfend an Gregory Bateson ausführlicher die Frage aufgeworfen, ob denn dessen »Lernen III« – womit die spirituelle Transformation, bei der Lehrer-Schüler-Verhältnisse im Spiel sind, gemeint ist – unweigerlich zu totalitären Sozialstrukturen führen muß.[181] Ich bin sicher: das muß nicht sein. Dann gilt es jedoch, für die Sozialstrukturen damit zu rechnen, daß das machtwillige Ich bis in die schönsten Erleuchtungszustände »überleben« kann und summa summarum in einer Bewußtseinskommune erst einmal noch viel mehr, viel »qualifizierter« auf die Bühne springen wird als irgendwo sonst. Hier ist Steiners Dreigliederungsidee ausgezeichnet: Das soziale (wirtschaftliche) und das rechtliche (staatliche) Leben müssen gegenüber dem Geistesleben relativ autonom und gegen jede Willkür sicher verbindlich auf Konsensbasis geregelt werden, in einer Perspektive auf den »Gottesstaat« hin um so mehr! In einem sauberen meditativen Klima sollte es doch möglich sein, klar zwischen hauptsächlich ich-besorgtem negativem Ressentiment und am »Weltselbst« orientierter Kritik zu unterscheiden, so daß letztere nicht gleich vorsorglich als Ausweichmanöver diskriminiert werden muß oder kann.

Wir müssen streng auseinanderhalten: hier die rein personale Beziehung zwischen zwei Menschen, von denen der eine ein spiritueller Meister, der andere sein Schüler sein mag, dort die gesellschaftliche Organisation. Auseinanderhalten muß ja nicht Gegensatz bedeuten. Der Erwachte *kann* den Schlafenden nicht fragen, ob er geweckt werden will (freilich: wird der Buddha in uns je vollständig schlafen? wie kämen wir dann auf den Meister?). Aber welcher Mißbrauch dieses Gedankens, ihn auf den Aufbau einer Stadt anzuwenden und das Wecken auf andere Schlafende zu delegieren. Eine kleine Gruppe kann anders experimentieren als eine große. Rajneeshpuram war schon eine kleine *Gesellschaft*, und die hat ihr Recht nicht bekommen. Zwischen den Dreizehn des Abendmahles ist »Demokratie« ein Nonsens – aber schon die Apostelgeschichte ist nicht frei von einem despotischen Beiklang.

Wiederum: je mehr die Megamaschine selbst ihren universalistischen Despotismus etabliert – hier die Huxleysche Schöne Neue Welt der »sanften« Kontrolle und in den ärmeren Ländern eher die Orwellsche Diktatur des Großen Bruders –, desto bedrohlicher malt sich ängstlichen Geistern ausgerechnet die totalitäre Gefahr, die von jedem dagegengesetzten spirituellen Konzept auszugehen scheint. Manche hatten unterschwellig soviel mit Bhagwan Shree Rajneesh zu schaffen, daß sie sich um die paar tausend freiwillig dort in Rajneeshpuram und in einigen europäischen Zentren versammelten Westler und deren Selbstbestimmung gesorgt haben, als läge das Reich des Bösen plötzlich dort und als wäre der Horror der Selbstmordkommune von Jonestown nicht nur eine Blase mehr auf dem Sumpf dieser dekadenten Zivilisation, sondern ihr eigentlicher Kern. Selbst die schlimmste denkbare Entwicklung in Rajneeshpuram hätte dem, was die Vereinigten Staaten apokalyptisch zu bieten haben, nicht viel hinzugefügt.

Es gibt da eine gemeinsame Voraussetzung der Sektenpfarrer und der linken »Emanzipatoren«: ihren festen Glauben an die Verführbarkeit der kleinen Männer und kleinen Frauen, die sie doch gern weiter unter ihrer eigenen seelsorgerischen Zuständigkeit hätten. Es gibt den festen Betreuerglauben an die Unaufhebbarkeit der Subalternität des Menschen durch ihn selbst. Nach manchen Zwangsvorstellungen hätte noch ein Johannes seine Autonomie verspielt, als er sich Jesus anschloß. Sie meinen, den Pluralismus der fürs Ganze blinden Sonderinteressen »kritisch-rationalistisch« in Schutz nehmen zu müssen gegen die finsteren Theokraten von Platon bis Hegel. Nur keine Gesamtsicht, nur keine übergreifende Ordnung, gar für das linke kritische Individuum!

Ich las ein Büchlein spätfrankfurterischer Linker aus Freiburg (aber die »Frankfurter« Benjamin, Fromm und Marcuse müßten ihnen auch schon ziemlich suspekt sein) – da bricht direkt die Paranoia aus. Wegen der drohenden bhagwanesischen »Diktatur der Freundlichkeit« (so der Buchtitel) überlegen sie sich, wieder auszuwandern wie einst die Lehrer wegen des Nazismus. Daß der Bhagwan nicht etwa Euer Schatten ist, wie Ihr ihn seht?! Daß Ihr nicht etwa Angst um Eure cartesianische Festung habt, nicht etwa präventiv das Zusammengezogene Eurer Existenz verteidigt?

Nur deshalb, weil es tatsächlich eine Bereitschaft gibt, sicherlich nicht nur verschattet, sondern auch direkt, sich einer überväterlichen Instanz an den Hals zu werfen, können wir uns unmöglich verbieten, über eine spirituelle Praxis nachzudenken, die eine Umkehr tragen würde, und über Staat und Fürst einer ökologischen Wende. Es ist – u. a. von Hannah Arendt – so viel über die Bedingungen gesagt worden, die den Rückfall in den alten Konformismus nahelegen. Aber nichts ist geeigneter, diese Bedingungen zu erhalten, als der Defaitismus unserer spätrömischen Intelligenzija. Auf lange Sicht wird die Individualität diesmal standhalten. Der neue spirituelle Aufbruch ist gerade ihre Stunde, freilich zuerst der Prüfung.

Die Lehre von Rajneeshpuram ist drastisch, aber das Experiment ist im ganzen »gut gescheitert« und hat die Befürchtungen letzten Endes gerade nicht bestätigt. Es ist klar, wir können nicht aus der Polarität zwischen unserer Individualität und unserer Teilhabe am Ganzen heraus. Wem Politik vom Ganzen her *nur* verdächtig ist, der bastelt geistig mit an der nächsten Fehlbesetzung der zentralen Position, und zwar aus Angst um die tatsächliche Schwäche des »immer gegenüber« konstituierten Ichs. Dabei ist doch unsere Individualität leidend, wünschend, hoffend mit vorausgesetzt, wo wir uns den Zustand des Einsseins, des Unabgetrenntseins, des individuellen Nichtseins, des Aufgehens in ein Ganzes als existentielles *Moment* leisten.

Da wir eine Kultur hochgradigen Getrenntseins haben, also eine, die den Pol der Individualität und Endlichkeit verabsolutiert, liegt es allerdings nahe, die Sache bloß umzudrehen: entweder – oder, entweder Isolation oder Regression. Muß das sein? Sollten wir nicht versuchen, die Polarität anzunehmen und als *das* Thema der Kultur zu betrachten? Die verschiedenen notwendigen Momente einer insgesamt vernünftigen Welthaltung sollten je ihre Stunde haben. Wir brauchen jetzt allerdings ganz dringend einen Durchgang am anderen, »universalistischen« Pol, jedoch ohne das Kind (die Individualität) mit dem Bade auszuschütten. Und wir müssen eine soziale Verfassung finden, die das Gleichgewicht unserer Bewußtseinstendenzen fördert und *so* den Schwerpunkt setzt, daß wir auf dem Trip, den unsere Existenz nun einmal bedeutet, nicht aus der humanen Rolle fallen.

Teilhard de Chardin hatte in seinem »Phénomène Humain« (»Der Mensch im Kosmos«) angesichts von Nationalsozialismus und Kommunismus die politische Frage so zugespitzt:

> »Massenbewegungen«! Doch es handelt sich nicht mehr um Horden, die fluchtartig aus den Wäldern des Nordens und den Steppen Asiens hervorbrechen. Sondern – wie man richtig gesagt hat – um die »Menschenmillion«, die sich nach wissenschaftlichen Methoden zusammengeschlossen hat. Die Menschenmillion auf den Paradefeldern schachbrettförmig angeordnet. Die Menschenmillion in der Fabrik standardisiert. Die Menschenmillion motorisiert . . . Als Ende dann die grauenhafteste Versklavung in den Ketten des Kommunismus und des Nationalsozialismus! Der Kristall statt der Zelle. Der Termitenbau statt der Brüderlichkeit. Statt des erhofften jähen Erwachens des Bewußtseins die Mechanisierung, die, wie es scheint, unvermeidlich aus der Totalisierung hervorgeht . . .
>
> Angesichts einer so gründlichen Verkehrung der Regeln der Noogenese (der Geistwerdung im Menschen – R. B.) behaupte ich, daß wir nicht mit Verzweiflung antworten dürfen – sondern nur mit einer neuerlichen Prüfung unser selbst. Wenn eine Energie toll wird, stellt der Ingenieur keineswegs ihre Kraft in Frage. Nimmt er nicht einfach seine Rechnung nochmals vor, um herauszufinden, wie man sie besser lenken könnte? Ist das moderne Totalitätsprinzip nicht eben deshalb so ungeheuerlich, weil es vermutlich das Zerrbild eines wundervollen Gedankens ist und der Wahrheit ganz nahe kommt?[182]

Und seine Hoffnung setzt Teilhard auf die Person und die Kräfte der Persönlichkeitsbildung sowie auf die tendenzielle Konvergenz des Persönlichen – da das Universum selbst persönlich und personbildend sei. Er spricht von jenem »unwiderstehlichen Instinkt« in unseren Herzen, »der uns jedesmal zur Einheit zieht, sobald sich unsere Leidenschaft für irgendein Ziel begeistert«[183], und hält für eine vermeidbare Perversion, daß nun dabei und deswegen die Person vom Kollektiv absorbiert werden müßte.

Daß es bisher so kam, gehe auf die Unvollkommenheit, die Beschränktheit zurück, in der wir bisher erst lieben gelernt hätten.

Ich hatte mich schon einmal – in meiner »Alternative« – auf diese Frage bezogen, ob das moderne Totalitätsprinzip nicht Zerrbild eines wundervollen Gedankens sei: weil ich wußte, daß zumindest der Kommunismus etwas anderes gemeint hatte, als dann zunächst herausgekommen war. Neulich las ich eine Ironie Ernst Jüngers über Martin Heidegger[184], dem es seinerzeit mit dem Nationalsozialismus ähnlich gegangen war. Jünger fand, »Heidegger habe sich für seinen politischen Irrtum deshalb nicht entschuldigen wollen, weil er von seinem Standpunkt aus eher hätte erwarten müssen, daß Hitler wiederauferstünde und um Verzeihung bäte, ihn, Heidegger, irregeführt«, nämlich um die mit der Bewegung eigentlich gemeinte metaphysische Wahrheit betrogen zu haben. Ich halte die Frage nach dem Positiven, das vielleicht in der Nazibewegung verlarvt war und dann immer gründlicher pervertiert wurde, für eine aufklärerische Notwendigkeit, weil wir sonst von Wurzeln abgeschnitten bleiben, aus denen jetzt Rettendes erwachsen könnte. Antifaschismus, der nichts weiter als Gefahrenabwehr ist, bedeutet vor allem, uns von dem größeren Teil des *Potentials* abzusperren und es der Bestimmung durch die scheinbar ferngehaltenen Geister gerade erst preiszugeben. Die Vorbedingungen, die wir zu unserer Sicherheit stellen, formieren mit an dem, was wir nicht wollen.

Falls es zutrifft, daß Kulturen überhaupt religiöse Fundamente haben, kann eine neue Kultur jedenfalls nicht darauf gegründet werden, daß »Religion Privatsache« sei – ein Prinzip, das aus dem Zusammenbruch der Christenheit im späten Mittelalter hervorgegangen und verständlich ist. Genau wie im Falle des Staates, wo mit dem Prinzip einer verbindlichen Ordnung so oft der von Grund auf falsch eingeordnete Apparat verteidigt wird, so daß Ordnung selbst suspekt erscheinen muß, stoßen wir hier auf das Mißverständnis, es sei die »Freiheit der Kinder Gottes« bedroht, wenn dieses bürgerlich-individualistische Prinzip in Frage gestellt wird. Zudem irritiert das Wort »Religion«, weil sein Sinn von der Kirche entstellt worden ist. So weit ich sehe, ist in der Tendenz zum Treffen der verschiedenen Wege, darunter auch des christlich-mystischen, schon etwas in Gang gekommen, um *ohne* Auslöschung des je Besonderen und Individuellen die eine neue Kosmologie entstehen zu lassen.

In unserer modernen Erkenntnistheorie, *nach* Kant, aber an dessen unmittelbaren Nachfolgern vorbei, ist es nun ausgemacht, daß wir von alledem nicht wirklich wissen können, was wir indessen wirklich *sind*. Wir haben in unserem Körper, der *auch* das Ganze ist, nämlich alles Psychische einschließt, das Organ. Aber der Rationalismus erlaubt uns nur, den abstrakten Verstand zu benutzen, der an und für sich *ein* nützliches Organ jenseits von Gut und Böse ist. Gerade zur *Weisheit* der Natur haben wir mit diesem diskursiven Instrument keinen Zugang. Dabei ist es so selbstverständlich, daß Mensch und Natur aufeinander hingeordnet sind. Die Frage, wie wir überhaupt etwas wissen können, ist neben ihrer Klugheit auch völlig blödsinnig, weil – wie die Hildegard von Bingen wußte – »alles, was in der Satzung Gottes steht, einander Antwort gibt«.[185] Dieses Faktum können wir nur ausnützen, indem wir uns vom anderen, dem Verstand entgegengesetzten Pol unserer Psyche aus sensibilisieren. Dann kann uns, im Grade, wie wir unsere Fixierung auf die speziellsten Schichten unserer Existenz überwinden und diese Schichten zeitweilig hinter uns zu lassen lernen, die gesamte implizite Ordnung bis zurück an den Beginn des Lebens innerlich präsent sein.

Vielleicht werden wir den Urschauder nicht in dem Grade wieder lernen, daß er uns leiten oder zurückhalten könnte. Vielleicht brauchen wir eine noch einmal zweckrational begründete Ethik des Verzichts, die sich auf Wissen um die späteren Rückschläge unseres Machtgebrauchs begründet (Hans Jonas). Wenn aber eine solche Ethik gegen den ansonsten ungebremsten herostratischen Schub arbeiten muß, wird es bestenfalls zu einem zeitweiligen Zittern der Hand, zu gewissen Verzögerungen des Vormarsches kommen. Ein im Grunde kirchlicher Moralismus, der es freilich auch wegen immanenter Korruption nicht aufgehalten hat, als es entstand, wird jetzt nicht ausreichen.

Die extreme europäische Konfrontation von Intellekt und Körper, Mensch und Erde, damit auch männlicher und weiblicher Seele, ist ein nicht durch abstraktes Denken (allein) lösbares Problem (dann wäre es einfach, es wird jetzt viel Richtiges darüber gedacht, gesprochen und geschrieben, und das ist auch wichtig).

Wir haben es mit der angstbestimmten *Physiologie* der Psyche zu tun (wenn man Reich darin folgt), und die Angst ist in unserer Kultur deshalb mächtiger als in anderen Kulturen, weil zur impliziten Ordnung das Gesetz der Nemesis gehört. Wir haben *heftiger* eingegriffen, verletzt, ge- und zerstört, müssen uns *mehr* gegen den Rückschlag wappnen.

Je mehr wir lernen, was wir alles *nicht* notwendigerweise sind, desto sensibler werden wir für das eigentlich natürlich und sozial Notwendige. Entidentifizierung und Resensibilisierung sind weitgehend dasselbe. Was wir zuerst gewinnen, ist natürlich nicht die Große Freiheit, sondern die Bewußtheit über unsere vielen Verhaftungen und Abhängigkeiten vom Nächsten wie vom Ganzen.

Die Art, in der über das Erfordernis der Ich-Aufgabe gesprochen wird, verdunkelt leider oft den wesentlichen Punkt. Stellen wir uns die verschiedenen Buddhas vor – sagen wir Laudse, Christus, Buddha selbst (es war übrigens Bhagwan Shree Rajneesh, der die *verschiedenen* Individualitäten von, wie ich schätze, zwanzig solcher Meister ausführlich in seiner eigenen Person Revue passieren ließ, indem er sie in seinen zahllosen Vortragsreihen in Poona vergegenwärtigte, ja jeweils verlebendigte) –, so fällt gerade auf, *daß sie ihren individuellen Genotyp aufs äußerste herausgebracht haben*, gereinigt von den Beimengungen, die gerade nicht ihrem Inbild entsprachen, sondern diese ringsherum aufgestellten Abwehrmechanismen waren, aus denen wir alltäglicherweise Ich sagen. Das »*Selbst*«, das inzwischen einigermaßen wohlvereinbart diesem Ich gegenübergestellt wird, enthält, als einen Aspekt, auch den Inbegriff des *individuellen* Genotyps, mit dem wir geboren sind und in dem uns dieses ganze meditativ erschließbare Reservoir evolutionärer Erfahrung und Zugehörigkeit mitgegeben ist.

In Zeiten ruhiger Entwicklung und einer stabilen Kultur ist es weniger dringlich, auf den ungeformten, plastischen Grundbestand unserer Existenz zurückzugehen, obwohl es immer gut war, wenn »Heilige« existierten, die einen mehr oder weniger unmittelbaren Kontakt dazu unterhielten. Wo aber die Tradition versagt, die Kultur gar exterministisch wird wie jetzt, liegt in diesem Kontakt die entscheidende und zugleich die meistversprechende

Reserve einer Erneuerung und Regeneration. Wir gehen damit nicht auf irgendeinen früheren Kultur- oder gar einen kaum faßbaren Natur*zustand* zurück, sondern hier und jetzt auf unsere *natürliche Kapazität, Potenz und Plastizität*.

All das zieht nach sich, die Transformation nicht als einen Kampf zwischen getrennten *objektiven* Mächten hier des Lichts und dort der Finsternis zu sehen. Vielmehr wird es nur soviel Umkehr geben, wie Individuen umkehren. Die implizite Ordnung wird nicht mittels einer neuen quasi-kirchlichen oder staatlichen Instanz befehlen, sich von der Megamaschine zurückzuziehen und innerhalb der großen alten Gesellschaft die neuen kleinen anderen Republiken zu bauen. Sondern der Geist wird von Mensch zu Mensch seinen Weg der Diffusion nehmen. Ohne Millionen individueller Entscheidungen kann auch eine vorstellbare »ideale« Ökotyrannis, »um das Schlimmste zu verhindern«, nichts ausrichten. Ein starker Staat könnte einiges verhindern, einen neuen kulturellen Anfang stiften kann kein Staat, auch keine Theokratie.

Die größte Chance gegen einen religiösen Totalitarismus und gegen Totalitarismus überhaupt werden gerade diejenigen haben, die ihn am wenigsten fürchten und deshalb wagen, spirituell zu vertrauen, vor allem sich selbst zu vertrauen und auf dieser Basis auch dem jeweiligen Nächsten. Die Linke insbesondere sollte sich einen ganz bestimmten Aspekt des Leninschen Scheiterns vergegenwärtigen: Es ist nichts Gutes herausgekommen bei dem Satz »Vertrauen ist gut, Kontrolle ist besser«. Der Volksmund weiß seit ewig um das Phänomen der Resonanz: Wie man in den Wald hineinruft, so schallt es heraus. Auf welche Seelenkräfte wollen wir bauen?!

Idee einer Rettungsregierung

Nun können wir auf dem langen Wege eine Menge Kommunen und andere kleine Lebenskreise schaffen, und es gibt wahrscheinlich keinen besseren, um positiv die Grundlagen einer neuen Kultur zu schaffen. Wir können auch etwas schneller vorankommen als damals beim »Übergang von der Sklaverei zum Feudalismus« im spätantiken Italien. Offenbar werden wir dennoch zu spät kommen, wenn sonst nichts passiert und wir darauf warten, bis die Bevölkerungsmehrheit von sich aus zu einer überlebensfähigen Ordnung übergeht. Wir können fordern, welche Demokratie wir wollen: liberale, sozialistische, Basis- oder Rätedemokratie – die Subjekte, die sich damit retten und gar befreien sollen, stecken viel zu tief in den Gewohnheiten und Vorurteilen, die in der Logik der Selbstausrottung liegen.

So befinden wir uns mit unserer Kritik am Staat in einer überaus paradoxen Situation. Steckt nicht schon in seiner bloßen Existenz von vornherein das Grundübel der Machtlogik? Ist nicht Politik als machtbezogenes, staatsbezogenes Verhalten, das ja auch seinen Menschen absorbiert, die Endursache des Übels, mindestens einer seiner ältesten Aspekte? Kann es überhaupt ökologische *Politik*, Friedens*politik* geben? Vielleicht ist der früh von mir aufgenommene Spruch: »Seht den Zustand des Königreiches! Es ist geboten, daß Humanisten streitbar sind und auch reiten« (Heinrich Mann in seinem »Henri Quatre«) eine Falle? Ist es nicht ein Widerspruch in sich, von einer gewaltfreien Politik zu reden? Ja, es gibt den Unterschied zwischen gierigem und gelassenem Zugriff, zwischen eroberndem und beschützendem Machtimpuls. Es sind nicht alle Katzen grau, aber es sind alles Katzen, und zwar – darin natürlich liegt das Problem – gegenüber Mäusen.

Ist denn die Voraussetzung richtig, gehört sie denn zur impliziten ORDNUNG, *daß* es Staat, *daß* es ein Gewaltmonopol, also ein Institut des Krieges nach innen und außen geben *muß*? Wenn es unvermeidlich *war – ist* es unvermeidlich, muß es unvermeidlich *bleiben*? Falls es von der Komplexität großer Gesellschaften bedingt ist, vielleicht soll es keine großen Gesellschaften geben? Oder vielleicht haben wir nur noch nicht bewältigt, große Gesellschaften bloß zu verwalten? Vielleicht belegen Werden und Existenz des Staates nur eine (vorläufige?) Unzulänglichkeit, eine Un-ORDENTLICHKEIT der menschlichen Natur, des menschlichen Geistes?

Trotz alledem müssen wir jetzt, da überhaupt kein anderes Instrument absehbar ist, um die Todesspirale anzuhalten, mit dem Staat (nicht mit dem in der Megamaschine gegebenen, aber mit dem Prinzip staatlicher Ordnung) rechnen. Es gehört zur Realität der Situation, in die wir geraten sind, auch für den Ausgang. Dann ist das wichtigste Verantwortungsproblem des Politikers wie des politischen Menschen, sich vom Staat zu entidentifizieren, von der *Lust* am Staat, von der *Lust* am Machtpolitikmachen, am Katz- und Maus-Spielen mit anderen Menschen, an der Behandlung der Erde, der Pflanzen und Tiere als Einsatzmünzen in diesem Spiel. Was wir aus einer solchen Haltung, aus der gezielten Bemühung um sie in der Bundesrepublik als erstem Land der westlichen Metropolis brauchen, wenn wir überhaupt die Zeit und den Raum freihalten wollen, um eine andere Kultur zu bauen, das ist eine gute, starke und auch in ihrem Durchgreifen populäre Regierung, eine elterlich-liebevolle Regierung, die sich aktiv die Zustimmung für die notwendigen Maßnahmen organisiert.

Ich sage »Regierung«; ich hätte auch altmodisch, aber genauer von einem »Regiment« sprechen können. Denn gemeint ist nicht die Exekutive allein, gemeint sind mit »Regierung« die Institutionen der Rettung in ihrer Gesamtheit. Genauso nehme ich auch die Kanzler- bzw. in meinem Entwurf nachher eher die Präsidentenfunktion im Sinne einer allgemeinen Repräsentanz. Wer aus der Anderen Großen Koalition heraus für das Präsidial- bzw. Kanzleramt kandidiert, müßte auf dem Fernsehschirm erscheinen und etwa die folgende Erklärung abgeben:

Nach allen Informationen, die wir besitzen, haben wir nur zu wahrscheinlich mit einem weltweiten Zusammenbruch des Ökosystems zu rechnen, der noch zu Lebzeiten der jetzigen mittleren und jüngeren, nicht einmal erst der jüngsten Generation einsetzen wird. In unserem dichtbesiedelten Land wird er – wahrscheinlich an den Küsten und an den Flüssen beginnend – besonders dramatisch verlaufen. Der Versuch, sich dann noch aus dem Stand zu retten, wird in einen fürchterlichen Kampf aller gegen alle ausarten. Vielleicht können wir unser Militär einsetzen, um noch eine Weile die Ordnung aufrechtzuerhalten und vor allem die Versorgung von außen zu sichern. Gewiß ist insbesondere das letztere keineswegs, denn die Waffen verbreiten sich schnell. In zwanzig Jahren wird es sehr viel mehr Atomwaffenstaaten als heute geben und auch einen atomaren Terrorismus. Und wir wissen, wie anfällig unsere komplexen Infrastrukturen sind.

Wenn wir das alles nicht wollen, müssen wir der Gefahr *jetzt* begegnen, wo wir eine vielleicht gerade noch hinreichende Bremsstrecke haben.

466

Freilich kann niemand genau sagen, wie weit wir schon Unumkehrbares, Nichtwiedergutzumachendes angerichtet haben – es wird keine ausgestorbene Art wieder auferstehen. Aber einigen wir uns auf einen Plan, wie wir die endgültige Überlastung und damit den Kollaps der Biosphäre und der Atmosphäre verhindern können! Wenn wir unsere Vernunft zusammennehmen und unseren Egoismus zügeln, ist das möglich.

Der Hauptgedanke besteht darin, die Grundlast, mit der unsere Zivilisation auf die lebendige Erde drückt, um den Faktor von mindestens 10 zu 1 zu senken. Wir können sagen, das muß weltweit geschehen, das ist ein Problem aller industriell entwickelten Länder zusammen, die hier die Maßstäbe setzen, also auch gemeinsam handeln müßten. Richtig. Wir wissen aber von den Abrüstungsverhandlungen, daß so etwas auf dem Vorverhandlungswege nicht funktioniert. Es hilft nur etwas, was wir einseitige industrielle Abrüstung nennen mögen.

Die Bundesrepublik ist das Land, das mit der Rettungspolitik beginnen wird – in der Hoffnung, daß sukzessiv einige andere Länder Westeuropas und vielleicht sogar Japan mitziehen, daß möglicherweise auch einige Länder des Ostblocks und sogar einige Länder der Dritten Welt ihren Industrialisierungsprozeß bremsen und umlenken, aber ohne daß wir uns von deren Nachfolge abhängig machen. Die Risiken, die wir nach konventionellen Kriterien eingehen (Währungsverfall, Verluste gegenüber der Konkurrenz usw.), sind alle nicht ausschlaggebend. Wir werden sehen, was im einzelnen auf uns zukommt und dann jeweils Lösungen finden. Jedenfalls drückt die ökologische Krise nicht auf uns allein.

Was heißt »die Grundlast senken«? Seien wir uns klar: Sie ergibt sich aus der Zahl der Köpfe pro Einheit Erdoberfläche und aus der Höhe des Pro-Kopf-Anspruchs. Wenigstens bei unserem heute gewohnten Pro-Kopf-Anspruch ist die Bevölkerungszahl zu groß, und zwar gerade in den entwickelten Ländern, wo eben *ein* Mensch viel mehr Schaden macht als in den nach unseren Kriterien armen. Wir sind wohl alle der Meinung: Es gibt zu viele Menschen auf der Welt. Wir müssen aber bei uns anfangen: Es gibt zu viele Deutsche in Deutschland, besonders in Westdeutschland, das noch viel dichter besiedelt ist als die DDR. Unser Territorium hält unsere täglich durchschnittlich 150-160 verbrauchten Kilowattstunden pro Kopf nicht aus. Laßt uns also wenigstens den Geburtenrückgang akzeptieren; natürlich muß auch die vom Industriesystem der Metropolen verursachte moderne Völkerwanderung aufhören, die nur Probleme schafft und keine löst.

Und dann betrifft die Senkung der Grundlast unsere materiellen Grundbedürfnisse nach Nahrung, Kleidung, Wohnung, Bildung und Gesundheit sowie die Bedürfnisse nach (militärischer) Sicherheit (???), nach Mobilität und nach Kommunikation, auch die Bedürfnisse nach Genuß- und Entwicklungsmitteln. Infolge der Großorganisation, der Großtechnologie, den weltmarktbedingten Transporten und der sicherheitsfixierten Psychologie befriedigen wir sie uns mit ganz unverhältnismäßig hohem Aufwand. Wir »lösen« auch die deshalb auftretenden Probleme –

nicht zuletzt das des Umweltschutzes – mit immer neuen Zugriffen auf die nicht erneuerbaren Ressourcen des Planeten. Da aber dieses Vorgehen strukturbedingt, also in dem gegebenen zivilisatorischen Muster unlösbar ist, müssen wir die Struktur selbst grundlegend ändern.

Das wird gerade dann besonders klar, wenn wir uns ansehen, was alles wir abschaffen müssen – weil dann nämlich ohne tiefergehende Strukturveränderung nur ein schäbiger Torso der industriellen Megamaschine übrigbliebe, von dem nichts als Frustration ausginge. Was muß denn offensichtlich weg? Offensichtlich die Atomenergieerzeugung. Aber wir müssen auch den privaten Autoverkehr aufgeben, den Lastwagen- und Spezialfahrzeugverkehr weitgehend einstellen und die Flughäfen größtenteils schließen (selbstverständlich müssen auch die militärischen Räder stillstehen). Die chemische Massenproduktion, die Autoproduktion müssen wir weitestgehend zurückfahren, die Rüstungsindustrie ganz abschaffen. Unfälle mit dem Atom, der Chemie, der Technologie und Technik überhaupt wird es immer geben, von den zu spät erkannten Folgen »normaler« Massenproduktion (etwa in der Chemie und in der Landwirtschaft) zu schweigen. Also können wir uns diese unmenschlichen Maßstäbe einfach nicht mehr leisten. Es ist *keine* Lösung gut, bei der der Mensch nicht mehr versagen darf.

Welchen Weg können wir gehen, wenn so die industriellen Arbeitsplätze massenhaft aufgelassen werden und wir hauptsächlich mit den mineralischen, agrarischen und atmosphärischen Ressourcen auskommen müssen, die wir im eigenen Land noch vorfinden? Dann müssen wir uns zuerst daran erinnern, daß der Mensch nicht immer von der nährenden Erde und von den Werkzeugen seiner Arbeit getrennt war – getrennt nicht nur durch Entfernungen, sondern auch durch Eigentumsverhältnisse.

Trotz der dichten Besiedlung reicht das Land in der Bundesrepublik noch für unser aller Selbstversorgung aus biologischem Anbau, insbesondere dann, wenn wir das Fleischessen zurückschrauben. Also können wir uns mit unserer Hände Arbeit ernähren.

Für Werkzeuge, Gefäße, Speicher, Wohnungen reicht es kleinindustriell allemal, wenn wir unsere Grundversorgung wieder auf den Nahbereich zusammenziehen – sagen wir auf einen Transportradius von 25–30 Kilometern. Wenn wir unser Ingenium auf eine konviviale Technik vom Stamme »Small is beautiful« konzentrieren, kann das ein hochproduktives Werkzeugsystem werden, das uns nicht mehr als 4 Stunden täglich für die materielle Reproduktion abverlangt.

Es kommt auf die Bereitschaft zu so einer um die Kommune (lokal und als Lebensgemeinschaft) organisierten Existenzform an. Die Arbeitsteilung würde wesentlich von dort aus neu aufgebaut werden. Im Zentrum aber wird nicht Arbeiten, sondern Leben stehen, zwischenmenschlicher Verkehr einer hohen, liebevollen Kultur, wo die Werte des Seins über denen des Habens stehen.

Es kommt jetzt nicht darauf an, das alles zu genau auszumalen, etwa um mit schönen Bildern zu locken. Vielmehr müssen sich eine politische Kraft und ein politischer Wille formieren, damit der auf diese Weise vorgestellte Auftritt eines Kanzlerkandidaten überhaupt realistisch vorstellbar wird. Wenn das gegeben ist, werden viele Wege nach Rom führen, und die Mittel werden wir haben. Schließlich bleibt, wenn wir das Große Geschäft liquidieren und planmäßig dabei zu Werke gehen, eine erhebliche Konkursmasse übrig, die in den neuen Anfang investiert werden kann.

Ein wesentlicher Schritt wäre, jedem erwachsenen Mitglied der Gesellschaft und den Müttern zusätzlich für die Kinder ohne Rücksicht auf die Eigentumsverhältnisse am Boden oder gar auf dem EG-Agrarmarkt, von dem wir uns schnellstens verabschieden sollten, das Anrecht auf den Nießbrauch von 1000 m² landwirtschaftlicher Nutzfläche zuzusprechen (ob die dann gleich in Anspruch genommen werden oder nicht). Eine Nutzungsgebühr wäre staatlich festzulegen. Ein wirklicher Mehrheitswille kann die damit zusammenhängenden Gewohnheits- und Machtfragen lösen.

Ein anderer wesentlicher Schritt wäre, langfristige Kredite für den Start in ganzheitliche neue Lebenszusammenhänge bereitzustellen, die die Individuen dann zusammenlegen können, um sich eine Basis der Selfreliance, d. h. der kommunitären Selbstversorgung mit menschheitsweitem kulturellem Horizont, zu schaffen. Dann würde sich als erstes zeigen, daß der Engpaß gar nicht in den materiellen, sondern in den psychischen Ressourcen für so eine Umstellung liegt.

So geht es also jetzt in erster Linie darum, sich mit dem Gedanken kommunitären Zusammenrückens vertraut zu machen und allmählich nach anderen Menschen, Familien, Gruppen Ausschau zu halten, mit denen man/frau das Abenteuer eines anderen Lebens wagen würde. Je eher der Prozeß des Herantastens an engere Beziehungen zu einer größeren Zahl von Menschen beginnt, um so solider kann man hineinwachsen. Es sind natürlich viele Zwischenschritte möglich. Auch gibt es inzwischen zahlreiche Menschen im Lande – Individualisten einstweilen auch sie –, die mancherlei Erfahrung darin erworben haben, wie ein liebevolles Gruppenklima entsteht und wie Konflikte würdiger und effektiver, entwicklungsbegünstigender als bisher gelöst werden können. Solche Menschen müßten nur die Therapeuten- und Beraterrolle hinter sich lassen und voll mit einsteigen.

Diese ganze soziale Umgruppierung kann und soll nicht etwa von der Regierung, und wäre es die beste aller möglichen, bewerkstelligt werden. Die soll nur den rechtlichen Rahmen für die Transformation schaffen und Hilfen bereitstellen, vor allem aber, wie schon gesagt, gegen die Katastrophe, die von unserer bisherigen Zivilisation ausgeht, Zeit und Raum dafür freihalten. Die Veränderungen werden unbequem sein – am unbequemsten allerdings dann, wenn sie nur »das Schlimmste verhindern« und nicht zugleich einen neuen Anfang setzen sollen. Für so eine Regierung, so eine Kanzlerschaft zu votieren, das ist vergleichbar mit dem Akt, sich abends einen Wecker zu stellen, weil man am nächsten Morgen früher aufstehen will, als einem lieb sein wird, wenn er dann wirklich rasselt. Wer gute Gründe zum Frühaufstehen hat, wer früh aufstehen muß, wird sich den Wecker nicht nur einstellen, sondern wird ihm am nächsten Morgen auch gehorchen, wird der Versuchung widerstehen, ihn nur totzumachen und weiterzuschlafen.

Wir brauchen eine letzte Revision der Staatsidee, noch über die Marxsche Vision des Übergangs von der Herrschaft über Menschen zur Verwaltung von Sachen hinaus. Die allgemeine Emanzipation des Menschen wird nur dann zur Beendigung von Herrschaft führen, wenn sie auch eine allgemeine Emanzipation von der Selbstsucht, vom Habenmüssen wird. Damit aber rückt eine Praxis spiritueller Befreiung in den Mittelpunkt des sozialen Projekts. Politisch wird damit – der Substanz nach – erneut die Idee des Gottesstaates aktuell (so wenig damit gemeint ist, was üblicherweise darunter verstanden werden mag, wenn man Gott als Totempfahl oder als patriarchalen Götzen anstatt als eine Instanz des individuellen Menschen und des Ensembles menschlicher Wesen begreift).

Dem Augustinus war einst selbst dieser Gottesstaat noch nicht das Höchste, noch nicht das Christusreich, und später dem Joachim di Fiore war auch das Christusreich noch nicht genug, sondern Christus sollte sich noch auflösen in die Kommune erleuchteter Frauen und Männer, die alle gleich nahe zur Gottheit leben. So ist diese letzte Revision der Staatsidee eine Restitution: Wir müssen da etwas wiederherstellen, was zwar noch nicht verwirklicht, aber schon größer gedacht worden ist als jemals in der rationalistischen Moderne. Die war insofern ein Abfall, als sie in ihrem emanzipatorischen Fortschritt so vieles nicht aufgehoben hat, was niemals hätte ausgeblendet werden sollen.

Allerdings hat die Moderne dafür gesorgt, daß die Idee des Gottesstaates nun über die *politische* und *soziale* Autonomie des Individuums und deren institutionelle Garantie vermittelt werden muß. Gerade aus dieser Errungenschaft der bürgerlichen Ära erwuchs trotz all ihrer Problematik die Möglichkeit, das Staatsdilemma doch noch von innen aufzulösen. Der Gottesstaat ist danach nicht mehr derselbe, kann im Grunde gar nicht mehr in Totalitarismus zurückfallen, soweit die individuelle Autonomie wirklich konstituiert ist.

Wie weit ist sie konstituiert? Bisher brauchte der Mensch für sein unsicheres Ich ein ganzes Stützgerüst (von Riten und Sitten bis zu Moral und Recht), dem gegenüber er sich selbst in der Regel nicht als autonom gesetzt hatte. Dann begann er, sich davon zu emanzipieren, wurde antiautoritär, manchmal ohne den sozialen Notwendigkeiten geistig und emotional ihr Recht zu lassen, ohne sie hinlänglich nach innen zu nehmen und von dorther neu gelten zu lassen.

Jetzt hat uns unsere aufgeklärte, individualistische, anthropozentrische, soziozentrische Praxis mit der irdischen *Gesamtnatur* konfrontiert, von der wir *stärker abhängig* sind als unsere Vorfahren von der *bestimmten Nahnatur*, aus der sie schließlich aufbrechen konnten. Gerade *unsere* Vorfahren hatten diese Kriegs- und Wanderlösung gewählt – was liegt näher, als jetzt den Kosmos zu erobern, so lächerlich und lustfeindlich das auch ist? Statt dessen müssen wir uns, höher über demselben Punkt der Spirale, an dem unsere Vorfahren mit ihren Tabus gestanden haben, von der Gaia, der Erde und dem Kosmos her (so weit wir eben von all dem wissen) erneut eine unantastbare, heilige Ordnung geben, diesmal auf dem Niveau der Individuation. Pubertäre Projekte wie Sternenkrieg fallen dann von selber weg.

Es werden dann aber alle Urprobleme, die die Menschen jemals initiatisch zu lösen suchten, neu akut und aktuell. Denn der Mensch der nachindustriellen Ära muß so *sein*, daß er die natürliche Ordnung nicht mehr stört. Wir werden entweder platonische Wächter haben oder jeder unser eigener Hüter sein. Das Biedenkopfsche Entweder-Oder (Institutionen *oder* Menschen ändern) wird sich dahin auflösen müssen, daß wir institutionell einen *Einweihungsweg für alle* in die Kenntnisse und in die Geheimnisse der menschlichen Existenz, in ihre Möglichkeiten und Grenzen im planetaren Zusammenhang sichern.

In unserem Übergang aber stoßen wir immer wieder auf das Problem der Mittel, mit denen wir unserem weit aus dem Gleichgewicht geratenen sozialen Zustand abhelfen könnten: das Problem einer heilsamen Tyrannis. Nicht nur für den Staat, auch für die Wissenschaft wird gern gesagt, nur durch die Waffe, die die Wunde geschlagen hat, könne sie auch geheilt werden. Aber das Schwert wird nur antiseptisch sein, wenn es absolut selbstlos gehandhabt wird – und außerdem noch jenseits der zerstörerischen Methode, mit der wir den Menschen zu disziplinieren und die Natur zu befragen pflegen.

Es geht gar nicht um das Schwert, es geht um uns. Ein unbekannter Chinese schrieb vor mehr als 1500 Jahren diese Verse:

Ein Schwert, fünf Fuß lang, hab ich mir gekauft
und an den Mittelbalken hingehängt.
Oft streichle ich's und mit mehr Zärtlichkeit,
als ich je einem Mädchenleib geschenkt.[186]

So steht es mit unseren Kräften und Mächten. Sie sind von unserem Selbstschutzbedürfnis, unserm Narzißmus, unserem Stolz durchtränkt. Und wenn jemand sicher ist, der Samurai zu sein, der »nicht mehr ist«, wenn sein Schwert tanzt, so dürfen wir daran zweifeln. Im Ursprung hat nie ein Schwert getanzt.

Vielleicht kann eine *Gruppe* von Menschen den Abstand überwinden, der jeden »König der Endlichkeit«, und jede Königin auch, von der ursprünglichen Großen Ordnung trennt? Können wir unsere Reinheiten und Selbstlosigkeiten zusammenlegen und unsere Unreinheiten und Selbstsüchte nicht mittun machen, wenn wir zu handeln beschließen? Wie könnten wir uns so bewußt machen, daß wir uns gegenseitig durchsichtig sind im Göttlichen, Menschlichen und Allzumenschlichen? Wir können nicht zeitig genug danach fragen, wie schwach wir auch »realpolitisch« noch sein mögen, denn im Augenblick der Tat entscheidet dann, wer wir wirklich sind: Das prägt die neue Ordnung, die wir schaffen können. Deshalb eben ist die Subjektivität der Rettung auch politisch das erste.

Notstands- oder Rettungspolitik

Mit der gegebenen Verfassung des politischen Lebens, die für die Kämpfe auf der Diagonale des Verderbens gemacht ist – einschließlich sämtlicher Opposition bis hin zum antiimperialistisch oder ökologistisch motivierten Terror –, können wir der zivilisatorischen Krise grundsätzlich nicht begegnen. Sie ist von der Anlage her im Exterminismus befangen. Inzwischen haben wir es auch empirisch gesehen, daß die Konfrontation zwischen dem Staat der Megamaschine und der gegenkulturellen Protest- und Widerstandsminderheit nicht den Durchbruch bringt. Da drängen sich auf beiden Seiten immer wieder andere, alte Konfliktmotive in den Vordergrund, und die Wiederholung der Auseinandersetzungsrituale in den Medien schleift alsbald eher den Defaitismus als die Hoffnung ein. Gewiß bewegt sich noch vieles dazwischen, vermittelt manchmal selbst die genannten Pole dennoch ein Stück nach vorwärts, ich meine, in den beiderseits beteiligten Bewußtseinsstrukturen. Doch insgesamt zeigen diese Kämpfe das Problem, nicht die Lösung.

Indessen gehen wir weiter auf die Situation eines akuten ökologischen Notstands (à la Doris Lessings »Memoiren einer Überlebenden«) zu, der den Zusammenbruch der Weltstadt-Strukturen bedeuten und zunächst mit noch mehr Megamaschine bekämpft werden wird. Das Wesen dieser Situation wird die Knappheit aller Lebensgrundlagen sein. Auf die schrumpfende agrarische Basis wird es in vorletzter Minute einen chaotischen und mörderischen Ansturm geben. Physische Not ist oft der effektivste Lehrer, aber die wird zu spät einsetzen, als daß wir dann noch genug aus unseren Einsichten würden machen können.

An ihrer inneren Ungerechtigkeit ist die kapitalistische europäische Gesellschaftsordnung deshalb nicht zerbrochen, weil sie die durch ihre Weltherrschaft kompensieren konnte. Es gab immer Zuckerbrot neben der Peitsche. Folgt unser System weiter dieser Logik des Ausweichens in den Kolonialismus (die irgendwie alles umfaßt, wir kolonialisieren mit fast jeder unserer sozial anerkannten Aktivitäten), so mag sie auch noch eine Generation länger dem inneren Zusammenbruch entgehen, weil zwar die letzten Grenzen schon erreicht sind, aber noch nicht definitiv »zurückgeschlagen« haben.

Wir haben uns ökonomisch so organisiert, daß nur physische Grenzen die Akkumulation aufhalten können. Machen wir aber nicht eher Halt, bringen wir es dahin, daß die äußeren Peripherien zuerst zusammenbrechen, indem wir noch eine Weile unsere Übermacht benutzen, um alles abzuschieben und der Welt inzwischen noch unsere Patente (z. B. für die Sicherheit von Atomkraftwerken) verkaufen – dann wird es eine Katastrophe fürchterlichen Ausmaßes.

Selbstverständlich werden wir dann, ohne daß die westliche Demokratie viel mucksen wird, eine Notstandsregierung haben, weil es gar nicht anders geht, und die wird den Gesamtzustand auch bloß verschlimmern, indem sie die Menschen vermehrt zu Objekten macht. So eine Notstandsregierung, ganz ohne besonderes Zähneknirschen eingeführt wie hingenommen, wird der allerletzte Ausdruck unseres geistigen Versagens sein, uns jetzt, wo es noch möglich wäre, neue Institutionen zu geben, die der Herausforderung angemessen sind. Üblicherweise nennen sich Notstandsregierungen »Junta der nationalen Errettung« oder dergleichen, und bisher kommt es ausnahmsweise sogar vor, daß es mit einer solchen Junta noch einmal weitergeht, bis zum nächsten Krach. Diese Chance wird es aus dem akuten ökologischen Notstand heraus schwerlich geben.

Jetzt wäre noch eine Regierung möglich, die den Namen der Rettung rechtfertigen und nicht bloß nach dem Prinzip des Orwellschen Zwiedenkens für das Gegenteil mißbrauchen würde. Wir müssen es zuwege bringen, unsere Schubfacheinteilungen und unsere sie bestätigenden Vorurteile, die uns auf der Links-Rechts-Achse verorten, fallenzulassen und unser überschüssiges Bewußtsein, den Teil unseres Geistes, mit dem wir die Verantwortung tragen wollen, zu *einem* »Fürsten der ökologischen Wende« zu konstituieren. Darunter verstehe ich, daß auf allen Ebenen und in allen Bereichen des gegebenen Systems einflußreiche Menschen hervortreten oder Menschen Einfluß erlangen, die für die gleiche Veränderung eintreten: »den Kahn am Ufer zu vertäuen« und sich entscheiden, die dafür nötige Neuinstitutionalisierung zu leisten.

Die Repräsentanten des Status quo kommen sich fortgeschritten vor, wenn sie »nachdenklich« werden, ob man nicht auf die Bevölkerungsstimmung Rücksicht nehmen sollte. Und auch diejenigen, die es »eigentlich« kapiert haben, entschuldigen sich vor ihren Kollegen: Es gehe ihnen ja nur um die Stabilität, um das Beste des alten Ganzen, das vor Verfall bewahrt werden muß. Daß nur ja niemand den Verdacht schöpft, ein »nachdenklicher« Politiker könnte selbst und für sich selbst und über die Sache als solche beunruhigt sein – statt vornehmlich professionell wegen der politischen Kultur beim Polizeieinsatz.

Es wird kein Morgen geben, wenn wir bei regulären Institutionen bleiben, die nichts tun als den Bevölkerungsstimmungen widerwillig nachzugeben. Natürlich, wenn die Mehrheit wirklich eine ökologische Wenderegierung wollte, sie bekäme sie auch, in verhältnismäßig kurzer Zeit. Aber sie verhält sich wie weiland unser Goethe, der die Umwälzungen nicht wünschen mochte, die das Land – er sagte damals in eine Republik, wir müssen heute sagen – in einen Haufen Ökorepubliken verwandeln würden. Dennoch, ob die Menschen es von sich aus schon so bestimmt wissen bzw. wissen wollen, fordern wollen oder nicht – »die Politik« ist nur noch legitim, wenn sie das Nötige unternimmt, um die Logik der Selbstausrottung en bloc auszusetzen, d. h. die Megamaschine anzuhalten und Ersatz für ihre Versorgungsfunktionen zu schaffen.

Schleichend, mit der gewohnten anpasserischen Parteipolitikasterei reformerischer Zirkel, ist keine Rettungspolitik zu machen. Aus der ökologischen Krise kann die Gesellschaft nur heraus*geführt* werden. Die Kursänderung erfordert – so sehr das im Gegensatz zu der individualistischen Grundtendenz westlicher Emanzipationsideologie steht (die ihrerseits im Rahmen der europäischen Kosmologie gesehen und kritisiert werden muß) –, daß tatsächlich regiert wird. Dies wiederum setzt einen stärkeren Konsens voraus, als er mittels Parteienwahl herstellbar ist, d. h. eine ganz andere politische Kultur. Das Wort »Rettungsregierung« steht als Metapher für das ganze neue institutionelle System, das wir brauchen, nicht nur für die Exekutive; es ist kein Titel, der über Nacht einer Bundesregierung jetzigen Typs umgehängt werden könnte.

Jeder komplexe Organismus hat eine Führungsfunktion, wie auch immer sie eingeordnet sein und wahrgenommen werden mag. Unsere Gesellschaft hat in Wirklichkeit keine andere Führungsfunktion als die, die anonym von der Kapitallogik, vom Marktmechanismus, von den Reproduktionsbedürfnissen der Megamaschine praktiziert wird. Fragen wir nach der Führungsfunktion für die erforderliche geordnete Transformation, so ist sie unbesetzt. Das Volk ist inzwischen bereit, tiefgreifende ökologische Rettungsmaßnahmen zu akzeptieren, wenn sie mit legitimer Autorität vertreten werden. Es wird ihm aber nichts dergleichen vorgeschlagen, im Gegenteil, offizielle Mediokrität bedient weiterhin die Vorurteile, die die Massen schon selbst nicht mehr an sich mögen.

Was nun die linke und grüne Opposition betrifft, so sollten wir uns, ehe wir Sprüche wiederholen, die auf »keine Macht für niemand« hinauslaufen, erst einmal zugeben, daß wir schon die ganze Zeit gewisse gezielte ökodiktatorische Maßnahmen von den Matadoren der *alten* Ordnung verlangen, uns also trotz aller antiautoritären Ideologie auf den Staat angewiesen sehen. Protest und Widerstand sind doch in dieser Beziehung nichts anderes als der Versuch, den bestehenden Apparat unter Druck zu setzen. Haben wir nun eigentlich das Problem, daß die Regierung durchgreift oder daß sie nicht durchgreift? Falls sie – wie ja ziemlich offensichtlich ist – der ungeeignete Adressat ist, bedeutet unser Verhalten dann wirklich, wie es bei Brecht im »Lied vom Wasserrad« heißt, »daß wir keine andern Herren wollen, sondern keine«?

Oder ist es nicht vielmehr unausgesprochen tatsächlich so eine Rettungsregierung, jedenfalls eine reguläre soziale Macht, von der wir wünschen, daß sie gegen die Logik der Selbstausrottung, gegen ihre Triebkräfte, insbesondere gegen den verheerenden ökonomischen Mechanismus des Verderbens einschreitet? Die

Vorstellung, die Katastrophe ohne ein entsprechendes institutionelles System auf allen Ebenen des gesellschaftlichen Lebens aufhalten zu wollen, braucht gar nicht ernsthaft diskutiert zu werden. Die Wahl, die wir haben, ist nur, ob wir die Funktionsfähigkeit so eines Systems »von oben«, »von innen« oder »von außen«, durch oppositionellen Druck befördern wollen. Aber kann es überhaupt gehen mit einem widerwilligen Apparat? Muß es nicht dazu kommen, daß die Kräfte der Transformation das ganze institutionelle System durchdringen und erneuern, daß sie zuletzt die Positionen mit der Richtlinienkompetenz besetzen? Die Forderung der Etablierten, etwa Oskar Lafontaines an die Grünen, Verantwortung zu übernehmen, ist nur deshalb so grotesk, weil sie zur Verantwortung innerhalb des alten institutionellen Systems verführen soll, das der Bock als Gärtner ist.

Das Volk hätte von einer Rettungsregierung, was das bestehende Kräfteverhältnis im Lande betrifft, nichts zu fürchten. Es würde sich nichts zu seinen Ungunsten verschieben, wiewohl natürlich der ohnehin installierte Mechanismus der Lastenabwälzung nach unten nicht ohne weiteres aussetzen würde. Doch gerade nur für die monopolistischen »juristischen Subjekte«, die großen Wirtschaftskorporationen vor allem, würden die ökologisch motivierten Eingriffe dem Gewaltmonopol des Staates noch etwas hinzufügen. Sie würden den einzigen Punkt berühren, an dem das deutsche Großkapital, wenngleich erst sekundär, auch etwas gegen das Hitler-Regime gehabt hat und von wo aus es nach 1945 das Freiburger ORDO-Konzept zwar als Ideologie aufkommen, jedoch praktisch nicht zum Zuge kommen ließ: Stichwort »Dirigismus«, Einschränkung der Unternehmerfreiheit für Multis und andere Konzerne als – zumindest – »Hauptbetroffene«.

Sie werden »Haltet den Dieb!« schreien – die eigentlichen Quellen des Totalitarismus im Westen und bald auch schon im Osten *sind* ja die kapitalintensiven Großtechnologien der Produktion und der Datenverarbeitung, inzwischen auch der Großforschung. Wenn Eingriffe diese Mächte abbremsen oder auch nur behindern, werden sie unterm Strich sogar dem Schutz der individuellen Freiheitsspielräume dienen. Die Sache wird sich an konkreten Maßnahmen zur Einschränkung des Energieverbrauchs und Materialdurchsatzes, von Produktionsgrößenordnungen und

-sortimenten, von Emissionen und Müllmengen entscheiden. Schiller hat über Solons Schuldenerlaß im alten Athen geschrieben:

> Dieses Edikt war allerdings ein gewaltsamer Angriff auf das Eigentum, aber die höchste Not des Staats machte einen gewaltsamen Schritt notwendig. Er war unter zwei Übeln das kleinere, denn die Klasse des Volks, welche dadurch litt, war weit geringer als die, welche dadurch glücklich wurde.[187]

Allerdings ist das alte institutionelle System offensichtlich so sehr mit dem Exterminismus verheiratet, daß es sich in der Regel nicht einmal teilweise als Notbremse brauchen läßt. Es demonstriert immer neu, daß die Gesellschaft das Organ einer wirklichen ökologischen Wende braucht, für die es zwar weitgehend unabhängig von der Qualifikation und Energie seiner Funktionäre untauglich ist. Keine Regierung, die am jetzigen »Ort« des Staates konstituiert würde, könnte etwas anderes als die schlechte Notstandsregierung sein. Die bisher gegebene wird auch schon vor der äußersten Zuspitzung der ökologischen Krise aus vielerlei Gründen und Motiven immer mehr dazu werden.

Wir brauchen statt dessen ein Regiment, wie es die Juden hatten für den Auszug aus Ägypten. Wo dann die Probleme liegen, können wir uns am sinnfälligsten vergegenwärtigen in Schillers Aufsatz über die Sendung des Moses und in Thomas Manns Novelle »Das Gesetz«. Im Mittelpunkt steht bei Schiller die Frage, wie das historisch höhere Prinzip populär, um nicht zu sagen populistisch vermittelt werden kann, ohne daß dabei völlig der Geist entweicht, der neu ins Leben treten will. Thomas Mann schildert das *Moment* der Tyrannis, ohne das so eine soziale Re-Formation unvorstellbar ist – nämlich *solange* jenes Vermittlungsproblem existiert, *solange* eine dann stets unzulängliche und durch den Dünkel der »Erzieher« belastete religiös-politische Pädagogik schon durch ihr bloßes Auftreten anzeigt, daß der Geist noch nicht »über alle ausgegossen« ist, die mystische Demokratie also wenigstens noch ein Stück weit Utopie bleiben muß.

Indessen wäre es Unfug, die Polarität von Notstandsregierung am einen, Rettungsregierung am anderen Ende einer politischen Skala, auf der man sich die soziale Macht angesichts der ökologischen Krise vorstellen kann, als zeitloses Schema zu behandeln und dann normativ entscheiden zu wollen, was da vom Standpunkt eines demokratischen Individualismus »abzulehnen« sei. Das hieße in Wirklichkeit, das Verhalten in einer realen Situation von äußerster Determiniertheit als Geschmacksfrage zu traktieren und überdies genau dasjenige Moment zu übersehen, bei dem die Möglichkeit ansetzt, nach vorn aus der schlechten Alternative von Exterminismus oder Totalitarismus auszubrechen. Es wird genau *so weit* totalitär, ökodiktatorisch oder wie immer wir das nennen wollen, wie der/die einzelne nicht wenigstens den Versuch macht, sich aus eigener Einsicht auf die Höhe der geschichtlichen Herausforderung zu bringen. Wenn nicht alles falsch ist, was ich über die Logik der Selbstausrottung gesagt habe, dann genügt das menschliche Normalverhalten, genügt der durchschnittliche anthropologische Status quo, damit es aus ist oder jedenfalls in eine verheerendere Katastrophe mündet als *jede* bisherige Revolution und Konterrevolution der europäischen Geschichte.

Wer das erfaßt und dann von sich selbst verlangt, ein verantwortlicher Mensch zu sein, braucht keine repressive Regierung und wird auch nicht ihr Auftreten provozieren. Er wird Regierung mit demselben Stellenwert in seinen psychischen Haushalt aufnehmen wie die ernsthaften Vorsätze der Selbstentwicklung für das nächste Jahr, die *selektiv* auch repressiv sein, nämlich *bestimmte* alte schlechte Gewohnheiten unterdrücken werden. Dasselbe auf kollektiver, gesellschaftlicher Ebene zu leisten, ist immer die Funktion neuer, höherer Institutionen gewesen. Wenn dieser ihr eigentlicher Sinn in der Regel durch Verzerrungen überlagert war, die mächtiger waren als das ideal Gemeinte, wenn wir – nach Goethes orphischen Urworten – später immer »enger dran (waren) als wir am Anfang waren«, so lag das an dem geringen Entwicklungsgrad der allgemeinen Bewußtheit.

Autoritäre Repression kann erst einsetzen und wird in der oder jener Form unvermeidlich, wenn das soziale Bewußtseinsfeld in dem für die bisherige Entwicklung der Kultur so bezeichnenden antagonistischen Fortschritt, wo die Pioniere von heute immer die Ausbeuter von morgen sind, auseinanderreißt. Die Unterdrückung ist im Westen nur deshalb institutionell etwas in den Hintergrund getreten, weil die Disziplinierung der Mehrheit durch die »Sachzwänge« selbst besorgt wird. Gewännen wir ohne spirituellen Fortschritt nur einfach die Kontrolle über unsere Reproduktion zurück, käme damit auch die private Willkür wieder.

Es ist unwahrscheinlich, daß wir sei's bei der reinen Notstands-, sei's bei der reinen Rettungsregierung ankommen. Aber welchen Punkt dazwischen wir treffen, hängt davon ab, wie verantwortlich wir von uns aus zu leben bereit sind. Wir bekommen mehr denn je die Regierung, die wir verdienen. Stellen wir uns aktiv und bewußt auf eine Rettungsregierung ein, werden wir eine bessere verdienen als mit dem so oft unproduktiven, häufig sogar kontraproduktiven Kampf gegen eine Notstandsregierung, bei der wir wie gegenwärtig in puncto Volkszählung ohnehin bloß Epiphänomene abwehren – die Kontrollierbarkeit des Individuums wächst mit den neuesten Technologien sprunghaft an; die Volkszählungsfragebogen sind wahrlich harmlos dagegen. Wer den kulturellen Konsens mit der Megamaschine nicht aufkündigt, spielt bei solchem Widerstand nur mit sich selbst Verstecken.

Im günstigsten Falle bedeutet »Rettungsregierung« (ohne auch nur im entferntesten das Ganze des Transformationsprozesses abzudecken) *soviel* »dosierte Revolution von oben«, wie wir aus wohlerwogenem Interesse akzeptieren müssen. »Dosiert« meint vor allem die mögliche verfassungsmäßige Einbindung der regulären Gewalt sowie die genaue Begrenzung ihrer Einsatzfelder *durch* eine rechtzeitige Neuinstitutionalisierung. Wir können uns das als eine »Zweiteilung des Staates« denken, können einerseits jenen Bereich festlegen, für den die bisherige Verfassung gültig bleibt, andererseits einen »Staat im Staate« oder vielmehr einen »Staat über dem Staate« schaffen, der die institutionelle Schleuse in die neue Ordnung ist und übergreifende Vollmachten für die Erhaltungserfordernisse bekommt.

Rettungspolitik und Demokratie

Anfang 1985 trug ich auf einer Tagung der Katholischen Akademie in Stuttgart-Hohenheim die Grundzüge dieses Buches vor. Nach einem intensiven persönlichen Gespräch beim Abendessen sagte Günter Rohrmoser am nächsten Morgen in seinem Vortrag, den ich leider nicht mehr mit anhören konnte, meine Vorstellung von Fundamentalopposition und millionenfacher Umkehr in eine neue Ordnung hinein sei »völlig eindeutig auf die Überwindung des parlamentarisch-demokratischen Systems und der gesamten gesellschaftspolitischen Ordnung der Bundesrepublik ausgerichtet«.[188] Das ist korrekt, wenn es nicht als Haupt- und Selbstzweck dasteht. Ich verwerfe eine *Unordnung*, die den Fortgang der ökologischen Katastrophe verbürgt und konstitutiv ungeeignet ist, den Totalschaden von der Gesellschaft abzuwenden. Im übrigen gilt für Demokratie, was Goethes Alba für Freiheit sagt: Ein schönes Wort, wer's recht verstünde. Bisher verhindert unser parlamentarisch-demokratisches System zuverlässig, daß die wirklich lebenswichtigen Dinge überhaupt auf den Tisch kommen. Es ist ein ungeheures Ablenkungsmanöver von allem Wesentlichen. Was ihm ideal zugetraut wird, müßte erst noch kommen – dann aber jetzt!

Rohrmoser fuhr dann fort, für mich sei es »nicht erlaubt, angesichts der drohenden katastrophalen Herausforderung noch den Blick auf die Errungenschaften unserer eigenen Geschichte zu richten«, d. h. ich sei »gewillt, alles, einschließlich des Rechtsstaates und der parlamentarischen Demokratie, zur Disposition zu stellen, und zwar um der Rettung der Menschheit willen«. Nun, diese beiden Aussagen, die er hier durch »das heißt« verbunden hat, sind für mich nicht identisch. Ich bekenne mich zu der zweiten, indem ich hinzufüge: Zur Disposition stellen heißt nicht *an und für* sich ver- oder gar wegwerfen, sondern zunächst nicht mehr als enttabuisieren. Ich meine vor allem, *keine* Errungenschaft unserer Zivilisation darf jetzt das Vetorecht gegen lebensnotwendige Veränderungen haben, weil der Exterminismus eine Krankheit des *ganzen* sozialen Organismus ist; Demokratie und Geldwirtschaft hängen engstens zusammen; wer jetzt gar – wie es meistens geschieht, *bestimmte* Einrichtungen und nicht bloß das demokratische Prinzip um jeden Preis bewahrt sehen möchte und zur Begründung nichts als die Negativerfahrung der Nazizeit vorzubringen hat, blockiert einfach jegliche grundsätzliche institutionelle Veränderung und will das in der Regel auch. Das Prinzip des Rechtsstaates *kann* im Rahmen ganz anderer Verfassungen als der unseren gewahrt werden; außerdem ist auch in unserer Aufklärung wieder und wieder das Recht auf Revolution, d. h. auf vorübergehenden Rechtsbruch, um ein höheres Recht durchzusetzen, anerkannt worden.

Daß wir unsere Errungenschaften nicht mehr ansehen, nicht mehr würdigen sollten, meine ich gar nicht. Unsere Gesellschaft hat viel zu wenig Geschichtsbewußtsein, viel zu wenig Liebe für das einmal kulturell Geleistete. Leider verstehen wir nur unter dem Errungenen viel eher den toten Niederschlag als den lebendigen Geist und sein (im Blochschen Sinne) Unabgegoltenes, das erst noch heraus müßte.

Nun bestätigte aber Rohrmoser gleich im Anschluß an den zuvor zitierten Satz: »Wenn es wirklich ... um die jetzt fällige letzte Chance, um die radikale Umkehr geht, die die Menschheit vor der sonst unvermeidlichen Selbstauslöschung bewahrt, dann ist natürlich der Hinweis auf die Beachtung der Mehrheitsregeln, auf die Prinzipien des Rechtsstaates kein Argument mehr.« Warum immer diese unausgesprochene Identifizierung der Prinzipien mit *dieser* Verfassung, dieser Verfassungs*wirklichkeit?* Ich finde diese Abzähldemokratie, die nicht einen Schritt über das athenische Scherbengericht hinausgekommen ist, überaus armselig, ganz abgesehen davon, daß sie seit ihrer Erfindung und bis heute immer wieder als Demagokratie gekennzeichnet worden ist (z. B. von Robert von Ranke-Graves, der sich für eine wieder weiblich integrierte Kultur einsetzt und Demokratie als eine Veranstaltung aus patriarchalem Grundtext versteht).[189] Für die ökologische Wende brauchen wir *mehr und intensiveren* Konsens, als je einer für diese oder jene »Volkspartei« zustande kommen wird, und dafür eben einen anderen Mechanismus, ihn herbeizuführen, als den demagogischen Interessenstreit zwischen den Parteien auf dem unvertäuten Kahn.

Rohrmoser schloß, »wir müssen uns über die essentielle Spannung im klaren sein, die zwischen einer solchen innerweltlichen Apokalypse, ihrer Verkündigung und den Überlebenschancen der freiheitlichen Demokratie besteht«. Hier läßt er es einigermaßen unklar, ob er nun auch seinerseits wirklich die Realapokalypse konstatiert, die wir uns bereiten oder nicht. Man kann seinen Satz so gemeint finden, daß die Verkündigung der innerweltlichen

Apokalypse eine (meine) Ideologie und kein Tatbestand sei, von dem wir gemeinsam auszugehen hätten. Hier drückt sich Rohrmoser ebenso wie die linken Warner vor totalitären Lösungen, und er zieht sich auf einen denunziatorischen Unterton zurück. Seine Einleitung – denn es ist die Einleitung seines Vortrags – ist mindestens darauf angelegt, die politischen Nachkriegserrungenschaften der Bundesdeutschen, die noch nicht einmal ihre eigenen sind, atmosphärisch zur Vorbedingung einer Diskussion über die Menschheitskrise zu machen. Es ist klassisch das Verfahren indirekter Apologetik. Es wendet sich an den Spießbürger in jedem von uns, der das größte Risiko in Kauf nimmt, weil er das geringste Risiko scheut. Und Hitler wird, auch wenn er hinter dem Vorhang des ideologischen Kasperletheaters bleibt, als Vorwand benutzt, sich auch jetzt nicht gründlich den Gebrechen zu stellen, die damals schon eine tiefere und damit heilende Behandlung verlangt hätten.

Die »freiheitliche Demokratie« könnte es verdammt nötig haben, in der gegebenen beschränkten, korrumpierten und durch Ausbeutung der ganzen Welt kompromittierten Form zu sterben, damit das in ihr gemeinte Prinzip wiedergeboren werden kann, jenseits der kapitalistischen Gesellschaft, in der sie – Macpherson hat es besonders schön gezeigt – eine *Folge* der auf schrankenlose Aneignung gerichteten Marktlogik ist. Sie ist mindestens so verlarvt zur Welt gekommen wie mit der Russischen Revolution der Kommunismus. Sie ist ein Luxus der reichen herrschenden Völker, eine Frucht der metropolitanen Machtposition, die jenen vorhin charakterisierten imperialen Konsens ermöglicht – denn der nämlich trägt die freiheitliche Demokratie, der ist ihre Grundlage.

Die kulturelle Erneuerung, die das Wesen der Rettungsbewegung ist, wird einen neuen Schub der Individualisierung und Individuation bedeuten, wird so ein viel breiteres und solideres Fundament dafür schaffen, die Autonomie der Person auf den allgemeinen Willen, auf die Zielrichtung der sozialen Synthesis hin geltend zu machen. Statt der mechanistischen parlamentarischen Demokratie, die die Individualität auf den Charme einer Lottokugel reduziert, wird es einen neuen Modus der Konsensbildung aus dem Insgesamt unserer psychischen Kräfte geben, unter

Führung der Intuition, unter Integration der Rationalität. Die Indianer haben da für ihre kleinen Stämme mit ihren Medizinrädern etwas praktiziert, was uns jetzt eine sehr wesentliche Anregung für das Verfahren sein könnte, in dem sich der große Stamm der heutigen Menschheit über seinen Weg und sein Ziel verständigt und seine Konflikte sozial- und naturverträglich regelt. Man kann doch nicht ernstlich bei einem politischen System stehenbleiben wollen, bei dem der Wahlakt zum nationalen Parteienparlament alle vier Jahre als höchster Ausdruck meiner politischen Selbst- und Mitbestimmung gilt.

Ich will gern fortfahren, hin und wieder meine Stimme abzugeben, wenn wir indessen etwas Neues aufbauen, was ja vielleicht sogar der alten Einrichtung wieder etwas mehr Sinn verleiht. Es geht, was den institutionellen Aspekt betrifft, gar nicht um Abschaffungen, erst recht nicht in erster Linie. Es geht um diejenigen *Anschaffungen,* mit denen die Gesellschaft institutionell in die Lage versetzt wird, ihre höheren Bedürfnisse auszudrücken, das spirituelle, eigentlich menschliche Bewußtsein, das sich allenthalben ansammelt und das in unserem bloß die Selbstsucht institutionalisierenden System gar nicht zum Zuge kommen kann. Die Crux solcher konservativen Philosophen wie Rohrmoser, solcher konservativen Politiker wie Biedenkopf ist ihr im Grunde pessimistisches Menschenbild. Glaubten sie an die Möglichkeit einer anthropologischen Revolution, würde ihnen ein institutioneller Umbruch primär nicht mehr als bedrohliches Risiko, sondern als Rettungschance erscheinen. Es ist keineswegs verlangt oder auch nur erwünscht, das Risiko zu verdrängen. Wie wir uns dazu stellen, ob wir mit der Chance oder mit dem Risiko beginnen, das ist die Weiche.

Die Institutionen der Rettung

Was ich jetzt entwickeln will, meint Verfassungsänderung. Und doch ist das die unwesentliche formale Seite daran. Der ganze bisherige Text läuft darauf hinaus, daß die gegebene Verfassung prinzipiell inadäquat ist, um der Herausforderung der ökologischen Krise zu begegnen, und zwar von ihren Grundlagen her, die mit dem Exterminismus im Bunde sind. Macpherson hat in seiner Demokratietheorie gezeigt, daß der Marktmechanismus und die Herrschaft der Marktmoral *früher* als die entsprechenden Verfassungen etabliert wurden, daß sie also *Ableitungen* des Ökonomismus sind, der die moderne europäische Geschichte regiert. Das spricht ihnen heute das Urteil, und zwar das Urteil über ihre *Prinzipien*, die vom Besitzindividualismus geprägt sind.

Eine Verfassung, die dazu gemacht war, dem Kapital auch rechtlich freie Bahn für die schrankenlose Aneignung und Ausbeutung, für seine expansionistische Akkumulation zu garantieren, kann jetzt unmöglich als Gegenargument herhalten, wenn es um Maßnahmen geht, eben diesen ökonomischen Prozeß zu stoppen. Man wird sich nur lächerlich machen, wenn man dagegen den Vorwurf der Verfassungsfeindschaft aufwärmt. Ohnehin wird sich die Verfassung nur *mit*verändern. Das kann ganz legal geschehen und ist sogar bei Wahrung formeller Kontinuität möglich, wenn der Wille da ist. Wir können ja An-, Aus-, Um- und Überbauten vornehmen an einem Text, der als solcher so schlecht nicht ist. Methodisch gesehen also mag es mit Verfassungsreform abzumachen sein. Inhaltlich, funktionell wird es selbst dann eine Revolution, wenn der Text bleibt, wie er ist, und die institutionelle Gestalt des Staates nicht verändert wird. Allerdings wird neuer Wein den alten Schläuchen so zu schaffen machen, daß sie von selber platzen. Da wäre es besser, die konservativen, konservatorischen Juristen sorgten selbst für neue Schläuche.

So wie damals, als die bürgerliche Gesellschaft durchgesetzt wurde, das Recht *nach*zog, wird sich auch diesmal zunächst die neue soziale Notwendigkeit gegen die überholte Rechtsgestalt und trotz ihrer durchsetzen. Die entsprechende List der Vernunft wird sich von selbst einstellen. Mich interessieren hier, da es erst einmal um den Grundsatz geht, überhaupt keine rechtlichen und Verfahrensdetails. Mich interessiert an der Verfassung allein ihre tatsächliche Funktion in der Zeitenwende. Und da das ganze von ihr gedeckte System versagt, wird kein Gericht die Rechtsgrundlagen retten können, auf denen sie de facto beruht.

Der entscheidende Punkt ist die schon vom Ordoliberalismus, wenn auch verschämt, verlangte Unterordnung der Ökonomie unter eine Rechtssphäre, die *nicht* erst von der Ökonomie her konstituiert worden ist. Die Herren der Wirtschaft mögen über Dirigismus schreien, soviel sie wollen – wir brauchen Dirigismus, und zwar von ganz anderer Dimension als der kleinlichen interventionistischen, über die sie sich bisher schon immer beklagt haben. Die Gesellschaft muß der Wirtschaft – und nicht zu vergessen der Wissenschaft – ganze Felder der Expansion rigoros verlegen. Sie muß in allen Dingen der Investition, der Forschung, der Produktinnovation, des Weiterverkaufs »bewährter« Produkte die Beweislast umkehren. Nur wo der Verdacht auf Schädlichkeit widerlegt wird, kann grünes Licht gegeben oder gelassen werden.

Hier wird natürlich die Frage zentral, die Biedenkopf in seiner »Neuen Sicht der Dinge« am wenigsten beantwortet hat: Woher sollen die Kräfte kommen, die so etwas politisch durchsetzen können? Die Wirtschaft zu zügeln und ihr *effektiv* eine Rechtssphäre überordnen, kann nur eine Volksbewegung, die bis zur Volkserhebung geht. Die Entscheidung dürfte auf dem Felde fallen bzw. sich schließlich widerspiegeln, das als das gewerkschaftliche gilt: Es muß die Verteidigung der Arbeitsplätze aufgegeben werden, und zwar ganz grundsätzlich. Denn der *Investitionsprozeß*, um den es dem Wesen der Sache nach geht, ist durch die Interessen der »Arbeitnehmer« als der abhängigen zweiten industriellen Klasse politisch gedeckt. Das Kapital investiert in der sozialpolitischen Optik, in der Optik der metropolitanen inneren Stabilität gar nicht um der Profite willen, sondern um »Arbeit zu schaffen«. Der Prozeß kann also nicht anders laufen als über die Erfahrung der Lohnabhängigen, daß sie mit der Gesamtlogik der Kapitalakkumulation, mit dem Funktionieren der Konjunktur *noch mehr gekniffen* sind. Das heißt: Der selbstmörderische Charakter des *ganzen*Wirtschaftssystems, dessen mitgedrehter Teil sie sind, muß ihnen so zur unmittelbaren Erfahrung werden, wie es geschah, als der Bau der Startbahn West in Frankfurt die lebenslang angesparten Häuser der Rüsselsheimer Opelarbeiter zu entwerten drohte – von den ferneren Konsequenzen, von der eigentlichen Logik der Selbstausrottung immer noch zu schweigen.

Es muß also die Idee des Jobs, die Idee der lohnabhängigen Arbeit als des Zugangs zu den Lebensmitteln selber fallen, die Idee der industriellen Arbeiterklasse als solche. Wie Gustav Landauer schon am Anfang des Jahrhunderts gesagt hatte, aus dem Kapitalismus austreten heißt aus der Fabrik austreten. Das ganze System der doppelt freien Lohnarbeit muß weg. Die Menschen müssen mit der Erde und dem zu ihrer Bearbeitung gehörigen Werkzeug wiedervereinigt werden, d. h. die konkrete und direkte Verfügungsgewalt über ihre physische Reproduktion wiedergewinnen.

Diese Frage entscheidet sich nicht auf der Ebene der staatlichen und ökonomischen Zentralmächte, sondern in den Lebensentwürfen der »Betroffenen«. »Sklave, wer soll Dich befreien« – das meint heute diese von Gustav Landauer geforderte Entidentifizierung von der Arbeiter- und Angestelltenrolle. Davon hängt die Lösung der Bodenfrage ab. Sie wird gelöst werden, sobald sie gelöst werden muß, weil in der parasitären Großindustrie der Ofen ausgeht. Dem Massendruck, der dann entsteht, wird kein Besitz- und Spekulationsinteresse standhalten. Eine juristisch korrekte Lösung wird sich finden, Vorschläge z. B. »freiwirtschaftliche«, gibt es ja zur Genüge.

Am Boden und an materiellen Mitteln fehlt es keineswegs. Es fehlt an alternativen Lebensentwürfen. Ich habe einmal in einer linksgrünen Diskussionsveranstaltung in Bremen, als dort die Schließung einer Werft Tausende arbeitslos gemacht hatte, rhetorisch die Frage aufgeworfen, warum sich nicht 300 von den 3000 Betroffenen mit ihren Familien auf eine kommunitäre Lösung orientieren. Bremen liegt mitten im niedersächsischen Teil des idiotischen EG-Agrarmarkts. Warum nicht ungefähr einen halben Morgen pro Kopf herauskaufen, um dort nicht etwa »Bauern« zu werden (die gar keine mehr sind), sondern sich für ihre Grundversorgung auf eigene Füße zu stellen?

Woher die Mittel kommen sollen? Haben vielleicht wenigstens 20 von den gedachten 300 von den tatsächlichen 3000 Betroffen auch nur das Gedankenexperiment gemacht, einmal auf den Haufen zu schütten, was sie an Häuschen, Autos, Lebensversicherung, Sparkonten akkumuliert haben, was ihnen an Ablösung zukäme (noch ist die Bundesrepublik so reich, daß mit immerhin fünfstelligen Beträgen zu rechnen ist, wenn jemand auf solche Weise hinausfliegt), was sie an Arbeitslosengeld kassieren werden

– und was man bei entsprechendem Druck auf politische Stabilität dieser überaus wehleidigen Gesellschaft an Subventionen herausholen könnte, um den Boden – als die Hauptsache – auch wirklich in die Hand zu bekommen? Alles das zusammen würde nämlich für einen wesentlich großartigeren neuen Anfang reichen, als ihn die alternativen Aussteiger, oft auch sie mit Familien, auf sich nehmen (wenn ganze Betriebe dichtmachen, trifft es ja nicht die sozial Schwächsten, sondern vielmehr einen Teil der reichsten Unterklasse der Welt).

Es ist natürlich überhaupt nicht wahr – und nur das hatte ich auch mit der provokatorischen Überlegung beweisen wollen –, daß es an den materiellen Ressourcen scheitert. Ich weiß von keinem einzigen Entlassenen, der auch nur zaghaft für eine solche Idee geworben hätte. Und selbst die aufgeklärtesten, angegrüntesten Arbeitervertreter und -führer kamen nicht im Traum darauf, eine solche Frage aufzuwerfen oder sich gar an die Spitze eines solchen Projektes, eines solchen Bewußtseinswandels zu stellen. Nein, sie appellierten wie immer an die sozialdemokratischen Honoratioren, und vor lauter Angst bekam der rosa Vater des Bremer Stadtstaates bei der Wahl, die in die tiefste Talsohle fiel, noch ein paar Stimmen mehr als sonst: Schaff uns Subventionen, damit wir unsere Schiffe gegen die Arbeiter anderer, ärmerer Länder weiter auf den Weltmarkt drücken können, oder schaff uns andere, neue Arbeitsplätze, bitte nur notfalls auch für die Kriegsmarine hierzulande oder anderswo.

Ist es offensichtlich oder nicht, woran es hier fehlt? Daß eine Umstellung der Lebensperspektive von größter Tragweite ansteht? Daß es hier um die tiefenpsychischen und religiösen Untergründe der menschlichen Existenz geht? Die Betroffenen trauen im Ernstfall immer noch dem Kapital und dem Staat sehr viel mehr als sich selbst, ihrem Arbeitskollegen und ihrem Nachbarn. Ein bißchen Abwehrsolidarität mag ja noch drin sein, aber sich für den Rest des Lebens darauf verlassen, daß da ein paar Dutzend oder ein paar Hundert andere Menschen in ähnlicher Lage sich zusammenschließen und das ganze reguläre Sicherheitssystem *ersetzen* könnten, indem sie einen intakten Lebenskreis kooperativer Arbeit, gegenseitiger Hilfe und Unterstützung aufbauen – einfach undenkbar! Nur akute Not könnte das richten.

Oder eben eine langfristige, beispielgebende Arbeit, ein bei-
spielgebendes schönes Leben, um die Automatismen aufzuweichen und abzulösen, von denen sich die Mehrheit regieren läßt.
Beides zusammen ist das wahrscheinlichste. Ein massenhafter
Rückzug vom Markt, vom Weltmarkt, der Aufbau einer lokalen
Eigenwirtschaft für die Befriedigung der Grundbedürfnisse, zumindest ihres Löwenanteils, wird unausweichlich werden. Es
muß aber diese Idee intensiv in die Gesellschaft hineingetragen
werden. Gelingen kann die notwendige Neukonstituierung einer
ganzen Gesellschaft nur bei Erneuerung ihrer spirituellen Fundamente, nämlich durch existentielle Neuentscheidungen über den
eigenen Lebensentwurf, durch die Distanzierung von dem ganzen
Wertsystem der Haben-Haben-Konkurrenz, durch die Wiedergewinnung der psychophysischen Sensibilität und Offenheit dem
Leben gegenüber.

Jetzt greife ich erneut zurück auf das Schema der Abspaltung
vom Ursprung. Um uns institutionell instandzusetzen, die Herrschaft der Ökonomie über die Gesellschaft zu beenden (denn das
ist die Hauptfrage, soweit es darum geht, die Megamaschine zu
stoppen), müssen wir die ganz oben in der großen Ellipse angesie-
delten, dem lebendigen Geist extrem entfremdeten rechtlichen
und staatlichen Instanzen in den unteren kleinen Kreis zurückholen. Darauf hatte ich von vornherein orientiert, aber erst jetzt
wird klar, wie unerläßlich das ist. An dem neuen »Ort« müssen
wir die Institutionen von dem Geist der Umkehrbewegung her,
der sich am deutlichsten in der Unsichtbaren Kirche äußert, so
einordnen und ausgestalten, daß sie dem fundamentalen Umbau
der Zivilisation dienen und der Wirtschaft jegliches Vetorecht
gegen die Erfordernisse des natürlichen Gleichgewichts abschneiden können.

Es ist ausschlaggebend, daß sie *nicht* der Reproduktion der
gegebenen Infrastruktur, sondern ihrer nachhaltigen Veränderungen dienen. Also dürfen sie nicht von den faktischen Mächten
der Megamaschine abhängig sein, sondern müssen fern von ihr
konstituiert sein. Sie müssen geradezu dem Prinzip gehorchen
»Mein Reich ist nicht von dieser Welt«, sie müssen geistig »vor
den Toren des Imperiums« konzipiert sein und auch machtmäßig
dort verankert sein. Dann können sie nur getragen sein von einer

Volksbewegung, die das Imperium immer bewußter und in immer größeren Scharen verläßt.

Die neuen Institutionen werden der Megamaschine nicht etwa auf deren eigenem Felde gegenübergestellt, nicht etwa mit dem Ansinnen einer besseren, alternativen Lösung *ihrer* Probleme, kurzum nicht zugunsten ihrer Regeneration. Vielmehr drücken sie die im Auszug aus dem Industriesystem begriffenen Kräfte aus, formieren deren soziale Gestalt, die zur sozialen Gestalt der ganzen Zukunftsgesellschaft werden wird.

Die Perspektive ist ein von der Lokalität bis zur Weltebene übereinandergebautes System von Stammesräten. Ich habe gesagt, daß die Menschheit sich in »Stämmen zweiter Ordnung« organisieren und auch als ganze wie ein einziger Stamm sein wird. Die gewohnte kommunistische Räteidee litt an ihren »proletarischen« Eierschalen. Sie dachte von der Produktion her – bloß weil im Kapitalismus allerdings die Produktion (als Tätigkeit zur Selbstvermehrung des Kapitals) die maßgebliche Sphäre des sozialen Lebens ist und alle elementareren menschlichen Verhältnisse überdeterminiert.

Der Mensch – Mann und Frau – kann sich natürlich weder von Produzenten – noch von Kosumenten – noch von irgendwelchen anderen besonderen Interessen regieren lassen. Die Addition solcher verschiedenen Rätesysteme drückt nur aus, daß man die Abscheidung der verschiedenen Lebenssphären voneinander als selbstverständlich nimmt und nicht an die Wiedervereinigung des sozialen Lebensprozesses, also an die Reintegration der menschlichen als der individuellen Existenz glaubt. Die von unserer falschen Wissenschaftslogik forcierte verrückte Arbeitsteilung, die jegliche Sinneinheit im sozialen Lebensprozeß zerschlägt, muß korrigiert, weitgehend zurückgenommen werden, weil sie der menschlichen Natur und ihrer Würde, insbesondere ihrer kommunikativen Potenz, widerspricht.

Stammesräte sind ursprünglich »Ökologische Räte« gewesen, indem sie von vornherein vom *Großen* Stamm ausgingen, die gesamte Natur, auf die sich der Stamm bezog, in ihre Entscheidungsfindung nicht nur miteinbezogen, sondern auf ihr aufbauten. Sie hatten eine ganz erhebliche Kapazität, Mensch und Natur intuitiv im Gleichgewicht zu halten und so dem Gemeinwesen die »ewige« Perspektive zu sichern. Wir brauchen jetzt eine Weltregierung, die dieselbe Funktion erfüllt. Was wir zuerst haben können und in Deutschland zuerst schaffen müssen, das ist eine nationale Institution dieses Charakters, die, indem sie auf die Axiome eines Rettungsweges verpflichtet ist, zugleich jegliche nationalistische Beschränktheit vermeidet, d. h. davon ausgeht, daß die Interessen des eigenen Volkes grundsätzlich nicht im Gegensatz zu den Interessen anderer Völker befriedigt werden können.

Formell kann die Lösung – für den Übergang, Spätere werden weitersehen – etwa an die britische Konstruktion von Oberhaus und Unterhaus anknüpfen. Freilich ist das britische Oberhaus ein Residuum, ähnlich dem britischen Königshaus. Immerhin werden in diesen Residuen noch die dem Allgemeinwohl verpflichteten Prinzipien von Königtum und Aristokratie anerkannt. Was wir jetzt brauchen, ist eine Restitution dieser Prinzipien in vollem Ernste, und zwar in folgender inhaltlicher Neufassung:

Wir schaffen uns natürlich nicht ein »House of Lords«, sondern – um es mit einem sinnfälligen Wortspiel einzuführen – ein »House of The Lord«. Volkes Stimme sei Gottes Stimme, lautet ein alter Satz, der freilich kaum je gerechtfertigt wurde, weil das Volk dazu in geeigneter Weise verfaßt sein muß – schon in dem athenischen Scherbengericht haben sehr oft weder die Götter noch hat gar Gott gesprochen. Aber das Oberhaus einer Gesellschaft, die das ökologische Gleichgewicht wiedergewinnen will, muß Gottes Stimme, muß die Stimme der Gottheit sein (die heute nur angemessen ausgedrückt werden kann, wenn ein gewisses weibliches Übergewicht in der neuen Institution gesichert wird).

Da die Gottheit gleich der Natur ist, bedeutet dies: Es müssen in diesem Oberhaus alle Fragen, und seien sie von noch so besonderem Interesse, vom Standpunkt des gesamten irdischen Naturzusammenhangs (die kosmischen Einflüsse inclusive) behandelt werden. Es gibt in dieser Institution keinerlei Vertretung menschlicher, sozialer Sonderinteressen, sie können dort *nicht eigensüchtig*, sondern nur reflektiert zur Sprache gebracht werden. Das Oberhaus mag soziale Interessenvertreter hören, aber nicht in seinen Reihen haben. Mit anderen Worten: Die in diesen allgemeinen Rat des Volkes entsandten Delegierten sind gehalten, von ihren besonderen Interessen und den besonderen Interessen etwa ihres Territoriums oder ihres Arbeitsfeldes im gesellschaftlichen Alltag abzusehen. Das wird durch eine Praxis der Reinigung verbürgt, die im Mittelpunkt der gesetzgeberischen Arbeit steht.

Was aber besonders in diesem Oberhaus vertreten werden, wofür es also gewählte Delegierte geben muß, das sind die Interessen und Rechte all der natürlichen Fakultäten, die aus sich selbst heraus keine menschliche soziale Macht bilden können. In diesem Oberhaus müssen also, vertreten durch Anwälte, die sich rituell damit identifizieren, Erde, Wasser, Luft und Feuer, müssen Steine, Pflanzen und Tiere Sitz und Stimme haben. Die einzige menschliche Gruppe des eigenen Volkes, die auf diese Weise dort vertreten sein sollte, sind die Kinder. Darüber hinaus sollten ihm im Lande lebende Minderheiten anderer ethnischer Zugehörigkeit und Gäste (Zugewanderte, Immigranten, Asylanten) angehören. Gerade in Ländern mit imperialer Position kann so auch erreicht werden, daß die Stimme der abhängigen und mehr oder weniger ausgebeuteten übrigen Menschheit verbindlich gehört wird. Durch die Verpflichtung zum Konsens und durch das Vetorecht für jede vertretene Fakultät bekommen die fundamentalen, langfristigen und allgemeinen Interessen Vorfahrt im sozialen Entscheidungsprozeß.

Dieses Oberhaus wird das bisherige Parlament (etwa den Deutschen Bundestag) nicht ersetzen, sondern ihm gegenüber die rahmengebende höhere Institution sein, die dem sozialen Interessenkampf Maß und Grenzen setzt. Es wird die Themen von Volksbefragungen festlegen und die Alternativen formulieren, über die abgestimmt werden soll. Außerdem wird es die Kandidaten für eine Präsidentschaft bzw. für ein - beispielsweise siebenjährig wechselndes – Wahlkönigtum (wie ungefähr in Frankreich oder in den Vereinigten Staaten) vorschlagen, damit das ganze Volk dann wählen kann.

Der Präsident symbolisiert nicht den Staat im besonderen, sondern die ganze Gemeinschaft – diese nicht so sehr als »zivile bürgerliche Gesellschaft«, sondern als eines der Völker Gottes. Er beruft den Kanzler als den ersten Diener des allgemeinen Willens und vereidigt die von diesem unter Berücksichtigung des Parteienproporzes im Parlament zusammengestellte Regierung (partei-

und fraktionsverpflichtete Regierungen indessen gibt es nicht mehr).

Die Regierung hat – gegebenenfalls flankiert von der Verfassungsgerichtsbarkeit – die Aufgabe, den Willen der Parteien und Interessengruppen, die sich im Unterhaus ausdrückt, mit den Richtlinien abzustimmen und in Einklang zu bringen, die vom Oberhaus mit von anderen Instanzen unanfechtbarer Autorität gegeben werden.

Das Gemeinte wird vielleicht klarer, wenn wir uns vorstellen, wie wir zu einer solchen Verfassung kommen könnten, und wenn wir uns erinnern, daß sie nur aus der Rettungsbewegung hervorgehen, daß sie nur deren institutionelle Umsetzung sein kann. (Im bestehenden System kann übrigens die Institution des Bundespräsidenten – und zwar ermöglicht durch ihre faktische Machtlosigkeit – am ehesten im Vorgriff auf die künftige Praxis gehandhabt werden, wie sich etwa an Gustav Heinemann gezeigt hat und wie auch an der jetzigen Besetzung bemerkbar ist.) Aus der Bewegung heraus, vor allem aus ihrem Corpus als Unsichtbare Kirche, wird die Keimform eines späteren regulären Oberhauses geschaffen, nämlich ein Ökologischer Rat, der bereits wie eine solche Instanz auftritt und dadurch eine wachsende öffentliche Autorität erlangt. Dieser Ökologische Rat unterscheidet sich dadurch von den verschiedentlich vorgeschlagenen »Bürgerparlamenten«, daß er sich nicht als Organ der »zivilen« bürgerlichen Gesellschaft betrachtet, die ja auf dem Boden des imperialen Konsenses steht, sondern die Stimme der Gottheit hörbar zu machen sucht. Beispiel hierfür ist etwa das Große indianische Medizinrad (siehe etwa die Schilderung bei Schaer). Im Umgang damit Erfahrungen zu sammeln, wird uns an den Gestus und Modus einer menschheitlichen Räterepublik heranführen, die sich mittels solcher übereinandergebauter »Räder« lenken mag.

Der Ökologische Rat, der das Oberhaus vorwegnimmt und übt, ist vor allem eine spirituell-politische Instanz, die entlang der Axiome eines Rettungsweges Einfluß nimmt, indem sie sich an die Einsichtsfähigkeit des Menschen als »Bürger zweier Welten« wendet. Es sitzen dort Repräsentanten aller Traditionen, aller weltanschaulichen und politischen Lager zusammen, die sich aber nicht als deren Vertreter gegeneinander verstehen, sondern bereits all die kurz bezeichneten nichtmenschlichen und nichtmetropolitanen Interessen zum Ausdruck bringen und integrieren, die das künftige Oberhaus, das »Haus der Gottheit«, wahrnehmen soll. So wird der Ökologische Rat zum Bezugspunkt für alle auszugsbereiten Bewußtseinsanteile in der Bevölkerung und kann dem bisher noch zu diffusen Transformationsdruck einen bewußten, gerichteten Charakter verleihen. Vor allem kann er rückverstärken, was sich überall schon an ökologischer und spiritueller Bewußtheit meldet.

Die Unsichtbare Kirche (von der Kommunistischen Partei in den Ländern des realexistierenden Sozialismus gerade unterschieden durch ihre »Unsichtbarkeit«, die die Partei dort erst noch schrittweise herstellen muß) bleibt auch, wenn es zur Neuinstitutionalisierung kommt, das eigentliche Organ zur Artikulation und Interpretation der Gottheit. Sie wirkt, wie gesagt, nach dem Prinzip der »Stadt auf dem Berge« und des »Lichts auf dem Scheffel«, d. h. allein durch ihre Ausstrahlung, ihre spirituelle Autorität. Ihre konkrete Funktion, um auch das zu wiederholen, ist es, die ständige und möglichst hohe, differenzierte Bewußtheit über die allgemeinen Bedingungen und Notwendigkeiten unserer menschlichen Existenz, unserer gesamtnatürlichen Verantwortung und unseres weiteren Aufstiegs zur Freiheit, Wahrheit, Schönheit einzuüben und aufrechtzuerhalten.

Wille zur Macht – woher und wofür?

Eine Rettungsregierung kann nur wahr werden, kann, wenn sie zustande kommt, nur das auch sein, was sie sein soll, eine Institution mit heilender Wirkung, wenn sie aus einer Rettungsbewegung heraus geschaffen wird, wenn es eine daraufhin gereinigte, verantwortliche Subjektivität gibt. Die neuen und veränderten Institutionen, von denen ich gesprochen habe, sind nur insoweit ein ernsthaftes Projekt, als wir sie als Momente innerhalb unseres Bewußtseins entwickeln und bejahen. Wer sich von vornherein kritisch zu der Idee als solcher verhält, hat durchaus recht, die soziale Macht, eigentlich jede Art Regierung zu fürchten, trägt allerdings auch zu ihrem repressiven Charakter bei.

Alles Warnen vor Despotismus, all dieser Subjektivismus des »Keine Macht für niemand« setzt immer voraus, daß die Macht fremd und feindlich gegenüber und man selber potentiell subaltern ist, daß man selber keine Macht ist und keine Macht hat. Das ist aber nicht wahr. Es gibt nicht zuletzt auch deshalb besondere Machtformationen, weil wir uns selber nicht als voll verantwortliches Zoon Politikon (des Aristoteles Definition des Menschen als Politisches Tier) setzen. Warum zerfällt die Gesellschaft, sogar die Ideale eines Platon, in einen Philosophenkönig, in eine Kaste von Wächtern und in das gemeine Volk? Weil wir uns in solche Rollen auseinanderfallen *lassen* und nicht wirklich beanspruchen, *auch* »Wächter«, *auch* »König« zu sein. Dann nämlich entfielen diese Rollen, es käme nicht zu deren Vergegenständlichung und Fetischisierung.

Die Mentalität der westlichen Linken, die aus Prinzip in einem negativen Bezug zu Autorität verharrt, in einem pubertären Neinsagen zum Vater, bis die eigenen Haare weiß geworden sind, hält jetzt der Kritik durch die Tatsachen nicht stand. Ja, in der verkehrten Welt der kapitalistischen Moderne wird Macht schon seit Hobbes und Co. als die Kapazität verstanden, andere Leute auszubeuten, über ihnen zu sein und sie zu überleben. Aber diese Perversion sprengt sich ja in der ökologischen Krise gerade eigenhändig in die Luft. So kann Macht wieder vornehmlich als kreatives Potential verstanden werden, als unsere eigene schöpferische Kraft, in der Entfaltung von Körper-Seele-Geist des Menschen erst einmal innerlich herausgearbeitet.

Es kommt darauf an, den Willen zur verantwortlichen Teilnahme an der sozialen Macht herauszubilden, den Entwurf der ökologischen Wende und ihre Institutionen schon in diesem Sinne zu entwickeln. Nur wer auch selbst für den Ökologischen Rat, für die Präsidentschaft und für die Kanzlerschaft kandidiert, wird der ganzen Wahrheit gerecht, die eben einschließt, daß die Gattung Mensch ihre soziale Sphäre vernünftig regulieren muß, weil sie sonst von dorther das natürliche Gleichgewicht umwirft und die Individualität vernichtet. Wir brauchten selbst dann eine Neuinstitutionalisierung, wenn es nicht ums Überleben ginge: die dem menschlichen Wesen auf seiner heutigen Stufe gemäße Große Ordnung.

Ich widme dieses Buch
dem Andenken von
Ulrike Meinhof,
die ich bewundert habe
und an deren Selbstmord
ich nicht glaube.

Ihre zwischen Liebe und Haß
hin- und hergerissene Seele
ist in anderer Gestalt
an meiner Seite gewesen,
während ich schrieb.

Woran ich glaube, ist:
Sie hätte heute
in diesem Geiste
schreiben können,
wenn sie noch lebte –
und freigekommen wäre.

Wer gar nicht erst
zu wissen wagt,
das Ganze ist das Falsche,
kann nicht einen Blick lang
mit ihr rechten.

Überwindet die Mauern!

V. Anhang

1. Anmerkungen

[1] Bahro 1977/1.
[2] in einer gesonderten Zusammenfassung, Bahro 1977/2, S. 49.
[3] Ich halte mich hier an die Einleitung von Jonas Cohn zu Toynbees *Gang der Weltgeschichte*.
[4] Bahro 1982, S. 91 ff.
[5] Pascal, S. 36.
[6] Goethe in: *Westöstlicher Diwan*, Buch Suleika.
[7] Goethe im letzten Akt von *Faust II*.
[8] E. P. Thompson, 1980.
[9] MEW Band 32, S. 32 f.
[10] MEW Band 4, S. 466.
[11] in der Zeitschrift Ökologie Nr. 26/1984. Seine Aussagen korrespondieren mit den Hinweisen auf die strukturelle Zerstörung des Bodens und deren weitreichende Folgen, die Gernot Graefe in seinem Aufsatz »Die fehlenden Bindeglieder zwischen Pflanzenwurzeln und Kolloiden im Boden« gibt – Manuskript nachzufragen in der Forschungsstelle für Bioenergie der Österreichischen Akademie der Wissenschaften, Donnerskirchen, Burgenland.
[12] Die Skizze stammt aus einem mir nur fotokopiert vorliegenden unveröffentlichten Manuskript Galtungs.
[13] Siehe hierzu freilich Marshall Sahlin's Buch *Stone Age Economics*.
[14] in seinem Buch *Der Mythos der Maschine*.
[15] Dort haben sie die Goldgelben ja gegenüber, und jetzt gibt es von William Irwin Thompson, der das schöne Buch vom *Fall in die Zeit* geschrieben hat, ein anderes, *Pazifische Herausforderung*, mit dem er voll in diesem Windkanal steht; er muß einiges aus seinem vorigen Werk vergessen haben, um nun anzunehmen, es könnte mit der nächsten, pazifischen Runde besser ausgehen als mit der vorigen atlantischen, wenn sich nur ein paar Denkstrukturen ändern, während es technologisch genau in der bisherigen Entwicklungsrichtung weitergeht.
[16] in *Hundert Gedichte*.
[17] in seinem zweiten Buch *Das irdische Gleichgewicht* (1982).
[18] Bahro, London 1984.
[19] Ich beziehe mich auf Späths Buch *Wende in die Zukunft*.
[20] ebenda, S. 13.
[21] ebenda, S. 12.
[22] im SPIEGEL 6/1986.
[23] Späth, S. 151.
[24] Illich, S. 175 ff.
[25] in einem Interview mit der »Wirtschaftswoche« vom 10. 1. 1986.
[26] Biedenkopf, S. 43.
[27] ebenda, S. 45.
[28] Die Schlüsselpassage hierzu zeigt überhaupt die Richtung, in der Biedenkopfs

Utopie liegt, und sie macht offensichtlich, daß ihm die Begrenzungsidee auch ein inneres Bedürfnis sein muß:

Emanzipation heißt damit die Wiedergewinnung der *natürlichen* Rolle der Frau. Aber nicht »natürlich« im Sinne vorgeprägter »Natürlichkeit« durch überholte Denkweisen; sondern als ordnende Kraft der Gesellschaft, vor allem der kleinen Lebenskreise. Die Zeit des Zweifelns, Fragens und Messens, die Zeit der Konfrontation von Geist und Materie, die Zeit, in der sich der Mensch die Natur unterwarf, war eher männlichen Eigenschaften gemäß. Die Zeit der Erneuerung der Zusammenhänge des Ganzen, die Wiederentdeckung der organischen Einheit der Natur, der Dezentralisation des Lebens in kleinen Lebenskreisen, die Zeit des dynamischen Gleichgewichts unter den Menschen und zwischen Mensch und Natur und die Zeit der Wiederentdeckung der Familie und der Hauswirtschaft als Ort der Identität des Menschen wird eher den Eigenschaften der Frau zugänglich sein. Sie kann Natur und Menschsein eher miteinander verbinden. Für sie ist die von den bisherigen exakten Wissenschaften so gesehene emotionale Natürlichkeit des Menschen nicht irrational, weil nicht meßbar und »objektivierbar«, sondern vernünftig . . . Es wird ein neues Verstehen geben zwischen den Vertretern des »Rationalen« und den Frauen, die uns auf politisch relevante Weise das »Emotionale« und den Zugang zu den natürlichen Ordnungselementen menschlicher Gesellschaft wieder entdecken (S. 50 seines Buches).

Es kommt dann allerdings entscheidend auf die »kleinen Lebenskreise« an, nämlich auf deren Gewicht im gesellschaftlichen Zusammenhang, ihre reale Ausstattung mit Macht, d. h. Verfügungsfreiheit über den Löwenanteil der Mittel zu ihrer Reproduktion, nicht zuletzt über die jetzt so ausschließlich dem technokratischen Prinzip unterworfene Kindererziehung und -bildung. Damit die Frauen das ganze kulturelle Klima so beeinflussen können, müßten diese kleinen Lebenskreise zu den Grundeinheiten werden, von denen her das soziale Ganze, und zwar bis zum Weltmaßstab, stärker bestimmt wird als von allen übrigen sozialen Mächten. Es bedürfte umgekehrter Abhängigkeiten. Keine »höhere Ebene«, keine spezialisierte Institution oder Tätigkeit dürfte mehr der Verantwortung vor dem Menschlichen und Natürlichen enthoben sein. »Freiheit der Wissenschaft« und »freie Marktwirtschaft« müßten dann ihre mephistophelischen Hahnenfedern lassen, da sie sich notorisch kolonialistisch zu dieser Lebenswelt verhalten.

[29] Biedenkopf, S. 46.
[30] Hübner, S. 364 f.
[31] Galilei in dem gleichnamigen Stück von Bertolt Brecht.
[32] Biedenkopf, S. 436.
[33] Biedenkopf selbst erwähnt den Physiker und Ökonomen Georgescu-Roegen, dessen jenseits von Marx und Keynes angesiedeltes Lebenswerk um den Nachweis kreist, daß die menschliche Produktion grundsätzlich und unvermeidlich in die Naturgrundlage unserer Existenz einschneidet und je nach Umfang und Charakter unsere Gattungslebenszeit auf dem blauen Planeten mehr oder weniger verkürzt.

[34] im SPIEGEL 44/1985.

[35] Gerhard Mensch, S. 266 f.

[36] Biedenkopf, S. 201 ff.

[37] Auch Biedenkopfs Lehrer Eucken muß sich aus anderen Dimensionen als denen seiner nationalökonomischen Theorie für die »soziale Marktwirtschaft« entschieden haben. Warum etwa hat er sich *für* eine Struktur ausgesprochen, die auf Höchstprofit, in seiner verallgemeinernden Terminologie auf »höchstmöglichen Reingewinn« gerichtet ist, und auf ständige Steigerung des Verbrauchs ausgeht? Schließlich berichtet er (S. 221 seines Hauptwerkes) von den Christen der Spätantike, die »nunmehr nicht unbegrenzt erwerben, sondern nur ein gleichbleibendes, bescheidenes Niveau an Bedürfnissen befriedigen (wollten), um für den Gottesdienst Zeit zu gewinnen und sich für die civitas Dei vorzubereiten (. . .). Verbunden war damit, daß nicht mehr die ›höchstmögliche Reineinnahme‹ wirtschaftlich erzielt werden sollte, sondern die ›bestmögliche Güterversorgung‹ (. . .)«. Was für ein Unterschied im Menschenbild! Das war keine Wirtschaftsgesellschaft! Und warum sollte unter *solchen* Auspizien der Markt zum Wachstum gezwungen haben? Die Leute werden kaum konkurriert und einander stets mit denselben Gütern versorgt haben. Die Expansion kommt wirklich nicht vom Tausch, vom Markt als solchem, sondern vom Habenmüssen.

Sind nun die beiden Ordnungen, die »christliche« von heute und die christliche von damals, vor der Idee des ORDO gleich? Könnte es nicht sein, daß wir mit dem Streben nach dem »höchstmöglichen Reingewinn« vor Gott-Natur *prinzipiell* gar nicht bestehen *können*? Nach Christus jedenfalls gehört zum ORDO: »Ihr könnt nicht zweien Herren dienen, Gott und dem Mammon.« Auch: »Ihr sollt Euch nicht Schätze sammeln auf Erden, denn wo Euer Schatz ist, da ist auch Euer Herz.« Und das galt schon *vor* der ökologischen Krise.

[38] Laudse, *Daudedsching*, 18. Spruch.

[39] Laotse, S. 16.

[40] Kaltenmark, S. 91.

[41] in seiner ökologistischen Ethik (1979, S. 7 f).

[42] Rilke, Erster Band: *Gedichte*, S. 194.

[43] Biedenkopf, S. 47.

[44] ebenda, S. 48.

[45] ebenda, S. 191.

[46] ebenda, S. 107.

[47] Metz, S. 34.

[48] Eccles, S. 157–194.

[49] Materialismus versus Idealismus ist ein höchst bedingtes (durch die abstraktionistische Phase der Verstandesentwicklung bedingtes) Schlachtfeld. Marxens materialistische Geschichtsauffassung hat sich besonders gegen das unbewußt ego- bzw. interessenbefangene subjektivistische Überschnappen der Psyche gewandt. Vom Menschen her gesehen, dessen »Kopflastigkeit« eben grundlegender gegeben ist als das damit verbundene Risiko, ist es gewiß sinnvoller, die Einheit der Welt in ihrer Spiritualität zu sehen, d. h. den kybernetischen, den

Intelligenzaspekt des Universums hervorzuheben. Auch für Marx ging der Weltveränderung Bewußtseinsveränderung voraus; und wie konnte Lenin trotz seiner Tendenz zum Rückfall in eine dualistische und mechanistische Weltsicht ausgerechnet »Bewußtheit versus Spontaneität« (letztere alias Trägheit, strukturkonservatives Verharren des Geistes) zum Angelpunkt machen, sobald es darum ging, die Partei als Instrument der Intervention zu formieren?!

Die materialistische Geschichtsauffassung ist eine Teilwahrheit, und sie ist vor allem dadurch in sich selbst beschränkt, daß sie den *Menschen* in seiner Einheit von Körper-Seele-Geist nicht als den tektonisch gewichtigsten, »materiellsten« Faktor nimmt, der aller geschichtlichen Leistung zugrunde liegt. Setzt man den Akzent auf seine Entäußerungen – Produktivkräfte und Produktionsverhältnisse –, so unterwirft man das Bewußtsein den Trägheitsfaktoren. Es ist das Dilemma des Marxismus und ganz besonders seines Hineinschlüpfens in die Kapitallogik, diese Entfremdung ins Gemachte, die uns radikal verdummt, als das Grundlegende anzuerkennen und dann auf ihre Überwindung zu sinnen. So hat er es de facto nicht mal zum Luzifer gebracht. Die rebellische Attitüde war dazu bestimmt, in der »gewerkschaftlichen« Arbeiterbewegung zu versacken.

[50] Ken Wilber gibt im 14. Kapitel seiner *Halbzeit der Evolution* einen näheren Überblick über die Gestalten – von den psychischen Phänomenen im Schamanismus über die Göttinnen und Götter zur Göttin und zu Gott, schließlich über diese Personifikationen hinaus zur Gottheit als ewigdauerndem Weltengrund –, in denen uns dieser intuitive Ganzheitsbezug erlebbar wird, wenn wir unsere Sensibilität dafür nach innen wenden.

[51] Adorno/Benjamin, S. 39 f.

[52] Schiller in seinem *Lied von der Glocke.*

[53] Mumford 1977,S. 767.

[54] Eppler 1981, S. 119 f.

[55] Fromm 1985, S. 48 ff.

[56] ebenda, S. 54.

[57] Brecht »An die Nachgeborenen« in *Hundert Gedichte,* S. 307.

[58] »Mediatus« 4/1986, aus dem Starnberger Forschungsinstitut für Friedenspolitik.

[59] grüner basis-dienst Heft 4/1986, S. 3.

[60] Kürzlich bekam ich vom Autor, Ulrich Linse, ein Büchlein zur Geschichte der ökologischen Bewegungen in Deutschland geschenkt, in dem er sich per Zitat mit einem anderen »Realisten« trifft, dem scheingrünen Josef Huber. Bei Linse (1986, S. 8) steht, nach dem ersten Schock der Ökokrise »dauerte es einige Zeit, ehe (eben von Huber) das Selbstverständliche ausgesprochen wurde: ›Es gibt Alternativen in der Industriegesellschaft, aber keine zu ihr.‹«. Dabei ist Industrie*gesellschaft* schon verbal ein *vom Industrialismus bestimmtes, abhängiges* Gesellschaftssystem! So definieren wir uns gerade als industriell entfremdete Gesellschaft, die gar nicht mehr die Wahl hat, sich von der Herrschaft ihrer Energie- und Maschinensklaven zu emanzipieren. Von der Anthropologie und von der spirituellen Bestimmung des Menschen her wird überhaupt nicht erst gedacht, man bleibt intellektueller Funktionär der Megamaschine.

[61] In Mumfords Lebenswerk über die Megamaschine und über die Stadt ist wie in keinem vergleichbaren Text (denken wir etwa an die Kompilation »Global 2000«) der Stoff aufbereitet, mit dem wir es zu tun haben. Ich kann mir schlecht vorstellen, daß selbst ein Lothar Späth, zöge er sich acht Tage mit dem klassischen Buch vom »Mythos der Maschine« zurück, danach noch guten Mutes »Informationsgesellschaft« stiften könnte. Mumford beeindruckt nicht mit irgendwelchem akkumulierten Horror, sondern mit der Genesis und Struktur der modernen Industriegesellschaft, deren Selbstausrottungslogik er genau erforscht und auf den Menschen zurückführt. Ich kann und will mir nicht die Aufgabe stellen, Mumfords Werk, das für die Ökologiebewegung dieselbe Bedeutung hat wie einst die Leistung von Marx für die Arbeiterbewegung, zu resümieren. Aber es ist eine Grundlage, von der ich ausgehe und von der ich sicher bin, sie wird standhalten, auch wenn einzelne Schlüsse, die ich daran knüpfe, fragwürdig sein sollten. Wer das findet, möge den Mumfordschen Ansatz halt anders fortentwickeln.

[62] Fromm 1985, S. 152 f.

[63] Anders 1972, S. 35 ff.

[64] Ihr sowjetisches Seitenstück, an das uns Tschernobyl so eindringlich erinnert hat, ist, obwohl es nicht *unmittelbar* kapitalistisch betrieben wird, nur ein Nachbau, eine abhängige Variable. Die radioaktive Wolke belehrt uns über die Folgen des »Transfers«, der »Proliferation« (nicht bloß von Atomtechnik und -Know how, sondern unseres ganzen zivilisatorischen Modells). Wie ärgerlich, daß sie anderswo womöglich noch etwas naiver mit den Zündhölzern spielen.

Ob sie nun Blaupausen gekauft haben oder nicht, die Kernspaltung ist in Deutschland entdeckt, die Bombe Deutschlands wegen zuerst gebaut worden. Kaltblütig auf die japanische Zivilbevölkerung abgeworfen haben sie die Vereinigten Staaten, um Stalin über die Nachkriegsmachtverhältnisse zu unterrichten. Als Konsequenz des »*östlichen*« Industriesystems ist Tschernobyl ein faktisches Vexierbild. Der Kommunismus und die Russische Revolution selbst setzen den westlichen Kapitalismus, dessen mächtiges Industriesystem, voraus. D. h. der Systemunterschied ist hinsichtlich der ökologischen Krise von vornherein sekundär, so sehr er sie zusätzlich anheizt.

Es ist der seit Jahrhunderten von uns ausgesandte Impuls, aus dem sie jetzt überall in der Welt um den Verbrauch des Naturkapitals mit uns konkurrieren und, um aufzuholen, häufig noch massivere Schäden verursachen als wir. Die Bundesrepublik geht nicht so verheerend mit der Braunkohle um wie die DDR, die aber durch den »ökonomischen Wettbewerb« dazu getrieben wird. Der Smog in Norddeutschland ist auch insofern ein Bumerang. Wir haben gerade gehört, an unserem Sicherheitsstandard soll nun die Welt der Atomgemeinde genesen. Um so schlimmer, denn dann kann es ja weitergehen. Wir werden uns nicht beschweren dürfen, wenn demnächst z. B. ein französischer Atommeiler hochgeht.

[65] Mumford 1977, S. 313.

[66] Für die »monetaristischen« Grundlagen unseres zivilisatorischen Modells verweise ich auf den roten Faden, der sich durch die Werke von George Thomson

(Die ersten Philosophen), Alfred Sohn-Rethel *(Körperliche und geistige Arbeit u. a.)* sowie Rudolf Wolfgang Müller *(Geist und Geld)* zieht: Der erste Abschnitt des letztgenannten Buches gibt eine übersichtliche Rekonstruktion der Marxschen Geldtheorie, nützlich auch für jene, die sich damit auseinandersetzen und dabei nicht so unseriös sein wollen wie der Freiwirtschaftler Yoshito Otani (bestimmt kein echter Japaner).

[67] Lutzenberger bei einem Vortrag in der Findhorn-Community in Schottland im Oktober 1986.

[68] Mumford 1977, S. 524.

[69] ebenda, S. 315.

[70] ebenda, S. 316.

[71] Schmölders, S. 28 f.

[72] ebenda, S. 21 f.

[73] ebenda.

[74] In den Klöstern aller Hochkulturen hingegen war diese Grundsicherung dann schon wieder direkt gegeben oder mindestens kollektiv und institutionell verbürgt: Ein Mönch oder eine Nonne verhungern nicht, auch in einem Bettelorden nicht, im Gegenteil. Hier war also das Wagnis, »der Menschensohn hat nicht, wo er sein Haupt hinlege«, schon nicht mehr im Spiel.

[75] Das (heute) konservative Motiv der Selbstbehauptung und der Eigenverantwortung für die eigene Grundversorgung hat nach rückwärts sein Recht. Die Menschen müssen lernen, auf eigenen Beinen zu stehen, sich nicht in elterliche Arme irgendwelcher Art zurückfallen zu lassen. Nach vorwärts ist aber eine Konstruktion von Solidarität und Subsidiarität unhaltbar, die den Bedürftigen zum gedemütigten Bettler macht, der seine Mittellosigkeit beweisen muß. In einer hinreichend individualisierten Gesellschaft kann das Angebot einer Grundversorgung, eines »Bürger-« oder vielmehr »Menschenlohns« die geistige Evolution fördern, den Konformismus mildern. Es bleibt allerdings an den Sozialstaatsaspekt der Megamaschine gebunden und mit der Ungerechtigkeit im Weltmaßstab verknüpft.

[76] Rolland 1966, S. 19 f.

[77] Schubart, S. 205 und 269.

[78] Hier ist nicht der Rahmen, das umfassend darzustellen, ich will aber wenigstens die Autoren nennen, deren Arbeiten mir – zusammengesehen – die Wurzeln des Patriarchats erklärt haben, während sie gar nicht auf dieses Thema allein konzentriert waren, es andererseits nicht etwa en passant behandelten. In diesem Sinne verweise ich auf die Werke von Erich Neumann (dessen *Ursprungsgeschichte des Bewußtseins* mir den ersten Lichtblick bot), Jean Gebser, Julian Jaynes, William Irwin Thompson (er demonstrierte am Gilgamesch-Epos die heroische Psychologie nach dem Eintritt in die städtische Zivilisation und ihren Konflikt mit der weiblichen Kosmologie), Ken Wilber *(Halbzeit der Evolution)* und erneut Friedrich Heer, dessen Buch ich schon zitierte. Am außerordentlichsten aber fand ich Walter Schubarts Werk *Religion und Eros*, schon in den 30er Jahren geschrieben. Schubart ging der Differenz der weiblichen und männlichen Kosmologie auf den Grund, zeigte ihre Richtung zum Pol des Lebens bzw. des

Todes. Für ihn müssen Frau und Mann in ihrer Verschiedenheit jede(r) sich selbst finden, aber seine rettende Utopie ist die Vereinigung, letztlich das liebende Paar, und ich denke, was immer »androgyn« oder »transsexuell« darüber hinaus vorstellbar ist, wird sich als illusionär erweisen, solange das Urproblem der Geschlechter nicht zurückgeholt und neu gelöst ist. Obwohl Schubarts Buch in manchem Detail auch positionell ein wenig altmodisch ist, hat es mir wie kein anderes klar gemacht, wieviel *Flucht* vor der Frau und damit wieviel Nichtbewältigung jenes Urproblems in allen männlichen Kulturleistungen, nicht zuletzt in allen patriarchalen Hochreligionen liegt und daß an aller Spiritualität etwas Grundlegendes falsch ist, die den Eros nicht nur partiell sublimieren, sondern letztlich überwinden will.

Es sind lauter Männer, auf die ich mich hier berufe. Doch konzentriert sich die feministische Literatur, die ich las, viel mehr auf die Aufdeckung des Skandalons als auf die Erklärung des Patriarchats. Erst jüngst fand ich ein Buch, mit dessen Perspektive ich – unbeschadet der offenen Frage, ob das Christentum feministisch gerettet werden kann – inhaltlich und emotional sehr übereinstimme, Elga Sorges *Religion und Frau.*

[79] Schubart, S. 111 f.

[80] Rund um die Welt werden von den Produkten der Industriegesellschaft zuerst die Männer angezogen, korrumpiert, sei es durch Feuerwasser und Gewehr bei den nordamerikanischen Indianern, sei es durch Transistorradio oder Motorrad heute irgendwo in Lateinamerika, Asien oder Afrika. »Entwicklungshilfe« zerstört überall den eigentlichen, von den Frauen gehaltenen Lebensbereich, anstatt ihn zu stützen. Was heißt da »angepaßte Technologie«?! Die vom weißen Mann bestimmte Zivilisation gibt ihre Werte und Prioritäten weiter, macht den nichtweißen Mann zu ihrem Komplizen. Der weitet seinen Aktionsradius aus, wird kosmopolitisch. Er bekommt natürlich nicht genug, wird nur angefüttert. Erde, Leben, Frauen, Kinder werden weiter an den Rand gedrückt. Auch Richard von Weizsäcker hat das nach seiner Asienreise so gesehen, nur nicht den Schluß ziehen wollen, daß sich *hier* alles ändern muß, sonst gibt es auch *dort* kein Halten, und zuletzt wird uns der Bumerang, den wir ausgesandt haben, um so sicherer treffen.

[81] Damit korrespondiert Schubarts Einschätzung der »modernen Frauenemanzipation«: »Diese bedeutet eine Unterwerfung der Frau unter die männliche Weltbewertung. Die Emanzipierte versucht nicht die eigentümlich-weibliche Art gegen die männliche durchzusetzen (Demut gegen Hochmut, Schöpfertum gegen Kritik, Ganzheitsdrang gegen Teilungsmanie, organisches Empfinden gegen Mechanik). Sie geht vom (angeblichen) Vorrang der männlichen Werte aus und möchte der Frau lediglich den vollen Mitgenuß dieser Werte und die Teilnahme an ihrer Ausgestaltung sichern. Das ist kein Kampf um die Ebenbürtigkeit der Geschlechter, um die Gleichwertigkeit der männlichen und weiblichen Typik, sondern nur ein Kampf um die äußere Gleichberechtigung der Frau in einer männlichen Welt. Die Frauenemanzipation streitet für ein Nicht-Weibliches, und sie streitet überdies mit männlichen Waffen. In beiden gleicht sie dem antiken Amazonentum, diesem frühesten Verrat des matriarchalischen

Gedankens, daß Frauen wie Männer werden und wie Männer behandelt werden wollen, sprechen sie ihre Geringschätzung des eigentümlich Weiblichen aus. Insofern teilt die Emanzipierte der Neuzeit die Grundansicht des – christlichen Asketen.« (S. 260 f.).

[82] Schubart, S. 114.

[83] Koestler, S. 93.

[84] Wilber, *Halbzeit*, S. 182.

[85] Berman hat referiert, was hier in Europa seit dem 13. Jahrhundert vorgegangen ist. Er erinnert daran, daß J. B. Watson, der Begründer der Verhaltenspsychologie, aus der Distanz der Mutter zum Kind, aus einer rigiden Reinlichkeitsdressur geradezu ein Ideal gemacht hatte, weil das den Kindern die Eroberung der Welt ermögliche. Dazu müßten sie »so frei wie möglich von der Sensitivität für andere Leute« sein. Berman (S. 185) resümiert: Wir haben eine Charakterstruktur typisch werden lassen, »die sich entwickelte, um über den Weg der Beherrschung Liebe in einer lieblosen Welt zu gewinnen«, während doch Liebe und Herrschaft physiologisch nicht vereinbare Ziele sind.

[86] Das gilt sowohl im Positiven (für das ozeanische Gefühl, das sich auf die Geborgenheit im Mutterleib während der Schwangerschaft, und für das prometheische Gefühl, das sich auf die letztliche Befreiung aus dem Geburtskanal bezieht) als auch im Negativen (für die depressive Erfahrung, die daran anknüpft, was der Fötus erfährt, wenn biochemische Veränderungen und erste Kontraktionen den Geburtsvorgang ankündigen, während der Ausgang noch völlig verschlossen ist: ein feindliches und bedrohliches All; sowie für die Mischung von Schmerz, Lust und Kampf, die der Fötus, nun aktiv mitbeteiligt, beim Durchgang durch die Vagina in der eigentlichen Geburtsphase erlebt).

[87] Grof gibt u. a. auch Charakterstrukturen an (S. 347 ff.), für die die Methode nicht oder schlecht anwendbar ist, weil sie u. U. nur als »Einladung zu einer Fahrt in die Hölle« empfunden werden kann, gerade infolge von Nachwirkungen aus der ursprünglichen zweiten, der einleitenden Phase des Geburtsvorgangs.

[88] siehe dort S. 112 bis zum Schluß. Er konzentriert sich darin auf die individualpsychische Seite dieser Erscheinung, während mich hier die gattungsmäßige interessiert. Nicht nur individuell, auch kollektiv fungiert die Projektion als mächtiger Abwehrmechanismus gegen die Innenschau, bei der wir uns als beteiligt an allem Unheil der sozialen Welt und selber unheil erkennen würden.

[89] »Der Mensch«, S. 336.

[90] ebenda, S. 303.

[91] Yoga dagegen ist ein Weg inneren Handelns (in Indien ähnlich einseitig beschritten wie bei uns der andere – Reinhard Täube hat das in einer schönen Dissertation über »Innere Erfahrung und Gesellschaft« mit Nutzanwendung für uns herausgearbeitet), eine Praxis der Selbstveränderung, und – könnte man sagen – der »Psychosynthese«, der – wenn der Adept will – selbstbestimmten Integration.

[92] Bahro 1977/2, S. 16.

[93] Wilber geht in der *Halbzeit der Evolution* davon aus, daß wir zwei Wege haben, mit der Endlichkeit, Teilheit, Abgetrenntheit unserer sozialisierten Exi-

stenz vom All, vom Ganzen umzugehen. Wir können uns entweder auf die Wiedervereinigung mit dem »Atman« (wie er auf Indisch das All-Eine nennt, Laudse nennt es Dau) orientieren, d. h. zu erfahren, zu erleben suchen: Im Urgrund sind wir selber eins damit. Oder wir konzentrieren uns auf das »Atman-*Projekt*« als *Ersatz* dafür, auf die kompensatorische Jagd nach Bedeutsamkeit und Lebenskrücken. In dem letzteren seien wir größtenteils befangen, sogar bis in die egozentrische, gierige, genußsüchtige Spiritualität der *New-Age*-Mode hinein (die er S. 370 ff. der »Halbzeit« treffend kritisiert).

[94] Eckhart, *Meister Eckharts mystische Schriften*, herausgegeben von Gustav Landauer, S. 43.

[95] ebenda.

[96] Wilber, *Halbzeit*, S. 326 f.

[97] Mumford 1981, S. 216.

[98] Sève, *Marxismus und Theorie der Persönlichkeit*.

[99] Auch ich habe dies einmal für eine superbürokratische Perspektive gehalten, für eine Potenzierung des Ungeheuers Nationalstaat, dabei aber vergessen, daß die Machtkonkurrenz, der äußere Feind *Bedingung* des Despotismus nach innen ist. Bei einer Weltinnenpolitik entfällt diese Bedingung. Die Menschheit braucht ein Organ für ihre gemeinsamen Angelegenheiten, und als Weg dahin nicht zuletzt eine entschiedene Unterordnung der nationalen Souveränitäten. Denn der Interessenausgleich zwischen Nationalstaaten kann, wenn er der höchste Mechanismus ist, nur auf das Nullsummenspiel hinauslaufen, das den Namen UNO trägt und die Idee der Vereinten Nationen blamiert. Diese Idee kann nur zu ihrem Recht kommen, wenn institutionell dargestellt und verwirklicht wird, daß ein Ganzes mehr als die Summe seiner Teile ist. Als erstes dürfen die nationalen Delegierten gerade *keine* Vertreter der nationalen *Staaten* mehr sein, sondern Abgeordnete der *Menschen* eines Landes bzw. Volkes, einer Region bzw. Ethnie usf.

[100] Die Experten, die da miteinander in Wettstreit treten werden, um sich die Mittel fürs Weitermachen zu sichern, wissen schon überhaupt nicht, wissen jedenfalls noch weniger als die Politiker um den gesamtkulturellen Bezug, in dem sie »abschätzen« sollen. Ihre Fachkompetenz ergibt grundsätzlich keine soziale, geschweige denn eine naturgerechte Grundposition, sondern ist am Gegenpol dazu angesiedelt. Ein einziger Blick zurück auf die Geschichte der Physik in diesem Jahrhundert sollte lehren, daß deren grundlegende Entdeckungen nicht hätten gemacht werden dürfen, wäre es wirklich darum gegangen, ihren »Mißbrauch« (ein völlig verlogenes, apologetisches Schlagwort, denn die Atombombe und das Atomkraftwerk sind die denkbar legitimsten Kinder dieser Wissenschaft) auszuschließen. Die Wissenschaft ist eine durch unsere exterministische Gesamtkultur bedingte *Institutionalisierung* unseres Erkenntnisprozesses und kann so gar nicht anders als fortwährend mehr und größere Probleme zu schaffen als zu lösen. Der Mensch als Wissenschaftler (nicht gleich »Wissende(r)«) will die Wunden heilen, die er schlug, ohne die Position des Top-Parasiten aufzugeben. Der Wissenschaftler als Mensch könnte freilich dazu übergehen, die Folgen der Technologie nicht en detail, sondern im Ganzen

abzuschätzen. Dann würde er erkennen, daß der Mensch sich übernommen hat, als er nicht nur dazu überging, die Steuerung aus den Evolutionsgesetzen durch die Steuerung aus dem *subjektiven und interessenbefangenen* Geist zu ersetzen, sondern die damit unvermeidlich gegebene Störkapazität technisch und materiell auch noch um Zehnerpotenzen aufzustocken.

[101] Wenn – beispielsweise – die Aufsichtsräte, Vorstände, Topmanager und Betriebsräte der Chemiekonzerne nicht willens und nicht fähig sind, die allgemeinen Lebensinteressen über die Profitinteressen ihrer Wirtschaftseinheit zu stellen, indem sie Gefahrenpotentiale schon auf bloßen Verdacht zurücknehmen, und koste es die Massenproduktion als solche, dann muß ihnen rigoros diktiert werden. Und die Gesellschaft muß sich die entsprechenden institutionellen Werkzeuge schaffen, mag diesbezüglich über Ökodiktatur lamentieren wer da will. Die Wirtschaft *muß* gezähmt, *muß* untergeordnet werden, und die alternativen Softies, die sich in Stilkritik an einer »harten« Sprache üben wollen, die das Wörtchen »muß« noch kennt, mögen sich lieber fragen, vor welchen Notwendigkeiten sie selber kneifen, vor welchen sie selbst bewahrt werden möchten. Ihr wirklicher Tenor oder auch Sopran dürfte häufig, einmal mehr, lauten: »Hindert *uns* nicht daran, so zu leben, wie wir es gewohnt sind.«

Es ist eine ganz andere, berechtigte Frage, wie individualethisch und verfassungsmäßig gesichert werden kann, daß diese Eingriffserfordernisse nicht zur Pfründe privater Machtgelüste werden können. Die »Aufklärung nach innen«, die in der psychospirituellen Szene läuft und bereits in große Teile der aktiven Eliten hineinstrahlt, findet hierin einen Prüfstein. Daher kommt es sehr darauf an, innerhalb dieses Milieus soviel Kontrolle und Selbstkontrolle, Kritik und Selbstkritik aufrechtzuerhalten, daß Dompteurallüren und Seelenmanipulation nicht um sich greifen.

[102] Nehmen wir das Waldsterben. Diejenigen Ursachen, die ich, ohne das Waldsterben besonders zu erwähnen, im II. Teil generell behandelt habe, sind viel grundlegender als die naturwissenschaftlich ermittelbaren, wo die Forschungen viel zu langsam auf den simplen Schluß zulaufen, daß der Wald das Industriesystem in seinem derzeitigen Umfang einfach nicht aushalten kann. Und den Bäumen in der Zwischenzeit helfen können wir offenbar viel eher mit Methoden, die aufgrund einer anderen Weltsicht und -wahrnehmung intuitiv gefunden, angewandt und dabei erforscht werden, wie Maria Felsenreich in Österreich mit ihrer Initiative beweist, Wurzelschäden mit Gesteinsmehlen und Traubentresterkomposten zu heilen.

[103] Siehe hierzu Günther Anders in seinem nach wie vor aktuellen Buch von der *Antiquiertheit des Menschen.*

[104] Damit es sich hierbei um einen Befreiungsvorgang handelt, darf er nicht im Zeichen einer 5-vor-12-Panik vorangetrieben werden. Auf diesem Felde liegt die Versuchung nur allzu nahe, individuelle Wandlungen psychoterroristisch forcieren zu wollen. Es muß einen ethischen Kodex geben, der darauf verpflichtet, jeden noch so freundlich begründeten Versuch zu unterlassen, Menschen »zu ihrem Glück zu zwingen«, »Außenseiter« hereinzuzwingen usw. Wir müssen nicht um jeden Preis überleben. Wer da anders denkt und egoistisch ungeduldig

ist, eignet sich nicht zum Therapeuten bzw. spirituellen Lehrer. Canetti sieht mit gutem Grund in denen, die unbedingt überleben müssen, die für die Gattungszukunft gefährlichste Spezies. Das Überleben regiert nur den niedrigsten Schaltkreis der menschlichen Existenz (Robert Anton Wilson, *Der neue Prometheus*, anknüpfend an die Einblicke Timothy Learys), und die Fixierung darauf ist gerade der Grund, der uns in diesen exterministischen Typ von sicherheitsbesessener Akkumulation hineingetrieben hat. Überleben als Hauptlosung bedeutet Bürgerkrieg um Bunkerplätze und Lebensmittelreserven, Aussortieren der Schwachen und Kranken usw. Es ist diejenige Antwort auf die ökologische Krise, die mit der Logik der Selbstausrottung völlig konform geht.

[105] Thompson, *Der Fall in die Zeit*, S. 168 ff.

[106] Das sofortige Abschalten sämtlicher bundesdeutscher Atomkraftwerke war genau deshalb nicht möglich, weil diese Kupplung fehlt oder nicht betätigt wird. An sich *kann* ein Volk in so einem Fall sämtliche Juristereien und die Regreßansprüche der Megamaschine, ihrer Teilsubjekte, von den Richtertischen wischen. Das Prinzip der Rechtskontinuität muß punktuell durchbrochen werden können, wenn man nicht will, daß es demnächst im ganzen über Bord geht.

[107] Mumford 1981, S. 213 f.

[108] Orientieren kann man sich diesbezüglich u. a. an Wilber (*Halbzeit*, S. 50 f.), auch an Anand Margo Naslednikows *Tantra – Weg der Ekstase* (das Siebente Kapitel); geschlossen behandelt das Thema Sam Keen, und zwar auch auf politische Verhaltenskonsequenzen hin, in dem bereits erwähnten Buch über die sieben *Königreiche der Liebe*.

[109] Timothy Leary hat unter dem Titel *Spiel des Lebens* eine *Landkarte der Bewußtseinsevolution*, des Aufstiegs über eine *Stufenfolge von Gehirngebrauchsweisen*, vorgeschlagen (die in Robert Anton Wilsons Buch *Der neue Prometheus* noch weiter ausgeführt und popularisiert wird; leider bleiben die beiden einer scientistischen und technokratischen Perspektive verhaftet und möchten verschärft Herrgötter spielen, aber sie haben etwas »gesehen«). Leary zählt in Korrespondenz mit dem alten yogischen Wissen acht aufeinanderfolgende neurale Schaltkreise zu je drei, insgesamt also 24 Stufen. Er nennt das »neurologisches Tarot«, wobei sich Tarot auf jenes alte spirituelle Kartenspiel bezieht, das jetzt wieder viel benutzt wird. Natürlich geht es ihm nicht ums Kartenschlagen, sondern um die Grundlagen der Symbolsprache in den Tarottrümpfen, den sogenannten Großen Arcana.

Bei Leary korrespondieren mit den Tarotkarten, die die Evolutionsstufen des Bewußtseins (er spricht diesbezüglich auch von »Kasten«, in dem sozialstrukturellen Sinne) widerspiegeln, die Buchstaben des hebräischen Alphabets, die Tierkreiszeichen, die Titanen der griechischen Mythologie. Nicht zuletzt korrespondieren seine 8 Schaltkreise mit dem Mendelejewschen Periodensystem der Elemente, auch mit dem Do-re-mi-fa-so-la-ti-do der Oktave. Die 24 Tarotkarten selbst (er hat den überlieferten Kartensatz um 2 ergänzt) stehen wie gesagt für aufeinanderfolgende Stufen organismischer Informationsverarbeitung (siehe hierzu auch die beiden Bücher von Klix).

Es gibt auch, angedeutet über die Parallele zwischen den 7 + 1 Tönen der

Oktave und den 7 (+ 1) Chakras im Kundalini-Yoga, eine Querverbindung zu diesem sehr alten neurologischen Schulungssystem. Diesbezüglich ist es spannend, die zwei gleichfalls auf Stufenfolgen abhebenden Bücher von Sam Keen *Die Lust an der Liebe* und *Königreiche der Liebe. Die sieben Stufen der Ekstase,* die theoretischer sind als die Titel klingen, mit dem Konzept von Leary und Wilson in Beziehung zu setzen. Weitere Korrespondenzen bestehen zu Ken Wilbers Stufenfolge in der *Halbzeit der Evolution* und damit zurück zu Jean Gebsers Vorleistung, auf die sich Wilber stützt. Schließlich fügt sich auch der Aufbau von Lewis Mumfords *The Transformation of Man* (deutsch *Hoffnung oder Barbarei*) dazu und die Grundlagen des ganzen Problemkomplexes werden noch umfassender sichtbar durch Erich Neumanns *Ursprungsgeschichte des Bewußtseins* einerseits, Batesons *(Ökologie des Geistes)* und Bermans *(Wiederverzauberung der Welt)* lerntheoretische Analysen bzw. Darstellungen andererseits. Alle genannten Werke sind konvergent im Hinblick auf den notwendigen evolutionären Sprung.

[110] S. 104 ff. ihres Tantra-Buches.

[111] ebenda, S. 167.

[112] Sie so zu bezeichnen, darauf kommt Leary aus seiner bis zum dreifachen Schrei nach Challenger-Hardware gesteigerten Obsession für die Auswanderung ins Kosmische Schwarze Loch. Mit dieser Regression zahlt er offenbar für seinen Drogentrip, dem wir gleichwohl sein »neurologisches Tarot« zu danken haben.

[113] Novalis, S. 58.

[114] Mumford sagt direkt, auch im Hinblick auf die Megamaschine: »Die Maschine ist der Teil des Organismus, der vom Verstand allein entworfen und kontrolliert werden kann. Indem er ihre Organisation und ihr Verhalten im Entwurf festlegt, wird der Verstand eine Gesellschaft konstruieren, ähnlich jenen Insektenstaaten, die sich seit sechzig Millionen Jahren in ihrer Struktur nicht verändert haben« (S. 142).

[115] »In die Bahn zurücksteuern« meint nicht an irgendeinen zeitlichen Anfang der Bahn zurück, sondern *jetzt* auf den in uns gegenwärtigen Genotyp zurückgehen, wie er unter dem jetzt versagenden konkreten zivilisatorischen Muster verborgen liegt als »immer da«.

[116] Mumford 1981, S. 161 f.

[117] ebenda, S. 167.

[118] ebenda, S. 168.

[119] ebenda, S. 168 f.

[120] Gebser, S. 685.

[121] Gebser, S. 213

[122] Ich empfinde das durchaus auch bei der Arbeit an diesem Buch. Über Monate und dann nach einer Pause noch einmal über Monate hin mit der Schreibmaschine zu leben, ist mir früher leichter gefallen. Es schwächt schließlich die Kommunikation mit der Mitwelt und mit den eigenen körperlichen und seelischen Ursprungskräften, und die Quälerei, die es abgesehen von gewissen lichten Momenten eben auch ist, trägt gewiß nicht dazu bei, die Weltharmonie

aufrechtzuerhalten. Freilich, die ist ohnehin gestört, und das zwingt uns ja gerade zu einer äußersten Anstrengung auf einen Umbruch hin, der vielleicht näher denn je ist.

[123] Wilber gibt S. 11–29 seines Buches *Wege zum Selbst* eine klare Übersicht hierzu.

[124] Aber Asien, zumindest das Indien der Upanishaden, spricht nicht unbedingt anders. Ein paar Worte aus Tagores *Sadhana*: »Diese Sehnsucht des Menschen nach Selbstverwirklichung ist es, die ihn dahin führt, Reichtum und Macht zu suchen. Aber er muß lernen, . . . daß des Menschen höchste Offenbarung Gottes eigene Offenbarung in ihm ist.« »Das wahre Elend des Menschen besteht darin, daß es ihm nicht ganz gelungen ist, sein eigentliches Wesen zum Ausdruck zu bringen, daß es durch sein Ich getrübt und in seinen eigenen Wünschen und Begierden verloren ist.« (S. 60 f.) »Beim ersten Blick sieht es so aus, als bedeute Freiheit für den Menschen das, wodurch er unbegrenzte Möglichkeiten erhält, sein Selbst zu befriedigen und zu vergrößern. Aber die Geschichte belehrt uns eines anderen. Die Träger der Offenbarung waren immer die, die ein Leben der Selbstaufopferung führten.« (Sagen wir statt dessen weniger märtyrerhaft, ein Leben des Dienstes; daß man den Dienst an einer Sache verdammt, hat mit dem projizierten Charakter der Sache und mit dem nichtauthentischen, dem Ersatzcharakter des Engagements zu tun, kann dies Prinzip gar nicht treffen.) »Wir können unser Selbst in zwei verschiedenen Erscheinungsformen betrachten. Wir sehen das Selbst, das sich ausbreitet, und das Selbst, das über sich hinausgeht und dabei seinen eigentlichen Sinn enthüllt.« (S. 105) Je mehr wir auf das in uns setzen, worin wir mit allen Menschen eins sind, um so mehr kommt unsere existentielle Individualität heraus.

[125] *Yoga der Erkenntnis, des Wissens* – siehe dazu das angegebene Buch gleichen Titels von Vivekananda.

[126] Luhmann, S. 208.

[127] ebenda, S. 46.

[128] ebenda, S. 198.

[129] Das Geschehen in der heutigen Sowjetunion muß ganz unverständlich bleiben – für alle, die es vornehmlich soziologisch begreifen möchten, und die daher wissen wollen, wo denn nun in der Auseinandersetzung um die Perestrojka der Parteiapparat, der Staatsapparat, die Generalität und der Staatssicherheitsdienst stehen (wenn schon mit Klassenbegriffen nichts anzufangen ist). Dort kämpfen aber *Bewußtseinsfraktionen,* und deren Träger sind nicht an der Stellung in den Apparaten zu erkennen. Man ist nicht für oder gegen Gorbatschow, weil man Militär ist, obwohl die besonderen damit verbundenen Interessen modulieren mögen. Im Grunde ist das eine weltweite Konstellation. Bereits überall stellt sich denn auch ein bestimmter Menschentyp – unbeschadet konkreter sozialer Verortung – auf Gorbatschow als den Hoffnungsträger eines Menschheitsinteresses ein.

[130] Genau genommen hätte ich diesen starken Pfeil auch weiter hinab verzweigen müssen, weil er nicht nur über rationale Einsicht umgesetzt wird. Trotz aller analytischen Wahrnehmung der exterministischen Symptome sind es in den

meisten Fällen doch nicht unmittelbar sie, die die Bereitschaft zur Verwandlung auslösen. Es ist eher umgekehrt. Die Krisensymptome liefern willkommene Argumente dafür, sich auf die Selbsterfahrung einzulassen, der Sehnsucht nach Selbstbegegnung gegen den Einspruch der Ängste nachzugeben.

[131] In zwei Kapiteln seines metapolitisch angelegten Buches *Das dritte Ohr* – »Warum die Frauen die höheren Stimmen haben« und »Das Hören ist weiblich« – hat Joachim Ernst Berendt viel Einleuchtendes über den weiblichen Urgrund der Kultur zusammengetragen, durch den wir neu hindurchmüssen. Berendt macht rational deutlich, warum es bei der Integration weithin um geistige Aktivitäten arationaler (nicht irrationaler) Art geht. Einer der wichtigsten Wege entlang meiner gebogenen Pfeile ist der Weg des Hörens, unseres rezeptiv-empfänglichsten Sinnes, der Weg des Klanges, der Musik wie auch des gesprochenen Logos der Urworte. Überhaupt müssen die Künste in ihrer ursprünglichen Funktion als Mittel gesteigerter Selbsterfahrung und Weltanverwandlung dem bzw. der einzelnen wiedergewonnen werden.

[132] Tarthang, Tulku, S. 279.

[133] Laudse, 13. Spruch.

[134] ebenda, 69. Spruch.

[135] ebenda, 30. Spruch.

[135a] Eben bin ich erneut im Schwarzwald bei ihnen gewesen und fand das Klima wärmer als damals, den Zusammenhalt dichter. Anscheinend gelingt da etwas, was über bisherige Experimente mit der freien Liebe egozentrischer Individualisten hinausführt. Offenbar werden sie nicht an Eifersucht scheitern.

[136] Sam Keen, S. 98, 99 und 114.

[137] Siehe hierzu die angegebene Dissertation von Reinhard Täube.

[138] Siehe den Fichte-Aufsatz in dem angegebenen Buch von Weischedel.

[139] Mumford 1977, S. 817 und 831 f.

[140] ebenda, S. 833.

[141] Bateson, S. 647.

[142] Zitiert nach Gebser, S. 561.

[143] Bahro 1977/1, S. 523.

[144] Leary, S. 156 ff.

[145] Ohne Zweifel hat der ursprüngliche Echnaton erst einmal bewiesen, daß man mit dem Durchbruch auf diese Stufe tatsächlich von Einsicht *verzehrt* wird und keinen Staat machen bzw. bewahren kann. Der König war der Euphorie seines Nervensystems erst einmal ausgeliefert, und seine Aufmerksamkeit war so von den inneren wie äußeren machtpolitischen Realitäten abgelenkt, daß er – selbst zuvor terroristisch bei der Durchsetzung des neuen Sonnenkultus – einer Katastrophe zumindest die Bahn freigab. Ohnehin trat diese damals völlig neue Bewußtseinsstufe zuerst auf der Grundlage instabiler Nervensysteme, ja von Degenerations- und Dekadenzphänomenen hervor. Das war noch immer nicht anders bei dem viel späteren römischen Kaiser Heliogabal, und es hat überhaupt keinen Zweck, diese Gestalten einerseits aus pragmatisch-politischem, gar spießbürgerlich-moralistischem Motiv zu verdammen oder sie andererseits für ihren psychischen Durchbruch zu preisen. Passierte er auf der für den Bienenstock

verantwortlichen kaiserlichen Ebene, mußte es tragisch werden, weil der ganze Zwischenbau, sozial mehrere Stufen abwärts, fast völlig fehlte, während er selbst in der Psyche des herausgehobenen Individuums fragil genug war. Heute aber können solche Leistungen des Nervensystems Momente einer integrierten Struktur und die Spitze einer soliden Stufenpyramide von »Bewußtseinskasten« sein, sowohl im Individuum wie in der Gesellschaft.

[146] Zu finden etwa in: *Deutscher Geist. Ein Lesebuch aus zwei Jahrhunderten.* Erster Band, Frankfurt 1982.

[147] Biedenkopf, S. 211.

[148] Biedenkopf bezieht sich denn auch auf die Kirchen, geht aber nicht bis zu der naheliegenden Frage, wie deren neues Grün fundiert ist – nämlich höchst unsolid! Das christlich-abendländische Gottesbild, das grundlegend für unsere spätere Wissenschaft und Technik wurde, ist genuin expansionistisch gewirkt. Sonst hätten wir nicht auf dem ersten Höhepunkt unserer Zivilisation eine Kreuzritterkirche gehabt, stünden heute nicht vor dem selbstfabrizierten Jüngsten Gericht. Deshalb gibt diese Tradition in ihrer nie revidierten offiziellen Gestalt keinen Stand her, um etwas gegen die entfesselten Mächte von Wissenschaft-Technik-Kapital auszurichten, die ja notwendigerweise aus ihr ausgebrochen sind. Christus könnte angesichts »seiner« Kirchen nur erneut auf den Gedanken kommen, den Tempel abzureißen, um ihn neu zu errichten.

[149] Rohrmoser, S. 330.

[150] Ich benenne die Gestalten männlich, weil es zunächst um ein staatsbezogenes ökologisches Ordnungsschaffen, um den Stop der Megamaschine geht. Frauen nehmen inzwischen maßgeblicheren Anteil auch an diesen immer noch patriarchalen Funktionen, die – obwohl absolut nichts gegen ihre Partizipation zu sagen ist, sie müssen halt wenigstens teilweise auch da durch – jedoch nicht ihre eigentliche Domäne sind. Dies ist vielmehr die kulturelle Erneuerung, die viel tiefer geht. Natürlich könnte es nicht schaden, würden auch politische Funktionen konventionellen Typs von vornherein zugunsten jener Tiefenveränderung, also weiblich besetzt, was aber nicht unbedingt auch Besetzung mit Frauen heißen muß. Es kommt vielmehr auf den verstärkten gesellschaftlichen Einfluß des weiblichen Verhaltensmodus als auf solche Dinge wie Quotierung in Funktionen, die zur Megamaschine gehören, an.

[151] Biedenkopf, S. 223.

[152] ebenda, S. 102 ff.

[153] ebenda, S. 189.

[154] ebenda, S. 209.

[155] ebenda, S. 157.

[156] ebenda, S. 201.

[157] ebenda, S. 202 f.

[158] Ich finde es gefährlich, wenn Richard von Weizsäcker, der die ungeheure Schere sieht, den Weg unserer Kultur dennoch als »eine unumkehrbare weltzivilisatorische Entwicklung« betrachtet (SPIEGEL 12/1986). Sie ist es – wenn *wir* nicht umkehren –, aber zu einem allgemeinen Unglück, für dessen Ausmaß es kein Beispiel geben wird. Die heimische Umweltkrise ist in Wirklichkeit der

geringste, wenn auch der unmittelbar wirksamste Anlaß, die Kleinen Lebenskreise tatsächlich so in die Mitte eines ökologischen Wendeprojekts zu rücken, wie ich es, Biedenkopfs Lizenz gewiß überziehend, angedeutet habe. Übrigens war ein Wilhelm Röpke der Meinung, daß Städte über 50–60 000 Einwohner, gelinde gesagt, keine guten Orte sind und sukzessiv abgebaut werden sollten. Wir könnten zum ersten Mal in der Weltgeschichte bewußt und präventiv zu so fundamentalen Änderungen unserer Kultur schreiten.

[159] Bahro 1980, S. 126 ff.

[160] Anläßlich eines von Alexander Langer in Bozen zustande gebrachten Dialogtreffens zwischen Grün und Konservativ, an dem u. a. sowohl italienische Kommunisten als auch Südtiroler »schwarze« Volksparteiler teilnahmen, fragte die »Tageszeitung« (am 15. 4. 1987) Herbert Gruhl, den einstigen Mitbegründer der deutschen Grünen, ob da sein grün-konservatives Wunschprojekt wiederauferstünde.

»*Gruhl:* Ja, mein Wunschprojekt war es zweifellos. Wir haben natürlich zehn Jahre verloren, da diese Position damals nicht anerkannt worden ist. Die Lage ist insofern schwieriger geworden, als daß die Grünen leider das Ohr der Konservativen und christlichen Kreise weitgehend nicht gewonnen haben. Man schaltet dort ab, wenn man was aus grüner Richtung hört. Das ist das Bedauerliche, daß die Grünen in einen klassisch sozialistischen Verdacht geraten sind, den sie nicht leicht werden abstreifen können. Auf der anderen Seite nehmen konservativ-bürgerliche Kräfte aufgrund der Ereignisse von Tschernobyl und Basel (Gruhl meint die Rheinvergiftung durch den Brand bei der Firma Sandoz – *R. B.*) die Dinge schärfer wahr. Von da kommt eine positive Entwicklung, doch an das Ohr der Konservativen heranzukommen. Das können aber nicht die Grünen, das müssen andere besorgen. Ob über eine Partei wie die (von Gruhl nach dem Austritt aus den Grünen gegründete – *R. B.*) Ökologisch Demokratische Partei oder über andere Wege der Öffentlichkeit.

Tageszeitung: Gehen wir davon aus, es funktioniert, was heißt das für die ÖDP?

Gruhl: Wenn es zu einem großen Einfluß der Ökologen auf die Politik kommen sollte, dann müßte dies in zwei Richtungen erfolgen. Einmal von der linken Seite, also von den Grünen, und einmal von der rechten, der ÖDP. Erst dann könnte man soviel Wählerabwanderungen bei CDU/CSU und auch FDP bewirken, daß ein zweiter Oppositionsblock entstünde. Erst dann wären Möglichkeiten anderer Koalitionen gegeben, auch mit der SPD. Bisher ist ja das Auftreten der Grünen ein Bumerang gewesen. Der SPD wurden Stimmen genommen und der Rechtsblock, der sich verhärtet, wurde gestärkt. Deshalb muß gerade jetzt an diesem rechten Flügel angesetzt werden.

Tageszeitung: Sind in der CDU Entwicklungen denkbar, die eine solche Debatte befördern?

Gruhl: Das ist zur Zeit überhaupt nicht vorstellbar. Die Lage ist seit meinem Austritt, möchte ich beinahe sagen, unverändert. Insofern bin ich voll bestätigt, daß ich nicht in der CDU bleiben konnte. Es hat sich überhaupt nichts bewegt. Der einzige, der versucht, ökologische Diskussionen in die CDU hineinzubringen, Kurt Biedenkopf, ist völlig isoliert und verliert den Einfluß, den er früher mal hatte. Die Aussichten sind aber so schlecht wiederum auch nicht. Wir kriegen ohne Zweifel neue Umweltkatastrophen. Die Frustration der Menschen, sich immer wieder von Kohl, Strauß und anderen belügen zu lassen, hat Grenzen. Die kann man nicht überstrapazieren. Leute wie Wallmann (der erste Umweltminister der CDU in Bonn, neuerdings Ministerpräsident in Hessen – R. B.) können sich nicht hinstellen und sagen, sie wollten die Umwelt retten und mit allen juristischen Maßnahmen das Gegenteil durchdrücken.

Tageszeitung: Kommt also nach dem Debakel von Rot-Grün in Hessen das Thema Schwarz-Grün auf die Tagesordnung?

Gruhl: Es ist dringend nötig, daß dieselbe Diffusivität, die zwischen SPD und Grünen herrscht, auch bei den C-Parteien um sich greift. Die Bewegung, die in die SPD, vor allem in ihren linken Flügel gekommen ist, muß es auch bei den C-Parteien geben. Dann können wir zu anderen Teilungen in der Mitte kommen, zu anderen Mehrheiten, früher nicht.«

[161] Siehe S. 192 ff. des C. G. Jung Lesebuchs von Franz Alt.

[162] Ellul, S. 150 ff.

[163] Bahro, *Pfeiler am anderen Ufer*, S. 58.

[164] d. h. 1983, als jene Rezension entstand.

[165] Lafontaine, S. 195.

[166] ebenda, S. 183.

[167] Biedenkopf, S. 45.

[168] S. 189 des C. G. Jung Lesebuchs von Franz Alt.

[169] Lafontaine, S. 197.

[170] Rohrmoser, S. 255 ff.

[171] Jonas, S. 9.

[172] Bahro 1980, S. 119.

[173] Daß sich heute eine neofaschistische Gruppe in Italien ebenso nennt, soll mich nicht abschrecken. Wir werden es ohnehin vermehrt auch mit *solchen* Ordnungsforderungen bzw. -angeboten zu tun bekommen, falls wir nicht rechtzeitig eine Verfassung zustande bringen, die für eine grundsätzliche Kursänderung gut ist. Andernfalls wird sich die zivilisatorische Krise so weit zuspitzen, daß sie zum Ausnahmezustand treibt. Die Affinität zu faschistischen »Lösungen« drückt auf eine bereits geschädigte Weise das Bedürfnis nach einer Ordnung aus, die der anonymen Vernichtungsmächte Herr wird. Jetzt tritt zu den sozialen Bedrohungen, die wir in die Dritte Welt abdrängen konnten (wie die Kriegsdrohung mit Hilfe unserer atomaren Abschreckung auch – jetzt finden dort »konventionell« unsere Kriege statt), die neue ökologische Dimension hinzu. Wer keine neue Ordnung ins Auge faßt, oder bloß die gescheiterten alten Rezepte dafür, sollte aufhören, sich über profaschistische Ressentiments im Volke aufzuregen.

[174] Es ließe sich sicher mehr dazu sagen. Es gibt auch andere Zugänge, ähnlich und doch verschieden zum Beispiel Hubertus Mynareks Buch über Ökologische Religion. Ich will auch Alan Bleakleys *Früchte des Mondbaumes* hervorheben – die Wiederkehr der Göttin wird einer der Grundzüge der neuen Seelenverfassung sein, weil Voraussetzung für eine neue Verständigung zwischen Mann und Frau jenseits des Patriarchats und des amazonischen Kampfes dagegen.

175 Wir sind natürlich die ganze Zeit versucht, dies vorziehen, endlich »zu Potte kommen« zu wollen. Doch wäre es der größte Fehler, erneut die Geduld für das entscheidende Vorfeld nicht aufzubringen und die Zeit nicht haben zu wollen, um die neue Bewußtseinsverfassung von innen aufzubauen. Politik unmittelbar ist immer ein Machtspiel, sei's auch ein alternatives, bei dem weiter »um Herrschaft und um Freiheit wird gerungen«. Es kann nur untergeordnet werden durch einen Vorgang spiritueller Reinigung – nicht perfektionistisch, sondern als ständige Priorität – im Sinne der bewußten Erhebung auf die Stufe eigentlich menschlichen Verhaltens. Diese Reinigung ist die erste Forderung einer Verantwortungsethik. Das Beschwören der »faschistischen Gefahr« schon bei dem leisesten Knopfdruck auf arationale Motive ist hauptsächlich der Ausdruck dieser Ungeduld und des zugehörigen aufgeklärten Pharisäertums: »Herr, ich danke Dir, daß ich nicht bin wie jene anderen Leute, die da aggressive, vergewaltigende und sadistische Motive haben.« Allerdings: Bei jedem direkt politischen Spiel, das sich um den Durchgang durch die Innerlichkeit, durch die Selbsterfahrung in den Dimensionen der Macht und der Liebesfähigkeit drückt, muß es relativ ungünstiger ausgehen, weil die faschistoiden Tendenzen dann größere Chancen haben. Wir brauchen trotz des Zeitdrucks, den uns die ökologische Krise macht, die »eilelose Eile«. Meist ist die Eile, politisch zu Potte zu kommen, ohnehin neurotisch mitbedingt, weniger objektiv begründet, als zugegeben. Wer sieht schon gern in den dunklen Spiegel seiner Selbst.

176 Ob es sich um dezentrale Energieerzeugung, um sanfte Chemie oder um Ersatzmethoden für Tierversuche dreht – die alternativen Experten haben sich nur in den seltensten Fällen von dem Kodex des wissenschaftlichen Zeitalters gelöst, von jener Grundhaltung, die bei Heidegger »abendländische Seinsvergessenheit« heißt. Sie helfen diesen Kodex vielmehr retten, weisen ihren Kontrahenten Unwissenschaftlichkeit nach, verhalten sich in dieser Zeitenwende noch, als sei nur einmal mehr ein wissenschaftliches Paradigma durch ein anderes abzulösen.

Am durchschaubarsten ist dieses alternative Expertentum in der Friedensfrage, wo viele nicht einmal wissen möchten, daß die Kritik an diesem oder jenem Waffensystem überhaupt nicht an die Friedensfrage rührt. Von der alternativ erfundenen »defensiven« bis hin zur bei den Grünen so beliebten »sozialen« Verteidigung – welche Augenwischerei! Auch sollen die US-Truppen möglichst verschwinden, aber die Bundeswehr soll – »umgerüstet« werden. Der Rückzug der USA würde sich demnächst von selbst ergeben, wenn die Völker Westeuropas klarmachen würden, daß sie nicht mehr militärisch verteidigt werden wollen. Noch aber beteiligen sich allerliebste Friedensfreunde, die dem Volke »legitime Sicherheitsinteressen« zusprechen, an Bedrohungsanalysen, untersuchen ihrerseits die Feindlage. Es bedarf heute keinerlei Studium des faktischen Militarismus mehr, um begründen zu können, daß wir buchstäblich ohne *jegliche* Rüstung leben müssen. Aber wem die Notwendigkeit des militärischen Gewaltverzichts, des Verteidigungsverzichts in diesem Sinne, evident wäre, dem verfiele halt die Spezialistenqualifikation.

177 Jaynes zeigt, daß der soziale Prozeß, der in die städtische Zivilisation und den

königlichen Despotismus hineinführt, *die soziale Kommunikation* so verändert, daß das bisherige Zusammenwirken zwischen den Leistungen unserer beiden Hirnhälften nachhaltig gestört wird. Der »Zweikammergeist« bricht zusammen. Die linke Hirnhälfte, in der wir den begrifflichen, diskursiven, Teile herausschneidenden Verstand lokalisieren können, übernimmt einseitig die Handlungsführung. Die rechte Hirnhälfte, die das Organ unseres intuitiven, körper-seelisch vermittelten Evolutionswissens, also der vertrauensvollen Kommunion mit dem Ganzen ist, wird weitgehend untergeordnet, unterdrückt, durch Nichtbenutzung unentwickelt gelassen, zum Ausdruck dumpfen Unbehagens gemacht. Aus dieser Hälfte hat in der archaischen Zeit unbewußt der Logos der Evolution uns gesteuert, der dann in der magischen Zeit unsere machtvolle spezifische Intervention überwölbt, in der mythischen Zeit mit Götterstimmen unser schon konstituiertes gewaltiges Ich konterkariert hat. So wie wir nachher unsere Werkzeuge und zuletzt die Megamaschine dazu benutzt haben, unsere Verstandesfunktion, *eine* Funktion unserer komplexen Psyche, durch immer erneute positive Rückkopplung zu verstärken, so haben wir zunächst die Kopplung der abstrakten Leistungen unserer linken Gehirnhälfte, die Verknüpfung der Begriffe, zu einer objektiven Macht aufgebaut, die das Ungleichgewicht in unseren Hirnfunktionen weiter verstärkt. Die rationale Gesellschaft sitzt in dem Teufelskreis des Rationalismus fest. Die Wissenschaft kommt auf, weil dadurch die Notwendigkeit besteht, *additiv, diskursiv, Teilwahrheit für Teilwahrheit, Schritt für Schritt* jenes Ganze zu rekonstruieren, zu dem wir den intuitiven Zugang weitgehend verloren haben (mehr noch, wir haben jene, besonders die Frauen, die nicht oder nicht so total in die neue Einseitigkeit mitgerissen wurden, so diskriminiert, daß die allenfalls aufsteigenden Intuitionen als Marotten und Aberglauben verlacht werden konnten – alles »Unaufgeklärte« galt schließlich als minderwertig und minderbemittelt). So steht über dieser Wissenschaft vom Ursprung an das »Ihr werdet's nie erjagen«. Sie kann die verlorenen Stimmen der Götter nicht ersetzen, und die Gottheit, statt sich mehr und mehr zu entbergen, verbirgt sich ihr erst recht immer mehr. Jaynes erinnert an die mystischen Ambitionen eines Newton etwa, die aber historisch gesehen hoffnungslos in den Positivismus hinein gescheitert sind. Das Buch von Jaynes müßte unbedingt übersetzt werden.

[178] Revolutionäre Parteien, die sich selbst dann mehr oder weniger als »Parteien neuen Typus« verstehen (wie in statu nascendi auch die deutschen Grünen), sind im Idealfall Aspekte und Organe, »politische Arme« der Bewegung (ich habe den Grünen angehört, solange ich sie überwiegend in dieser Rolle sah). Andererseits kann die Bewegung, wie es exemplarisch mit der nationalsozialistischen geschah, gerade über diese dem alten System zugewandteste Seite geentert werden, wozu allerdings das nationalistische Element, das stets viel eher staats- als volksorientiert wirkt, ganz besonders einlädt.

[179] Alliata, S. 44 ff. ihres Buches *Harem*.

[180] Hölderlin in seinem Gedicht »Die Eichbäume«:
»Aber ihr, ihr Herrlichen! steht, wie ein Volk von Titanen
In der zahmeren Welt und gehört nur euch und dem Himmel,
der euch nährt' und erzog, und der Erde, die euch geboren.
Keiner von euch ist noch in die Schule der Menschen gegangen,
Und ihr drängt euch fröhlich und frei, aus der kräftigen Wurzel,
Unter einander herauf und ergreift, wie der Adler die Beute,
Mit gewaltigem Arme den Raum, und gegen die Wolken
Ist euch heiter und groß die sonnige Krone gerichtet.
Eine Welt ist jeder von euch, wie die Sterne des Himmels
Lebt ihr, jeder ein Gott, in freiem Bunde zusammen.«

Und Shelley, wie um fortzusetzen, in seinem »Entfesselten Prometheus«:
». . . und königlose Throne . . . und daß die Menschen
Nun friedlich einer mit dem andern gingen,
So wie's die Geister tun. Und keiner kroch
Und keiner trat den andern; weder Haß
Noch Furcht noch Stolz noch eitel Eigensucht
Noch Selbstverachtung standen mehr geschrieben
Auf Menschenstirnen . . . keiner
In banger Furcht erhob nach eines andern
Gebieterischem Aug' den scheuen Blick . . .
. . . Keiner frechen Hohns
Zertrat die Funken in dem eignen Herzen
Von Lieb' und Hoffnung, bis nur bittre Asche
Zurückgeblieben in der Seele Rest . . .
Befreit nun bleibt der Mensch und scepterlos,
Beengt durch keine Schranke, jeder gleich
Dem andern, ohne Rang und Stamm, gebunden
An keine Scholle – Bürger nur der Welt . . .
Sein eigner König, mild, gerecht und weise.«

[181] Siehe das Kapitel »Eine Politik des Bewußtseins« in Bermans Buch *Die Wiederverzauberung der Welt.*
[182] Teilhard de Chardin, S. 323 f.
[183] ebenda, S. 337.
[184] im SPIEGEL 34/1986.
[185] Adelgundis Führkötter, OSB, in ihrer Biographie der erleuchteten Frau in: *Die großen Deutschen,* Fünfter Band, Gütersloh 1978, S. 45.
[186] *Chrysanthemen im Spiegel,* S. 167.
[187] Schiller, Band 2, S. 887.
[188] Rohrmoser, in Hohenheimer Protokolle S. 61.
[189] Ranke-Graves, S. 578.

2. Zitierte, erwähnte, benutzte Literatur

Adorno, Theodor W. und Walter Benjamin: *Integration und Desintegration*, Hannover 1976.

Alliata, Vittoria: *Harem. Die Freiheit hinter dem Schleier*, Frankfurt, Berlin 1984.

Alt, Franz: *Frieden ist möglich. Die Politik der Bergpredigt*, München 1983.

Amery, Carl: *Natur als Politik. Die ökologische Chance des Menschen*, Reinbek 1980.

Amrito (Jan Foudraine): *Bhagwan, Krishnamurti, C. G. Jung und die Psychotherapie*, Essen 1983.

Anders, Günther: *Endzeit und Zeitenwende. Gedanken über die atomare Situation*, München 1972. Darin S. 24 ff. »Über Verantwortung heute«, bes. S. 35–40.

Anders, Günther: *Die Antiquiertheit des Menschen. Über die Seele im Zeitalter der zweiten industriellen Revolution*. 2. Aufl., München 1956. Darin: »Die Welt als Phantom und Matrize. Philosophische Betrachtungen über Rundfunk und Fernsehen.«

Andreas-Salomé, Lou: *Friedrich Nietzsche in seinen Werken*, Frankfurt 1983.

Arendt, Hannah: *Elemente und Ursprünge totaler Herrschaft*, Band 1–3, Berlin 1975.

Bäschlin, Daniel Lukas: *Der aufhaltsame Zwang – Sinn und Wege des Widerstands gegen Kernenergie*, München 1981.

Bahro, Rudolf: *Die Alternative. Zur Kritik des real existierenden Sozialismus*, Köln, Frankfurt 1977.

Bahro, Rudolf: *Ich werde meinen Weg fortsetzen. Eine Dokumentation*, 2. erw. Auflage, Köln, Frankfurt 1977.

Bahro, Rudolf: *Plädoyer für schöpferische Initiative. Zur Kritik von Arbeitsbedingungen im real existierenden Sozialismus*, Köln 1980.

Bahro, Rudolf: *. . . die nicht mit den Wölfen heulen. Das Beispiel Beethoven und sieben Gedichte*, Köln, Frankfurt 1979.

Bahro, Rudolf: *Elemente einer neuen Politik. Zum Verhältnis von Ökologie und Sozialismus*, Berlin 1980.

Bahro, Rudolf: *Wahnsinn mit Methode. Über die Logik der Blockkonfrontation, die Friedensbewegung, die Sowjetunion und die DKP*, Berlin 1982.

Bahro, Rudolf: *Pfeiler am anderen Ufer. Beiträge zur Politik der Grünen von Hagen bis Karlsruhe*, Sonderdruck der Zeitschrift »Befreiung«, Berlin 1984.

Bahro, Rudolf: *From Red to Green, Interviews with New Left Review*, London 1984.

Bahro, Foudraine, Fromm, Holl: *Radikalität im Heiligenschein. Zur Wiederentdeckung der Spiritualität in der modernen Gesellschaft*, Berlin 1984.

Bartsch, Günter: *Die sozialen Sonderbewegungen – Satelliten oder Eigenmodelle – Trotzkismus, Rätedemokratie, Religiöser Sozialismus, Soziale Dreigliederung, die Freisozialen*, Hannover, Marburg o. J.

Bastian, Till: *Nach den Bäumen stirbt der Mensch. Von der Umweltverschmutzung zur Weltkatastrophe*, Frankfurt 1984.

Bateson, Gregory: *Ökologie des Geistes*, Frankfurt 1981.

Bauer, Wolfgang: *China und die Hoffnung auf Glück. Paradiese, Utopien, Idealvorstellungen in der Geistesgeschichte Chinas*, München 1974.

Bechmann, Arnim: *Landbau-Wende. Gesunde Landwirtschaft – Gesunde Ernährung*, Frankfurt 1987.

Berendt, Joachim-Ernst: *Nada Brahma. Die Welt ist Klang*, Frankfurt 1983.

Berendt, Joachim-Ernst: *Das dritte Ohr. Vom Hören der Welt*, Reinbek 1985.

Berman, Morris: *Wiederverzauberung der Welt. Am Ende des Newtonschen Zeitalters*, Reinbek 1985.

Bhagwan Shree Rajneesh: *Intelligenz des Herzens*, Berlin 1979.

Biedenkopf, Kurt H.: *Die neue Sicht der Dinge, Plädoyer für eine freiheitliche Wirtschafts- und Sozialordnung*, München, Zürich 1985.

Bille-De Mot, Eléonore: *Die Revolution des Pharao Echnaton*, München 1965.

Binswanger/Geissberger/Ginsburg (Hrsg.): *Wege aus der Wohlstandsfalle. Der NAWU-Report: Strategien gegen Arbeitslosigkeit und Umweltkrise*, Frankfurt 1979.

Binswanger, Hans Christoph: *Geld und Magie. Deutung und Kritik der modernen Wirtschaft*, Stuttgart 1985.

Bleakley, Alan: *Früchte des Mondbaumes. Eine neue Sicht des Lebens durch das indianische Medizinrad*, München 1987.

Bleibtreu-Ehrenberg, Gisela: *Der Weibmann. Kultischer Geschlechtswechsel im Schamanismus. Eine Studie zu Transvestition und Transsexualität bei Naturvölkern*, Frankfurt 1984.

Bloch, Ernst: *Das Prinzip Hoffnung*, Band 1–3, Frankfurt 1959.

Bloch, Ernst: *Atheismus im Christentum*, Frankfurt, 1968.

Bödeker, Johanna: *Liquiditäts-Äquivalenz von Angebot und Nachfrage*, Gesellschaft für Sozialproblem-Forschung, Hannover 1962.

Bohm, David: *Wholeness and the Implicate Order*, London 1980.

Bookchin, Murray: *Die Grenzen der Stadt*, Berlin 1977.

Bookchin, Murray: *Hierarchie und Herrschaft*, Berlin 1981.

Bookchin, Murray: *Die Ökologie der Freiheit*, Weinheim, Basel 1985.

Brecht, Bertolt: *Hundert Gedichte 1918–1950*, Berlin 1951.

Brecht, Bertolt: *Leben des Galilei*, Berlin, Weimar 1964.

Brecht, Bertolt: *Prosa*, Band IV, »Me-ti. Buch der Wendungen«, Berlin, Weimar 1975.

Breuer, Georg: *Der sogenannte Mensch. Was wir mit Tieren gemeinsam haben und was nicht*, München 1981.

Brinton Perera, Sylvia: *Der Weg zur Göttin der Tiefe. Die Erlösung der dunklen Schwester: eine Initiation für Frauen*, Interlaken 1985.

Burkhardt, Hans: *Verlorene Wirklichkeit. Vom Elend der Ideologien*, München, Berlin 1980.

Canetti, Elias: *Masse und Macht*, Hamburg, Sonderausgabe 1984.

Capra, Fritjof: *Wendezeit*, Bern, München, Wien 1984.

Castaneda, Carlos: *Der Ring der Kraft. Don Juan in den Städten*, Frankfurt 1982.

Caudwell, Christopher: *Illusion und Wirklichkeit. Eine Studie über die Grundlagen der Poesie*, Dresden 1966.

Chrysanthemen im Spiegel. Klassische chinesische Dichtungen, hrsg., aus dem Chinesischen übertragen und nachgedichtet von Ernst Schwarz, Berlin 1969.

Daly, Mary: *Gyn/Ökologie. Eine Metaethik des radikalen Feminismus*, München 1981.

Der Ochs und sein Hirte. Zengeschichte aus dem alten China, Pfullingen 1981.

Ditfurth, Hoimar v.: *So laßt uns denn ein Apfelbäumchen pflanzen. Es ist soweit*, Hamburg, Zürich 1985.

Djilas, Milovan: *Die unvollkommene Gesellschaft. Jenseits der »Neuen Klasse«*, Wien, München, Zürich 1969.

Dürckheim, Karlfried Graf: *Der Alltag als Übung*, Bern, Stuttgart, Wien 1980.

Duhm, Dieter: *Synthese der Wissenschaft. Der werdende Mensch*, Heidelberg 1979.

Duhm, Dieter: *Aufbruch zur neuen Kultur. Von der Verweigerung zur Neugestaltung. Umrisse einer ökologischen und menschlichen Alternative*, München 1982.

Eccles, John C., Hans Zeier: *Gehirn und Geist*, München, Zürich 1980.

Eckehart: Meister Eckehart: *Vom Wunder der Seele*, hrsg. von Friedrich Alfred Schmid Noerr, Stuttgart 1977.

Eckhart: *Meister Eckharts Mystische Schriften*. In unsere Sprache übertragen von Gustav Landauer, Wetzlar 1978.

Ehrlich, Paul und Anne: *Der lautlose Tod der Pflanzen und Tiere. Was tun wir und was können wir tun?* Frankfurt o. J.

Eliade, Mircea: *Kosmos und Geschichte. Der Mythos der ewigen Wiederkehr*, Frankfurt 1984.

Eliade, Mircea: *Yoga. Unsterblichkeit und Freiheit*, Frankfurt 1977.

Eliade, Mircea: *Geschichte der religiösen Ideen*, Band 3, Freiburg, Basel, Wien 1984.

Ellul, Jacques: *Von der Revolution zur Revolte*, Hamburg 1974.

Eppler, Erhard: *Wege aus der Gefahr*, Reinbek 1981.

Erikson, Erik H.: *Kindheit und Gesellschaft*, Stuttgart 1979.

Eschenbach, Wolfram von: *Parzival*, Essen, Stuttgart 1985.

Eucken, Walter: *Die Grundlagen der Nationalökonomie*, Berlin, Göttingen, Heidelberg 1959.

Falk, Richard: *The End of World Order. Essays on Normative International Relations*, New York, London 1983.

Fenske, Mertens, Reinhard, Rosen: *Geschichte der politischen Ideen. Von Homer bis zur Gegenwart*, Königstein/Taunus 1981.

Fernbach, David: *The Spiral Path. A Gay Contribution to Human Survival*, Boston 1981.

Fetscher, Iring: *Überlebensbedingungen der Menschheit. Zur Dialektik des Fortschritts*, München 1980.

Fromm, Erich: *Die Furcht vor der Freiheit*, Frankfurt 1966.

Fromm, Erich: *Anatomie der menschlichen Destruktivität*, Reinbek 1979.

Fromm, Erich: *Über den Ungehorsam*, München 1982.

Führkötter, Adelgundis: »Hildegard von Bingen«, in: *Die Großen Deutschen*, Deutsche Biographie, Fünfter Band, Gütersloh 1978.

Galtung, Johan: *Self-Reliance. Beiträge zu einer alternativen Entwicklungsstrategie.* Herausgegeben von Mir A. Ferdowsi, München 1983.

Galtung, Johan: *Strukturelle Gewalt. Beiträge zur Friedens- und Konfliktforschung*, Reinbek 1975.

Galtung, Johan: Verschiedene unveröffentlichte bzw. dem V. nur fotokopiert vorliegende Manuskripte.

Garaudy, Roger: *Gott ist tot. Eine Studie über Hegel*, Berlin 1965.

Garaudy, Roger: *Aufruf an die Lebenden*, Darmstadt, Neuwied 1981.

Garaudy, Roger: *Il est encore temps de vivre. Voici comment*, Paris 1980.

Gebser, Jean: *Ursprung und Gegenwart*, Gesamtausgabe, Schaffhausen 1978, Bände II und III (fortlaufende Seitenzahlen), Kommentarband IV.

Gehlen, Arnold: *Der Mensch. Seine Natur und seine Stellung in der Welt*, Wiesbaden 1986.

Gehlen, Arnold: *Urmensch und Spätkultur*, Wiesbaden 1986.

Georgescu-Roegen, Nicholas: *The Entropy Law and the Economic Process*, Cambridge, Mass., 1971.

Georgescu-Roegen, Nicholas: *Energy and the Economic Myth*, New York, Toronto, London 1976.

Gloger, Bruno: *Kaiser, Gott und Teufel. Friedrich II. von Hohenstaufen in Geschichte und Sage*, Berlin 1970.

Glotz, Peter: *Die Arbeit der Zuspitzung. Über die Organisation einer regierungsfähigen Linken*, Berlin 1984.

Goethe, Johann Wolfgang: *Die Wahlverwandtschaften*, Berliner Ausgabe Band 12, Berlin 1963.

Göttner-Abendroth, Heide: *Die Göttin und ihr Heros*, München 1984.

Goldschmidt, Harry: *Franz Schubert. Ein Lebensbild*, Leipzig 1962.

Goldschmidt, Harry: *Um die Unsterbliche Geliebte. Eine Bestandsaufnahme*, Beethoven-Studien 2, Leipzig 1977.

Gramsci, Antonio: *Philosophie der Praxis. Eine Auswahl*, herausgegeben und übersetzt von Christian Riechers, 1967.

Grof, Stanislav: *Geburt, Tod und Transzendenz. Neue Dimensionen in der Psychologie*, München 1985.

Gruhl, Herbert: *Das irdische Gleichgewicht. Ökologie unseres Daseins*, Düsseldorf 1982.

Guardini, Romano: *Ein Gedenkbuch mit einer Auswahl aus seinem Werk*, hrsg. von Werner Becker, Leipzig 1969.

Heer, Friedrich: *Das Wagnis der schöpferischen Vernunft*, Stuttgart, Berlin, Köln, Mainz 1977.

Heinse, Wilhelm: *Ardinghello und die glückseligen Inseln*, Leipzig 1973.

Hirsch, Fred: *Die sozialen Grenzen des Wachstums*, Reinbek 1980.

Hölderlin, Friedrich: *Sämtliche Werke* in einem Band, hrsg. von Friedrich Beißner, Leipzig 1965.

Hochgesang, Michael: *Mythos und Logik im 20. Jahrhundert*, München 1965.

Holl, Adolf: *Der letzte Christ. Franz von Assisi*, Berlin, Wien 1982.

Hübner, Kurt: *Kritik der wissenschaftlichen Vernunft*, Freiburg, München 1979.

Hunke, Sigrid: *Europas eigene Religion. Der Glaube der Ketzer*, Bergisch Gladbach 1983.

I Ging. Text und Materialien. Übersetzt von Richard Wilhelm, Köln 1973.

Illich, Ivan: *Selbstbegrenzung. Eine politische Kritik der Technik*, Reinbek 1978.

Illich, Ivan: *Genus. Zu einer historischen Kritik der Gleichheit*, Reinbek 1983.

Initiative Sozialistisches Forum Freiburg: *Diktatur der Freundlichkeit. Über Bhagwan, die kommende Psychokratie und Lieferanteneingänge zum wohltätigen Wahnsinn*, Freiburg 1984.

Jänicke, Martin: *Wie das Industriesystem von seinen Mißständen profitiert*, Opladen 1979.

Jannberg, Judith: *Ich bin ich*, Frankfurt 1984.

Jánossy, Franz: *Wie die Akkumulationslawine ins Rollen kam*, Berlin 1979.

Jaynes, Julian: *The Origins of Consciousness in the Breakdown of the Bicameral Mind*, Boston 1982.

Jonas, Hans: *Das Prinzip Verantwortung*, Frankfurt 1979.

Jung, C. G.: *Welt der Psyche*, München 1981.

Jung, C. G.: *Das C. G. Jung-Lesebuch*. Ausgewählt von Franz Alt, Olten 1983.

Kakuska, Rainer (Hrsg.): *Andere Wirklichkeiten. Die neue Konvergenz von Naturwissenschaften und spirituellen Traditionen*, München 1985.

Kaltenmark, Max: *Lao-tzu und der Taoismus*, Frankfurt 1981.

Kapp, William K.: *Soziale Kosten der Marktwirtschaft*, Frankfurt 1978.

Kapp, William K., Fritz Vilmar: *Sozialisierung der Verluste. Die sozialen Kosten eines privatwirtschaftlichen Systems*, München 1972.

Keen, Sam: *Die Lust an der Liebe. Leidenschaft als Lebensform*, München 1986.

Keen, Sam: *Königreiche der Liebe. Die sieben Stufen der Ekstase*, Basel 1986.

Kitamura, Kazuyuki: *Japan – im Reich der mächtigen Frauen*, Berlin 1985.

Kleist, Heinrich von: *Über das Marionettentheater*, Frankfurt 1980.

Klix, Friedhart: *Information und Verhalten*, Berlin 1971.

Klix, Friedhart: *Erwachendes Denken. Eine Entwicklungsgeschichte der menschlichen Intelligenz*, Berlin 1983.

Knipper, Udo: *Anthroposophie im Lichte indischer Weisheit*, Gladenbach 1986.

Koestler, Arthur: *Der Mensch – Irrläufer der Evolution*, München 1981.

Kohr, Leopold: *Das Ende der Großen. Zurück zum menschlichen Maß*, Wien 1978.

Kohr, Leopold: in Satish Kumar/Roswitha Henschel (Hrsg.): *Viele Wege. Paradigmen einer neuen Politik*, München 1985. Sowie dieselben Hrsg.: *Metapolitik*, München 1985.

Kongtrul, Jamgon: *Das Licht der Gewißheit. Mit einem Vorwort von Schögyam Trungpa*, Freiburg 1979.

Krishna, Gopi & Carl Friedrich von Weizsäcker: *Biologische Basis religiöser Erfahrung*, München 1968.

Krishna, Gopi: *Kundalini. Erweckung der geistigen Kraft im Menschen*, Berlin, München, Wien 1985.

Kumar, Satish/Roswitha Henschel (Hrsg.): *Viele Wege. Paradigmen einer neuen Politik*, München 1985.

Lafontaine, Oskar: *Der andere Fortschritt*, Hamburg 1985.

Langhans, Rainer: *Theoria diffusa aus Gesprächen mit drei Frauen*, Nördlingen 1986.

Laotse: *Tao te king. Das Buch vom Sinn und Leben*, übersetzt und mit einem Kommentar von Richard Wilhelm, Düsseldorf, Köln 1979.

Laqueur, Walter: *Die deutsche Jugendbewegung. Eine historische Studie*, Köln 1983.

Laudse: *Daudedsching*, aus dem Chinesischen übersetzt und herausgegeben von Ernst Schwarz, Leipzig 1970.

Leary, Timothy: *Spiel des Lebens. Neurologisches Tarot*, Basel 1984.

Lenin, W. I.: *Werke*, Band 38 Philosophische Hefte, darin Hegelexzerpte »Wissenschaft der Logik« u. a., Berlin 1964.

Lessing, Gotthold Ephraim: »Die Erziehung des Menschengeschlechts«, in: *Triumph der Wahrheit. Gotthold Ephraim Lessing Mensch und Werk*, Berlin 1951.

Liebknecht, Karl: *Studien über die Bewegungsgesetze der gesellschaftlichen Entwicklung*, Hrsg. und Vorwort Ossip K. Flechtheim, Hamburg 1974.

Linse, Ulrich: *Barfüßige Propheten. Erlöser der zwanziger Jahre*, Berlin 1983.

Linse, Ulrich: *Ökopax und Anarchie. Eine Geschichte der ökologischen Bewegungen in Deutschland*, München 1986.

Lowen, Alexander: *Bioenergetik. Therapie der Seele durch Arbeit mit dem Körper*, Reinbek 1984.

Luhmann, Niklas: *Liebe als Passion. Zur Kodierung von Intimität*, Frankfurt 1982.

Luxemburg, Rosa: *Gesammelte Werke*, Band 4, August 1914 bis Januar 1919, Berlin 1974.

Macpherson, Crawford B.: *Demokratietheorie*, München 1977.

Macy, Joanna (Joanna Rogers Macy in der amer. Ausgabe): *Mut in der Bedrohung. Psychologische Friedensarbeit im Atomzeitalter. Ein Selbsterfahrungsbuch*, München 1986.

Mann, Heinrich: *Jugend und Vollendung des Königs Henri IV*, 2 Bände, Berlin 1962.

Margo, Anand (Mitsou Naslednikov): *Tantra – Weg der Ekstase. Die Sexualität des neuen Menschen*, Schloß Wolfsbrunnen 1982.

Marx, Karl: *Das Kapital*, Band I, Berlin 1957.

Marx, Karl und Friedrich Engels: *Manifest der Kommunistischen Partei*, Marx-Engels-Werke Band 4, Berlin 1959.

Mechtersheimer, Alfred: *Rüstung und Frieden. Der Widersinn der Sicherheitspolitik*, München 1982.

Meinhof, Ulrike: *Der Tod Ulrike Meinhofs. Bericht der Internationalen Untersuchungskommission*, 2. überarbeitete Auflage, Tübingen 1979.

Meinhof, Ulrike Marie: *Die Würde des Menschen ist antastbar. Aufsätze und Polemiken*, Berlin 1980.

Mensch, Gerhard: *Das technologische Patt. Innovationen überwinden die Depression*, Frankfurt 1977.

Metz, Johann Baptist: *Unterbrechungen*, Gütersloh 1981.

Mezger, Dorothea: *Copper in the World Economy*, New York, London 1980.

Morris, William: *Kunde von Nirgendwo. Eine Utopie der vollendeten kommunistischen Gesellschaft aus dem Jahre 1890*, Reutlingen 1981.

Mowat, Farley: *Der Untergang der Arche Noah. Vom Leiden der Tiere unter den Menschen*, Reinbek 1987.

Müller, Rudolf Wolfgang: *Geist und Geld. Zur Entstehungsgeschichte von Identitätsbewußtsein und Rationalität seit der Antike*, Frankfurt, New York 1977.

Mumford, Lewis: *Mythos der Maschine. Kultur, Technik und Macht*, Frankfurt 1977.

Mumford, Lewis: *Hoffnung oder Barbarei. Die Verwandlungen des Menschen*, Frankfurt 1981.

Mumford, Lewis: *Die Stadt, Geschichte und Ausblick*, München 1984, Band 1 und 2.

Musashi: *Das Buch der fünf Ringe*, München 1983.

Mynarek, Hubertus: *Ökologische Religion. Ein neues Verständnis der Natur*, München 1986.

Naranjo, Claudio: *Die Reise zum Ich. Psychotherapie mit heilenden Drogen, Behandlungsprotokolle*, Frankfurt 1979.

Naslednikow: siehe Margo, Anand.

Negt, Oskar/Alexander Kluge: *Geschichte und Eigensinn*, Frankfurt 1981.

Neumann, Erich: *Die Große Mutter. Eine Phänomenologie der weiblichen Gestaltungen des Unbewußten*, Olten, Freiburg 1983.

Neumann, Erich: *Zur Psychologie des Weiblichen*, Frankfurt 1983.

Neumann, Erich: *Amor und Psyche. Eine tiefenpsychologische Deutung*, Olten, Freiburg 1983.

Neumann, Erich: *Ursprungsgeschichte des Bewußtseins*, München 1980.

Neumann, Erich: *Tiefenpsychologie und neue Ethik*, München 1980.

Nolte, Hans-Heinrich: *Die eine Welt. Abriß der Geschichte des internationalen Systems*, Hannover 1982.

Novalis: *Dokumente seines Lebens und Sterbens*, Frankfurt 1979.

Orthbandt, Eberhard: *Geschichte der großen Philosophen. Das Buch der philosophischen Denkmodelle*, Hanau o. J.

Otani, Yoshito: *Untergang eines Mythos*, Neu-Ulm 1978.

Pascal, Blaise: *Geist und Herz. Eine Auswahl aus dem Gesamtwerk*, Berlin 1964.

Pilgrim, Volker Elis: *Dressur des Bösen. Zur Kultur der Gewalt*, München 1974.

Plack, Arno: *Die Gesellschaft und das Böse*. Frankfurt, Berlin, Wien 1979.

Platon: *Der Staat*, Leipzig 1978.

527

Raith, Werner: *Das verlassene Imperium. Über das Aussteigen des römischen Volkes aus der Geschichte*, Berlin o. J.

Rammstedt, Otthein: *Soziale Bewegung*, Frankfurt 1978.

Ranke-Graves, Robert von: *Die weiße Göttin. Sprache des Mythos*, Berlin 1981.

Ravenscroft, Trevor: *Der Speer des Schicksals*, München 1974.

Ravenscroft, Trevor: *Der Kelch des Schicksals. Die Suche nach dem Gral*, Basel 1982.

Reich, Wilhelm: *Christusmord*, Olten, Freiburg 1979.

Reich, Wilhelm: *Äther, Gott und Teufel*, Frankfurt 1983.

Rilke, Rainer Maria: *Werke. Auswahl in zwei Bänden*, Leipzig 1957.

Richter, Horst Eberhard: *Der Gotteskomplex*, Reinbek 1979.

Rinser, Luise: *Mirjam*, Frankfurt 1983.

Rinser, Luise: *Im Dunkeln singen, 1982–1985*, Frankfurt 1985.

Röpke, Wilhelm: *Civitas humana, Grundfragen der Gesellschafts- und Wirtschaftsreform*, Erlenbach, Zürich 1949.

Rohrmoser, Günter: *Krise der politischen Kultur*, Mainz 1983.

Rohrmoser, Günter: »Technik und Zivilisationskritik zwischen Utopieverlust und Pessimismus«, in: Hohenheimer Protokolle *Technik – Fortschritt in Verantwortung und Freiheit?*, Hrsg. Jochen Gieraths, Akademie der Diözese Rottenburg, Stuttgart 1985.

Rolland, Romain: *Beethoven. Les grandes époques créatrices*, Paris 1966 (die Übersetzung ist nach einer Teilausgabe *Beethovens Meisterjahre* aus dem Verlag Rütten & Loening, Berlin).

Ruesch, Hans: *Nackte Herrscherin. Mit der Erzählung »Nachruhm« von Manfred Kyber. Das Manifest gegen Tierversuche*, München 1984.

Ruesch, Hans: *Die Pharma Story. Der große Schwindel*, München 1985.

Schaer, Bernhard: *Die Kraft des Regenbogens. Spirituelle, ökologische und politische Modelle zur Vernetzung des Bewußtseins*, Wald 1986.

Schiller, Friedrich: *Werke*, Band 2, Sonderausgabe Die Tempel-Klassiker, darin: »Die Sendung Moses« sowie »Die Gesetzgebung des Lykurgus und Solon«.

Schmidt, Alfred Ernst: Manuskripte zum Thema Rettungspolitik, von ihm erhalten, 1982/83. (Adresse: Alfred-Mumbacher-Straße 67 B, 65 Mainz)

Schmölders, Günter: *Psychologie des Geldes*, München 1982.

Schubart, Walter: *Religion und Eros*, München 1978.

Schütt, Peter: *Der Wald stirbt an Streß*, München 1984.

Schumacher, E. F.: *Die Rückkehr zum menschlichen Maß. Alternativen für Wirtschaft und Technik »Small is Beautiful«*, Reinbek 1977.

Schweppenhäuser, Hans Georg: *Das kranke Geld. Vorschläge für eine soziale Geldordnung von morgen*, Frankfurt 1982.

Sève, Lucien: *Marxismus und Theorie der Persönlichkeit*, Berlin 1972.

Sheldrake, Rupert: *Das schöpferische Universum. Die Theorie des morphogenetischen Feldes*, München 1983.

Šik, Ota: *Humane Wirtschaftsdemokratie. Ein dritter Weg*, Hamburg 1979.

Sohn-Rethel, Alfred: *Geistige und körperliche Arbeit. Zur Theorie der gesellschaftlichen Synthesis*, Frankfurt 1970.

Sorge, Elga: *Religion und Frau. Weibliche Spiritualität und Christentum,* Stuttgart, Berlin, Köln, Mainz 1985.

Späth, Lothar: *Wende in die Zukunft. Die Bundesrepublik auf dem Weg in die Informationsgesellschaft,* Reinbek 1985.

Spangler, David: *New Age – die Geburt eines Neuen Zeitalters. Die Findhorn-Community,* Kimratshofen 1983.

Steiner, Rudolf: *Über die Dreigliederung des sozialen Organismus,* Dornach/Schweiz 1961.

Strawe, Christoph: *Marxismus und Anthroposophie,* Stuttgart 1986.

Suhr, Dieter: *Bewußtseinsverfassung und Gesellschaftsverfassung. Über Hegel und Marx zu einer dialektischen Verfassungstheorie,* Berlin 1975.

Täube, Reinhard: *Innere Erfahrung und Gesellschaft. Klassischer Yoga – Indische Mystik. Beiträge zur Alternativkultur oder: Die Lotosblüte bekommt Stacheln;* Diss. zu beziehen über den Verfasser. Adresse: Stückhof, 3589 Knüllwald.

Tagore, Rabindranath: *Sadhana. Der Weg zur Vollendung,* München 1921.

Tamo, Ryōju: *Vertäut den Kahn,* Kamakura, Koshigoe 5-5-14, Japan.

Teilhard de Chardin, Pierre: *Der Mensch im Kosmos,* Berlin 1959.

Thompson, Edward P.: »›Exterminismus‹ als letztes Stadium der Zivilisation«, in *Alternativen Europäischer Friedenspolitik,* Hrsg. Arbeitskreis atomwaffenfreies Europa, Berlin 1981, zuerst deutsch in *Befreiung,* Zeitschrift für Politik und Wissenschaft, Nr. 19/20, Berlin 1980.

Thompson, Edward P.: *Plebeische Kultur und moralische Ökonomie. Aufsätze zur englischen Sozialgeschichte des 18. und 19. Jahrhunderts,* Frankfurt, Berlin, Wien 1980.

Thompson, Edward P.: *Writing by candlelight,* London 1980.

Thompson, William Irwin: *Der Fall in die Zeit. Mythologie, Sexualität und der Ursprung der Kultur,* Stuttgart 1985.

Thompson, William I.: *Die pazifische Herausforderung. Re-Vision des politischen Denkens,* München 1985.

Thomson, George: *Die ersten Philosophen,* Berlin 1961.

Thukydides: *Der große Krieg,* Stuttgart 1958.

Toynbee, Arnold J.: *Der Gang der Weltgeschichte,* Band 1: »Aufstieg und Verfall der Kulturen«, Band 2: »Kulturen im Übergang«, München 1979.

Tränen des Vaterlandes. Deutsche Dichtung aus dem 16. und 17. Jahrhundert. Eine Auswahl von Johannes R. Becher, Berlin 1954.

Trevelyau, George: *Eine Vision des Wassermann-Zeitalters,* München 1984.

Tulku, Tarthang: *Raum, Zeit und Erkenntnis. Aufbruch zu neuen Dimensionen der Erfahrung von Welt und Wirklichkeit,* 2. Auflage der Sonderausgabe 1986.

Umbau der Industriegesellschaft. Programm zur Überwindung von Erwerbslosigkeit, Armut und Umweltzerstörung, (Entwurf), Die Grünen, Bonn 1986.

Vanier, Jean: *Gemeinschaft. Ort der Versöhnung und des Festes,* Salzburg 1983.

Vivekananda: *Jnana-Yoga. Der Pfad der Erkenntnis,* Erster Band, Freiburg 1977.

529

Weischedel, Wilhelm: *34 große Philosophen in Alltag und Denken. Die philosophische Hintertreppe*, München 1980.

Weizsäcker, Carl Friedrich von: *Die Einheit der Natur*, München 1981.

Welskopf, Elisabeth Charlotte: *Probleme der Muße im alten Hellas*, Berlin 1962.

Werfel, Franz: *Die vierzig Tage des Musa Dagh*, Frankfurt 1979.

White, Kenneth: *Das weiße Land. Essays*, München 1984.

Widder, Erich: *Freude aus der Tiefe*, Linz, Wien, Passau o. J.

Wiesenthal, Helmut: *Versorgung und Revolution. Ein Rezensionsessay*, Zeitschrift »Kommune« 12/1985.

Wilber, Ken: *Halbzeit der Evolution. Der Mensch auf dem Weg vom animalischen zum kosmischen Bewußtsein. Eine interdisziplinäre Darstellung der Entwicklung des menschlichen Geistes*, Bern, München, Wien 1984.

Wilber, Ken: *Wege zum Selbst. Östliche und westliche Ansätze zu persönlichem Wachstum*, München 1984.

Wilder Smith, Arthur Ernest: *Herkunft und Zukunft des Menschen*, Neuhausen, Stuttgart 1984.

Wilson, Robert Anton: *Der neue Prometheus. Die Evolution unserer Intelligenz*, Basel 1987.

Ziegler, Wolfram: »Umweltschutz. Versuch einer Analyse«, Sonderdruck aus: *Jahrbuch 1984 der Technischen Universität München*, S. 305–319 sowie: »Am point of no return« in der Zeitschrift *Ökologie* 26/1984.

Zweig, Stefan: *Die Augen des ewigen Bruders*, Leipzig, Nr. 349.

DAS ABENTEUER DER MODERNEN ALCHEMIE

Hans Christoph
Binswanger
Geld und Magie
192 Seiten
ISBN 3 522 70140 2

Hans Christoph Binswanger leistet mit seinem Buch über die moderne Wirtschaft als einer erfolgreichen Variante geheimnisvollen, schwarzmagischen Alchemie einen wichtigen Beitrag zur Beantwortung dieser Frage. Er zeigt, daß die größte Dichtung unseres so viel gelobten und so wenig gründlich gelesenen Dichters Goethe – der Faust – einen durchaus entschlüsselbaren Hinweis auf Faszination wie Gefahr der modernen Wirtschaft und ihres Strebens nach unendlichem Fortschritt der Reichtumsvermehrung enthält.
Hans Christoph Binswanger weiß, wovon er redet. Er ist ein international renommierter Nationalökonom, der 1980 für seine Tätigkeiten den Bundesnaturschutzpreis erhalten hat.

Blumenstraße 36, 7000 Stuttgart 1